KB102094

전함 팔라다 I

일러두기

1. 본서는 전함 팔라다 2권으로 된 여행기 전권을 번역한 것으로, Гончаров И.А., "Фрегат Паллада: Путевые очерки", Коммент. К.И. Тюнькина.—Ирку тск: Вост.-Сиб. кн. изд.-во, 1982를 원본으로 삼았다.

2. 곤차로프가 팔라다호를 타고 1852년부터 1855년까지 세계 일주를 하면서 여러 나라의 풍습을 접하고 사실적인 묘사와 자신의 감상을 기록한 이 여행기는 제2권 제6장 '마닐라에서 시베리아 해안까지'에 1854년 당시 조선에 대한 언급이 있기에 더 가치 있다고 할 수 있다.

024
그들이 본 우리
Korean Heritage Books

러시아 대문호가 본 구한말

전함 팔라다 I

이반 곤차로프 지음
정막래 옮김

살림

'그들이 본 우리'–상호 교류와 소통을 위한 실측 작업

우리의 문학과 문화를 해외에 알리는 것만큼이나 중요한 것이, 바로 외국인의 눈에 우리가 어떻게 비치고 있으며, 세계가 한국을 어떻게 보고 있는가를 아는 것이라고 생각합니다. 아웃사이더의 시각은 우리가 미처 보지 못하는 것을 보여주고 깨우쳐주기 때문입니다. 그런 면에서 우리를 바라보는 외부인의 시각은 언제나 재미있고 유익합니다.

예컨대 19세기 대한제국 수립 직전에 조선에 다녀간 러시아 장교의 기록인 『내가 본 조선, 조선인』에는 러시아인들이 본 당시 조선 사회의 여러 측면과 역사적 사건이 객관적·포괄적으로 다루어져 있습니다. 또 갑오개혁 직전에 조선에 와서 조선을 견문하고 정탐한 혼마 규스케(本間九介)의 『조선잡기』는 조선의 의식주와 풍속 그리고 정치 상황과 사회상을 예리한 눈으로 바라보며 평가하고 있습니다. 1904년에 청일전쟁 취재차 조선에 온 미국 작가 잭 런던(Jack London)의 『조선사람 엿보기』도 역시 근대화 이전, 낙후된 조선 사회의 문제점을 재미있게 지적하고 있습니다.

물론 외국인들의 판단이 언제나 정확하거나 옳은 것은 아닐 수도 있습니다. 명저 『오리엔탈리즘』에서 에드워드 사이드(Edward Said)는 서구의 선교사나 군인, 또는 여행자나 작가들의 부정확한 인상기나 스케치에 불과한 여행기 같은 것들이 동양에 대한 서구인의 편견인 '오리엔탈리즘'의 형성에 일익을 담당했다고 지적했습니다. 그런 맥락에서 보면, 19세기 말이나 20세기 초에 조선에 온 외국인들이 남긴 기록도 다소간 그러한 역할을 했을 수도 있습니다. 예컨대 혼마 규스케의 『조선잡기』는 일본인들의 부정적인 대조선관 형성에 중요한 역할을 했고, 1896년의 갑오개혁에도 지대한 영향을 끼쳤습니다.

그럼에도 불구하고, 외국인들이 조선에 관해 남긴 기록이 우리에게 중요한 의미가 있다는 것은 부인할 수 없는 사실입니다. 그것들이 우리에게 지난 과거를 돌이켜보게 하고, 현재 우리의 위상을 점검하게 하며, 앞으로 우리가 나아가야 할 미래의 이정표를 찾을 수 있게 해주기 때문입니다. 물론 전근대에 조선에 온 외국인의 눈에 조선은 낙후한 나라여서 그 당시에는 비판적인 글들이 나왔지만, 한국이 세계적인 주목을 받는 요즘 한국의 성취를 동경하고, 한국 문화를 좋아하는 글들도 많이 나오고 있습니다.

외국인이 바라본 우리의 전근대 및 근대의 모습은 우리의 과거를 비춰주는 거울이면서, 동시에 우리의 미래를 위한 이정표의 역할도 해줄 것입니다. 그런 의미에서 명지대-LG연암문고가 소장하고 있는 고서와 문서에서 한국문학번역원이 엄선해 출간해온 〈그들이 본 우리〉 총서는 없어서는 안 될 소중한 자료가 될 것입니다. 이 총서의 출간을 위해 도와주신 명지학원 유영구 이사장님, 명지대-LG연암문고 관계자들과 명지대 정성화 교수님, 번역원 도서선정위원회 위원들, 번역가들, 그리고 살림출판사에 감사드립니다.

2016년 12월
한국문학번역원
원장 김성곤

『전함 팔라다』 제3판을 내며

이 책은 오랜 공백기를 거쳐[1] 이 세상에 다시 나왔다. 저자는 더 이상 출판할 의사가 없었다. 책의 수명이 다 되었다고 생각했기 때문이다. 그러나 일반인들이 이 책에 대해 지속적으로 문의해왔고, 젊은이들의 교육을 담당한 이들과 학교 도서관들에서 이 책을 계속해서 찾는다는 사실을 사방에서 저자에게 알려왔다. 즉 이 여행기는 젊은 세대에게서도 지지를 받고 있던 것이다. 이후 저자는 이 책을 재출간하는 일이 불가피하다고 생각하게 되었다.

이 여행기는 독자들의 변함없는 관심을 받아왔다. 독자들은 무엇보다 여행기 속에 등장하는 대상에 관심을 보였다. 먼 나라들과 그 나라의 주민, 그곳의 화려한 자연, 여행의 특별함과 우연성, 그리고 여행자들의 눈에 띄어 전해지는 모든 것에 대한 묘사는 어떤 문체로 쓰였든지 간에 모든 연령대 독자의 흥미를 결코 잃지 않고 있다. 그 외에도 배를 타고 항해하는 이야기, 즉 400명이 타고 있었으며 2년 동안 여러 대양을 두루 질주한 이 작은 러시아 세계에 대한 이야기, 항해자들의 독특한 삶, 바다 생활의 특징 등도 독자들에게 호감을 불러일으키고 그들을 붙잡아둘 힘을 지니고 있다.

이런 점을 감안하여 저자는 자신의 여행기가 지속적으로 성공을 거두는 것은 자신의 필력이 뛰어나서가 아니라 대중이 바다와 수병에 호감을 느낀 덕분이라고 여긴다. 저자는 바다와 수병들을 접할 수밖에 없는 상황에 처해 있었다. 군함의 엄격한 항해 조건들을 지켜야 했던 저자가 배를 떠나는 일은 아주 잠시뿐이었다. 그리하여 주변에서 일어나는 일들에 어쩔 수 없이 자주 집중하게 된 저자는 바다 위를 떠다니는 자신의 거주지, 즉 자기 집이라고 여겨졌던 배에서의 일상을 낯선 자연과 사람들에 대해 순간적인 인상을 통해 얻게 된 관찰 속에 뒤섞지 않을 수 없었다.

그런 까닭에 전문적이거나 학문적인(저자는 이것을 하고자 하는 생각조차도 할 수 없었다.) 여행 묘사가 나올 수 없었던 것은 당연하다. 그뿐만 아니라 여행기의 내용이 엄격하게 규정되어 있어야 함에도 본 여행기의 묘사는 전혀 체계적이지 못하다. 그리하여 본 여행기에서는 저자가 제공할 수 있던 부분이라 할 법한 대략적인 관찰, 메모, 장면, 풍경만을 볼 수 있다. 한마디로 이 책은 수필이다.

이제 자신의 추억을 기록해놓은 이 일기를 다시 보면서 저자는 자신이 일기의 도처에서 독자와 언제나 밀착된 동반자로 등장하여 자신에 대한 이야기를 빈번하게 하고 있음을 스스로 느끼고 이 점에 대해 기꺼이 사죄하고 있다.

이 책의 여행 묘사에 생생한 인물이 존재하여 활기가 넘쳐흐른다고들 말한다. 어쩌면 이 말이 맞을 수도 있다. 하지만 저자는 실제로 이 목적에 따라 여행기를 쓰지 않았기 때문에 이 공적을 자신의 것으로 돌릴 수 없다. 저자가 여행 묘사 속에 자신을 포함시키게 된 것은 의도했기 때문이 아니라 단지 그래야 했기 때문이다. 그리하여 자신을 자주 등장시킬 수밖에 없었다. 저자는 편지 형식이 여행기를 쓰는 데 가장 편한 방법이라고 여기지는 않았다. 다만 친구들과 약속한 대로 편지를 여러 장소에서 실제로 써서 친구들에게 보냈을 뿐이다. 그런데 친구들은 그 여행뿐만 아니라 저자의 운명과 새로운 생활을 하게 된 상황에도 관심이 있었다. 바로 이런 이유로 저자가 여행 묘사에 항상 등장하게 된 것이다.

러시아로 돌아온 직후에 저자는 친구들의 충고에 따라서 자신의 편지를 모아 정돈했다. 그리하여 그 편지들을 통해 이 두 권의 책이 만들어졌고, 세 번째로 대중 앞에 등장할 때 『전함 팔라다』[2]라는 제목이 붙었다. 문학 선집 『공동 출자』[3]에 1874년에 게재된 마지막 장이 추가되고 재검토와 가능한 한 모든 수정을 거친 이 전함이 새로운 시기에 젊은 세대에도 아직 더 봉사할 수 있게 된다면(이른 바 수리한 후에, 즉 대규모 수정을 가한 뒤에 바다에 떠 있는 진짜 선박들과 나란히 있게 되는 것처럼), 저자는 자신이 기대한 이상으로 큰 상을 받았다고 여기게 될 것이다.

저자는 이를 희망하며 『전함 팔라다』의 저작권을 러시아에서 가장 오래된 출판사의 대표격인 글라주노프[4]에 기꺼이 양도했다. 이 출판사는 지난 100년 내내 주로 젊은이를 위한 도서를 출판하고 보급하기 위해 활동해오고 있다. 발행인은 책에 저자의 초상화를 첨부하고자 했다. 이 희망을 반대할 이유가 없던 저자는 이 작업을 유명한 러시아 화가[5]가 맡았다는 사실을 알고서 자신의 초상권 역시 발행인의 재량에 맡기는 것을 더욱 주저하지 않았다. 그 화가는 바로 얼마 전에 그린 시인 고(故)네크라소프[6]의 초상화 등 자신의 작품들로 예술의 뛰어난 모범을 보여주었다.

1879년 1월
K.I. 튜니킨[7]

차례

전함 팔라다 I

전함 팔라다 II

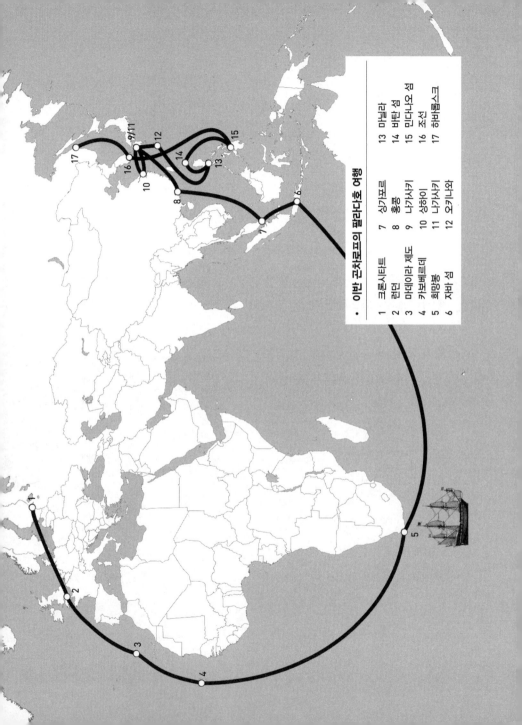

제 1 장
크론시타트 항구에서 리저드 곶까지

어떻게 자네들이 내가 영국에서 쓴 1852년 11월 2일(14일)[8]자 첫 번째 편지와 홍콩에서 보낸 두 번째 편지를 받지 못할 수 있었는지 놀랍네. 영국과 홍콩은 편지들을 갓 태어난 아기처럼 소중하게 다루는데 말이지. 영국과 그 식민지에서 편지는 매우 귀중히 여겨진다네. 수천 개의 손을 거쳐서 철도나 다른 길 혹은 대양의 해로를 통해 이 반구에서 저 반구로 전해지고 수신자가 살아 있기만 하다면 편지는 반드시 그 사람에게 전해지네. 만약 수신자가 죽었거나 수신자 스스로 편지를 반송시킨다면 발신자에게로 반드시 돌아오지. 그러니 내 편지들이 사라진 곳은 어쩌면 대륙이나 덴마크, 프러시아⁹ 영지 가운데 어디가 아니겠는가? 그러나 그러한 사소한 일을 파헤치기에 이제는 너무 늦어버린 것 같네. 꼭 필요하다면 다시 써서 보내는 편이 낫겠지….

자네들은 내가 바다와 만나고 수병들을 알게 된 일, 덴마크와 스웨덴의 해안을 마주한 일, 영국을 알게 된 일을 상세하게 알고 싶다고 했지? 피치 못할 사정이 있을 때에만 떠난, 그것도 늘 애석하게 생각하며 떠났던 고요한 내 방을 어떻게 내가 갑자기 떠나와 바다 위의 흔들리는 은신처로 갔는지 자네들은 알고 싶겠지? 게다가 우리 가운데 낮의 일상적인 수선스러움과 밤의 평화로운 고요함이 있는 도시 생활에 가장 익숙하던 내가 어떻게 어느 날 갑자기 이 질서를 뒤엎어버리고서 무질서한 수병의 생활 속으로 돌진해서 들어가야 했는지 알고 싶겠지? 예전에 나는 큰 파리가 방에 들어와서 천장과 창문에 부딪치며 사납게 앵앵거리며 빠르게 날아다니거나 쥐새끼가 구석에서 무언가를 긁어대는 소리가 나면 잠들지 못했고, 창문에서 바람이 불어오면 거기에서 멀찍이 달아났으며, 길을 가다가 팬 곳이 나오면 그 길에 욕설을 퍼부어댔고, 저녁에는 멀다는 핑계로 변두리로 나가기를 꺼렸으며, 정해진 취침 시간을 놓칠까 봐 두려워했고, 수프에서 탄내가 나거나 음식이 눌어붙었거나 물이 수정처럼 빛나지 않으면 불평해댔네…. 그런데 갑자기 바다에 간다니!

사륜마차를 뛰어난 마차 제조자에게 주문하지 않으면 마차가 흔들린다는 것을 알고 있는 사람들이 내게 묻더군.

"아니, 거기서 어떻게 지내시려고요? 흔들리지 않을까요?"

질문이 쏟아졌네.

"어떻게 주무시고 또 무엇을 드시려고 그러십니까? 낯선 사람들과는 어떻게 지내시려고요?"

사람들은 마치 내가 고통스러운 운명에 처한 제물이라도 되는 듯 광적인 호기심으로 나를 쳐다보았네. 이런 것을 보면 바다에 가본 적이 없는 사람들이 하나같이 쿠퍼[10]의 오래된 장편소설이나 매리엇[11]의 단편소설을 아직까지 기억하고 있다는 것이 분명해. 이들의 작품은 바다와 수병에 대한 이야기, 승객을 쇠사슬로 묶고 부하들을 화형이나 교수형에 처하기도 했던 선장에 대한 이야기, 난파와 지진에 대한 이야기로 가득하니까.

자네들을 포함하여 내 친구들과 지인들은 이런 말을 하곤 했다네.

"그곳에서는 선장이 배에서 제일 높은 곳에 당신을 올려두고 당신에게 먹을 것을 주지 말라고 명령할 것이며 아무것도 없는 텅 빈 해안에 당신을 내려놓을 겁니다."

내가 물었지.

"무엇 때문에요?"

"조금이라도 바르지 않게 앉거나 걸으면 혹은 허락되지 않은 곳에서 시가를 피운다는 이유로 그럴 겁니다."

내가 짤막하게 대답했네.

"나는 뭐든지 거기 사람들이 하는 대로 할 것입니다."

다른 이들이 말했어.

"당신은 밤마다 주무시지 않고 앉아 있는 데 익숙하시지요. 그런데 그곳에서는 해가 지자마자 불을 모조리 꺼버릴 것입니다. 소음과 이것저것을 두들겨대는 소리는 어떻고요. 냄새와 고함 소리도 만만치 않을 겁니다!"

몇몇은 겁도 주었네.

"당신은 거기서 술로 신세를 망치게 될 걸요! 그곳에선 마실 물이 흔치 않아 항상 럼주를 더 많이 마시지요."

누군가가 덧붙였지.

"술을 양동이째 들고 마시지요. 제가 직접 보았어요. 배를 타본 적이 있거든요."

한 노부인은 나를 보며 내내 우울하게 고개를 젓고 있다가 육로로 세계 일주를 하는 것이 낫다며 나를 설득하려 했네. 그리고 똑똑하고 사랑스러운 한 귀부인은 내가 작별 인사를 하러 가자 울음을 터뜨렸지. 나는 몹시 놀랐어. 그녀와 기껏해야 1년에 세 번 정도 만났고 세계 일주 항해에 필요한 3년 동안 우리가 서로 보지 않아도 그녀는 그걸 알아채지 못할 것인데 말이네.

내가 물었지.

"왜 우십니까?"

그녀는 눈물을 닦으며 말했어.

"당신이 불쌍해서요."

"저 같은 잉여인간[12]이라도 당신에게 즐거움이 되었는데 이제 그것이 사라지게 되어 애석한가요?"

"당신이 저를 즐겁게 해주려고 뭐 대단한 일이라도 하셨나요?"

나는 난처해졌네. 도대체 무엇 때문에 그녀가 운단 말인가?

그녀의 말은 계속되었네.

"저는 단지 당신이 아무도 모르는 곳으로 가신다는 것이 불쌍할 뿐이에요."

나는 울화가 치밀더군. 우리나라에서는 여행자의 부러워할 만한 운명을 도대체 어떻게들 바라보고 있는지!

"만약 당신의 눈물이 질투의 눈물이라면 그것을 이해할 수 있을 것 같습니다. 만약 우리 가운데 누구도 가보지 못한 곳에 가고,

이곳에서는 꿈도 꾸기 힘든 신기한 일들을 보고, 맨 첫 장조차 읽어낼 능력을 갖춘 사람이 몇 안 되는, 실로 위대한 책이 통째로 내게 열린다는 것을 힘들게 상상하는 것이 당신의 운명이 아니라 내 운명임을 당신이 애석해한다면요⋯."

그녀가 슬프게 말하더군.

"됐어요. 저도 다 알아요. 그러나 그 책을 읽으려면 당신이 어떤 희생을 치러야 할지 아시겠어요? 무엇이 당신을 기다리고 있는지, 당신이 어떤 고난을 겪어야 하는지, 돌아오지 못할 가능성이 얼마나 많은지 한번 생각해보세요⋯! 저는 당신이 불쌍하고 당신의 숙명이 가여워서 우는 거랍니다."

이 말도 덧붙였네.

"그런데 당신은 제 눈물을 믿지 않으시는군요. 저는 당신을 위해 우는 게 아니에요. 그냥 눈물이 나오는 것이지요."

떠난다는 생각은 마치 술기운처럼 내 머리를 몽롱하게 만들었네. 나는 내가 떠난다는 사실이 아직은 먼 훗날 일로 되어 있는 동안에는 모든 예언과 경고에 태평하고 장난스럽게 대꾸했지. 이 여행을 늘, 그것도 오래전부터 꿈꿔왔다고 말이야. 내가 이 여행에 대해 꿈꾸기 시작한 것은 만약 어떤 지점에서 출발해 끝없이 간다면 다른 방향에서 그 지점으로 돌아오게 된다는 말을 들은 순간인 것 같네. 그리하여 나는 내가 태어난 볼가 강[13]의 오른쪽 강변에서 출발하여 왼쪽 강변으로 돌아오고 싶었다네. 학교 선생이 손가락으로 적도, 극지방, 회귀선이 있다고 가리킨 곳에 직접 가보고 싶었거든. 그러나 그 후에 지도와 선생의 지시봉에서 고개를 돌려 쿡[14]이나 밴쿠버[15] 같은 이들의 공적과 모험을 보게 되자 저절로 탄식이 흘러나왔네. 이들의 공적 앞에서 호메로스[16]의 영웅인 아이아스[17]와 같은 이들, 아킬레우스[18]와 같은 이들, 헤라클레스[19]가 어떤 존재가 될 거라고 생각하나? 애들이지! 대륙에서 태어나서 한 번도 바다를 본 적이 없는 소년의 겁먹은 이성은 항해자들의 길 위에 가득한 공포와 재난 앞에 굳어져버렸네. 그러나 그 공포는 나이가 들어가면서 기억에서 사라졌고 상상의 나래 속에는 젊음, 즉 열대림과 푸른 바다, 무지개가 떠 있는 금빛 하늘의 모습만이 살고 또 살아남았네.

내가 자네들에게 거듭 말했던 것을 기억하는가.

"아니, 파리에는 가고 싶지 않네. 런던에도, 심지어 이탈리아에도 가고 싶지 않네. 시인[20]이여, 자네가 이탈리아에 대해 아무리 낭랑하게 읊조리고 있다 하더라도 말이야. 나는 브라질과 인도에 가고 싶다네. 태양이 돌에서 생명을 불러일으키는 곳, 자신의 불길에 닿는 주변의 모든 것을 보석으로 바꾸는 바로 그곳에 가고 싶어. 우리 선조가 그랬던 것처럼 자신이 뿌리지 않은 열매를 거두는 곳, 사자가 뛰어다니고 뱀이 기어다니는 곳, 영원한 여름이 지배하는 그곳에 가고 싶다고. 자연이 무희처럼 쾌락을 먹고 사는 곳, 무덥고 무섭고 매혹적으로 살아가는 곳, 이미 만들어진 창조물 앞에서 무력해진 환상이 말을 잃는 곳, 눈이 보는 것에 지치지 않는 곳, 심장이 계속해서 뛰게 되는 그곳, 바로 신이 만든 이 세상의 밝은 궁전에 가보고 싶네."

마술과도 같은 머나먼 그곳은 모든 것이 수수께끼 같았고 환상적일 정도로 아름다웠다네. 그리하여 그곳에 간 행운아들은 기적에 대한 유혹적이지만 막연한 이야기를 안고 세상의 비밀에 대해 어린애 같은 설명을 늘어놓으며 돌아오곤 했지. 그러나 현자이자 시인[21]인 한 사람은 비밀스러운 구석구석을 밝게 비추었네. 그는 나침반과 삽, 컴퍼스 그리고 붓을 들고 조물주에 대한 믿음과 조물주가 창조한 이 세계에 대한 사랑으로 가득 찬 마음을 안고 그곳에 갔지. 그는 바위투성이인 황야와 외딴 숲에 생명과 이성과 경험을 가져다주었고, 현명한 이해심을 발휘하여 자신을 따르는 수천 명의 사람에게 길을 알려주었다네.

"우주여!"

나는 자신의 생생한 눈으로 이 살아 있는 우주를 보고 싶어 하는 마음이 이전의 그 누구보다 간절하네.

나는 생각했어.

'아이가 어른에게 하듯이 내가 현자를 신용한다면, 그의 말을 주의 깊게 듣기 시작한다면, 그리고 아이가 어른의 설명을 이해하는 것만큼 내가 그의 말을 이해할 수 있다면, 이 부족한 이해력만으로도 나는 부유해질 수 있을 텐데.'

그러나 이 꿈 역시 다른 많은 것의 뒤를 이어 상상 속으로 사라져버렸네. 나날은 흐릿해져버렸으며 삶은 공허, 시들함, 끝없이 이어지는 단조로움으로 나를 위협했지. 나날은 따로 보면 서로 달랐지만, 하나의 덩어리인 해로 합쳐지자 놀랍도록 괴롭고 단조로워 보였네. 그리하여 일할 때도 책을 볼 때도 하품이 나왔고, 공연을 볼 때도 하품이 나왔으며, 시끄러운 모임에서나 친구들과 담소를 나눌 때도 여전히 하품이 나왔어!

그런데 갑자기 예기치 않게 꿈을 소생시키고 추억을 흔들어 깨우며 잊은 지 오래된 세계 일주 영웅들을 기억해낼 운명에 내가 처한 걸세. 갑자기 나도 그들을 따라 세계 일주를 하게 되었네! 중국과 인도에 가보고 대양들을 건너며 야만인이 원시적인 소박함 속에 있는 섬을 내 발로 직접 밟아보고 신기한 일을 내 눈으로 직접 보게 된다는 생각에, 그리하여 내 삶이 더 이상 싫증 나는 사소한 일을 쓸데없이 반영하지 않으리라는 생각에 기뻐서 전율했다네. 나는 새로워졌어. 젊은 시절의 모든 꿈과 희망이 그리고 젊은 시절 자체가 내게 되돌아왔네. 자, 어서어서 떠나자!

그러나 내가 떠난다는 사실이 결정되자 이상한 감정이 나를 사로잡았네. 그때서야 이 계획의 거대함에 대해 명료하게 그리고 충분하게 인식하게 된 것이지. 무지갯빛 꿈은 오랫동안 빛을 잃어버렸어. 출발 시간이 다가옴에 따라 공적을 세워야 한다는 압박감이 나의 상상력을 짓눌러 무력하게 만들어버렸고 나를 움직이게 한 원동력은 사라져갔네. 나는 남게 된 이들의 운명을 부러워하기 시작했지. 출발에 방해되는 일이 생기면 기뻐했네. 나 자신 또한 스스로 장애물을 만들며 남을 수 있는 구실을 찾아다녔다네. 그런데 처음에 우리의 계획을 방해하려던 운명은 사실 당시의 나를 돕도록 스스로에게 부여한 과제 같았어. 게다가 사람들도, 심지어 모르는 사람들조차, 다른 때는 이들에게 다가가는 일을 운명을 바꾸는 것보다 힘들게 여긴 사람들 역시 이 일을 도와주기로 합의한 듯 보일 정도였네. 나는 내적인 투쟁과 동요의 희생물이 되어 기진맥진해졌어.

스스로에게 질문을 던졌네.

'나는 어디로 가는 거지? 뭘 계획한 거야?'

나는 다른 이들의 얼굴에서 이런 질문이 읽혀 두려웠네. 다른 이들의 관심이 나를 두렵게 했다는 말이야. 내 집이 텅 비어가는 것을, 사람들이 내 집에서 가구와 책상과 쾌적한 안락의자와 소파를 옮겨가는 것을 우울하게 바라보았네. 나는 이 모든 것을 버리고 무엇을 얻으려 하는가?

어쩌다 보니 내 삶이 두 개로 나뉘어버렸네. 갑자기 두 가지 삶이 주어진 듯했어. 내 집은 두 세계로 나뉘었네. 한 세계에서 나는 소심한 관리로 살고 있지. 연미복을 입고 상사의 시선 앞에서 벌벌 떨면서 감기에 걸릴까 무서워하는, 서로 비슷한 제복을 입은 사람들과 함께 사방의 벽 안에 갇혀 있는 사람이라네. 다른 세계에서 나는 대담한 신참 항해자야. 밀짚모자를 쓰고 흰 아마로 만든 윗옷을 걸치고 입으로 씹는담배[22]를 질겅질겅 씹고 있을 수도 있지. 게다가 심해를 따라 황금물고기 떼 너머로 머나먼 콜히다[23]로 향하면서 매달 다른 기후, 다른 하늘, 다른 바다, 다른 나라를 바꿔가면서 보는 사람이라네. 첫 세상에서 나는 보고서와 왕복 문서, 명령서를 다루지만, 이곳 두 번째 세상에서 직무상의 이유 때문이라고 할지라도 행진을 찬양한다네. 어떻게 이다지도 다른 삶을 살아내고, 이다지도 다른 세계의 시민이 될 수 있을까? 관리의 소심함과 러시아 문학가의 권태를 어떻게 항해자의 정열로, 소시민의 연약함을 어떻게 수병의 거친 성격으로 바꿀 수 있을까? 내게 새로운 뼈가 생긴 것도 아니고 새로운 신경이 생겨난 것도 아닌데 말이야. 그런데 페테르고프[24]와 파르골로보[25]에서 산책하다가 갑자기 적도로, 그곳에서 남극의 여러 지방으로, 남극에서 북극으로 행진하고, 배를 타고 네 개의 대양을 건너고 다섯 개의 대륙을 둘러가며, 집으로 돌아가기를 염원하는 일을 눈앞에 두게 된 것이지…. 현실은 마치 먹구름마냥 점점 위협으로 다가왔네. 임박한 여행을 상세하게 분석하는 데 몰두할 때면 사소한 것까지 내 마음에 두려움으로 찾아들곤 했어. 뱃멀미, 기후변화, 열대의 폭염, 악성 열병, 맹수, 야만인, 폭풍우 등, 특히 폭풍우가 머릿속을 떠나지 않았네. 비록 친구들이 내게 했던, 부분적으로는 감동적이고 또 부분적으로는 우스운 모든 경고에 무심하게 대답했지만 나는 재난이 일어나는 환영을 공포에 떨면서 낮에도 밤에도 자주 보게 되었지. 절벽 기슭에 우리 선박이 부서져 널브러진 모습이 눈앞에 떠오를 때도 있었네. 물속으로 가라앉는 사람들이 미끄러운 돌들을 잡으려 지친 손을 마구 허우적대고 있었어. 또 배의 파편들과 함께 텅 빈 섬에 버려져서 굶주림으로 죽어가는 꿈을 꾸기도 했다네…. 경악하며 깨어날 때면 이마에 땀방울이 송골송골 맺혀 있었네. 배가 아무리 견고하다 해도, 아무리 바다에 맞게 건조되어 있다 하더라도, 배가 결국 무엇인가? 나무 조각, 바구니, 인간의 힘에 의존하는 한낱 도구일 뿐 아니잖나. 바다 생활에 익숙지 않은 내 몸이 수많은 혹독한 상황을 견딜 수 있을지, 이 갑작스러운 변화를 견뎌낼 수 있을지 나는 두려웠네. 평화로운 삶을 살다가 갑자기 유랑하는 삶을 살면서, 그 삶에서 부딪히게 될 새로운 험한 일들과 내내 싸우게 되어버렸으니 말이야. 예기치 않게 변해버린 세계를 갑자기 수용하기에 과연 내 영혼의 용량이 충분할까? 이런 기대 자체가 엄청난 파렴치함이 아니겠는가! 위대한 감동을 감지할 능력을 도대체 어디서 얻을 수 있단 말인가? 이 웅장한 손님들이 내 영혼 속으로 돌진해온다면 그 영혼의 주인인 나는 스스로가 베푼 연회가 한창일 때 무척이나 당혹해하지 않겠는가?

나는 이 모든 의심을 상대로 할 수 있는 한 열심히 싸웠네. 어떤 의심은 이겨낼 수 있었고, 다른 의심은 때가 될 때까지 해결되지 않은 채로 남게 되었지. 이렇게 서서히 원기를 회복해갔어. 나는 이 여행길이 이미 마젤란[26]의 여행길은 아니라는 사실을 상기해냈네. 당시에는 수수께끼와 공포를 해결해야 했을 테지. 이 여행은 당당한 모습의 콜럼버스[27]와 바스코 다 가마[28]가 갑판에 서서 먼 곳을, 미지의 미래를 바라보는 여행이 아니야. 그들 대신에 남색 윗옷과 가죽 바지를 입고 얼굴이 붉은 영국인 수로안내인과 러시아인 부선장이 맡은 직무를 잘 알아볼 수 있도록 표시된 지도에서 배가 가야 할 길을 손가락으로 가리키고, 배가 도착할 날과 시간을 정확하게 지정하는 여정이지. 수병 사이에서 한 문학가[29]는 권태롭게 하품하며 대양의 광대한 먼 곳을 나태하게 바라보면서 과연 브라질에는 호텔들이 괜찮을지, 샌드위치 제도[30]에는 세탁부들이 있을지, 호주에서는 무엇을 타고 다닐지를 상상하네.

수병들은 그런 내게 이런 대답을 해주더군.

"호텔은 훌륭합니다. 샌드위치 제도에는 뭐든지 있습니다. 독일 거류지, 프랑스 호텔, 영국산 흑맥주 등 모든 것이 있지요. 야만인만 없을 뿐입니다."

호주에는 사륜마차와 반포장마차가 있네. 중국인은 아일랜드산 아마포로 만든 옷을 입고 다니기 시작했더군. 동인도에서는 모두가 영어를 쓰고 숲에서 나온 미국의 미개인은 파리와 런던으로 가서 대학교 입학 허가를 청하곤 한다네. 아프리카에서는 흑인들이 자기 피부색을 부끄러워하기 시작했고 흰 장갑을 끼는 것에 조금씩 익숙해지고 있어. 큰 수고와 많은 돈을 들여야만 구렁이가 똬리를 트는 모습과 호랑이와 사자의 발톱을 구경할 수 있네. 중국은 오래도록 고립된 세계로 남아 있었으나 오래된 헌옷 잡동사니가 담긴 이 궤짝 역시 열리고 말았다네. 화약으로 폭파시키자 뚜

껑이 경첩에서 떨어져 날아가버린 것이지. 유럽인이 고물 상자 속을 뒤적여서 자신에게 잘 맞음 직한 헌옷을 골라 고쳐 입고 주인 행세를 하고 있네…. 시간이 조금만 더 흐른다면 그 어떤 기적도, 어떤 비밀도, 어떤 위험도, 어떤 불편함도 없게 될 것이야. 그리고 이제 바닷물은 없네. 바닷물을 먹는 물로 만들고들 있어. 해변에서 5,000베르스타[31]를 들어가면 신선한 녹색 채소와 들짐승으로 만든 음식이 나타나네. 적도 근처에서도 러시아 양배추와 양배추 수프시[32]를 먹을 수 있더군. 지구의 여러 지역은 서로 빠르게 가까워지고 있어. 이제 유럽에서 아메리카 가는 일은 식은 죽 먹기야. 48시간이면 거기에 도착할 것이라고들 말한다네. 물론 허풍이고 농담이지만 앞으로 다가올 항해의 거대한 성공을 암시하는 현대적인 허풍이라고 할 수 있지.

어서 빨리 출발하자! 장거리 여행을 찬양하는 시들은 아주 빠르게 사라질 것이네. 대담한 항해자들의 생각으로 본다면 어쩌면 우리가 마지막 여행자일지도 몰라. 되돌아온 후에도 사람들이 한동안은 동정심과 질투 어린 눈으로 우리를 바라볼 테지.

갈망과 마찬가지로 모든 두려움도 가라앉은 듯했네. 우리 앞에는 광활함이 펼쳐져 있고 아직 경험해보지 못한 수많은 향락이 손짓하고 있었기 때문이지. 가슴은 자유롭게 호흡했고 남풍이 이미 불고 있었으며 푸른 하늘과 바닷물이 유혹의 손짓을 보내고 있었네. 그러나 갑자기 이 탄탄한 전망 너머에 위협적인 환영이 다시금 나타났어. 그것은 내가 길을 갈수록 점점 커졌지. 이 환영은 교육받은 여행자가 자국인들 앞에서 그리고 항해자들을 지켜보는 사회 앞에서 짊어져야 하는 책무가 어떤 것인가에 대한 생각이었네. 일본 원정은 중대한 일이어서 그것을 감출 수도 또 소홀히 할 수도 없었어. 일단 펜을 잡은 이는 이제 대중에 알리지 않고 이탈리아에도 다녀오기가 힘드니까. 그리고 전 세계를 돌아보고 나서 독자들이 이야기를 지루해하지도 않고 안달하지도 않으며 읽을 수 있도록 자신의 여행에 대해 이야기해야 하네. 그러나 어떻게 또 무엇에 대해 묘사해야 하는가? 이것은 어떤 표정을 하고서 사회에 등장해야 하는지 물어보는 것과 마찬가지 아닌가?

여행학이라는 학문은 없어. 아리스토텔레스[33]부터 로모노소프[34]에 이르는 수사학 전문가들이 입을 열지 않았기 때문이지. 게다가 모든 여행기는 수사학의 감시를 받지 않고 있네. 그리하여 저자는 학문적인 호기심을 지니고 자유로이 깊은 산속으로 잠입하거나 깊은 대양 속으로 내려갈 수 있게 되었어. 혹은 영감의 날개를 펴고 대양을 따라 빠르게 미끄러지듯 지나가면서 이것들의 형상을 낚아채 종이에 담을 수도 있네. 저자는 여러 나라와 민족들에 대해 역사적으로나 통계학적으로 쓸 수도 있고 혹은 여관이 어떠한지 살펴볼 수도 있지. 한마디로 여행자만큼 드나들 수 있는 공간이 넓게 허락되어 있고 마음껏 쓸 수 있는 사람은 없을 걸세. 풍향 이론에 대해, 배의 방향과 행로에 대해, 넓이와 시간에 대해 말할 필요가 있는가? 혹은 이러이러한 나라가 어느 시대에는 바다 밑에 있었고, 바다 밑바닥이 언제쯤 바다 위에 있었다는 것을 보고할 필요가 있는가? 이 섬은 용암으로 형성되었고 저 섬은 습기로 생겨났고, 이 나라는 이러이러한 시대에 건국되었으며, 그 민족은 어디어디에서 왔다고 보고할 필요가 있는가? 그리고 이런 보고를 할 때 어디서 무엇이 어떻게 나왔는지 전문 학자들의 저작에서 열심히 찾아 베껴낼 필요가 있는가? 오히려 자네들은 뭔가 좀 더 흥미 있는 것을 구할 걸세. 내가 아주 중요한 것을 말하겠네. 여행자가 남들이 매일 하는 일상생활을 하게 된다면 그는 자신을 창피스럽게 생각할 것이야. 여행자가 특히 해야 하는 일은 오래전부터 있을 수도 없을 수도 있는 일이기 때문이네.

자네들은 이렇게 말했지.

"그런 것은 학계로, 학술원으로 보내버리게. 온갖 교육을 다 받은 사람들과 대화를 나누어보면서 좀 다르게 써보라고. 그리하여 우리에게 기적을, 시를, 불을, 인생과 색채를 주게나!"

기적이라고, 시라고! 나는 이것들이, 이 기적이 없다고 말했네. 그것은 여행이 기적적인 특성을 잃었기 때문이지. 나는 사자나 호랑이와 싸우지도 않았고 인육을 먹어보지도 않았다네. 모든 것은 일정하고 평범한 수준의 것들이었지. 개척자들은 노예들을 괴롭히지 않고 아프리카 토인 구매자와 판매자는 이미 상인이 아니라 강도라고 불리네. 황야에는 역참과 여관이 지어지고 있어. 끝이 보이지 않는 절벽 위에는 다리들이 놓였지. 나는 마데이라 제도[35]와 카보베르데[36]의 섬들에서 수많은 포르투갈인과 영국인 사이를 편안하고 안전하게 지나갔네. 그리고 희망봉[37]에서는 네덜란드인, 아프리카 토인, 호텐토트인[38] 그리고 또다시 영국인 사이를 지나갔지. 말레이 군도[39]와 중국에서는 말레이인과 인도인 그리고… 영국인 사이를 지나갔어. 끝으로 일본에서는 일본인과 미국인 사이를 통과해갔고 말이야. 지금 종려나무와 바나나 나무를 그림이 아니라 그것들의 고향 땅에서 실제로 보고, 온실에서 기른 빈약하고 마른 것이 아니라 로마 오이[40]만 한 크기에 과즙이 많은 구아바, 망고, 파인애플 들을 나무에서 바로 따서 먹는 것이 무슨 기적이란 말인가? 크기를 잴 수 없는 야자나무 숲에서 길을 잃는 것, 엉킨 덩굴 속에서 당혹해하는 것, 탑처럼 키가 큰 나무들 사이에 발이 걸리는 것, 얼굴색이 다른 특이한 우리 형제들을 만나는 것에 뭐 놀라울 게 있겠는가? 그러면 바다는? 바다도 보통 본연의 모습대로 흉포하거나 고요할 뿐이네. 하늘 역시 마찬가지로 한낮의 모습, 저녁의 모습, 모래처럼 흩어져 있는 별들을 지닌 밤의 모습을 하고 있을 뿐이야. 모든 것이 본래 그래야만 하는 것처럼 매우 단순하다네. 오히려 나는 기적에서 멀어졌어. 회귀선에 기적이 없기 때문이지. 그곳에는 모든 것이 다 똑같고 평범하네. 계절은 두 개라더니 이것도 그렇게 말할 뿐 실제로는 하나도 없었다네. 겨울에는 그냥 덥고 여름에는 찌는 듯이 무더웠어. 그런데 자네들이 있는 그곳, 먼 북쪽의 우리나라에도 사계절이 있긴 하네. 이것 역시 달력에 맞춰 정해져 있을 뿐 실제로는 칠 계절 혹은 팔 계절이 있는 것 아닌가. 정해져 있는 사계절 외에 우리나라에서는 4월에 기다리지 않은 여름이 나타나 무더위로 사람들을 괴롭히곤 하지. 그리고 6월에는 청하지도 않은 겨울이 때로 첫눈을 뿌리곤 하네. 이때 회귀선에서는 부러워할 만한 폭염이 갑자기 시작된다네. 이상한 햇빛 아래에서 온 천지에 5분간 꽃이 만발하고 향기가 나기도 해. 핀란드 만[41]과 이 만을 뒤덮고 있는 회색 하늘은 1년에 세 번 정도 푸른색으로 옷을 갈아입고서 더없이 기뻐하며 각자의 모습에 도취되어 서로 바라보네. 그러면 북쪽의 우리나라 사람들은 페테르부르크[42]에서 페테르고프로 가면서 흔치 않은 이 기적을 질리지도 않고 쳐다보면서 자신들에게 익숙하지 않은 폭염에 환호하지. 나무, 꽃, 동물 등 모든 것에 말이야. 반면 회귀선에서는 영원한 서풍과 영원한 폭염과 평안의 나라, 늘 푸른 하늘과 바다의 나라가 있을 뿐이네. 모든 것이 다 똑같다네!

그리하여 시는 자신의 성스러워진 아름다움을 변화시키게 되었어. 자네들의 뮤즈[43], 즉 친절한 시인[44]이자 파르나소스 산[45] 돌들의 합법적 딸인 이들이 자네들에게 친절한 리라[46]를 내놓지 않았으면 하네. 풋내기 여행자의 눈에도 뚜렷이 보이는 바로 그 시적인 형상을 자네들이 지적하지 않았으면 하네. 이것이 어떤 형상이냐고? 이 형상은 아름다움으로 빛나지도 않고, 힘의 속성을 지니지도 않으며, 눈 속에 악마적인 빛의 섬광을 지니지도 않고, 칼을 차지도 않으며 왕관을 쓰지도 않았다네. 이 형상은 다만 검은 연미복을 입고 둥그런 모자를 쓰고 흰 조끼를 입고 손에는 우산을 들고 있지. 그러나 이 형상은 전 세계에서 이성과 열정으로 지배하고 있고 어디에나 있네. 나는 영국에 있을 때 이 형상을 거리에서도, 상점 판매대 앞에서도, 의회에서도, 거래소에서도 보았다네. 푸른 눈을 한 이 형상의 우아함은 얇디얇고 희디흰 셔츠에서, 매끄럽게 면도한 턱과 아름답게 빗질한 아마빛이나 붉은색의 볼수염 속에서 빛나더군. 자네들에게 보낸 편지에도 썼었지. 사나운 바람에 압박당

하고 있는 우리나라 북쪽의 추위에 벌벌 떨면서 유럽의 해안 곁을 어떻게 달려 지나갔는지를, 마데이라 제도의 산기슭에서 부드러운 햇살이 처음으로 우리에게 어떻게 비쳤는지를, 음울하고 회색 납빛을 띤 하늘과 그와 똑같은 바다를 지난 후 파란 파도가 어떻게 출렁이고 푸른 하늘이 어떻게 빛났는지를, 우리가 땅의 뜨거운 호흡에 몸을 녹이기 위해 얼마나 탐욕스럽게 해안으로 달려들었는지를, 1베르스타 앞에서 느껴지기 시작한 꽃내음에 우리가 얼마나 몰두했는지를 말이지. 우리는 꽃이 만발한 해안으로, 서양협죽도[47]가 피어 있는 아래로 기쁘게 뛰어들었네. 그러나 나는 한 발자국을 내딛자마자 의구심과 비탄한 감정에 멈춰서야 했어. 어떻게 이런 하늘 밑에도, 초록색 바다의 선명하게 빛나는 색채 가운데에서도… 검은 옷을 입고 둥근 모자를 쓴 익히 아는 형상이 셋이나 서 있는 건지! 그들은 우산에 의지하여 자신의 푸른 눈으로 바다를, 배들을 그리고 자신들의 머리 위로 포도밭이 펼쳐진 산을 강압적인 시선으로 바라보고 있었네. 나는 산에 올랐어. 주랑 밑에 포도가 만들어내는 초록빛 꽃무늬 사이로 바로 그 형상이 아른거렸다네. 남쪽의 거무스름한 주민들이 땀을 쏟으며 자기 땅에서 귀중한 과즙을 채취하고 나무통들을 해변으로 굴려서 먼 곳으로 보내는 과정을 그 형상은 차갑고 엄격한 시선으로 감독하더군.

이렇게 주민들은 자기 땅에서 나온 빵에 대한 권리를 명령자에게서 얻고 있었네. 바로 그 형상은 대양에서, 잠깐의 만남 가운데서, 배들의 갑판에서도 보였다네.

그 형상은 노래를 휘파람으로 불고 있었어.

"영국이여, 바다를 지배하라."[48]

아프리카 토인들을 감독하는 그 형상을 나는 아프리카의 모래밭 위에서도 보았네. 인도와 중국의 대농장에서도 차 꾸러미 사이에서도 그 형상을 보았네. 그 형상은 시선과 자기 나라 말로 사람들과 배, 대포를 지휘하고 대자연에서 받은 무한한 권력을 휘두르고 있었지… 가는 곳마다 영국 상인의 이 형상이 자연환경과 인간의 노동을 지배하고 자연을 정복하고 있었네!

이제 질주는 충분히 했네. 그러니 적당하게 서두르지 않고 한 걸음씩 여행하기로 하세. 나는 크론시타트 항구[49]에서 나가지 않고도 자네들과 함께 이미 종려나무 숲과 대양의 광활한 곳에 가볼 수 있었네. 그 여행이 그리 쉽지는 않지. 만약 키예프[50]로 혹은 시골에서 모스크바[51]로 순례를 갈 생각을 하며 여행자가 수선을 떨다가 친지와 친구들과 열 번씩 몸을 던져 껴안고 가벼운 식사를 하며 잠깐 동안 걸터앉아 있는 등의 행동[52]을 한다면, 400명이 일본으로 가려 할 때 시간이 얼마나 걸릴지 생각해보게. 나는 크론시타트 항구에 세 번이나 갔다 왔으나 여전히 뭔가가 아직 준비되지 않았더군. 출발이 24시간 연기되어서 하루를 보내기 위해 그곳으로 돌아갔어. 17년이나 살아서 싫증 난 곳으로 말이야.

나는 네 번째이자 마지막으로 영국 해안도로[53]에서 배를 타고 떠나가며 속으로 이렇게 작별인사를 했네.

'또다시 이 둥근 지붕[54]과 십자가를 볼 수 있을까?'

1852년 10월 7일

마침내 전함 팔라다호가 닻을 올렸네. 이후로 모든 동작과 모든 발걸음과 모든 인상은 예전의 내 삶과 조금도 닮지 않은 것이었지. 새로운 삶이 시작되었다네.

그때까지 움직이지 않던 전함 위의 모든 것이 곧 조화롭게 바삐 움직였네. 수병[55] 400명이 모두 갑판에 모였어. 구령이 울리자 마치 파리가 활대 주위에 가득 달라붙은 것처럼 많은 수병이 돛대 밧줄을 타고 기어 올라가기 시작했네. 그러자 돛대가 웅장하게 나부꼈어. 완전히 순풍은 아니었기 때문에 강력한 증기선이 만[56]에서 우리 배를 끌어주어야 했다네. 증기선은 새벽이 되어서야 돌아갔지. 그때부터 우리는 서서히 시작된 사나운 바람 혹은 수병들이 말하는 이른바 강풍과 싸워야 했어. 심한 요동이 시작되었네. 그러나 이 첫 폭풍우는 내게 큰 영향을 끼치지 못했다네. 한 번도 바다에 가보지 못한 내가 바다는 원래 이래야 하며 다른 경우는 없다고 생각했기 때문이지. 즉 나는 항상 배가 양쪽으로 심하게 흔들리고 갑판은 발밑에서 찢겨 나가는 듯하며 바닷물은 마치 머리 위로 쏟아지는 듯해야 한다고 생각했네.

나는 삭구[57] 사이에서 쌩쌩거리는 바람 소리와 파도가 선박의 옆을 치는 소리에 귀를 기울이며 장교 집회실에 멈칫거리며 앉아 있었어. 위쪽에서 얼음장처럼 차가운 비가 얼굴로 비스듬하게 쏟아져서 추웠지. 장교들은 해변에 지어진 집 안에 있는 것처럼 태평하게 서로 이야기를 나누었네. 어떤 이들은 책을 읽고 있었는데 갑자기 날카로운 소리가 울렸어. 그러나 바람이 아니라 수부장들이 부는 호각 소리였다네.

곧이어 여럿이 고함치는 소리가 갑판 위 전체에 울려 퍼졌네.

"전원 갑판 위로!"

전함에 있는 모든 사람이 순식간에 위쪽으로 달려나갔어. 뒤처진 수병은 수부장들이 몰아냈네. 장교들은 책과 지도[58](지도가 맞네. 거기에 카드는 없었으니까.)를 내던지고 대화를 멈춘 후 같은 곳을 향해 돌진하듯 달려갔지. 이에 익숙하지 않은 사람이 이 모습을 본다면 마치 뭔가 부서지고 찢어져서 배가 바다 밑으로 침몰해 버리는 것처럼 어떤 큰 재난이 일어난 줄 알았을 거야.

내 곁을 뛰어 지나가던 소위에게 물었네.

"왜 지금 모두를 갑판으로 부르는 겁니까?"

"승선원 전원 작업이 있을 때 모두 갑판으로 오도록 호각을 붑니다."

그리고 서둘러 가버리더군. 나는 선박 사다리와 밧줄을 잡고 갑판으로 나와 구석에 섰어. 모두가 분주했다네.

나는 다른 장교에게 물었지.

"이 승선원 전원 작업이라는 것이 도대체 무엇인가요?"

그러자 그가 대답했네.

"이건 호각을 불어 모두를 갑판 위로 부르는 것입니다."

그러고 나서 그는 이 전원 작업을 하기 시작했어. 나는 사람들이 무엇을 하는지 쳐다보며 이게 도대체 무슨 작업인지 알아보려 했으나 아무것도 이해하지 못했다네. 사람들은 어제 했던 바로 그 일을, 그리고 아마 내일도 할 그 일을 여전히 하고 있었기 때문이야. 즉 삭구를 잡아당기고 활대[59]를 돌리며 돛을 접어 내리고 있었네. 장교들은 내게 진실을 설명해주었네. 나는 그 말을 말 그대로 단순하게 이해해야 했어. 모든 비밀이 바로 거기에 있었다네. 승선원 전원 작업이란 한 명의 당직으로는 모자라서 일손이 많이 필요할 때 바로 그 때문에 호각으로 전원을 갑판 위로 모으는 단체 작업을 의미하네! 내가 실수하는 게 아니라면 영어로는 모든 일손 갑판 위로, 이런 명령이라네. 5분 후 필요한 일을 다하고서 모두 자기 자리로 흩어졌다. 내게서 고작 세 걸음 떨어져 있던 크류드네르 남작은 폭풍우 치는 시끄러운 가운데에도 오페라 멜로디를 휘파람으로 불고 있더군. 그에게 다가가려고 했으나 헛된 시도였네. 다리가 말을 듣지 않지 뭔가. 그는 내 노력을 보며 웃고 있었지.

크류드네르 남작이 말했네.

"아직 바다에 맞는 다리를 가지고 있지 않으십니다."

내가 물었네.

"그럼 곧 생길까요?"

"두 달쯤 후면 아마 생길 겁니다."

나는 한숨을 내쉬었네. 두 달이나 더 유모의 치맛자락을 잡고 다니는 아이처럼 걸어 다닐 거라고 생각했을 때 할 일이 한숨 쉬는 것밖에 없었기 때문이야. 곧 젊은이와 원래 멀미를 잘하는 사람, 오랫동안 항해하지 않던 수병들이 뱃멀미를 하기 시작했네. 나역시 이 무료한 공물을 바다에 바칠 때를 어쩔 수 없이 기다리고 있었어. 그러면서 다른 이들을 관찰했네. 저기 지금 소위 후보생인

한 젊은이가 창백해져서 의자에 주저앉고 있군. 눈이 흐려지고 머리가 한쪽으로 기울어지는군. 보초가 교체하러 오자 그는 소총을 내주고 앞 갑판으로 정신없이 달려가는군. 한 장교가 수병들에게 뭔가 고함을 지르려 하다 갑자기 얼굴을 바다 쪽으로 돌리고 뱃전에 기대고 있군….

다른 사람이 그에게 말했네.

"왜 그러십니까, 올라오는 것[60] 같습니까?"(올린다는 말은 굵은 밧줄을 조금씩 밖으로 끌어내는 것을 의미하네.)

때로는 이 사람, 때로는 저 사람을 껑충 뛰어 겨우 비켜갈 수 있었어.

어떤 이들이 내게 말했네.

"보드카[61]를 쭉 들이키십시오!"

다른 이들은 이렇게 충고했지.

"아니오, 레몬주스를 마시는 게 낫습니다."

또 다른 이들은 양파나 무를 제안했네. 나는 뱃멀미 예방책으로 무엇을 할지 결정하지 못한 채 시가를 한 대 피웠어. 뱃멀미는 여전히 느껴지지 않더군. 나는 이제 곧 시작될 뱃멀미를 기다리며 병자들 사이를 불안하게 오가고 있었네.

일행 가운데 한 사람이 내게 말했지.

"배가 흔들리는 동안 시가를 피우며 멀미를 기다리시는군요. 그러나 헛된 일입니다!"

실제로도 헛된 일이었네. 항해 내내 난 조금도 구토감을 느끼지 않아서 심지어 수병들의 질투를 받기까지 했으니까.

나는 배에 발을 올려놓자마자 주위를 둘러보기 시작했지. 그리고 처음으로 선박의 부품들 안을 주의 깊게 보고 선창 안을 훑어봤어. 마치 쥐구멍처럼 손바닥 두께의 유리를 통해 창백한 불빛이 겨우 다다르는 어두운 구석을 흘끗 쳐다보았을 때 내 심장을 오그라들게 했던 그 답답한 인상을 항해의 끝 무렵인 지금도 기억한다네. 나중에 익숙해진 눈에는 편리함으로 비치는 모든 것이 처음에는 상상에 나쁜 작용을 했네. 부족한 빛, 널찍한 장소, 사람들이 마치 그 속으로 빠지는 듯한 갑판 승강구, 벽에 못박아둔 서랍장과 소파, 바닥에 붙여놓은 식탁과 의자, 무거운 공구, 반듯하게 쟁반 위에 더미가 쌓인 것처럼 방현재[62] 위에 놓여 있거나 공구 옆에 배치되어 있는 포탄과 대형 산탄 같은 것들이 말이지. 걸려 있거나 뉘여 있거나 움직이거나 움직이지 않는 기구가 더미로 쌓여 있는 것, 침대 대신 해먹[63]이 있는 것, 불필요한 것이 전혀 없는 것 또한 마찬가지였네. 사람들과 이 항해 거주지의 장식에 있던 아름다운 무질서와 아름답지 못한 무규율 상태 대신 질서와 조화가 있다는 사실 역시 그러했어. 배에 처음 탄 사람은 겁먹은 채 걸어 다니네. 왜냐하면 선실이 묘처럼 느껴지기 때문이지. 사실은 사람 많은 도시의 시끄러운 거리가 대양에 떠 있는 견고한 범선보다 어쩌면 더 안전하지는 못할 걸세. 그러나 나는 이 진실을 곧장 깨닫지는 못했다네.

우리 러시아인이 태만하다는 비난을 괜히 듣는 게 아니야. 우리가 오르막길 오르기를 힘들어 한다는 사실을 굳이 외국인이 말하지 않아도 자인할 걸세. 크론시타트 항구에 가려면 해로를 이용해야 한다는 이유로, 단지 이 여행 수단을 사용해보려는 목적만으로 1,000베르스타를 갔다 오는 게 무슨 가치가 있느냐는 바로 그 이유로 크론시타트 항구에 한 번도 가보지 않은 고장 토박이들이 페테르부르크에 많다는 것을 믿을 수 있겠는가? 수병들은 특히 러시아의 일반 대중이 바다와 함대에 관련 있는 모든 것에 대해 별로 궁금해하지 않는다며 불평해댔네. 그러면서 이들은 배가 들어올 때마다 아내와 아이들과 함께 무리 지어 배를 맞이하는 영국인을 본보기로 들었어. 이 비난의 첫 번째 부분, 즉 호기심 부족은 전적으로 정당하네. 두 번째 부분에 관해서는 영국인이 우리에게 모범이 될 수는 없다네. 영국인에게 바다란 그들의 땅이기 때문이지. 그들은 바다 말고는 다닐 곳이 전혀 없거든. 그 증거로 영국 사회에는 세계의 다섯 대륙에 모두 가본 여자들이 많더군. 몇몇 영국인은 인도에서 거주하며 가족과 친지를 만나러 런던에 온다네. 우리가 탐보프[64]에서 모스크바에 가듯이 말이지. 이것 때문에 우리나라 여자들이 중국, 희망봉, 호주에 가보지 못했다고 비난받아야 하겠는가? 혹은 영국 여자들이 캄차카[65], 캅카스[66], 아시아의 깊은 대초원에 가보지 못했다고 비난받아야 하는가?

그러나 함대가 바로 옆에 있는데도 페테르부르크 주민들이 갑판, 돛대, 활대, 선창, 선박 사다리가 무엇인지, 뒤 갑판은 어디이고 앞 갑판은 어디인지, 어디가 배의 주요 부분이고 부속 부분인지 알지 못한다는 사실을 묵인해주기는 힘들지 않겠는가? 많은 사람이 수병 가운데 아는 사람이 없고, 그 때문에 수병들이 어떻게 대접하는지 몰라서 배에 가보기 힘들다고 자기를 정당화하지. 그런데 사실 수병은 마치 좋은 지인처럼 훌륭하게 대접해준다네. 수병들이 하는 일에 관심만 가져줘도 이들의 자부심을 유쾌하게 세워주는 것이야. 그들은 자신의 일을 자네들에게 정성스럽게 그리고 매우 세련되고 친절하게 소개해줄 걸세. 여름에 크론시타트 항구에 있는 아무 전함으로든지 가보게나. 그리고 사령관이나 선임자 혹은 당직 장교라도 좋으니 배를 살펴보고 싶다고 부탁해보게나. 배에 승선원 전원 작업만 없다면 가장 유쾌한 대접을 받을 것이라고 내가 보장하네.

전함에 도착한 후 나는 아직 짐을 든 채 어디로 발을 내딛어야 할지 몰라서 낯선 무리 사이에서 완전히 고아처럼 서 있었네. 나는 망설이다 주변을 둘러보며 한 더미 쌓아둔 내 물건들을 바라보았어. 채 1분도 안 되어서 장교 세 명이 내게 다가오더군. 이들은 미래의 내 동반자이자 훌륭한 친구인 실리펜바흐 남작, 볼틴 소위와 콜로콜리체프 소위였네. 그들과 함께 많은 수병이 왔지. 이 수병들은 내게 있던 모든 것을 거의 나까지 들 기세로 단번에 잡더니 내게 지정된 선실로 가져갔다네. 실리펜바흐 남작이 나를 이 선실에 데려다주는 동안, 볼틴 소위가 젊고 다부지며 매끄럽게 이발한 수병 한 명을 데려왔지.

"바로 이 수병이 당신 경호병으로 지정되었습니다."

내가 이미 오래전에 자네들에게 소개해준 파데예프였네.

파데예프는 몸을 펴고 나서 얼굴이 아니라 가슴만 내 쪽으로 향하게 하더군. 그는 항상 주의를 집중하는 대상의 옆쪽으로 얼굴을 돌리고 있기 때문이지.

그러고 나서 파데예프가 말했어.

"만나 뵙게 되어 영광입니다."

갈색 머리카락, 흰 눈[67], 흰 얼굴, 얇은 입술 등 이 모든 것은 그의 고향 코스트로마[68]보다 오히려 핀란드를 떠올리게 했네. 그 순간부터 지금까지 나는 그와 늘 같이 있다네. 나는 약 3주 만에, 즉 영국에 다다르기 전에 그를 온전히 파악했어. 내 생각에 그는 나를 사흘 만에 파악했을 걸세. 영리함과 빈틈없음만이 그가 지닌 장점은 아니었다네. 물론 이것도 겉으로 보기에 굼뜬 코스트로마 사람의 성질과 수병의 몸에 밴 상급자에 대한 복종 뒤에 숨겨져 있었어.

그에게 첫 번째 명령을 내렸네.

"짐을 선실에 배치하도록 내 하인을 도와주게나."

그러자 내 하인이 한나절씩 이틀 동안 해야 했을 일을 파데예프는 세 번 만에 해치웠네. 어떻게 했는지는 묻지 말게나. 수병들이 일반적으로 지니고 있는 빈틈없음과 고집스러움이 파데예프에게도 역시 있었는데 그에게는 이런 능력이 마치 고양이에게서나 보임 직한 것이었지. 30분이 지나자 모든 것이 제자리에 정돈되었네. 말이 나왔으니 말인데 책들도 제자리를 찾았어. 그는 이 책들을 구석에 있는 서랍장에 반원형으로 놓고 배가 흔들릴 경우를 대비해 밧줄로 칭칭 감아버렸다네. 얼마나 세게 감았느냐면 바로 그의 놀랄 만한 힘과 빈틈없음 때문에 한 권도 꺼낼 수 없을 정도였지. 그리하여 나는 영국에 가는 동안 다른 이들의 책을 빌려야 했네.

볼틴 소위가 물었어.

"식사를 하지 않으신 것 같군요. 그런데 우리는 이미 식사를 마쳤습니다. 간식이라도 드시겠습니까?"

그는 나를 장교 집회실로 데려가더군. 장교 집회실은 아래층, 즉 최하층에 있는 넓은 방이었지. 창문은 없었지만 위에 있는 채광창을 통해 많은 양의 빛이 들어왔네. 장교들의 작은 선실들이 둥그렇게 둘러싸고 있었고 그 가운데에는 둥그런 소파처럼 위장된 뒤 돛대가 관통해 있었네. 장교 집회실에는 교실에서 볼 수 있는 긴 의자가 달린 긴 책상이 놓여 있었어. 이 책상에 앉아 장교들이 식사를 하고 일을 한다네. 침대 겸 의자도 있더군. 이것이 전부였네. 이 책상이 아무리 묵직하다 해도 배가 심하게 흔들릴 때는 이 책상조차 이쪽에서 저쪽으로 내동댕이쳐졌기 때문에 한번은 장교 책상 관리자인 섬세하고 선량하며 친절한 우리 티흐메네프를 깔아 죽일 뻔했지. 장교 선실에는 침대를 놓을 공간, 그리고 책상과 의자 역할을 동시에 맡았던 서랍장을 둘 공간밖에 없었네. 그 대신에 모든 잡동사니를 몰아넣기 적당했다네. 옷은 칸막이벽에 걸려 있었고, 속옷은 침대에 고정되어 있는 서랍들 속에 놓여 있었으며, 책들은 선반들 위에 세워져 있었지.

장교 집회실에는 장교가 한 명도 없었네. 모두 갑판에서 아마도 승선원 전원 작업을 하고 있었기 때문일 걸세. 볼틴 소위가 차가운 간식을 내게 대접했네.

그가 말했지.

"죄송합니다만, 따뜻한 음식이 하나도 없습니다. 불이 모두 꺼져 버린 탓입니다. 화약을 받고 있습니다."

관심이 생겨 물었네.

"화약이라고요? 그럼 이곳에는 화약이 많습니까?"

"약 500푸드[69] 정도를 받았습니다. 그래도 약 300푸드를 더 받아야 합니다."

"그런데 화약이 어디에 놓여 있습니까?"

그가 바닥을 가리키며 말했네.

"바로 여기 있습니다. 나리 밑에 있습니다."

나는 내 밑에 화약 500푸드가 이미 놓여 있으며 이 순간 승선원 전원 작업 전체가 약 300푸드를 더 쌓으려는 일에 집중되어 있다는 생각에 잠깐 동안 먹는 것을 멈춰야 했어.

그러고 나서 나는 조심성이 많다고 칭찬했지.

"불을 *끄셨다니* 다행이군요."

다른 사람이 선실로 들어오면서 말하더군.

"당치도 않습니다. 담배를 필 수 없는데 뭐가 좋겠습니까."

그때 나는 이렇게 생각했네.

'똑같은 것을 보고도 얼마나 다른 견해가 있을 수 있는가!'

그러나 한 달 후 포츠머스[70]에서 전함을 수리하는 동안 화약을 영국 해군공창[71]에 보존하려고 내주었을 때에 나는 불을 안 주어서 담배를 필 수 없다고 심하게 투덜댔다네.

저녁 무렵이 되자 모두 모였어. 선박의 주방, 즉 벽난로[72]가 활활 타오르기 시작하고 차와 저녁이 나오자 시가가 연기를 내뿜기 시작했네. 나는 모든 사람과 인사를 나누게 되었지. 그때부터 지금 이 순간까지 집처럼 편안하게 지내고 있다네. 나는 예전에 수병들이 차라는 단어를 펀치라는 의미로 쓴다고 소문으로 들은 적이 있었어. 그래서 장교들이 식탁에 모이면 펀치를 마시는 승선원 전원 작업이 시작되어서 활기 넘치는 대화가 불타오르기 시작하고 그와 동시에 코도 빨갛게 불타오르며 나중에는 우정을 고백하거나 심지어 서로 포옹하며 끝날 것이라 기대했네. 한마디로 떠들썩한 주연의 전 과정이 연출될 것이라 기대한 거지. 나는 이 주연에서 벗어날 방도도 이미 생각해두었네. 그러나 놀랍고 만족스럽게도 긴 책상에는 고작 셰리주[73] 한 병밖에 놓여 있지 않더군. 두 사람 정도가 이 셰리주를 작은 술잔으로 한 잔씩 마셨고, 다른 이들은 셰리주가 있는 것을 알아채지도 못했네. 저녁 식사 시간에 술을 아예 내오지 않는 게 어떠냐는 제안이 나중에 나왔는데 이때 모두 하나같이 동의했다네. 술을 아껴서 남는 돈은 도서관에 보태주기로 결정했지. 도서관에 대해서는 저녁 식사를 할 때 오랫동안 이야기했지만 보드카에 대해서는 한마디도 없었네![74]

한 늙은 수병이 오래전 이야기를 내게 해준 것이었어!

그가 이렇게 말하곤 했네.

"꽁꽁 얼고 젖어버린 채로 당직을 교체하고 나면 펀치를 여섯 잔이나 마셔댔었지…!"

파데예프가 내가 쓸 해먹을 매달아주었네. 10월임에도 내리던 비와 내 발밑에 있는 화약 800푸드에도 불구하고 나는 육지에 살 때는 흔치 않았던 깊은 잠에 빠져들었어. 분주하게 이사하느라 지치고 맑은 공기와 나쁘지 않은 새로운 인상들 덕분에 마음이 안정되었던 게지. 아침에 깨어나자마자 나는 도시에서 데려온 내 하인을 선실에서 마주쳤네. 그는 전날 저녁에 해안으로 돌아갈 시간을 못 맞춰서 수병들과 밤을 지냈더군.

그가 간청하는 듯한 불안한 목소리로 말했네.

"나리! 제발 해로로는 가지 마세요!"

"어디에 가지 말라는 거야?"

"지금 가실 곳, 세상의 끝 말입니다."

"그럼 어떻게 가란 말이야?"

"수병들이 육로로도 갈 수 있다고 말해줬어요."

"도대체 왜 해로로는 안 된다는 거야?"

"아, 맙소사! 얼마나 무섭다고들 이야기하는데요. 사람들이 말하기를, 저기 위에 가로로 걸려 있는 이 통나무에서…"

나는 그에게 단어를 고쳐주었네.

"활대란다. 뭐가 문제야?"

"폭풍우가 칠 때 바람이 열다섯 명을 바다로 내던졌답니다. 그 사람들을 간신히 건져냈는데 한 명은 빠져 죽어버렸답니다. 제발 가지 마세요!"

우리의 대화를 주의 깊게 듣고 난 파데예프는 흔들리는 것은 전혀 무섭지 않다고 말했네. 그런데 바다에는 빙빙 도는 장소들이 있고 배가 그와 같은 소용돌이에 빠지게 되면 배 밑바닥이 바로 거꾸로 뒤집혀버린다고 말했지.

내가 물었네.

"도대체 어떻게 해야 한단 말인가? 그리고 그런 장소들이 어디에 있나?"

파데예프가 되물었어.

"그런 장소들이 어디에 있느냐고 하셨나요? 키잡이들이 알고 있지요. 그리로는 가지 않아요."

　마침내 우리는 닻을 올렸네. 바다는 사납고 누랬어. 구름은 잿
빛으로 매우 짙었지. 비와 눈이 번갈아가며 내렸네. 바로 이것이
우리를 조국에서 배웅해준 것들이야. 돛대 밧줄들과 삭구들은 얼
어붙었네. 융으로 된 외투를 입은 수병들이 무리 지어 불평해댔다
네. 전함은 삐거덕거리는 소리와 신음소리를 내며 이 파도에서 저
파도로 굴러갔고 우리가 떠나가는 동안 해안은 안개에 파묻혀버
렸지. 가죽 외투와 방수포 군모를 입은 당직 장교는 맘껏 얼고 젖
을 수 있는 완벽한 자유를 부여받은 콧수염을 제외한 그 어떤 것
도 밖으로 내놓지 않으려 애쓰며 주변을 예리하게 쳐다보았네. 가
장 큰 걱정은 노인[75]이었어. 이전에 쓴 편지들에서 자네들에게 이
노인을 포함하여 나의 거의 모든 동반자를 소개해주었지. 그들의
특징을 다시 묘사하지는 않겠네만 적당한 기회가 오면 각각의 사
람에 대해 언급하겠네. 노인은 상급 부선장으로서 항로를 관찰해
야 했어. 핀란드 만은 온통 얕은 여울로 가득했으나 그 대신 등대
들이 잘 배치되어 있기 때문에 맑은 날씨라면 넵스키 대로[76]에 있
는 것만큼이나 안전하다네. 그러나 지금 안개 속에서는 노인이 아
무리 눈을 치켜떠도 네르빈스키 등대를 볼 수 없었지. 그의 근심
은 끝이 없었네. 그는 등대에 대한 이야기밖에 하지 않더군.

노인은 등대와 상관없는 사람들에게도, 나까지 포함하여 모두에게 말하곤 했네.

"어떻게 이럴 수가 있지요. 계산대로라면 벌써 30분 전에 등대가 보였어야 하는데 말이요."

노인이 짧은 손가락으로 안개 속을 가리키며 중얼거렸지.

"등대는 저기 있을 게요. 틀림없이 저기, 바로 이 돛대 밧줄 맞은편에 있을 게요. 저놈의 안개가 방해하는구먼!"

노인이 수병 가운데 누군가에게 말했어.

"이런, 맙소사! 봐봐라, 안 보이나?"

내가 물었다네.

"그런데 저기, 화살 같은 것은 뭐지요?"

"어디? 어디요?"

내가 먼 곳을 가리키며 말했네.

"저기요, 아마도⋯."

노인은 선장에게도, 고참 장교에게도, 당직에게도 장엄하게 말하더군.

"아, 정말, 저기, 저기, 맞아, 맞아요! 보인다, 보여요!"

그러고 나서 노인은 때로는 선실에 있는 지도 쪽으로, 때로는 다시 갑판으로 뛰어다녔다네.

노인은 생부를 만난 것처럼 기뻐하며 거듭 말했어.

"보인다, 저기 등대가 온전히 다 보여요!"

그러고 나서 노인은 항해 노트[77]를 재더니 계산을 하러 갔네.

우리는 고틀란드 섬[78]을 지나갔어. 거기서 나는 바다의 미신에 대해 듣게 되었지. 예전에는 이 섬을 지나가게 되면 그 곁을 폭풍우 없이 잘 지나갈 수 있게 하려고 섬을 보호하는 영혼이 거하는 섬 쪽으로 동전을 던졌다는 것이었네. 고틀란드 섬은 어떤 배도 접근할 수 없는 깎아지른 듯한 가파른 절벽을 지닌 암석으로 되어 있다네. 선박들이 사나운 영혼의 희생물이 된 경우가 한두 번이 아니었지. 그리하여 흉포한 바다는 이 배들의 파편을, 때때로 시체까지도 손님을 좋아하지 않는 섬의 가파른 절벽 쪽으로 높이 던져 올리곤 하네. 우리는 보른홀름 섬[79]도 지나갔어. 사랑스러운 보른홀름 섬과 카람진[80]의 비밀스럽고 완성되지 않은 전설[81]을 기억하는가? 모든 것이 차갑고 음울했네. 전함에는 콜레라가 돌기 시작했지. 덴마크에 도달해서 우리는 세 명을 묻어야 했네. 게다가 한 용감한 수병이 사나운 날씨에 바다로 떨어져 물에 빠져 죽고 말았지 뭔가. 바다와 우리의 약혼식은 바로 그런 것이었네. 내 하인의 예언이 어느 정도 이루어졌어. 다른 사람들을 희생시키지 않고 물에 빠진 이에게 도움을 주는 것은 심한 파도 때문에 불가능했다네.

그러나 나날은 순조롭게 지나갔네. 배에서의 삶 또한 마찬가지였어. 직무를 수행하고 점심을 먹고 또 저녁을 먹었지. 모든 것을 호각 소리에 따라 했고 심지어는 웃고 즐길 때조차 호각 소리에 맞추어서 했다네. 식사 역시 일종의 승선원 전원 작업이야. 포병 중대의 갑판에 탱크라고 불리는 큰 접시들을 늘어놓지. 여기에 한 개의 공통 냄비, 이른바 형제의 냄비에서 만들어진 요리가 놓이네. 요리는 한 가지씩만 나온다네. 소금에 절인 고기나 생선, 쇠고기 혹은 묽은 죽을 곁들인 양배추 수프 시를 주지. 저녁도 똑같이 주거나 가끔씩은 죽만 주기도 하네. 하루는 맛을 보려고 가본 적이 있었어.

내가 말했네.

"빵과 소금[82]을 내주시오."

한 수병이 예의를 차리려는 마음에서 자신의 나무숟가락을 깨끗이 핥아먹고 내게 주더군. 양배추 수프 시는 매우 맛있었네. 조미료로 양파를 많이 넣은 것이었지. 수병들이 좋아하는 것은 물론이고 바다에서 몸에 좋은 음식으로 여겨지는 이 소금에 절인 고기와 양파 조각들과 함께 삶은 양배추를 소화시키려면 수병의 위를 가져야 한다네. 즉 수병처럼 육체적으로 노동해야 한단 말일세.

이런 생각이 들었네.

'하지만 정찬으로 요리 한 가지는 적지. 수병들은 아마도 배고 플 게야.'

내가 물었네.

"그런데 드시는 양은 많은지?"

식사를 하고 있던 다섯 명이 한목소리로 대답하더군.

"배 터지게 먹습니다, 나리.[83]"

실제로 때로는 이 무리에서 또 때로는 다른 무리에서 수병이 빈 접시를 들고 형제의 냄비 쪽으로 황급히 뛰어가서 수북하게 담긴 접시를 들고 조심스레 돌아오곤 했네.

내가 호각 소리에 따라 놀기도 했다고 말했지. 맞아. 400명이 비좁게 모인 곳에서는 오락 역시 공통 질서에 종속되어 있네. 점심을 먹고 일을 끝낸 후에, 특히 일요일에 보통 호각을 분다네.

이러한 명령이 울려 퍼지지.

"가수들을 갑판 위로 불러내라!"

그러고 나면 오락이 시작되네. 어떤 일요일에 있던 오락은 내겐 엄청나게 충격적이었기에 그것을 특히 잘 기억하고 있어. 차가운 안개가 하늘과 바다를 덮었고 가랑비가 내린 날이었지. 이런 날씨에는 깊은 생각에 잠겨 몰두하고 싶어지네. 그런데 수병들은 노래하고 춤추는 게 아닌가. 이상하게 춤을 추더군. 그들의 완고한 춤

동작과 춤에 대한 이런 몰두는 뭔가 맞지 않아 보였네. 춤추는 이들은 과묵했고 얼굴 표정은 신중함을, 심지어는 무뚝뚝함까지 유지하고 있었거든. 그러나 그렇게 해야 그들은 다리를 더 잘 놀릴 수 있는 것 같았네. 주변의 구경꾼들은 똑같이 무뚝뚝한 신중함을 지닌 표정으로 집중해서 춤추는 이들을 보고 있었어. 춤은 마치 중요한 작업을 수행하는 것처럼 보였네. 그들은 오늘이 명절이고 따라서 즐거이 놀아야 한다는 인식 하나만을 의지해 춤추는 것 같았지. 그러나 만약 이 오락거리를 못하게 했다면 그들은 불만족스러워했을 거야.

항해는 매일이 똑같았네. 인정하건대 지루해졌어. 늘 잿빛인 하늘과 누런 바다, 눈이 섞인 비나 비가 섞인 눈뿐이니 누군들 싫증나지 않겠나. 게다가 나는 치아와 관자놀이가 아프기 시작했네. 류머티즘은 어느 때보다 더 생생하게 자신의 존재를 상기시켰다네. 나는 앓아누워서 따뜻한 이불에 몸을 감싸고 볼을 묶은 채 며칠간 쭉 누워 있었어.

덴마크 해안에 가까워져서야 우리는 따뜻한 기운을 느낄 수 있어서 다시 살아날 수 있었네. 콜레라는 흔적도 없이 사라졌지. 류머티즘은 누그러졌고 나는 거리에 나갈 수 있게 되었어. 나는 갑판을 거리라고 부르기로 했네. 그러나 폭풍우는 우리를 떠나지 않왔네. 가을의 발트 해에는 보통 있는 일이야. 하루이틀이 지나면 바람이 힘을 모으고 있는 것처럼 조용해지지. 그다음에는 살아 있는 생물체와 같은 불쌍한 배가 신음할 만큼 바람이 갑작스레 일어나네. 배에서는 밤낮으로 방심하지 않고 항상 날씨 상태를 주시해야 해. 기압계는 모두에게 예언자나 다름없지. 수병들과 장교들은 자기 비번 시간에 평안하게 잠자는 것을 감히 꿈도 꾸지 못한다네.

밤의 정적 속에서도 이런 소리가 울려 퍼지더군.

"전원 갑판으로!"

내 해먹에 누워 있으면 두드리는 소리, 고함치는 소리, 돛들이 움직이는 소리, 구령 소리가 들리네. 이 구령들의 속뜻을 이해하기 시작했어. 중간 돛과 보조 돛을 펴 올려라 하는 명령이면 편안하게 이불로 몸을 감고 태평하게 잠들 수 있네. 조용하고 평온할 것이라는 뜻이기 때문이지. 그 대신 돛을 두세 개 접어 내려라 하고 명령할 때는, 즉 돛을 줄이라고 명령할 때는 얼마나 귀를 기울이는지 모르네. 이때는 자지 않는 게 낫다네. 나중에 어쩔 수 없이 깨게 되고 말거든.

돛에 대해 오래 지껄여서 자네들을 피곤하게 만들었을 텐데, 이왕 말하는 김에 돛의 체계를 보고 내가 어떤 인상을 받았는지 말하겠어. 많은 이들이 이 체계를 즐기네. 그 이유는 사람들이 이 돛

체계에서 사나운 자연 현상에 대항하는 인간의 강인함 같은 것의 증거를 발견하기 때문이지. 그러나 나는 정반대의 증거, 즉 물을 극복하는 데에 인간이 얼마나 무력한지 그 증거를 보았네. 돛들이 설치되어 있고 정돈되어 있는 모습을 가까이에서 한번 보게나. 그 장치의 복잡성을 한번 보게나. 삭구들, 굵은 밧줄들, 가는 밧줄들, 배를 매는 밧줄들, 가는 줄들이 이루는 이 그물망을 한번 보게나. 각각의 줄이 자신이 맡은 특별한 임무를 수행하며 전체 사슬에서 반드시 필요한 하나의 고리가 되네. 이것들을 움직이는 손이 몇 개나 되는지 한번 보라고. 그러나 이 모든 꾀를 총동원해도 그 결과는 얼마나 불완전한지! 선박이 목적지에 도착할 때까지 얼마의 시간이 걸릴지는 미리 계산할 수가 없어. 역풍과 싸우는 것 역시 불가능하네. 얕은 여울을 만나게 되면 뒤로 움직일 수도 없고 곧바로 반대쪽으로 방향을 돌릴 수도 없으며 그렇다고 한 순간도 제자리에 멈추어 있을 수는 없으니. 무풍지대에서 배가 잠깐 졸고 있고 역풍이 불면 배가 지그재그로, 즉 이리저리 움직인다네. 이렇게 바람을 기만해도 배는 곧은길로 갈 수 있는 거리의 3분의 1밖에는 가지 못하지. 그런데 고작 이런 배를 만드는 데 사람들은 몇천 년이라는 세월을 다 써버렸다네. 1세기에 돛과 밧줄을 하나씩 만든 셈이야. 각각의 밧줄 안에서, 각각의 갈고리 안에서, 못과 판자 안에서 우리는 인류가 순풍이 불 때 바다를 항해할 수 있는 권리를 어떤 고난을 겪으면서 얻어냈는지 그 역사를 읽을 수 있다네. 돛을 전부 합하면 30개가 된다네. 바람이 한번 불 때마다 돛을 한 개씩 펼쳐 올려야 하지. 배가 백조처럼 흰 돛을 활짝 펼치고 바다의 끝없는 표면 위를 항해할 때 옆에서 보면 아름다워 보일 수도 있네. 그러나 거미줄처럼 엉켜 통행로 없는 이 삭구들 속에 빠지게 되면 그 안에서 힘의 증거를 보기보다는 완전한 승리가 가망 없음을 보게 된다네. 범선은 정부에게 영향력을 행사하기 위해 연지를 바르고 분을 칠하며 치마 열 장을 겹쳐 입고 코르셋을 꽉 졸라매는, 그러다 아주 잠깐씩 정부에게 영향력을 행사하는 데에 성공하기도 하는 늙은 요부를 닮았어. 그러나 젊고 신선한 힘이 나타나기만 하면 그녀의 이런 모든 노력은 물거품이 되고 말지. 이와 같이 밧줄로 몸을 감고 돛으로 몸을 덮고 있는 범선도 신음하고 한숨 쉬며 똑같은 곳, 즉 파도를 마구 헤집는다네. 그러나 전면에 조금이라도 바람이 들이치면 이 날개들은 단지 매달려 있을 뿐 아무것도 할 수가 없어. 증기로 배가 움직이기 전까지는 어쩌면 순풍을 타고 바다를 항해할 수 있는 데까지 도달했다는 생각에 자부심을, 아니 그보다는 즐거움을 느낄 수 있었을 거야. 증기선은 시적인 요소가 별로 없고 깔끔하지도 않으며 아름답지도 않다고 생각하는 이들도 있네. 이것은 익숙하지 않기 때문이지. 만약 증기선이 몇천 년 동안 존재해왔고 범선이 얼마 전에 생겨났다고 한다면 인간의 눈은 증기선이 빠르게 돌진하는 모습에서 더 많은 시적인 것을 찾아냈을 걸세. 증기선에서는 기진맥진한 사람들의 무리가 바람을 기쁘게 해주려고 이쪽 구석에서 저쪽 구석으로 허우적거리며 뛰어다니지 않네. 그 대신 범선에 탄 사람들은 자신의 발 아래 바다의 힘과 맞먹는 힘이, 폭풍우도 무풍지대도 자신에게 무릎 꿇도록 만드는 힘이 압축되어 있다는 것을 편안하게 의식하기에 팔짱을 낀 채 빈둥거리며 서 있지. 돛이 바람을 맞지 않는 쪽에서 얼마나 아름답게 부푸는지, 전함이 파도 때문에 거의 누운 것처럼 비스듬히 어떻게 파도를 가르고 한 시간에 12노트를 질주하는지를 사람들이 내게 보여준 것은 헛된 일이었네.

내게 이렇게들 말하더군.

"증기선도 이런 식으로는 못 갑니다!"

"대신 증기선은 항상 갈 수 있습니다."

바로 이것이 구식 학교[84]의 수병들이 처한 슬픈 현실이야. 이들의 자부심과 야심을 내포하고 있는 모든 이성과 모든 학문과 예술이 삭구 속에서 살고 있기 때문이네. 상황은 이미 종결되었지. 돛은 작은 배와 부유하지 않은 교역선의 몫으로 남았고 그 외 모든 것은 증기가 차지해버렸네. 큰 범선을 제조하는 군 조선소는 이제 단 한 군데도 없다네. 심지어 옛 범선들조차 증기선으로 개조하고 있어. 우리는 포츠머스 해군공창에서 이미 완성한 배를 반으로 가르고 증기 기관을 끼워넣는 것을 보았지 않은가.

우리는 외레순 해협[85]으로 들어갔네. 우리나라의 평평한 초원 지방밖에 본 적이 없는 사람 앞에 처음으로 안개 속에서 산들이 모습을 드러냈다네. 그 산들은 비치는 햇빛과 떨어져 있는 거리에 따라서 누렇거나 연보랏빛으로 혹은 회색으로 보이지. 스웨덴 해안은 온통 산악 지대고 덴마크 해안은 선명하게 눈에 들어오네. 이 해안에서 우리는 가을빛에 연해진 녹색 채소와 나무 몇 그루를 보게 되었어. 낭만주의자는 두 해안에 자리 잡은 요새들을 바라보면서 햄릿의 무덤을 떠올릴 테지. 좀 더 긍정적인 이들은 외레순 해협에서 거두는 세금의 불공정함에 대해 논의했고, 가장 긍정적인 사람들은 신선한 식량을 저장해둘 필요가 있다고 말했네. 모두 해안에 하루 동안 갔다 오기를 원했다네. 덴마크의 땅에 발을 딛고 코펜하겐을 뛰어다니기를 원했어. 그러면서 이 도시의 특성과 사람들, 생활양식의 모습을 보고자 했지. 그들은 배의 흔들림 때문에 굳어진 다리를 좀 펴며 신선한 굴을 맛보고 싶어 했네. 그러나 이 가운데 그 어느 일도 일어나지 않았다네. 다음 날 폭풍이 아우성쳤고 해안가와 교신되지 않아서 내 기억에 사흘 밤낮을 우리는 우울하게 아무 일도 하지 않으며 그냥 서 있었거든. 해안이 버젓이 보이는 바다에서 그곳에 갈 수 없어 둥둥 떠 있는 것은 망망대해에서 꼬박 한 달을 보내는 것보다 훨씬 무료한 일이네. 나는 이 사실을 전적으로 확신하게 되었어. 점심을 먹고 차를 마셨으며 대화를 나누고 책을 읽었으며 두 해안의 모습을 외워버렸으나 여전히 시간은 많이 남아 있었네. 가끔 가다 갑작스러운 즐거운 일로 인해 단조로움이 깨지는 정도였지.

때때로 당직이 선장실로 달려 들어가 불안하게 말했네.

"상인[86] 하나가 덮쳐오고 있습니다, 나리."

모두 책도 밥도 내던지고 갑판 위로 달려갔다네. 나도 마찬가지였어. 바다에서는 군함과 구분하기 위해 짧게 상인이라고 부르는 상인들의 배는 물살에 의해 혹은 조종 실수로 깨어져서 실제로 앞 갑판이나 뒤 갑판을 파괴하고 금방이라도 부딪힐 것처럼 다가오며 제2 돛대에 어떻게 해서든 해를 끼치게 되고 활대를 꺾곤 한다네. 상선이 자기 자신과 다른 배들에 얼마나 해를 끼치는지 다 셀 수도 없어. 한편에서는 러시아어로 고함 소리, 소음, 협박이 시작되었고, 다른 한편에서는 네덜란드어나 영어나 독일어로 힘 있는 대답과 변명이 시작되었네. 혼잡 속에서 서로 목소리를 들을 수도 이해할 수도 없었지. 어쨌거나 모든 일은 배들이 서로 멀어지는 것으로 끝났네. 그리고 나서 모든 것이 잠잠해지더군. 배는 또다시 조용하고 움직이지 않게 되었네. 보초만이 소총을 손에 들고 생각에 잠겨 앞뒤로 걸어 다녔어.

밤에 멀리서 불빛이 보이면 불안이 더 커진다네. 상선이 경계를 게을리하지 않을 것이라고 기대해서는 안 돼. 상선에서는 모든 것이 절약의 희생물이 되거든. 그래서 사람이 적고 대부분 키잡이는 한 명이라네. 그렇기 때문에 밤에 이 키잡이가 키 앞에서 졸지 않을 것이며 또 만나는 불빛들을 놓치지 않기를 바라서는 안 될 것이야. 두 선박이 충돌하면 더 작은 선박은 반드시, 가끔은 두 선박 모두 불가피하게 파멸하고 말지. 이 때문에 멀리서 다가오는 불빛들이 보일 때면 선박에는 항상 한바탕 소동이 일어난다네. 즉 고함을 지르고 북을 치며 신호용 불꽃을 쏘아 올리고, 만약에 그래도 그 상선이 방향을 바꾸지 않으면 대포를 발사하지. 많은 이들이 각자의 선실에서 자며 무슨 일이 일어나는지 모르고 있는 상황에서 갑자기 배에 진동하는 굉음이 울려 퍼질 때에 특히 고소해하네. 그러나 이것에도 익숙해지게 된다네.

실리펜바흐 남작은 업무상 홀로 해안으로 보내졌어. 나중에 수로안내인을 부른 다음 폭풍우가 잠잠해지자마자 우리는 외레순 해협을 지나갔고 카테가트 해협[87]과 스카게라크 해협[88]으로 내려갔지. 우리는 이곳을 하루 만에 달려 지나갔네.

나는 이때 처음 읽는 것이 아닌데도 눈을 뗄 수 없는 훌륭한 책을 읽고 있었어. 바로 『난선의 역사』[89]라네. 옛 시대와 오늘날 유명한 난선의 사례를 조사해 모아놓은 책이야. 림스키코르사코프[90]가 이 책을 읽고 나서, 그의 말에 따르면 상상력을 진정시키기 위해 읽어보라고 내게 주었어. 참 잘도 진정되겠다 싶더군. 약 3년간 바다에서 일어난, 갈수록 더 무섭고 비참해지는 이야기를 100개나 연이어 읽는데 말이야! 배가 어떻게 바위에 부딪혀서 옆으로 쓰러졌는지, 돛대들과 갑판들이 어떻게 허물어졌는지, 수백 명의 사람 가운데 어떤 이들은 대포에 짓눌려서 죽어가고 또 다른 이들은 물에 빠져서 죽어 갔는지 이런 이야기만 담겨 있네…. 그런데 주위를 둘러보면 돛대와 갑판 그리고 대포를 보게 되고 바람이 포효하는 소리가 들린다네. 그 근처 강변에서는 아름다운 바위들이 고요함 속에 서 있지. 그런 식으로 여행자들의 운명 때문에 몸서리치게 되는 것이 한두 번이 아니네…! 그러나 나는 위험한 여행에 대한 이야기를 읽고 듣는 것이 그 여행을 직접 겪는 것보다 훨씬 무섭다고 확신했어. 죽어가는 사람도 이 모습을 본 증인들처럼 죽는 것이 두렵지는 않다고들 하니까.

이후 선박의 구조를, 난선들에 대한 이 모든 이야기의 역사를 깊이 탐구하게 되면 배가 쉽고 빠르게 침몰하지 않는다는 사실과 판자가 하나 남을 때까지 배가 바다와 싸운다는 사실을 알게 된다네. 게다가 배가 방어와 자구 수단 가운데 우리가 예견할 수 있던 것과 예견조차 할 수 없던 것을 매우 많이 지니고 있다는 점을 알게 되지. 그리고 배는 자신의 거의 모든 구성원과 부분을 잃어가면서도 섬이 보이는 가운데 파도 위에서 몇천 마일을 더 질주하고 사람의 생명을 오랫동안 보전해준다는 사실을 알 수 있네. 멸망할 운명에 처한 선박과 사나워진 바다 사이에는 집요한 전투가 시작되거든. 한쪽에서는 맹목적인 힘이, 다른 한쪽에서는 붕괴 자체에 점차 규칙에 따라 수행될 것을 지시하는 필사적임과 명철한 교활함이 전투를 벌이네. 배가 어떻게 침몰에서 스스로를 보호하는지에 대한 완벽한 이론을 아는가? 폭풍이 배에서 세 개의 돛을 모두 떼어내버리면? 침몰해버리겠구나 여겨지면? 이 모든 것은 성난 말의 고삐를 잘라내는 것과 똑같은 것 아닌가? 그러나 그사이에 비상용 목재로 돛대를 날조해서 만들어 세우고 다시 간다네. 키가 부서지면? 그러면 구조되고자 하는 희망은 경탄할 만한 민첩함을 부여해주고 키 역시 날조해 만들어지지. 심한 구멍으로 물이 새어 들어오면? 처음에는 그냥 돛으로 덮네. 그러면 구멍이 천을 빨아들이고 물이 들어오지 않게 된다네. 그동안 수십 개의 일손이 새로운 판자들을 만들어 물 새는 틈에 대고 못을 박지. 마침내 선박이 전투를 거부하고 바다 아래로 가라앉게 되면 사람들은 보트로 몸을 던지고 이 나뭇조각을 타고 가장 가까운 해안에, 때로는 1,600킬로미터나 떨어져 있는 해안에 다다르게 되는 걸세.

독일해[91]에서 폭풍우가 잠잠해졌을 때 우리는 가망 없는 선박을 보게 되었네. 처음에는 이 선박이 어떤 배인지 알 수 없었어. 그 선박은 깃발이 없었거든. 우리 깃발을 올리고 그 선박에 깃발을 요구했을 때 그 선박이 깃발을 들어올리지 않은 것이네. 그 선박에 더 가까이 다가가면서 우리는 그 위에서 어떤 움직임도 알아챌 수 없었어. 마침내 보트를 타고 그 선박 쪽으로 가보았더니 단 한 사람도 없지 뭔가. 선박은 폐선이 되어 버려져 있었네. 선창에 물이 점점 차오르고 있었기 때문에 우리가 그곳에 남아 있었다면 필시 해질녘쯤에는 그 선박이 바다 아래로 가라앉는 것을 볼 수 있었을 테지. 가망 없는 선박이 가라앉을 때도 시간이 얼마나 필요한지 알겠는가…. 해질녘이네! 그런데 이 선박은 이미 자신의 이성과 의지, 즉 사람들을 잃었고 따라서 투쟁을 멈춘 상태였어. 그 선박은 아무 말도 없이 파멸하고 있었네. 선박의 앞부분이 가라앉고 있었지. 모든 임종이 그렇듯이 슬픈 장면이었네!

바로 그날 우리는 이 배를 떠난 지 얼마 되지 않아 멀리 있는 몇몇 점을 보게 되었고 고함 소리를 들었네. 망원경으로 배들을 분별할 수 있었어. 가까이 다가가면서 사람의 목소리들을 더 명백히 구별하게 되었지.

선장이 말했네.

"분명히 어부들일 겁니다."

아바쿰 사제는 동의하지 않더군.

"아니에요, 들리세요, 통곡 소리지 않습니까! 필시 죽어가는 사람들이 도움을 요청하고 있는 것입니다. 그러니 방향을 돌릴 수 없는지요?"

선장은 아바쿰 사제의 말이 틀렸다고 확신했으나 책임을 지지 않기 위해서 어부들을 향해 방향을 돌리라고 명령했어. 그러나 그는 시간낭비 하는 것을 내켜하지 않았네. 군함은 바다에서 한가히 산책할 시간이 전혀 없기 때문이야.

선장이 중얼거렸네.

"만약 이게 어부들이 고함치는 거라면 생선을 사라고 하는 거겠지…."

선장이 보초병에게 명령했지.

"이동 펌프를 준비해라!"(이동 펌프란 소방 호스들을 말하네.)

수병들에게는 물을 모으고 호스를 쥔 채 대기하고 있으라는 지시가 내려졌네. 검은 점은 그사이 보트로 바뀌었어. 바로 그 보트 위에 서서, 내 생각에는 네덜란드까지 들릴 만큼 큰 소리로 외쳐대는 사람들도 보이더군. 더 가까이 가자 사람들이 우리 쪽으로 손을 뻗으며 생선을 사달라고 간청했네. 그 보트들 옆에 바짝 붙으라고 명령이 내려졌지.

보초병이 외쳤어.

"이동펌프!"

그러자 어부들은 시원한 샤워를 하게 되었네. 우리 수병들은 이루 말할 수 없이 만족스러워했어. 어부들도 우리들과 함께 웃기 시작한 걸로 보아 그들도 마찬가지였던 것 같네.

한편 선장이 시간을 그렇게 아낀 일은 쓸모없게 되었어. 우리는 10월 20일에서 21일 사이에 포츠머스에 도착할 것이라고 계산했는데 멀리서 보일 뿐인 어부들 모두에게 방향을 돌릴 시간이 있을 만큼 독일해에 오랫동안 있었던 거야. 역풍이 끊임없이 불어서 열흘 동안 우리를 영국 운하에 들여보내주지 않더군.

자네들은 이렇게 물을 테지.

"그럼 배에 탄 사람들은 열흘 동안 도대체 무엇을 했는가?"

자네들은 페테르부르크와 크론시타트 항구 사이를 오가는 한 시간짜리 여행이 사람을 무료하게 한다는 것을 상상하기 힘들 걸세. 그렇네. 바다에서 몇 시간은 무료하다네. 그러나 몇 주는 아무렇지 않아. 몇 시간 만에는 아무 일도 해낼 수 없지만 몇 주는 일에 사용할 수 있는 자본이 되기 때문이지. 게다가 즐거운 일도 있었네. 범고래나 돌고래가 나타났거든. 이 동물들은 검고 통통한 등을 보여주며 파도를 가로질러 매우 재미있게 뛰어올랐네. 저녁이면 우리는 뱃전에서 몸을 굽히고 심해에서 작은 동물들이 반짝이며 인광을 내는 불꽃들을 열중해서 보곤 했다네.

발트 해를 따라갈 때 우리는 사치스러울 만큼 풍성하게 점심을 먹었지. 재료는 신선했고 요리사는 훌륭했네. 그러나 역풍이 불어오자 이 바람이 우리를 바다에 오랫동안 잡아둘까 염려하기 시작했지. 그래서 신선한 재료를 아끼기로 했어. 이 염려가 헛되지 않았네. 포츠머스까지는 약 480킬로미터 남아 있었네. 질주하면 낮 동안에도 도착할 수 있을 만한 거리였으나 우리는 바다 위를 열흘 동안, 그것도 늘 같은 노선으로만 질주하고 다녔지.

아침에 잠에서 깨면 나는 노인에게 물었네.

"여기 어딥니까?"

노인은 화난 목소리로 말했어.

"바다지요."

자네들은 더 화난 목소리로 말하겠지.

"그건 말 안 해도 알아요. 어느 지점이냐고요?"

"저기, 봐요. 정말로 안 보이는가요? 여전히 우리가 어제도 있었던 그곳이지요. 즉 네덜란드 등대 근처지요."

"그럼 이제는 어디로 가나요?"

"어제도 갔던 곳, 도거 암초[92] 쪽으로 가야지요."

이 암초는 바다 전체의 깊이에 비하면 비교적 얕지만 큰 배들에도 충분한 깊이라네. 이 암초 위는 안전할 뿐만 아니라 심지어 파도까지 잘 느껴지지 않지.

저녁이 되면 자네들은 모두의 예언자인 노인에게 물을 걸세.

"그나저나 우리가 움직이고 있나요?"

"물론, 잘 가고 있지요. 바람과의 각이 가파르거든요. 7.5노트 속도네요."

자네들은 참지 못하고 물을 걸세.

"우리가 앞으로 가고 있나요?"

노인은 대답할 거야.

"물론 앞으로 가고 있네요. 네덜란드 등대 쪽으로 말이네요. 보아하니 보이는 것도 같군요!"

이 대화에 대한 결과로 식탁에는 소금에 절인 고기가 더 자주

나오기 시작했네. 바다의 동요 때문에 늙어버린 닭과 오리 그리고 어미 돼지 수준까지 자라버린 새끼 돼지는 귀한 음식에 속하지. 심지어 먹는 물을 1인분씩 배급하기 시작했네. 처음에는 하루에 한 사람당 손잡이가 달린 컵으로 두 컵을, 나중에는 한 컵을 식수로 나누어주었어. 바닷물로 씻거나 아예 씻지 말자는 제안이 나왔네. 내 자네들에게 살짝 말해줌세. 파데예프가 어떻게 했는지 몰라도 선창 담당 하사관 테렌티예프가 경계를 게을리하지 않았음에도 기회를 포착하여 그의 앞 갑판 밑 탱크에서 매일 아침 한 주전자씩 물을 퍼올려 내게 세수하라고 가져다주었다네.

파데예프는 주전자를 든 채 선실에 달려 들어오며 매번 기쁘게 말했지.

"물을 구해 왔어요. 자, 여기 있어요, 나리. 발각되어서 어디서 가져왔는지 묻지 않도록 얼른 씻으세요.[93] 전 얼굴 닦을 수건을 가져올게요!"(신에게 맹세코 거짓말이 아니네!)

이 유럽 러시아 도시[94]의 순박함이 내 마음에 무척 들어서 나는 다른 이들에게 내게 어떻게 대해야 하는지 파데예프에게 가르치지 말아달라고 자주 부탁했을 정도였네. 그는 사흘 정도 그렇게 해낼 수 있었으나 하루는 빈 주전자를 들고 돌아왔어. 그는 손으로 뒷머리를 긁적이고 등을 긁어대며 왠지 큰 소리로 너털웃음을 웃어대더군. 그 웃음 사이로 어떤 부자연스러움이 보였네.

　때로는 등을, 때로는 머리를 만지며 그가 마침내 말했지.

　"에이! 제기랄, 젠장, 머리를 어찌나 세게 때리던지요!"

　"누가, 왜?"

　"테렌티예프가요, 이런 젠장! 부랑배 자식이 보고 말았어요! 내가 물을 길어서 선박 사다리로 갔는데 그가 어디선가 갑자기 튀어나와서 주전자를 빼앗고는 원래 자리에 부어버렸어요. 그러고는 뒤통수를 얼마나 세게 때리던지, 내가 선박 사다리로 도망가는데 그가 뒤에서 내 등을 굵은 밧줄로 쳤어요!"

　그러고 나서 그는 다시 웃기 시작했네. 누군가에게 생긴 실패가, 심지어 이때처럼 그 자신이라도 누군가가 맞는 것이 파데예프를 얼마나 기쁘게 했는지 이미 자네들에게 말한 적이 있을 거야.

　선창 선임 감독 일은 내가 앞서 언급했던 티흐메네프에게 맡겨졌네. 그는 원래 착하고 마음씨 좋은 사람이었기 때문에 조금만 알랑거리면 해주지 않는 일이 없네. 모두 이 사실을 알았고 그의 선창을 자주 이용했지. 그는 전체의 의견에 따라 장교 집회실의 살림을 운영했네. 그리하여 바로 이곳에서 그는 이 사람 저 사람에게 강요할 수 있는 많은 기회를, 한 명은 이러이러한 음식을 좋아하고, 다른 한 명은 좋아하지 않는 것 등을 기억해낼 수 있는 많은 기회를 가지게 되었어. 그는 한번에 많은 이를 어떻게 만족시킬지 난처해하면서 자주 자기 의무의 희생물이 되곤 했으나 대부분은 난처한 상황에서 승자가 되어 빠져나갔다네. 그러나 쉽게 격분하기도 했네. 이 모든 것은 갈로페르스키 등대와 도거 암초 사이뿐만 아니라 회귀선에서도, 적도 아래에서도, 사대양 모든 곳에서 우리를 즐겁게 해주었고 지금도 즐겁게 해주는 셀 수 없는 장면으로 늘 인도해주었지. 예를 들어, 누군가가 수프를 먹지 않는다는 것을 그가 알아채면 묻곤 했네.

"무엇 때문에 수프를 안 드십니까?"

그럼 이런 대답이 돌아오지.

"그냥, 안 당겨서 그렇습니다."

그러면 그는 자신이 부주의하다고 혹은 미숙하다고, 무엇보다 자기 직책을 수행하는 데 미숙하다고 질책받을까 하는 우려 때문에 고통받으면서 고집을 부린다네.

"아니요, 솔직히 말씀하십시오."

그는 극도로 예민해졌어.

"아니, 사실입니다. 먹고 싶지 않습니다. 왠지…."

"아니, 아마 수프가 맛이 없나 봅니다. 괜히 안 드시는 게 아니지요. 말씀해주십시오!"

마침내 그 사람은 뭐든지 말하기로 결심하게 되었네.

"오늘은 왠지 모르게 수프가 맛이 없습니다…"

그러나 온순한 티흐메네프[95]가 흉포해지는 바람에 그 사람은 끝까지 말하지 못했어. 티흐메네프가 분노하여 갑자기 물었지.

"그런데 수프에서 어디가 맛없는지 여쭤봐도 되겠습니까? 직접 식료품도 샀고, 만족을 드리려고 노력했는데, 이것이 바로 포상이군요! 어디가 맛이 없습니까?"

그 사람이 말하기 시작했네.

"아니요, 저는 아무것도, 정말로…"

티흐메네프가 모두를 눈으로 둘러보며 계속 말하더군.

"아니요, 수프가 어디가 맛이 없는지 어서 말씀하십시오, 저는 듣고 싶습니다. 스무 명의 사람들이 점심을 먹는데 아무도 한마디 안 하는데 당신 혼자만이…"

그가 눈물에 젖은 격한 목소리로 말을 이었어.

"여러분, 저는 여러분에게 묻겠습니다. 수프에서 어디가 맛이 없습니까? 저는 전력을 다하고 있다고 여깁니다. 사회가 제 가치를 인정하여 신뢰했고, 바라건대, 지금까지 제가 이 신뢰를 찬란하게 실현했다는 사실에 아무도 반대한 적이 없습니다. 저는 제게 주어진 신뢰를 매우 소중히 여기고 있습니다…"

그는 모두가, 그리고 마침내 그 자신까지도 사이좋게 큰 소리로 웃을 때까지 그렇게 계속했네. 때로는 반대편 끝에서 푸른 채소가 신선하지도 않고 비싸기까지 하며 누군가가 해안에서 더 좋고 싼 채소를 본 것 같다고 작은 소리로 슬며시 말하기 시작하지.

그럼 티흐메네프가 엄격하게 묻는다네.

"거기서 무슨 말을 속닥거리시는지 여쭤봐도 되겠습니까?"

"당신이 무슨 상관입니까?"

"뭔가 식탁에 관한 것일 수도, 맛이 안 좋고 비싸다고 생각하실 수도 있으니까요. 그렇다면 저를 이 직책에서 해임시키십시오. 저는 여러분의 신뢰를 소중히 여깁니다만 만약 제가 당신들과 제게 적합하지 않은 의심을 불러일으킬 수 있다면 저는 사임할 각오가 되어 있습니다…."

그는 심지어 일어나서 냅킨을 내려놓기까지 하지만 모두의 큰 웃음소리가 그를 다시 자리에 앉히지.

모두의 주의와 관심에 버릇이 나빠진 그는, 집에서도 개구쟁이일지 모르는 그는 때로 까탈 부리기를 좋아했네. 그는 탄식하고 한숨 쉬며 있지도 않은 병환이나 자신의 직책 때문에 피로가 쌓인다고 불평하고서 자신을 즐겁게 해달라고 요구하곤 했어.

그는 자러 들어갈 때면 자신의 경호병을 크게 소리쳐 부르네.

"비툴, 비툴! 오늘 너무 피곤해. 나 옷 좀 벗기고 눕혀줘."

그리고 칸막이 너머로 한숨과 불평이 모두에게 들려오지.

"내일은 당직 때문에 일찍 일어나야 해. 베개도 놓아줘, 좀 더 위에, 아니 거기 서, 가지 마, 내가 뭔가 문득 갑자기 하고 싶은 게 생길지도 모르잖아!"

바로 이런 사람에게 나는 손잡이가 달린 컵으로 한 컵씩 세숫물을 내주면 안 되겠느냐고 부탁한 걸세. 나는 비누가 바닷물에서는 녹지 않고 내가 수병이 아니라서 바다의 생활방식에 익숙하지 않으며 따라서 이 엄격함이 내게까지 미칠 필요는 없는 것 같으니 허락해달라고 말이네.

그는 내 양손을 붙잡고 말하기 시작했어.

"제가 당신을 얼마나 존경하고 당신의 호의를 얼마나 귀중히 여기는지 아십니까?"

그가 집요하게 묻더군.

"그렇지 않습니까? 당신은 이 사실을 의심 안 하시지요?"

나는 그가 내게 식수를 내줄 것이라는 희망 속에서 감정을 실어 확신을 건넸네.

"의심하지 않고말고요."

"만약 제가 바다 한가운데서 갈증으로 죽어가고 있다 해도, 저는 당신께 마지막 물 한 컵을 드렸을 거라는 점을 믿어주십시오. 이 말을 믿으십니까?"

나는 물을 받지 못할 수도 있구나 의심하면서 이젠 주저하며 대답했다네.

"예."

"이 말을 믿어주십시오. 그러나 저는 가슴이 아픕니다. 저는 준비되어 있습니다. 아, 하느님 맙소사! 이게 어째서…. 당신은 제가 바라지 않는다고 원하지 않는다고(그리고 그는 많은 비슷한 말을 쏟아냈네.) 생각하실 수도 있습니다…. 아닙니다, 저는 원하지 않는 것이 아니라 명령을 받지 못해서 할 수 없는 것입니다. 믿어주십시오. 만약 제게 아주 조금이라도 가능성이 있다면, 물론, 당신이 의심하지 않으시기를 바랍니다…."

혼잣말을 반복하는 그에게 나는 말했지.

"뭐, 할 수 없지요. 무엇보다 앞서는 것이 의무지요. 저는 이게 그렇게 엄격할 줄은 몰랐습니다."

그러나 그는 완전히 거절하는 것이 유감스러웠던 것 같네.

"파데예프가 물을 조금밖에 안 떠갔다고 말씀하시는군요."

"예."

"그가 물을 떠가도록 그를 물탱크로 보내겠습니다."

"당신은 테렌티예프가 굵은 밧줄로 파데예프를 때린 일이 아무 일 아니라고 생각하나요? 거기에 더 보태고 싶은 거군요? 저는 지금 당신을 신임해서 이야기를 하는 것인데 당신은 그럴 권리가 없지요⋯."

그가 내 말을 가로막더군.

"정말, 정말, 아닙니다. 그건 제가⋯. 그거 아십니까, 그가 계속 주전자로 조금씩 물을 퍼가도록 내버려두십시오. 다만, 제발, 한 주전자보다 더 많이는 퍼 올리지 않도록 해주십시오. 만약에 테렌티예프가 그를 붙잡는다면 굵은 밧줄로 때리거나 머리를 쥐어박을 겁니다. 그렇다 하더라도 그가 그리 중요한 인물[96]도 아닌데 어떻습니까. 게다가 이런 일이 매일 일어나는 것도 아니지 않습니까⋯."

"하지만 만약 테렌티예프가 당신에게 보고하거나, 혹은 당신이 직접 현장을 붙잡게 되면 그때는⋯."

티흐메네프가 한숨을 쉬며 덧붙였네.

"탱크로 보내겠습니다!"

그런데 지금은 파데예프가 내게 생수를 얻어내주기 위해 선창으로 원정을 계속했는지 다 잊어버렸어. 우리가 등대와 암초 사이에서 방랑했던 남은 닷새를 어떻게 보냈는지조차 잊어버렸지. 어느 날 선실에 오래 앉아 있다가 점심을 먹고 다섯 시쯤에 갑판으로 나와서 갑자기 가까이에서 바위가 많은 긴 해안과 텅 빈 초록빛 평지들을 보게 된 것만을 기억한다네.

내가 누군가에게 이게 무엇인지 눈빛으로 물었더니 내게 이런 대답을 해주었지.

"영국입니다."

나는 사람들 무리에 합류하여 다른 이들과 함께 침묵하며 절벽들을 집중하여 쳐다보기 시작했어. 해안에서 우리 쪽으로 곧장 보트가 왔네. 보트는 파도 속에서 오랫동안 뒤집히다가 마침내 뱃전에 닿을 수 있었지. 갑판에는 파란 윗옷과 파란 바지를 입은, 땅딸막한 사람이 나타났네. 운하를 따라 전함을 인도하도록 불러온 수로안내인이었다네.

두 언덕 사이에 많은 집이 붙어 있었어. 이 집들은 해안에 부딪혀 부서지는 파도 너머로 때로는 사라지기도 하고 때로는 나타나기도 했네. 파도는 마치 여러 가닥의 술이 달린 것 같았지. 언덕 봉우리에는 안개구름이 달라붙어 있더군.

내가 수로안내인에게 물었네.

"이곳은 어디입니까?"

그가 까마귀 같은 소리로 외쳤어.

"도버 해협[97]입니다."

나는 왼쪽을 둘러보았어. 그곳에는 분명치 않았지만, 회청색을 띠고 울퉁불퉁하며 험준한 프랑스 해안이 보였네. 밤에 우리는 바이트 섬과 포츠머스 요새 사이에 자리 잡은 스핏헤드 항구[98]에 닻을 내렸다네.

1854년 6월
타타르 해협[99]에서 스쿠너[100] 보스토크[101]호를 타고

자네들에게 영국에서 보내지 않은 편지 두 통을 여기에 첨부하네. 나는 우리가 두 달 동안 영국에서 체재한 결과가 얼마나 만족스러운지 자네들에게 보여줄 수 있도록 내가 영국에서 보고 들은 것에 대한 견해를 머지않아 이 편지들에 더할 수 있을 테고 모든 것을 체계적으로 정리할 수 있으리라는 희망 때문에 편지를 보내지 않았어. 이제는 이 일을 할 수 없다는 것을 알기에 이 편지들을 고치지 않고 있는 그대로 보내기로 했네. 한 나라에 대해서 그 나라의 권력과 부유함도 아니고, 주민들도 그들의 풍습도 아니고, 단지 내 눈앞에 어슴푸레 보인 것에 대해서만 대강 쓴 메모들로 만족하게나. 우리가 조국보다 더 알면 알았지 모르지는 않는 나라인 영국과 프랑스를 제대로 묘사할 만한 충분한 용기를 어떤 여행자가 갖출 수 있겠는가? 그렇기 때문에 관찰력이 풍부하고 명철한 여행자라고 해도 이 나라들에 대한 연구에 몇몇 자잘한 특성을 더하는 것밖에 할 수 없네. 나를 포함된 모든 여행자는 자신이 받은 인상에 대해서 말하는 것밖에는 허락되지 않으니 말이지.

첫 번째 편지

1852년 11월 20일(12월 2일)

자네들이 내가 덴마크에서 보낸 짧은 편지를 받았을까. 나는 그 편지를 덴마크가 아니라 외레순 해협에 닻을 내린 동안에 썼네. 그때 나는 아파서 여러 가지로 혼란스러웠어. 그렇기 때문에 이 모든 것이 편지에도 영향을 끼쳤을 거야. 나와 내 주변에서 일어나는 모든 일을 지금도 하나의 초점으로 잘 집중시킬 수 있을지 모르겠네. 약하게나마 자네들이 그 모습을 그릴 수 있도록 쓸 수 있으면 좋을 텐데. 나 자신도 이 새로운 삶에 일어나는 많은 현상에 대해 아직 잘 파악하지 못하고 있네. 하지만 있는 사실을 그대로 다 열거하는 것에 그치고 싶지는 않아. 이런 사실에 대한 해답을 늘 가질 수 있는 것은 아니야. 그렇기 때문에 부득이하게도 그런 사실을 상상의 빛으로 밝혀야 하네. 그것이 때로는 거짓된 빛일 수도 있어. 어두운 곳에서는 추측을 해야 하니까. 내게는 아직 해답도 추측도, 심지어는 상상력조차 없네. 이 모든 것은 어렵고 새롭고 때로는 전혀 흥미롭지 않은 수많은 경험에 억눌려버렸기 때문이지. 아마도 그러한 경험에는 시각의 신선함과 더 많은 감수성이 필요할 걸세. 인색한 어머니가 재산을 분배받은 아들에게 돈을 더 주기 거부하는 것처럼 오랫동안 삶은 인간에게 많은 미끼를 한꺼번에 주지 않기 시작했네. 그런 거야. 예를 들어 나는 이미 바다의 시흥을 납득하지 못하게 되었어. 어쩌면 내가 아직 고요한 바다도 감청색 바다도 본 적이 없으며 추위와 폭풍, 습기 외에는 아무것도 몰라서일까? 자네들은 나의 불평과 신음소리를 잠깐 동안 들으면서 내가 왜 떠났는지 물을지도 모르네.

우선 나는 어린 학생처럼 이렇게 말할 수밖에 없다네.

"몰라요."

그다음에는 조금 생각해본 뒤 이렇게 말하겠지.

"남아 있을 이유는 있는가?"

실례지만, 내가 떠났는가? 어디에서? 페테르부르크에서? 아마 이런 식으로 왜 내가 최근에 런던에서, 그리고 몇 년 전에는 모스크바에서 떠났는지, 왜 2주 후에는 포츠머스에서 떠날 것인지 등을 물을 수 있지 않은가? 나는 가족이나 일정한 거주지가 없는 사람들, 즉 옛 소설들에서 말하는 이른바 가정이 없는 이들과 같은 영원한 여행자가 아니지 않는가? 이 모든 것이 있는 사람이 떠난 다고 하는 것이 말이 되는가. 자신의 삶을 역참에서 보내는 사람들도 있네. 그러기에 나는 다만 잠시 나간 것일 뿐, 완전히 떠난 것이 아니라고 할 수 있지. 이제는 바다 항해의 위험, 공포, 걱정, 동요가 뒤따르네. 육지에서는 그것들이 없거나 더 적겠지. 그런데 도대체 왜, 어디에서 삶에 대한 이 영원한 불평, 이 한숨이 나오는 것인가? 만약에 거대한 재앙이나 겉으로 드러나는 동요가 없다 해도 그 대신에 눈에 보이지 않지만 뾰족한 바늘들이 복잡하고 시끄러운 무리 속의 삶 가운데에서 가까운 이와의 일상적인 다툼이 일어날 때 사람을 얼마나 많이 찌르는가!

삶이 어디에서 누군가에게 자비를 베풀기는 하는가? 바로 여기 바다에서는 강한 도덕적 동요도, 깊은 정열도, 생생하고 다양한 호감도, 증오도 없네. 이것들을 움직이는 원동력은 쇠와 강철과 많은 다른 것과 함께 바다에서 녹이 슨다네. 그 대신 여기서는 다른 원동력이 우리 신체가 방심할 틈을 주지 않아. 폭풍, 궁핍, 위험, 공포, 그리고 아마도 절망, 마지막으로 죽음이 연달아 오네. 죽음은 모든 곳에 뒤따르는 것인데 여기에서는 다만 그 어디보다 빨리 올

뿐이야. 내게 가야 할 동기가 있었는지 아니면 남아 있을 이유가 없었는지 어찌 알겠는가? 어쨌거나 상관없네. 이제는 하나의 질문만 남았어. 도대체 왜 신선함과 더 많은 감수성을 비축해두지 않은 사람, 성공적으로 그 경험을 향유할 수도 없고 평가할 수도 없으며 심지어 그냥 그 경험들을 견뎌내는 데 지쳐버린 사람의 운명에 이 일련의 새로운 경험이 놓이게 된 것인가? 이 질문에 대한 답을 정리할 수가 없네. 다음에 무엇이 올까? 어쩌면 해답은 그 스스로 드러나게 될지도 몰라.

이 때문에 나는 편안하게, 심장의 불안 없이 한 방울 눈물도 없이 조국에서 떠났네. 은혜도 모르는 놈이라고 부르지 말게. 내가 페테르부르크의 역참을 이야기하면서 그 하나만으로도 한 사람을 그 자리에 남게 하기에 충분할 우정에 대해서는 말하지 않았다고 말이야. 우정은 아무리 강하다 하더라도 누군가의 여행을 막지 못하며, 울며 헤어지고 사무치게 그리워하는 것은 연인에게만 허용되네. 거기에는 다른 원동력이 있어서지. 바로 피와 신경이 격앙되는 것이네. 바로 이 때문에 이별의 아픔도 있는 것일세. 우정은 신경, 피가 아니라 머리, 의식 속에 둥지를 튼다네.

만약에 형태, 내용, 결과 등이 대단히 명백하여 매우 일정한 것으로 보이는 사랑이라는 감정을 두고 다양한 이론이 나타나고 사라졌다고 하면, 우정에도 그에 못지않게 많은 견해가 있었으며 지금도 역시 존재하네. 사랑에 대한 논쟁에서는 어느 정도 타협이 이루어지기 시작하지만 우정에 대해서는 아직 아무것도 명확하게 결정하지 못하고 있으며 아마 오랫동안 결정하지 못할 것 같다네. 그렇기 때문에 어느 정도까지는 모두에게 이 감정의 관념과 정의를 자기 자신이 형성하는 것이 허용되지. 사심 없는 감정이라고 자주 이름 짓는 것이 바로 우정이라네. 그러나 우정에 대한 오늘날의 개념은 사람들이 무슨 의미로 이해해야 할지 모르는 공동의 장소가 되어버렸을 정도로 인간 사회에서 잊혀갔네. 많은 이가 자신의 공적과 친구의 공적에 대해 회계 메모지와 비슷한 어떠한 산술 계산을 항상 하고 있어. 그들은 프톨레마이오스[102]의 지리학과 천문학이나 아리스토텔레스의 수사학보다 낡은 우정의 법전을 훨씬 많이 끊임없이 조회하네. 그리하여 해마다 달력에 광기, 중독, 그리고 다른 불운한 경우에 대한 자신의 통계표를 지닌 사랑에 의거하여 빌라도[103]의 공적과 같은 것이 없는지 아직까지 여전히 찾고 있다네.

중국 식기 세트나 값비싼 검은담비 모피 외투를 자랑하듯이 친구를 자랑하고 싶어질 때면 사람들은 이렇게 말하지.

"이 사람은 참된 친구야."

심지어 15년, 20년, 30년 된 친구라면서 숫자를 자랑스럽게 내

보이기도 하네. 그런 방식으로 서로 특별한 표시를 수여하고 친구에게 매우 정확한 명부를 만들어주는 걸세.

그에 반하여, 참되지 못한 친구를 두고는 이렇게 말하네.

"이 친구는 먹고 마실 때에만 나타나지. 그래서 우리는 그가 실제로 어떤 사람인지 모른다고."

이것이 이른바 사심 없는 우정이라고 불리는 것이네.

이런 말은 무엇인가, 우정에 대한 욕설인가? 우정의 권리와 의무에 대한 몰이해 혹은 불인정인가? 신이여, 나를 구원하소서! 나는 우정의 감정에서 의무라는 단어와 우정이라는 단어를 제외시키고 싶네. 의무라는 단어는 왠지 공식적으로 들리고, 우정이라는 단어는 저속하게 들리네. 남자와 여자의 관계는 사랑으로, 남자와 남자의 관계는 우정으로 진중하게 부르는 것이 어째서 우스운지 시간이 나거든 연구 좀 해보게나. 점잖은 사람은 이런 경우에 의역에 의거하네. 이러한 명칭이 낡아빠졌다고 자네들은 말할 거야. 그런데 감정은 낡아빠지지 않았네. 이 단어들이 도대체 어째서 낡아빠졌단 말인가? 그리고 그러한 우정이란 무엇인가, 친구란 무엇인가? 분명히 그건 의식이네. 친구가 애착이 아닌 의무에 따라 길을 배웅해주거나 마중을 해주거나 곤경에서 구출해주면 나쁜 것이지. 점잖은 사람들이 고의가 아니라 우연히 그런 것이기만 하다면, 서로에게 한 번도 돈을 빌려주지 않고 상대방에게서 아무것도 기대하지 않으며 서로를 그냥 시몬 시묘노비치나 바실리 바실리예비치라고 부르는 것이 낫지 않은가? 빚진 자가 빚 내준 자 앞에서 매게 되는 족쇄의 무게를 짊어지지 않고, 할 수 있다면 무의식적으로, 그렇지 않다면 될수록 의식하지 않으며, 아름다운 하늘, 기적적인 기후를 자연이 어떠한 대가 없이 제공하는 그러한 나라에서 그 선물을 서로 즐기면서 수십 년을 살아가는 것이 낫지 않은가? 그렇게 생각한다면, 내가 자네들에게서 눈물 없이 떠난 것을 이해할 수 있을 걸세. 게다가 장기간에 걸쳐 멀리로 떠나면서 극히 싫증난 수많은 얼굴, 일, 건물을 버리게 된다는 사실과, 내가 갔던 것처럼 그 존재를 믿기 힘든 새로운 멋진 세계로 간다는 사실도 이에 적잖이 공조했네. 비록 조타수는 언제 인도에 도착하고 언제 중국에 도착할지 손가락으로 셈하며 그가 모든 곳에 세 번씩 가보았다고 단언하기는 하지만 말이지.

1852년 12월
런던
자네들의 편지들을 받아보고 얼마나 기뻐했는지, 얼마나 사심 없이 기뻐했는지 아는가! 편지에는 새로운 소식이 단 하나도 없더구면. 그래, 있을 수가 없지. 2개월 만에는 아무것도 일어날 수가 없네. 심지어 지인 중 누군가가 그 안에 도시에서 나가거나 그리로 오지도 않았더군. 부탁이니, 오페라가 시작되었다고, 무대에 새로운 프랑스 연극이 올랐다고, 이러이러한 즐거운 공공장소가 문을 열었다는 말을 편지에 쓰지 말아주게나. 페테르부르크 사회의 특성을 잊고 싶네. 나는 어느 정도는 단조로움에서 벗어나기 위해 떠났는데 그것이 나를 도처에서 따라다니고 있어. 이제 막 자네들에게 영국에 대해 쓰지 않기로 약속하려 했네. 그런데 자네들은 내가 써주기를 요구하며 내가 지금까지 영국에 대해서 한마디도 안 했다고 화를 내는군. 이상한 불만일세! 자네들은 유럽, 특히 프랑스와 영국에 대해 쓴 것을 듣고 읽는 데 정말로 싫증나지 않았단 말인가? 템스 강 아래의 터널은 매우…, 뭐라고 말해야 할지 모르겠네, 무익하다고 말하고 싶네. 세인트 폴 교회가 우아하고 거대하다는 것, 런던은 인구가 많은 도시라는 것, 여왕은 아직까지 시가지를 지나게 해달라고 시장의 허가를 구하고 있다는 것 등등을 반복하라고 자네들은 명령할 걸세. 이것은 필요가 없네. 이 모든 것을 알고 있지 않은가? 자네들은 우리가 아무것도 모르는 것처럼 쓰고 말하는군.

글쎄, 그러면 나는 이렇게 쓰게 될 거네.

"영국은 미개인들이 거주하는 야만적인 나라야. 그들은 설익은 고기를 먹고, 그다음에는 술을 마시며, 목구멍에서 나오는 소리로 말을 하고, 가을과 겨울에는 들과 숲을 방랑하며, 여름에는 한 덩이로 모이네. 그들은 음울하고 말이 없으며 별로 사교적이지 않다네. 일요일이면 아무것도 하지 않고 말도 하지 않으며, 웃지도 않고 우쭐대며, 아침에는 성당에 앉아 있다가 저녁에는 각자의 집구석에 외로이 있으면서 따로따로 곤드레만드레 취하지. 평일에는 모여서 긴 연설을 하고 함께 술을 퍼마시네."

이 묘사는 구시대적 유물이라고 자네들은 말할 걸세. 그리고 내가 영국과 영국인에 대해서는 나 자신을 이야기하면서 필요할 때에만 조금 쓰는 것 외에는 전혀 쓰지 않는다고 말한다면 내가 옳듯이 자네들도 옳을 것일세.

포츠머스에 도착하고 하루가 지나서 전함을 항구로 끌어들여 도크 안으로 넣었네. 우리 일행은 항구에 할 일 없이 서성이다가 대원들의 임시 거처로 지정된 오래된 배인 캠퍼다운호로 옮겨 갔어. 그곳에 거처를 정했네. 다시 말해서 거기로 우리의 가재도구들을 운반해둔 뒤에 우리는 흩어졌네. 나는 런던으로 떠나서 잠시 동안 머물다가 다시금 포츠머스에 갔다 왔으며 이제는 여기로 돌아왔어.

새로운 장소가 사람에게 주는 인상은 오랫동안 기억에서 닳아 없어지지 않을 것이네. 이를테면 이러한 경우에 보통 때보다 더 잘 보이고 예민하며 특수한 눈과 귀가 있는 것 같다네. 아니면 마치 사람이 눈과 귀뿐만 아니라 폐와 모공으로도 자기 안으로 인상을 흡수하고 그 인상을 공기처럼 가득 빨아들이는 것 같아. 이 때문에 아직까지도 우리가 포츠머스항으로 끌려들어갔을 때 마치 물속에 서 있는 것처럼 보였던 붉은색, 노란색, 흰색의 집들이 빽빽이 몰려 있던 것이 내 기억에 남아 있네. 이 때문에 내가 포츠머스에서 런던으로 가고 있을 때 마치 괘선이 그어진 종잇장처럼 밭으로 일궈진 들판의 모습이 뇌리에 매우 깊이 남았어. 다만 그때 안타까웠던 것은 믿기 힘든 속도로 배가 빨리 이동한다는 거였지. 그래서 오두막, 농장, 도시, 성이 손으로 갈겨 쓴 것처럼 아른거렸네. 날씨는 이상했다네. 12월인데도 따뜻하더군. 어제는 뇌우가 치는가 싶더니 갑자기 찬바람이 불고 심지어는 추위의 냄새까지 느껴졌네. 그런데 다음 날이 되니 외투를 입고 다닐 수 없을 정도로 따뜻하지 뭔가. 비는 정말 많이 오네. 그러나 여기에는 아무도 조금의 관심조차 보이지 않아. 오히려 태양이 고개를 내밀 때에 관심을 보이네. 나무는 매우 푸르다네. 여름보다 더 푸르다고 말들을 하지. 여름에는 나무들이 누렇다더군. 12월이라고 해도 부족함은 없어. 들판에서는 채소를 뜯고 있는데 무슨 채소인지는 분별할 수가 없네. 안개는 매일이 아니면 이틀에 한 번은 반드시 있다네. 우울증에 걸릴 지경이야. 그러나 그들은 러시아인이 아니고 나는 영국인이 아니지 않는가. 내가 도대체 왜 나와 관련 없는 일로 괴로움을 당해야 하는가? 내가 그들의 호의 덕에 템스 강을 보러 두 번 다녀왔는데 두 번 다 앞을 내다 볼 수 없는 안개만 본 것으로도 충분하네. 나는 이미 강을 보는 것도 단념했는데 실바람이 불더니 템스 강이 불결한 벽돌 건물들로 온통 덮여 있고 선박으로 질식당한 채 완전히 못생긴 모습을 드러냈지. 그 대신에 머큐리의 지팡이[104]에 의해 지배받는 생명력과 활동력은 이 불안정한 거리에서 엄청나게 샘솟고 있었네!

저녁에 도시에 접근하는 여행자에게 자기를 소개하던, 가스 화염 속에서 활활 타오르는 무한한 도시의 그림들 또한 잊지 못할 걸세. 기관차가 이 섬광의 대양 속으로 들어오더니 건물 지붕을 따라 우아한 벼랑 위로 질주하더군. 그 벼랑에서는 만화경처럼 화염과 거리들의 강렬한 섬광으로 채색된 빽빽한 건물 사이로 개미 떼 같은 군중의 움직임이 보이네.

그러나 이러한 인상들로 어리둥절해지고, 세 시간 동안 열차 차량 안에서 꼼짝 않고 있었으며, 30분 동안 캡 마차[105]를 타고 도시를 다녀 피곤해진 나는 결국 내 안식처인 아파트에 들어앉게 되었네.

　다음 날 거리로 나갔을 때 나는 매우 당황했어. 타국에서 여행을 시작해야 했는데 아직 어떻게 할지 결정하지 못했기 때문이었지. 나를 당황에서 구해준 것은 웰링턴[106]의 장례 행렬이었네. 런던 전체가 한 가지 생각으로 가득 차 있더군. 런던 전체가 신문들에 표현된 그 감정의 포로였는지는 모르겠네. 그러나 비탄의 예법은 사소한 것까지도 지켜졌어. 심지어 작은 상점도 문을 닫았다네. 작은 상점들의 문을 닫았다면 런던은 의심의 여지 없이 매우 비탄해하고 있다는 것이네. 나는 영구대, 빛나는 수행원, 부대, 대양처럼 끝이 없는 사람들의 무리를 보았지. 다섯 시 아니면 여섯 시까지 나는 본의 아니게 이 무리 속에서 아무 해안가에라도 도달하려고 헛되이 노력하면서 허우적댔어. 이 사람들의 급류는 나를 거리에서 거리로, 광장에서 광장으로 데려갔다네. 아는 이는 아무도 없었어. 그들은 나를 신경 쓸 겨를이 없었네. 다들 장례식으로 바빴고 행렬이 모두를 흡수해버렸거든. 어떤 이들은 어디에선가 입구를 찾아냈고, 다른 이들은 예식이 거행된 바로 세인트 폴 교회로 들어갔네. 나는 이 대양에서 혼자였고 런던이 이상 상태에서 벗어나 자신의 평범한 생활을 시작할 이튿날을 조급한 마음으로 기다렸어. 많은 이들이 그런 특이한 경우를, 민족과 수도의 축제의 일면을 보면 기뻐했을 거야. 그러나 나는 그것을 기대하지 않았네. 이것을 우리나라에서도 보았거든. 내게는 평범한 이튿날이 미소 짓고 있었네. 나는 이곳을 계획 없이 여행하고 싶었다네. 이곳에 와서 견학, 즉 매일 양손에 여행편람을 들고 몇몇 거리와 박물관, 건물, 교회를 찾아다니는 피곤한 숙제를 내 자신에게 부여하지 않고 관찰력을 강요받지 않으며 그냥 지내면서 모든 것을 보고 싶었어. 그런 공식적인 여행에서는 거리와 기념비들이 뒤섞여서 그것도 잠시 동안만 머리에 남아 있게 되니까.

인상을 모으려고 노력하면 대체로 큰 실수를 하게 되네. 불필요한 것을 모으고 필요한 것은 놓치게 되지. 만약에 특별한 목적이 있는 여행이 아니라면 인상들이 초대받지 않고 느닷없이 스스로 찾아들어야 하네. 인상들이 그렇게 다가오지 않는 사람은 여행하지 않는 편이 낫다네. 그 때문에 나는 상당히 무관심하게 다른 이들을 뒤따라가며 진귀품과 지식의 영역들이 거대하게 수집되어 있는 것을 보아야 한다는 필수불가결성만을 인식하며 영국박물관에 갔지. 우리는 아침 내내 니느웨[107]의 유물, 에트루리아[108] 홀, 이집트 홀 등을 둘러보았네. 그다음에는 뱀, 물고기, 곤충의 홀들을 둘러보았어. 거의 다 페테르부르크, 빈[109], 마드리드[110]에도 있는 것이더군. 그러는 동안에 우리에게 남은 시간이라고는 영국과 영국인을 훑어볼 정도밖에 없었네. 거리에 있는 모든 것이 내 마음을 끌었지. 나는 죽은 미라 사이가 아니라 살아 있는 사람 사이를 돌아다니고 싶었다네.

나는 경험해보지 못한 즐거움을 느끼며 모든 것을 열심히 바라보았네. 상점에 들러보고 집들을 엿보았지. 교외 시장으로 가서 사람들 전체 모습도 보고 만나는 사람마다 살펴보았어. 스핑크스와 오벨리스크를 쳐다보는 것보다 나는 한 시간 내내 십자로에 서서 두 명의 영국인이 마주치자 처음에는 서로 손을 잡아 뜯으려는 듯 악수하고, 그다음에는 서로 건강을 물으며 상대방에게 모든 안녕을 빌어주는 광경을 구경하는 것이 더 마음에 들었네. 그들의 걸음걸이에 말이 천천히 보조를 맞추어 걷는 것, 얼굴에 나타나는 우스울 정도인 장엄함, 자기 자신에 대한 깊은 존경, 타인에 대한 약간의 무시 또는 적어도 냉담함, 그러나 무리, 즉 사회에 대한 공경의 표정을 보는 것이 마음에 들었지. 나는 호기심을 가지고 이들을 쳐다보았네. 하녀 두 명이 어깨에 바구니를 짊어진 채 부딪히는 모습, 마치 강처럼 한없이 길게 이중, 삼중의 사슬을 이룬 마차들이 질주하는 모습, 한 대의 마차가 추종을 불허하는 교묘함으로 그 사슬에서 빠져나가서 다른 사슬과 합류하는 모습, 혹은 경찰관이 인도에서 손을 들자마자 이 사슬 전체가 순식간에 마비되는 모습도 마음에 들었다네.

선술집, 극장 등 모든 곳에서 사람들이 무엇을 어떻게 하며 어떻게 즐기고 먹고 마시는지 주의를 집중하여 쳐다보았네. 작위적인 표정을 주시하고 포착하기 힘든 언어의 소리에 집중했지. 그 언어로 싫든 좋든 내 의사를 겨우겨우 설명해야만 했거든. 언젠가 그 언어를 공부해둔 내 운명에 감사하면서 말이네. 그렇지 않았으면 영국을 훑어보지도 못했을 거야.

여기에서는 마치 진귀한 것을 적어두는 것처럼 굵은 글씨로 상점들 창문에 공고를 붙여놓았더군.

"우리 가게에서는 프랑스어를 합니다."

그러하네. 즐거움과 이익 둘 다를 얻으며 여행한다는 것은 어떤 나라에서 잠시 동안 살면서 조금만이라도 자신의 삶을 자신이 알고 싶은 민족의 삶과 하나로 모으는 거야. 그러면 반드시 평행선을 긋게 된다네. 이 평행선은 여행이 목표로 하는 결과이기도 하지. 다른 삶에 대한, 전 민족의 삶이나 개인의 삶에 대한 이 응시와 숙고는 관찰자에게 교훈을 주네. 이 교훈은 책에도 없고, 어떤 학교에서도 찾아낼 수 없는 전 인류적이며 개인적인 것이지. 고대인에게 완성된 양육의 필수 조건에 괜히 여행 항목이 있던 게 아니네.

우리나라에서는 여행이 사치와 오락거리가 되었지. 준비 없이 하는 여행, 거기다가 상상력도 없고 관찰력도 없으며 생각도 없는 여행은 물론 오락거리일 뿐이야. 그러나 본의 아니게 무언가를 배우기도 하는 고결한 오락거리를 즐길 수 있는 사람은 행복한 사람이네! 바로 리젠트 가[111], 옥스퍼드 가[112], 트래펄가 광장[113]이 그 위에서 현대의 삶이 움직이고 있는 타국의 모습을 생생하게 보여주는 특징이 아닌가? 그리고 이 삶이 어떻게 성립되었는지 한 걸음 한 걸음 뗄 때마다 이야기하면 그 이름들 속에서 과거의 기념이 들리지 않는가? 이곳의 삶은 어떤 점이 우리와 비슷하고, 어떤 점이 우리와 다를까…? 자네들 뜻대로 어떻게 누가 즐기기만 하려고 와 있다고 해도 모르는 도시와 민족 사이에서 방황하다 보면 이 질문들에서 벗어나고 자기 나라에서 보지 못한 것에 눈을 감을 수는 없을 것이네.

살아 있는 군중 사이를 헤매며 모든 곳에서 생명을 찾아가던 중에 나는 웅장한 과거와 마주치게 되었어. 바로 웨스트민스터 사원[114]을 마주친 것이지. 그래서 이날 아침에는 더 행복했네. 그러한 민족적인 기념비는 똑같은 역사의 페이지지만 현재의 삶과 밀접히 연관되어 있다네. 그 기념비들은 물론 암기하여 외워야 하지만 그것들은 스스로가 매우 위압적으로 기억에 심어지더군. 그렇지만 이 사원을 바라보면서 나는 심지어 역사를 잊어버리게 되었네. 이 사원이 내게 순수하게 미적인 인상을 주었기 때문이지. 이 거대한 규모의 고딕 양식에서 깊은 감동을 받았어. 웅장한 오르간이 연주될 때에 성가대가 노래하는 예배 시간에 있었거든. 위쪽이 뾰족한 창문에 있는 스테인드글라스의 환상적인 조명, 구석진 곳의 어스름, 벽장 속에 있는 위대한 이들의 하얀 입상, 조용히 거의 숨소리도 없이 기도하는 사람들, 이 모든 것이 하나의 공통된 장엄한 인상을 형성했네. 이 인상 덕에 신경 속에서 어떤 음악이 오랫동안 들려왔다네.

살아 있는 가이드들과 인쇄된 안내책자들의 집요한 지시사항 덕분에 나는 첫 5~6일 동안 공식적인 건물, 박물관 그리고 기념비의 대부분을 둘러볼 수 있었어. 말이 나왔으니 말인데 크기로 치면 우리 에르미타주 박물관[115]의 현관 정도 될 법한 국립 그림 미술관도 보았지. 거기에는 그림이 약 300점 정도 있었는데, 그중에서 렘브란트의 「세 개의 십자가」와 클로드[116]의 풍경화 두세 개밖에 기억하지 못하겠네. 궁전, 공원, 네거리 공원, 거래소를 면밀하게 둘러보고 공식적인 호기심을 다 해결한 뒤에 나는 벌써 그때부터 모든 남은 시간 동안 혼자서 지냈다네. 런던은 유별나게 가르침이 되는 도시야. 다시 말하자면 모든 종류의 지식을 값싸고 티 안

나게 얻을 수 있는 수단이 그렇게 많은 곳은 런던 이외의 어디에
도 없다는 것일세.

아홉 시부터 여섯 시까지의 하루는 번개처럼 지나가버려 어떻
게 지나가는지도 알 수 없을 정도라네. 한 걸음 뗄 때마다 건물의
활짝 열린 문이 손짓하며 유혹하더군. 그곳에서는 자동차, 진귀품
등 무엇인가 호기심을 끄는 것을 볼 수 있으며 자연사 강의도 들
을 수 있어. 모든 새로운 발명의 결과인 기계의 작용, 항공 모형, 다
양한 기계의 동작 등을 보여주는 곳도 있지. 거대한 지구본을 놓
아둔 특수한 임시 건물도 있네. 지구의 부분들이 지구본 외면이
아니라 안쪽에서 도드라지게 만들어져 있더군. 구경꾼은 지구 전
체를 둘러보기 위해 계단을 걸어 다니며 세 개의 층계참에서 멈
춰 선다네. 지리학, 박물학, 자연사, 지구의 정치적 분할에 대한 유
창한 강의를 하는 교수가 관광객을 따라다니지. 그뿐만 아니라 여
기에 있는 홀에는 주로 영국과 영국 식민지들과 관련된 뛰어난 지
리학 박물관이 자리하고 있어. 여기에는 나라 전체의 산과 바다를
두드러지게 묘사해둔 석고 모형이 있고, 그다음에는 지리학 일반
에 대한 모든 학습서가 있다네. 지리학의 유아기, 아라비아인, 고대
로마인, 고대 그리스인, 마르코 폴로 시대의 지도부터 시작해서 우
리 시대에 나온 지도와 책까지 있지. 서지학적인 희귀품들도.

내가 바깥 세상에 나가서 모든 살아 있는 것을 보고 싶었을 때에 나를 아침 내내 그 자체의 거대하고 음침한 홀에 삼켜버렸다는 이유로 매우 악의를 가지고 비평했지만, 영국 박물관은 정말로 학자, 화가뿐 아니라 심지어 그냥 건달, 구경꾼도 어떤 지식을 조금 얻고 여러 개의 사실로 자신의 기억을 풍족하게 만들 생각을 가지고 떠나는 거대한 보물창고가 아닌가? 그러한 시설과 모든 구역을 거의 공짜로 볼 수 있는 곳이 많더라고! 그중에서도 나는 특별히 기꺼운 마음으로 아침을 통째 동물원을 둘러보는 데에 바쳤네. 여기에서 박물관에서처럼 죽어 있는 미라와 짐승의 박제가 아니라, 전 세계에서 모아놓은 살아 있는 생물을 보았어. 이곳에서는 동물들의 삶에서 몇몇 측면을 자연에 가까운 상태에서 아주 면밀하게 관찰할 수 있다네. 이것은 지속적인 강의, 실제로 보고 얼굴을 만질 수 있는 강의, 모든 상세한 사항을 포함하는 강의인 동시에 훌륭한 산책이기도 해. 거기다가 모든 종류의 방문객은 이렇게 산책하면서 자신이 만물의 영장이라는 인식을 즐길 완전한 권리가 허락되지. 그리고 이 모든 것이 단돈 1실링[117]밖엔 안 하지 뭔가.

마지막으로 만약에 더 이상 둘러볼 것이 없다면 그냥 상점들을 둘러보면 되네. 많은 상점이 일종의 박물관이거든. 상품의 박물관 말이야. 상품의 풍부함, 화려함, 기호, 진열이 의기소침해질 만큼 깊은 감동을 주더군. 풍부함이 상상력을 압도하네.

그 앞에서 세헤라자데[118] 교향곡 전체가 애들 이야기로 보이는 바로 이 대리석, 공작석, 크리스털, 청동으로 된 화려한 저택 같은 상점들을 살짝 엿보면 이곳으로 들어가기가 두려워지더군.

그리고 자기 자신에게 묻게 되네.

"누가 구매자들이고, 그들은 어디에 있는가?"

4아르신[119]짜리 거울 유리 앞에서 몇 시간이고 서서 이 수많은 직물, 보석, 도자기, 은제품 들을 뜯어볼 수 있어. 상품에는 대부분 가격이 표시되어 있지. 그리고 주머니 사정에 알맞은 가격을 보게 되면 들어가서 무엇인가를 사지 않을 수 있는 방법이 없다네. 나는 산책을 나갈 때마다 잡동사니로 주머니를 가득 채워서 집에 돌아오곤 했어. 그리고 그다음에 모든 물건을 책상 위에 꺼내어 늘어놓으면서 바로 이것은 전혀 필요가 없고, 이것은 내게 있는 것이다 등등을 고백하지 않을 수 없게 되네. 그런데도 다 읽지 않을 책, 쏘고 싶은 생각이 없는 권총 한 쌍, 바다에서 필요도 없고 사용하기도 불편한 도자기, 시가 케이스, 단검이 달린 지팡이 등을 사게 되지 뭔가. 그래서 이렇게 싼 값에 매 걸음마다 주어지는 이 유혹에서 스스로를 방어해야 한다네!

여기에다가 주머니에 넣어서 가져올 수 없는 구매품은 집으로 배달해주며 그것도 거의 항상 자네들이 돌아오기 전에 배달해준 다는 말도 덧붙인다네. 이때 돈을 받았다는 영수증을 상인에게 서 받는 것을 잊지 말게나. 그렇게 하라는 충고를 받았거든. 게다 가 상인들은 달라고 할 때까지 기다리지도 않고 서둘러 영수증을 줄 거야. 가끔씩은 이렇게 주의하지 않으면 재차 돈을 내야 하는 상황이 발생하네. 나는 여기에 더하여 구매 전에 두세 군데 상점에 서 물건 가격을 알아보라고 충고하고 싶다네. 왜냐하면 물건 값이 여기만큼 제멋대로인 곳도 없기 때문이지. 상인은 아마도 구매자 의 용모를 보고 가격을 정하는 것 같아. 한 상점에서 여자가 어떤 자질구레한 물건에 2실링을 요구하더군. 그런데 남편이 오더니 5실 링이라고 했어. 물건이 2실링에 팔린 것을 알고는 그 남편은 내가 상점에 있는 내내 아내에게 남모르게 구시렁거렸지. 한 상점에서는 외투 한 벌에 4파운드[120]를 요구했는데 근처의 다른 상점에서는 똑 같은 직물로 만든 것에 7파운드를 달라고 했다네.

다시 한 번 반복하겠어. 런던은 가르침이 주는 흥미 있는 도시 야. 그러나 흥미로운 것은 아침뿐이네. 저녁에 런던은 외국인에게 감옥과 같거든. 특히 공연과 다른 공공의 유흥거리가 없는 계절, 즉 가을과 겨울에는 더 그러하지. 예컨대 저녁마다 민족의 내적 인 측면, 즉 풍습을 배우고 싶은 사람이 있다고 하세. 이를 위해서는 영국인들의 가정생활과도 합류해야 하는데 이것은 쉽지 않네. 런던은 여섯 시부터 저녁 식사를 시작해서 삶의 상태와 형식에 따라 열 시, 열한 시, 열두 시까지 식사를 하거든. 그다음에는 잠을 자네. 나는 이들의 하루에서 중요한 일과인 저녁 식사가 어떤 음식으로 채워지는지 알고 싶었어. 그런데 실제로 영국인은 성대한 식사를 하지 않고 그냥 식사를 하지 뭔가. 궁전에서 베푸는 성찬이나 혹은 시장과 같은 이들의 성대한 식사를 제외하면 100명, 200명 그리고 그 이상의 사람들, 즉 전 세계 사람들의 평범한 날 식탁에 두세 코스 요리가 한 끼 식사로 나온다니까. 여기에는 도처의 사람들이 먹는 음식이 거의 다 들어가네. 모든 고기, 집에서 기르는 닭, 들새 그리고 채소, 이 모든 것이 날짜별로 배분되지도 않고 음식 간의 균형도 고려하지 않고 나오지.

영국의 민속 음식, 예를 들어 푸딩은 내가 어디서 요청하건 먹을 수 있는 곳이 없었네. 주문을 해야만 했어. 영국인들 자신도 이 무거운 음식에 상당히 냉담한 것 같았지. 나는 푸딩에 대해 말하는 것일세. 물론 모든 고기와 생선은 그 품질이 훌륭하다네. 모든 것은 거의 자연 상태로, 채소로만 양념을 해서 내오더군. 조금 거칠기는 하나 매우 좋고 값도 싸네. 그래서 건강한 위장이 있으면 문제없어. 그러나 영국인들은 이에 대해서 불평하지 않네. 그들은 집이 훌륭한 것은 방으로 결정되는 것이 아니라 파이로 결정된 다는 우리 속담을 자신의 언어에 받아들일 수도 있을 것 같네. 만약 그들에게 파이가 있었다면 말이지. 그런데 사실은 없어. 그들은 파이랍시고 다른 것들을 모방하여 내놓는 것 같다네. 이것은 틀에 박힌 양식의 애플파이와 잼과 설탕이 안 든 크림을 넣은 오믈렛 또는 그 비슷한 것이더군. 그러하네. 그들의 꾸밈없는 선술집들, 참나무와 비슷하게 만들어졌거나 참나무로 되어 있는 벽들과 평범한 식탁들은 방으로서 훌륭한 편이 아니야. 그러나 어찌나 잘 정돈되어 있는지 화려할 정도라네. 정돈이 필요 이상으로 되어 있거든. 특히 세탁물이 그렇더군. 식탁보는 눈이 멀 정도로 흰색이야. 냅킨도 있었다면 똑같았을 게 분명해. 그런데 냅킨은 집요하게 요구해야만 주네. 그것도 모든 곳에서 그런 것은 아니야. 그리고 이것은 정돈됨의 증거가 될 수 있을 것이네.

영국인들이 말하더군.

"뭐 하러 냅킨을 씁니까? 손을 닦으려고요? 그렇지만 손은 더럽혀져 있을 수가 없습니다.

입이 그러하듯이 말이네. 특히 콧수염도 턱수염도 기르지 않는 영국인들의 입처럼 말이지. 나는 다섯 시부터 시작해서 여덟 시까지 다양한 시간에 가장 좋은 선술집들에서 정찬을 먹었는데 식탁에 200명 이하가 있던 적이 한 번도 없었어. 그 선술집 가운데 한 곳에서는 주인이 직접 방문객 사이에 참석하면서 모두가 만족했는지 직접 주시하며, 종업원이 없는 것을 알아차릴 경우에는 직접 가거나 아들을 보내더군. 그런데 사람들 말로는 이 주인에게 아주 멋진 집과 런던에서 가장 좋은 마차들이 있다고 해. 아마 모든 것은 이 때문일지도 모르네. 단지 선술집 주인에게서만 찾아볼 수 있는 본보기는 아닐 것일세!

성당에서 성당으로, 박물관에서 박물관으로 다니는 동안 시간은 알게 모르게 지나갔네. 이 모든 곳에, 이 모든 건물들에 관광객들의 무리가 파도친다네. 영국인들은 이렇게 다니면서 명승고적을 보는 것 외에는 더 이상 할 일이 아무것도 없는 것 같다고 여겨질 정도야. 그들은 이런 점에서 자기 집에서도 외국인과 같고 외국인들은 주인처럼 보인다네. 거의 고통에 가까울 정도로 집중되어 있는 이런 관심은 이곳 외에 그 다른 어떤 곳에서도 볼 수 없을 거야. 다른 곳들에서도 이 모든 것을 만들 더 많은 수단을 얻을 수는 있겠으나, 모든 곳에서 관객들과 청객들이 무리 지어 와서 창립자의 생각을 지지해줄 것인가? 그러나 똑똑하고 지식욕이 풍부한 관객들이 영국에 많다고 하더라도 평범한 구경꾼이 영국처럼 많은 곳도 또 없다네. 어떤 멍청한 이야기를 공고한다고 해도, 어떤 가격을 부른다고 해도, 방문객들은 나타나며 그것도 여느 때와 같이 무리 지어 나타나거든. 그들에게서는 예를 들어 우리와 같이 한가함으로 인해서 호기심이 생기는 것이 아닌 것처럼 보였어. 그것은 프랑스인들과 같은 생생한 성격의 특징도 아니며 지식에 대한 갈증의 표현도 아니야. 그것은 단순히 이것 혹은 저것이 유익할 테니 살펴보아야 한다는 차가운 인식이네. 그들이 보러 온 것을 즐기는 모습은 찾아볼 수가 없더군. 그들은 명세서에 따라 동산을 접수하는 것처럼 둘러볼 뿐이지. 적혀 있거나 그들에게 말해준 것과 같은 장소에 걸려 있고 같은 크기인지 쳐다본 후 계속해서 간다네.

나는 싫든 좋든 모든 요술도 둘러보려고 인내심을 품고 있었어. 예를 들어 부화기로 병아리를 까는 모습이나 열리지 않는 미국 자물쇠 같은 것을 보았지. 영국인들이 벌써 3주째 죽은 공작에게 매달려 있는 모습을 보니 그들이 이 희귀한 일 또한 알을 깐 것처럼 오래 걸려서 얻었다고 여겨지더군. 그는 이미 묻혔는데 그들은 아직까지도 둘러보러 다닌다네. 자네들은 이 일을 어떻게 생각하는가? 세인트 폴 교회에 장례식 때문에 세워진 교각들이라니! 이 때문에 나는 아직까지도 교회 안을 들여다볼 수 없었어. 나는 영국인이 아니니 다리들을 보고 싶지 않아. 지금까지 공작과 마주치지 않고서는 한 발자국도 뗄 수가 없었네. 다시 말해서 그의 초상화,

반신상, 영구차의 판화를 마주치지 않을 수 없다는 것일세. 어제는 워털루[121]의 파노라마가 나타났어. 그래서 나는 다리들에서도 파노라마를 치울 것이라고 생각하네.

내가 외국인임을 알아차린 구멍가게의 한 상인이 묻더군.

"공작의 장례식에 오신 것이 아닌지요?"

내가 말했네.

"오, 맞아요."

나는 나의 기억 속에서 어떻게 해서도 고인이 된 공작의 모든 공적들을 하나의 매듭으로 단단히 맺을 수 없었다네. 부끄러운 일이지만 그의 서거에 무심했으며 게다가 심지어는 그를 조금 괘씸히 여기기도 했기 때문이지. 주여, 나를 용서하소서! 그가 거리들에서 성대한 개선 행진으로, 그리고 무엇보다 내가 보고 싶은 것을 둘러보는 것을 다리들이 심하게 방해했다는 점에서 그러했어. 내가 영국의 아가멤논이 이룬 무수한 공적에 대한 존중을 비난한다고는 생각하지 말게나. 오, 아닐세! 나 자신도 영웅의 초상이 든 무슨 인조보석으로 된 목걸이를 한 소년에게서 샀네. 1포르펜스를 주려고 생각했는데 나는 실수로 지갑에서 그곳에 남아 있던 10코페이카 아니면 15코페이카 은화[122]를 꺼냈지 뭔가.

소년이 나를 따라잡더니 은화를 내 등에 붙이면서 마치 참살당한 사람처럼 고함치더군.

"안 받아요!"

영국의 발명 재능으로 나타난 모든 요술과 하찮은 것을 보면서 중국에 산 적 있는 아바쿰 사제는 사소하고 미세한 활동, 소매업에 대한 지향과 몇몇 다른 것을 두고 영국인을 중국인과 비교했네. 내가 언급했던 미국의 자물쇠는 주인 자신도 때때로 열 수 없을 정도로 잠겨버리는 자물쇠였어. 예전에는 이곳의 국가 금융기관, 그중에서도 은행에서 역시 열리지 않는 어떤 자물쇠가 채워졌다더군. 오랫동안 열리지 않았다고 알려져 있었는데 어느 날 미국인이 나타나서 그 자물쇠를 열겠다고 자진했다네. 그리고 정말로 열었지. 그 후에 그는 자신이 발명해낸 자물쇠를 제안하고는 그 자물쇠를 열 경우에 상금을 주겠다고 했어. 이를 위해 포츠머스 감옥에서 특별히 데려온 금고털이 전문가, 즉 가장 악랄한 사기꾼 세 명에게 자물쇠를 맡겼네. 온갖 문과 궤짝을 열 수 있는 이 악명 높은 꾼들이 모든 필요한 도구를 공급받고도 사흘 밤낮을 쩔쩔맨 후에 아무것도 해내지 못하고 그 자물쇠는 열리지 않는 것으로 선언했지. 그 결과 이 자물쇠가 이전 자물쇠를 대신하여 국고와 관련된 장소들에 채워졌어. 이 자물쇠들을 파는 상점 주인의 설명에서 내가 이해할 수 있었던 바로는, 모든 비밀은 상자나 문을 잠글

때마다 금속판을 임의의 개수만큼 끼울 수 있는 열쇠의 걸개에 있네. 정확히 얼마의 금속판이 들어가 있으며, 어떤 모습으로 놓여 있는지를 알지 못하고서는 자물쇠를 열 수 없다는 말이야. 그런데 금속판은 많이 있네. 10파운드에서 10실링까지의 가격으로 거대한 문에 사용되는 자물쇠도 있고 작은 귀중품 함에 사용되는 자물쇠도 있어. 복잡하지, 그렇지 않은가?

그런데 인구가 순환하는 런던의 외모가 불러일으키는 전체적인 인상은 좀 이상하네. 200만 명 정도의 주민이 있으며 전 세계 교역의 중심인 이곳에 눈에 띄지 않는 것이 있는데 그것이 무엇이라고 생각하는가? 바로 삶이야. 다시 말해서 삶의 폭풍 같은 동요가 없어. 교역은 보이지만 삶은 없다네. 아니면 이곳에서는 교역이 삶이라고 결론지어야 해. 실제로 그렇기도 하고. 삶은 여기에서 눈에 띄지 않네. 총액을 내면 런던이 세계 제1의 수도라고 결론을 내리게 될 거야. 얼마나 많은 거대 자본이 하루에 혹은 1년에 회전하는지, 이 인구의 대양에서 외국인의 밀물과 썰물이 얼마나 무섭게 일어나는지, 영국 전역을 둘러싸는 철도가 이곳에서 어떻게 모이는지, 도시의 한쪽 끝에서 다른 한쪽 끝까지 거리마다 수만 대의 마차들이 어떻게 배회하는지 세어보고 나면 말이네. 경악하여 탄식하게 되겠지만 이 모든 것을 눈으로는 알아채지 못할 게 분명해.

바로 그러한 고요함이 상대적으로 지배하고 있어서 다수의 사람으로 구성된 사회의 모든 생리적인 기능은 조화롭고 점잖게 이루어진다네. 말과 바퀴로 인한 불가피한 소음을 제외하고 다른 소음은 거의 듣지 못할 거란 말이지. 도시는 마치 생물체처럼 자신의 호흡과 맥박을 억누르는 것처럼 보인다네. 무익한 고함도 쓸데없는 움직임도 없어. 그리고 노래, 뜀박질, 장난질에 대한 것은 어린애들 사이에서도 잘 들리지 않지. 모든 것을 미리 계산하고 그 무게를 측정하며 그 가격을 책정한 것 같아. 마치 목소리와 얼굴 표정에서도 창문, 차륜의 고무 타이어에서와 같이 세금을 거두는 것처럼 말이네. 마차들은 전속력으로 질주하지만 마부들은 고함을 지르지 않고, 지나가는 사람은 절대로 멍하게 서 있지 않는다네. 보행자들은 서로 밀치지 않아서 군중이 있는 거리에서는 싸움도 주먹다짐도 볼 수 없어. 비록 거의 모든 영국인이 점심 식사 때에 술을 진탕 마시지만 거리에서는 술주정뱅이도 볼 수 없고 말이지. 모두들 어디로인가 서둘러 가고 있고 달려가고 있어. 태평하고 게으른 형상은 나밖에 없네.

보기 흉한 차림새의 사람들 또한 볼 수 없다네. 그들은 분명 멀리 떨어져 있는 구역들의 틈 사이 어딘가에 바퀴벌레처럼 숨어 있을 테지. 대부분은 맵시 있고 화려하게 차려입고 있고, 나머지 사람들도 깔끔하게 차려입고 있어. 모두가 머리를 빗어서 매끈하게 하고 있으며 특히 면도를 하고 다니네.

우리의 친구 야즈이코프는 틀림없이 이렇게 말했을 걸세.

"이곳에서는 모두가 브리튼인[123]이군요."

나는 하루건너 한 번씩 면도를 하네. 이 때문에 선술집의 하인들은 내가 점심을 먹고 나서 그들에게 1실링을 주기 전까지는 나를 존중하려고 하지 않더군. 자네, 니콜라이 아폴로노비치, 노약자의 턱수염을 가진 자네는 여기에서 지내는 게 불가능했을 거야. 자네가 밖으로 나가자마자 사람들이 자네에게 반드시 금품을 베풀어줄 테니 말이지. 거리는 오직 신사들로만 채워진 웅장한 응접실 같아. 일명 평민, 혹은 그보다도 심하게 말하면 흑인은 보이지 않거든. 여기서 평민은 흑인이 아니기 때문이지. 벨벳 재킷과 바지를 입고 흰 셔츠를 입은 농민은 전혀 농민으로 보이지 않네. 심지어 어떤 경작용 말조차 마치 귀족처럼 조용하고 엄숙하게 앞으로 나아간다니까.

영국인이 공공 예절을 얼마나 존중하는지는 다들 잘 알고 있지. 이렇게 공동의 평온, 안전을 존중하고 모든 불쾌한 것들과 불편한 것들을 피하는 것은 심지어 어느 정도는 권태로울 정도라네. 기차를 타고 가면 사람들은 콩나물시루처럼 많은데, 푸시킨[124]의 표현을 빌리자면 어두운 무덤 속의 수많은 사람처럼 아무 말이 없어. 영국인은 박애라고 느낄 정도로 예의가 바르네. 즉 필요성에 따라 이것을 지킬 정도로 예의가 바르다네. 영국인은 프랑스인들처럼 공연히 안달하거나 특히 뻔뻔스럽지 않아. 그들은 진지한 질문에 대답해주고 자네들이 필요로 하는 소식을 전해주며 길을 알려주는 일 등을 할 거야. 그러나 만약에 자네가 그들에게 그냥 이야기를 좀 나누어보려고 말을 건다면 불만족스러워 할 걸세. 이들은 말이지. 누구는 말없이 앉아 있는 것을 무료하게 여기는 반면, 또 누군가는 반대로 이것을 좋아한다는 사실을 이해하고 있어. 나는 기차에서나 기선에서 근처에 놓여 있는 다른 사람의 신문을 그냥 가져가거나 심지어 달라고 부탁하는 사람을 본 적이 없네. 남의 우산이나 지팡이를 건드리는 것도 보지 못했어. 영국인은 낯선 이들과 허물없이 구는 이런 태도를 용납하지 않더군. 그 대신에 아무도 자네 근처에서 노래를 부르거나 휘파람을 불려고 하지 않을 걸세. 자네의 벤치나 의자에 발을 놓지 않을 거야. 여기에는 그것만의 좋은 측면과 나쁜 측면이 있지만 좋은 측면이 더 많은 것 같더군. 프랑스인은 여기서도 자신의 성격의 불쾌한 특징을 보여주네. 그들은 뻔뻔스럽고 조금 투박하지. 프랑스인 하인은 1실링을 받으려고 손을 뻗고 감사하다는 말도 겨우 할 거야. 그러고도 떨어뜨린 스카프를 집어주지도 않고 외투 시중도 들려 하지 않겠지만, 영국인이라면 이 모든 것을 다 할 것이네.

그러는 사이 출발할 시간이 다가오고 있었어. 전함에서는 작업이 거의 완료되었네. 금시라도 출발할 날짜를 지정할 것만 같아. 그런데 나는 경작되지 않은 자연으로, 그리고 똑같이 경작되지 않은 자연의 자식들에게로 후에 건너가보고 싶어서 이 분별 있는 무리 속에서 더 구경하고 더 놀고 싶었는지 모른다네! 영국의 자연에 대해 나는 아무것도 말하지 않았지. 그곳에 무슨 자연이 있단 말인가! 자연은 없으며 자연은 모든 것이 프로그램에 따라서 자라나 살아갈 정도로 개간되어 있네. 사람들은 자연을 점령하고 자연의 자유로운 흔적을 지워 없앴다네. 이곳의 들판들은 그림을 그린 세공마루와 같아. 나무와 풀에는 말과 황소에 한 것처럼 똑같이 해놓았어. 풀에는 벨벳의 모습, 색깔 그리고 부드러움이 주어져 있지. 들판에서는 쓸모없는 땅을 한 조각도 발견하지 못할 걸세. 공원에는 자연에서 자라난 관목이 없고 동물 또한 똑같은 숙명을 겪네. 모든 것이 이곳에서는 건장하다네. 양, 말, 황소, 개까지 마치 남자와 여자처럼 말이지. 모든 것이 몸집이 크고 아름다우며 건장해. 동물을 보면 자신의 임무를 이행하고자 하는 갈망이 의식 수준에까지 뻗어 있는 듯 보여. 사람들에게서는 반대로 동물적 본능의 수준까지 끌어내려져 있는 것 같아. 동물에는 행실을 어떻게 해야 한다는 규칙을 너무 주입시켜서 마치 황소가 자신이 무엇을 위해 살을 찌우는지 이해하는 것만 같다네. 그런데 사람은 반대로 무엇을 위해 하루 종일 그리고 1년 내내 그리고 일생 동안 화덕에 석탄을 얹어두거나 어떤 밸브를 여닫는 것만을 하는지 잊으려고 노력하지. 사람은 직접적인 목표에서 벗어나지 않도록 억압받는다네. 이로 인해 첫눈에 보기에는 안목이 좁아 보이는 사람을 그리도 많이 만나게 되는 것일지도 모르겠어. 그런데 그들은 전문가일 뿐이란 말이야. 그리고 이 전문성이 모든 방향으로의 성공이 가능한 이유라네. 이곳에서는 대장장이가 자물쇠 제조공의 일을 하지 않기에 이로 인해 세상에서 제일가는 대장장이가 된다네. 모든 것이 이런 식이지. 기계공, 엔지니어는 정치 경제를 모른다는 이유로 질책 받을까 근심하지 않아. 그는 이 분야의 책을 절대로 한 권도 읽어본 적이 없을 텐데 말이야. 그에게 자연과학에 대해 말하지 말게나. 기술 외에 어떤 것에 대해서도 말을 걸지 말게. 그는 매우 볼품없게 안목이 좁은 것처럼 보일 터이니 말이지…. 그런데 그와 동시에 이 좁은 안목 아래에 때로는 거대한 재능과 엄청난 지혜가 항상 숨겨져 있어. 전부 자신의 전문 분야인 기술에 속하는 지혜라네. 보편적인 교육을 받은 사람에게는 응접실에서 그와 대화하는 것이 무료하게 보일 거야. 그러나 공장을 소유하고 있다면 그 사람 자신이나 그가 만든 제작물을 가져오고 싶어 할 걸세.

이 모든 것, 즉 이 실용성은 무척 좋을 법하네. 그러나 유감스럽게도 거기에는 그 나름의 불유쾌한 측면이 있다네. 그것은 바로 사회 활동뿐 아니라 전체와 개인의 삶 전체가 기계처럼 매우 실용적으로 이루어져 있고 작동한다는 것이지. 사회가 끊임없이 느껴야 하고 그 필요성 또한 끊임없이 느껴야 하는 사회적인 미덕들과 개인적인 미덕들이 밝은 인간적인 근원에서 자유롭게 흘러나오지 않아. 그 반대로 이곳에 있는 이 모든 것은 그것이 무엇인가를 위해, 어떠한 목적을 위해 필요하기 때문에 존재하는 것 같아 보이네. 정직함, 공평함, 동정심을 석탄처럼 획득하는 듯 말이야. 그렇게 해서 통계표에서 강철 제품, 면직물의 총계 옆에 바로 이러저러한 법에 의해 이 주나 식민지를 위해 이만큼의 공정한 재판을 획득했다거나 이러저러한 일을 위해 조용함, 성정을 진정시키는 것 등을 제조하기 위해 약간의 자료를 첨가했다고 보여줄 수 있을 것 같아. 이러한 미덕은 필요한 곳에 첨부되고 바퀴처럼 회전하지. 이로 인해 이 미덕은 온정과 매력을 박탈당한다네. 얼굴에, 움직임에, 행동에 똑똑히 쓰여 있는 것은 선악에 대한 실용적인 자각이 삶, 즐거움, 매력으로서가 아니라 불가피한 의무로 인한 것이라는 점이야. 미덕은 그 자체의 고유한 빛을 박탈당했네. 이곳에서 미덕은 사회와 민족에 속하는 것이지 사람과 마음에 속하지는 않지. 그로 인해서 사회 활동의 장치 전체가 잘못을 저지르지 않고 움직이는 것은 사실이라네. 이것을 위해서 많은 명예, 공정한 재판이 필요하지. 어디를 가나 규칙과 법이 엄중하고, 어디를 가나 그것에 둘러싸여 있어. 사회는 안락하네. 사회의 자주와 소유물은 불가침의 영역이야. 그러나 그 대신에 법의 힘이 항상 미치지는 못하고 사회적인 의견 역시 무력하며 사람들이 이 중요한 매개물 없이도 때울 수 있는 방법을 발견하고 자신들끼리 일을 처리하는 균열도 존재하네. 바로 그곳에서 공동 움직임의 장치가 자잘한 개인적인 규모에 부가되지 않는 것으로 드러나고 그 장치의 바퀴가 공중에서 헛돈다네. 영국의 전체 교역은 견고하고 신용은 확고부동하지만 그와 동시에 구매자는 각 상점에서 돈을 받았다는 꼭 영수증을 받아야 하지. 도둑을 벌하는 법이 많고 엄격하지만, 그럼에도 런던은 사기의 모범적인 학교로 여겨지고 있으며 도둑의 수는 수만 명에 달할 지경이야. 심지어 도둑도 상품처럼 대륙에 공급해주며, 자물쇠를 잠그는 기술이 자물쇠를 벗기는 기술과 경쟁하네. 밀수출입자가 그렇게 많은 곳은 그 어디에도 없다는 것을 더해야 하지. 어디를 가나 장애물이 있고, 앞서 말했듯이 양심을 검사하는 기구들이 있어. 바로 이런 원동력이 사회에서 미덕을 지탱하고 있네. 그런데 은행들과 상인의 사무소에 있는 계산대에는 꽤 자주 도둑들이 드나든다네. 박애는 사회적인 의무의 수준까지 높여져 있는데 개개인과 개별 가정뿐 아니라 영국의 통치를 받는 나라 전체가 빈곤으로 죽어가고 있어. 그러는 동안 이 도덕적인 민족은 일요일마다 굳어진 빵을 먹고 자네들에게는 자네들의 방에서 피아노를 치거나 길에서 휘파람을 불지 못하게 한다네. 지혜롭고 능률적이며 신앙심이 깊고 도덕적이며 자유로운 민족의 명성에 대하여 잠깐 생각해보게!

어쩌면 이것은 전 인류의 복지를 위해서는 아무렇든 상관없을지도 모르지. 선을 그것의 절대적인 우아함 때문에 사랑하고 어떠한 이유나 어떠한 목적도 없이 정직하고 선하며 공평한 사람이 되고 언제 어디서라도 그런 사람이 되지 않는 법을 모르는 것이나, 장치와 표와 요구에 의해서 덕 있는 사람이 되는 것이나 상관없는 것 아닌가? 상관없는 것처럼 보이네만, 이 불유쾌는 도대체 무엇 때문이란 말인가? 그러나 조각상을 페이디아스[125]와 카노바[126]가 조각했는지 혹은 기계가 조각했는지가 과연 상관이 없는가? 이렇게 물어볼 수 있을 거야….

웰링턴 공작으로 시작해서 증기로 부화시킨 병아리에 이르기까지 내가 영국에서 본 것을 모두 이야기하면서 여자들에 대해서는 아무 말도 하지 않았다고 자네들이 나를 질책할지도 모르겠네. 그러나 그들을 피상적으로 이야기하는 것은 내키지 않아서 더 열중하여 깊게 관찰하려 했는데 그럴 시간이 없었어. 그들을 어디서 관찰할 수 있단 말인가? 나는 가정집을 알아갈 시간이 없었거든. 그 때문에 여자들을 교회와 상점, 특별석, 마차, 기차, 거리에서 보았네. 그래서 한 가지밖에 말할 수 없는데 그마저도 예상되는 질책을 피하기 위해서 하는 말이라네. 영국 여자는 비록 고기와 양념을 많이 먹고 독한 포도주를 마시는데도 아름답고 날씬하며 얼굴빛이 놀랄 만큼 좋더군. 영국에서와 같이 대중 속에 아름다움이 넘쳐흐르는 민족은 거의 없을 거야. 상선 선장, 기계 기사, 선생, 가정교사, 특히 가정교사의 이름으로 영국에서 탈주한 적황색의 신사숙녀들을 보고 영국 남자들과 영국 여자들의 미모를 판단하지 말게나. 이들은 찌꺼기니까 말이네. 아름다운 여자는 영국에서 도주할 필요가 전혀 없어. 미모는 자본이야. 그녀에 대하여 사람들은 매우 실리에 맞게 정당한 가격을 책정해주고 적합한 조정을 찾아줄 걸세. 반면 못생긴 여자는 어떤 가치도 지니고 있지 않지. 영국에서도 필요한 어떠한 특별한 재능이 그녀 뒤에 숨겨져 있는 경우만 제외한다면 말이야. 말을 가르쳐주거나 아이를 돌보는 것만으로는 영국에서는 중요하지 않다네. 그래서 러시아로 갈 수밖에 없지. 영국 여자는 대부분 키가 크고 날씬하지만 조금 거만하고 조용하더군. 많은 이들의 말에 따르면 냉정하기까지 하네. 눈과 머리카락 색깔은 끝이 없을 정도로 다양하고 머리카락이 완전히 검은색인 여자들도 있어. 그들은 칠흑같이 검은 머리카락과 눈을 하고 있는데 그와 동시에 얼굴은 엄청나게 희고 선명한 홍조를 띠고 있어. 그다음에는 밤색 머리카락과 역시 흰 얼굴이 뒤따르지. 그리고 마침내 그 부드러운 얼굴들이 뒤따른다네. 그 얼굴들은 도자기 같은 흰색을 띠고 있고 얇고 투명한 피부를 가지고 있으며 가벼운 장밋빛 홍조를 띠고 아마빛 곱슬머리로 둘러싸여 있네. 이들은 눈같이 흰 목을 지니고 있고 자세와 몸가짐에서 포착하기 어려운 우아함을 보여주며 유리처럼 투명하고 깨끗하며 빛나는 눈 속에 오만한 수줍음을 지니고 있는 부드럽고 깨지기 쉬운 창조물이야. 남자도 미모 면에서 이 숙녀들을 얻을 만한 가치를 지니고 있다고 말해야겠네. 영국에서는 사람부터 시작해서 모든 것이 체격이 좋고 아름답다고 이미 말하지 않았는가. 남자들도 머리카락과 얼굴색에서 여자들과 거의 똑같은 분류에 해당하지. 그들의 특징은 바로 키, 표면뿐인 냉정, 오만함, 거만한 자태, 확고한 걸음걸이라네.

영국 여자들은 실용적인 방향이 영향을 끼치지 않고 그대로 놔둔 유일한 대상인 것 같아. 영국 여자들은 이곳에서 군림하며 예를 들어 돔비[127]처럼 질투의 대상이 되기도 하지만 다른 곳들보다 심하지는 않다네. 영국 여자들은 집의 제단에 지속적인 향을 피우더군. 영국 남자들은 아침에 도시를 뛰어다니며 모든 일들을 마무리 지은 다음에 집에 돌아와 그 제단 옆에 비옷과 우산과 함께 자신의 실용성 또한 내려놓지. 이제 기계의 불이 꺼지고 다른 불이 타기 시작하네. 아궁이나 난로의 불 말이야. 거기서 영국 남자들은 행정관, 상인, 외교관이라는 존재를 멈추고 사람이 된다네. 영국 남자는 다른 사람, 즉 부드럽고 솔직하며 쉽게 남을 믿는 연인이 되는 거지. 그리고 그가 자신의 제단을 얼마나 질투심 강하게 보호하는지! 이것을 나는 보지 못한 걸세. 영국인 가정 속으로 들어가보지 못했고 단지 풍문과 몇 가지 징후를 통해서만 아네. 그리고 이런 변신은 영국인이 자네들과 조금 더 친밀하게 사귀고 특별한 주의를 기울이고 싶을 때 자네들을 자기가 있는 곳으로, 자신의 성전으로 불러서 점심을 먹자고 할 때 알 수 있을 테지. 더 이상은 영국인에게 불가능해.

고골[128]은 내게 영국 여자가 주는 인상을 어느 정도 망가뜨려 놓았네. 온갖 귀여운 영국 여자를 만나고 나서 나는 코베이킨 선장을 생각하게 되었지. 극장에서 고상한 숙녀들을 보았는데 그들은 고왔으나 몽블랑[129] 등반의 축소판을 보여준 작고 시시한 극장에서 입기에는 지나치게 격식에 얽매인 차림을 하고 있더군. 모두들 데콜테[130]를 하고 있었고 짧은 부인용 망토를 입었으며 머리에는 꽃을 달고 있었어. 그래서 우리나라의 집시 여자들과 조금 닮아 보였다네. 집시 여자들이 노래를 부르러 난간에 나타났을 때의 모습 말이야. 여행객으로 호텔에 살면서 나는 선술집의 여주인, 상점에서 장사하는 여자 외에는 가까이서 여자들을 관찰할 수 있는 경우가 별로 없었지. 바로 여기 하녀 두 명이 마치 우체국 말들처럼 내 근처에서 분주하게 쏘다니며 달려 다니더라고.

그리고 그들은 내가 한 마디 할 때마다 까치처럼 극도로 불쾌하게 대답을 되풀이했네.

"예, 신사분. 아니요, 신사분."

그들은 웬 5실링 때문에 싸움을 벌이고 그 싸움에 깊이 몰두해버려서 무엇을 물어본다고 할지라도 지금 서로에 대한 불평으로 넘어가버릴 거야. 거리에서 옆에 서게 되면 미소나 표정이 풍부한 시선을 선사하는 숙녀와 아가씨에 대해서, 온갖 잡동사니를 파는 포츠머스의 부인에 대해 무엇이라도 말할 것이 남아 있었으면 좋겠네. 그러나 누구든지 간에 우리네와 똑같다네. 부인들을 말하자면 그들은 가슴이 무척 풍만하여 여자 여행객이 보고 놀라는 거지. 영국의 젊은 아가씨들은 이와는 반대로 가슴이 너무 빈약하여 또 놀라게 되고. 영국 남자들이 이에 대해 놀라는지 나는 잘 모르겠네.

영국 여자들은 또한 커다란 다리가 특징이라고들 말하지. 잘 모르겠어, 정말일까? 내 생각에 여기에는 편견도 한몫하는 것 같아. 그것은 바로 다른 나라의 어떤 여자들도 영국 여자들만큼 제 다리를 자랑스럽게 내보이지 않기 때문이 아닐까. 길을 건널 때, 진창을 밟을 때면 그들은 치마를 아주 높이 올려서… 다리를 자세히 살펴볼 완전한 기회를 주더군.

1852년 12월 31일

어떤 한 장소의 온갖 것에 대해 적는 내 편지가 자네들에게 귀찮지 않을까 싶네. 그러나 어쩌겠는가! 나는 스스로도 나태하고 나와 접촉하는 모든 것을 나태함에 전염시키는 숙명을 타고난 것 같아. 나태함은 공기에 넘쳐흐르는 듯하고 사건들은 내 머리 위에서 잠깐 동안 움직임을 멈춘 듯해. 자네들이 알다시피, 내가 얼마나 태만하게 페테르부르크를 떠나곤 했는가. 그리하여 네 번째 시도에서야 겨우 조국을 떠나올 수 있었잖은가. 이제는 영국에서 또 다시 늦장을 부리며 출발하려 한다네. 우리는 항구에 늘어져 있는 것 같아. 북풍이 불면 우리는 30분 만에 양 날개를 올리고 대양으로 들어갈 계획이지. 그런데 대양은 빠른 전령 같은 바람으로 우리 길을 매끄럽게 해주는 것 같더니 아직 우리를 맞이할 준비가 안 된 모양이야. 우리가 영국에 있다고 말할 수조차 없다네. 그저 전함 위에 있을 뿐이니 말이지. 우리 숫자가 약 500에 달하니 러시아의 한 지역에 있는 거나 다름없어. 해변은 3베르스타 정도 떨어져 있네. 앞에는 포츠머스의 나지막한 벽이 파도 속에서 자맥질하고, 벽 옆에는 모래로 뒤덮인 여울이 펼쳐져 있으며, 우리 뒤에는 화이트 섬[131]이 푸르게 보이고, 그다음에는 우리처럼 순풍을 기다리며 100척이나 되는 배들이 끝없는 선착장 여기저기에 흩어져 있는 바다뿐이라네. 우리 전함에서는 영국에 대해 아무런 말도 하지 않아. 우리는 영국과 모든 일을 마치고 이별했거든. 단지 바람이 항해를 방해할 뿐이야. 사흘째 되는 날 보트 두 대가 출발하려다가 바람이 심하게 불기 시작해서 항구에 남게 되었어. 이따금씩 영국의 노 젓는 배 한 척이 큰 파도를 따라 화이트 섬 쪽으로 혹은 화이트 섬에서 포츠머스로 염소처럼 껑충껑충 뛰어서 지나가곤 했다네.

1852년 12월 24일

크리스마스이브 아침에 해변으로 내려갔네. 그리 나쁘지 않았어. 그러나 거기서 출발했을 때에는… 아, 어떤 저녁이었는지! 그 저녁이 얼마나 오랫동안 기억에 남을지! 물건을 몇 개 산 뒤 나는 알버트 부두[132]에서 영국 보트를 타고 집으로 되돌아가기 위해 출발했지. 벽과 같은 항구 안에서 가는 동안은 평온해 보였네. 하지만 트인 공간으로 나가자마자 그곳에는 바람이 흉포하게 불더군. 거기에다 추위, 어둠, 요새 벽에 부딪혀 부서지는 파도가 내는 광폭한 소음까지 있었어. 보트 사공은 영국인이었는데 이들은 우리 군함이 어디에 자리를 잡고 있는지 모르는 게 아닌가.

아침에 갈 때 군함에서 나는 이렇게 말했어.

"저녁에는 경사활대에 불을 두 개 피울 겁니다."

선박의 실루엣이 아른거리며 조금씩 보이는 먼 곳을 바라보았더니 여러 장소에서 수백 개의 불이 보이더군. 나는 한 손으로는 모자가 바다로 날아가버리지 않도록 꼭 쥐었고, 다른 손은 추워서 때로는 품속에 때로는 주머니 속에 감추었네. 사공들은 노를 놔둔 채 돛은 바로 세운 후 보트 바닥에 앉아서 서로 작은 소리로 웅얼거렸어. 우리 보트는 위아래로 계속 내던져졌지. 거센 파도가 주기적으로 꼭대기에서 우리 쪽으로 돌입해오고 옆에서 물을 퍼부었네. 하늘은 구름에 가리어졌는데 갈 길은 3베르스타나 남아 있었다네. 우리 보트가 한 무리의 선박에 다가갔지.

"러시아 전함인가요?"

날카로운 소리가 바람을 타고 우리 쪽까지 들려왔네.

"아니요."

그다음에 다가간 다른 선박에서도 이렇게 대답했어.

"아니요."

다른 항로로 바꾸고 항구를 따라 1.5베르스타를 더 항해해갔네. 바로 이때 자네들과 보낸 지난 모든 12월 24일을 상기하게 되더군. 나는 자네들이 있는 홀 안이 밝고 따뜻하기도 했구나 생각했고, 이제 그곳에서 이 남자 저 남자와, 이 여자 저 여자와 앉아 있다고 생생하게 상상했지.

나는 이런 생각을 보태었네.

'그런데 내 곁에는 무엇이 있지!'

이 생각을 하면서 어깨와 팔꿈치 근처, 머리보다 높게 올라왔던 큰 파도를 바라보고 저 멀리 바라보기도 했다네. 겁에 질린 채 미심쩍은 시선을 가지고 말이지. 러시아 전함에 있는 두 개의 등불이 다른 불보다 더 상냥하고 밝게 빛날 것이라고 생각하려 애쓰면서 말이야. 마침내 겨우 전함에 도달해서 크리스마스전야의 철야기도식에 참석했네. 이 작은 일화는 앞으로 기다리고 있는 무궁한 공간 가운데 한 베르쇼크[133]밖에 지나지 못했다는 것을, 이 일화가 이 생활에서는 평범한 현상이라는 것을, 60년 동안 살면서, 특히 우리 러시아에 살면서는 체험하지 못할 많은 일이 3년 만에 일어날 수 있다는 것을 내게 상기시켜주었어!

영원한 도시인의 응석받이가 된 신경과민이 이곳에서, 주변 모든 것과의 투쟁 속에서 얼마나 고된 시련을 받게 되는지! 모든 것이 이전과는 정반대라네. 두꺼운 벽 대신에 공기가 있고, 기둥의 주춧돌 대신에 절벽이 있으며, 기구들의 그물망으로 된 아치가 있고, 글을 쓸 때 손에서 빠져나가는 휘청거리는 책상이 있어. 아니면 손이 책상에서 빠져나가거나 접시가 입에서 빠져나가지.

해변 경비대의 상례적인 질서 속에서 이런 말이 끝없이 울려 퍼진다네.

"떠들지 말고 조용히 앉아 있어!"

여기서는 한 걸음을 갈 때마다 이렇게 되풀이하곤 해.

"떠들고 발소리를 내고 움직여라!"

편의와 안락함 대신에 불편함에 길을 들이네. 요즘 선장은 같은 프록코트를 입은 채 갑판 위를 왔다 갔다 하고 있는데 그의 아래턱도 추위 때문에 왔다 갔다 하고 있어.

"글쎄, 무엇 때문에 당신은 외투를 걸치지 않으십니까?"

"부대에 모범을 보여주기 위해서입니다."

그곳 러시아에서, 해변에서, 소파에 앉아서, 따뜻한 방 안에서 이성으로부터의 일탈이라고 여길 만한 많은 것이 여기서는 진리가 된다네. 그리고 보다시피 이런 어긋나는 것들이 이곳에서는 정당함을 인정받는데, 자네들의 절대적인 진리는 그렇지 않아. 자네들은 마음이 거북할 걸세. 왜냐하면 일탈이나 지엽적인 진리를 믿도록 스스로를 강요해서는 안 되기 때문이지. 그 지엽적인 진리가 불가피성으로 정당화된다고 해도 말이네. 자네들이 바다에 있을 때에는 자네들의 교육, 돈벌이, 연약함을 어느 정도 잊어버려야 해. 그렇지만 괜찮다네. 모든 것에 익숙해지고 길이 들고 심지어는 감기에 걸리지 않을 수도 있으니까 말이야. 나는 편두통도 사라졌네. 나중에 육지로 가면 바다 생활이 내게 쌓아준 습관에서 벗어나는 데에 오래 걸리기까지 할 걸세. 가구는 밧줄로 잡아매야 하고, 창문은 덧문으로 닫는 게 아니라 조여야 한다고 여기게 되겠지. 신선한 바람이 불어오면 돛을 감도록 전원을 위로 부르는 호각 소리를 기다릴 테고.

얼마나 많은 좋은 일을 여행에서 내가 나에게 약속했으며 그중 얼마나 많은 것이 실현되지 않았는지! 바로 나는 러시아의 겨울에서 도망쳐서 여름을 두 번 보낼 거라고 생각했는데 가을을 네 번 겪어야만 될 것 같아. 이미 겪은 러시아의 가을, 영국의 가을을 겪고 있고 열대지방에는 그곳의 가을에 가게 되겠지. 그런데 굉장한 혼란이 있었네. 러시아 것과 영국 것으로 두 개의 성탄절, 두 개의 새해, 두 개의 주현절을 맞게 되었으니 말이야. 영국 성탄절에는 일손이 극도로 모자랐네. 우리 손이 부족했거든. 영국인은 명절에 일이라는 말을 듣는 것조차 싫어하더군. 우리 성탄절에 영국인들이 왔고 우리 사람들에게도 일을 강요하기 무안했네.

자네들에게 내 동료들에 대해 무엇이라도 이야기했으면 해. 몇몇은 이미 이야기를 했고, 다른 이들은 나중에 이야기하겠네. 최근에 우리 전함이 도크에 있는 동안 나는 영국 배의 한 거대한 선실에서 동료 네 명과 가까이 지냈지. 한 명은 침착하게 평온한 사람으로, 누구를 대하든 항상 똑같아. 아무것에도 끼어들지 않고 즐거워하지도 않으며 슬퍼하지도 않네. 무엇에도 아파하지도 않고 추워하지도 않더군. 다른 사람들이 제안하는 모든 것에 동의하고 모든 이에게 우호적일 정도로 상냥하며 친구는 없지만 적도 없네. 설사 그를 배신한다고 하더라도 그는 문제시하지 않을 거야. 그는 모든 것에 만족하고 아무것에도 불평하지 않아. 새로운 소식도 다른 이들보다 하루 정도 늦게 알게 되지만. 합의 보기 쉬운 양반이라는 말이 그를 위해 존재하는 것 같을 정도라네.

　다른 한 명은 내가 가장 자주 담론을 나누는 사람인데, 매우 사랑스러운 동료로 그 역시 항상 평정하고 절대로 냉정을 잃는 법이 없어. 그러나 그는 첫 번째 사람처럼 쉽게 만족시킬 수 없지. 안락함을 좋아하고 그것 없이는 좀 괴로워하거든. 비록 본성에 맞지 않는 환경에 적응하려고 노력하기도 하지만 말이야. 그는 사교계 사람인데 그런 사람은 항상 내 마음에 들었어. 사교계 교육은 그것이 사교계의 교육만을 원하는 요구가 아니라 실제로 보통 생각하는 것처럼 피상적이지는 않네. 깊은 교육, 심지어는 박식함도 어떠한 특별한 방향도 방해하지 않으면서 사교계 교육은 많은 좋은 측면을 만들고 고상한 성질이 거칠어지게 두지 않으며 전 인격을 형성한다네. 그중에서도 자신의 단점뿐 아니라 장점까지 숨기도록 가르치지. 그것이 훨씬 어려운 거라네. 때로 겸손함을 타고났으며 욕망이 없다고 보이지만 단지 교육에 따른 것뿐이야. 사교계 사람은 자신은 잊고 자네들을 위해 모든 것을 하며 모든 것을 희생하는 것처럼 자네들과의 관계에서 자신을 세울 줄 아네. 실제로는 아무것도 하지 않고 아무것도 희생하지 않으면서 말이지. 그 반대로 크류드네르 남작처럼 바로 자네들의 시가를 피우기까지 하면서 말이야. 이 모든 것은 하찮은 일인 것 같아. 하지만 사실 이것은 대단히 많은, 적어도 표면상의 인본주의를 사회에 제공한다네.

우리는 런던에서 포츠머스로 돌아온 직후에 1주일 정도를 더 캠퍼다운호에서 큰 무리를 이루어서 평화롭게 살았어. 모두 오래된 영국 대포선의 수많은 선실에 매우 편안하게 배치되었지. 아침에 우리 넷은 모두 한 순간, 여덟 시 정각에 엑설런트호에서 대포가 터지는 소리를 듣고 잠에서 깨곤 했네. 이 영국 배는 죽은 닻을 내린, 즉 움직이지 않는 배로 우리에서 몇 사젠[134] 떨어진 거리에 있더군. 고기, 감자, 산더미 같은 채소로 이루어진 아침, 즉 묵직한 점심 식사를 하고 나서 모두 흩어졌어. 장교들은 해군공창이나 군함으로 일하러 갔고, 장교가 아닌 우리는 집에서 있거나 쇼핑이나 산책을 하러 갔고, 누군가는 포츠머스로, 또 누군가는 포치로, 또 누군가는 사우치나 호스포트로 갔다네. 이곳들은 포츠머스와 연결되어 있으며 포츠머스를 구성하는 네 도시야. 이 도시는 모두 자신만의 특징을 가지고 있네. 포치와 포츠머스는 상점과 짐을 싣는 창고로 가득 차 있고, 세관이 있는 교역이 발달한 구역이지. 바로 이곳에 해군공창이 자리를 잡고 있으며 이곳에서 세계 모든 국가의 해군이 안식을 취한다네. 사우치는 주요 교회와 큰 건물이 있는 깨끗한 구역일세. 그곳에 바로 정부도 자리 잡고 있거든. 이 구역들은 서로 벽으로 분리되어 있어. 호스포트는 항구의 다른 쪽에 놓여 있으며, 증기 나룻배를 통해 다른 세 개의 구역과 교통하지. 그 나룻배는 밧줄을 타고 끊임없이 왔다 갔다 하며 헐값에 사람을 실어 나르네. 그 외에 셀 수 없이 많은 도하용 보트가 있다네. 호스포트에도 상점이 있지만 이미 부차적인 상점이며 과일 상점들, 우리가 묵은 매우 좋은 호텔인 '인도 무기'와 런던 철도역도 있어. 그렇지만 이 도시들을 약 두 시간 만에 다 둘러볼 수 있지. 호스포트는 거리 하나와 몇몇 골목길로 이루어져 있고 사우치는 광장 하나, 둑, 요새 벽으로 이루어져 있네. 함께 연결되어 있는 포츠머스와 포치에만 거리가 몇 개 있더군. 건물, 상점, 교역, 사람, 이 모든 것이 런던과 똑같되 더 작고 그만큼 부유하지는 않은 정도야. 그러나 어쨌든 간에 어느 정도 부유하고 깨끗하며 아름답다네. 바다, 수병, 배, 해군공창이 도시에 자신만의 특별한 특징을 부여하거든. 우리 크론시타트 항구의 특징과 똑같지만, 다만 조금 더 크고 조금 더 사람이 많아.

그다음에 약 여섯 시쯤에 두 번째 식사인 점심을 먹으러 다녀왔네. 아바쿰 사제도 힘들어했어. 그 점심 이후에는 쉬려고 누워야만 할 정도였지.

나는 쇼핑한 것을 집으로 가져오려고 산책에 파데예프를 데려갔으나 후회했네. 그는 그 누구도 용서하지 않았고 길을 양보하지 않았어. 누가 밀치면 잊지 않고 주먹으로 답해주었으며, 조그만 아이들에게도 시비를 걸더군. 그는 자신이 가지고 있는 코스트로마 도시의 요소를 낯선 해변에 가져왔고, 그 요소에 낯선 것이라고는 한 방울도 섞이게 하지 않았네. 자신의 관습과 닮지 않은 모든 종류의 관습과 제도를 그는 실수라고 보았으며 강한 악의와 심지어는 멸시를 품고 보았다네.

보초를 선 스코틀랜드 병사들을 보고 나서 파데예프가 이들을 얼마나 조롱했는지!

"이 상놈의 아이 세이 같으니라고!"(수병들은 영국인을 이렇게 불렀네. '내가 말한다' 즉 '내가 말하니 들어봐'라는 '아이 세이'를 끝없이 사용하기 때문이네.)

그 병사들은 선명하고 빛나는 군복을 입고 있었어. 즉 체크무늬 스코틀랜드 천으로 된 치마를 입고 있었는데 바지는 안 입었기에 무릎이 드러나 있더군!

파데예프가 병사들의 맨 다리를 가리키고는 하하 웃으면서 말했어.

"여왕께서 노하셨군. 바지를 안 주신 것을 보니."

단 하나의 예외는 이른바 영국 가죽이라네. 서민들이 옷을 만드는 데에 사용하는 양모 천이지. 이 천으로 된 바지가 기껏해야

2실링이었기 때문이기도 해. 파데예프는 이 가죽 같은 천을, 자신의 것과 자신에게 부탁한 친구들 것도 사달라고 내게 요청했네. 그리고 나와 함께 갔지. 그런데 맙소사! 파데예프가 영국 상인을 얼마나 경멸하던지! 그 상인은 완전한 젠틀맨으로 보였지만, 아무 소용이 없었다네. 그들이 서로 이해하지 못하는 게 얼마나 다행인지! 그러나 얼굴 표정 하나만으로도, 목소리만으로도 그가 상인을 천민처럼 멸시한다는 것을 짐작할 수 있었어. 마치 추흘룜[135]에서 가락지 빵을 파는 무슨 상인을 무시하듯이 말이야.

파데예프가 천 조각 하나를 내던지면서 말하더군.

"거짓말쟁이, 다른 것을 보여주는구먼. 나리, 저 사람에게 테렌티예프와 쿠지민에게 잘라준 바로 그 똑같은 천을 보여달라고 말해주세요."

그러나 그 상인은 다른 천 조각을 보여주었어.

파데예프가 중얼거렸지.

"그게 아니잖아, 멍청한 놈, 말도 못 알아듣고!"

모든 것이 이런 식이라네.

어느 날 포츠머스에서 파데예프가 기쁨으로 번쩍이는 웃음을 억누르며 내게 달려왔어.

"자네, 무엇 때문에 기뻐하는가?"

그가 웃으면서 되풀이했네.

"모트이긴… 모트이긴이…."(모트이긴은 그의 친구로 주근깨투성이에 깡마른 수병이라네.)

"그래서 모트이긴이 뭐?"

"해변에서 돌아왔습니다…."

"그래서?"

"나리, 그를 불러서 그가 해변에서 무엇을 했는지 물어보십시오."

그러나 나는 이 말을 잊어버렸고 저녁에 모트이긴을 만났어. 그의 양 눈 근처에 푸른 멍이 들어 있더군.

"무슨 일인가? 웬 멍인가?"

수병들은 하하 웃기 시작했어. 누구보다 심하게 웃은 것은 파데예프였지. 마침내 설명하더군. 모트이긴이 물고기를 파는 포츠머스 아가씨와 좀 놀아볼까 했다네. 이것은 숲속에서 암늑대와 좀 놀아보려는 것과 매한가지였어. 그 아가씨가 주먹세례를 퍼부었는데 그 가운데 하나가 눈에 맞은 거야. 이 수병도 그 나름대로 순한 양이 아니었지. 그리하여 이 암늑대의 애무 같은 주먹세례는 모트이긴에게는 어떤 마님이 허세를 떠는 이의 적절치 못한 친절에 조소를 보낸 것 이상은 아니었네. 파데예프는 모트이긴의 눈에 든 푸른 멍이 벌써 노랗게 되었음에도 이것을 아직까지도 즐거움으로 삼고 있어.

마침내 우리에게 군함으로 옮겨가라는 공지가 내려왔네. 소동이 벌어졌다네. 대형 보트와 작은 배들이 아침부터 저녁까지 해변에서 다양한 종류의 재고품을 옮겼지. 사람들은 우리의 모든 소유물을 캠퍼다운호에 바싹 붙여서 끌고 온 군함으로 운반했어. 이런 혼잡함, 소란, 소동 가운데 갑자기 우리의 향연 주인인 티흐메네프가 군중 사이를 헤치고 지나가 선장에게 갔다네.

서두르는 어조였어.

"이반 세묘노비치, 부디, 보트를 바로 지금, 이 순간에 허락해주십시오…"

"무엇 때문에, 어디로 가려고? 보트들은 보다시피 모두 사용 중이지 않은가. 마지막 한 척이 목탄을 실으러 가고 있네. 보트가 왜 필요하지?"

"닭장을 운반할 때 암탉이 뛰어나가서 헤엄쳐 사라져버렸습니다. 저기에 암탉이 있습니다. 저기서 엄청 헤매고 있습니다. 부디 보트를 허가해주십시오. 지금 빠져 죽게 생겼습니다. 제발 제 입장에서 생각해주십시오. 장교들이 저를 인정하여 신뢰하였고 저는 의심을 벗어났답니다…"

선장은 웃어대기 시작했고 그에게 보트를 주었네. 암탉은 포획

되어서 제자리로 돌려보내졌어. 머지않아 우리는 항구로 나왔고 여기에 서서 좋은 날씨를 기다리고 있다네.

매일 나는 이곳 해안과 작별하고 마치 구두쇠가 자신이 숨겨둔 반 코페이카 동전을 하나씩 슬그머니 확인하듯이 내가 받은 인상들을 확인하는 중이라네. 나의 관찰은 가치가 없기에 여기에서 조금만 가지고 나갈 생각이야. 어쩌면 관찰에서 일부분은 잘못된 곳으로 가고 있었기 때문일 수도 있고 계속 다음으로 서두르고 있기 때문일 수도 있네. 나는 지나치게 많이 응시하는 것을 두렵기까지 해. 기억에 티끌이 남지 않기를 바라기 때문이지. 나는 기꺼이 이 세계적인 시장, 소동, 움직임들의 광경, 연기, 모퉁이, 증기, 매연의 색채와 헤어지고 싶다네. 현대 영국인의 형상이 다른 형상을 오랫동안 방해할까 봐 걱정이야…. 이 형상의 특징을 자네들에게 어서 빨리 처분해버리고 나서 잊으려고 노력하겠네.

그나저나 이곳에서 모든 것은 삶의 방식을 가능한 한 더 단순하고 편리하고 안락하게 설비하는 것에 뜻을 두고 있더군. 이를 위해서 얼마나 많은 것이 고안되었는지, 얼마나 많은 기계, 용수철, 표 그리고 다른 기발한 수단에 발명의 재주가 사용되었는지! 인간이 사는 것을 간편하고 좋게 하기 위해서 말이야!

만약에 이러한 고안품, 기계, 용수철, 표로 인간의 삶을 에워싼다면 이런 질문이 나올 걸세.

"역사 문헌이 증가한 이후로 역사는 더 신빙성 있게 되었는가?"

또 이런 질문도 던질 수 있겠지.

"편의가 증가한 이후로 세상에서 사는 것이 더 편리해졌는가?"

가장 새로운 영국인은 스스로 잠에서 일어날 필요가 없다네. 그를 하인이 깨우는 건 더 나쁘게 여기지. 야만성이 아직 남아 있으며 게다가 런던에는 하인이 비싸기까지 하거든. 영국인은 자명종으로 잠에서 깨어나네. 기계를 이용해서 세수하고, 증기로 빨래를 한 내의를 입고 나서, 그는 책상에 앉고 다리는 다리 놓도록 만들어둔 모피를 붙인 상자 안에 놓으며, 역시 증기의 도움을 받아 자신이 먹을 비프스테이크나 커틀릿을 3초 만에 만들고, 차를 마시며, 그다음에는 신문을 읽기 시작해. 이것 또한 편의라네. 「타임스」나 「헤럴드」 한 장을 자기 것으로 만드는 것 말이야. 그러지 않으면 그는 하루 종일 귀머거리에 벙어리가 되고 말 걸세. 아침 식사를 마치고 나서 그는 하나의 표를 보고 오늘이 며칠이고 무슨 요일인지 생각해내고 무엇을 할지 알아보며 스스로 계산하는 기계를 집어들지. 머릿속에서 생각해내고 셈하는 것은 편리하지 않으니까. 그다음에는 마당에서 걸어나간다네. 그의 앞에서 문이 거의 스스로 앞뒤로 열리고 닫힌다는 것은 언급하지 않겠네. 그는 은행에 들렀다가, 그다음에는 세 도시에 가야 하고 거래소에 시간 안에 가야 하며 의회 회의에 늦지 않아야 해. 이 모든 것은 편의 덕분이야. 바로 그때 그는 시적인 모습으로 있다네. 검은 연미복에 흰 넥타이를 하고 편의를 이용하여 면도하고 이발한 채로 말이야. 겨드랑이 밑에 우산을 낀 채 열차 차량 안에서, 승합 마차 안에서 밖을 내다보고 증기선들을 탄 채 흔들거리며 선술집에 앉아 있고 템스 강을 따라 항해하며 박물관을 슬슬 걸어 다니고 공원에서 뛰어다니지. 그러는 사이에 그는 쥐몰이 하는 모습을 지켜보고 작은 다리를 구경할 여유도 있어. 공작의 장화 모형도 샀지. 도중에 증기로 부화시킨 병아리를 먹고 1파운드를 가난한 이들을 위해 썼다네. 그 이후에 그는 오늘 하루를 모든 편의에 따라서 살았다는 것, 멋진 것을 많이 보았고 공작의 장화 모형을 샀으며 삶은 병아리 요리도 먹었다는 것, 거래소에서는 목면 한 묶음을 이윤을 남기고 팔았다는 것, 의회에서는 자신의 한 표를 잘 행사했다는 것을 인식한 다음 평온한 마음으로 식탁에 앉네. 식사를 마친 후에 식탁에서 천천히 일어서서 찬장과 책상에 아무나 열 수 없는 자물쇠들을 채우고 기계를 가지고 장화를 벗으며 자명종 태엽을 감고 자려고 눕는다네. 모든 기계가 잠드는 거지.

선탄의 증기와 연기가 스며든 영국 안개의 구름은 내게서 이 형상을 감추지. 이 장면이 빠르게 지나가고 다른 것이 보이네. 여기서 먼 어느 곳, 널찍한 방 안, 세 개의 깃털이불 위에서 깊이 잠들어 있는 사람이 보인다네. 그는 양손으로도, 담요로도 자기 머리를 덮었지만 파리들이 빈자리를 찾아서 떼거리로 뺨과 목에 자리를 잡고 앉았어. 자느라 다행히 이것에 시달리지 않더군. 자명종은 방에 없지만 조상이 물려준 시계가 있지. 그 시계는 매 시간 휘파람으로, 목쉰 소리로, 흐느껴 우는 소리로 이 잠을 깨뜨리려고 하지만 모든 것이 소용없다네. 주인은 평화롭게 잘 뿐이라네. 안주인이 차 마시도록 깨우라고 보낸 파라시카가 세 번의 헛된 외침 이후에 비록 여자 손이기는 하지만 상당히 단단한 주먹으로 늑골을 흔들었을 때에도 그는 깨지 않더군. 심지어 시골 장화를 신고 못을 박은 견고한 구두창으로 한 하인이 마루청을 심하게 흔들면서 세 번 들어왔다가 나갔을 때에도 깨지 않는다네. 태양이 처음에는 자는 사람의 정수리를, 그다음에는 관자놀이를 태웠으나 그래도 여전히 자고 있지. 그가 언제 스스로 일어났는지는 알 수 없다네. 인간의 힘으로는 자는 것이 불가능해졌을 때, 신경과 근육이 활동을 완고하게 요구했을 때일 테지. 그가 불쾌한 꿈 때문에 깨어나네. 꿈속에서 누군가가 그를 질식시키기 시작하거든. 갑자기 수탉의 광적인 울음소리가 창문 밑에서 울려 퍼져. 그래서 나리는 땀투성이가 되어 잠에서 깨어나네. 그는 수탉을, 이 살아 있는 자명종을 꾸짖을 참이었으나 조상이 물려준 시계를 흘끗 쳐다보고는 입을 다물어. 그는 깨어나서는 자기가 이렇게까지 늦잠을 잔 것을 이해하지 못하지. 그를 여러 번 깨웠고 해가 중천에 떴으며 판매원이 명령을 받으러 두 번 왔다 갔고 주전자가 세 번이나 끓었다는 것을 믿지 못하는 걸세.

다른 방에서 들리는 목소리가 그에게 상냥하게 말하네.

"왜 이쪽으로 안 오시나요?"

그가 발로 침대 밑을 더듬어 찾으면서 대답하지.

"장화 한쪽을 못 찾겠어. 바지도 어디론가 사라졌어. 예고르카는 어디에 있는 거야?"

그들은 예고르카에 대해 물어보다가 그가 하인들 사이에 있는 애호가 모임에서 그물 낚시를 하러 갔다는 것을 알게 되네. 예고르카를 찾으러 연못으로 제법 서두르며 달려가는 동안, 바니카를 뒷마당에서 찾아내거나 미티카를 하녀 방 깊은 곳에서 끄집어내고 있지. 나리는 양손으로 장화 한 짝을 들고 침대에 앉아 괴로워하며 다른 쪽이 없다고 상심하고 있다네. 그러나 곧 모든 것이 질서를 찾지. 장화 한 짝은 이미 저녁 무렵에 미미시카가 소파 밑 구석으로 끌고 갔고 바지는 장작 위에 걸려 있는 것으로 드러나네.

예고르카가 서두르다가 잊어버리고 그곳에 둔 거야. 옷을 빨고 나서 갑자기 친구들에게 낚시를 같이 하자고 초대를 받았기 때문이야. 그의 머리를 세게 쥐어박았으면 싶었지만 예고르카는 점심 식사에서 먹도록 붕어를 한 광주리 가득 가져오고 새우를 200마리쯤 가져왔으며 게다가 나리에게는 갈대로 피리까지 만들어주고 아씨에게는 물에 사는 꽃을 두 송이 가져다주더군. 그 꽃을 가지러 그는 생명에 위협을 받을 뻔하며 물이 목까지 차는 연못 가운데로 기어 들어간 거야. 차를 실컷 마시고 나서는 아침 식사 준비에 들어간다네. 스메타나[136]를 곁들인 다진 고기 조금, 버섯이나 죽을 담은 프라이팬을 내오고 어제 먹던 구이를 충분히 데우고 어린아이에게는 빻은 밀로 수프를 만들어주지. 모두 제각각 무엇이든지 입맛에 맞는 것을 찾아낸다네. 그러고 나면 나리의 활동 시간이야. 나리는 여러 도시를 다닐 필요가 없어. 그는 1년에 한 번 시장에 갈 때와 투표할 때에만 도시에 가지. 그날도 저날도 아직 멀었네. 그는 달력을 들고 오늘이 어떤 성인의 날인지 살펴보며 명명일을 맞는 사람이 없는지, 축하 인사를 보낼 필요가 없는지 확인해. 이웃이 지난달치 모든 신문을 한번에 보내오고 집 전체에 오랫동안 쓸 뉴스를 저장해두지. 일터에 갈 때가 되자 판매원이 왔네. 세 번째로 말이야.

나리가 태평하게 물어.

"네 생각은 어때, 프로호르?"

그러나 프로호르는 아무 말도 하지 않는다네. 그는 더 태평하게 벽에서 기계, 즉 수판을 잡고 나리에게 내놓는군. 그 자신은 한쪽 다리를 앞으로 내놓고 양손은 뒤로 밀어넣은 다음에 조금 떨어져 서 있지.

나리가 계산할 준비를 하면서 묻네.

"무엇이 얼마에 팔렸지?"

"귀리가 지난주에 도시로 몇 체트베르티[137]가 팔렸는가 하면 칠십…."

75체트베르티라고 말하고 싶네.

하지만 나리는 정확한 금액을 말하고는 계산에 넣는군.

"79체트베르티가 팔렸단 말이네."

판매원이 음울하게 되풀이해.

"네, 79체트베르티입니다."

그러고 나서 판매원이 생각하지.

'농부도 아닌데 어떻게 저렇게 머리가 좋을 수 있나. 게다가 나리라니! 우리 집 옆에도 나리가 사는데, 듣기로 그는 기억력이 엉망진창이라고 들었는데 말이야….'

나리가 안경을 이마로 올리고 판매원을 흘끗 쳐다보고 나서 갑자기 물어.

"그런데 상인들이 곡식에 대해 물으러 들렀는가?"

"어제 한 명 있었습니다."

"그래서?"

"싸게 준대요."

"그래서?"

"2루블[138]이에요."

나리가 묻지.

"10코페이카 은화로 주었나?"

판매원은 침묵하고 있는 것을 보니 상인이 10코페이카 은화로 준 것이 분명하네. 도대체 어떻게 나리가 알아냈단 말인가? 상인을 보지 않았는데 말이야! 결국 판매원이 그 주에 도시로 가서 그곳에서 일을 끝마치는 것으로 결정 나네.

"왜 말을 안 한 것인가?"

"그가 다시 오겠다고 약속했습니다."

"알고 있네."

판매원은 이렇게 생각할 걸세.

'어떻게 안다는 거야? 사실 상인은 약속하지 않았거늘…'

나리는 이렇게 말하지.

"그는 내일 사제에게 꿀을 받으러 들렀다가 거기에서 나에게 올 것이네. 자네도 오도록 하게. 평민도 올 거야."

판매원은 점점 암울하고 암울해져 가지.

그는 이를 악물고 대답하네.

"알겠습니다요."

나리는 심지어 세 번째 해에 바실리 바실리예비치가 곡식을 3루블에 팔았고 작년에는 더 싸게 팔았으며 이반 이바느이치는 3.25루블에 팔았다는 것도 기억하고 있어. 들판에서 낯선 사내들에게 들었거나, 아니면 도시의 누군가에게 편지를 받았을지도 몰라. 그렇지 않으면 아마도 꿈에 고객이 보이고 가격도 보이는 거겠지. 괜히 오래 자는 게 아닌 거야. 그리고 그들은 판매원과 함께 수판을 튕기네. 때로는 아침 내내 혹은 저녁 내도록 말이지. 그래서 아내와 아이들을 우울하게 만들고, 판매원은 온몸이 땀에 흠뻑 젖은 채로 사무실에서 나가네. 마치 30베르스타 정도 걸어서 순례 길을 갔던 것처럼 말이야.

나리가 물어보네.

"그래서, 무엇이 더 있는가?"

그러나 이번에는 마루 위에서 똑똑 소리가 울리네. 나리는 창밖을 바라본다네.

"누군가 오고 있나?"

나리의 말에 판매원이 흘끗 쳐다보며 말하지.

"이반 페트로비치입니다. 두 대의 반포장마차를 타고 오고 있습니다."

나리가 수판을 옆으로 치우면서 기쁘게 외쳐.

"아! 자, 가게나. 다음에 저녁때 어떻게든 짬을 내서 셈하도록 하세. 이제는 안티프카와 미시카를 소택과 숲으로 보내서 점심에 먹도록 들새를 50마리쯤 쏘아 잡게 하게. 보다시피 소중한 손님들이 왔네!"

아침 식사가 다시금 식탁에 오르고 다음에는 커피가 나오네. 이반 페트로비치는 사흘 묵을 예정으로 아내, 아이들, 남자 가정교사, 여자 가정교사, 유모, 마부 두 명, 하인 두 명과 함께 온 걸세. 그들은 여덟 필의 말을 타고 왔는데 이 비용은 그의 3일치 봉급에 해당하는 거라네. 이반 페트로비치는 나리에게 처가 쪽 먼 친척이야. 그가 단지 점심 식사를 하려고 50베르스타를 거쳐 올 만한 사람은 아니지!

서로 포옹을 나눈 뒤 하루하고도 반이 걸린 이 여정의 고난과 역경에 대한 상세한 이야기가 시작되네.

"어제 점심을 먹고 나서 우리는 저녁 예배쯤에 성호를 그으며 나왔습니다. 어둡기 전에 볼치 브라제크를 통과하려고 서둘렀지요. 그런데 남은 15베르스타는 어둠 속에서 왔습니다. 지적을 분간할 수 없었지요! 밤에는 폭풍이 거세어졌습니다. 얼마나 무서웠던지 질색이었습니다! 바실리 스테바느이치네에는 봄 농작물이 어떠한지 보셨습니까?"

"일부러 갔다 왔지요. 그가 벌써 곡식을 예약 판매했다고 저희는 들었습니다. 그런데 댁의 귀리가 어떠한지요?"

그리고 담화는 사흘 동안 계속된다네.

부인들은 정원과 온실로 가고 나리는 손님과 함께 탈곡장, 들판, 제분소, 초원으로 출발해. 이 산책에서는 영국의 도시 세 곳과, 거래소 이야기를 나눈다네. 주인은 모든 구석을 둘러보지. 곤궁함은 없어. 곡식은 아직 자라고 있거든. 그런데도 그는 1년이 경과하면 그에게 현금으로 얼마가 있게 될지, 아들의 친위대에 얼마를 보내야 할지, 딸의 학비를 얼마 내야 할지 속으로 셈하네. 점심은 당치도 않게 성대하고 저녁도 마찬가지야. 그다음에 그들은 사무용 책상과 찬장들에서 그들의 툴라[139]의 자물쇠 열쇠들을 꺼내는 것을 잊어버리고서, 손님이 몇 명이 왔더라도 모두에게 제공하는 깃털 이불을 깔 거야. 살아 있는 기계가 나리에게서 장화를 끌어내리겠지. 그 장화를 어쩌면 미미시카가 소파 밑에서 다시금 끄집어 낼지도 모르네. 바지는 예고르카가 장작 위에 잊고 둘지도 모르고 말이야.

뭐, 어떤가? 이러한 활동의 나태함과 나태한 활동 가운데에는 가난한 자, 자선 단체에 대한 회상도 없고 보살핌을 주는 손도 없다네. 어쩌면 해줄 수 있는 그런 손이… 내게는 길게 늘어서 있는 가난한 오두막들이 보여. 반절은 눈에 막혀 있지. 오솔길을 따라 누더기를 걸친 농부가 힘들게 겨우 지나가고 있고 그의 어깨에는 아마포로 된 자루가 걸려 있네. 양손에는 고대 민족이 들고 다녔던 기다란 지팡이가 들려 있어. 그는 오두막으로 다가가서 기다란 지팡이로 문을 두드리네.

"성스러운 적선을 행하십시오."

그럼 아주 작은 유리로 닫혀 있는 문 가운데 하나가 움직이고 큰 빵 한 조각을 든, 그을린 맨 손 하나가 쑥 튀어 나온다네.

"그리스도를 위해서 받게나!"

큰 빵 한 조각은 자루 속으로 떨어지고 창문은 꽝 하고 닫혀버리지. 거지는 성호를 그으면서 다음 오두막 쪽으로 가네. 똑같은 노크, 똑같은 말, 그리고 똑같은 빵 조각이 자루에 떨어질 거야. 그리고 늙은 거지, 성지순례자, 빈민, 불구자가 아무리 많이 지나가더라도 모두의 앞에서 아주 작은 창문이 옆으로 움직이네.

그러면 모두 이런 말을 듣게 되는 거야.

"그리스도를 위해서 받게나."

햇볕에 그을린 손은 지치지 않고 쑥 튀어나오고 큰 빵 한 조각은 반드시 모든 당겨놓은 자루 속으로 떨어진다네.

그런데 나리는 자신을 위해서 사는 것인가? 그 나라에서 말하듯이 자신의 배를 채우려고 사는 것인가? 그는 가난한 자를 바라볼 때 한 번도 격동으로 자신의 영혼을 신선하게 하지 않고 잠을 많이 자서 부어오른 양 뺨으로 눈물을 내뿜지 않지 않는가? 그리고 그가 아직 거둬들이지 않은 곡식의 이윤을 셈할 때 그는 몇백 루블을 어떤 시설에 보내려고 이웃을 도와주려고 따로 떼어두지 않지 않는가? 그는 머릿속에서 1코페이카도 따로 떼어두지 않네. 그가 떼어두는 것은 바로 4분의 1 정도의 호밀, 귀리, 메밀, 그리고 이것저것이지. 그리고 그 외의 이것저것이야. 외양간에서 송아지들과 거위들을 가져오고 벌집에서 꿀, 완두콩, 당근, 버섯을 가져오라고 요청하는 것이네. 그리고 성탄절 무렵에 100베르스타 떨어진 무척 머나먼 친척, 사돈의 팔촌에게 보낼 모든 것을 요구한단 말일세. 그곳으로 그가 10년 동안 이 소작료를 보내고 있거든. 1년에 그만큼을 불에 탄 집 뒤에 홀로 남은 어린 고아에게 장가든 어떤 가난한 관리에게 보내고 있어. 아버지에 의해 집에 붙잡혀서 그곳에서 양육된 고아 소녀 말이야. 이 관리에게 부활절 무렵에 100루블을 현찰로 사람들이 더 보내오네. 얼마는 자기네 시골에 있는 연금 생활 중인 늙은 하인에게 나누어주라고 돈을 보내는 것이지. 그런데 그런 하인은 많아. 그리고 농민들에게 나누어주라고 보내는 것이기도 해. 어떤 이들은 땔감을 하러 갔다가 다리에 동상이 걸렸고, 어떤 이들은 곡물을 화력 건조장에서 건조시키다가 화상을 입었으며, 어떤 이는 어떠한 심한 질병 때문에 활 모양으로 굽어져서 등을 펼 수 없고, 다른 이는 검은 물이 두 눈을 덮어버렸거든. 그런데 하루 종일 있을 예정으로 우리의 나리에게 온 손님은 아침 동안에 응접실에 앉아 있으면서 주인과 안주인 외에는 아무도 못 보았는데 갑자기 점심 식사 시간에 어떤 노인과 노파를 한 무리 보게 된다면 얼마나 놀라겠는가! 이들은 뒷방들에서 불쑥 나타나서는 자신에게 익숙한 자리들을 차지하네! 그들은 수줍게 쳐다보고 말수가 적지만 밥은 많이 먹어. 그들을 한물간 뒷방 노인네라고 질책하는 것은 당치도 않네! 그들은 주인에게도 손님에게도 정중하다네. 나리는 주머니에서 자신의 담뱃갑이 없다는 것을 갑자기 알아차리고는 눈으로 주위를 탐색하네. 그러면 한 노인이 그것을 가지러 뛰어가서 찾아낸 다음에 가져오지. 마님의 숄

이 어깨에서 내려가는군. 한 노파가 그것을 다시 어깨에 입히고 거기에 더하여 두건의 리본을 똑바로 고쳐준다네. 이들이 누구냐고? 한 노파는 미망인이라고 말할 걸세. 아마 이름은 나스타시야 티호노브나일 거야. 자기 성을 거의 잊어버렸을 테지. 그러니 다른 사람들은 말할 것도 없어. 성은 그녀에게 더 이상 필요가 없었던 거니까. 그녀가 가난한 귀족이고 남편이 도박꾼이었거나 완전히 술독에 빠져서 아무것도 남기지 않았다고 덧붙이겠지. 쿠지마 페트로비치라는 어떤 노인에 대해 말해보겠네. 이 노인에게는 농노가 스무 명가량 있었는데 콜레라 때문에 그들 가운데 일부가 농노의 신세를 벗어나 하늘로 가게 되었어. 그러자 노인은 200루블을 받고 땅을 세준 뒤, 그 돈은 아들에게 보내며 자신은 다른 사람에게 고용되어 일한다네.

여러 해가 그렇게 흘러가면 나리의 수백 루블은 어디론가 없어지지. 돈을 버리지는 않는 것 같은데 말이야. 심지어 마님조차 복음서의 계율을 수행하고 오전 예배를 마치고 끝없이 이어진 거지들을 지나가면서도 여기에 1년에 기껏해야 한 10루블 정도밖에는 돈을 쓰지 않네. 나리의 돈이 어디로 가는지는 바로 도시에서, 선거에서 알아챌 수 있어. 선거가 끝나면 사회자가 종이 한 장을 들고 말하네.

"여러분, 우리의 이 모임을 강한 기부로 끝맺읍시다. 우리 현에 있는 가난한 자들을 위한 기부로 말입니다. 그리고 학교를 위한, 병원을 위한 기부로 말입니다."

그러면 200루블, 300루블의 기부금이 적힌다네. 그런데 우리의 나리는 아내에게 원피스 두 벌, 망토, 두건 몇 개, 그리고 1년치 포도주, 설탕, 차 그리고 커피를 사주고 나서 이제는 지갑을 닫아도 되겠다고 생각하지. 그 지갑 속에서는 상당한 양의 비자금이 잠들어 있는데 1년간 쓸 돈이야. 그런데 바로 그곳에서 100루블이 빠져나오네. 남들 다 있는데 25루블, 심지어는 50루블이라고도 쓰기가 부끄럽지 않은가. 오시프 오시프이치와 미하일로 미하일르이치는 100루블씩 썼는데 말일세.

그는 생각하네.

'이제는 다한 것 같군.'

갑자기 총독 집에서 저녁에 총독 부인이 손님들에게 어떤 표를 나누어주네. 이건 무얼까? 무도회와 공연 추첨권이야. 이것은 화재를 당한 가족들을 위한 자선 추첨이지. 총독 부인은 두 사람을 인색하다고 비난한다네. 그러자 그들은 서둘러서 몇 개씩 표를 더 가져갔어. 이것 외에는 이미 돈을 더 쓸 곳이 없다네. 이제는 외국인 한 사람만 남았는데 그는 체조를 배우러 온 거라네. 하지만 운이 나빴고 체조 연습 중에 낯선 도시에서 돈 없이 벗어날 만한 일이 그에게 없었지. 이제 그는 어떻게 해야 할지 모른다네. 그러면 귀족들은 그를 집으로 보내도록 도와줄 준비를 하지. 그런데 100루블이 모자라자 모두 우리의 나리를 흘끔 바라보네…. 그러고 나면 연말이 다가올 무렵 곡식이 아직 자라고 있을 때 들판을 거닐며 그가 속으로 셈했던 그 돈과 전혀 다른 액수의 돈이 나가는 거야…. 기계로 셈하지 않은 지출이라네!

그러나… 그렇지만… 내 친구들이여, 자네들은 뭐라고 하겠는가? 이… 이… 이 영국에서 온 편지를 읽고 나서 말이야. 내가 어디에 들렀는가? 무엇을 묘사하고 있는가? 자네들은 물론 말하겠지. 내가 진부한 얘기를 하고 있다고. 내가… 외출하지 않았다고…. 내 잘못이야. 눈앞에는 아직도 여전히 조국의 친숙한 지붕, 창문, 얼굴, 풍습이 아른거리네. 새롭고 낯선 것을 보게 되면 지금 머릿속에는 우리나라의 거리 단위인 아르신으로 셈을 해보게 된다네. 내가 자네들에게 말했듯이 이 여행이 추구하는 결과는 낯선 것과 내 것 사이를 비교하는 거야. 우리는 우리 집에서 뿌리 깊이 자라왔기 때문에 어디로 얼마나 오랫동안 간다 하더라도 가는 곳마다 고향 오블로모프의 토양을 가지고 갈 테지. 그리하여 어떤 대양도 그 토양을 씻어내지 못할 것이네!

잘 있게나. 우리는 닻을 올렸네. 그러나 완전히 성공적이지는 않았어. 돌풍이 불어오기 시작했거든. 돌풍이라는 것은 자네들이 별장에 앉아서 아무것도 의심하지 않고 창문을 열어둔 채 있는데 갑자기 자네들의 발코니로 질풍이 들이닥치는 거야. 창문 안으로 먼지와 함께 돌입하고 유리를 치며 꽃병을 쳐서 넘어뜨리고 창문의 덧문으로 쿵 소리를 내며 사람들이 언제나처럼 뒤늦게 창문을 닫고 꽃을 치우려고 서둘러 뛰어가지만 그사이에 비는 이미 가구와 마루에 잔뜩 쏟아질 때 말이지. 이것이 이곳에서는 30분마다 반복되네. 그리고 바로 세 번째 날 동안 우리는 길이 그리 넓지 않은 운하에서 바람을 거슬러 가고 있어. 금방이라도 프랑스 해안으로 쫓겨갈 것 같은데 그곳에는 온통 여울뿐이더군. 영국인 수로안내인은 밤에 조금 눈을 붙이고 남은 시간은 키 옆에 서서 모든 물의 흐름을 주의 깊게 감시하네. 그는 안개 속으로도 측심기[140]를 던지고 밑바닥 토양을 보고 장소를 판별하지. 무엇보다 나쁜 건 만나게 되는 선박들인데 이곳에는 그런 선박이 많다네.

우리는 혼 곶[141] 주위를 둘러 가는 것이 아니라 희망봉을 통과해서 가고 있어. 그다음에는 순다 해협을 통과해서 가고, 거기에서는 필리핀 군도로 가며 마지막으로 중국과 일본에 간다는 것을 자네들은 이미 알고 있지. 영국에서 오랫동안 체류하고 나면 우리는

3월까지 혼 곶의 주위를 돌아갈 시간이 안 될 거야. 그런데 3월, 즉 춘분에는 그곳에서 흉포한 전령 같은 바람이 엄청나게 분다네. 그렇기 때문에 우리에게 역풍이 될 테지. 그런데 희망봉에서는 우리에게 순풍이 불 거야. 인도양에서 태풍이 생긴다는 것은 사실이네. 그러나 생기는 것이기 때문에 따라서 없을 수도 있어. 그렇다 해도 혼 곶 옆에는 역풍이 반드시 불 거네. 이것은 이반 왕자에 대한 이야기를 조금 떠올리게 하더군.

이반 왕자 이야기에는 다음처럼 쓰인 말뚝이 십자로에 서 있지.

"오른쪽으로 가면 늑대들이 말을 잡아먹을 것이다. 왼쪽으로 가면 너를 잡아먹을 것이다. 앞으로 가면 길이 없다."

돌아올 때에는 미국을 빙 둘러 올 것 같아. 그리고 이 모든 것에 대하여 이곳에서는 파블롭스크나 파르골로보에 갈 준비를 할 때 했던 것보다 훨씬 간단하게 설명한다네. 그런데 자네들은 거리를 알고 싶겠지? 예를 들어 영국에서 아조레스 군도까지는 2,250해리(1해리는 1과 4분의 3베르스타라네.)이고, 거기서 적도까지는 1,020해리, 적도에서 희망봉까지는 3,180해리, 그리고 희망봉에서 순다 해협까지는 5,400해리로, 모두 합해서 이만 베르스타 정도야. 셈하는 것은 지루하고 직접 지나가는 게 낫지! 저녁때 보세.

1853년 1월 11일

저녁에 보자고 했지만 어떻게 저녁에 볼 수 있겠는가! 그날 저녁 이후 사흘째 되던 날에서야 나는 펜을 집어들 수 있었네. 이제는 제독이 옳았다는 사실을 알았어. 스쿠너를 군함과 결합시키라고 지시한 한 장의 종이에서 그가 반드시라는 단어를 지운 것 말이지.

그가 말했네.

"바다에는 반드시라는 것이 없습니다."

나는 생각했다네.

'범선에서는 그렇지요.'

군함은 뱃머리로 파도를 헤쳐 나가며 양면으로 파도를 번갈아가며 맞았네. 바람은 숲속처럼 시끄러웠는데 이제야 잠잠해졌어. 오늘, 1월 11일에는 아침이 청명하고 바다도 잠잠하더군. 에디스톤 등대가 보이고 리저드 곶[142]의 매끄럽고 침울한 절벽도 보여. 안녕히, 안녕히! 우리는 대양으로 나가는 급류 옆에 서 있어. 서쪽에서 불어오는 바람의 울부짖음을 자네들이 듣게 된다면 그것이 우리를 흩트리는 그 서풍의 미약한 메아리일 뿐이라는 것을 기억하게나. 동쪽에서, 자네들 쪽에서 바람이 불기 시작하면 내게 인사를 보내게. 그러면 여기까지 도달할 거야. 그러나 수로안내인이 내린 보트가 뱃전에 이미 닿은 것 같아. 서둘러 편지를 끝내야겠네.

마지막으로 한 번 더 말하겠어.

"잘 있게!"

우리가 만날는지? 여행 혹은 내 동료들이 말하듯이 행군에서 내게 가장 좋은 것이 아직까지 하나 더 있네. 돌아가고자 하는 희망이네.

1853년 1월

영국 해협

제 2 장
대서양과 마데이라 제도

1853년 1월 6일~1월 18일

물론 여전히 나는 여행 중에 있네. 내가 변화와 장애물을 기다리고 있던 가운데 운명은 생각을 바꿔 나를 더 멀리 보내려 한다는 생각이 들었어. 그리하여 영국에서 떠날 준비를 대충 해야 했네. 나는 장거리 여행을 위해 필요한 것을 많이 준비해두지 못해서 생활에 필요한 것을 해변에서 구해야 했지. 그리고 지금 대양에 와 있네. 대양은 그 문지방을 일단 넘기만 하면 되돌아갈 수 없는 그런 곳이 아니던가! 영국에서 자네들에게 보내는 편지에 썼지 않은가. 그 편지에서 나는 우리가 운하를 따라서 어떻게 항해했는지, 우리가 그 운하에서 신선한 바람과 어떻게 마주치게 되었는지, 그리고 그곳에서 나흘 밤낮을 보내게 된 것도 썼네. 이 편지는 다른 많은 다른 편지와 함께 영국인 수로안내인이 가져갔어. 그가 우리에게 수로를 안내해주었고, 그다음에는 바로 리저드 곶 근처에 보트로 데려가주기도 했지.

1853년 1월 11일

바람은 조용해졌고 날씨는 맑아졌으며, 바다는 잔잔해지고 약간 푸른빛을 내게 되었어. 모든 것은 극도로 회색이었고 탁했으며, 파도만이 일어나며 남옥빛 정상을 보이곤 했다네. 약 5킬로미터쯤 되는 곳에서 여성의 몸매처럼 날씬한 에디스톤 등대 탑이 하얗게 보였지. 이 등대는 해변에서 몇 마일 떨어져서 바다 위 돌 위에 지어져 있네. 폭풍우가 몰아칠 때면 바다에서 불어오는 부서지는 파도가 등대의 등불까지 철썩거리는 소리를 내며 몰아친다고들 말하더군. 바람이 인간의 수고를 비웃은 일이 몇 번이나 있었어. 바람이 등대를 바다 속으로 내던져버린 거지. 그러나 끈기 있게 인간은 옛 것의 폐허 위에서 새로운 건물을 더 견고하게 건설하여 등불을 달곤 했네. 그리하여 지금 다시 불을 밝히며 이번에는 이쪽에서 인간이 바람을 비웃고 있다네. 바로 이것이 텅 비고 헐벗고 매끄러운 절벽인 리저드 곶이야. 이 절벽은 해변들에서 바다를 향해 멀리 떠나버린 듯한 모습이라네. 절벽 아래에서 대양의 밝은 면적이 펼쳐지지.

수로안내인들이 내리는 동안 모두 위에 있었네. 나는 닻감개[143]에 기대어서서 대양을 바라보며 무언가에 대해 생각하기 시작했어. 갑자가 누군가가 내 한 손을 잡고 그 손을 꽉 누르더니 맹렬히 흔드는 게 아닌가. 도대체 무슨 일이야? 아! 이건 수로안내인이 작별을 고하는 것이었어. 니스 칠을 한 모자와 푸른색 재킷을 입은 수로안내인이 모두에게 작별을 고하고서 멀리 떠나갔네. 그는 아무 말도 없이 한 사람 한 사람의 손을 잡고 꽉 쥔 후에 고개를 끄덕였지. 그 후에 다음 사람에게 갈 때 나는 이미 준비해둔 편지를 그에게 주었네. 그는 그것을 붙잡더니 역시 고개를 끄덕이고 나서 그것을 주머니에 넣더군. 그 주머니가 얼마나 볼록하던지! 나는 그 주머니 안을 쳐다볼 수 있었네. 정확히 우물이라고 할 수 있었지! 그곳에는 편지가 30여 통 놓여 있었지만, 그것들이 바닥을 겨우 덮을 정도였다네. 우리는 대양으로 빠르게 전진해갔지.

누군가 우리의 알렉산드르 안토노비치에게 물었네.

"어르신! 도대체 언제 우리는 대양에 있게 되나요?"

"우리는 지금 대양에 있네."

다른 사람이 운하의 양쪽을 보면서 물었어.

"그렇다면 운하에서 나왔다는 말인가요?"

"아직은 아니지. 우리가 있는 곳도 운하이기 때문이네."

대답에 만족하지 못한 이들이 그에게 대답했지.

"도대체 누가 그런 말을 이해한단 말인가요?"

"표시를 해보세. 우리가 뒤로 가게 되면 자네들에게 이야기하지. 어디에서 운하가 끝나고 어디에서 대양이 시작되는지 말이야"

그가 바다를 가리키며 나에게 말했네.

"보시오, 보시오!"

내가 사방을 바라보며 물었어.

"도대체 뭘 말인가요?"

"정말로 안 보이시오? 자, 여기 보시오. 우리에게서 한 닻줄[144]만큼도 안 되지 않소."

내가 바라보니 여기저기서 좁다랗게 흐르는 물에서 분수가 솟구쳤다가 떨어졌네. 그것이 반복되더군.

내가 말했어.

"이곳에는 고래들이 있을 수 없겠군요!"

"진짜 고래는 아니지만 거기에서 파생된 이종 몇은 있소."

나는 아침 내내 뒤 갑판에서 떠나지 않았어. 대양과 인사를 나누고 싶었거든. 이미 시인들을 통해 대양이 끝이 없고 음울하며 암담하고 무한하며 한량없고 길들이기 어렵다는 사실을 알고 있었네. 그리고 지리 선생은 언젠가 이 대양을 단순히 대서양이라고 말씀하셨지. 이제 나는 대양의 용모를 갈급하게 바라보고 있네. 마치 초상화로 알고 있던 사람을 들여다보는 것처럼 말이야. 나는 내 앞에 누워 있는 거인의 참된 특성을 묘사한 초상화를 신뢰하고 싶어졌다네. 그 거인의 권력을 보는 데 오랫동안 몰두했어.

나는 주변을 둘러보며 생각했네.

'실제로 대양은 어떤 것이란 말인가? 이 잴 수 없는 심연 속에 무엇이 감추어져 있단 말인가? 대양은 항해자들에게 무엇으로 접대하려는 것인가?'

대양은 평온했어. 잔잔한 파도만이 대양을 따라서 살랑거릴 뿐이었지. 마치 얼굴에 살짝 비치는 많은 조용한 생각에 잠겨 있는 듯했고 열정과 충동은 숨죽이고 있었네. 수반되는 바람과 적당한 파도는 무척 상냥하게 더 먼 곳에서 손짓하더군. 그런데 그곳에는….

나는 다시금 생각했네.

'과연 어디에 대양이 길들이기 어려운 것으로 있단 말인가? 노인다운 얼굴에는 잔주름 하나 없지 않은가! 그것은 끝이 없지 않은가. 사실, 대양을 주변 10킬로미터 정도만 본다면 수평선이 그곳으로 꽤 어두운 커튼을 치듯이 내려가고 있다는 것을 알게 될 거야. 지구의 표면은 이 공간에서도 먼 곳을 덮어주는 아치를 만들고 있네. 강력하고 음울하군. 음! 지켜보아야겠네.'

나는 오른쪽 바다를 바라보고 나서 왼쪽으로 고개를 돌려서 파데예프의 용모를 똑바로 집중해서 보았네. 그는 손에 챙이 달린 모자를 들고 내 앞에 서 있었어.

"무슨 일이지?"

"이런, 나리, 점심 드세요. 오래전부터 나리를 부르고 있었는데, 안 들리신 모양입니다."

나는 위쪽이 추웠기에 더욱더 기꺼이 이 초대에 응했네. 북풍이 무척 서늘하여 플란넬 외투가 그 바람을 막아주지 못했다네.

식탁에서는 내 옆에 노인이 앉아 있었는데 그는 매우 흥겨워했어. 그는 내게 대양으로 나가는 것을 기념하여 함께 포도주 한 잔하자고 권하기도 했지.

"대양을 축하하오."

"어르신은 아마도 대양이 오래된 지인이나 된 듯 무척 기쁘신가 보네요?"

그가 대답했네.

"예, 우리는 서로 알고 있소. 그리고 정확하게 내가 기뻐하는 것은 이제는 지도를 보지 않고 밤마다 잠을 잘 수 있다는 것이오. 돌도, 암초도, 해안도 오랫동안 볼 수 없을 테니까 말이오."

"그러면 폭풍은요?"

"어떤 폭풍을 말씀하시오?"

나는 말을 고쳤어.

"그래요, 폭풍우 말입니다."

"이건 내 영역이 아니오. 나는 잘 것이오. 이반 세묘노비치와 이반 이바노비치가 있잖소. 그래, 대양에서 폭풍우란 과연 무엇이겠소? 만약에 동반되는 바람이 불 때 이것은 위풍당당한 트로이카를 타고 말을 바꾸지도 않으면서 전속력으로 아주 빠르게 질주하는 것이 아니겠소."

아래에서 식사를 하면서도, 티타임에서 커피를 마시면서도, 시가를 피우면서도, 책을 보면서도 대양에 대해서는 잊었네… 그리고 대양을 잊은 것이 아니라 전함도 잊은 거라 할 수 있지. 정확히 방 어디에서든지 친구 몇 명이 누구나 원하는 일을 할 수 있도록 허락해주는 선량한 주인의 방에 모였네. 나는 내 사무실에 종이와 책을 놓아두었고 잉크병도 제자리에 놓아두었으며 집에서처럼 책상에 필요한 모든 물건을 정돈해두었어. 파데예프는 선실을 치장하는 일에 다시금 매달렸네. 나는 그의 행동과 능력, 힘에 무척 놀랐다네. 내가 앞 갑판에 다른 선실을 받았다는 말을 아마 자네들에게 썼을 걸세. 이 선실은 창문이 달려 있는 작은 방이야. 이 선실에서 모든 것을 예전 선실에서처럼 정리·정돈할 필요가 있었지. 그래서 파데예프가 이 모든 것을 포츠머스[145]에서 켐퍼다운호에서 전함으로 옮겨 탔을 때에 다 정리해두었다네. 판자를 순식간에 찾아내서 그것을 가져다가 필요 없는 부분을 톱으로 잘라내고는 그것이 아무리 안 들어가려 해도 제자리에 밀어넣어서 들어가게 했지. 그에게는 궁핍함이 없네. 만약에 무언가가 떨어져 나간다면 그가 수리할 거야. 판자가 부서진다 해도 또 수리할 테니 부족함이 없을 테지. 그 혼자서 선반들을 만들어내고 침대를 만드네. 못을 박고 옷걸이를 만들고 물건들을 순서대로 분해하기 시작하지. 예전처럼 장화들을 책들과 나란히 놓아두는 것이 아니라 장화들을 서랍장과 책상 위에 길게 늘어놓았네. 구두약, 비누, 구둣솔, 차와 설탕을 책장 위에 진열했어.

왜 그렇게 하느냐는 내 질문에 그가 말했네.

"더 손쉽게 사용하기 위해서지요."

그는 책도 예전처럼 다루더군. 책들은 손이 닿지 않는 위쪽 선반 위에 너무 빽빽하게 세워두어 한 권도 빼낼 수 없게 해두었어.

내 해변의 하인과 마찬가지로 그에게도 책에 대한 어떤 악감정이 있는 건가. 이 두 사람 모두 특별한 노력을 기울여서 돌봐주어야만 하는 물건들을 좋아하지 않았네. 신중하지 않게 다룬다면 당장 찢어질 것 같은 물건들 말이야. 때로 그는 어떤 물건의 쓰임새를 알지 못한 채 그것을 손에 쥐고 오랫동안 살펴보곤 하네. 이 물건이 도대체 무엇인지 짐작해보려 애쓰면서. 그리고 나서는 자신이 판단해서 벌써 그것의 자리를 잡아주지. 그가 우연히 화장수를 발견하게 되었는데, 이 물건을 보고 또 보고 하더니만 마침내 그것을 자신의 손에 조금 따르더군.

그리고 그는 어딘가 좀 더 먼 곳으로 그것을 밀어넣은 다음에 판단했네.

"식초야."

내 선실을 좀 정돈할 필요가 있었는데 이것은 좀 힘든 일이었어. 좋든 그렇지 않든 선실은 정리되었네. 선실 안의 모든 것이 가능한 한 제자리를 찾아 배치되었지. 물건마다 2년, 3년 동안 있을 곳이 정해진 거야. 그런데 대양에 대해서는 말했듯이 잊고들 있었네. 단지 가끔씩 누군가가 위로 올라와서는 아무 탈 없이 우리가 잘 가고 있다고 말해줬어. 9노트로 가고 있으며 순풍이 불고 있다고 말이지. 그리고 사실 우리는 매우 훌륭하게 항해하고 있었네.

그러나 태양은 우리를 잊지 않았더군. 저녁 무렵에 흔들리기 시작했네. 그런데 뭐가 중요하단 말인가? 조금 흔들라지 뭐. 태양이 아니던가. 이상한 건 말일세, 핀란드 만에서 어디에선가 그랬던 것처럼 조용하고 순조롭게 일이 진행된다면 심지어 기분이 유감스러울 수도 있겠다 싶었다네.

차 마시는 시간에는 식탁 위에 나무판을 놓아야 했어. 옆에 놓여 있는 널빤지를 펼쳐둔 것일세. 그리고 찻잔, 찻잔 받침, 빵 등이 이쪽저쪽으로 놓였네. 그런데 식탁에 앉는 일이 가장 난처한 일이었어. 옆 사람이 옆 사람에게 바짝 붙어 앉게 되었기 때문이지. 흔히 일어나는 흔들림이 시작되었네. 갑자기 문이 열리고 큰 소리를 내며 쾅하고 닫히더군. 선실 여기저기서 무언가가 의자와 함께 식탁에서 나가떨어지거나 벽에서 떨어져 내려 소리를 내며 산산조각이 나버렸네. 컵과 찻잔이 그랬고 찬장 자체도 가끔씩 살짝 움직이기 시작했지. 그런데 그때 갑자기 물 흐르는 소리가 어디에선가 벽을 통해 들리는 거야. 비가 무언가에 부딪쳐서 떨어지고 있는 소리가 말이네. 그건 식탁 위로, 소파 위로, 누군가의 머리 위로 아무 데나 떨어지고 있었어. 처음에는 이것이 농담인 줄 알았네. 누군가가 이쪽 구석으로 갔다가 또 다른 구석으로 피해 다니는 것을 보는 것이 우스웠지. 그 누구도 제자리를 찾지 못했고 여기저기 돌아다녔어. 젊은이는 들떠서 떠들어댔고 마치 산에서 내려오는 것처럼 이쪽 구석에서 저쪽 구석으로 돌아다녔네. 보초병은 물건이 떨어지는 소리를 따라 이미 파편이 된 것들을 주우려 이쪽으로 저쪽으로 뛰어다녔지. 불유쾌한 이 불의의 사건들을 막는 방안을 즉시 마련할 수가 없었네. 이 흔들림은 발트 해와 독일 해에서 우리가 겪었던 이상한 일을 떠올리게 했어. 더 이상은 아니었네. 해먹이 앞뒤로 흔들리는 가운데 머리와 다리가 조금씩 올라갔다 내려갔다 반복하는 와중에 잠드는 것은 익숙해지기 힘든 일이라네. 나는 겨우 잠들기 시작했지. 그것도 겨우 잠들었는데 나는 노크 소리로, 사람들 발소리로, 돛 때문에 벌어지는 소동으로 인해 여러 번 일어나게 되었다네.

돛은 이미 저녁부터 감아두었어. 하나둘 감다가, 그다음에는 네개 전부를 감았다네. 겨우 잠들기 시작하면 꿈속에서 다른 삶이 다른 상황이 연출되었네. 자네들이 꿈에 보이고 자네들의 응접실이나 어떤 별장이 보이는 거야. 주변에는 아는 얼굴들이 있고 이야기하며 음악을 듣고 있더군. 그러다 갑자기 혼돈이 찾아들고 자네들의 얼굴은 어떤 환상 속으로 일그러지고 꿈꾸는 듯한 두 눈을 반쯤 뜨고 쳐다보면 꿈속인지 현실인지 보이고 자네들의 피아노가 반쯤 보이고 반쯤은 벤치가 보이네. 그림 속에는 등을 드러낸 여성 대신에 보초가 갑자기 나타났어. 그리고 뜻밖의 소리, 호출소리가 울려 퍼진다네. 그러면 잠에서 깨어나지. 도대체 무슨 일인가 싶어 보면, 사실 별일이 아니었어. 선박 사다리가 삐걱거리기 시작했고 문이 쾅하는 소리를 냈을 뿐이야. 목이 긴 유리병이 넘어지거나 주랑[146]에서 곧장 세차게 쏟아져 내린 물로 물벼락을 맞은 누군가가 침대에서 벌떡 일어나서 욕지거리를 하는 것이지. 피로해져서 다시 잠을 자기 시작하려면 갑자기 충격이 느껴지네. 그건 정확히 지하에서 나는 것으로 심장이 떨리고 잠을 깨게 된다네. 이 또한 아무 일도 아니야. 뒤 갑판에서 무언가가 내리친 것뿐이야. 즉 파도가 가격한 거지…. 그렇게 아침까지 가네! 모든 것은 그래도 참을 수 있어. 우리가 이미 예전에 겪은 것들보다 더한 것은 없기 때문이네. 그런데 1월 12일 아침에 사태는 좀 더 심각해지기 시작했어. 자네들은 폭풍우라고 말하겠지만 내 동료들은 이것은 매우 신선한 바람이라고 부르네. 나는 위로 혹은 거리로 가보려 시도했지. 내가 앞 갑판을 거리라고 불렀는데 걷는 것이 불가능했네. 나는 닻감개 옆에 서서 바다가 갑자기 눈에서 멀어져 완전히 전함 밑으로 숨어버리는 것을 지켜보았어. 그러자 바로 눈앞에 갑판이 일어나서 곧바로 서 있는 것이 아닌가. 갑자기 갑판이 사라지고 그 대신에 물 벽이 갑자기 나타났네. 두려워하지는 말게

나. 갑판이 지금 다시 숨어도 양손으로 무언가를 꽉 붙잡고만 있으면 된다네. 아름다우나 단조로운 풍경이지. 나는 공동 갑판으로 달려 들어갔어. 점심 식사를 하는 것도 힘들더군. 멍멍한 상태였고 접시가 요동을 쳐댔네. 그러면 수프가 식탁 위를 따라 개울처럼 빠르게 흘러 내렸어. 이것은 반대로 일어난 충격이 흐르는 수프를 반대로 밀쳐낼 때까지 계속되었네. 나는 이미 무료해져서 아무것도 할 수가 없었어. 심지어 독서도 힘들었네. 앉아 있든지 누워 있든지 내내 균형을 맞추는 일만 생각해야 하니까. 한쪽 다리로, 때로는 한쪽 팔로 버티며 균형을 유지해야 해. 저녁에 나는 벽 옆에 바싹 붙어 있는 침대 겸 의자에 누웠네. 맞은편에는 뒤 돛대의 원판으로 잘 정돈된 소파가 놓여 있어. 갑자기 무언가가 때렸네. 광기 어린 파도, 혹은 제9의 파도[147]였는지 파도가 뒤 갑판을 때렸어. 모두 무언가를 있는 힘을 다해 꽉 잡았지. 이 경계할 일에 대해 생각하기에 앞서 갑자기 침대 겸 의자가 벽에서 이미 떨어져 나갔는데 나는 이제야 침대에서 떨어져 나가는 것처럼 느꼈네.

내 머릿속에 한 가지 질문이 번쩍 떠올랐지.

'어디로 가야 할까?'

그 질문에 이어 대답도 보였네.

'둥근 소파로.'

나는 결국 그렇게 했네. 양손을 크게 벌리고 둥근 소파의 부드러운 쿠션 위로 아주 조용하게 엎드렸지. 그곳에 있던 사람들인 로세프 선장, 크류드네르 남작 그리고 누군가 더 있었는데 그들은 처음에 내가 타박상을 입었는지 아닌지에 대해 생각하다가 말짱하다는 것을 알고 나서는 깔깔 웃어대더군. 그렇다고 바다 위에서 웃음을 금할 수는 없지 않은가. 누군가는 그곳의 선실을 걷다가 선실 바닥에 미끄러져서 끌려가고 있었네. 몸을 구부릴 여유가 없었던 거야. 그래서 그는 머리에 혹이 생겼지. 다른 이는 어깨를 문의 옆 기둥에 부딪치고는 욕설을 퍼붓기 시작했네.

우울한 일은 흔들리는 진동이었네. 모두 불만에 가득 차 있었지. 읽을 수도 쓸 수도 잘 수도 없었거든. 창백해져 고통스러워하는 얼굴들 역시 보였네. 낮과 밤의 질서는 깨져버렸다네. 반대로 본래 바다의 질서가 커져버렸어. 그러나 그 대신에 점심, 저녁, 그리고 차가 마치 부차적인 일처럼 되어버렸다네. 업무도, 대화도 없어졌어… 단순하게 말해 생활이 없어진 거라네!

1853년 1월 12일, 13일

바람은 이미 강하고 가혹한 것으로 바뀌었네. 우리가 아직 겪어보지 못한 것이었지. 모든 반주랑과 조명창을 빈틈없이 잠그고 위 돛들을 거둬들였으며 대포는 그 가장자리의 무게로 압력을 가하지 않도록 하기 위해 뒤 고패[148]들로 견고하게 묶었다네. 만약 두 손과 두 다리로 무언가에 기대지 않으면 서 있을 수 없었을 뿐 아니라 앉아 있을 수도 없을 정도였어. 어제부터 비워둔 내 선실로 간신히 돌아올 수 있었네. 문을 열었으나 들어가지 않았다네. 진동에서는 이 모든 전문 용어가 그 의미를 상실하지. 들어간 것이 아니라 충격에 의해 선실로 밀려 들어갔거든. 그리고 양쪽 벽에 주먹을 쥐고 의지하면서 두 다리로 버티려 노력했네. 그런데 나는 경악하고 말았어. 옷, 속옷, 책, 시계, 장화, 그리고 그토록 조심스럽게 책상 서랍마다 정리해둔 모든 필기도구가 글쎄 선실 마루에서 나뒹굴고 있더군. 요동을 칠 때마다 왼쪽으로 오른쪽으로 굴러다니고 있었어. 상자들이 솔, 빗, 종이, 편지들을 있던 자리에서 쏟아내어 모든 것이 바닥에서 앞다투어 누가 더 빨리 뛰나 시합하듯이 구석으로 혹은 그곳에서 방 가운데로 다니고 있지 뭔가.

나는 경악하여 외치기 시작했네.

"파데예프!"

어떤 수병이 반복했네.

"파데예프! 파데예프!"

다른 수병이 반복했고 뒤를 이어 또 다른 수병이 반복했네.

"파데예프!"

그러고 나서 이 세 번째 수병이 내 선실을 바라보았어.

"그들은 최하 갑판인 수부실에 있습니다. 나리, 지금 오고 있습니다."

"그들이 누구를 말하는가?"

"파데예프입니다."

수병들은 그 사람이 없을 때에는 그냥 수병이라고 단순히 부르다가 본인이 나타나면 어조를 바꾸어서 그 사람의 이름을 부르지.

파데예프가 나타나자 바로 이 수병이 그에게 말했네.

"세니카, 이 녀석아, 얼른 가봐! 널 이반 알렉산드로비치[149]께서 오래전부터 부르고 계셔."

파데예프가 그에게 주먹을 쥐어 보이며 속삭이는 소리로 대답했어.

"그래, 너 내 방에서 이야기하고 있어, 이놈아!"

이것은 그들에게 전혀 욕설이 아니라네. 그들은 화를 내지 않으면서 이야기하네. 이게 그들의 표현 방법이야. 상냥하게 표현하고 싶을 때에 그들은 서로 형제라고 호칭하지.

내가 파데예프에게 엉망이 된 선실을 가리키면서 말했네.

"좀 보거라!"

그러고 나서 손을 내젓고 선장실로 떠났네.

선장실은 넓고 편리하며 심지어 호화로운 선실이었네. 커다란 호두나무 옷장, 선반들이 딸려 있는 큰 책상, 피아노, 두 개의 소파와 반 다스가 넘는 안락의자들이 있지. 벽과 바닥에 강하게 나사로 조여진 옷장과 피아노 사이에는 반원형 소파가 하나 있었네. 이 소파는 해난에서 피할 수 있음직한 믿을 만한 은신처로 보였어. 친절하고 손님을 후하게 대접하는 주인인 운콥스키 선장은 그 소파를 내게 다 내주더군. 그 자신은 연약하지 않기에 그 소파를 거의 사용하지 않는다면서. 특히 악천후에는 말이야. 그때면 그는 옷을 벗지 않고 안락의자 어디에선가 잠시 눈을 붙이며 매 순간 갑판으로 달려나갈 준비를 하고 있다고 했네. 이 소파에 앉으면 그 어떤 요동도 없지. 선체가 앞뒤로 요동치든지 위아래로 요동치든지 옆으로 좌우로 요동치든지 간에 절대 넘어지지 않아. 소파의 반은 전함의 세로로 놓여 있고, 다른 반은 가로로 놓여 있기 때문이네. 여기에는 옷장을 넘어지지 않도록 해두었고 저곳에는 피아노를 고정시켜두었어. 양쪽 창문으로 바다를 볼 수 있었네. 추악한 것은 도대체 무엇이며 게다가 아름다움이란 도대체 무엇인가!

자네들은 어린이같이 환호하며 말하겠지.

"폭풍우는 아름답지! 시적이야!"

그러는 자네들에게 이렇게 말할 수 있어.

"참된 폭풍우는 신선한 바람이지!"

어쩌면 해변에서 바라본다면 그것은 시가 될 수도 있지. 하지만 자연이 때때로 항해자를 대접하고 있는 그곳에서 영웅이 된다는 것은 실제로 흥미롭지 않다네. 직접 판단해보게나. 그곳에 좋은 것이 뭐가 있겠나? 정상에 흰 눈이 쌓여 있는 거대한 구릉들이 서로 싸우듯이 밀치며 일어섰다 내려앉고 다시 일어선다네. 마치 갑자기 풀려난 맹렬한 짐승 무리처럼 격노하여 연기처럼 물보라를 내뿜으며 싸우기도 해. 이 구릉들이 일어설 때면 신음소리가 공중으로 퍼져가지. 전함은 파도의 머리 위에 떠올라 그 정상에서 떨고는 옆으로 쓰러져 산에서 미끄러지기 시작해. 두 개의 작은 산 사이에 있는 심연으로 떨어지고 나서 자세를 바로잡지. 그러나 그다음엔 다른 쪽으로 힘겹게 비틀거리다가 다시금 언덕 위로 기어오르게 된다네. 전함이 아래로 내려갈 때면 전함의 양옆에서는 물 벽이 부풀어오르지. 선실에 있는 등불, 그림, 매달린 기압계가 수평으로 빠져나오고 의자 몇 개가 제멋대로 굴러다니다 제자리를 잃고 사라지거나 구석으로 날아가게 되네. 그러면 다시 붙잡아서 묶어두어야 해. 그러나 여러 가지 물건이 떨어지는 것을 경계하고 아무리

매어둔다 하더라도 요동치게 되면 어떤 것이든 떨어져 나가지. 책이나 종이 더미가 책장에서 떨어지거나 지도가 탁자 위를 굴러다니기 시작하네. 그곳에서 잉크병이나 촛대를 보게 되기도 해. 저녁에 한 번은 불이 붙은 양초가 바로 지도 위로 떨어졌네. 내가 선실에 혼자 있었는데 일어나서 뛰어가려 했으나 바닥에 엎어졌고 촛불은 더 강하게 타오르기 시작했어. 결국 지도가 당장이라도 다 타버릴 듯하더군. 그 지도 쪽으로 기어서 다가가서 가까스로 그것을 막았네.

선장이 선실로 들어와 춤을 추며 이렇게 말하기도 했네.

"강한 바람이여, 가혹한 바람이여! 그래, 당신은 여전히 앉아 있습니까? 아직도 바다의 다리들을 손에 넣지 못했군요."

"나는 내 다리도 잃어버렸답니다."

그러나 그는 믿지 않는 듯했네. 사람이 다리가 있어도 걸어 다니지 않을 수 있다는 것을 말이야.

그가 나를 설득하려 했지.

"그래, 당신은 서 있지 않습니까, 자, 시도해보시지요."

"해보았지요. 소용이 없었지요. 나에게도, 내 가구에도 오히려 손해만 입혔지요. 이렇게요…."

그러나 나는 바닥의 완전히 가파른 비탈을 따라 끌려가고 있었네. 오랫동안 뛰어다니지 않았지만 나는 구석으로 뛰어가기 시작한 걸세. 그곳에서 한 주먹은 거울을 박았고, 다른 손은 벽을 치게 되었네. 선장은 우스운 모양인지 이렇게 말하더군.

"차 마시러 오지 않으렵니까?"

내가 악의를 품고 말했네.

"원치 않아요!"

"내가 당신에게 이것을 여기에서 하라고 명령합니다."

"원치 않아요!"

나는 매우 화가 났네. 처음에는 익숙하지 않은 요동에 분노를 일으키지. 배가 파도 정상에서 파도의 중심부를 향해 요동치며 다른 파도로 옮겨가게 되면 배는 마치 지금 산산이 부서지는 것 같이 그렇게 흔들리게 된다네. 그러나 이 일이 일어나지 않으리라 확신하게 되면 심심해지고 유감스러워져. 유감은 분노로 바뀌고, 그 다음에는 우울함으로 바뀌네. 시간은 천천히 흘러가지. 시간은 매 시간으로 재지 않고 배의 고르고 무거운 진폭과 배 옆구리와 뒤 갑판을 때리는 파도의 둔탁한 타격으로 재는 거라네. 이것은 순종하는 조용한 감정이 아니라 순전한 악감정이야. 이 악감정은 자네들을 굴복시키고 피와 간, 위를 망가뜨리고 담낭을 자극하지. 입 안은 마르고 혀는 타네. 식욕도 없어지고 잠도 없어져. 어떻게든지 한가한 시간과 텅 빈 위를 채우기 위해서 먹게 되네. 잠도 못 자게 되고 피로에 지쳐서 비몽사몽 선잠에 빠지게 돼. 그러면 이런 상태에서 다시금 머리 위로 기형의 몽상, 환각이 떠돌게 된다네. 아는 얼굴들이 나타나는 거야. 마치 신화에 나오는 신과 여신처럼 말이야. 나의 아름다운 친구여, 때로는 자네들의 머리와 몸통이 나타나네. 수병 복장의 재킷을 입은 채로. 때로는 자네들의 기름때 전 외투를 걸친 대포도 보이네. 내 사랑하는 예술가여, 이 모습으로 내 옆 소파에 앉아 있다네. 잠에서 깨어 눈을 반쯤 뜨고 현실을 보면 주변 어디서부턴가 느닷없이 페테르부르크 어떤 응접실의 비단 커튼이 나타나지. 꽃병과 꽃도 나타나는데 이것들 뒤 바로 그곳에서 순경 테렌티예프가 얼굴을 내밀곤 하네. 그 이후에는 다시금 멋쟁이들, 여인들이 나타나. 하지만 레이스가 달린 손수건 대신 여인들의 손에는 밧줄이나 총포를 청소하는 쇠꼬챙이가 들려 있고 멋쟁이는 모래로 갑판을 닦고 있네… 그러면 갑자기 이 멋쟁이들이, 여인들이 울부짖기 시작하고 삐걱거리는 소리를 내기 시작한다네. 그들의 얼굴은 늘어지고 분해되는 거야. 쾅 소리를 어딘가 심연으로 실어가네. 눈을 떠서 바라보면 밧줄 만드는 꼰 실, 꽃을대와 테렌티예프가 보이고 이 모두는 제자리에 있지. 그런데 꽃병, 꽃, 그리고 자네들과 사랑스러운 여인들은, 이런, 그 어디에도 없네! 그때부터 즉시 모든 것이 머릿속에서는 뒤범벅되지. 소음과 떠들썩한 소동, 그리고 거품과 물보라를 동반한 물 언덕이 꿈인 듯하고 해변, 집들, 평온한 침대가 현실인 듯하네. 어떤 자극만 받아도 그 현실에서 가혹하게 깨어나게 된다네.

나는 결국 내 선실에서 밤을 지새우지 못했어. 선장은 바로 그곳에 내 곁에서 옷 입은 채 끊임없이 벌떡 일어나 갑판으로 달려 나가기를 반복하면서 잤다네. 파데예프는 아침에 시트를 들고 나타나서 군함 내 장교 집회실로 차를 마시러 오라고 부르더군.

똑같은 대답을 했네.

"원치 않아!"

"안 가시면 이곳으로 가져다 드릴까요?"

나는 전날 저녁에 차를 마시려 했던 시도가 영 시원찮게 끝났기에 되풀이해서 말했네.

"원치 않아!"

나는 손가락에 화상을 입고 찻잔을 떨어뜨렸네.

"무슨 일인가. 아직 잠잠해지지 않았나?"

그는 창문을 통해 파도가 거품과 물보라를 일으키며 일어났다 떨어지는 모습을 무척 무관심하게 바라보며 덧붙였어.

"어찌 잠잠해질 수 있겠습니까? 이렇게 울부짖는데요. 이다지도 격노한 바다가 이곳에 있는데요!"

나는 권태로웠기에 이 무관심함이 도대체 무엇인지 눈여겨보려 애썼네. 이 무관심이 폭풍우를 겪은 수병의 습관인가, 힘과 방법에 대한 확신에서 오는 것인가? 아니었네. 그는 아직 젊어서 근무로 단련될 시간이 없었거든. 근무에 대한 순종의 감정인가? 그런 것 같지는 않네. 그 감정은 얼굴에 지각 있는 생각과 그 생각으로 인해 만들어진 평온으로 표현되지. 그런데 그의 얼굴은 여전히 둥글었고, 하얗고, 그 어떤 표적과 징조도 없었네. 이것은 그저 단순한 무관심이었어. 가장 단순한 의미의 무관심 말이네. 바로 이 무관심을 가진 그, 즉 파데예프와 이 파데예프 군단은 새로운 아름다운 해변과 그 해변에 있는 놀랄 만한 나무, 사람을 바라보지 뭔가. 다시 말해 모든 것은 이 평온에서 튕겨져 나오는 거라네. 자신의 의무, 즉 일과 만약에 필요하다면 그 어떤 것으로도 부수어지지 않는 죽음을 향한 돌진 하나를 제외하고는 아무 일 없는 이 평온에서 말이야. 나는 살펴보고서 이 무관심이 일종의 평온이거나 무사태평이라고 결론을 내렸네. 다른 파데예프가 해변 어딘가에서 닻줄을 따라서 도끼를 가지고 종루로 기어올라 첨탑을 수리하거나 붓을 가지고 판자 위에 앉아서 4층 집의 지붕, 즉 공중에서 흔들거리는 때와 똑같은 게야. 닻줄의 흔들림에 따라서 등을 때로는 거리로 향하고서 또 때로는 집을 향하면서 말이네. 그의 얼굴을 보게나. 위험에 대한 인식이 있기나 한가? 아니라네. 그는 진동이 올 때면 무릎을 부딪치지 않게 하려고 한 발을 벽에 버티려고 할 뿐이야. 그러면 아래에서는 밧줄을 잡고 있는 세 번째 파데예프가 위에서 일어나는 일에 대해 별로 염려도 하지 않으며 하품하며 사방을 둘러보네.

파데예프가 점심 식사 전에도 점심 초대 소식을 가지고 왔지만 나는 간신히 한 발 움직여서 내 자리로 떨어졌는지 재빠르게 내 자리에 앉았는지 했다네.

내가 악의에 차서 말했네.

"원하지 않아!"

그는 언제나처럼 벽을 바라보며 말했네.

"세 번째 부름입니다. 나리!"

그러나 이번에는 무엇인가를 보며 미소를 지었네.

"왜 웃는 게냐?"

그가 소리 내어 웃기 시작했네.

"무슨 일이야?"

"예, 웃음이 자꾸 나와서….'

"그래, 무슨 일이지? 말하라니까."

"세베도프가 머리를 갑판에 부딪쳤습니다."

"어디에? 어떻게?"

"해먹에서 떨어졌어요. 우리 셋이 하나의 걸쇠 쪽으로 매달렸더니 걸쇠가 떨어져버렸답니다. 우리 모두 떨어졌지요. 저도 괜찮았고 파이소프도 괜찮았죠. 우리는 그냥 넘어졌다 일어났는데 세베도프는 머리에 타박상을 입었답니다. 그것이 우스워요! 지금 그는 앉아서 신음하고 있지요."

내가 나의 경호병인 파데예프 속에서 이런 특성을 알아챈 것이 이미 처음이 아니었네. 누가 넘어지거나 누가 벌을 받게 되면 그는 웃음을 터트렸어. 러시아인이 어떤 요소로 이루어져 있는지 한번 조사해보게! 그러면 이 웃음이 악의에서 나오지 않았다는 사실을 알게 될 테니. 그는 전혀 악한 사람이 아니네. 반대로 정확한 분석과 특별한 정의를 요구하는 특성을 보여주지. 그러나 이번에 자신이 타인의 슬픔에 기뻐하다 비싼 대가를 치렀어. 그는 내게 세베도프의 추락에 대해 말할 시간이 없었네. 갑자기 배달부가 문에 나타났기 때문이야.

"누가 세베도프와 한 걸쇠에 앉아 있었지?"

파데예프가 질문으로 대답했네.

"누구냐고 하셨습니까?"

"파이소프 아닌가?"

"파이소프라고요?"

배달부가 다시 물었네.

"그래, 빨리 말해, 그리고 또 누가 더 있었어?"

파데예프가 질문을 계속했어.

"또라고요?"

배달부의 말이 들려왔지.

"초병에게 가라. 모두 소집한다!"

파데예프는 매우 심각한 얼굴로 갔는데, 돌아올 때에는 훨씬 심각했네. 나는 어찌된 사태인지 짐작할 수 있었네.

"자네는 왜 웃지 않고 있는 게냐? 아마 세베도프 하나만 벌 받은 게 아닌 모양이구나."

그는 침묵을 지키더군.

"그래, 파이소프는 벌을 받았느냐?"

그가 다시금 웃어대더니 명랑하게 말했네.

"받았지요. 그도 벌 받았지요!"

나는 소파에 앉아 흔들리면서 문이 창문에 인사하고 거울이 장롱에 인사하는 모습을 보면서 생각했어.

'아니, 우리가 아직 겪지 못한 폭풍우야!'

파데예프가 저쪽으로 뛰어가야 했기에 내 머리에 제자리 바로 이곳에서 점심을 먹어야 한다는 생각이 떠올랐네.

"자네가 내 접시에 먹을 것을 좀 담아 가져다줄 수는 없겠나? 뜨거운 요리나 차가운 요리든."

"왜 안 되겠습니까, 나리. 알겠습니다. 가져다드리지요!"

30분 후에 그는 양손에 접시를 두 개 들고 나타났네. 한쪽에는 빵, 소금그릇, 칼, 포크와 냅킨이 있었고, 다른 접시에는 요리가 있었네. 그는 때로는 한 다리로 또 때로는 다른 다리로 손의 균형을 잡으며 매우 능숙하게 오더군. 바닥 경사가 매우 가파를 때에는 갑작스레 조심스럽게 웅크리기도 했네.

그가 말했네.(우리는 서로 존댓말 대신 친근하게 말을 낮추어 너[150]라고 말했다네. 격을 갖춘 어구에서는 '나리'라는 말이나 '당신의 생각대로' 등의 말을 썼지만 말일세.)

"여기 있습니다!"

그는 접시를 잡고 내 근처 마루에 앉았네.

"그래, 무엇을 가져왔나?"

"여기 전부 있습니다. 온갖 음식을 다 가져왔지요."

"어떻게 전부 가져왔나?"

내가 보니 실제로 모든 것이 있었네. 쌀을 곁들인 닭고기, 뜨거운 고기만두, 구운 양고기가 모두 한 접시에 담겨 있는 것이 아닌가. 그리고 모든 것이 와플[151]로 싸여 있더군.

"미안하지만, 이것을 먹을 수가 없구나. 자네가 여기에 수프를 따라줘야겠어."

그가 정직하게 대답했네.

"당연하지요. 조심하세요. 쏟으시겠어요."

나는 무언가를 입안으로 넣으면서 조각들을 개별적으로 식별하기 시작했어. 그리하여 조금씩 와플까지 도달하게 되었지.

"자네는 왜 수프도 담지 않았지!"

내가 슬픔에 잠겨 본능적으로 외쳤네.

"맙소사! 누가 여행을 생각해냈단 말인가?"

누군가 비웃더군.

"4개월만 타고서 가게 되면 회색빛 하늘과 흔들림을 똑같이 보게 될 거요!"

우리 일행 가운데 가장 키가 큰 로세프 선장이 선실에서 한 손으로 천장을 잡고 서 있더군.

"아, 당신이군요!"

나는 말을 계속했네.

"그래요, 맞아요! 그런데 어디에 이 파란 바다, 파란 하늘, 따뜻함 그리고 저 밑바닥에서 보인다고들 말하는 그 새와 물고기가 있단 말입니까?"

나의 불평에 로세프 선장도 끼어들었지.

"파란 하늘과 따뜻함에 대해서 누가 모든 것을 말할 수 있을까요!"

"과연 어디에 따뜻함이 있단 말입니까? 파란 하늘과 따뜻함을 줘보시오…!"

노인은 종종걸음으로 재빠르게 지도로 다가가서 그 지도 위에서 컴퍼스로 각도를 재고 연필로 그림을 그리기 시작했어.

"듣고는 있는 겁니까?"

그가 속삭이듯이 말했네.

"42와 18!"

나는 불평을 거듭했어.

"비스케이 만[152]을 통과해가면 따뜻해질 거요! 조금만 기다려주시오. 그러면 따뜻함이 귀찮게 따라다닐 테니. 그때는 추위를 그리워하게 될 겁니다. 왜 당신은 내내 앉아 있소? 함께 갑시다."

"나는 갈 수가 없습니다. 두 다리로 서 있을 수 없어요."

"갑시다. 내가 당신을 부축하리다!"

그가 나를 뒤 갑판으로 데려갔지. 갑판이 갑자기 발아래서 찢겨나가 자취를 감추는 듯한 바로 그 순간에 나는 그에게 기대어서 거리로 나간 거라네. 눈앞에는 마치 진주 같은 하얀 정상을 지닌 완전한 에메랄드 산이 파란색 파도를 흩뿌리면서 갑자기 나타났다 가 곧바로 뒤 갑판으로 사라져버리더군. 나는 화포에 꼭 기대어야 했고 그곳에서 승강구로 끌려가야만 했네. 양손으로 뱃줄을 단단 히 잡아야 했지.

"다시 데려다주시오!"

"무슨 말을 하는 거요? 자, 보시오. 얼마나 좋은지!"

그에게는 모든 것이 훌륭했네. 시속 10노트로 순풍을 따라 달 리는 것이 말이야.

"훌륭하고 멋집니다!"

갑자가 내 이마로 바람이 불어와 나는 뒷걸음질 치게 되었네. 그가 황홀해하며 말했지.

"훌륭하군요! 지금 1.5노트로 달리고 있소."

그에게는 그 어떤 날씨도 영향을 주지 않는 것 같았네. 더위에 도 추위에도 항상 단추를 채우고 있었으며 항상 원기가 왕성했거 든. 더위에서는 마치 버터를 발라놓은 듯 턱이 반질거렸을 뿐이네. 진동이 오든 오지 않든 그는 짧은 두 팔을 등 뒤로 약간 나지막하 게 뒷짐을 지고서 두 다리로 견고하게 서 있었네. 걸을 때에는 잔

걸음으로 움직였고. 폭풍도 무풍도 그를 화나게 하지 못했네. 그에게는 매한가지였으니. 해변이 가깝든지 멀든지 아무 상관 없었지. 그는 거의 모든 곳에 다녔고 그가 없다 해도 그가 없었다며 누구도 슬퍼하지 않았어. 그가 무언가나 누군가를 두고 불평하는 것을 들어본 적이 없고 말이야.

그는 이 말만 반복했다네.

"훌륭해요!"

만약에 누군가가 그 앞에서 훌륭하지 않게 말하거나 행동한다면 그는 주의 깊은 시선으로 주변에 있는 모든 이를 바라보며 자신의 방식으로 미소를 짓네. 그를 보면 쿠퍼가 창조해낸 인물들이 생각난다네. 이들은 바다나 미국의 깊은 숲에서 태어나서 양육된 사람들로 이들에게는 지울 수 없는 자연의 흔적이 남아 있지. 노인 역시 13세 때부터 바다에서 살았고 2년 연속 해변에서 살아본 적이 없네. 독특함인지 선량함 때문인지는 모르겠지만 하여튼 모두 그를 좋아했어.

젊은이들이 이렇게 말했네.

"안녕하십니까, 어르신! 이렇게 서둘러서 어디를 가십니까?"

그러면 그가 이렇게 대답하네.

"방해하지들 말게. 항로를 알아보러 가는 길이니까."

그러고는 주변을 둘러보지도 않고 태양광의 도움으로 항로를 알기 위해 컴퍼스를 들고 가지.

"그런데 우리는 지금 어디에 있는 것입니까?"

"하느님의 세계 안에 있네!"

"우리도 압니다. 그런데 어디쯤입니까?"

"북위 38도와 경도 서쪽 12도에 있네."

"무엇과 평행을 이루고 있습니까?"

"그건 지도를 보게."

"말씀해주십시오…."

그가 아이처럼 젊은이들을 밀어내면서 이렇게 말했네.

"놔주게, 놔달라고!"

그럴 때면 나는 이렇게 말했지.

"춥습니다, 어르신! 뒤에 있는 나를 좀 보세요."

"춥기는요, 훌륭하네요!"

그를 기다리지 않고 나 혼자서 다시 내 선실을 향해 출발했네. 그러나 이 용감한 행동에 값비싼 대가를 치러야 했어. 선실로 들어왔을 때 커다란 반원형 소파가 있는 데까지 갈 수 없었거든. 갑자기 강하게 요동쳤기 때문이네. 나는 버티고 서 있을 수도 바닥에 앉아 있을 수도 없음을 느끼면서 재빠르게 작은 소파로 가서 앉았네.

'이젠 됐구나.'

웬걸, 아니었네. 넘어지지 않으려면 벽에 매달려야만 했지. 소파는 못을 박아놓아서 넘어지지 않았지만 나는 아무리 세게 붙잡아도 되지 않아 결국 무척 비참하게도 소파와 이별해야만 했어. 소파에서 떨어져 나와서 안락의자에 가슴을 부딪쳤다네. 얼마나 강하게 부딪쳤는지 안락의자는 바닥에 못을 박아놓았기에 그 자리에 남아 있기는 했지만 의자 다리 하나가 부러졌을 정도였어. 나는 의자 너머로 내동댕이쳐져서 바닥 멀리로 나뒹굴었지. 가는 길에 무릎에도 타박상을 입었고 무언가에 부딪쳐서 볼도 다쳤네. 내 방으로 황급히 돌아온 후에 통증 때문에 몇 분 동안 움직이지도 못한 채 바닥에 앉아 있었어. 다행히 흉터는 지지 않았네. 일주일 동안 가슴을 건드리기만 해도 아팠지만, 다 나았지.

이때 로세프 선장이 선실로 들어왔네. 내가 겪은 슬픈 일을 이야기했더니 그가 말하더군.

"한쪽으로 세게 끌려갈 것 같을 때는 신속히 바닥에 앉으시오. 그러면 괜찮을 겁니다. 끌려가지 않게 될 겁니다."

갑자기 이때 내 쪽으로 기울기 시작했지.

그가 바닥으로 내려앉으며 나를 가르쳤다네.

"자, 바로 이렇게 말입니다!"

그러고 나서 두 손으로 무언가를 잡으려 주변을 더듬더니만 이렇게 외치기 시작했네.

"이런, 이런!"

산에서 내려오듯이 그는 밀려갔다가 내 쪽으로… 항상 준비된 탈것을 타고 저돌적으로 밀려왔네. 그가 키와 덩치로 나를 짓누르지 전에 나는 내 다리를 간신히 당겼어.

그렇게 나날들이 흘러갔네. 혹은 나날이 아니라 밤낮들이 흘러갔지. 해변에서는 단지 낮에만 있었고 바다의 선실에서 잠을 잤어. 원할 때가 아니라 할 수 있을 때 말이야. 그곳에서는 일상적이고 자연스러운 낮과 나란히 해변에서 이른바 밤이라고 불리는 인공적인 낮이 있네. 그곳에는 완전한 배려, 일, 소란이 있지. 지치게 하는 밤낮이 이어지다 보니 사람은 그리움에 몸부림치고 조용한 구석을 찾아 선잠이라도 자고 싶어 하고 바다와 요동침을 잊고 싶어 하네. 책을 읽거나 이야기를 나누는 것도 불가능해. 모든 관절, 초조하고 계속된 긴장 때문에 온 신경이 곤두서 있네. 과거의 평온, 행복한 순간들, 훌륭한 항해, 조국, 친구들, 이 모든 것은 다 잊힌다네. 머리에 떠오르는 것은 질투심에 쌓인 것뿐이야.

그곳에서는 이렇게 생각하게 되었어.

'그래, 과연 해변이 있는 건가? 내가 언젠가 땅을 밟아보긴 했는가, 강한 다리로 걸어 다니기는 했는가, 침대에서 잠을 자보았나, 소금물 아닌 물로 씻어본 적은 있는가, 모든 것이 여러 접시에 놓여 있는 네다섯 가지 요리를 먹어보긴 했는가, 흔들리지 않는 책상 앞에 앉아서 독서를 하고 글을 써보긴 했는가?'

그러면 해변에 있을 보이지 않는 꽃들이 떠오르네. 여기에는 모험, 불안, 폭풍, 걱정으로 가득 찬 떠돌이 삶이 있네만. 이런 생각에 한숨을 쉬며 나는 해변을 바라보네! 그래, 죽을 끓이고 이제 즐기자! 헛된 기억이 좋은 것을 주지는 않지. 후회는 바다에서의 삶을 해롭게 한다네. 도대체 뭐 하러 이곳에 왔는가 하는 거지!

선실에 하루 반나절을 앉아 있던 나는 이런 상태로 선실에서 나왔어. 악의를 가지고 대양을 바라보았지. 공동 선실로 몰래 들어가면서 나는 바이런[153], 푸시킨, 베네딕토프[154] 등이 표현했던 형용어구를 마음속으로 되풀이했네.

"불쾌하고 우울하고 강력한."

또 파데예프가 표현했던 형용어구도 마음속으로 되풀이했지.

"화가 난."

나는 선박 사다리를 타고 아래로 내려가면서 이 목록에 다음 어구를 덧붙였어.

"소금기에 절고, 무료하고, 무례하고 일정한 것!"

계속 같은 말을 되풀이하게 되지.

"오로지 하나뿐이야. 끝도 없이!"

아래에는 도처에 물, 습기가 있네. 가는 곳마다 되는대로 자고들 있지. 나는 바로 그곳에서 잠시 누웠어. 밤새 삐거덕거리는 소리, 갑자기 외치는 소리, 사람들의 발소리, 호각 소리에 잠을 깨면서 열 번 정도 벌떡 일어섰다네. 잠결에 노인이 유쾌한 모습으로 왔다가 가는 모습을 보았어.

"흔들리네요, 어르신!"

"아직은 흔들리는 게 아니오. 순풍이 세차게 불어오고 있잖소! 정말 잘됐소."

"도대체 뭐가 훌륭하다는 겁니까⋯?"

"10과 2분의 1노트로 비스케이 만을 통과하면 아침에는 피니스테르[155]와 같은 위도에 나란히 있게 될 거요."

"이런, 훌륭하군요!"

갑자기 내 선실 문에 통역관 고시케비치[156]가 모습을 드러냈네. 창백한 그는 양손에 베개를 들고 공동 선실로 들어와서 둥근 소파에 눕더군. 고통을 당한 듯했네. 잠도 못 자고 입맛도 잃었거든. 그곳에 5분가량 누워 있더니만 침대 겸 의자로 옮겨갔네. 그다음에는 의자에 앉아 있더니 다시금 벌떡 일어지. 그 어디에서도 편안함을 찾을 수 없으니 말이야. 바다로 처음 나올 때부터 뱃멀미의 희생자가 된 그는 그 때문에 흔한 그러나 무질서한 참여를 불러일으켰다네. 사람들은 그를 포대 갑판으로 데려가서는 채광창에서 멀지 않은 곳에 해먹을 매달았지. 채광창을 통해 신선한 공기가 들어오게 하려고 말이네. 나는 노여워했던 사실이 무안해져서 불평을 그만두었어.

단조롭게 파도치고 사납게 휘몰아치며 추운 날이 계속되었네. 하늘과 바다는 잿빛이었지. 그런데 여긴 스페인의 하늘이 아니던가! 우리는 북위 30도에 있었네. 우리는 바빠서 프랑스 곁을 지나가고 있는 것을 눈치채지 못했어. 지금은 스페인과 포르투갈을 돌아가고 있네. 나는 할 일이 아무것도 없어서 마음으로 우리가 그 곁을 지나왔으나 보지 못했던 그 해변들로 날아가곤 했지. 파리는 공동의 관심을 불러일으켰다네. 우리는 파리를 가장 흥미로운 순간 속에 남겨두었어. 나폴레옹이 방금 즉위했거든. 영국만이 그 사실을 아직 인정하지 않았지만 그 이상의 일은 전혀 모르네. 무리들이 자리를 잡았을까? 그가 질서를 복구하고 유지할 능력이 있을까? 그곳이 과연 조용했을까? 바로 이런 질문이 내가 프랑스에 대해 생각할 때마다 머릿속에 일어났네.

내가 한숨을 쉬며 말했네.

"프랑스로 간다면 좋으련만! 그곳에서 산다면 좋겠어! 뉴스, 예술, 유행, 정치, 지성, 우둔함, 스캔들, 아름다움, 통찰력, 평범함이 소용돌이치는 그곳에서 산다면! 쾌락주의자로, 이 모든 장난을 조소적으로 관찰하는 사람으로 살아보았으면!"

나는 노인이 가리킨 스페인 해안 쪽을 바라보며 의기소침하게 생각하고 있었어.

'융성한 안달루시아[157]를 지닌 스페인이 바로 여기에 있구나. 세비야[158]가 있고 기타와 장검을 가지고 있는 카발레로[159]가 있으며 여인, 발코니, 레몬과 등자나무가 있는 곳. 스페인의 하늘과 공기, 여인과 오렌지의 모든 달콤함을 마지막 한 방울까지 뽑아먹을 줄 알았던 쾌락주의자 보트킨이 무척 지혜롭고 우아하게 여행했던 그레나다[160] 어디쯤이면 좋겠어. 거기서 살고 싶구나. 협죽도, 포플러 나무 아래에 잠시 누워서 러시아의 나태함과 스페인의 나태함을 결합시키고 여기서 무엇이 나올지 보고 싶구나.'

그러나 전함은 질주했네. 노인조차 관청에 다녀올 시간이 없을 정도였어. 위도 40도, 38도, 35도로 내려가며 상비센테 섬[161], 카디스[162]가 지나갔지… 안녕, 스페인. 안녕, 유럽이여! 내 친구들이여, 잘들 있게! 내가 자네들을 볼 수 있으려나? 내가 지금 100년 된 참나무 숲의 소음 아래에서, 비록 남쪽 하늘이기는 하지만 여전히 회색인 하늘 아래에서 따뜻한 플란넬 외투를 입은 채 쓰고 있는 이 글이 언젠가 자네들에게 도달할 수나 있으려나? 멀리 떠나왔으나 여전히 당혹한 마음으로 북쪽을 느끼고 있는 듯하네. 자네들이 있는 그 북쪽의 겨울 신음소리가 아직은 내게까지 도달되는 것 같고 겨울 색조를 물속에서도 하늘에서도 보고 있는 듯해. 마치 가까이 있는 듯 말이야. 파란 하늘도 파란 바다도 보지 못하네. 소음, 추위 그리고 짜디짠 물보라만이 지금은 내 주변의 환경을 이루고 있으니!

1853년 1월 18일

영국에서 출항한 지 여드렛날 아침 아홉 시쯤에 누군가가 방문을 두드렸네.

"누구요?"

"접니다."

"아! 당신이군요. 제 친근한 이웃 맞지요?"

"무얼 하고 있었나요?"

나는 파데예프처럼 질문으로 대답했지.

"뭐라고요?"

"분명, 누워 있었지요?"

진동 때문에 침대 위에서 베개들과 한 몸이 된 나는 요동치며 말했네.

"거의…."

"부끄러운 줄 아세요!"

나는 두 팔과 두 다리로 베개들을 짓누르며 말했어.

"부끄럽기는 하지만, 내가 도대체 무엇을 할 수 있나요?"

"마데이라 제도가 보이네요."

"뭐라고요? 파데예프, 파데예프!"

그가 들어왔네.

나는 이웃이 나를 놀려도 할 수 없다고 생각하며 물었네.

"넌 도대체 왜 날 깨우러 오지 않은 게냐? 마데이라 제도가 보인다지 않느냐?"

파데예프는 나를 어떤 외교관을 바라보는 것과 똑같이 바라보며 묻더군.

"마데이라 제도라고요?"

내가 참을성 없이 말했네.

"그래, 그렇다니까."

그는 평소처럼 무관심한 표정으로 벽 쪽을 바라보았지. 잠시 침묵하더니 대답했어.

"해변이 보이는 건 일곱 시부터였지요."

내가 그를 질책했네.

"왜 내게 와서 알리지 않았지?"

"면도할 따뜻한 물이 없었습니다. 그리고 장화도 깨끗하게 닦아야 했고요."

"그래, 알았다, 옷을 입자꾸나! 그곳 위쪽은 어떠하냐?"

그는 자신에게도 내게도 그 누구에게도 1월의 갑작스러운 이 따뜻함에 대해 물어보지도 않고, 자신에게 어떤 과제도 부여하지 않는 그 특유의 무관심한 태도로 대답했다네.

"맙소사! 갑판에서 걸어 다니기가 얼마나 따뜻하고 좋은지요. 우리 모두 장화를 벗었답니다."

"맙소사!"

나는 이 말을 덧붙였어.

"세상을 여행하는 것도 사는 것도 자네는 재미있겠구나. 거대한 주먹을 지닌 어린애야! 속히, 어서 옷을 입자!"

"나리, 시간 있습니다. 자, 먼저 세수를 하셔야지요!"

나는 미소 지을 수가 없었네. 유럽 문명의 정직한 이 코스트로

마 제품을 망가뜨릴까 봐 걱정이었기 때문이었어. 우리는 이미 유럽을 벗어나서 코스트로마 도시로 다가가는 중이었지….

갑판으로 나갔더니. 그 광경이란! 거품과 물보라로 이루어진 기묘한 산 대신에 거대하지만 고른 잔물결이 일고 있었네. 바람은 얼굴을 베지 않으며 볼 옆에서는 비단결같이 놀며 기분 좋게 신경을 자극하고 있었지. 태양은 강하게 타고 있었어. 눈앞에는 5킬로미터 되는 곳에 많은 험한 구릉이 놓여 있는데 하나는 다른 것보다 더 높았네. 더미를 이루는 엄청난 흙과 바위덩어리들이 서로 이것이 저것을 넘어 점점 더 높이 쌓여 있었어. 바위 하나만 마치 찢어져서 바다로 따로 떨어진 것처럼 보였네. 그 바위 아래로 아치가 뚫려 있더군. 단지 울창한 이끼만 덮여 있을 뿐 모든 것은 다 드러나 있었네. 그러나 그 먼 거리가 나를 속인 걸세. 이것은 이끼가 아니라 완전한 숲이었으니까. 그 어디에서도 주거지를 볼 수 없었지. 텅 빈 무대장치처럼 언덕들은 물에서 올라와서 와르르 무너져 더 가까이 다가와 위협하는 듯이 여겨졌네. 왼쪽에는 포르투산투 섬[163]이 보였지만 상당히 멀더군. 그보다 멀리에는 작은 섬 혹은 바위에 가까운 것들이 보였지. 노인은 타수들을 손가락으로 가리키며 그것들 사이에 있는 해협을 어떻게 빠져나가는지 보여주었어. 우리는 아직도 마데이라 측면을 돌아가는 중이라네. 마데이라는 남쪽

정면에 있다더군. 모퉁이를 돌기 시작했네.

말이 나왔으니 말이지 여행할 수 있기에 삶이란 정말 아름답지 않은가!

"나는 생각한다. 고로 존재한다."

이 유명한 격언을 이렇게 번역해보았네.

"나는 여행한다. 고로 즐긴다."

산에 가마를 타고 가면서 여느 때와 다른 공기를 마시며 무엇을 보아야 할지, 포도밭을 보아야 할지, 별장들을 보아야 할지, 푸른 하늘을 보아야 할지, 혹은 태양을 보아야 할지도 모르는 채 말이야. 오늘 아침에서야 여행을 시작한 것처럼 느껴지네. 운명이 공기의 부드러움과 태양의 따뜻한 빛과 부드러운 색조, 마법 같은 섬에서 하늘과 바다와 땅을 그리고 모든 것을 인간의 정신과 함께 연결시켜주는 모든 조화를 더 생생하게 만져보라고, 일부러 우리에게 험악하고 힘들며 지루한 시련과 이레 동안 지치지도 않고 날뛰던 강하고 세찬 바람과 회색빛 하늘을 준 게 아닐까 싶더군.

우리가 섬의 동쪽 해변을 둘러보고 남쪽 해안으로 돌아서자 웅장하고 거대한 풍경이 우리의 눈을 부시게 했네. 마치 바다에서 올라와 하늘도 태양도 덮어버리는 듯 말이야. 그 광경 가운데 하나는 어찌나 장관인지 파노라마와 화폭에서 볼 수 있는 붓의 속임

수가 첨가된 듯했네. 한 무리의 산이 중심 산 하나에 바싹 달라붙어 있었어. 이 산은 우리 가운데 많은 이에게 첫 번째 큰 산으로, 해발 약 6,000피트에 달하는 그 높이 때문이 아니라 그 포도주 때문에 산 중에서도 귀족계급에 속하는 것이었네. 그러나 영국의 낮고 축축한 강변을 거쳐온 우리에게 이 산은 거인처럼 여겨졌지. 그 산이 얼마나 잘 정돈되어 있던지! 정상에는 눈이 하얗게 보였고 중턱에는 곳곳에 어두운 갈색 식물들로 뒤덮여 있었네. 어딘가에는 정원들이 녹색 빛을 발하더군. 산마다 여러 곳에서 구름이 날아가고 있지 뭔가. 흰 구름이 마치 땅에 달라붙어 있는 것처럼 움직이지 않고 있으면 다른 가늘고 옥양목처럼 투명한 구름이 산을 따라 퍼져가다가 비를 뿌렸네. 무지개가 산을 감싸고 있었지. 한 곳에는 숲 전체가 어둠 속에 숨겨져 있었고 말이야. 갑자기 선명한 햇빛이 마치 황금처럼 비치기 시작했고 가파른 변두리에는 정원들이 나타났네. 무엇을 보아야 할지 모를 만큼 감상에 푹 잠길 수밖에 없었어. 갈급한 시선을 여기저기로 던져도 투시경을 보듯이 빛의 이런 게임을 뒤쫓을 시간이 없을 거야.

산비탈을 따라서 포도밭이 있고 그 포도밭의 푸른색 너머로 별장들이 얼굴을 내밀고 있네. 산허리에 교회가 하나 보이는데 이 교회는 정원들과 산들 위로 솟아 있더군. 푼샬 시[164]라네… 과연 이것을, 즉 아래쪽 산기슭 해변에 마치 설탕 조각이나 어디에선가 떨어져 나온 회반죽같이 빛나는 이 집들을 도시라 할 수 있을까? 해변으로 더 가까이 다가갈수록 더 따뜻해졌네. 얼굴 위에서는 가까이 있는 누군가의 뜨거운 입김을 느끼는 듯했어. 오른쪽에는 산들이 있고 왼쪽에는 절벽들이 해변으로 내려가고 있더군. 그 절벽 가운데 하나에, 즉 도시 왼쪽에 포병 중대가 있었어. 아래쪽 다른 절벽의 측면에는 항구로 상선이 겨우 지나갈 정도였지. 망원경으로 그곳을 바라보았더니 배는 문자 그대로 승객으로 덮여 있었네. 모두 유럽에서 미국이나 호주로 가고 있는 사람들인데, 질식할 수준이었어. 하느님의 축복으로 그들이 잘 도착하기를! 얼핏 보기에 족히 300명은 넘는 듯했지. 그들이 어떻게 다 자리를 차지하고 있었을까…? 그들 모두 해변을 보기 위해 나왔네.

마데이라의 항구는 배에 편리한 곳이 아니라네. 수면이 낮거나, 있어도 너무 깊어 항구로 적당하지 못하기 때문이야. 해변에서 그리 멀지 않은 곳, 50~60사젠 떨어진 곳에 거의 항구 근처에 사실상의 항구가 있네. 다른 배들과 대화할 수 있는데 15사젠은 더 떨어져 있어. 전함은 이곳에 거의 닻을 내리지 않네. 상선들은 정박하긴 하지만 남쪽에서 바람이 약간만 불어오면 북쪽으로 출발하지. 북풍을 피해 숨어 있기는 좋네. 우리는 단지 살아 있는 황소와 채소를 구할 목적으로 이곳에서 멈춘 걸세. 그리하여 하루 동안 닻을 내리지 않고 돛을 펼쳐두기로 결정했네. 따라서 짧은 정박일 테니 우리는 이 정박 시간을 이용하기 위해 서둘러야 했어. 이 해변에 처음 온 건 아니네. 몇 년 전에 우리 배는 이곳에 있었고 리스본[165]에서 월동한 적 있지.

온갖 크기와 모양의 보트가 우리를 둘러쌌네. 선장이 항구 위로 와서 순조로운 도착을 축하하고 타고 가는 사람들의 건강을 묻더군.

어떻게 이보다 더 예의바를 수 있겠는가? 예를 들어 자네들 배에 열병 환자가 20~30명 정도 있다면 자네들에게 해변으로 내려오지 못하도록 정중하게 요구하며 가능한 한 빨리 떠나가 달라고 한다면 어떨까. 오렌지를 가져왔고 또 무언가도 가져왔네. 세탁부와 선술집 주인이 온 걸세. 그들 모두 우리 손에 자신들의 주소를 찔러 넣어주었어. 나는 외투 주머니에 두 개의 명함을 더 넣었네. 영국에서 얻은 명함이 몇 다스나 있는 곳에 말이야. 명함이 주머니마다 너무 많이 쌓여서 뱃전 너머로 마구 던져야 할 정도라네.

나는 유명한 독일 2행시가 생각났어.

"다음에, 지금은 서둘지 마라!"

이 시에 동의하고 싶어졌다네. 그다음에 보트가 해변에서 러시아 전함 쪽으로 다가왔어. 보트에는 러시아 관리가 타고 있었는데 그는 외교부 문관 제복을 입고 러시아 훈장을 단춧구멍에 달고 있더군. 영사였네. 그는 전함을 알아보고 항해자 중에 오래된 아는 사람들이 있는지 물었지. 그리고 몇 사람을 점심에 초대했네. 우리가 영사의 보트에 앉게 된 시간은 오전 열한 시경이었어. 노 젓는 사람은 모두 포르투갈인으로 매우 화려하게 옷을 입었더구먼. 더블칼라가 달린 하얀 재킷을 입고 정수리를 덮을까 말까 한 빨갛거나 파란 모자를 썼으며 신을 신지 않았다네. 목과 가슴은 맨살이었지. 거의 턱수염을 기르고 있었는데 콧수염은 없었으며 키가 크고 잘생긴 민족이더군.

예전에 여행기에서 해변에서 몇 베르스타나 떨어져 있는 항해자들의 코까지 날아오는 어떤 일상적이지 않은 냄새를 읽었을 때 무척 의심한 적이 있네. 이런 냄새는 기절할 정도로 향수를 뿌렸던 루이 14세, 루이 15세 시대의 여행자들, 멋쟁이들의 코를 푸는 손수건에 있다고 생각했거든. 그러나 실제로 우리는 해변에서 아직 멀리 있었지만 우리에게까지 따뜻하고 강렬한 향기가 실린 공기, 파인애플과 패랭이꽃 그리고 무언가 더 섞여 있는 듯한 냄새가 불어오기 시작했네. 냄새에 일가견이 있는 누군가가 이것이 지치과에 속하는 헬리오트로프 냄새라고 말했지. 냄새와 더불어 교회

종소리가 실려왔고, 그다음에는 음악소리도 들렸네. 산 표면은 여전히 시시각각 모습이 변하더군. 그곳은 여전히 신선했고 선명했으며 황금빛을 띠었어. 이제는 정확하게 얇고 투명한 천으로 덮여 있는 듯했지만 예전에는 높은 곳이 태양에 그을린 황야의 적갈색이던 언덕이 갑자기 밝게 비추어졌네. 무지개가 있었거든.

해변의 새롭고 경탄할 만한 아름다움을 바라보면서 어느새 항구에 도착해 있다는 것을 알게 되었네. 아니면 항구가 있어야만 하는 그곳에 항구가 없었거나. 보트들은 항구에 들리지 않고 부서지는 파도를 안고 해변의 작은 조각들이 쌓여 있는 곳으로 뛰어나갔어. 바지를 걷어올린 뱃사공들은 물속으로 들어가서 보트들을 마른 땅까지 끌어가서, 그다음에는 승객들을 빼냈지. 우리는 거의 뛰어서 해변으로, 늘어서 있는 집들과 가로수가 바다에 버티는 그곳으로 나갔네.

오 항해한 후에 두 다리를 모두 가지런하게 펴고 걷는 일이 얼마나 유쾌하던지! 걸음걸이가 아직 바르지 않았네. 몇 분 동안 걷는 데 익숙해져야 했지. 곧 피곤해졌어.

가로수 길에서 단풍나무와 서양협죽도 아래에 세 명이 움직이지 않고 서 있었네. 말쑥하게 면도했고 푸른 눈에 아름다운 볼수염을 기르고 있었으며 검은 옷에 하얀 조끼를 입었으며 둥근 모자를 쓰고 우산을 들고 있었네. 그들은 날카로운 호기심을 품고서 때로는 우리 배를, 또 때로는 우리를 바라보았네. 그들의 이름을 명명할 필요가 있을까? 어디에든 그들이 있는 건가? 우리가 그들을 아직 제대로 보지 못한 건가! 도시에 있는 훌륭한 집과 교외에 있는 훌륭한 포도밭은 영국인 소유였네. 그렇다 치더라도 그들이 이곳에 무슨 목적으로 와 있는 거지? 온화한 공기 속에서 부드러운 하늘 아래서 마법 같은 아름다운 가운데서 이 딱딱한 형상을 보는 것은 결코 유쾌한 일이 아니지! 그러나 우리는 다른 물건들이 주는 다양함 때문에 마음이 밝아졌네. 바로 음악이야. 항구에서 들릴 듯 말 듯 했던 음악이 어떤 큰 병영에서 크게 울려 퍼지더군. 영사가 말한 바에 따르면 음악가들이 공부하고 있다네. 우리는 계단식 강당이 자리 잡은 거리를 따라서 걷기 시작했어. 산이 해변에서 곧장 시작되었거든. 그러나 길은 전혀 미끄럽지 않았네. 거리가 모두 상당히 날카로운 작은 돌로 이루어져 있었기 때문이야. 이것이 구두창을 통해 느껴졌지. 집들에는 햇빛을 가리는 발이 더위를 막기 위해 빈틈없이 내려져 있었네. 집들은 매우 단순했어. 2층이나 단층이었지. 많은 집에 돌울타리가 있었네. 여기저기에 정원, 채소, 담쟁이가 보였고 심지어는 포장도로에도 작은 풀이 무성했어.

그런데 무슨 이유로 거리에는 움직임이 거의 없는 것일까? 대중은 축제처럼 산책을 하네. 모두 화려하게 차려입었더군. 남쪽에서는 대체로 일하는 사람은 사냥꾼이 아니네. 그러나 너무 게을러서 그 어디에서도 노동의 축일이 없지. 돼먹지 않은 일이야.

우리와 함께 바로 그곳을 지나가던 영사가 이렇게 말했지.

"오늘은 일요일이라 상점들이 문을 닫았습니다."

기억나진 않지만 여행가 가운데 누군가가 이곳의 도시가 깨끗하지 않다고 말했네. 옳지 않은 말이야. 도시는 무척 잘 정돈되어 있었어. 흰색의 벽과 지붕이 도시에 정돈된 느낌을 더 많이 부여하기도 해. 이 태양 아래에는 더러움이란 있을 수 없네. 영사의 말에 따르면 이곳에서는 나쁜 날씨가 결코 사흘 이상 지속되지 않는 걸세. 때로는 비가 조금 뿌리고 폭풍우가 치며 곧장 햇볕이 섬 위로 떠오르지. 태양이 결코 완전히 숨어버리는 일은 없다더군. 우리는 태양이 한 자리에서 빛을 발하고, 다른 장소에서는 30분 동안 숨어 있는 것을 보았어. 오시안[166] 지방의 축축하고 구름 낀 날씨는 이곳에서 볼 수 없네.

우리가 영사에게 가는 동안 포르투갈인 무리가 우리를 둘러쌌다네. 화려하고 그림 같은 양복을 입고 있었으며 거무스름한 얼굴에 눈이 검은 이들로, 타원형 모자를 쓰고 있거나 아무것도 쓰지 않고 있더군. 미남이거나 추남이었는데 미남이 더 많았네. 추남 가운데에는 마마 자국이 있는 이들도 적지 않았지. 그들 모두 여러 언어로 말을 걸어왔어. 그중에 프랑스와 영어가 많았는데 언어 실력은 엉망이었네. 그들은 안내자를 귀찮게 따라다녔지.

한 사람이 말하네.

"바로 여기에 병원이 있어요, 바로 여기에 병영이 있어요."

다른 이가 말을 가로채지.

"이것은 교회랍니다."

그러면 세 번째 사람이 덧붙이는 거야.

"그리고 이것은 러시아 영사의 집이지요."

우리가 그곳으로 돌아보자 우리를 속인 안내자들은 갑자기 입을 다물더군.

돌로 지은 영사의 집은 크지 않았고, 같은 돌로 된 벽 너머에 깨끗한 마당과 정원 사이에 숨어 있었어. 포르투갈인인 영사는 젊은 포르투갈 여인과 재혼했는데, 그녀는 눈이 검은 날씬한 여인이었네. 영사가 우리를 소개했지만 그녀는 유감스럽게도 포르투갈어 외에는 어떤 언어도 몰랐지. 그래서 우리는 그녀를, 그녀는 우리를 잠시 바라볼 뿐이었네. 영사는 영어를 했고 프랑스어도 조금 할 줄 알았지. 그는 50세가 넘었는데 첫 번째 결혼에서 얻은 장성한 아들이 하나 있었네. 영사는 그 아들을 점심 식사 때에 우리에게 소개해주기로 약속했지. 우리는 어두운 응접실로 안내되어 갔어. 그곳은 서늘했으나 발이 올려져 있어서 빛과 열기가 방 안으로 막 쏟아져 들어오더군. 창문으로 해변을 따라 반원형으로 자리 잡은 집도 보이고, 항구로 향한 아래의 아름다운 모습도 보였어. 그러나 우리는 산기슭으로 걸어갔다네. 영사의 집은 해변에서 멀지 않았기에 아름다운 풍경은 여전히 위쪽에 있지.

집주인과 약간 이야기를 나누고 여주인과는 침묵을 나눈 후에 우리는 산책을 원한다고 말했네. 이때 다시금 안내자 무리와 승마용 말을 이끌고 다른 무리가 나타났어. 커다란 나무 아래 어떤 광장에서 우리는 이 많은 말을 보았네. 우리 가운데 서너 명이 말을 타고 안내자들과 함께 사라졌지. 영사는 내게 말을 타기를 원하느냐고 물었고, 내가 원하면 말을 가져올 것이고 했네. 그게 아니면 가마를 좋아하는지 하더군.

"가마를 타는 것이 더 편안하겠지요."

영사가 성문 옆에서 우리와 남게 된 군중에게 내 대답을 미처 전하기도 전에 이 군중이 사라졌네.

대사가 우리를 산으로 데려가지 못하는 것을 사과했어.

"그곳은 공기가 차갑습니다. 지금 겨울이거든요. 제 자신이 걱정되어서요. 외투를 가져가시라고 충고 말씀 드립니다."

그가 덧붙였지만 나는 이미 외투를 그의 집에 놓아두고 왔네. 겨울! 겨울이어도 좋더군. 거리를 따라 걷는 것은 무덥고 태양은 등을 속까지 태웠어.

내가 가마를 기다리며 거리를 천천히 따라 걸어가자 영사가 내게 외쳤네.

"점심 식사에 늦지 마십시오. 네 시입니다!"

내 뒤에 두 소년이 귀찮게 따라붙었어. 한 명은 프랑스어를 지껄여댔네. 프랑스 단어를 두 개 말하고 포르투갈어를 세 개 덧붙이는 식이었지. 다른 소년 역시 영어를 그렇게 말하더군. 그러나 우리는 왠지 서로 쉽게 이해했다네.

나는 서둘러 산으로 갈 마음이 없었어. 도시에 있는 모든 것이 여전히 새로웠기 때문이네. 그곳에는 모든 것 위에 선명한 남쪽의 색조가 있더군. 그곳의 태양은 우리 러시아와 달리 어떤 붉은 빛을 띠며 빛났네. 그래서 그늘은 더욱 강렬했고 내게는 오래 지속된 악천후 이후에 나타나는 것처럼 여겨졌지. 담장 너머 보이는 채소도 우리의 것과는 달라보였어. 여기저기에 담을 따라서 그리고 장식이 있는 창문 옆에는 담쟁이와 병풍을 씌운 듯한 무성한 포도가 끝없이 붙어 있었네. 곳곳마다 담장 위에는 쭉 뻗은 큰 나무들이 작은 녹색 잎을 지니고 있었어. 도금양나무와 삼나무였네. 우리와 닮지 않은 이곳의 민족은 더 검은 얼굴과 날카롭고 활달한 특성을 지니고 있지. 그런데 갑자기 나는 무엇인가 매우 북쪽스러운 것을, 마치 썰매 같은 것을 보게 되었네. 얼마나 이상한가. 밝은 색의 무엇으로, 물푸레나무나 종려나무로 만들어진 미끄럼대를 타는 것, 말 한 마리가 끄는 1인용 마차 같은 것을 타는 장소가 있다는 게 말이야. 이 썰매에 황소 한 쌍이 매어져 있었네. 이 황소들은 물론 천천히 이상한 탈것을 돌 위에서 끌고 갔지. 탈것 속에는 한 가족이 앉아 있었어. 남편과 아내, 아이들이 말이네.

내가 속으로 결론을 지었네.

'반포장마차나 용수철 달린 사륜마차는 이곳에 없구나. 장소가 협소하여 이 마차를 타고 산으로 가는 길이 험하고 도시도 좁구나.'

가마를 타고 올라가는 방법도 있었네. 내 옆으로 튼튼한 마님이 아름다운 작은 말을 타고 지나갔어. 그녀는 하얀 옥양목 옷을 입고 하얀 모자를 썼지. 그 옆에 안내인이 말의 고삐를 잡고 뛰어갔네. 우리도 안내자와 함께 갔는데 그들 역시 말과 나란히 뛰었지. 그런데 산으로 올라가고 있는데 그들은 폐가 도대체 어떻게 생겼기에 이렇게 잘 뛰는 것인가? 다른 부인은 마차를 탄 내 곁을 재빠르게 질주하여 날아갔네. 가마란 바로 이런 것이지! 이것은 작은 수레거나 반포장마차네. 어떤 직물, 일반적으로 사라사나 방수포가 붙은 유모차와 비슷하지. 그 지붕에는 가운데에 굵은 막대기가 붙어 있었는데 이 막대기를 안내자들이 자신의 어깨 위에 올려놓더군. 집들에서 창문 앞에 쳐둔 발이 가끔씩 올려지면 그곳에서 누군가의 눈이 반짝이고, 그다음에는 격자가 다시 꽝하고 닫히네. 어떤 졸린 듯한 포르투갈 남자거나 포르투갈 여자라네. 조용한 거리에서 발걸음 소리를 듣고서 그 지방에서 호기심을 만족시킬 만한 일이 뭐가 있나 잠시 쳐다보고 다시 졸기 시작하는 걸세. 그 이후에 다시 나는 위태롭게 걷고 있는 영국인을 보았네. 그는 흰 넥타이를 매고 우산이 아니라 지팡이를 들고 있었어. 그곳에서도 아마도 술집 옆에서 한 무리가 어슬렁거릴 테지. 그러나 여전히 조용했네. 기후로 보면 이곳은 세계의 수도라 할 수 있을 걸세. 그 조용함, 사람이 적은 것, 그리고 삶의 양식으로 보면 초원 마을이라고 할 수 있어.

내 뒤에서 발소리가 들렸네. 마차 한 대가 나를 뒤쫓아서 빠르게 달려왔어. 안내자들이 나를 따라잡았고 땅에 마차를 세웠지. 나는 걸어가도록 해달라고 그들에게 동의를 구했지만 허사였어. 그들을 고함 소리와 함께 내 두 손을 잡아서 요람 속에 문자 그대로 나를 쳐넣었네. 나는 사람들을 타고 간다는 것이 왠지 마음이 내키지 않았고 무안했지. 그래서 다시금 뛰어내렸어. 그들은 다시 나와 씨름하기 시작했고 나를 다시 태웠네. 아니 더 정확하게 말하자면 나를 집어넣은 걸세. 그 안에 앉는 것은 여전히 내키지 않았다네.

'그래, 어때, 괜찮아! 나는 소파에 앉은 것처럼 좋잖아. 그들은 무슨 상관이야? 만일 기꺼이 하겠다면 그렇게 메고 가라고 내버려두지 뭐!'

그들이 나를 들어올리지 못하기를 기다렸지만 그들은 아이를 드는 것처럼 내가 탄 가마를 위로 번쩍 들어올리더니 거리를 질주해갔네. 겨우 두 명이서 말이야. 그들은 키가 크고 잘생긴 민족이네! 몸매가 얼마나 좋았으며 보기에 얼마나 늠름했는지! 단추가 끌러진 와이셔츠 사이로 거무스름하고 단단한 가슴이 비쳤네. 물론 두 사람 다 검은 눈에 검은 머리카락에 긴 턱수염을 하고 있었어. 곧 우리는 산으로 올라가기 시작했지. 거기에 가면 그들이 피곤해질 것이라고 생각했는데 그들은 빠른 걸음으로 걸어가더군. 그러나 나는 누워 있는 것이 싫증났네. 그래서 앉아서 양쪽을 바라보기 위해 약간 일어섰지. 큰 손이 뒤에서 다가오더니 살며시 나를 다시금 눕혔네.

'이건 뭐지?'

다시 일어났더니 가마가 흔들리다가 더 천천히 가기 시작했어. 또 그 손이 나를 쓰러뜨리려 하자 나는 외치기 시작했네.

"나는 타고 가고 싶다고, 이런!"

그들은 그렇게 하면 마차를 지고 가기가 쉽지 않다고 힘들다고 설명했다네….

'아, 힘들구나! 내가 무슨 짓을 한 건가. 그렇게 지고 가고 있는데 힘들게 했군.'

그러나 그때 손바닥이 조심스럽게 또 시도했어. 마치 눈치채지 못하게 하려는 듯이 말이야. 이게 지루해져서 걸어서 가기로 했네.

나는 모닝코트를 벗으면서 생각했어.

'겨울이군, 겨울이 좋아!'

영사는 아직 코트를 입어야 한다고 충고하며 산 공기가 차갑다고 말하지 않았던가. 그런데 춥지 않고 태양이 내리쬐고 있구먼!

가마꾼들이 갑자기 어떤 집 옆에 멈춰 서서 무언가를 외치니 우리에게 포도주 세 잔을 가져오더군. 내게도 주었네. 어떻게 맛보지 않을 수 있겠는가. 마데이라 포도주인데. 그것도 원산지에서 바로 가져온 것이 아니던가! 정확하게 마데이라산 말이네. 그러나 그 맛이라니! 분명히 덜 숙성된 포도주였네. 나는 컵을 다시 돌려주었어. 가마꾼들은 내게 절을 하고 자신의 컵을 순식간에 남김없이 마셔버렸지. 산으로 올 때도 가마 옆에서 뛰어왔던 두 소년이 내 컵을 다 마셔버렸네. 물론 이 모든 것은 내가 계산했다네. 컵들을 주고 나서 포르투갈인이 내게 와서 이렇게 말했기 때문이네.

"1실링입니다, 세뇨르."

이 담장에서 푸른 포도밭이 보였네. 그러나 포도밭에는 포도가 하나도 없었어. 오래전에 다 수확했더군. 나는 더 멀리 마차를 타고 갔네. 가마꾼들은 땀을 비 오듯이 흘렸지.

나는 소년들의 도움을 얻어 서너 가지 언어를 사용해서 그들에게 물었네.

"도대체 이렇게 무더운데, 어떻게 포도주를 마시나요?"

"포도주가 도움을 주지요. 그것 없이는 지쳐버립니다."

30분 후 산에 있는 다른 포도밭과 다른 상점에 가서 다시금 마셨네.

그곳 문에는 내가 모르는 어떤 열매를 묶어서 매달아놓았어. 중간 크기의 오이와 닮은 것이었네. 그 껍질은 콩의 그것과 같았지. 녹색도 있었고 노란색 껍질도 있더군.

"이게 도대체 뭡니까?"

"바나나입니다. 바나나예요! 열대 과일이지요! 여기로 주세요!"

내게 바나나 한 손을 넘겨주더군. 하나를 뜯어서 껍질을 벗겼네. 껍질이 쉽게 벗겨져 맛을 보았는데 맘에는 들지 않았지. 염분이 없고 어느 정도는 달콤했으나 시든 것 같고 느끼한 듯했으며 맛은 전분이 많은 듯했네. 감자와도 멜론과도 어느 정도 닮은 것 같았지. 단지 멜론처럼 그렇게 달지는 않았고 향이 없었으며 독특한 약간 꺼칠꺼칠한 맛을 지닌 듯했어. 과일이라기보다는 채소에 가까웠네. 1실링을 지불하고 가마로 갔더니 상점 주인이 뒤를 따라와 내게 바나나 다발을 쥐어주더군.

"필요 없어요!"

"손님께서는 이만큼 돈을 지불하셨어요, 세뇨르! 그러니 가져가세요!"

그러면서 바나나 가지를 가마 속에 집어넣었네.

점점 더 높이 올라갈수록 도로는 더 가팔라졌네. 도로 양쪽에서 집과 함께 아름다운 정원이 자주 보이자 가마꾼에게 물었지.

"이건 도대체 뭔가요?"

"영국 정원입니다."

좋은 장소마다 도처에 이른바 영국 정원이 있었네. 정문으로 들어가자 포플러, 아카시아, 삼나무가 어우러진 아름다운 가로수 길로 눈이 부시더군. 푸른 그늘에는 우아한 건축양식으로 지어진 집들이 숨겨져 있었어. 그 집들은 회랑과 발코니가 달려 있었고 지주 귀족이 누리는 호화스러움의 모든 계획을 다 겸비하고 있었네. 바로 거기에는 그들의 포도원도 있었지. 영국인은 이곳의 주인이라네. 그리하여 가장 좋은 포도주는 영국으로 가게 되지. 포르투갈 상인 집 가운데에는 부자가 거의 없더군. 우리의 영사는 분명히 포도주 상인일 테지만 영국의 교역상과 비교해볼 때 매우 소박하게 살고 있네. 이들이 포도주 하나만 거래하는 것은 아니더군. 영사의 요청에 따라 일요일임에도 우리에게 상점 하나를 열어주었어. 섬 전체에서 가장 훌륭한 이 상점은 영국 상점이었지. 그곳에 없는 것이 없었네! 영국제 바늘, 칼, 다른 철제품, 영국제 목면과 모직물, 나사, 영국제 청동 세공품, 도자기, 아일랜드산 아마포 등이 있었거든. 이 사실을 유감스럽게 여겨야 할지 화를 내야 할지 나는 잘 모르겠네. 영국인이 어떤 토양에서든 어떤 기후에서든 뿌리를 박고 어디에서든 이 뿌리를 일반화하는 것은 물론 유감스럽다네. 더 유감스러운 것은 그들이 마치 계란을 낳은 암탉이 자신의 성공을 전 세계에 꼬꼬댁거리면서 알리는 것처럼 자신의 자부심을 가지고서 세계로 퍼져가고 있다는 거야. 끝으로 더더욱 유감스러운 것은 그들이 다른 기반 위에서 권리를 획득하는 방법에서 항상 까다롭다는 걸세. 그들은 영국식 산업과 영국식 재판을 사용해서 권리를 획득하곤 하네. 이런 방식이 먹히지 않는 곳에서는 중세 시대처럼 힘으로 모든 것을 해결하려 하지. 억울하고 분하기 그지없는 일일세. 하지만 솔직해질 필요가 있지 않을까? 마데이라에 그들이 없었다면 산이 그렇게 활성화되었겠나. 그렇게 우아한 별장이 꽉 들어찰 수 있었겠나. 그리고 그곳으로 가는 도로가 그렇게 편리하게 만들어졌을 수 있을까. 만일 영국인이 없었다면 이 포르투갈 민족은 일요일마다 그렇게 깨끗하게 차려입고 다니지 못했을 거야. 이 민족이 영어로 말하는 것이 그저 주어진 일이 아니라네. 이 남쪽 주민이 손가락이 아니라 언어, 즉 영어로 감동을 주는 일은 거저 되지 않았네. 영국인은 이 민족에게 끝없는 노동을 주었고 모든 것에 대한 보상으로 금을 지불하고 있거든. 이 금은 포르투갈에 조금밖에 없네. 물론 다른 곳에서는 영국인 자신들이 금을 가져가고 예를 들어 중국에서는 해를 끼치고 있지만 말이야…. 그러나 지금은 중국을 언급할 때가 아니지.

한 별장의 담 너머 발코니에서 나는 아름다운 여인의 머리를 보았네. 그녀는 도로를 바라보고 있었어. 그러나 너무 자부심이 강하고 너무 차가운 가치를 지니고 있어서 오래 바라보는 일이 난처하고 무례한 것 같았지. 파란 눈, 연한 황갈색 머리카락으로 보아 상류층 부인이거나 숙녀임이 틀림없었네. 어찌되었든 시뇨라는 아니었네. 나는 걸어가는 게 피곤해서 가마에 스스로 드러누웠어.

그러나 갑자기 다시금 벌떡 일어섰네. 내 밑에 무언가가 있었기 때문이었지. 바나나 가지를 놓아두었는데 그것을 짓눌러서 찌그러뜨린 걸세. 그냥 버리려 했지만 가마꾼들이 가져다가 똑같이 나누더니 다 먹어버렸네. 우리는 양쪽으로 담장이 죽 이어지는 좁은 길을 따라 계속해서 올라갔지. 푸른색 가운데 어디에선가 꽃이 얼굴을 내밀었는데 그리 많지 않았어. 영사가 말하기를 겨울이라고 했네. 겨울이 이렇게 좋을 수가. 서양협죽도가 꽃을 피우고 있었네!

갑자기 한 곳에서 우리는 사방이 확 트인 광장으로 나가게 되었네. 포르투갈인들이 가마를 풀 위에 놓았어.

"아름다운 모습입니다, 나리!"

실제로 아름다운 모습이었네! 말로 묘사하는 것이 우습네. 사진을 찍는 것이 나을 걸세. 적어도 사진은 모든 상세한 것을 표현해줄 테니 말이야. 우리는 산허리에 있었네. 산의 중간쯤, 아니 그 정도도 못 갔을 때라네. 우리 발아래 완전히 푸른색이 바다처럼 펼쳐졌고 그 아래에는 도시가 있었어. 정확히 장난감 같았지. 그곳에는 사람과 동물이 기어가는 것처럼 간신히 보였네. 더 멀리에서는 전혀 장난감이 아니더군. 거기에는 대양이 있었으니까. 항구에는 다시금 장난감들이 있었네. 배들이 있었네. 우리 배도 포함해서 말이야.

그곳에서 떠나고 싶지 않았지만 시간이 되었고 또 덥기도 했네. 그러나 나는 여전히 서 있었어.

"아름다운 모습이오!"

그러고 나서 그들에게 '고맙습니다'라는 말을 어떻게 말해야 하는지도 모른 채 이렇게 덧붙였네.

"그라시아스."

그들은 내게 고개 숙여 인사했네. 이해했다는 뜻이지. 은판사진을 찍을 수도 있었네. 바다도, 하늘도 그리고 정원이 있는 산도 사진으로 담을 수 있을 거야. 그러나 가슴이 호흡하는 이 공기는 그려내기 어려울 테지. 그 쾌적함을 전하기란 어려울 걸세. 마데이라의 공기가 건강에 좋다고 많이들 이야기하네. 어쩌면 이 공기가 건강에 어떻게 작용하는지 연구하는 것도 좋겠지. 그러나 공기를 가득 채우는 그 달콤함은 해변에서 걷기만 해도 들이킬 수 있었지. 나는 볼가 강변 언덕의 공기보다 좋은 공기는 그 어디에도 없을 것이라고 생각하곤 했네. 여름날 아침에 창문을 열면 얼굴로 무척 신선하고 건강한 바람이 들어오니 말이야. 마데이라에서 바로 그 신선함을 느꼈네. 마치 깨끗한 샘물을 마시는 것과 같더군. 그 위에는 마데이라의 포도주가 녹아 있는 듯했네… 그렇지 않은가? 그게 아니라네. 그 명물은 열대의 나뭇잎과 꽃과 나란히 북쪽 나뭇잎과 꽃을 키우고, 또 몇 사즌 떨어져 있는 각각의 작은 땅덩어리 위에서 그리고 무더운 지대의 그 어떤 독이 있는 호흡으로 이 공기를 중독시키지 않은 이 놀라운 토양의 섬세한 향기로써 키운 것이네. 바로 여기에 이 섬의 특별함과 유명함이 있을 테지.

어쩌면 이 치료에 효과가 있는 완전한 공기 속에서, 따뜻한 대기 속에서 그 무엇으로 인해 죽지 않는다 하더라도, 즉 병으로 죽지 않는다 하더라도, 늙어서 죽는 것은, 즉 타인의 시대를 다 살았을 때 죽는 것은 어쩌겠는가. 그러나 이곳에서 브라질 황제의 누이인 황녀의 딸이 삶을 마쳤네. 그녀는 마지막 절박할 때에 이곳 공기의 치료 효과에 매달렸지. 처음에는 유명한 의사에게 매달렸으나 이미 늦었다는 거야. 다들 당장이라도 임종이 올 것이라고 여겼네. 포르투갈인이 한결같은 말투로 말한 바에 따르면 공주의 상태는 매우 아팠었다는 걸세. 그리고 매우 고통스러워했다지. 그녀는 바로 해변에서, 아름다운 집에서 살았네. 그 집은 황제 폐하인 공작 레이흐텐버그[167]가 행복한 기억을 위해 언젠가 잡아둔 곳이었어. 항구를 관리하는 선장은 우리 배를 방문했을 때 깃발에 예포를 쏘지 말라고 요청했네. 대포 발사가 환자를 놀라게 할 수도 있기 때문이라네.

이곳 겨울이 좋아! 관목을 따라 돌아다니며 노래 부르는 이들이 과연 누구란 말인가? 우리의 여름 손님이 아니던가? 그곳에 담장 너머로 얼굴을 내미는 꽃은 어떤 꽃이란 말인가? 이런 겨울이 이 세상에 과연 존재하는 것인가!

나를 산에서 태우고 와서 다른 길로 데려갔네. 더 정확히 말하면 구불구불하고 좁은 오솔길이었어. 울타리를 두르지 않은 정원과 포도원 사이에 있는 길로 오막살이집 사이에 나 있었지. 눈앞 도로에 가득 찬 풍경은 만약에 기억에서 밀어낸다면 앞에서 펼쳐질 만한 바로 그런 그림이었어. 우리가 만난 이들은 키가 큰 포르투갈인이었네. 여인들, 특히 나이 든 여인들은 수건으로 머리를 싸매고 있었지. 바로 이런 복장이 꼭 그대로 우리네 시골 아낙네와 같더군. 우리는 다시금 포도밭에 멈추었네. 벌써 세 번째야. 앞서 말한 대로 이것이 마지막이었네. 네 시까지는 점심 식사에 맞춰서 서둘러 가야 했기 때문이지. 크지 않은 집, 혹은 썰매가 들어 있는 헛간에는 포도밭의 주인이나 점원이 있었네. 바로 그곳에 두 여인이 있었어. 남쪽의 정열적인 한 여인이 내게 시선을 던지더군. 키가 크고 거무스름했네. 선명한 홍조를 띠고 커다란 검은 눈에 사팔뜨기였지. 그녀는 그림에서 묘사된 로마 여자들처럼 자기 짐을 머리에 올려놓지 않고 어깨에 올려두었어. 두 번째 여인을 나는 거의 알아채지 못했네. 그녀가 그칠 줄 모르고 떠들어대고 웃고 있었음에도 노파였기에 말이야….

내가 벤치에 앉기도 전에 가마꾼들이 이미 한 잔씩 들고는 마시고 있었네.

"나리는 포도주를 원치 않으시는지요?"

주인이 물음에 나는 고개를 흔들었네.

그는 내가 눈으로 미인을 주의 깊게 살피고 있다는 것을 알아채고서 물었네.

"그러면 나리의 건강을 위하여서요?"

"포도주는 좋지 않아요. 미인이 더 가치가 있기 때문이죠."

소년들이 그에게 이 말을 통역하기도 전에 그는 밖으로 나가서 포도주를 또 한 잔 가지고 얼른 돌아왔어. 그는 자부심과 확신에 차서 잔을 건네며 무언가 말했지만 나는 이해하지 못했지.

나는 미인에게 인사를 하고서 포도주를 마셨다네.

"그렇군요. 이것은 가마꾼들에게 주었던 그런 포도주가 아니군요. 확실히 훌륭한 마데이라 포도주네요."

나는 기꺼이 두 모금 정도 마시고 컵을 미인에게 건넸어. 그녀가 조금 마셨으나 나는 그녀에게 계속 마시라는 표시를 했네. 그랬더니 웃으면서 구실을 붙여서 거절하더군. 주인이 무언가를 말하자 그녀는 잔을 비웠네.

마차꾼들이 내게 말했네.

"그런데 이 여인을 위해서 마신 건가요?"

돌아보았더니 노파는 이미 내 옆에 앉아 있었어. 또 한 잔을 가져다주었지. 나는 나이 든 포르투갈 여인의 건강을 위해서 다시 마실 수밖에 없었지. 감사의 말에 끝이 없었네. 모두 나를 배웅해 주러 밖으로 나더군. 주인도, 여인들도 여러 가지 아첨하는 말을 늘어놓았네.

우리는 재빠르게 도시로 내려갔네. 집, 호텔 몇 군데, 그 가운데 프랑스 호텔도 있었지, 그리고 광장을 통과해 질주해갔어. 길에서 우리 동반자들이 나를 앞질렀어. 거리를 따라서 가려면 시장을 통과해야만 했네. 시장은 내게 「페넬라」[168]의 한 장면을 생생하게 떠올리게 해주더군. 화려하게 입고 있는 남성과 여성 무리 덕분이었어. 게다가 거기에는 흑인과 수도사도 있었네. 이들은 사고팔고 있었어. 시장은 과일과 생선을 담은 바구니로 가득 차 있었네. 상점의 문에 사탕수수 묶음이 곧추 세워져 있었는데 조각으로 잘라서 일반인에게 감미료로 팔고 있었지. 여기저기에 채소가 놓여 있었어. 갑자기 아는 얼굴이 보였네. 같이 여행하는 우리 동료로, 식량을 사들이는 사람이었네. 그러나 금식을 하는 얼굴인 건 무슨 이유인지? 가마는 나를 그에게 데려갔어.

그가 실눈을 뜨고 나를 바라보았다네.

"아, 당신이군요?"

"당신이군요? 왜 그렇게 우울하지요?"

그는 내가 군중 속에서 알아채지도 못했던 황소를 바라보며 말하더군.

"황소가 뭐 이래요? 영국에서는 개도 이보다 더 크겠어요. 10푸드도 안 되네요."

"그래요, 영사에게 점심 먹으러 갑시다. 그리고 이 황소가 어떤 맛인지 한번 맛봅시다."

그가 한숨을 쉬었고 우리는 출발했네. 실제로 이곳 황소는 작았네만 그 고기는 무척 맛있더군.

영사의 집 마당에서 두 명의 가마꾼이 나를 가마에서 내려놓은 뒤에 내게 손을 내밀었고 그 뒤로 소년들이 손을 내밀었어.

내가 창문을 보고 있는 영사에게 물었네.

"저들이 얼마를 요구하는 거지요?"

영사가 그들과 이야기를 잠시 했네.

"비싸게 요구하는군요. 3달러를 달랍니다. 얼마나 멀리 다녀오셨는지요? 어디까지 다녀오셨나요?"

내가 어떻게 알랴? 나는 영사에게 영국 파운드를 주고 가마꾼과 소년들에게 지불해 달라고 요청했네. 돈을 받자 소년들은 마당에서 재빠르게 사라졌는데 가마꾼들은 다시금 손을 내밀지 뭔가.

"저들이 왜 저러는 거지요?"

영사가 그들에게 손을 내저으며 외쳤네.

"허튼소리 하지 마, 안 돼! 가, 가거라! 보드카를 사 마실 돈도 요구하네요. 주지 마세요…."

"저들이 세 번 나를 미치게 했지요. 이제 또…."

나는 그들에게 작은 동전 하나씩 던져주었네. 그들은 빠르게 줍더니 인사를 하고는 소년들보다 더 빠르게 마당에서 사라졌어. 그런데 여전히 우리를 향해서 말을 하네. 보드카 사 마시게 돈을 달라고 말이야. 반드시 요청할 걸세. 그러나 돈을 주면 더 이상은 부탁하지 않네. 이제는 나도 알지. 남쪽의 주민들은 보드카 살 돈을 주지 않더라도 어떻게 해서든 보드카를 마셔버리고는 다시 보드카 사 마실 돈을 달라고 조른다는 사실을 말일세.

나는 정원에서 여주인인 영사 부인을 만났네. 두건부터 신발에 이르기까지 온통 검정 옷을 입고 있는 중년 부인이 그녀와 함께 있더군. 영사 부인도 마찬가지로 검정 옷을 입고 있었지. 상복인 듯했어. 여주인이 나를 할머니에게 소개했다네.

"제 어머니십니다."

정원은 작았으나 없는 것이 없었네. 커피 나무, 바나나, 파인애플에 꽃도 많았지. 여주인은 커피 나무 봉오리를 하나 뜯어서 그것을 열더니 이미 속에서 만들어진 커피 알맹이 두 개를 우리에게 보여주었어.

그녀가 말했고 남편이 통역했네.

"지금이 겨울이라 정말 유감이에요! 아무것도 없으니까요! 파인애플도 아직 익지 않았네요."

그러고 나서 그녀는 자네들이 잘 아는 푸른 파인애플 이랑을 가리켰네.

"디저트를 내놓을 게 아무것도 없어요. 바나나밖에는 없네요!"

겨울이네! 이런 겨울이 유감이라니! 사람들이 도대체 어느 정도까지 응석을 부릴 수 있단 말인가. 장난을 쳐도 유분수지 말이네!

부타코프가 말했네.

"이건 뭐지요? 이걸 보십시오. 우리의 파 아닙니까!"

그가 꺾은 파에서 우리는 우리 북쪽의 맛을 보았네.

영사가 우리에게 아들을 소개하더군. 20세가량 되어 보였지. 프랑스에서 의학을 공부하다 막 돌아왔다네. 나는 포르투갈식 점심은 어떻게 먹어야 하나 내내 생각하며 무언가 고유한 것을 기다리고 있었어. 그러나 오늘은 영국식 점심을 먹었지. 즉 수프에 이어 식탁에 한번에 로스트비프, 커틀릿, 온갖 채소 등 많은 요리가 놓였네. 잘 아는 방식이야. 점심을 장식한 주요한 것은 포도주와 디저트였네. 포도주는 물론 마데이라산으로, 적포도주와 백포도주가 나왔는데 둘 다 대단히 좋은 품질이더군. 특히 루비 같은 적포도주는 이곳에서 틴토라고 불리고 있네. 포도주에 대해서는 생각하지 않는 것이 더 좋을 걸세. 사실 나는 바로 이곳에서 선물로 반입된 최상급 포도주를 페테르부르크에서 한번 마신 적이 있네. 지금 마시는 이것과 다른 달콤한 종류로, 말리바지 포도주[169]라는 이름으로 유명하지. 마데이라 적포도주에는 어떤 달콤함도 담겨 있지 않아. 이 고가의 포도주는 마데이라 세코라는 백포도주와 비교할 수 없을 정도로 품질이 높다더군. 우리도 잠깐 맛보기만 했을 뿐인데 다른 포도주는 쳐다보지 않았을 정도라네.

디저트로 오렌지, 잼, 바나나, 석류가 나왔네. 이른바 영국식 커스터드애플이라는 과일도 나왔는데 배나 사과와 비슷했지. 흰 과육과 검은 씨앗도 곁들여졌어. 이 모두가 익지 않은 것이었네. 영사 부부가 우리에게 과일을 조금씩 가져가라고 청하더군. 삼사일 동안 놓아두면 그때는 먹을 수 있다고 했네. 나중에 맛보니 정말 그보다 좋은 과일은 없을 정도였네. 바닐라 아이스크림과 미세한 향기를 지닌 과일의 신선함을 떠올려주는 말랑하고 부드러운 맛이야. 이 열매가 익으면 칼로 먹어야 하네. 만약 내가 실수하는 것이 아니라면 그 열매는 노나라고 불릴 걸세. 꽤 오래 계속된 점심은 영국식으로 끝마쳤네. 주인이 멀리서 온 귀한 손님들을 접대하게 되어 영광이라는 말을 두 번째 하고 행복한 귀가를 바라고 다시금 찾아주기를 바란다며 인사말을 했지.

황혼이 되어서야 우리는 우리를 환대해준 포르투갈 가족과 작별했다네. 해변 생활에서 벗어났던 이날은 오랫동안 우리에게 만족감을 넘치도록 선물해주었어. 갑자기 눈앞에 펼쳐진 섬의 광경, 무더운 태양, 도시의 선명한 모습, 비록 낯설지만 상냥한 얼굴들, 이 모든 것이 예기치 않은 것이었으나, 명랑하고 축제 같은 순간을 통해서 생생한 한 방울을 단조롭고 긴 여정에 불어넣었다네. 나는 예전의 불편함을 잊었고 좀 더 평온하게 미래를 바라보게 되었어. 그 어디에서도 사람은 바다에서처럼 그렇게 불쌍하지도 난폭하지도, 또한 때로 갑자기 행복해지지도 않는다네. 여주인은 우리에게 꽃다발을 하나씩 주었지. 선물로 받은 내 꽃다발을 러시아 여인들에게 보낼 것이라고 말했네. 그녀가 그 말을 믿고 꽃을 더 꺾어주더군. 나는 보트에 앉자마자 꽃다발을 바다에 던졌네.

자네들은 내게 이렇게 외치겠지….

"뭐하는 겐가? 어떻게 그렇게 할 수 있나?"

"그럼 그 꽃들을 어떻게 하란 말인가? 정말로 러시아로 보내기라도 하란 말인가?"

"컵에 꽂아 탁자 위에 놓아두면 되지."

"알아, 안다고. 그런데 바다에서는 이것이 전혀 편리하지 않네."

"그렇다면 러시아로 보내겠다는 말을 왜 여주인한테 한 건가?"

삶이란 무엇인가, 결코 거짓말을 하지 않는 것인가!

이 편지를 끝낼 때가 되었네…. 어떤가? 과연 무엇이 마데이라에 대해 말해주는 건가? 도시의 통치, 지방 당국, 주민 숫자, 제조되는 포도주의 양, 교역일까? 숫자와 사실, 이 모든 것이 도대체 어디에 쓰인단 말인가? 자네들은 내게 이것을 원하는 걸까? 자네들은 내가 보는 것을 그대로 적어 달라고 요청했지. 보고서, 표, 일정표에 적혀 있는 것을 써 달라고는 하지 않았네. 내가 열 시간이나 열두 시간 마데이라에 체류하는 동안에 본 모든 것이 여기에 있네. 나는 모든 주민을 보지 못했고, 당국도 보지 못했으며, 어떤 포도원도 자세히 방문할 기회도 없었네.

우리 전함이 약 5베르스타 떨어진 곳에 있더군. 우리 전함은 하루 종일 해변으로 다가오거나 밀려갔네. 이제 돛이 거의 보이지 않는 거리야. 바람은 북풍이었는데 꽤 신선하고 균일했다네. 따뜻했고 북쪽의 추위는 마데이라 해변에 도달하지 않았네. 나는 뒤돌아

섬의 모든 것을 보았네. 이 섬을 영원히 기억에 끼워넣고 싶었어. 어느새 어둠이 빠르게 찾아들었네. 구름이 산정 높은 곳에 다가가고 있었고 갑자기 그 정상을 보여주다가 다시 감추곤 했지. 마치 폭풍우라도 기다리는 듯 말이야. 그러나 아무것도 없었네. 먹구름이 산과 놀 뿐이지. 마데이라를 마지막으로 뒤돌아보았네. 마데이라는 긴 망토를 입은 듯이 온통 구름에 감싸여 있었네. 커튼이 마법적인 장면으로 내려쳐진 것과 같았네. 마데이라는 우리 뒤에 멀리 어두운 덩어리로 놓여 있었어. 앞에는 이미 꽤 가까이 다가온 또 다른 덩어리, 바로 우리 전함이 놓여 있었지.

나는 자네들에게 마데이라에서 짧은 편지를 보냈네. 그런데 이 편지는 유럽으로 가는 우편이 다니는 첫 번째 항구에서 보내고 있네. 그런데 그곳에서 우편은 이제 보내지지 않는 건가?

잘 있게.

1853년 1월 23일

대서양

제 3 장
대서양 열대 항해

베네딕토프에게 쓰는 편지

블라디미르 그리고리예비치[170], 자네는 시적이면서도 우정에 가득 찬 송별사에서 지구를 한 바퀴 둘러보라고 내게 말했네. 아직 지구의 4분의 1도 돌지 않았지만 무한히 먼 곳인 대서양과 남극과 인도양의 경계에서 치는 파도 가운데에 서 있다가 당직 장교와 나, 그리고 대양을 제외한 주변의 모든 것이 잠드는 때가 되니 벌써 자네와 이야기를 나누고 싶어지네. 자네가 예언한 대로 이렇게 나 멀리 떨어져 있어도 충심 어린 목소리가 들릴 거라 믿고 싶지만, 유감스럽게도 이 상황은 우리 마음보다는 우편이 얼마나 정확한가에 달려 있지.

내가 있는 곳과 보는 것을 자네에게 정확하게 묘사하고 싶지만, 많은 것을 과도하게 말하거나, 또 어떤 것은 그와 반대로 아무리 애써도 아무 말도 하지 못하고 생기 없는 묘사만 하고 있기에, 자네가 자네의 상상력과 색채를 가미해서 들어주어야 할 걸세. 내가 영국에서 자네에게 썼듯이, 기적은 사라졌고, 축제는 일상적인 현상이 되어버렸으며, 우리 자신 역시 이른바 세계의 기적이라는 이 기적의 상처받고 멍한 지식으로 인해 이미 타락해버렸기에, 나는 이 기적을 부끄럽게 여기고 있으며, 온갖 시에서 기적을 드러내려 성급하게 애를 쓰고 있지. 우리가 기적에 대한 믿음과 그에 대한 불완전한 갈망을 의심하지 않을까 두려워하면서 말이네. 그것은 우리가 성장해버렸기에 그로 인해 쓸쓸해지고 무료해지는 편을 선호하기 때문이야. 어디서 시를 찾아야 한단 말인가? 하나는 분석과 연구 끝에 비밀의 매력을 상실했고, 다른 하나는 지루하며, 세 번째 것은 유치하니 말이네. 과연 시가 어디로 가야 하며, 시인은 무엇을 해야만 한단 말인가? 시인은 마치 정원 밖에 남아 있는 듯하네. 축일에 카프탄[17]을 입듯이 시에 현대적인 사상을 입혀야만 하는 것인가, 혹은 예전처럼 조국의 들판과 숲에서 시와 돌아다녀야 하는 것인가, 달을 보고 장미 냄새를 맡으며 꾀꼬리 소리를 듣고, 혹은 마지막으로 시와 함께 이곳 이 뜨거운 하늘 아래로

와야 하는 것인가? 가르쳐주게나.

내게 여행은 새로운 것보다는 오히려 회상에 대한 매력을 지닌 것이라네. 실제적으로 각각의 지리 수업을 지나쳐가면서 나는 한때 열정적이었던, 그러나 지금은 불 꺼져 있는 인상을 느끼게 되었어. 그 인상은 먼 나라와 바다에 대한 생각과 더불어 일어나게 되었네. 마치 어린 시절과 젊은 시절을 느끼는 듯 말이야. 때로는 유감스럽기도 하지. 바로 여기에 바다 지도가 있네. 선과 점, 화살표로 온통 채워져 있지. 한 표지판에는 이 넓은 곳에서 어떤 위도에서 어떤 바람을 만나게 될지가 표시되어 있고, 또 월과 일도 표시되어 있네. 더 보면 그곳에서 이 시기쯤 되면 태풍 속으로 빠지게 된다고 적혀 있고, 또한 그것에서 어떻게 나갈 수 있는지도 적혀 있어. 어떤 평행선에는 이것을 따라가면 인도양의 계절풍에 들어갈 것이라고도 적혀 있네. 그것은 중국과 일본까지 당신을 이끌어 갈 것이라고 말이야. 볼수록 가관일세. 어떤 위도에서 처음으로 상어를 보게 될 것이고, 어디서 날치를 보게 된다고 적혀 있으면 정확하게 그곳에서 보게 된다는 거야.

남위 38도, 동경 75도에 새들이 앉아 있다고 적혀 있더군.

'이런 엉터리 같으니. 그것들은 그곳에 앉아 있지 않아.'

나는 지도 위에서 뒤를 추적해보았네. 다른 이들에게 이 위도와 경도에 언제 우리가 도착할 것인지 알려 달라고 요청했네. 아침에 언젠가 내게 도착했노라고 말하더군. 나는 통을 들고 현저한 공간에서 검은 점들을 구별해내려 했네. 우리는 더 가까이 다가갔지. 바닷새 무리가 파도 위에서 흔들리고 있었지. 아침에 대서양 회귀선 위에 온도계가 그늘에서 열씨온도계[172]로 23도 이상을 가리키지 않는다고 적혀 있었어. 정확하게 가리키지 않더군.

하나만은 레페로프 표에 들어가지 않았다네. 어떤 계산에도 숫자에도 정복되지 않으며 그 하나만을 그 누구도 지도에 기입해 넣을 수 없었던 거야….

그러나 내가 이런 기적에 도달하기까지를 차례대로 이야기해보겠네.

내가 마데이라 제도와 마데이라 포도주에 얼마나 매료되었는지 자네들에게 적었네. 그러고 나서 그 섬이 우리 눈에서 자취를 감추자 나는 어느 정도 실망했네. 마데이라로 여행하는 것이 과연 무엇이란 말인가? 스페인에서 기껏 480킬로미터만 가면 손이 닿을 곳이네! 이것은 유럽의 병원이지. 그러나 30도에서 벗어나야 하네. 더욱더 따뜻해져야 하는 걸세.

우리 격언에 이런 말이 있지.

"증기가 뼈를 아프게 하지 않는다."

그러나 이 격언은 벽난로에서 오는 온기에 대한 부정적인 칭찬을 포함하고 있네. 그 벽난로가 인간의 육체에 온기 외에 아무것도 주지 않는다는 거야. 그러나 태양의 온기 그리고 특히 이곳의 온기는 따뜻하네! 맙소사! 그것이 인간에게 무엇을 해주는지 아는가? 모든 정신적인 피로와 육체적인 피로를 얼마나 가볍게 해주는지! 어깨와 머리에서 무거운 짐을 정확하게 가져가고 호흡, 감정, 생각에 자유를 줄 거라네…. 그리고 정말 완전한 낮과 밤이 얼마나 많은지! 우리는 이 파랗고 영원히 빛나고 있는 여름의 마술적인 영역에서 오래도록 나가지 않게 될 걸세. 생각해보게. 2년 동안 내내 여름이란 말이야. 그러면 추위와 비와 구름을 예외로 하고 우리가 익히 아는 북쪽의 작은 여름에서 셀 수 있는 그 짧은 순간들이 이 전망 속에 얼마나 들어갈 수 있겠는가!

나는 언젠가 노인에게 이렇게 물었네.

"어르신, 우리가 지금 어디에 있나요?"

"오늘 세 번이나 말했잖소. 더는 반복하지 않을 거요."

그러고 나서 그가 언제나처럼 이런 말을 하지.

"내 소매를 붙잡고 뒤 갑판으로 갑시다. 자, 저게 뭔가요? 보이지요!"

"구름이네요."

"어찌 구름이라 할 수 있소! 잘 보시오. 그래, 뭔가요?"

"먹구름이네요."

"이런, 먹구름이라니요? 도대체 어떤 먹구름 말인가요? 라스팔마스 섬[173]이지요."

"뭐라고요! 카나리아 제도라고요!"

"어떻게 못 보지요?"

나는 황금빛 안개에 시선을 던지며 구름에 대한 생기 없고 무미건조한 보고를 보면서 물었네.

"이곳 구름이 해변과 닮아 있고 해변이 구름과 닮아 있는 걸 어쩌란 말인가요?"

"우리는 보지 못하게 될 겁니다. 단지 멀리서 그 해변과 평행선을 달릴 겁니다."

"산타크루스 섬[174]에 들르나요?"

"그곳은 자주 가니 다시 갈 겁니다! 그러나 일본까지는 결코 가지 않을 겁니다."

"라스팔마스는 위도 몇 도에 있나요?"

"와서 직접 지도를 보시오."

나는 그가 무슨 말을 할지 알고 있었기에 가지 않았네.

실제로 그가 이렇게 말했지.

"27도네요."

"잊었네요."

"그럼 나는 과연 어떻게 잊어버리지 않을 수 있겠소?"

"어르신이 어련하시겠어요."

나는 다시 물었네.

"그리고 이건 뭔가요, 무역풍[175]이 불고 있나요?"

때로 가볍게 흔들렸기 때문에 기구를 붙잡아야 했지.

"누가 그것을 알겠소? 알 수 없는 일이오. 이른 것 같기도 하고 그런 것 같기도 하니 이삼일 기다려 보아야겠소."

그러나 이삼일이 지났지만 변화가 생기지 않았네. 바로 그 바람은 돛을 부풀게 하고 우리에게 서늘함을 실어나르면서 우리 배를 데려갔어. 러시아식으로 더 고상하게 말하자면 이 무역풍은 영원한 바람이라고 부를 수 있을 거야. 이 바람은 읽기나 쓰기, 생각하는 것이나 꿈꾸는 것을 방해하지 않는 적당한 잔물결을 일으키면서 1세기 전부터 똑같이 불어오고 있다네. 흔들림과 추위에서 평온과 온기로 옮겨가는 게 너무 잘 느껴져서 나는 기쁨에 겨운 나머지 읽지도 쓰지도 않고 꿈꾸는 일만 했어. 그런데 무엇을 꿈꿨겠는가? 페테르부르크, 모스크바, 자네들일까? 아니네, 자백하건대 내 꿈은 배를 추월하는 것이었네. 인도, 마닐라, 샌드위치 제도, 이 모든 것이 내 머리를 항상 따라다녔네. 마치 취한 사람에게 그와 대화하는 이들의 명료하지 않은 얼굴들이 따라다니는 것처럼 말이네.

1853년 1월 22일

항해사 장교인 포포프가 아침 차를 마실 때 말했네.

"축하합니다. 오늘 여덟 시에 우리는 북회귀선을 통과할 것입니다."

나는 이렇게 말했어.

"밤에 춥던데요."

"어떻게 그렇지요?"

"그렇게 되었네요. 얼었다고요. 어쩌면 나든 회귀선이든 우리 가운데 누군가 싸늘해진 거겠지요. 내가 옷을 얇게 입고 승강구 아래에 누워 있었더니, 서풍의 신이 하늘의 정기를 바로 내게 졸졸 흘리고 있었던 것이지요."

자네들의 질문이 들리는 듯하네.

"그래, 바다는 뭐고 하늘은 뭔가? 그곳에는 어떤 색조가 있나? 노을이 어떻게 떠오르고 어떻게 지는가? 밤들은 어떻게 빛나는

가? 모든 것이 아름답다니 사실이 아닌 건 아닌가?"

"좋아. 특별한 것은 전혀 없네. 우리나라의 좋은 여름날과 똑같네…"

자네들은 눈썹을 찡그리겠지? 그러면 내가 자네들에게 물어보도록 허락하게나. 과연 자연 속에 무언가 아름답지 않은 것이 있기는 한가? 마음속에서 자연에 대한 사랑의 불꽃을 찾아내보게. 화강암의 도시, 밝은 대낮에 꾸는 꿈, 어스레한 어둠 속, 램프 불빛 아래의 분주함에 눌린 불꽃 말이야. 그 불꽃을 불어 일으켜보게. 그 광경에서 어떤 아름답지 않은 장소를 삭제하려고 시도해보게. 적어도 내게는 물론이고 자네들에게도 항상 그렇게 되었을 걸세. 위조되고 비정상적인 현상과 느낌이 비록 잠시만이라도 자신의 짐에서 영혼을 자유롭게 했을 때, 조화로운 거리와 건물에 익숙해진 눈이 잠시 동안 우연히 해변의 첫 번째 소택지와 가파른 낭떠러지를 마주쳤을 때, 모래로 뒤덮인 우거진 소나무숲을 자세히 볼 때, 이 각각의 작은 언덕을, 이 모래로 덮인 비탈을, 작은 관목으로 뒤덮인 수레바퀴 자국을 어찌 사랑하지 않을 수 있겠는가! 이 모든 것은 내 상상 속에 존경할 만한 자리를 차지하고 있지. 이 모든 것은 삶의 부드럽고 고상하며 예능인다운 측면을 이루는 재료의 원천에 들어와 있다네. 재미없으나 자신만의 생각에 완전히 잠긴 이 삶의 양식은 일단 한번 영혼에 새기면 영혼 속에 무척 경사스럽고 놀랄 만한 현상이 그것과 나란히 연결되는 그 순간까지 어떤 부족함도 없이 남아 있게 되지.

자네들에게 자연의 선명한 특성을 그리는 시가 필요하거나 한가. 그 시를 쓰기 위해 오솔길을 걸을 텐가. 여기저기서 하늘을 볼 때마다 그리게. 태양이 빛나 집들의 지붕 위에 빛과 광채를 발하고 나서 그 태양이 아니츠코프 다리[176]와 폴리체이스키 다리[177]를 건너 흘러가 체쿠시[178] 너머로 천천히 내려올 때마다 넵스키 대로의 나무, 벽돌, 포장도로를 그려보게. 그때 하늘은 마치 밤에 생각하는 것 같지. 잠시 하얗게 되었다가 갑자기 다시금 활활 타는 듯 말이야. 하늘은 사상을 찾으면서 생각에 전념하는 사람 같네. 그 얼굴에 잠시 동안 안개가 끼었다가, 그다음에는 갑자기 그 얼굴이 찾아낸 생각 때문에 빛나는 사람처럼 말이네. 하늘이 다시 활활 타기 시작하여 황금으로 페테르고프[179]와 무리노[180]와 크레스톱스키 섬[181]을 가득 채우네. 인정하게나. 무리노 마을도, 여러 섬도, 핀란드 만도 좋다고 말이네. 화려한 테두리 속에 있는 거울 같네. 진주와 녹옥석이 그곳에서 빛나고 있다는 것을….

회귀선들에서 항해하면서 보니 한 가지 잘못된 것이 있더군. 내가 체쿠시에 있으면서 핀란드의 풍경을 그리고 있다는 걸세. 그런데 이것은 내가 회귀선에 대해 말할 필요가 없다는 게 농담이 아니기 때문이야. 매일 매 순간 나는 하늘, 태양, 바다를 보았다네. 지금은 남위 14도에 있어. 하늘은 우리나라 하늘과 똑같다네. 조금 더 높을 뿐이야. 정점에는 푸른빛 하늘이 있고 수평선에는 푸르스름하게 된 하늘이 있네. 도시 너머는 우리나라 7월처럼 따뜻한데 돌로 만들어진 도시는 좀 더 무덥더군. 우리는 열대지방의 의복을 입었네. 흰옷이지. 만약에 흰옷을 입지 않는다면 숨이 막힐 걸세. 열씨온도계는 그늘에서 22도를 가리키네. 바다에서는 빛이 자신의 뜨거운 힘을 잃어버린다네. 게다가 갑판은 물로 적셔 있고 머리 위에는 텐트가 넓게 펼쳐져 있네. 주변에 공기를 막는 벽도 바위도 없지. 무역풍만이 자유로이 불고 있네. 하늘에 자주 구름이 끼기에 우리는 일출도 일몰도 볼 수가 없어. 하늘이 구름 뒤에서 나와서 먹구름 속에 자리를 잡네.

"어르신, 어르신이 열대 더위나 놀랄 만한 밤, 남십자성에 대해 뭐라고 했지요? 우리가 보고 있는 모든 것이 약하게…"

"지금은 겨울, 1월이오. 챙 달린 모자로 부채질을 하며 면도하지 않은 턱수염에서 떨어져 내리는 땀을 닦고 있소. 이제 적도를 넘어가면 좀 더 더워질 거요. 그렇지만 남십자성은 여기에 있을 거요. 바로 저기 왼쪽 돛대 밧줄 뒤에 있잖소!"

노인은 짧은 손가락으로 밧줄을 가리켰네. 그리고 승강구로 내려가면서 중얼거렸지.

"이 별들에 십자성이라는 이름을 붙였단 말이지. 십자가를 생각해내서 말이야! 그런데 이 별에는 그 어떤 십자가도 없잖아. 다만 작은 별이 네 개 있을 뿐인데…. 가서 눕는 게 낫겠군…."

그리고 나서 승강구로 사라졌네.

그러나 위에 있는 하늘은 먹구름에서 자유로웠네. 그리하여 마치 빛을 비추어 환하게 된 어떤 성전의 구멍에서 나오는 것처럼 모든 색채를 띠고 있는 수백만 개의 무지개 불빛이 그곳에 반짝이고 있었지. 우리나라에서 결코 본 적이 없는 별들이네. 어쩌나 강렬하고 열정적으로 빛을 발하던지! 마치 그 별들에서 밤마다 그렇게나 따뜻한 온기가 나오는 것 같네! 영원히 움직일 것 같고 이해하지 못하는 언어로 무언가 말하는 듯한 하늘의 이 광경을 쳐다보는 것은 결코 싫증이 나지 않지. 선실에서 나가서 반시간 동안 밤공기를 들이마시려 했다면 하늘에서 시선을 떼지 못하며 눈이 피곤해져서 저절로 감길 때까지 두세 시간 꼼짝도 못하고 넋을 놓은 채 서있게 될 거야. 가장 가까이에 있는 별들의 무늬를 거듭 말하고 이초록색, 파란색, 선홍색 불꽃의 변화를 바라보게 되며, 그다음에는 시선이 은하수의 장밋빛 소용돌이 속으로 빠져들 걸세. 이 반짝임이 무엇을 암시하는지 그리고 이 비밀스럽고 이해할 수 없는 작은 강들에서 어떤 생각이 나올 것인지 찾아내고 싶어진다네. 그리고 어떤 것도 설명하지 못하고서 떠나오게 될 걸세. 그러나 정신이 홀린 사람마냥 다음 날에 다시 걸신들린 듯 읽게 될 테지.

바다란…. 이곳에서 나는 파란 바다가 무엇을 뜻하는지 처음으로 이해했네. 이때까지는 바다에 대해 단지 시인들에게, 물론 자네들도 포함하여, 들어서 알고 있었거든. 그곳 우리나라, 즉 북쪽에서 파란색은 바다가 축제에 차려입은 옷이었네. 바다에는 다른 색들이 있다네. 예를 들어 발트 해에는 노란색이 있고, 다른 바다에는 이른바 남옥색이라 불리는 초록색이 있더군. 바로 나는 여기서 자네들이 결코 본 적도 없는 파란 바다도 보았네.

위쪽만 살짝 염색된 듯한 물이 아니라 태양빛에서도 그늘에서도 똑같이 빛을 발하는 붉은 루비색을 띠는 물이라네. 그 색조의 멋진 빛을 보여주며 우리를 둘러싼 끝없는 물의 들판을 보고 있노라면 감탄하여 칭찬이 그치지 않지.

우리와 반대인 이곳 기후에, 계절 속의 혼란에 아무리 적응된다 하더라도 지금은 1월이라는 생각, 자네들은 그곳에서 털옷 속에 몸을 감싸고 있으리라는 생각에 때로 저절로 깜짝 놀란다네. 우리가 물속에서 위안을 찾는 것은 헛된 일이야. 단지 파데예프만

이 그 어떤 것에도 놀라지 않지.

"따뜻해요. 좋아요!"

겨울은 겨울인데 갑판에 물을 뿌리면 나무가 빠르게 말라 강한 냄새를 풍기네. 타르, 밧줄, 철, 구리 등의 냄새가 나지. 이것들이 이 빛을 받아 냄새를 내서든. 우리는 물 위에서 날고 있는 물고기 한 마리와 전함 바로 옆에서 상어 한 마리를 보았네. 다른 동물은 전혀 없었지. 겨울이 여전히 계속되었네. 즉 구름이 수평선을 빽빽하게 덮고 있었고 밤마다 때로 무더웠으나 무더위가 큰 비로 끝나 다시금 가볍고 상쾌하게 숨을 쉴 수가 있었어.

동료들은 왜 날씨가 열대성 기후를 거의 닮지 않았는지 여전히 탐구하고 있었네. 내가 말했듯이 구름이 끼고 안개가 자욱했으며 여행가들이 언급했던 회귀선의 본성과 특성이 거의 없었거든. 동료들은 이 까닭을 아프리카 해변이 가깝다는 점이나 우리가 잘 알고 있는 기니 만[182]의 어떤 특수성으로 돌렸네. 높은 경도나 낮은 경도에서 항해에 똑같은 상황이 수반되는지 아닌지 알아보기 위해 몇몇 항해자들이 이 경도에서 적은 항해일지를 비교해본다면 흥미로울 걸세. 그래, 내가 한 가지 말해두는 걸 잊었다네. 유럽에서 출발하여 아메리카나 아프리카로 떠난 항해자들이 대부분, 무엇을 위해서인지는 신만이 알겠지, 아프리카에서 될수록 멀리 떨어져 적도를 가로지르려 애썼지만 우리는 그 본보기를 따라가지 않았다고 거네. 최근에 여행가 벨처[183]가 특히 희망봉이나 호주로 갈 때 아메리카에 더 가깝게 항해할 이유가 없다고 지적했는데, 아마도 처음 나온 지적인 것 같더군. 이것은 단지 길만 늘일 뿐이고 동남쪽의 무역풍 없이는 배가 아메리카 쪽으로 더 멀리 움직이게 되어 어쩔 수 없이 현저한 각을 만들게 되기 때문이지. 이 기본적인 지적을 준수하여 우리의 제독은 아프리카 쪽으로 더 가깝게 유지하라고 명령했네. 그리하여 우리는 서경 14도에서 15도를 거의 벗어나지 않았지.

마데이라까지 우리를 쫓아냈던 북풍이 무역풍과 합류하는 것을 눈치채지 못하고 이 바람이 우연한 것이 아니라 항상 있는 무역풍이어서 우리가 그것을 잃지 않을 것이라고 이미 확신했다네. 그때 제독은 아프리카 대륙에서 500베르스타 떨어진 카보베르데 제도, 정확하게는 산티아구 섬[184]의 프라이아[185]에 머물기로 결정했어. 신선한 물자들을 보충하기 위해서였네. 항구는 매우 편리하더군. 이곳에서 미국의 군함 두 척과 스쿠너 한 척을 만났네. 이 배들은 페리 준장의 분함대로 일본으로 가던 중이었어.

마데이라에서 산책한 지 정확히 일주일 후 역시 일요일에 우리는 멀리 떨어진 수평선에 산재해 있는 크고 작은 섬들을 보게 되었네. 더 멀리 떨어진 섬은 어두운 푸른색 덩어리처럼 보였고 좀 더 가까이에 있는 다른 섬들은 갈색 덩어리 같았지. 가장 가까이에 있는 산티아고[186]는 마치 붉은 점토의 거대한 덩어리처럼 누워 있었어. 우리가 점점 가까이 다가가니 덩어리가 더 선명하게 보이더군. 절벽은 제각기 나뉘어 있었고 섬의 전체 그림은 섬에서 2.4킬로미터 거리에 닻을 던졌을 때 우리 앞에 나타났네. 마데이라에서 카보베르데 제도까지는 경도를 따라 1,000해리야. 우리의 거리 단위인 베르스타로 보자면 1,750베르스타에 해당하네.

오른쪽에 절벽이 있고 왼쪽에도 절벽이 있으며 그사이로 산으로 향한 계곡이 있네. 이것은 부서지는 파도가 철썩거리는 모래로 뒤덮인 해변으로 이어지지. 우리의 바로 왼편 해안가에는 텅 빈 작은 섬이 보이고 오른편에는 서로 꽉 붙어 있는 절벽 무리가 있더군. 그중 하나에 난 포장도로가 위쪽에 있는 프라이아를 향해 있었네. 도로 조금 아래쪽에 바다에 가까운 협곡에는 바위가 마치 전함을 피해서 풀처럼 숨어 있었어. 해변의 한쪽 구석 협곡 아래에는 건물과 임시 막사가 보였네. 바위 사이의 남은 해변은 전부 비어 있었고 나지막했지. 모래뿐이었지. 그곳에는 여윈 야자수만 자라고 있었네. 눈에 띄는 이 모든 것이 얼마나 슬프고 부족하며 헐벗고 거칠어 보였는지! 종려나무들이 기운 없이 머리를 매달고 있었네. 그 누구도 그 아래서 서늘한 그늘을 찾으려 하지 않는 것은 이 나무가 그늘을 만들어준다기보다는 눈보라를 만들고 있었기 때문이겠지.

모든 것이 잠들고 모든 것이 마비되어 있었네. 이곳에 처음 오면 이곳이 활동에 대한 보상으로 잠시 주어진 휴양지가 아니라 죽어 소생하지 않는 평온이라는 사실을 깨닫게 되며 이 그림이 결코 변하지 않겠구나 알게 된다네. 어디에든 무미건조함과 무자비한 폭염의 낙인이 찍혀 있네. 1년 후에 이곳에 온다 해도 물론 똑같은 모래를 보게 될 걸세. 흑인 남자와 여자가 모래 속에 널려 있고, 임시 막사들이 보이며, 비가 오지 않을 때면 협곡 어디에선가 절벽 그늘에 숨지 못하는 모든 것이 힘 빠지고, 파란 하늘에는 자극하는 불길의 흰 그림자가 보일 테지. 몇 년이고 비가 오지 않을 때도 있네. 열대성 강우가 비록 몇 시간 동안이라도 땅을 충분히 적실 때면 이 태양은 돌 같은 땅에서 생명을 불러일으키지. 한량없는 물의 사막 가운데에 있는 이 영원한 침묵, 영원한 벙어리, 영원한 꿈은 끔찍하다네. 아프리카의 끝없는 모래처럼 이곳에는 끝없는 물이 채워져 있어. 이 모래를 통과하는 선단은 성급하게 걸어오며 이 물 없는 광활한 곳에서 목마름 때문에 불의에 따라잡히지 않을까 두려워한다네. 이곳에는 배가 무풍지대를 두려워하면서 물의 넓고 평평한 표면을 따라서 서둘러서 미끄러져 가지. 물과 함께 있으면서 갈증도 배고픔도 느끼네. 기선은 몇몇 서찰을 내던지고 다른 것들을 가지고는 죽은 평온이 예정된 나라의 곁을 서둘러서 통과하게 될 걸세. 그런데 하늘과 바다의 어떤 그림이 펼쳐지는지 아는가! 어떤 밤이 나오는지! 헛되이 사용된 색조들이, 벌거벗은 바위 위로 쏟아져내린 이 끝없는 온기가 사라지다니! 사람은 에너지, 이성, 감정을 구속하고 모든 살아 있는 것을 유사한 돌로 바꿔버리는 이 졸음의 왕국에서 뛰어가고 있네. 나는 돌로 변한 왕국에 대한 동화를 생각해냈어. 바로 이런 거라네. 한 무사가 노동, 예술, 문명을 가져왔다네. 그는 100년간 잠자고 있던 자연이라는 미인을 깨워서 그 자연에 생명을 주었지. 아마도 그 시기가 머지않은 듯하네. 지금은 이 생기 없음과 침묵을 보면서 공포나 우울 비슷한 무엇인가를 느끼게 되거든. 그 무엇도 이곳에서는 움직이지 않네. 모든 것이 마치 격분한 듯한 하늘의 섬광 아래 침묵하고 있어. 바다에서는, 오, 바다에서는 이 왕국의 평온이 마음에 전혀 다른 말을 건네고 있지! 비가 없을 때 사람들은 불행하네. 기근으로 죽게 되기 때문이야. 땅은 이곳에서 커피를, 목면을, 모든 남쪽 과일을, 쌀을 생산하네. 가뭄에는 단지 바다 소금만 만들어내지. 이 소금이 이곳 산업의 주요한 구성 요인 가운데 하나라네.

우리에게 흑인 관리 한 사람이 왔네. 연미복을 입고 넥타이를 하고 있어. 평범하게 사람들의 건강에 대해 묻고 배의 이름, 정원이 얼마인지, 여행 목적에 대해 묻더군. 그리고 이 모든 것을 얼굴을 찡그린 채 매우 노력을 기울여서 꼼꼼하게 노트에 기록했네. 나는 옆에 서서 그가 갈겨쓰는 모습을 지켜보았어. 글씨를 배우기가 쉽지 않던 모양이네.

얼마 안 있어 우리는 해변으로 출발했네. 우리를 맞아준 것은 마데이라에서처럼 향기도 음악도 아니었네. 우리가 가까이 다가 갈수록 절벽만이 커져갔지. 전함에서 협곡을 보았을 때 있던 풀은 종려나무 숲으로 바뀌었네. 그러나 나는 아프리카 자연의 판에 박은 듯한 견본이라 할 수 있는 이 해변도 쾌락을 원하는 여행자의 눈으로 바라보았다네. 북쪽 사람의 눈에는 모든 것이 감동스러 웠거든. 태양에 구워진 절벽과 황야의 침묵, 태양이 지나치게 많고 수분이 부족해서 나타난 위협적인 생기 없음, 모래 속에서 자라나 40도의 더위에 영원한 푸르름을 벌 받지 않고 유지하는 이 종려나무, 이 모두가 감동이었네. 어쩌면 우리나라에도 황야가 있고 건조한 공기가 있으며 위협적인 생기 없음도 있고 소나무의 영원한 푸르름이 있으며 심지어 40도의 기후도 있다는 것 때문에 특별하고 감동적이었는지 몰라.

해변에는 흑인 남녀 무리와 벌거벗은 아이들의 무리로 **빽빽했** 네. 우리 보트가 닿기를 기다리고들 있었네. 마데이라에서와 같은 선착장도 없어서 보트는 해변으로 다가갈 수 없었어. 그래서 얕은 여울에서 마른 땅으로 가려면 열다섯 걸음 정도 걸어야 했네. 우리 수병들이 바지를 걷어올리고 물속으로 뛰어내렸네. 우리를 옮겨주기 위해서 말이야. 그러나 바로 그곳 물속에는 허리까지 벗어 젖힌 흑인들이 우리에게 봉사하기를 희망하면서 서 있었네. 그들의 예측은 그냥 주어진 것이 아니었어. 나는 그들에게 양손을 내밀었고 그들이 나를 잡았지. 벌거벗은 가슴에 안긴 지 1분 후에 모래 해변에 서 있게 되었네. 그곳에는 크지 않은 임시 건물이 있더군. 세관 건물이라더군. 건물은 잠겨 있었어. 그 임시 막사 주변에는 기둥이 네 개 있었고 종려나무 잎으로 지붕을 이었네.

우리는 흑인들에게 물었네.

"과일이 있나요?"

그들은 뛰어서 절벽 뒤로 숨어버렸네. 우리는 그들을 기다리지 않고 포장도로를 따라 산으로 가기 시작했어. 아프리카의 태양은 비록 겨울의 태양이었지만 자신을 확실히 알렸지. 바다에서는 열기가 바람 때문에 사그라져서 태양을 느끼지 못하네. 그 대신에 해변에서는 어떤지 아는가! 산이 높지 않고 가파르지도 않았으나 우리는 간신히 올라갔네. 이마와 관자놀이에서 땀을 닦으면서 몇 분 동안 멈춰 서서 휴식을 취했지. 항구 위의 산에는 돌로 된 연단에 설치된 포대가 우뚝 솟아 있었네. 우리는 그 포대 왼쪽으로 가기 시작해서 곧 광장으로 나가게 되었네. 보초병, 제복을 입은 포르투갈인과 혼혈인들이 맨발로 그러나 예의 바르게 인사했네. 혼혈인은 별로 맘에 들지 않았네. 기왕 흑인이라면 잘 닦은 장화처럼 피부가 윤이 나고 석탄처럼 검어야 하지 않겠나. 그 피부에는 아름다움은 아니지만 독창적인 무언가가 또 있거든. 그런데 이 거무스름하고 윤기 없는 몸은 보기에 유쾌하지 않네.

광장에는 꽤 큰 석조 건물이 두세 채 있네. 정부의 영창이라더군. 계속해서 길이 나 있었어. 그 길을 따라 하얀색의 석조로 된 크지 않은 개인 집이 있었네. 집집마다 발이 빈틈없이 내려져 있었지. 거리에서 우리나라 여름날의 지방 도시를 떠올렸다네. 한낮의 태양이 가차 없이 내리쬐고 있어서 살아 있는 생명이 그 어디에도 보이지 않는 그때 말이네. 아이들만이 모자를 쓰지 않고 거리에서 소리를 지르며 마구잡이로 뛰어다니면서 침묵을 깨고 있는 모습과 같더군. 모든 다른 것은 자거나 게으름을 피울 뿐이라네. 멀리서 어떤 무관심한 얼굴이 마지못해 창문으로 내다보고 있다가 다시 숨어버렸어. 병영에서 장교 두세 명이 우리를 바라보았지. 그러나 그 모습이 유사할 뿐 그 이상 닮은 점이라고는 전혀 없었다네. 광장에는 높지 않은 기둥이 서 있었어. 그 기둥 위에는 포르투갈이 이 제도를 지배한다는 표시로 포르투갈 왕관이 있었지. 모든 광장과 거리를 따라 대부분 나무 안장을 얹은 말 몇 마리와 많은 당나귀가 통나무에 매어 있었네.

거리를 따라 걷다가 나는 우리 동행 가운데 하나가 어떤 집으로 들어가는 것을 멀리서 보았네. 지금은 둘뿐이었거든.

"저 사람이 어디로 가는 걸까요? 우리도 가봅시다."

우리는 그 집으로 가서 하얀 돌 판석으로 포장된 작은 마당으로 들어섰어. 구석에는 처마 밑에 당나귀가 매어 있었고 바로 거기에 돼지가 누워 있었네. 돼지는 두 다리로 설 수 없을 만큼 살쪄 있더군. 때로 페테르부르크 거래소에 수입되어오는 화려하고 아름다운 수탉들이 노닐고 있었고 커다란 참새만 한 작은 초록 앵무새도 있었네.

앵무새는 우리 발아래에서 빙빙 돌고 있다가 우리 가운데 누군가가, 아마 나였던 것 같네, 가까이 가자 날개를 퍼덕이며 절뚝거리어. 그러다 넘어지면서 북쪽에서 온 야만인들을 피해 구석으로 서둘러서 숨어버렸네. 우리는 나무로 된 계단을 따라 2층 회랑으로 올라갔어. 그리고 방으로 들어갔지. 우리를 맞이한 사람은 중년 부인이었네. 우리가 그녀에게 인사를 하고 그녀도 우리에게 인사를 했네. 그녀는 말없이 의자를 가리켰네. 우리는 앉아서 영어로 대화를 시작하려 했는데 그녀는 포르투갈어로 이야기를 하더군. 우리는 프랑스어로 바꾸었고 그녀는 다시 포르투갈어로 했어. 작별 인사를 하려 했으나 그녀가 우리에게 무언가를 말하고는 방에서 나갔네. 얼마 안 있어 젊고 아름다운 아가씨를 불러오는 게 아닌가. 아가씨는 부인의 뒤를 따라 부끄러워하며 들어와서 나의 인사에 수줍어하며 답했네. 우리는 주저하며 서로 바라보았네. 이게 도대체 뭐하자는 건지?

부인이 말하기를 이 아가씨가 프랑스어를 말하고 이해할 줄 안다고 걸세. 우리는 질문을 퍼붓기 시작했네. 하지만 그 아가씨는 말하지도 못했고 이해하지도 못했어. 결국 프라이아의 프랑스어는 전혀 다른 언어였는지. 그러나 그렇게 짜내는 단어 가운데 이따금 이해할 수 있는 것이 있었다네. 그녀가 리스본에서 이곳으로 시집 온 것이 아니라 이곳에서 친척들과 살고 있다는 정도였네. 이것은 사실 그 아가씨의 대답을 우리가 해석한 것이라서 그녀가 말한 것이 무엇인지는 신만이 아실 걸세. 우리는 인사를 하고 떠났네.

동료가 내게 물었네.

"우리가 누구네 집에 있었던 것이지요?"

"이런, 저도 모른답니다."

그는 내게 달라붙어 다시 물었네.

"그런데 왜 우리가 이곳에 들른 것이지요?"

"저도 모른답니다. 이곳으로 티흐메네프가 들어가기에 그를 따라 우리도 들어간 겁니다. 그런데 그는 어디에 있는 건가요?"

"그럼 그가 이 집으로 들어간 것이 아니라, 저기 저 집으로 간 건가 봅니다…. 그가 저쪽에서 나가고 있습니다."

실제로 티흐메네프는 옆에 있는 다른 집에서 나오고 있었네. 한숨을 쉬더군.

"식량이 안 좋아, 적단 말이야! 황소, 암소도 이곳 당나귀보다 더 굵지 않으니. 어떻게 우리가 희망봉까지 도달할 수 있을지."

우리는 여행가로서 모르는 집을 방문한 꼴이 되었네.

그곳에 있던 흑인 한 명이 우리에게 당나귀나 말을 타고 가고 싶은지 물었어.

티흐메네프는 타고 떠났지만 나와 아바쿰 사제는 함께 걸어서 가기 시작했네. 얼마 안 가서 도시에서 시골로 들어섰어. 이 시골은 도시의 연장선에 해당하더군. 교외는 창문이 없는 점토질의 흙벽 오막살이집으로 이루어져 있었네. 나는 그곳을 둘러보았네. 보잘것없는 가재도구와 나무로 된 붙박이 의자가 장식품의 전부였지. 젊은 흑인은 볼 수 없었어. 아마 모두 들판에서 일하고 있는 모양이네. 그곳에는 할아버지와 할머니들만 있었는데 어찌나 못생겼던지! 한 할머니는 특히 못생겨서 우리를 놀라게 했네. 그녀는 거리를 건너가고 있었는데 늙어서 허리를 펴지 못했어. 모습으로 보건대 90세가량 되었을 걸세.

그는 머리가 거의 다 빠져서 흰머리만 조금 남아 있었네. 그 대신에 그들 민족에서 아름다운 미인을 몇 명 보았어. 그 입술은 어떻고 그 눈은 어땠는지! 그 몸은 공단처럼 번들거렸네.

눈은 이성과 선량함을 표현했지만 그보다는 정열을 더 많이 표현하는 듯했네. 그들의 보통 시선은 무례해 보였기 때문이야. 눈꺼풀이 천천히 크게 열리면 눈이 그곳에서 온통 굴러 나와서 몸속에 품고 있던 감정적인 모든 것을 단번에 표현하는 듯했네. 그들은 꽤 화려하게 입고 있었어. 치마를 입었으나 셔츠는 입고 있지 않았네. 위에는 무엇인가 면으로 된 숄을 한쪽 어깨 너머에 걸쳐 무릎까지 내려오게 했네. 다른 어깨와 가슴 일부에는 아무것도 걸치지 않았지. 머리는 수건으로 싸맸기에 매우 좋았네. 유럽인의 눈에는 여인의 머리 위에 있는 짧은 머리카락을 보는 게 유쾌하지 않기 때문이야. 더욱이 곱슬곱슬한 머리카락을 본다면 말이지. 이 부인 가운데 몇몇은 우리 뒤를 따라 걸어와서 이상하게 발음하는 영어로(이곳에서는 영어로 말하더군!) 돈을 달라더군. 어디서든 말이지. 그들은 거지처럼 입고 있지 않았는데도 그랬네. 그들이 과연 어떤 봉사를 해주기라도 한 것인가…? 그러나 우리는 이들의 두서없는 말에서 돈[187]이라는 단어만을 알아들을 수 있었네. 아이들이 벌거 벗은 채 뛰어다니고 있었고 노인과 노파 들이 있었어. 어떤 이들은 집들 옆에서 나태하게 걸어 다녔고, 다른 이들은 자신의 오막살이 에 누워 있기도 했네. 나는 영국인도 보았는데 그들은 누워 있지 않고 어딘가로 말을 타고 가고 있었네. 어쩌면 자신들의 커피 재배 지로 가고 있는지도 모르지…. 이 모두가 잠자는 미녀를 깨우려 노 력하는 기사들이라네.

우리는 둘이서 시골 전체를 통과하여 들로 나갔네. 시골과 도 시는 절벽의 가장 끝부분에 건설되었더군. 절벽을 따라 오막살이 들이 가까스로 흩어져 있었고 그곳으로 정원들이 나 있었네. 우리 는 거리를 따라 계곡으로 내려왔어. 계곡은 이 노랗고 회색인 모 래 덩어리들 사이에서 피어나는 오아시스였네. 그곳에서 무엇인들 자라지 않겠는가? 이 모든 것이 우리에게는 새로웠네. 우리는 우리 의 나무, 우리의 풀, 우리의 관목이 아닌 타인의 것들이 내놓는 장 식을 알게 되었어. 그 모든 것을 기억하려고 갈급하게 원했네. 그것 을 종류별로 나누고 나무의 개별적인 그림, 잎의 모습, 그리고 열매를 기억하려 했지. 이것들을 바라볼 때 마치 마지막으로 보는 것처럼 보았네. 비록 우리가 이것을 오랫동안 보지 않으면 안 되었는데도 말이야. 무화과, 야자수, 많은 오렌지 나무가 열매를 달고 있었지만 오렌지가 없었다면 볼 만한 꽃이 전혀 없었을 거야. 여전히 겨울이어서 곤충은 별로 없었네. 나는 날아가는 새 한 마리를 보았네. 크기가 갈까마귀만 했고 긴 하늘색 꼬리를 달고 있었지. 우리는 이 숲과 정원을 가로질렀네. 정원의 여러 곳에 과일 나무가 담장 역할을 하고 있었어. 어딘가에서 나는 임시 막사들을 보았는데 그 속에서 나이 든 흑인들이 우리나라에서도 그렇듯이 정원을 감시하고 있었네. 숲 너머 먼 곳에 들판이 펼쳐져 있었는데 일부는 개간되어 있었고 일부는 텅 비어 있었지. 어딘가에서 숲이 보였네. 그러나 우리는 산책을 골짜기에서 끝내기로 했어. 무더웠거든.

우리는 산을 오르는 대신 정원을 거쳐 해변으로 돌아왔네.

많은 흑인이 오렌지를 바구니에 담아 가져왔고, 다른 이들은 우리를 보트까지 태워다주기 위해 들것에 안락의자를 놓고 있었네. 이 투기꾼들은 전부 우리를 기다리며 모래 위에 무리 지어 앉거나 누워 있었어. 나는 한 무리에 다가가서 카드놀이를 하고 있는 흑인들을 보았네. 자네들 생각은 어떤가, 그들이 무슨 게임을 하고 있을 것 같은가? 코즈이리[188] 게임을 하고 있더군! 만약 이들이 검고 번들거리는 얼굴이 아니고 곱슬머리에 꼭 자작나무 석탄을 바른 듯한 머리카락이 아니었다면 나는 분명 우리나라 어떤 지방의 하인방에 갑자기 들렀다고 생각했을 테지. 다시 게임을 넘겨다보았네. 의심의 여지 없이 코즈이리였네. 게임을 하고 있는 이들 가운데 한 명이 왕을 보호할 그 어떤 패도 없으면서 기름투성이가 된 카드를 다 동원하고 있더군. 다른 이들은 흰 이를 드러내고 있었네. 나는 다른 무리들을 보았고 더 빠르게 외면해버렸네. 아마도 자매인 듯싶은 두 명의 흑인 여자들이 있었네. 한 명은 머리를 다른 여자의 어깨 위에 올려놓았고, 다른 여자는…. 그래, 자네들도 여름날에 길을 가면서 우리 시골을 지나갈 때 이런 광경들을 보았을 것이네…. 흑인 몇몇은 자기들끼리 말다툼을 하고 있었네. 이것도 자네들이 잘 알고 있을 장면이지. 이런저런 빵을 팔고 있는 모스크바나 페테르부르크 거리에 멈춰서서 한 사람에게 값 흥정을 하는 것과 같았네. 어찌나 다들 외쳐대던지! 그 같은 광경은 여기에서도 그리고 그 어디에서도 똑같이 펼쳐지는 듯해. 이 다툼은 쓸데없는 거였네. 그들이 오렌지를 아무리 많이 가져와도 우리가 다 사주었기 때문이지. 나는 무엇보다도 이 오렌지의 크기에 놀랐네. 우리나라에는 그런 오렌지가 수입되지 않고 있네. 나는 오렌지 하나를 다 먹어치웠어. 인정하건대 좋은 오렌지들을 이 순간까지 먹어본 적이 없었네. 어쩌면 이것은 어쩌다 얻어 걸린 좋은 것일 거라고 생각해서 다른 오렌지를 집었는데 그것 역시 똑같은 맛이었고, 세 번째 오렌지 역시 한결같았네.

내가 오렌지를 비교해가며 지식욕을 채우는 이 다양한 경험을 하는 동안 여러 방향에서 내 동료들이 모여들어 똑같은 일을 시작했네. 산책만으로 모두들 기진맥진해졌고 지쳐 있었어. 그 누구도 온전한 상태인 사람이 없어 보였지. 다들 땀과 먼지에 절고 햇볕에 그을린 빨간 얼굴을 하고 있었네. 그러나 모두 더 이상 만족할 수 없을 정도로 만족스러워했네. 누구든지 무언가 놀라운 것을 본 거야. 나는 나이든 흑인 여자에게서(나는 가능하다면 항상 여인을 선호하지.) 오렌지 한 광주리를 다 샀네. 그녀는 다른 바구니에서 가장 좋은 오렌지를 몇 개 더 골라서 내게 선물로 주려 했어.

그녀가 자꾸만 되풀이했네.

"선물입니다, 선물이에요."

그러나 나는 덤으로 받는 것을 원치 않았기에 이 오렌지에도 값을 치르기 위해 지갑에서 돈을 꺼내려 했네. 그녀는 무척 화를 내면서 첫 바구니도 도로 가져가려고 하더군. 그녀는 영어로 좀 중얼거리더니 나를 프랑스인이라고 불렀네. 러시아인을 들어보지 못한 거지. 우리 수병들은 바로 그곳 해변에서 멱을 감았고 때로 해변으로 나와서 잠시 태양 아래 몸을 녹이고 다시 물속으로 들어갔네. 그러나 흑인 부인들은 전혀 주의를 기울이지 않았네. 처음이 아닌 모양이야.

나는 일몰 때에 도착한 동료들과 함께 전함으로 돌아갔네. 절벽을 보는 데 주의를 기울이며 갔네. 머릿속에 이 그림을 남기기 위해서였지. 해변이 점점 멀어지고 절벽이 그 크기가 작아졌어. 협곡에 있는 숲은 다시 풀밭으로 보이기 시작했네. 해변에 흑인들이 무리 지어 있었는데 마치 꿀 한 방울 주변으로 모여든 파리들 같더군. 만에 있는 작은 무인도에 곤충, 조가비, 식물을 수집하러갔던 우리 사람 두 명이 두 마리 개미처럼 기어왔네. 계곡이 눈에서 사라졌고, 다시금 섬의 전체 모습이 꼭 쭈그러들고 메마른 슬픈 노파처럼 보이기 시작했네. 그러나 이번에는 지고 있는 태양 빛의 선홍색 불빛 덕분에 홍조를 띤 노파처럼 보였다네.

우리의 보트는 이미 배에 닿았네.

갑자기 사비치가 갑판에서 사공들에게 소리치기 시작했어.

"힘내요, 더 빨리요, 저쪽으로 저어갑시다. 저기에 큰 거북이 물 위에 떠다니고 있어요, 분명 잠들어 있어요, 잡아요!"

우리는 사비치가 가리키는 곳으로 방향을 바꾸어서 갔으나 거북이가 눈을 뜨더니 깊은 곳으로 가라앉기 시작해서 우리는 빈손으로 돌아와야 했네. 만약에 조금만 더 오래 머물러 있었더라면 이곳의 소금 연안 해역을 둘러볼 수 있었을 텐데. 소금 채취는 이 섬들의 주요 산업이네. 연안 해역은 만조 때에 바닷물로 가득 채워지네. 그 물은 열기로 인해 증발하게 되고 풍부한 소금 침전물이 남게 되네. 주민들은 어떤 식물성 안료도 재배하고 커피, 사탕수수, 목면도 좀 재배하네. 그럼에도 매우 궁핍하게 사네.

그 다음 날 우리는 더 멀리 갔네. 오래전부터 이미 노인이 우리에게 무풍지대라고 협박했네. 그것은 적도로에서 몇 도에 이르는 땅을 에워싸고 있는 것이네. 무풍지대는 폭풍우가 아니네. 이것은 범선에 공포의 대상이네. 나는 방금 전에 아라고[189]의 책을 훑어보았기에 아직 아무것도 보지도 않았는데 두려움에 떨었네. 실제로 수직으로 내리쬐는 태양빛 아래에서 해변으로부터 수천 마일 떨어진 한 자리에서 한 달 동안 계속해서 서서 배고픔과 목마름에 지쳐서 있다는 것이 어떻겠는가? 공포의 모든 장면을 떠올려 보게, 그와 비슷한 사건이 어떤 장면들로 떠오르는지….

1853년 1월 29일

북위 3도에서 우리는 무역풍을 잃어버리고 숙명적인 지대로 들어섰네. 10노트 대신에, 즉 17베르스타 대신에 우리는 2노트, 3노트로 항해했어. 때로는 바람이 전혀 없었네. 바람이 없는 돛들 역시 돛대들에 부딪쳐서 쿵하는 소리를 내면서 떨어졌지. 우리는 미심쩍어하며 주변을 둘러보았네. 하늘과 바다는 참을 수 없는 섬광을 내며 빛나고 있었지. 가끔 강한 악의가 쇠약함에 대해 비웃듯이 정확하게 비웃고 있었네.

우리가 아침마다 일어나 말했네.

"뭐야, 가고는 있는 거야?"

아니었네. 1.5노트로 2베르스타씩 기고 있는 것이었네. 바다는 용해된 밀도 높은 금속처럼 완전히 흔들리고 있었네. 어떤 작은 부스러기도 없었지. 심지어 물이 튀어 오르는 소리도 없었어. 우리는 무풍 현상이 며칠 동안 지속될 것이라고 생각했지만 우리의 우려는 여기에서가 아니라 훨씬 남쪽인 적도 쪽에서 사실로 나타났네. 그곳은 무풍지대를 덜 예기하고 있던 곳이었네. 1월 31일에 돛들이 좀 더 생기를 찾아 조금 움직이기 시작했지. 바람이 불기 시작했으니 말이야. 처음에는 애매하고 일정치 않은 바람이었는데 북위 1도에 가자 예기치 않은 무역풍이 불기 시작했네. 우리는 바로 적도에 있었던 거라네.

1853년 2월 2일

나는 저녁에 자려고 누워서 다음 날 아침에 적도를 통과하여 지나갈 때에 배석할 준비를 했네. 그러나 3일 아침 여덟 시에 노인이 우리가 이미 남반구에 있다고 지도부에 알렸네. 새벽 다섯 시에 우리 전함이 서경 18도에서 적도를 가로지른 거라네. 그러나 우리 모두는 한꺼번에 위로 나와서 의심스러운 눈으로 마치 적도라는 이름 아래 지구의를 감싸고 있는 나무 테두리를 볼 수 있다는 듯이 사방을 보고 있었지.

모두 망설임 속에서 침울해 있을 때 티흐메네프가 외가름대에 팔꿈치를 괴고서는 앞을 바라보고 있었네. 모두가 적도에 사로잡혀 있던 거야.

나는 티흐메네프에게 말을 걸었네.

"보시오, 티흐메네프, 바로 여기에서 우리는 적도를 넘어가고 있소. 곧 희망봉이 나타날 거요!"

그가 깊이 숨을 쉰 뒤에 터키석처럼 넓고 평평한 물 표면을 무관심하게 바라보면서 대답했지.

"그래요, 그것은 물론 매우 유쾌한 일입니다…. 하지만 그곳에 누룩이 있기나 할지요?"

자신의 본분을 수행하는 일에 더 열심히 염려할 필요가 있을까? 예를 들어 동료들의 양식에 대한 의무가 아무리 숭고할지라도 말이네. 선량한 티흐메네프! 갑자기 그의 눈이 심상치 않은 불빛으로 번쩍 빛나기 시작했네. 나는 그가 적도를 보았구나 생각했네. 그는 손도 하나 뻗었지.

그가 분노하여 소리 높여 말했네.

"또다시 누군가가 바나나를 다 먹어치웠군! 분명해, 젤료느이가 분명해. 그가 오늘 저녁에 당직을 섰거든."

밤에 과일을 신선하게 유지하기 위해 갑판에 매달아두었는데 아침이면 항상 그것이 어느 정도 줄어 있었네. 티흐메네프는 엄격하게 조사했으나 교활한 미소를 제외하고는 결코 어떤 것도 얻어내지 못했지.

블라디미르 그리고리예비치, 자네는 내게 이런 명령을 내렸네.

회귀선도 횡단하고 적도도 횡단하면

수병들의 이 축일을 축하해 잔치를 베풀게나…!

나는 마음으로 자네를 이 축제에 초대했지만 그 축제는 열리지 않았네. 그에 대해서는 생각도 하지 않았지. 우리 수병들은 신화를 몰랐기에 넵튠[190]을 부르는 것을 생각지도 않았을 뿐 아니라 우리가 그의 귀중한 영지로 들어가게 된 것조차 축하하지 않았네. 그리하여 돈과 술의 공물을 거두지도 않았네. 우리는 넵튠을 되새기지도 않았고 이날은 보잘것없이 지나갔어. 단지 밤이 되어서야 선장이 우리를 자신의 방으로 저녁 식사에 초대했네. 주빈은 노인이었어. 그는 이 길을 여러 번 간 적 있지. 그리하여 따뜻한 샴페인을 한 잔씩 그의 건강을 위해 마셨네.

우리가 그에게 물었네.

"몇 번이나 적도를 건넜나요?"

"열한 차례요."

"자랑할 만하네요, 어르신. 세계 일주를 세 번이나 했으니 전부 여섯 번이네요!"

"그 말이 맞긴 하지만 언젠가 바로 적도에서 배가 무풍지대를 만났소. 우리를 한 서너 번 적도 이쪽저쪽으로 끌고 다녔다오."

영국에서 구입하여 우리와 함께 길을 떠났던 스쿠너 보스토크 호에서는 넵튠 축제가 있었다는 것을 우리는 뒤에 알게 되었어. 나는 우리에게 이것이 없어서 기뻤다네. 이 축제는 무척이나 딱딱한 것이기 때문이야. 인간이 순진하게 어릿광대짓에 몰두하여 다른 이들의 마음을 끌면 이런 바보짓이 유쾌하다네. 그러나 인간이 관습 때문에 고의로 자신과 다른 이들에 대해 농담할 때에는 그 사람 탓에 부끄럽고 거북해진다네. 만약에 이것을 오락거리를 보듯이 유쾌하게만 본다면 아무것도 부족하지 않지. 축일뿐 아니라 평상시에도 공부와 일을 한 후에 위에 있는 가수들과 음악가들이 휘파람을 불기도 하네. 바로 이 먼 바다에 푸르고 청명한 하늘 아래에서 엄청난 즐거움을 표현하는 러시아 노래 소리가 울려 퍼지다니. 흥분된 춤을 동반하는 노래가 얼마나 큰 기쁨인지는 하느님이 아실 거네. 혹은 자네들에게 그토록 잘 알려진, 그리하여 예스럽고 역사적이며 오래전에 잊힌 고통들에서 오는, 심장을 쥐어짜는 통곡과 신음소리를 듣게 된다면 말이네. 이 모든 것은 간격 없이 함께 오네. 그리고 폭음, 러시아 춤의 발 구르는 소리, 그리고 역사적인 통곡이 바다의 물결 소리와 기구들의 삐거덕거리는 소리를 잠재우네. 수병들에게는 그러한 오락이 넵튠 축제보다 훨씬 많은 의미가 있네. 적어도 허식은 없네. 특히 국고에서 정해진 것과 반대로 여분의 술잔이 여기에 붙여질 때 말이네. 여기 배에서는 부족함이란 게 있지 않다네. 수병의 어떤 봉사와 서비스에 대해서도 장교는 보드카 잔으로 지불하지. 그가 자기 볼일을 보러 해변에 들른다면 돌아올 때 사공들에게 보드카 등을 한 잔씩 주네. 그리하여 이 술잔들이 많이 모이면 그들은 편리한 때에 술을 마시곤 하네.

남반구로의 항해는 역으로 부는 동남무역풍 때문에 속도가 줄어들었네. 자오선을 따라가는 것은 이미 불가능했네. 대각선이 우리를 옆으로, 계속 아메리카 쪽으로 끌고 갔네. 6~7노트가 가장 빠른 속도였네.

얼굴이 붉었고 전신은 땀투성이가 되어 있었으며 얇은 모직물의 신을 신고 있었으나 여느 때처럼 모든 단추를 잠그는 노인이 이런 말을 했네.

"이제 여름이네요! 바로 여기에 상어들이 있고 남십자성도 있지요. 마젤란운[191]과 석탄자루 성운[192]도 있지요."

바로 그곳에서 물 위를 나는 물고기들이 떼를 지어 여유롭게 날아가는 것이 눈에 띄었네.

나는 우리가 지금부터 3도 위에 있던 지구자기의 적도를 통과할 때 자침을 보는 것을 잊었네. 양극에서 똑같은 위치를 차지하는 곳에 있을 때 바늘은 그곳에서 마침 평행하여 적도를 가리키지. 그다음에는 남극으로 다가갈수록 일반적인 상황이 나타나고 극에 도달하면 완전히 수직으로 서게 되네. 그렇지 않은가, 블라디미르 그리고리예비치? 자네는 바로 자연에 자연의 비밀들에 대해 묻는 것을 좋아하지. 자네는 시인의 눈으로도, 학자의 눈으로도 자연을 바라보고 있네⋯. 11도에서 태양은 이미 우리 머리 위에 왔고 남쪽으로 가려고 하지 않네. 키잡이 가운데 한 명이 이 사실을 부선장에게 보고했네.

1853년 2월 14일

적도에서 쓸데없이 염려했던 그 무풍지대가 나타났네. 다시금 1.5노트로 가거나 때로는 전혀 전진하지 못했네. 처음에 우리는 오늘은 아니라도 내일은 바람이 좀 불어주겠지 기대하면서 불안을 느끼지 않았지. 하지만 여러 낮과 밤이 지나갔지만 돛은 그저 매달려 있을 뿐이었고 전함은 거의 한 자리에서 흔들거리고 있었네. 때로 꽤 세게 파도가 쳐서 바람을 예언하는 듯했어. 그러나 이것은 먼 곳 어디에선가 행복한 장소에서 약하게 한 번 부는 바람으로 빠르게 통과하는 바람일 뿐이었지. 수평선 위에 나타난 먹구름이 비와 변화를 가져올 것처럼 보였네. 비는 정확하게 끊임없이 많이 쏟아졌지만 바람은 없었다네. 한 시간 후에 태양이 예전처럼 빛을 발했거든. 태양은 짙고 움직이지 않는 대양 광장의 수평선까지 비추었네.

사실 이 평화스러운 온기와 침묵의 왕국에서 항해하는 것은 평온하네. 책상 위에 세워둔 책, 잉크병, 컵이 움직이지 않기 때문이야. 그리고 장롱의 무게나 책장의 무게에 짓눌려 죽을지도 모른다는 위험 없이 누워 있을 수 있네. 그러나 40여 일을 바다에 있다는 것은! 해변이 우리의 생각을 온통 장악하고 있네. 그리하여 우리는 2월 16일 아침에 남회귀선을 벗어나면서 얼마나 기뻤는지 몰라. 그 무렵에 불어온 신호의 바람을 기대했으나 이 바람은 들어맞지 않았어. 공기 중에는 죽은 듯한 정적이 감돌았네. 이것은 돛의 쿵쾅거리는 소리만으로도 깨어져버렸네. 2월 21일에서 22일로 넘어가는 밤에 나는 더위를 피해서 공동 선실에 가서 자려고 나가서 바깥에 있는 갑판 위에 있는 소파에 누웠지. 망치 소리에, 마치 러시아 농민 춤과 같이 미친 듯한 호각 소리와 외침에 나는 잠에서 깨어났네. 얼굴 위로 물보라가 몇 방울 떨어졌어.

사람들이 말을 하더군.

"돌풍이야! 그래, 이제 바람이 불기 시작하는군!"

그러나 아무 일도 일어나지 않았네. 돌풍이 지나가자 전함은 다시금 무풍지대 속에서 졸기 시작했지.

그렇게 우리는 사육제 마슬레니차를 기다렸으나 이 축제를 꽤 무미건조하게 보냈네. 티호메네프가 러시아 삶의 이 흥겨운 순간을 어떻게 해서라도 기억할 수 있게 하려고 모든 것을 했는데도 말이야. 그는 팬케이크인 블리느이를 구웠고 철갑상어 알인 이크라 대신에 정어리를 올렸네. 살균하지 않은 생선 통조림을 포함하여 영국에서 가져온 유지방 크림은 이미 오래전에 굳어버린 덩어리가 되어 있었네, 그래서 그는 이 덩어리를 발효시킨 농축 크림인 스메타나로 사용하자고 간청했어. 타타르의 압제를 떠올리게 하는 노래와 거세고 강렬한 통곡이 대양의 울부짖음보다 더 크게 울려 퍼지기도 했네. 음울한 선율은 무풍지대가 야기하는 우리가 느낀 그 지루함의 표현보다 더 자연스럽게 느껴졌거든. 그러나 이 마슬레니차가 러시아 사람에게 한 번의 미소조차 불러일으킬 수 없다면 그것은 대서양의 무더운 파도 가운데에서가 아닐까 싶네. 나는 생각에 잠겨 뒤 갑판을 따라 왔다 갔다 하다가 수병들 사이에서 어떤 특이한 움직임을 갑자기 보았네. 배에서 보기 드문 것은 아니었네. 나는 처음에는 그들이 어떤 돛대의 밧줄을 당기고 있다고 생각했네. 그런데 이게 뭐지? 그들은 그저 돛대 근처에서 서로 어깨동무를 하고 있었네. 마슬레니차를 축하하려면 얼음지치기를 하지 않을 수 없지. 그래서 얼음을 탈것으로 대신하여 그들은 서로 태워가며 티흐메네프가 정어리로 이크라를 대체한 것보다 더 성공적으로 즐긴 걸세. 서로를 탈것으로 타면서 젊은이도, 콧수염이 있는 사람들도, 백발이 섞인 사람들도 얼마나 즐거워했는지 다들 이 자연스러운 민속적인 바보스러운 놀이에 깔깔대며 웃네. 이런 놀이가 넵튠의 아마빛 구레나룻보다 그리고 밀가루를 끼얹은 얼굴들보다 훨씬 좋았어.

이 졸리고 평범한 삶 속에 하나의 특별하고 장엄한 아침이 생겼다네. 3월 1일 일요일 점심을 먹은 후 일상적인 팀 점호를 하고, 이 팀이 모두에게 만족스러운지, 누구에게 불편이 없는지 등의 몇 가지 질문을 한 후에 모든 장교와 수병들이 갑판에 모였네. 모두 머리에 아무것도 쓰지 않고 있었어. 선장이 책을 들고 나와서 큰 소리로 표트르 대제의 해양 규정을 낭독했네.

그러고 나서 다시 모든 것이 일상 궤도로 들어섰고 날들이 단조롭게 흘러갔네. 전 세계에서 떨어져 나와 홀로 있는 이 조용한 곳에서, 따뜻하고 빛이 있는 곳에서 우리 전함은 러시아의 아주 한적한 시골의 모습과 비슷했지.

아침에 일어나서 전혀 서두르지 않으면서 완전히 평온한 마음으로, 신선한 머리와 식욕을 가지고서 대양에서 곧장 길어온 물 몇 양동이를 자신의 몸에 따르고, 산책하고, 차를 마시고, 그리고 일하기 위해 책상에 앉네. 태양은 높이 솟아 있고 열기는 불타는 듯하지. 시골에서는 이 시간에 호밀도 탈곡장도 볼 수 없을 거야. 자네는 발코니의 햇빛막이 아래 앉아 있겠군. 모든 것은 지붕 아래에 숨고 심지어는 새들도 피해 있겠지. 잠자리만이 하늘을 대담하게 날고 있을 거야. 우리도 늘어난 그늘 아래에 숨어 있네. 선실들의 창문들과 문들을 활짝 열어젖히고서 말이야. 잔잔한 바람이 조금 불어오지만 얼굴과 열어젖힌 가슴을 부드럽게 어루만지네. 수병들은 이미 점심을 끝내고(그들은 시골에서처럼 일찍 정오 이전에 오전 일을 마친 후에 점심을 먹네.) 무리 지어 앉아 있거나 대포 사이에 누워 있네. 지금은 속옷과 겉옷, 장화를 기우며 낮은 목소리로 조용하게 노래를 흥얼거리고 있지. 앞 갑판에서 망치로 모루를 치는 소리가 들여오네. 수탉들이 울고 있고 멀리서는 이들의 목소리가 청명한 고요와 평화스러움 사이에서 빠르게 울려 퍼지고 있어. 어떤 환상적인 소리도 들려오네. 그것은 귀로는 도무지 느낄 수 없는 종소리 같은 거지…. 민감한 상상력, 기대에 대한 완전한 몽상이 정적 가운데에서 이 소리들을 만들어내고 있네. 하늘의 이 푸른색 배경으로 멀리 떨어져 있는 어떤 형상들이….

갑판으로 나가서 둘러보면 하늘과 바다의 참을 수 없는 섬광에 잠시 눈이 머네. 전함 위에 있는 동에서, 철에서 빛의 다발이 튕겨 나오거든. 갑판이 그 백색을 비추어 눈에 상처를 입히네. 곧 점심 먹을 시간이네. 이번에는 무엇이 나올까? 오늘은 티흐메네프가 당직이네.

"오늘 점심은 뭐가 나옵니까, 티흐메네프?"

그가 대답하려고 입을 벌리는데 선장이 나와서 보조돛을 세우라고 명령했네. 어느 정도 더 신선한 바람이 불었다고 여겨졌던 모양이야.

티흐메네프가 아이 같은 저음으로 명령했네.

"보조돛 밧줄!"

그리고 그는 보조돛 밧줄이 아니라 선장 쪽을 쳐다보았네. 선장은 조용히 미소 짓더니 나와 함께 갑판을 따라 걸었어. 이때 선장은 앞 갑판 위에서 무언가를 보더니 그쪽으로 가기 시작했네.

선장이 없는 틈을 타서 다시 물었지.

"그래, 점심에는 무엇이 나오나요?"

"물컹한 덩어리가 있는 수프지요. 이 수프를 좋아하시지요?"

"그래, 괜찮아요. 만약에 채소만 좀 더 많이 넣어준다면!"

그가 그 본래의 감정과 웅변술을 가지고서 말을 계속했네.

"진정 기쁠 겁니다. 제가 모두를 위해 희생할 준비가 되어 있다는 것을 믿어주십시오. 저는 꿈을 아쉬워하지 않겠습니다. 단지 수프에 채소를 좀 더 많이 넣을 수만 있다면 말입니다. 하지만 저는 할 수 없습니다. 하느님께서 보고 계시지만 저는 할 수 없습니다…. 그렇게 할 수밖에 없습니다. 당신을 위해서… 에이, 보초병! 가서 카르포프에게 말해라. 내가 얀체프에게 채소를 더 가져다

수프에 넣으라고 했다고. 보셨지요. 이것은 당신을 위해서 한 일입니다."

그는 계속 말을 이었네.

"만약에 희망봉에 가기 전에 채소가 부족하게 된다면 제가 욕을 먹지요!"

나는 감정을 담아서 그에게 악수를 청했지. 그 손을 다정하게 만지면서 또 부드럽게 물었네.

"그리고 또 뭐가 나오나요?

"그리고… 밥을 곁들인 닭고기입니다…."

내가 비애에 가득 차서 외쳤네.

"또다시!"

"어쩌겠습니까. 전들 어쩌겠습니까. 제 입장이 되어보십시오. 이제 양 다섯 마리와 돼지 세 마리, 오리 다섯 마리, 그리고 닭이 서른 마리 남아 있을 뿐입니다. 전체 130명이 먹을 양입니다. 생각해보십시오! 우리는 굶어 죽게 될 것입니다!"

내가 우울해하는 모습을 보면서 그가 자신의 입장을 고집하지 않았네.

"내일은, 좋습니다, 돼지를 잡으라고 명하겠습니다…."

우리 뒤에서 화가 난 선장의 단호한 목소리가 갑자기 울렸네.

"당직실에서 또 얘기하는 거야. 다시금 보조돛을 망가뜨리면 어쩌려고!"

바로 그때 티흐메네프가 모자 차양에 손을 대더니 나를 향해 불평을 호소했네.

"이건 제가 아닙니다. 곤차로프이십니다!"

선장은 수병들에게 화난 목소리로 외치기 시작했네.

"보조돛을 수리하라!"

선장이 다시 돌아섰지.

떠나가는 티흐메네프에게 내가 말했네.

"당신은 전부 다 말하지 않았군요!"

그가 소심하게 사방을 둘러보았네. 나를 애써 보지 않으면서 화를 내곤 뒤 갑판 너머로 투덜댔네.

"뜨거운 요리로 오리가 있고, 파이도 있는데…."

선장의 하얀 모자가 뒤 갑판 근처에서 힐끗 보이다 사라졌네.

"파이는 생강 잼이 들어 있는 두꺼운 핫케이크입니다…. 내게서 떨어지지 마십시오. 그러면 당신은 나를 불행 속에 데려가게 될 테니까요!"

그는 내게서 가능한 한 멀리 떨어져 일정한 속도의 걸음걸이로 뒤 갑판 너머로 가면서 악의에 찬 목소리로 속삭였네.

"디저트는 없을 겁니다. 젤료느이와 까마귀가 저녁마다 모든 것을 먹어치웠지요. 그래서 일요일에 한 사람당 오렌지 하나에 바나나 두 개씩 줄 겁니다."

때로는 묻지 않았어도 그 자신이 참지 못하고 말했네.

"오늘 저는 햄을 내놓고 완두콩을 통조림에서 끄집어내라고도 명령했습니다."

그는 점심 식사 전체에 대해 관대한 척하면서 다 말을 하지.

점심 식사를 마친 후 세 시경 뒤 갑판으로 음악가들이 나오자 베르디[193]와 벨리니[194]의 멜로디가 대양에 울려 퍼졌네. 그러나 점심 식사 후에 음악을 듣자 노곤한데도 음악가들은 자꾸만 연주 목록을 외우기 위해 연습하더군. 이런 날에 배부름은 필수라네. 북쪽에서는 가장 더운 날이면 그늘에 앉아 있는 게 쉬울 걸세. 피곤하지도 기진맥진해지지도 않으며 심지어는 일하면서도 말이야. 그러나 이곳에서는 넥타이와 조끼도 벗어버리고 가벼운 옷을 입고서 그늘에 움직이지 않고 가만히 앉아 있어도 참기 힘든 더위 때문에 힘을 다 잃고 아무리 기운을 내보려 해도 몸은 소파 속으로 파고들어 꿈속에서만 온몸에 신선함을 불어넣을 수 있다네.

그러는 사이에 자연은 매우 무더운 날들을 계속 내놓더군. 태양은 수평선에 절을 하고 있었네. 멀리 바라보아도 여전히 아무것도 보이지 않았네. 우리는 대양의 확 트인 먼 곳을 열심히 바라보았지만 서로 알릴 일이 하나도 없었기 때문에 입을 다물고 있었지. 나는 물고기 무리가 참새들처럼 소리치며 물 위를 날아다는 것을 보았네. 잠시 모든 손이 뻗고 눈들이 타오르기 시작했네.

모두 외치기 시작했네.

"봐, 저것 봐!"

그러나 모두가 본 것은 가다랭이 무리가 뛰어다니는 운 나쁜 물고기들을 뒤쫓고 있는 것이었네. 물고기들은 표면 위를 따라 보라색 등을 보이며 놀고 있었지. 이 현상이 사라지자 모든 것이 사라졌네. 다시금 지구만 돌고 있었네. 꿈과 평온이 마치 위안이 되는 아름답고 괴롭지 않은 죽음의 이상처럼 바다와 하늘을 에워쌌어. 정열과 불행에 기진맥진해진 인간에게 편안함을 주기를 원하듯이 말이야. 그리하여 영혼은 매우 장엄하며 분별없이 달콤한 생각 속으로 빠지는 것 같네. 그렇게 영혼은 아름답고 위대한 평온의 장면에서 감동을 받는 것인가. 그림은 생각과 감정을 덮어씌우네. 모든 것은 주변에서처럼 마음속에서도 침묵하고 흔들리지 않기 때문이지.

갑자기 어느 날 한 사람이 먼 곳을 가리키며 말했네.

"무언가 헤엄치고 있습니다!"

모두 그가 가리키는 방향을 바라보기 시작했네.

어떤 이들은 망원경을 가지러 뛰어갔지만 다른 이가 확인했지.

"그래, 나도 검은 점을 보았습니다."

침묵이 흘렀네. 그 점은 커져갔지.

"어떤 상자입니다. 상자라니…. 맙소사! 그 속에 뭐가 있을까?"

기대 때문에 숨이 멎을 것만 같았네. 온갖 상상을 했지. 상자가 점점 가까이 다가왔네.

"닭장입니다!"

침묵이 흘렀다네.

다른 사람이 들여다본 다음에 결정적으로 단언했어.

"그렇습니다, 맞습니다, 닭장입니다. 맞습니다, 어떤 배를 타고 가던 수탉이 나온 것이 분명합니다. 뒤 갑판 너머로 닭장을 던졌나 봅니다."

의심 많은 사람이 지적했네.

"실례지만 이 상자가 레몬 상자가 아닐까요?"

다른 관찰자가 반박했네.

"아닙니다. 보십시오, 격자로 된 상자입니다."

오랫동안 우리는 눈으로 그 상자가 우리 곁을 지나 떠내려가는 것을 지켜보았네. 이것이 어떤 필요에 의해서 내던져졌을까 아니면 부서진 배의 파편일까 추측하면서.

다섯 시가 넘어서 우리는 멱을 감았네. 물속으로 커다란 돛을 내려 물이 가득 채우자 수영장이 만들어졌네. 수병들은 뱃전에서 구멍으로 뛰어들 듯이 뛰어내렸지. 그러나 그들 뒤를 예리하게 지켜봐야 했네. 그들 모두 돛의 경계 너머로 뛰어나가려 애를 썼고 자유롭게 대양에서 수영하려 애썼기 때문이었어. 그들이 물에 빠질 위험은 전혀 없었네. 모두 선수들처럼 수영을 잘하기 때문이었네. 하지만 상어는 두렵지.

어느 날 높은 망루에서 한 수병이 소리치기 시작했네.

"큰 물고기가 오고 있습니다!"

수영하는 이들에게 상어가 소리 없이 살며시 다가오고 있었네. 그들 모두를 물에서 배 위로 올라오게 했네. 상어에게는 양의 내장을 던져주었어. 상어는 내장을 순식간에 삼켜 날카로운 이로 부숴버리고는 핏자국을 남기고 배 밑으로 사라졌네. 상어 가까이에는 물속에 뱀처럼 생긴 수행 물고기들이 항상 있었네. 흔히 수로안내인이라고 불리지. 티흐메네프는 수영 시간에 역시 열심히 행동하는 사람이네. 중대장으로서 모든 갑판을 다니면서 게으른 수병들이 물속으로 들어가도록 독려했지.

"들어가, 들어가라. 왜 옷을 벗지 않고 있는 거냐? 그래, 비툴은 어디 있지, 파데예프는 어디 있는 거야? 물속으로 행진! 모든 요리사들을 이곳으로 불러 그들을 목욕시켜야 해!"

여섯 시가 넘어 실컷 수영을 즐긴 무리들은 위로 올라와 신선한 바람을 맞네. 그리고 그곳 북쪽에서 신비한 기적들이 우리에게 선물하는 열정적이고 부드러운 인상을 받기 위해 마음을 활짝 열어두네. 그래, 이 기적들은 어떤 계산, 숫자, 과학이나 경험의 대략적인 접촉으로 표현될 수 없다네. 열대의 하늘과 열대의 기적은 기록이 불가능해. 떨리고 전율하며 순종하는 마음으로 사랑의 감정과 같은 이 무한한 느낌을 재는 것이 불가능하지. 자네는 어디에 있나, 블라디미르 그리고리예비치, 어디에 있나? 더 빨리 이곳으로 항해해 오게. 그리고 말해주게나. 따뜻한 파도처럼 주위에 흐르면서 응석부리고 자네를 애무하는 이 부드러운 공기, 표현하기 어려운 공기의 환상적인 정돈 속에서 보이는 하늘의 이 반짝임, 저녁 태양이 그 사이에서 빠져들고 있는 그 색깔들을 뭐라고 불러야 하는가? 대양은 황금 속에 있거나 황금이 대양 속에 있네. 적자색 불길은 깨끗하고 선명하며 투명하고 영원하며 중단 없는 화염이라네. 연기도 없고 땅을 상기시키는 작은 풀줄기 하나 없는 화염이지. 하늘과 바다의 평온은 죽지 않은 평온, 졸린 평온이네. 마치 만족스러운 열정과 같은 평온이야. 그 안에서 하늘과 바다가 달콤한 고난을 피해 휴식을 취하면서 서로 포옹하면서 도취된다네. 태양이 행복에 빠진 애인처럼 떠나자 생각에 잠긴 행복의 자취가 모든 이의 얼굴에 있게 되네.

이 활활 타는 듯한 황금빛의 끝없는 들판에는 전부 구름으로 만들어진 마법적인 도시와 건물, 탑, 괴물, 짐승의 완전한 세계들이 놓여 있네. 자, 보게나, 바로 여기에 거대한 요새가 천천히 소리 없이 무너져내리고 있네. 오각형의 기둥 하나가 쓰러지고 이어 다른 기둥이 쓰러지는군. 그곳에는 본래의 토대가 무너져내리고 높은 탑이 무너지면 다시금 모든 것이 조용하게 산의 형태, 숲과 둥근 지붕들을 지닌 섬들의 형태로 흘러나오네. 이 그림을 이해하는 상상력이 없지만 그 그림은 이미 녹아서 무너지고 있네. 그 자리에는 어느 곳에선가 배가 조용하게 솟아올라 공중에 떠서 매달리지. 거대한 마차로 거대한 여성의 몸이 만들어지기도 해. 게다가 어깨는 아직 완전한데 옆구리가 이미 떨어지기도 하고 낙타의 머리가 나오기도 하네. 그 위로 완전한 대열로 질주하는 군인 부대가 덮쳐서 삼켜버리기도 하는군.

몹시 놀란 눈으로 주변을 둘러보면 마치 장난치듯이 공중에 환영을 그리는 누군가를 볼 수 있을 것 같아. 보고 있네. 조용하고 부드러우며 게으르게 이 가늘고 투명한 무늬들은 황금빛 대기 속에서 기어가고 있네. 마치 몽상이 졸린 마음속에서 늘어져서 황홀한 형상들로 만들어지고 환상적인 놀이 속에 합류하기 위해 다시 분해되는 것처럼 말이네.

화가로 하여금 자신에게서 색조를 발견하도록 하라, 꺼져가는 태양이 하늘을 물들이는 그 색들의 이름만이라도 지어주도록 하라! 보게나. 보라색 장막이 하늘을 덮고 선홍색 물감과 혼합되어 있네. 그리고 어느 순간이 오면 그 장막을 뚫고 어두운 녹색, 벽옥색 그림자가 스며드네. 이번에는 그 그림자가 하늘을 차지하지. 그러면 성들, 탑들, 숲들은 마치 빠르게 사라져가는 태양의 마지막 빛으로 인해 조명이 된 성전처럼 크림색, 갈색으로 비쳐 보이네…. 자네는 움직이지 않고 말도 하지 않으며 태양의 무지갯빛 흔적 앞에서 마비된 듯 꼼짝도 못하게 되네. 태양은 무더운 작별의 빛으로 시신경을 자극하지만 자네는 시적인 생각의 안개 속에 가라앉은 거야. 자네는 시선을 떼지 못하게 될 것이네. 자네는 이 마비에서, 이 평온의 애무에서 나가기를 원치 않게 될 걸세. 큰 숨을 쉬며 제정신으로 돌아오면 자신에게 이렇게 말할 테지. 아, 만약에 항상 그리고 어디에서나 자연이 그와 같다면 그렇게 열렬하고 그렇게 훌륭하며 그렇게 깊게 평온하다면! 만약에 삶도 그럴 수 있다면…! 광폭과 맹렬한 열정은 자연과 삶의 규범이 아니고 단지 지나가는 순간에 불과하기 때문에 무질서와 악, 창작 과정, 온갖 일이 자연이라는 실험실에서 평온과 행복을 생산하기 위해서 필요한 거라네.

태양이 아직 저물지 않았기에 자네들도 아직 자신의 생각을 정리하지 못했을 것이네. 이제 뒤를 한번 돌아볼까. 서쪽에는 여전히 황금과 선홍색이 보이고 남쪽에는 이미 수백 개의 눈, 즉 무척 많은 별이 반짝이며 빛을 발하고 있네. 그 가운데에는 남십자성이 겸손하고 고르게 빛나고 있네! 어두움이 모자처럼 자네를 덮고 있어. 섬, 탑, 기괴한 것, 이 모든 것이 사라졌어. 별들은 강하고 대담하게 반짝이고 있네. 마치 태양에서 달로 가는 간격을 이용하러 서둘러 가고 있는 것처럼 말이야. 별들은 점점 많이 붉어나서 하늘을 비집고 나오고 있어. 공중에 그림을 그리고 있는 그 움직이지 않는 손은 창공의 사방에서 서둘러 불꽃에 불을 붙이기 시작했네. 그리하여 밤의 축연이 빛나기 시작했다네! 새로운 힘, 새로운 생각, 새로운 안일함이 마음속에서 잠을 깨기 시작했어. 다시금 어제처럼 그것은 불 속에서 이성을 찾으며 불꽃 글자들을 갈급하게 읽으며 그곳으로 사라져가고 있어….

그러나 여기 달이 나타났네. 그 달은 우리처럼 흐릿하지 않고 창백하지도 않으며 생각에 잠겨 있지도 않고 몽롱한 상태도 아니야. 그 달은 크리스털처럼 깨끗하고 투명하더군. 그 달은 하얀 빛으로 자부심에 넘쳐 빛을 발하고 있으며 우리처럼 시를 써서 칭찬하지도 않네. 그리하여 그 달은 순결하다네. 이것은 원숙하거나 시든 미인이 아니라 여신 다이애나[195]처럼 힘과 생명과 엄격한 순결성으로 가득하고 원기 왕성한 처녀야. 바다와 하늘에 달의 날카로운 빛이 쏟아지고 있네. 달이 별들의 과감한 반짝임을 진정시키며 아침까지 온화하고 위엄 있게 지배하고 있거든. 그런데 자네, 대양이 잠들었다고 생각하는가? 아니네. 대양은 열심히 끓어오르고 있고 별들보다 더 많이 빛나고 있어. 배 밑에서는 불길의 소용돌이가 일고 있고 시끄러운 소리를 내면서 황금과 은과 달구어진 석탄의 급류가 소리를 내며 뿜어 나오고 있지. 자네는 달콤한 창작의 상상에 둘러싸여 눈이 멀어 있겠군…. 움직이지 않는 시선을 하늘에 고정시키고 있겠지. 그곳에서는 때로는 황금으로 때로는 피로 때로는 에메랄드빛 수분으로 가득 차 있네. 선명한 빛이 배 아르고를 비추고 있네. 두 개의 큰 별 켄타우루스 자리[196]를 말이야. 그러나 자네는 남십자성, 그 네 개의 별에 있는 참을 수 없는 광채로 인해 사랑스러운 마음으로 젖어들고 있네. 그 별들은 소박하게 빛나고 있고, 아마도 자네를 집중적으로 그리고 지혜롭게 보고 있는 것 같군. 남십자성이란…. 자네는 갑자기 자네의 귀를 오랫동안 윙윙거리게 하는 아름다움과 우아함을 지니고 있고, 그녀 안에서 충격적인 어떤 것도 찾을 수 없는 그런 여인을 본 적이 있는가?

자네는 그 여인을 놀랜 눈으로 보면서 말할 걸세.

"도대체 그녀 속에 특별한 게 뭐가 있지? 그녀는 단순하고 소박해. 그 어떤 것도 두드러진 것이 없잖아…"

아주 오랫동안 바라보고 갑자기 자네가 이미 그녀를 열정적으로 사랑하고 있다는 것을 갑자기 느끼게 되겠지! 남십자성에 대해서도 마찬가지라네. 남십자성을 처음으로, 두 번째로, 세 번째로 보면서 자네는 물을 거야. 그곳에 뭐가 특별한 것이 있지? 오랫동안 바라보며 서 있다가 저녁이 되면 자네의 시선은 남십자성을 처음으로 찾게 되겠지. 그러고 나서 나타나는 모든 별을 불러모은 다음 이 남십자성에 다시금 주의를 기울이고 더 자주 더 오랫동안 이 별에 자네의 눈을 고정시키게 될 걸세.

매우 무더운 낮이 지나면 무덥고 달콤하며 긴 밤이 하늘에 반짝임을 지니고서, 발아래 불의 흐름을 품고서, 공중에 애무의 떨림을 품고서 시작되네. 맙소사! 여기에 이런 밤들이 공짜로 주어지다니! 세레나데도, 한숨도, 사랑의 속삭임도, 그리고 꾀꼬리의 노래도 없는 이곳에서 말이야! 단지 전함이 긴박하게 움직이고 있고 가끔씩 신음하는 소리를 내며 무력해진 돛이 쿵쾅거리는 소리를 내거나 뒤 갑판 아래쪽을 파도가 치고 있는 이곳에서 말이지. 그리고 다시 여전히 장엄하고 정말 조용하게 되는 이곳에서 말이네.

이 모든 기적, 평화 그리고 불꽃을 보게나. 눈부신 이것들은 그 위대함으로 인해 사라졌으나 전례 없는 상상으로 인해 풍부해지고 행복한 것들이지. 입상처럼 서서 깊이 생각하며 속삭여보게.

아니, 지도도, 미국 남자들도, 미국 여자들도, 나의 스승 그 누구도 내게 이것을 말해주지 않았네. 단지 하나의 민감한 시적인 감정 하나만이 창백하고 혼란스럽게 말해주었지.

이 감정은 나를 이곳으로 아직 어린아이였을 때 비밀스럽게 손짓으로 불러서 이렇게 속삭이곤 했다네.

바로 여기 선조 아담의 세계인 아시아가 있어,
바로 여기에 젊은 콜럼버스의 땅이 있어!
그러니 너는 항해해서 가라.
저 고대의 새로운 장소로,
하늘에 다른 별들이 반짝이고
십자성이 빛을 발하는 그곳으로….[197]

사랑하는 친구여, 자네의 하프, 자네의 팔레트를 들게나. 이 하

늘처럼 호화로운 자네의 혀를 움직이게. 단지 신의 언어로 이곳의
자연에 대해서 읊을 수 있을 걸세. 이곳으로 서둘러 오게나. 나의
무기력을 인정하니 난 잠자코 있겠네.

1853년 3월

대서양

제 4 장
희망봉

1853년 3월 10일~4월 12일

우리의 항해 세계가 상당히 위대하고, 알게 모르게 시간을 보내는 방법이 우리에게 늘었음에도, 여전히 항해에 또 항해가 계속되고 있네. 40일 이상 우리는 해변을 보지 못했어. 우리 중에 가장 경험이 많고 인내심이 강한 이들도 얼굴을 찌푸리고 바다를 바라보았네. 무엇인가 다른 것이 곧 나타날지 아닌지를 속으로 생각하면서 바다만 보고 있어. 서로 거의 바라보지 않게 되었고, 일하거나 독서하는 것도 그만두었네. 모두들 점심을 먹으러 갈 때, 누가 잠자리에 있고, 누구의 장화가 망가져 있으며, 누구의 바지에 타르가 묻어 더러워져 있다는 것을 안 보려 해도 보게 되더군.

내가 남회귀선에서 우리가 무풍지대에 갇혔다는 말을 했지. 무풍지대 이후에 결국 바람이 불어서 빠져나올 수 있었네! 다시금 원상태로 돌아왔을 거야. 걸어 다니지도 않고, 앉아 있지도 않으며, 누워 있지도 않네! 지금은 3월 초 목요일이라네. 흔들림에 대해서는 이미 적었기에 반복하지 않겠네. 단지 흔들림이 내게 우울증을 불러일으켜서, 나는 바다를 영원히 싫어할 것 같아. 비록 기껏 닷새 정도 계속되었지만, 월요일에 해변을 보게 되어도 나는 기쁘지 않네. 해변에 가까이 가자 바다는 갑자기 변화되었어. 파란색을 띤 바다는 보트비니에 수프[198]처럼 푸르스름하게 된 갈색으로 변했네. 이것은 해초, 양배추, 풀, 동물 등으로 만들어진 듯했지. 어느 날 밤에 이 바다는 인광을 내는 빛으로 여느 때 같지 않게 빛이 났네. 그 모습이 얼마나 아름답던지! 저녁에 어둠 속에서 물로 가득 차 있을 때 대양에서 바로 불빛이 쏟아져 내려 이곳저곳 달리며, 온몸에 미끄러져 발 밑 갑판으로 떨어져 내리네. 해파리라 불리는 작은 동물이야. 바다는 이미 땅의 느낌을 주고 있고 땅의 흔적을 가지고 있네. 해변으로 맹렬하게 달려들면서 물고기와 작은 조개껍질들을 남기며 모래와 흙 등을 실어가지. 인간의 눈에 띄지 않고 인간에게 알려지지 않은 얼마나 많은 생물이 생명으로 가득 찬 이 큰 술잔 속에서 움직이며 꿈틀거리고 있겠는가!

그곳에는 알바트로스[199]이 부지런히 날아다니고 있었고, 갈매기와 바다제비도 물 위를 낮게 날고 있었네. 이 새들은 그 자체만으로 바다에 활기를 불어넣고 있더군. 우리는 이 새들을 때로는 해변에서 800킬로미터 거리에서도 종종 보게 되네. 우리에게 바다제비로 알려진 큰 새도 많이 볼 수 있어. 이 바다제비는 가늘고 멋진 얼룩 날개를 보여주고 있으며, 뭉툭한 머리와 단단한 코를 가지고 있지. 실제로 용모가 좀 바보스러운 면이 있네. 이 새들은 정취가 없고 딱딱한데, 바로 배 위에서 날며 날개가 돛대에 자주 걸린다네.

1853년 3월 7일이나 8일

청명하고 따뜻한 날씨에 요동이 누그러졌을 때 우리는 물에 크나큰 점들을 남기며 수영하고 있는 무언가 빨간 무리를 보게 되었다네. 우리는 두 동이 정도의 어란을 만들 만큼 잡았어. 조금 전에 전함의 바로 코앞에서, 먹구름 직전에 물고기 떼를 본 이유가 있던 거야. 나는 계속해서 멱 감고 싶었으나 이곳은 이미 적도가 아니었네. 신선한 바람이 분 이후에는 특히 추웠기 때문이지. 파데예프는 내 위에 물동이를 부었는데 내가 비명을 지를 때에 무척 좋아하며 대굴대굴 구르며 웃어댔네.

1853년 3월 9일

우리는 폴스 만[200]으로 들어가리라고 생각했네. 하지만 밤에 곁을 살짝 지나쳐 가서 정신을 차려보니 만의 다른 쪽으로 24킬로미터나 가 있었지. 거대한 바위들이, 바람으로 인해 거의 검은색이 된 바위들이 거대한 요새의 톱니 모양의 돌기 부분처럼 아프리카의 남쪽 해안을 경계 짓고 있었네. 여기에 거인들, 즉 바다와 바람과 산의 영원한 싸움이 있다네. 그리고 영원한 파도, 거의 영원히 지속되는 폭풍이 있지. 클리프행클리프[201]는 특히 좋네. 그 정상은 중앙을 향해 가파르게 아래로 구부러져 있고 그 기반은 바다로 돌출되어 있어. 산 정상은 사암으로 되어 있으나 그 기반은 화강암으로 되어 있네. 마침내 3월 10일 저녁 여섯 시가 되어갈 때 사다리를 따라 아래로 내려간 나는 위를 올려다보며 경악한 채 그 자리에 선 채로 꼼짝 못하게 되었네. 산이 우리를 향해 기어오르고 있지 않은가.

나는 노인에게 물었네.

"우리가 얕은 여울에 있는 건가요?"

"무슨 말이오! 쓸데없는 말 하지 마시오. 우리는 닻을 내려 정착하고 있소!"

실제로 이런 명령이 떨어졌어.

"물굽이에서 저곳으로!"

그러고 나서 이런 명령이 떨어졌지.

"닻을 내려라!"

급하게 풀려나가기 시작하는 쇠사슬의 큰 소리가 잠시 울려 퍼졌고 전함이 진동하더니 멈추었네. 우리는 해변에서 1.5베르스타 떨어져 있었으나 해변이 산으로 형성되어 있어서 내게는 무척 높아 보여 거리가 눈에 띄지 않았어. 사이먼스타운[202]의 집과 교회의 높이로 짓누르고 있었네. 메사[203] 언덕을 보고 난 이후 이 산이 내게는 작은 산으로 보였다네. 우리에게 통상대로 여러 사람이 다가왔지. 덴마크 배, 네덜란드 배 그리고 다른 배들에서 추천 편지들을 들고 온 여러 사람들, 재단사, 남자 세탁부 등이 말이야.

사이먼스 만은 큰 만인 폴스 만의 한쪽에 있는 작은 만이네. 여기에 들어가려면 잘 알고서 재주껏 들어가야 하지. 아니면 왠지는 모르지만 로마의 돌이라고 불리는 돌에 부딪치거나, 어느 정도 거대한 돌들이 온통 여기저기 흩어져 있는 해변에서 몇 사젠 떨어져 있는 만으로 들어가는 입구 옆에 물에서 쑥 튀어나와 있는 커다랗고 평평한 돌인 노아의 방주에 부딪치게 된다네. 4월부터 시작해서 배들이 이곳으로 오고 있네. 메사 언덕에 서 있던 그 배들이 겨울에는 강한 서남풍을 피하기 위해서 바로 이곳으로 옮겨오거든.

단지 우리만이 돛을 내리고 서 있었네. 도시에서 오른편으로 보이는 산 가운데 하나는 구름으로 덮여 있었지. 이 구름은 가발처럼 정상을 빽빽하게 그리고 가볍게 덮고 있었네. 그리고 다른 쪽 가장 높은 절벽을 따라서 꼭 거대한 굴뚝에서 나오는 연기 층 같은 구름 역시 절벽을 따라 내려가면서 천천히 기어가고 있더군. 산기슭 바로 옆에는 영국식으로 지어진 집들이 마흔 채 가량 있었어. 이들 집 사이에는 교회가 두 개 보였는데, 하나는 개신교 교회였고, 다른 하나는 가톨릭 교회였다네. 해군공창 옆에는 영국 군인 한 명이 보초를 서고 있었네. 만에 영국 분함대가 정박해 있었고 가장 좋은 집 가운데 하나에 분함대장인 탈리보트 준장이 살고 있었네.

얼마 안 되는 푸른색은 이 풍경의 무뚝뚝함을 별로 부드럽게 해주지 못했네. 서양 삼나무, 자작나무, 약간의 포플러 나무, 포도나무 넝쿨로 이루어진 정원들이 보였고 이곳저곳에 삼나무의 일종과 도금양나무가 보였으며 그리고 가시 많은 선인장과 그 뿌리가 목질 속으로 향하고 있는 거대한 알로에로 이루어진 담장들이 보였어. 이것이 전부라네. 헐벗고 고요했으며 음울했네. 그러나 도시에는 매우 잘 정돈된 작은 상점이 몇 개 있었어. 그중 하나는 별개의 작은 집에 자리를 하고 있었는데 이 상점은 부유한 상점이라고 불릴 만하더군.

동료들은 해변으로 끊임없이 다녀왔네. 몇몇은 케이프타운으로 떠났으나 나는 언덕들을 바라보며 갑판을 따라 걸어 다니고 있었어. 책을 읽고 싶었으나 읽을 수가 없었고 적으려 했으나 적히지 않더군. 사나흘이 지나갔고 나태함만 계속되었네. 해변에 다녀온 동료들이 어느 날 부두에서 그들에게 한 노인이 다가와서 순수한 러시아어로 말했다는 이야기를 하더군.

그 노인이 이런 말을 했다는 거야.

"건강하시기를 빕니다, 나리들."

우리 장교가 물었네.

"당신은 도대체 누구십니까? 어디 출신이신가요?"

"러시아인입니다. 1814년에 프랑스인에게 포로로 붙잡혔답니다. 그다음에 워털루 전투[204] 때에는 영국인과 싸우다가 이들에게 붙잡혀서 이곳으로 보내졌지요. 저는 흑인 여자와 결혼해서 여섯 아이를 뒀습니다."

"어디 태생이신지요?"

"오룔 현[205] 출신입니다."

그러나 그에게 다른 정보를 얻어내는 것은 어려웠네. 그는 이미 러시아어를 무척 서툴게 말하고 있었기 때문이야. 우리 전함을 노출시키고 돛대를 내리고 돛대 밧줄을 벗겨냈네. 일은 활기를 띠기 시작했네. 보트들이 해변으로 또 반대 방향으로 끊임없이 들락거렸네. 누르스름한 외투에 하늘색 리본이 달린 밀짚모자를 쓴 티흐메네프는 빈 보트로 매일 나갔다 왔지. 혹은 더 정확히 말하자면 고기, 채소, 과일과 그를 실은 보트가 들락거린 거야. 밀짚모자는 황소 다리와 수박들 사이에서 꽃처럼 보였네.

나는 어느 날 지루해서 파데예프에게 물었어.

"우리가 어디 있는지 아느냐?"

그가 나를 힐끗 의심스럽게 곁눈질하더니 이 질문을 그저 해보는 게 아니구나 예견하면서 무관심하게 벽을 보면서 말했네.

"알 수 없지요."

"어디에 왔는지 모른다는 것은 멍청한 일이야."

그가 침묵했네.

"그러니 말해보아라."

"왜 내가 알아야 하지요?"

"넌 왜 안 묻는 거냐?"

"내가 무엇 때문에 물어야 하나요?"

"집으로 가면 모두들 어디에 있었냐고 물을 거 아니냐. 그러면 뭐라고 대답할 거냐? 자, 들어봐라. 내가 얘기해줄 테니. 그리고 잘 보고 기억해라. 우리가 어디서 이곳으로 오게 되었느냐?"

그는 내게 시선을 돌렸어. 내가 원하는 것이 무엇인지를 이해하고자 하는 의도로, 그리고 나를 만족시킬 기회를 찾듯이 말이야. 하지만 나는 그를 어떤 다른 생각으로 데려가고 싶었네.

내가 그에게 질문을 거듭 던졌어.

"어디서 왔느냐? 응?"

"영국에서 왔지요."

"그러면 이 영국은 어디에 있지?"

그는 훨씬 곁눈을 뜨고 나를 바라보기 시작했네. 내 질문이 그에게는 분명치 않은 것처럼 보였나 보이.

"프랑스는 어디지? 이탈리아는 어디고?

"알 수 없지요."

"그러면 러시아는 어디지?"

그가 재빠르게 대답했네.

"크론시타트 항구에 있지요."

이 말을 내가 고쳐주었어.

"유럽에 있다. 그러니 지금 우리는 아프리카에 도착한 거야. 아프리카의 남쪽 경계인 희망봉에 있는 거야."

"알겠습니다."

"잘 기억해두어라!"

파데예프에게 하는 지리 수업은 산들과 모래 사이의 외딴 곳에서 내 오락거리였다네. 전함에서는 열심히 일들을 했네. 도처에서 삭구, 돛에 힘을 주는 활대가 놓여 있어서 통로가 없어. 단지 뒤 갑판에서만 걸어 다닐 수 있네. 그곳에서는 때로 음악을 연주하기도 하네. 우리는 망원경으로 해변을 보기도 하고 물고기를 낚기도 하고. 한번은 비늘이 없는 상당히 굵고 부드러운 물고기를 큰 낚싯바늘로 잡아서 물에서 끌어내기도 했네. 이 물고기는 배가 노란색이지만 등에 온통 반점이 나 있었어. 이 물고기를 큰 나무통에 집어넣어 두었네. 영국인 가운데 누군가가 오더니 이 물고기를 보고서 먹지 못하는 물고기라고 서둘러서 경고하더군.

"이건 독이 있는 물고기입니다. 그걸 먹으면 5분, 10분이 지나면 죽게 되지요. 그런 예도 있었지요. 어느 날 네덜란드 배에서 온 몇 명이 중독되었지요. 돼지들은 해변에 버려진 이 물고기를 가끔 먹어요. 그러면 몇 번 돌다가 죽어버리지요."

모양이 쥐노래미 비슷한 좋고 맛있는 물고기를 많이 잡았고 어떤 빨간 물고기가 다소 잡히더니, 그다음에는 평평한 물고기까지 무진장 다양한 종의 물고기를 잡아 올렸다네. 그리고 우리 식탁에는 대단히 좋은 포도, 매우 평범한 수박과 뛰어나게 굵은 오이가 오르기도 했지.

네 번째 날에는 나도 우리 의사들과 크류드네르 남작과 더불어 해변으로 다녀올 생각이었네. 의사들은 식물을 채집할 작정이었으나, 나와 크류드네르 남작은 그들을 방해할 작정이었거든. 해변마다 도처에 돌이 흩어져 있었네. 그러나 이 돌들은 하나하나 모두 좋은 집을 짓기에 가장 적당한 돌이었어. 내가 출발 준비를 하고 있을 때 파데예프가 다가왔네.

"나리, 저도 나리와 함께 갈 수 있도록 허락해주십시오."

"어디를 말이냐?"

그가 내 수업을 기억하며 대답했지.

"아프리카로 말입니다."

"넌 거기에서 뭘 할 건데?"

"저 산에 기꺼이 오르고 싶습니다."

해변으로 나아가자 우리는 말레이인 무리, 흑인 무리 그리고 아프리카에서 태어나 자신을 백인이라고 부르는 아프리카인 무리를 만나게 되었어. 어떤 이들은 해군공창에서 일하고 있었고, 다른 이들은 바다, 배들, 도착한 사람들, 무슨 일이 일어날지를 그저 바라보고 있었네. 우리 뒤로 우리 하인들이 오고 있었지. 어떤 이는 무기를 들고 왔고, 또 어떤 이는 곤충을 잡을 작은 그물을 가지고 왔으며, 또 어떤 이는 돌을 깨뜨릴 망치를 가지고 왔네.

우리는 서로 말했다네.

"보세요. 사람부터 시작해서 이미 우리 것이라고는 아무것도 없네요. 모든 게 다르네요. 사람도, 그들이 입은 외투도, 그들의 풍속도 말입니다."

울타리는 선인장과 알로에 관목으로 만들어졌네. 가시에 걸리기라도 한다면 이 쐐기풀들이란! 솔직한 사람뿐 아니라 도둑도, 심지어는 연인이라도 그런 담장을 타고 넘지는 못할 걸세. 거의 눈에 띄지 않는 백만 개에 달하는 뾰족한 가시가 손을 찌르게 되기 때문이지. 그리고 돌은 우리 돌 같지 않고 모래는 불그스레하고 풀은 이상하네. 이 풀은 어떤 곱슬곱슬한 털 같고 저 풀은 손가락 두께만큼 굵으며, 또 다른 풀은 이끼처럼 연기 나는 갈색이야. 도시를 넘어 가늘고 깨끗한 모래를 따라 해변에 가면 발아래에서 조가비가 부서지는 소리가 났네.

우리는 때로 조가비, 또 때로는 돌을 주워 들면서 이 말을 되풀이하곤 했어.

"모든 게 우리 것 같지가 않아, 영 마음에 안 드네."

참새가 어렴풋이 보였네. 우리 참새보다 훨씬 화려한 멋쟁이였어. 지금은 이 참새가 아무리 멋쟁이라 할지라도 참새로 보이네.

이 참새가 나는 모습과 보이는 태도, 휘젓는 모양새는 길거리에 돌아다니며 온갖 쓰레기 더미에 코를 처박는 우리 참새와 똑같거든. 제비도 까마귀도 있네. 그러나 우리 것과는 다른 모습이네. 제비는 더 회색빛을 띠고 있고 까마귀는 훨씬 검더군. 개가 짖기 시작했으나 낯선 이들에게 짖는 것 같지 않게 마치 외국어로 짖는 것처럼 짖고 있었네. 거리마다 얼굴이 거무스름하고 머리가 곱슬곱슬한 소년들이 뛰어다녔고 검거나 갈색인 여성들, 말레이인들이 무리를 이루고 있었어. 이들은 종탑을 닮은 높은 밀짚모자를 쓰고 있었는데 모자의 챙이 더 많이 좌우로 넓혀져 있거나 약간 위로 올라가 있었지. 돼지만이 우리나라 돼지들과 똑같이 불결했으며 구석에 옆구리를 미친 듯이 긁어대고 있었다네. 마치 집 전체를 굴려서 옮기려고 하는 듯했어. 그리고 고양이 한 마리가 집 앞의 울타리로 둘러싸인 작은 정원의 도금양나무 사이에 앉아서 발을 정성껏 핥고 그 발로 머리를 매만지고 있었네. 우리는 집과 정원을 지나쳐 모래로 뒤덮인 길을 따라서 갔지. 요새를 스쳐 지나서 왼쪽으로 나가 교외로 향했다네.

사람들은 우리가 관목 곁으로 정오까지 다녀오지 못하리라고 우리에게 예고했네. 이 무렵에는 뱀들이 햇볕에 몸을 따뜻하게 하려고 기어 나오기 때문이라더군. 그러나 우리는 말을 듣지 않고 막

대기로 관목을 가볍게 흔들어가면서 관목 숲 사이에 감히 길을
내어가면서 움직였네. 아마도 사람들이 뱀을 경계하는 것보다 뱀
이 사람들을 더 많이 경계하는 듯했어. 나는 도마뱀 한 마리만 보
았네. 그 도마뱀을 지팡이로 그 자리에서 꽉 누르고 싶었지만 녹
색의 그 뱀은 이해하기 어려울 만큼 신속하게 굴속으로 들어가버
렸지. 어느 길에서는 흑인 여자 세 명이 우리와 함께 걸어가고 있
었네.

내가 한 여자에게 물었네.

"당신은 어느 종족인지요?"

"핀고입니다! 모잠비크인입니다."

그러고 나서 다시 외치기 시작했어.

"호텐토트인[206]입니다!"

세 명 모두 크게 웃기 시작했네. 흑인 여자들이 이렇게 뻔뻔스
럽게 웃는 웃음소리를 내가 들은 것이 한두 번이 아니야. 만약에
곁으로 지나가면 아무 일도 없네. 하지만 흑인 미인에게 무엇인가
를, 예를 들어 그녀의 이름이나 거리에 대해 물어본다면 그녀는 바
보스러운 이야기를 하고 대답에 이어서 그녀의 웃음소리가 들려
오고, 만약 그녀가 여자 친구와 있다면 그 여자 친구의 웃음소리
까지 울려 퍼지게 될 걸세.

아낙네가 우리에게 계속 외쳐댔다네.

"비추안인[207], 카불인[208]입니다!"

정말 아낙네였네. 우리네 아낙네처럼 옷을 입고 있었지. 머리에는 수건이 있고 허리에는 사라판에 붙어 있는 것과 비슷한 치마를 닮은 무언가를 두르고 있었네. 때로는 목에 수건이 있고 또 때로 없기도 했어. 갈색 종족의 몇몇 여성은 햇볕에 그을린 우리 시골 노파들과 놀랄 만큼 닮아 있네. 그 대신에 흑인들은 전혀 닮지 않았네. 이들은 모두 입술이 두텁고 턱과 턱뼈가 불쑥 튀어나왔으며, 수지와 같은 까만 눈에 흰자위가 자리 잡았고 희디 흰 이를 보여주고 있어. 검은 얼굴 위의 미소는 무언가 무섭고 악한 것을 지니고 있더군.

우리는 부서지는 파도가 격노하여 내리치고 있는 돌 사이에서 완전한 진열관을 발견했네. 조가비, 연체동물, 성게, 새우 등이었지. 연체동물은 돌에 어찌나 강하게 뿌리를 내리고 있던지 잡아 뜯어내기가 불가능했네. 탄력이 있더군. 단지 쥐기만 해도 그것은 물을 분수처럼 뿜었네. 바다 고슴도치는 반은 식물이고 반은 동물이라네. 성장도 하고 숨도 쉬는 듯하면서도 몸에 풀이 많이 나 있는 작은 덩어리야. 이 바다 고슴도치는 온몸이 바늘로 가득 덮여 있고 여러 색채로 선명하게 빛이 나네. 우리 자연과학자는 이것들을 많이 모았어. 더욱이 꽃, 나뭇가지, 조가비도 많이 모으네. 그러나 조가비는 그저 그러하네. 별 거 아니야. 사실 한 호텔에서 나는 화려하고 다양한 색깔의 거대한 조가비들을 보았다네.

"이것은 이곳에서 난 것인가요?"

"아닙니다. 성 마브리키 섬에서 온 것입니다."

나는 어디로 간다 하더라도 뛰어난 무언가를 찾아낼 것이라는 사실을 알아챘네. 그것이 어디에서 왔느냐고 물으면 먼 곳, 앞쪽 혹은 뒤쪽을 항상 가리키지. 케이프타운에서는 담뱃가게에서 두 가지 색깔의 아름다운 나무 재질로 된, 잘 조각된 성냥갑들을 보았어. 지금 나는 몇 개의 성냥갑을 희망봉 기념으로 샀네.

"이 나무 이름이 무언가요?"

한 영국인이 말했네.

"복스 가죽²⁰⁹입니다."

"그런데 그건 어디 제품인가요?"

"영국제입니다."

성 마브리키 섬에서는 파리에서 온 조가비라고 말하네. 그런데 전 세계가 그렇듯 이곳에서도 자신의 상품을 수도의 상품들보다 뛰어나게 보이려는 지방의 습성이 있어. 무엇을 물어보든지 간에, 모자나 장화를 물어보아도 모두 영국제라고 자네에게 대답할 걸세.

나는 우리 시골 도시에서 흔히 만나는 희고 푸른 판자 위에 다음과 같이 적힌 간판을 떠올렸네.

"니즈니 출신 재봉사."

흡연자는 신이 자신을 어떻게 위로하는지를 알고 있다고 생각하지. 자신의 담배를 영국제 담배로 사칭하고서 말이야.

산책에서 돌아온 우리는 이곳의 호텔인 분수호텔에 들렀네. 네덜란드 건축양식으로 된 이 건물에는, 처마가 있고 발코니가 붙어 있으며 방바닥에 니스 칠이 되어 있는 깔끔하게 장식된 방들이 있더군. 방의 천장은 동쪽 해변인 나탈리항에서 수입된 어두운 색의 나무로 되어 있었어. 나무를 식민지의 내부에서 배달하는 비용이 비쌌기 때문에 나무는 단지 가구와 가장 필요한 수공품에만 사용되었네. 그 대신에 돌은 아주 헐값이야. 그래서 모든 집이 돌로 지어졌지. 우리는 매우 가난한 어부들의 오막살이를 보았네. 사이먼스타운에서 케이프타운으로 가는 길에 보았는데 이 집들은 해변에 버려져 있던 고래와 다른 동물들의 뼈로 지어졌더군. 우리는 차일을 친 창문 옆에 앉아 있었는데 3월 15일이었는데도 날이 더웠고 태양이 내리쬐었어. 마치 우리나라에서는 7월이거나 이곳이라면 12월 같았네.

난로 위와 구석구석에는 사방에 광물, 조가비, 새, 짐승이나 뱀의 박제가 널려 있었네. 모든 것이 성 마브리키 섬에서 온 것 같았지. 난로 안에는 마른 꽃들이 많이 놓여 있었네. 그 종은 밀짚꽃이라고 말하더군. 이 꽃들은 수년 동안 변하지 않고 놓여 있네. 10년 후에는 완전히 마르고 그 색이 선명해지며 아무 냄새도 나지 않을 테고 찢어지지도 않을 걸세. 우리는 생강이 들어 있는 맥주, 콘스탄샤 포도주, 유명한 콘스탄샤 산의 산물에 대해 물었네. 맥주는 소년이 크류드네르 남작에게 가득 따라주었는데, 콘스탄샤 포도주는 무척 달더군. 약간 말라가[210] 포도주 맛을 상기시켰으나 단지 더 달았네. 벽에는 허접한 그림들이 걸려 있었어. 내가 지금 확신하건대 이것은 전 세계 어디를 가든 역참과 선술집이 보여주는 불가피한 속성이라 할 수 있겠지. 이런 그림들이 없다면 역참에서는 지루하기 마련이네. 이것은 여행자에게 큰 위안이 되네. 상기해보게나. 우리 역참에서 말을 매는 동안 사람들과 사건의 순박한 모습을 훑어보면서 자네들이 몇 번이나 미소를 짓게 될까? 이곳에서도 마찬가지라네. 예를 들어 한 그림에서 병사들이 밀수출입자들과 싸움을 하는 장면이 보이네. 주인공들은 서로 칼로 베고 치고 박고 있으나 그들의 얼굴에는 거기에 묘사되어 있는 영국인들에게서조차 그런 상황에서는 있을 수 없는 그런 평온한 표정이 감돌고 있네. 그리하여 그런 표현이 우스운 익살을 만들어내지. 다른 그림에서는 장애물 경주를 하고 있는 경마가 표현되어 있네. 말들은 두 다리를 높이 들고 있고 사람들은 목까지 물속에 잠겨 있네. 이 그림들을 보고 나니 아직 주인을 보지 않고서도 이 호텔이 영국 호텔이라는 결론을 내렸네. 네덜란드 경마에서는 이와 같은 표현이 없고 그 대신에 도처에서 호랑이나 여우 사냥을 볼 수 있고 그 이후에는 왕과 왕비의 초상화를 볼 수 있네. 여기에서는 일종의 조화되지 않음이 마음을 끄네. 즉 중앙아시아의 표범이 이빨로 사냥꾼의 다리를 물고 있고 사냥꾼은 갈대 속에 누워서 한쪽을 보면서 웃고 있지. 대체로 영국과 네덜란드 호텔은 첫눈에 구별해낼 수가 있다네. 영국인의 호텔에서는 도처에서 안락함이나 그에 대한 요구가 보이거든. 네덜란드인의 호텔에서는 원시적인 것이 보이지. 이것은 옛 것, 시간이 지남에 따라 거무스름해졌으나 깨끗하게 유지되는 가구 속에, 특히 나무로 만든 배가 불룩한 사무용 책상과 선조의 도자기, 은 등을 넣어둔 찬장 속에서 보이네. 단지 이 호텔의 상태만 보고는 이곳에서 네덜란드인이 낮고 영국인이 우월하다 결론을 내리는 것이 실수는 아닐 걸세. 네덜란드인의 호텔에서는 모든 것이 지루하고 방치된 듯 보이고 영국인의 호텔에서는 유쾌하고 새롭고 신선해 보이네. 우리는 시가를 피우고 창문으로 우리 배도 포함되어 있는 배들과 먼 산들을 보면서 한 시간가량을 보냈어. 우리가 아프리카에 있다는 생각을 즐기면서 말이야.

동료가 내게 말했네.

"정말 이것이 가장 남쪽에 있는 호텔입니다. 여기서부터 곧장 남극까지 갈 수 있습니다. 이 사실을 당신의 기록 책에 써놓으시지요."

나는 이 의견을 어떤 종류의 지식 속에 집어넣어야 할지 모르겠더군. 그것을 특별히 집어넣겠다고 약속했네.

나는 파데예프가 어떤 친절함도 베풀 능력이 있으리라는 기대를 전혀 하지 않았지. 그러나 전함으로 돌아온 뒤에 내 선실에 놓여 있는 화려한 꽃을 보게 되었어. 생생하게 살아 있는 튤립이었네. 크기가 찻잔만 했고 장미 잎들과 같았으며 검고 갈색의 이끼가 안에는 있었고 줄기가 길었네.

"어디서 땄나?"

"아프리카 산에서 땄어요."

우리는 모두 일곱 명이 케이프타운에 가려 했네. 그러나 식민지로 더 멀리 여행을 하려는 목적이었지. 어느 날 아침에 가방에 속옷과 옷을 넣고 여행가방에 메모장들을 챙기고 마차 두 대에 타고 출발했네. 양옆은 가죽으로 되어 있고, 지붕이 있는 큰 마차였다네.

사이먼스 만에서 케이프타운까지는 영국식으로 전부 38킬로미터 혹은 36베르스타였네. 처음 19킬로미터는 해변을 따라 나 있었지. 때로는 산기슭 옆에, 때로는 모랫길, 때로는 바위 가장자리를 따라 나 있었네. 하지만 모두 포장도로였어. 길은 유쾌하지 않았네. 비록 바다가 계속해서 보였지만 말이지. 머리 위에서 절벽이 누르는 듯했고 관목 숲이 여기저기 흐트러져 있었기 때문이었어. 온통 어두침침하고 헐벗어 있었네. 절벽 위쪽은 풀로 뒤덮인 화강암의 어두운 회색빛 때문에 날카롭게 돋보였네. 우리는 높은 계곡에서 풀을 뜯어 먹고 있는 암소들을 보았지. 암소들은 밑에서 보았을 때 작은 곤충처럼 보였네. 오른쪽 한 장소에는 염분이 없는 담수 호수가 있더군. 어디엔가 어부들의 오막살이가 있었네. 산 아래 시골집 두세 채와 작은 호텔이 하나 있었고. 이게 전부라네. 살아 있는 것은 거의 없다고 할 수 있네. 단지 갈매기들이 연안을 따라서 헤엄치듯 날고 있었고 바다는 영원히 오래 계속되듯 출렁이며 철썩거릴 뿐이야. 도로 중간에는 하프웨이라는 다른 호텔이 있었네. 우리의 마부는 이곳에서 멈추어서 말을 풀어놓고는 우리에게 원기를 회복하라는 말을 했네. 즉 조금 먹으라고 하는 거지. 마당에는 커다란 서양 삼나무가 자라고 있었네. 곁채가 만들어져 있었고, 이 호텔은 다른 곳, 작은 마당에 자리 잡고 있었네. 우리는 아침 식사를 주문하고 정원으로 나갔어. 입구에 커다란 글자로 적혀 있더군. 정원에서 정원사의 허락 없이 어떤 것도 손대어서는 안 된다고 말이야. 그러나 손댈 게 전혀 없었네. 익지 않은 무화과와 옥수수 말고는 말이지. 한 흑인이 옥수수를 따고 있었어. 다른 것은 모두 오래전에 수확했네. 비록 날씨가 더웠지만 이곳에서는 여름 날씨가 아니라더군. 잎들이 나무에서 날려와서 길들을 뒤덮었네. 정원은 잘 정돈되어 있었고 텃밭으로 사용되었네. 이곳에는 무화과나무 외에 바나나, 포도, 양배추, 오이가 있었네. 많은 꽃이 보였어. 아침 식사는 계란 프라이, 소금에 절인 딱딱하고 차가운 콘비프, 뜨겁고 딱딱한 햄이 나왔네. 계란 프라이, 햄 그리고 나무 액자 속 풍경은 또다시 내게 우리 것에 대한 생각을 불러일으켰지. 그러나 여기에서는 새와 짐승의 박제가 더 많았네. 특히 작은 사슴의 머리가 귀여웠어. 크기가 새끼 염소만 했거든. 나는 넋을 잃고 그것을 바라보았네. 마치 여인의 머리를 보듯이 말이야. 그리고 구석마다 야생 물소의 뿔이 장식되어 있었네. 거대하고 가지가 뻗어 있으며 윤이 반질반질하게 나는 것이었지. 역시 여인의 머리는 아니었네….

호텔부터는 길이 완전히 달랐다네. 절벽은 해변에서 약 4.8킬로미터 정도 한쪽으로 물러섰고 유쾌하고 활기찬 길이 많은 별장 사이에 늘어서 있었는데 그 별장은 이 집이 저 집보다 더 예뻤네. 서양 삼나무, 참나무, 포플러 나무로 되어 있는 가로수 길로 들어가면 이곳저곳에 있는 나무들은 침투할 수 없는 아치를 형성하고 있고 어딘가 다른 가로수 길들은 한 방면으로 나 있었어. 중심 별장에서 다른 별장과 농장으로 말이지. 그다음에는 도로에서 보이는 작은 도시인 윈버그로 향해서 나 있네. 왼편으로는 포도주로 유명한 콘스탄샤 산이 보이더군. 이 산과 나란히 산맥이 테이블 산[211]까지 나 있네. 도로를 가면서 지붕이 있는 큰 마차, 말 한 마리가 끄는 1인용 마차, 말 탄 사람들이 때로는 우리를 추월했고 또 때로는 마주 오면서 보기도 했어. 알아차리지 못하는 사이에 가로수 길에서 케이프타운으로 들어가게 된 거지. 입구에서는 마차마다 포장도로 비용으로 8펜스[212]씩 거두더군. 사이먼스 만에서 나갈 때에도 똑같이 거두네. 도로에는 아름다운 돌로 지은 작은 예배당도 있었네. 이 교회는 반 고딕 양식으로 되어 있었어. 산 아래쪽 강변에는 몇 채의 집이 지어져 해수 사우나를 하며 여름을 보내러 오는 이들이 머무를 수 있다네. 어부들의 마을이 수림으로 둘러싸여 있었어.

케이프타운

도시로 들어갈 때까지 오랫동안 우리 눈에는 이상한 산이 세 개 보였네. 우리가 본 그 어떤 산과도 닮지 않았다네. 산 하나는 매우 길고 꽤 비탈이 진 것으로, 가운데에 웅덩이가 있었고 끝부분에는 높은 구릉이 있었어. 다른 산 하나는 평평한 것으로, 중앙이나 위쪽이 똑같이 넓어서 정상이 없었네. 마치 잘라낸 듯했어. 그리하여 이 산은 위쪽 부분에서 광장으로 끝나고 있었네. 거의 동일한 중앙으로 끝나는 듯 말이야. 이 산에 기대어 세 번째 산이 있었네. 이 산은 다른 두 산보다 풀이 더 많이 자라고 있었는데 온통 수레바퀴 자국이 나 있었어.

내가 말레이인 마부에게 산 하나를 가리키면서 물었지.

"이것은 무엇인가?"

"테이블 산입니다.(탁자 산이라는 뜻이네.)"

"그럼 이것은?"

"사자의 머리입니다.(사자 산이라는 뜻이네.)"

"그럼 이것은?"

"데블의 꼭대기입니다.(악마의 꼭대기라는 뜻이네.)"

테이블 산은 탁자를 닮았기에 이렇게 불리고 있어. 하지만 궤짝도, 피아노도, 벽도 닮았지. 어쨌든 이 산은 산을 닮지는 않았네.

이 산의 양옆은 평평해서 망원경으로 보면 산허리에서 볼록한 부분, 울퉁불퉁한 곳, 파인 곳이 많이 보이네. 그러나 이것들은 거대한 돌덩어리 속에서 사라져버린다네. 이 세 산 가운데서 특히 테이블 산이 유명한데 그 명성을 그저 얻은 게 아니야.

햇빛이 가득 채우든지, 짙은 안개가 그 위에 눕든지, 혹은 구름이 에워싸든지 이런 모든 장식을 걸친다 해도 이 산들은 아름답고 독창적이네. 이 산들은 여행자에게 영원히 남을 장엄한 볼거리를 선사하더군. 세 거인처럼 이 세 개의 이상한 형태는 도시를 둘러싸고 있어. 아프리카의 남쪽 해안을 둘러싸고 있는 모든 산처럼 우울하고 회색빛 나는 이 테이블 산은 태양과 공기 때문에 거무스름해진 사암으로 이루어져 있네. 도처에 풀이 자라고 있고 우거진 관목이 비로 잘 씻긴 수레바퀴 자국 속으로 뻗어 있지. 산기슭을 따라 숲이 있고 포도원과 정원이 있는 별장이 무리 지어 흩어져 있네. 얼핏 보면 이 벽으로 들어가는 것이 불가능해 보였어. 그러나 그곳에는 오솔길들이 나 있어 호기심 많은 이들은 안내자를 데리고 그곳으로 연속적으로 향한다더군. 우리 일행 몇몇도 다녀왔다네. 그들은 장화를 신고 출발했는데 돌아올 때는 맨발로 왔지 뭔가. 그들의 말에 따르면 산의 정상은 평평하였고 관목으로 그 광장이 가득히 덮여 있었다 하네. 사자 산은 누워 있는 사자를 닮았다고 해. 약간 긴 언덕은 실제로 어떤 동물의 척추를 상기시키네. 하지만 테이블 산에 붙어 있는 이 언덕의 원추형 꼭대기는 사자의 머리를 전혀 닮지 않았어. 그 대신에 꼭대기의 금관은 자고 있는 새끼 사자의 모습과 완전히 닮은 모습을 하고 있다네. 동료들도 그와 똑같이 말했지. 일부러라도 더 이상 좋게 만드는 것은 불가능하다 했네. 그래서 그것을 가져다가 식탁 위에 문진으로 놓아두고 싶어진다더군.

산들을 감상하는 동안 우리는 모르는 사이에 2층집의 넓은 현관 옆에 있는 것을 알게 되었어. 웰치 호텔이었네. 입구의 아래 계단에서 우리를 맞은 것은 완전히 까만 시종이었네. 그다음에는 말레이인 시종이 우리를 맞았고, 그다음에는 완전히 까맣지는 않지만 하얗지도 않은 시종이 빨간 수건을 머리에 두르고 우리를 맞았지. 현관에서는 더 하얀 영국인 여자 시종이 맞았고 그 이후 계단에서는 물론 20세가량 된 백인 미인이 우리를 맞더니 마침내 주인인 노파가 우리를 맞았는데 완전히 백발이었네. 우리는 깨끗하고 둥글며 위가 밝은 보호막 아래로 들어가게 되었지. 이곳은 나무로 된 아름다운 계단, 마당으로 바로 나가는 출구, 발코니가 있었네. 마당에는 포도덩굴 담이 둘러져 있었고 잘 익고 굵직하며 호박색을 띤 열매가 도처에 매달려 있었어. 문들은 오른쪽으로는 호텔로 향해 있었고 왼쪽으로는 식당으로 활짝 열려 있었다네. 식당은 차일이 반쯤 쳐져 있었고 창문들이 있었네. 여기저기에 어스레한 어둠과 시원한 공기가 있더군. 이곳에서 우리는 전날 밤에 떠난 우리 일행을 만났네. 그들은 산책을 하고 있었어. 우리는 물건들을 시종들에게 건네주고 일행에 합류했네. 시종 한 명이 나와 크류드네르 남작에게 우리가 점심을 먹을 건지 물었지. 분수호텔에서 맞이한 식사, 그러니까 지나치게 소금에 절인 고기인 콘비프와 너무 부드러운 계란 프라이가 내 기억 혹은 위장 속에 아직 남아 있어서 나는 식사를 할지 모르겠다고 대답했네. 크류드네르 남작이 나와 자신을 위해서 밥을 먹겠다고 서둘러서 답했지. 계단에서 하녀가 우리에게 다가와서 점심을 먹을 것인지 물었어.

이렇게 말하려 했네.

"모르겠는걸…."

그러나 크류드네르 남작은 내게 이것을 다 말할 시간을 주지 않더군. 우리가 물건들을 건네주는 동안 우리 일행은 무리 지어서 간이매점 옆에 모여 있었네. 나는 그들이 무엇을 하는지 보려고 헤집고 들어갔지. 이런 일이 있더구먼. 간이매점의 어두운 방에서는 밝은 객실들로 커다란 창문이 나 있었어. 그 창문에는 작은 틀처럼 아름다운 그림이 한 점 걸려 있었네. 아름다운 아가씨 캐롤라인의 그림이었네. 그녀는 웰치의 친척으로 우리가 계단에서 마주친 아가씨라네. 훤칠한 키에 멋진 허리, 아름다운 눈 그리고 거친 손을 가진 아름다운 아가씨였네! 하얗고 부드러운 피부 사이로 푸른 혈관의 가느다란 실핏줄이 비쳐 보였지. 눈은 컸는데 어둡고 부드러우며 눈매가 시원했네. 입은 작았는데 모든 사람에게 동일하고 영원한 미소를 보일 것 같은 우아한 입이었어. 나는 나중에 그녀가 손가락의 일부를 자르고 울기 시작하는 모습을 보았네. 그녀의 이마는 주름이 졌고 눈은 고통을 나타내었으나 입은 웃고 있더군. 습관의 힘은 이런 거지. 그녀가 각각의 사람들에게 계산서를 얼마나 우아하게 내미는지! 비록 거친 손으로 썼으나 아름다운 필체로 쓴 계산서를 말이야!

계산서를 보고서 손님들이 돈을 지불할 때 그녀가 얼마나 상냥하게 말하는지!

"고맙습니다!"

그녀가 실피다[213]처럼 들리지 않는 발걸음으로 계단을 따라 걷다가 계단 중간에 멈추어 서서 난간에 기대어 뒤를 돌아본 후 자네에게 살인적인 시선을 던질 때면 얼마나 매혹적일지. 그녀는 모든 사람을 창문 쪽으로 끌어당겼네. 그래서 그곳에는 사람들이 항상 모여 있었어. 그녀는 때로 온몸을 쭉 펴고 앉아서 방의 어두운 배경에서 우쭐대었네. 뒤에는 보조물, 방의 부속물처럼 소파 위에 상당히 둔중한 노파인 웰치 부인이 앉아 있었다네. 미소 지으며 손님들과 이야기하는 것은 캐롤라인에게 맡겨두고서 웰치 부인은 항상 후면을 지켰네. 그녀는 캐롤라인이 건네주는 푼트를 받아서 주머니 속에 한숨을 쉬며 넣곤 했지. 새로 온 우리들을 보면서 두 여주인은 한목소리로 우리가 점심을 먹을 것인지 물었네. 이 질문은 집 전체에서 하더구먼.

날은 놀라울 정도로 좋았네. 남쪽에 태양이 비추었지. 비록 가을빛이었지만 색조와 빛을 아끼지 않고 내뿜었어. 거리는 게으르게 이어져 있었고 집들은 정오에 생각하듯이 서 있었네. 뜨거운 섬광으로 도금된 듯했지. 우리는 큰 광장을 지나서 갔네. 호텐토트 광장이라 불리는 곳으로, 테이블 산에서 반대편으로 기울어져 있던 곳인데 큰 전나무들이 가득했어. 이 산에서 도시와 만으로 부는 유명한 바람 때문에 심어놓았다더군.

광장에서는 일반 군대가 훈련을 받네. 하지만 지금은 이들이 없었어. 그들이 아직도 카불인들과 전쟁을 하고 있어서라네. 광장 끝에는 마차 대기소가 있네. 이것은 나지막한 건물로 네덜란드 건축양식으로 되어 있었는데 두드러진 게 전혀 없었어. 그곳에는 큰 홀이 있었고, 그 홀은 팔고 사는 것에 대해 인쇄된 안내장이 수천장 걸려 있었고 그리고 신문이 놓여 있는 탁자들이 많이 있었지. 근처의 방에는 도서관이 있었네. 우리는 많은 거리와 광장을 보았고 영국 교회와 가톨릭 교회를 보았다네. 다른 것들과 전혀 구별되지 않는 한 집에 자리 잡고 있는 이슬람 사원을 지나갔네. 그러나 어느 곳을 보든지 시선을 잡는 것은 누워 있는 사자의 초록으로 물든 양 옆구리, 테이블 산, 악마의 꼭대기였어. 도시는 이들 산으로 눌려 있는 것 같았네. 단지 서남쪽으로 끝없이 펼쳐진 광활함이 나 있었고 그곳에서 바다가 하늘과 합류되더군.

우리는 한 거리의 끝에서 어두운 가로수 길을 보고 그곳으로 갔네. 보행자를 위해서 전나무로 완전히 덮여 있는 긴 가로수 길이었어. 이 길에는 상당히 날카로운 돌이 박혀 있었지. 몇 사젠을 지나자 식물원 입구에 다다랐네. 이 식물원으로 들어가는 데에는 예약한 후에 돈을 지불해야 했네. 그러나 여행자에게는 이 출입구가 언제나 무료였어. 이 정원이 얼마나 큰 기쁨을 주었는지! 이 정원은 크지 않았네. 페테르부르크의 여름정원의 절반이나 될까. 하지만 그 대신에 그 정원에는 케이프와 식민지에서 자라고 있는 모든 꽃과 나무가 있었네. 모든 것이 종별로 질서정연하게 자리하고 있었지. 우리는 정원을 한 바퀴 둘러보았네. 하나의 식물도 빠뜨리지 않고 말이야. 처음에는 나무가 보였네. 등자나무, 무화과나무, 그리고 다른 나무가 보였지. 그다음에는 관목이 보이더군. 온갖 종류의 도금양나무, 삼나무가 보였네. 그 가운데에는 작고 선명하며 빛나는 꽃들이 수백만 종이나 있었어. 나는 우리나라의 화려한 별장과 화원을 생각해냈다네. 이곳에서는 이 모든 것이 유리 아래에서나 큰 나무통에서나 자라고 있고 겨울에도 숨어 살아남을 수 있네. 여기에서는 1년 내내 모든 것이 푸르고 꽃을 피우지. 곳곳에 우리나라에서는 볼 수 없는 매우 아름다운 나무들이 자라고 있네. 그것은 영어로 브룸트리, 즉 로템나무라고 불리더군. 브룸은 빗자루를 의미하지. 이 나무는 잎이 없기 때문에 이 이름으로 불리네. 이 나무에는 가늘고 매우 긴 초록색 나뭇가지만이 있어. 이 나뭇가지들은 곱슬머리처럼 거의 땅에 닿게 매달려 있네. 수양버들을 상기시키기도 하지만 그보다 훨씬 아름다워. 얼마나 풍성한 달리아인가! 여기에는 알로에도 있었어. 두 개의 널따란 노란 테두리를 가진 녹색 잎들이 특히 아름답더군. 선인장은 다른 무엇보다도 풍요롭네. 이것은 완전한 산림 속의 초지를 형성하고 있어. 얼마나 다양하고 얼마나 기묘하며 동시에 또 얼마나 아름다운지! 나는 많은 관목을 지나면서 머리를 떨구었지. 내가 알지 못하는 언어의 철자들 곁을 지나가듯이 말이야. 중심 가로수 길 가운데에는 바로 참나무, 마치 머리만 한 커다란 배들을 달고 있는 거대한 배나무가 원을 이루면서 자라고 있었어. 하지만 이 배들은 딱딱해서 설탕 절인 과일용으로밖에는 쓸모가 없네.

정원의 한 장소에서 테이블 산의 전경이 눈에 다 들어오더군. 우리가 이 산의 기슭에 있게 되었을 때 나는 이 거대함에 또다시 놀랐네. 태양은 이 산을 빛으로 가득 채웠고 위에서는 구름이 한 장소에 고정되어 마치 눈과 한 덩어리인 듯이 움직이지 않고 평온하게 그곳에 누워 있었어. 사자의 녹색 양 옆구리는 더욱더 푸르게 보였네. 사자의 하단부에는 전신국이 배들과 교신하면서 돌고 있었지. 나는 테이블 산의 수레바퀴 자국을 눈여겨보았네. 이 자국들은 실개천에 씻겨 없어지고 있었고 그 모습은 이른바 테이블의 다리를 만들고 있었어. 이 거리에서는 때로 멀리에서 이끼, 풀로 보였네. 완전히 관목과 나무의 숲인 듯했다네. 나뉘지 않는 듯한 산 전체는 어떤 음울하고 죽은 듯하며 숨 쉬지 않은 덩어리처럼 보였지. 그곳에는 많은 생명이 있었네. 산기슭으로 농장과 정원이 기어오르고 있었네. 숲에는 커다란 검은 원숭이들이 무리 지어 살고 있었고 뱀이 득실거렸으며 들개와 야생 사슴이 뛰어다니고 있었어. 산은 높지 않아 겨우 해발 1,500피트라네. 하지만 육중하고 넓었네. 대체로 이 세 산은 어떤 거대한 고안과 끝내지 못한 초인적인 작업 도중에 버려진 재료인 듯 보였어.

모든 길을 둘러보고 관목과 꽃을 일일이 살펴본 후에 우리는 다시금 가로수 길로 나갔네. 그 후에는 들과 정원으로 나 있는 거리로 나갔어. 우리는 오솔길을 따라서 가기 시작했지. 그 어떤 울타리도 없는 정원과 숲속에서 길을 잃었네. 길은 산을 향해 나 있었어. 마침내 어느 정원의 우거진 숲속으로 오르다가 어떤 별장에 도달했다네. 우리는 테라스로 들어가서 돌로 된 벤치에 앉았지. 집에서 백인과 흑인의 혼혈 여자가 나와서 주인들이 집에 없다고 알려주더군. 그리고 우리 요구에 따라서 물을 가져다주었지.

거기서 보니 도시 전체가 다 보였네. 도시는 순전히 영국식이더군. 단, 아래에 상점이 딸린 높은 2층집이 있었네. 거리는 직선으로 교차되어 있었어. 주변에는 멀리서 교외의 별장들이 보였네. 그리고 농장들이 녹색 속에 숨어 있었지. 녹색, 즉 나무들은 작은 관목을 제외하고는 농장 가까이에서만 보일 뿐이더군. 여기저기에 풀도 나무도 없는 땅이 드러나 있었고 태양 때문에 바싹 말라 있었으며 바다와 산에서 불어오는 맹렬한 바람 때문에 죽어 있었네. 시선은 멀리 광활한 곳을 보았으나 눈처럼 하얀 모래, 다양한 색깔의 풀, 동일한 관목 그리고 피할 수 없는 산 이외에는 아무것도 보지 못했어. 이 산들은 거대한 광장에 때로는 둥글게, 때로는 일렬로, 때로는 얼굴이나 등을 서로 맞대고 있는 사람들처럼 옹기종기 무질서하게 서 있었네.

길 안내자를 자처하며 귀찮게 따라다니던 말레이인이 우리에게 포도를 가져왔어. 우리는 내내 정원을 따라서 거대한 참나무 사이로 수레바퀴 자국을 따라 돌아가기 시작했지. 작은 산 언덕에 오르고 다시 내려가자 도시가 갑자기 나타났네.

우리가 거리로 들어서자마자 누군가 말하더군.

"테이블 산을 좀 보세요!"

모두 둘러보고 경악하며 멈추어 섰네. 산이 절반이나 없어졌지 뭔가. 내가 말했던 정원을 따라 우리가 걸어오는 동안에 구름이 흩어진 걸세. 그리고 짙은 층으로, 정확하게는 빽빽하게 그리고 눈으로 앞을 내다볼 수 없이 정상 전체를 덮고 양 측면을 따라서 고르게 내려가고 있었어. 탁자가 테이블보로 덮이는 것 같았지. 우리는 경사면으로 나 있는 거리를 따라 걸어갔네. 그러면서 끊임없이 둘러보았어. 테이블보는 믿기 어려운 속도로 계속 내려오고 있었다네. 그래서 우리가 도시의 중간에 다다르기도 전에 산은 이미 반까지 덮이고 말았지. 나는 항구에 서 있는 배에 공포를 안겨다 줄 맹렬한 바람인 폭풍우가 치지 않기를 기다리고 있었네. 그러나 케이프타운의 주민들은 폭풍우가 흔치 않다고 말하더군. 테이블 산이 수의로 전신을 감싸고 있는 것 같았는데 주민들은 두려워하지 않았어. 사자가 부인용 두건을 걸치고 있다는 것은 불행한 일이지! 나는 후에 나 자신의 관찰을 통해 스스로 이것을 믿을 기회를 갖게 되었네.

나는 주의를 집중하여 도시의 용모를 관찰했네. 바로 영국과 비슷하더군. 슬레이트와 기와로 지붕이 덮인 좁고 높은 집, 2층으로 된 집이었네. 드물게는 3층으로 되어 있기도 했지. 아래에는 상점이 있었지. 영국과 다른 단 하나의 예외가 있다면 그것은 날씨 탓에 집의 모든 폭을 차지하는 넓은 베란다 혹은 발코니라고 할 수 있네. 이곳에서 주민들은 저녁마다 휴식을 취하고 시원함을 즐기곤 하더군. 네덜란드 건축양식으로 된 집도 몇 채 있었네. 이 집은 이런저런 아름답지 않고 무거운 박공과 작은 창문, 창문틀 위의 나무틀과 매우 얇은 유리를 지니고 있지. 그러나 네덜란드 통치의 흔적은 거의 없네. 나는 케이프타운에서 네덜란드인을 거의 보지 못했어. 하지만 네덜란드어는 아직도 많이 사용되고 있네. 특히 노인, 하인과 하녀는 모두 네덜란드어로 말하더군. 걸음마다 눈길을 붙잡는 것은 양복지, 아마포, 직물, 시계, 모자 등을 파는 풍요로운 상점들이네. 재봉사와 세공사도 많이 있지. 한마디로 이곳은 영국의 한 모퉁이라네.

이곳에서는 영국과 페테르부르크에서처럼 집들이 무척 가깝게 세워져서 집이 한 채인지 두 채인지 알기 어렵다네. 그러나 도시는 매우 깨끗하고 활기 있으며 유쾌하고 살아 있으며 교역이 활발해 보이더군. 특별히 나는 다양한 인구에 흥미를 느꼈네. 영국인은 이 곳에서 그가 무슨 일을 하든지 간에 지주귀족이야. 항상 세련되게 입고 냉정하며 경멸하듯이 흑인에게 명령을 내리지. 자신의 넓은 사무소나 상점이나 거래소에 앉아 있거나 정박지에 분주하게 다니네. 건축가, 기사, 농장주, 관리로 일하고 관리하며 조종하는 일을 한다네. 용수철 달린 사륜마차를 타거나 말을 타고 다니고 자신의 별장 발코니에서 시원함을 만끽하고 포도나무 그늘 아래에서 햇볕을 피하기도 하지.

그러면 흑인은 어떤가? 바로 여기에 균형 잡힌 몸매에 잘생긴 흑인 핀고 혹은 모잠비크인이 짐짝을 어깨에 짊어지고 가고 있네. 또 이 사람은 막일꾼이네. 고용된 하인으로 짐꾼이지. 그는 파견되어서 뛰어가고 있군. 또 다른 사람이 있네. 그는 줄루인[214]인데 호텐토트인이라고 부르는 일이 더 흔하지. 그는 숫염소와 마차에 매어진 한 쌍의 말을 능숙하게 다룬다네. 저기에 또 다른 사람이 있네. 그 비추안인은 최상의 말을 다루네. 또 다른 사람은 붉고 누런 연기 기둥을 일으키며 거리를 쓸고 있어. 여기에 있는 말레이인은 머리에 수건을 두르고 있는데 회교도의 관습에 따라 지붕이 있는 큰 화차를 가지고 가고 있지. 이 화차는 여섯 마리, 여덟 마리, 열두 마리까지 혹은 그 이상의 황소가 끌고 있네. 여기에는 흑인 하녀가 가고 있군. 머리에 수건을 쓰고 있는데 주름투성이의 추한 외모를 보이고 있네. 다른 흑인 여자는 더 추한 외모를 하고서 어떤 잡동사니를 팔고 있네. 또 다른 흑인 여자는 가장 추한 외모를 하고 있는데 구걸하고 있지. 가장 하얀 아이부터 가장 검은 아이까지 포함하여 소년 소녀 무리는 뛰어다니며 웃고 울며 싸우고 있어. 흑인의 머리는 그을린 큰 산처럼 까맣다네. 백인과 흑인의 혼혈인은 유럽 의상을 입고 있지. 그리고 술 취한 영국인 수병들은 손을 내저으며 목청껏 외쳐 대며 모자를 쓰거나 모자를 쓰지 않은 채 마차를 타고 가거나 부두에서 이야기를 하고 있어. 이 모든 인구 사이에서 걸어가거나 타고 지나가는 이는 바로 아름답고 상냥한 영국 여인들이지.

우리는 거래 광장에 도착했어. 이곳에서는 원으로 더 빽빽하게 떼를 지어 집들이 군집해 있네. 창문마다 더 많은 상품이 내걸려 있고 광장에는 많은 여인이 앉아서 포도, 수박, 석류를 팔고 있지. 창문에는 영국에서처럼 많은 책방이 수백 권의 책, 소책자, 신문들을 진열하고 있네. 나는 인쇄소, 이곳에서 발행되는 두 개의 신문과 연감을 파는 영업소, 진귀품 상점을 보았어. 이 진귀품 상점은 유럽인에게 진귀한 물건을 파는 곳이네. 더 말하자면 사자와 호랑이 가죽, 코끼리 상아, 물소 뿔, 뱀, 도마뱀 등을 말이야.

도시에는 전부 약 2만 5,000명에 달하는 주민이 살고 있네. 유럽인과 유색인종을 포함해서 말일세. 흑인과 말레이인을 제외하고도 많은 갈색 사람을 만날 수 있지. 이들은 그 본성이 매우 의심스러워. 네덜란드인이나 프랑스인, 영국인을 상기시키는 듯도 하고 아닌 듯도 한 얼굴이거든. 이 민족들이 아프리카인과 뒤섞여 생긴 혼혈이기 때문이라네. 그 뿌리가 순수한 종족으로 알려진 이들은 카불인, 호텐토트인과 부시먼[215]이네. 특히 부시먼은 케이프타운에서는 볼 수 없어. 호텐토트인은 하인과 마부로 종사하네. 이들은 자신들의 야생 은신처에서 떠나 있지. 이들은 문명과 정착 생활을 모른다네. 그러나 부시먼 종족은 그 수가 적다네. 이들은 관목 사이에 파서 만든 토굴에서 무리를 지어 살고 있어. 그리하여 이들은 부시먼(네덜란드어로 관목을 부시라고 하네.)이라고 부르지. 그들 사이에서는 사회를 이루지 않고 가족 단위로 살고 있으며 짐승, 물고기를 사냥하고 훔쳐서 먹고 사네. 케이프 식민지에 대한 새로운 작가 가운데 한 사람인 스미스가 부시먼에게서 플리니예프 혈거 민족과의 유사성을 발견해냈다네. 고대의 이 혈거인은 토굴 속에서 살면서 뱀을 잡아먹었으며 명료한 언어 대신에 둔한 으르렁거리는 소리를 냈네. 부시먼이 말하는 것을 들을 때면 특히 그 유사성이 보이더군. 여기에 대해서는 나중에 이야기하겠네.

도시는 수도를 이용해서 산에서 내려오는 좋은 물을 공급받고 있어. 이에 대해서 주민들은 상당한 세금을 내고 있지. 생활에 유용한 모든 장치에 내는 것처럼 말이야. 영국인은 자신들의 세금 체계를 도입했네. 거기에 대해서는 그때그때 이야기하겠네.

피곤했으며 모든 것을 실컷 본 우리는 여섯 시경에 호텔로 돌아왔네. 호텔에는 긴 식당에 커다란 식탁이 차려져 있더군. 우리는 만찬을 먹기 위해 옷을 갈아입으러 각자 방으로 흩어졌네. 나는 내 방을 주의 깊게 살펴보았어. 길고 음울한 방으로 무척 커다란 창문이 하나 있었으나 매우 높았네. 침대가 하나 있었는데 이것은 통상대로 무척 컸고 커튼이 쳐져 있었지. 그리고 보잘것없는 호두나무 탁자 하나와 몇 개의 의자가 있었네. 의자는 서로 붙어 있었어. 벽지는 몇 군데 찢겨 있었네. 천장에는 얼룩이 눈에 띄었네. 창문 유리는 하나가 깨어져 있었네. 작은 탁자 위에는 단순한 작은 틀에 끼워져 있고 서랍이 있는 작은 거울이 하나 세워져 있었어. 나는 방을 두어 번 둘러보고 속옷과 옷이 빽빽하게 들어 차 있는 아직 풀지 못한 내 옷가방을 보고 영혼 깊은 곳에서 나오는 한숨을 내쉬었다네.

내 혀에서는 하인들에게 호소하는 소리가 갑자기 나왔어.

"파데예프! 필립! 어디들 있는 거야?"

내가 부르기 시작하자 12세가량 된 소년이 나타났네. 여드름투성이에 시력이 약한 아이였는데 방안에서 갑자기 개 냄새가 나기 시작했어.

"물 가져와라, 면도해야겠다."

"예, 주인님."

그 소년이 물을 가져왔네.

내가 부르자 또 소년이 손잡이 달린 물 컵을 들고 나타났지.

"옷솔!"

그러면 역시 예스라고 답하면서 똑같은 반응을 했어. 갑자기 벨소리가 들렸네. 점심 먹으라는 신호였지. 내가 현관방으로 나가자 말레이인 리처드가 컵만큼 커다란 종을 자신의 귀 높이까지 들어 올리고서 실눈을 뜨고 전력을 다하여 울리고 있더군. 모든 층과 객실에 다 들리도록 여행자들에게 점심 먹으라고 부르면서 말이야. 그다음에 갑자기 멈춰서 눈을 뜨고 종을 현관방 둥근 탁자 위에 놓고는 식당으로 달려갔네.

그곳에는 우리 동료들이 모두 있었고 동인도회사의 근무자인 영국 군의관 웨덜헤드도 있었지. 식탁 위에는 영국인의 관습에 따라 열 개가 넘는 은색 접시에 담긴 요리가 차려져 있었네. 없는 것이 없었어! 나는 끝에 앉았네. 내 앞에 수프를 가져다주었기에 나는 주인처럼 행세해야만 했지.

점심 식사를 했던 우리는 열여섯 명 정도였네. 나는 모두에게 수프를 나누어 따라주었어. 웨덜헤드는 내 가까이에 앉아 있었네. 그에게도 주었기에 우리 사이에는 대화가 시작되었지. 처음에는 영어로, 그다음에는 독일어로 옮겨갔는데 나는 독일어를 더 잘 알고 있잖은가. 내게는 그가 독일어로 말하는 것을 고의적으로 삼가는 것처럼 보이더군. 곧 그는 모든 이들과도 이야기하기 시작했네. 그는 매우 현명하고 정중하며 친절한 사람이라네. 수프에서 했던 내 주인행세는 끝났네. 리처드가 다른 요리 뚜껑을 벗겨내자 그곳에는 로스트비프 조각이 연기를 내면서 수증기가 나오고 있었네. 나는 마치 면도칼 같은 길고 날카로운 칼로 로스트비프 이쪽저쪽을 건드렸어. 그리고 자르기 시작했네. 칼이 깊은 곳으로 덩어리의 중앙까지 다다랐지.

그런데 이 고기 덩어리 앞에서 마비된 크류드네르 남작이 내게 말하더군.

"덩어리를 망가뜨리지 마십시오. 능숙하게 잘라야만 합니다."

나는 요리를 의사에게 옮겨주었네. 그러자 그 의사는 숙련된 솜씨와 섬세한 손가락으로 고기를 나누어 접시마다 담기 시작했어. 그러나 이때는 이미 모두 주인 행세를 하기 시작했지. 거의 모든 사람 앞에 무언가가 담긴 접시가 놓여 있었네. 한 사람 앞에는 양고기 조각이 놓여 있었고, 다른 곳에는 송아지 고기가 놓여 있었으며 영국인이 좋아하는 것처럼 거의 모든 것이 자연스럽게 놓이게 되었어. 뜨거운 요리, 생선 요리, 희망봉에서 중국에 올 때까지, 특히 인도에서 매일 어디서나 제공되는 채소와 카레 요리도 놓이게 되었지. 쇠고기나 다른 고기, 때로는 닭고기, 들새 고기, 마침내는 가재까지도, 특히 잘게 잘려 열 가지 이상의 인도산 후추로 만들어진 자극성 있는 소스로 튀겨낸 새우도 있었네. 그것뿐만 아니라 여기에 어떤 특별한, 독성이 있는 콩을 넣었더군. 이 콩 덕분에 이 음식은 그 이름을 얻었다네. 여기에 꼭 필요한 첨가물은 물에서만 특별하게 끓인 쌀이라네. 우리는 이 요리가 어떤 것인지 알지 못한 채 쉽게 입안으로 넣었어. 그때 곤란한 일들이 다양하게 시작되었네. 어떤 이는 자신의 입안에 있는 것을 어떻게 해야 할지 알지 못한 채 있었고, 다른 이는 갑자기 마치 영어로 말하듯이 찌푸린 얼굴을 지었지. 또 다른 이는 서둘러 삼키며 물을 많이 마시기 시작했어. 크류드네르 남작을 포함한 다른 이들은 자신의 운명을 용감하게 따랐다네.

영국식 식사에서 보통 행해지듯이 한 사람이 자신의 접시를 커틀릿이 놓여 있는 곳으로 보내네. 다른 사람은 생선을 요구하지. 그러면 식사는 어느새 다 끝나게 된다네. 리처드는 탄산가스에 중독된 사람처럼 바삐 움직였어. 그리고 적시에 모든 사람에게 그들이 요구하는 것을 훌륭하게 제공해줄 수 있었지. 바로 그가 이 사람에게는 포트와인 병을 가져다주었고, 다른 이에게는 셰리주를 주었으며, 또 다른 이들에게는 물잔도 가져다주었네. 그러나 이것은 어쩌다 있는 일이었지. 영국인은 식사 때에 물을 단지 입만 헹구려고 따르거든.

나는 큰 소리로 부르려 했어.

"리처드!"

하지만 그가 큰 목소리를 허용하지 않았기 때문에 고함칠 필요가 없었네. 그는 눈으로 시선을 붙잡고 자네에게 다가갈 거야. 그러면 자네는 특히 생소해서 반드시 먼저 미소를 짓게 될 걸세. 그러고 나서는 자네에게 필요한 것이 무엇인지 말하게 되겠지. 그는 이때 찌푸린 얼굴을 하며 자네가 하는 이야기를 들을 준비를 하지! 자네는 그에게 말만 하려고 하면 그는 마치 무엇인가 매우 중요한 것을 들게 되리라는 기대를 하듯이 눈을 뜨네. 자네가 말하기 시작하면 그는 약간 한쪽으로 머리를 돌리고 한쪽 귀를 자네에게 기울일 거야. 얼굴 전체는, 특히 이마는 주름이 지어지고 입술은 한 쪽으로 찌그러지며 눈은 천장으로 향하지. 우리나라 타타르인을 상기시키는 이 얼굴보다 더 잘 움직이는 용모를 만나는 것은 아마 드물 걸세.

식사를 끝내자 리처드는 요리 접시를 하나씩 들고, 그리고 나서 접시, 나이프, 포크, 빵조각, 끝으로는 식탁보를 들고 순간적으로 저쪽으로 나르기 시작했어. 나는 결국 그가 말 상대를 찾기 시작할 때까지 기다렸네. 비록 그 누구도 이것을 필요로 하지 않았고 느끼지도 않았지만 말이야. 그러나 리처드는 컵도 술잔도 특히 병도 건드리지 않았네. 그 후에 그는 각자 앞에 작은 접시, 작은 나이프, 작은 포크를 배치하기 시작했어. 그리고 똑같은 민첩함으로 디저트를 날라 왔지. 디저트는 무척 큰 호박색 포도와 큰 크리스털 물잔, 배, 석류, 무화과, 수박이었네. 다시금 조금 전과 같은 분배가 이루어졌다네. 이것은 이 사람에게, 저것은 저 사람에게 나누었고 우리의 젊은 사람에게는 모든 것을 주었어. 파이에 대해서는 말하지 않겠네. 영국에서와 같으니. 즉 햄이 들어 있는 계란 프라이, 잼이 들어 있는 둥근 파이, 잼이 들어 있는 작은 파이, 그리고 설탕은 없고 잼이 있는 것 같은 크림과자 같은 어떤 것이었네. 마침내 리처드는 이 모든 것을 끌어 내갔으나 술병과 술잔은 여전히 남겨두고 겸손하게 떠나갔지. 그가 놀라게 우리는 술병들에서 좀 더 겸손하게 떨어져 있었고 나이가 약간 있는 사람들은 호텔로 떠났으며 대부분이 간이매점으로, 창문으로 향했어. 그곳에는 아직도 누구에게는 커피를 주었고 또 누구에게는 차를 내주었으며 각자가 먹고 포도주 외에 마신 모든 것에 대해서 4실링씩 적었네. 점심 식사 값이라네. 나에게 차를 가져다주었어. 나는 맛보았지만 그것을 삼켜야 할지 말아야 할지 결정할 수 없었네. 나는 이것이 무엇을 닮은 맛인지 기억해내려 했어. 어린 시절에 먹었던 장군풀, 박하, 접골목, 노란 양국과 다른 약재들과 함께 있었던 게 떠오르더군. 아이들은 그것을 풍부하게 대접받았는데 이런 차와 비슷한 어떤 풀을 내주었다네. 영국에서는 그것이 나쁘지 않았는데 이곳에서는 그 무엇과도 닮지 않았어. 홍차와 녹차의 혼합물이라더군. 그러나 이것이 그렇게 불쾌한 이유는 아니었어. 무언가를 이 차에 첨가했단 말이야. 가루설탕 대신에 말이지. 물론 설탕은 가루였지만 그로 인해 탁한 차는 더욱더 탁하게 되어버렸다네.

우리는 다시금 산책하기 시작했네. 밤은 따뜻하고 무척 어두워서 별이 떴음에도 지척을 분간할 수 없었어. 밝게 조명이 켜져 있던 현관방에서 계단으로 나온 우리 모두는 구멍에 빠진 것 같았지. 남쪽의 밤은 비밀스러웠고 아름다웠네. 검은 연기 아래 있는 미인 같았네. 어둡고 조용했으나 모든 것이 그 속에서 엷고 투명한 베일 아래에서 생명력으로 끓고 떨고 있었지. 이 공기를 한 모금씩 마실 때마다 건강을 저축할 수 있는 첨가물이 있는 것처럼 느꼈네. 이 한 모금은 가슴과 신경을 신선하게 만들어주었어. 신성한 물속에서 수영하듯이 말이야. 이 밤에는 그만의 보이지 않게 따뜻하게 하는 태양이 있는 것처럼 온화했네. 조용하고 평온하고 비밀스러웠지. 나무에 매달린 나뭇잎은 흔들리지 않더군. 우리는 부두까지 걸어갔다 왔네. 그곳에서 커다란 벤치에 오래도록 앉아서 물을 바라보았지. 열 시경에 달이 떠올라 만을 밝게 비추었어. 멀리서 배들이 조용히 찰랑거렸고 오른쪽에는 나지막한 얕은 여울이 하얗게 보였으며 먼 산은 어두웠네.

나는 집으로 돌아왔으나 아직 이른 시간이었어. 간이매점의 창문 옆에는 웰치 부인과 캐롤라인이 있었네. 그들은 소파에 서로 곁에 앉아서 차례로 하품을 하고 있더군. 내가 무언가 묻자 그들이 무언가 대답했어. 그다음에 웰치 부인이 또 하품을 했고 그녀를 따라 캐롤라인이 하품을 했지. 나는 웃으려고 했지만 그들을 보면서 나 자신도 눈물이 나도록 하품을 했기에 그들이 웃기 시작했다네. 그 후에 그들은 각자 양초를 들고 나와 인사를 나눈 후에 한 명씩 천천히 계단을 따라 올라가기 시작했네. 현관방에 있는 둥근 식탁 위에서 나는 구리로 만든 촛대들이 일렬로 서 있는 것을 보았지. 오, 끔찍하군, 기름으로 만든 양초라니! 이 모든 것은 손님들을 위해서 준비된 것이라네. 내가 영국에서도 놀랐던 것은 영국인처럼 무척 말쑥하고 섬세하며 생활 속에서 기묘한 민족이, 게다가 발명의 재능이 있는 이 민족이 지금까지 비싼 양초를 대신할 무언가를 아직 발명하지 않았다는 걸세. 스테아린이 있으나 매우 볼품없었네. 경납은 아름답긴 하지만 양초보다 비싸지 않은가.

내가 활기차게 말했네.

"나는 양초 혹은 경납초가 필요합니다."

그들은 둘 다 나를 30초 동안 바라보더군. 그다음에 복도로 사라져버렸네. 그러나 캐롤라인은 되돌아서서 다시 한 번 나에게 미소를 선물했지. 나는 내 방인 8호실로 갔네. 양초를 좀 멀리 쥐고서 말이야. 그곳은 좀 비어 있어서 습기가 있었네.

나는 쓰기 위해 책상에 앉으려 했네. 그러나 영국식 식사가 누군가를 지쳐 잠자고 싶도록 했지. 게다가 우리는 실컷 돌아다녔잖은가. 막 자려고 눕자마자 오른쪽 귀 위에서 귀청을 쩨는 듯한 모기 소리가 울려 퍼지는 것을 듣게 되었네. 나는 다른 쪽으로 돌아누웠어. 귀 위에서 이중주가 울려 퍼졌네. 그다음에는 트리오가 울리더니 모든 게 잠잠해지더니 갑자기 이마를 물고 있더군. 볼이 아니란 말이네. 몸을 떨게 되었지. 물린 곳을 만져보니 혹이 나 있었네. 나는 밤의 싸움꾼을 죽이기로 작정하고 여러 번 조용히 손바닥으로 어둠속에서 겨누었네. 찰싹 소리가 났지. 아팠지만 모기가 아니라 따귀를 때리는 소리가 노래가 되어 다시 울려 퍼졌고 모기는 다른 쪽 귀 옆에서 성급하게 앵앵거리며 매우 조용하고 조소하듯 노래를 하고 있었네. 나는 창문의 덧문을 닫았어. 그러나 바람 때문에 덧문은 앞뒤로 흔들리며 노크소리를 냈지. 다음 날 아침 여덟 시경에 누군가가 문을 두드렸네.

나는 졸면서 러시아어로 외치기 시작했네.

"누구세요?"

제정신을 차리고 영어로 다시 물었지.

"누구세요?"

"차 드시겠어요, 커피 드시겠어요?"

"차요…. 만약에 이것이 차라면 말이요. 차가 있다면 말이요."

나는 일어나 문의 빗장을 벗겨서 열었네. 그리고 그 즉시 내게 차를 가져온 사람에게 모기가 문 흔적들을 가리키며 모기에 대해 불평을 말하기 시작했지. 나는 빨리 유리를 달아 달라고 했어.

"예, 손님."

그러나 나는 이 '예'가 무엇을 의미하는지 이미 알고 있지.

산책을 나갈 채비를 하려고 할 때 리처드의 종소리가 울려 퍼졌네. 무슨 일인지 알아보려고 재빠르게 아래로 내려갔어. 간이매점의 창문 옆에는 아무도 없었네. 액자는 텅 비어 있었지. 액자 속에 넣은 그림 같은 이곳 간이매점은 아직 잠자고 있는 듯했네. 단지 리처드만이 현관방에 서서 눈을 감고 머리를 한쪽으로 숙이고 그 자리에 종을 쥐고서 아침 식사를 알리는 종소리를 울리고 있었다네. 기껏 아홉 시인데 벌써 아침 식사라니?

내가 식당으로 들어서면서 말했어.

"나도 우리 동행 누구도 아침을 먹지 않을 텐데."

나는 우리 동행 모두 거기에 있는 것을 발견했네. 우리 외에 다른 이들은 한 명도 없었지. 식탁이 정찬처럼 차려져 있었어. 요리가 여섯 가지 정도 놓여 있었고 김이 나더군. 다른 식탁 위에는 차와 커피가 연기를 내고 있었어. 나는 사람들과 함께 앉아서 생선을 먹어보았네. 크류드네르 남작의 방식대로 어떤 생선인지 알아보려는 호기심을 가지고서 말이야. 작은 커틀릿도 먹어보네.

나는 포도를 먹으며 말했지.

"어떻게 이것이 만찬이 아니란 말인가? 완전한 만찬이구먼. 단지 수프만 없을 뿐."

아침 식사 후에 나는 웰치 부인에게 모기에 대해 불평을 말하는 것과 창문을 달아 달라고 요청하는 것을 잊지 않았다네.

그녀가 이렇게 대답했어.

"예, 손님!"

그리고 나는 캐롤라인에게도 불평을 말했어. 저녁까지는 유리를 달라는 명을 반드시 내려 달라고 요청했지.

그녀가 매혹적으로 미소 지으면서 말했네.

"예, 오 예!"

우리는 이곳저곳 거리를 따라 걷기 시작했고 우리 은행가의 사무실에 들렀으며 다음에는 상점들에 들렀네. 누구는 책을 샀고, 누구는 옷, 신, 여러 가지 물건을 주문했지. 책 거래는 이곳에서 상당히 잘된다네. 많은 상점이 있어. 가장 중심 상점은 로버트슨 상점으로 큰 거리에 자리 잡고 있지. 이곳에는 그만의 독특한 책 목록이 겸비되어 있네. 나는 많은 정기간행물, 문예작품집, 시와 산문, 그림과 판화를 보았지. 나는 이곳에서 특히 케이프식민지에 대한 선집을 구입했네. 서점에서는 모든 필기도구를 팔고 있더군. 상점들의 건축, 상품 진열 방식, 이 모든 것이 영국을 상기시키고 있네. 여기에서도 다른 곳에서와 같이 구입한 상품을 가지고 갈 의무는 없다네. 그것을 집까지 배달해주거든. 다른 상점들에서는 영국을 더욱더 많이 상기시키고 있네. 단지 약간의 지방색만이 첨가

되어 있을 뿐이지. 모든 것은 더 단순하네. 2사젠 되는 유리 거울, 망사, 호화로운 가구가 없을 뿐이야. 그 대신에 이곳에는 이곳의 많은 공장이 있네. 모자 공장, 유리 공장, 목면 공장 등이 있지. 이 것은 지방의 요구를 완전히 충족시켜주고 있네. 이 다양한 종류의 많은 상점을 보면서 나는 자신에게 물었어. 어디에 구매자들이 있는 거지? 케이프타운에는 2만 5,000명에서 3만 명에 이르는 주민이 살고 있고 식민지에는 20만 명의 주민이 살고 있다네.

정오 무렵에 태양은 강하게 구워대기 시작했어. 창문들은 발을 깊게 내렸고 움직임은 조금씩 조용해졌지. 즉 분주히 뛰어다니는 것은 사라졌지만 타고 다니는 것은 멈추지 않았네. 마차들은 거리마다 있는 힘을 다해 질주해갔어. 소가 밀과 다른 볏가리가 실려 있거나 때로는 사람들이 타고 있는 무거운 지붕 있는 화차들을 끌고 있었지. 나는 그런 화차에 사람이 열다섯 명 정도 타고 있는 것을 보기도 했네. 거리 가운데에서는 런던에서와 같이 고용마차들이 일렬로 서 있네. 용수철 달린 4인용 사륜마차, 반포장마차, 말 한두 마리가 끄는 1인용 마차 들이야. 마차는 방금 제작소에서 만들어진 것 같네. 옛 형태로 된 마차는 하나도 없거든. 모든 마차가 색칠되어 있고 매우 깨끗하게 유지되네. 흑인 마부들은 눈으로 시선을 붙잡을 뿐 한마디도 하지 않네.

우리는 교차로 어딘가에서 헤어졌어. 어떤 이는 진귀품 상점으로 갔고, 또 어떤 이는 목욕탕이나 사우나로 갔네. 거래 마당의 어느 건물에 있는 곳인데, 그곳으로 가는 이도 있었지. 나는 다시금 어두운 가로수 길과 식물원으로 향했다네. 이 식물원이 무척 내 마음에 들었거든. 게다가 도시에는 특히 산책할 만한 곳이 그다지 없었기 때문이기도 하지. 나는 새로운 만족을 느끼며 이곳을 다 둘러보았네. 다양한 나무 앞에서 멈추어 서서 뿔 모양의 못생긴 선인장에 감탄하고 있었어. 그리고 또다시 호기심을 품고 테이블 산을 바라보았네. 많은 새들의 노래가 나에게 감동을 주었어. 그 노래를 어제는 듣지 못했네. 어쩌면 늦었기 때문일지도 모르지. 반대로 지금은 아침인데 북쪽에서 온 사람인 나의 귀가 알지 못하는 무척 명랑한 목소리로 노래를 하고 있었네. 나는 눈으로 가수를 찾았어. 그러나 새들은 그다지 피하지는 않았네. 발랄하고 빛나는 벌새 무리가 이 관목에서 저 관목으로 끊임없이 옮겨 다니고 있었지. 이 새들은 떠들며 아양을 떨고 있었네. 상당히 낮은 관목의 가지 위에 앉아서 자신이 낼 수 있는 모든 색조로 광택을 발하면서 말이야. 내가 다섯 발자국 정도 다가가면 이 새들은 비처럼 요란하게 내 코앞에서 뛰어 돌아다니며 가장 가까운 양잠 관목이나 다른 관목 속으로 들어갔다네.

두 시가 되자 호텔에서 식사를 하라고 종이 울렸어. 낮과 삶의 본질적인 장면들 중의 하나가 다시금 활기를 띠게 되지. 디저트를 먹고 난 후에 모두들 매점으로 향했어. 그곳에는 검은 옷을 입고 머리에는 작은 검은 망사를 쓴 캐롤라인이 앉아 있더군. 그녀는 미소를 지으면서 사람들이 자신을 바라보는 모습을 관찰하고 있었네. 나는 창문 쪽으로 다가가려 했으나 자리가 다 차 있었지. 나는 자네에게 편지를 쓰려고 와서 세 시경에 그 편지들을 직접 우체국으로 가져갔네.

나는 부두에 다녀왔네. 항상 사람들과 소란으로 북적대더군. 이곳에는 바다로 멀리 떠나는 긴 제방을 따라 레일이 나 있었네. 이 레일을 따라 무거운 것들이 보트까지 옮겨지고 있지. 거기에는 다양한 국적의 많은 수병, 선장과 구경나온 도시민이 항상 무리를 이루고 있네.

넋을 잃고 멍하니 볼 만한 것이 있네. 앞에는 많은 배들이 있는 무한한 만이 있는데 앞뒤로는 보트들이 왕래한다네. 멀리서는 얕은 모래 여울이 보이고 그 뒤에는 호랑이 산들이 보이지. 뒤를 돌아보면 세 개의 거대한 산이 보이고 유쾌하고 생생한 도시가 보이네. 바로 여기 둑 위에서 나는 다양한 종류의 모든 유색인을 만나게 되었어. 특히 물고기를 낚싯대로 낚고 있는 소년들을 보게 되었지. 물고기가 너무 많아서 누구라도 던지기만 하면 채 1분이 지나지 않아도 잡더군.

몇몇 거리에서 나는 타고 다니는 말을 위한 많은 마구간을 보았네. 도시와 교외에서는 말을 타고 가는 사람을 끊임없이 보았지. 때로는 일단의 기병대도 보게 되고. 모든 말은 크기가 거의 중간 정도 되는데 잘생겼네. 말들에 대한 요구 사항이 무척 커서 일요일에는 전날에 보살피지 않은 말이라면 한 마리도 내주지 않는다더군. 이날에는 모든 이들이 도시에서 벗어나 별장으로 떠났네. 그러는 가운데 한 장소에서 나는 합승마차라고 적혀 있는 표지판을 보게 되었어. 그래서 그것들이 어디로 가는 것인지 물었지. 그랬더니 케이프타운에서 64킬로미터와 80킬로미터 정도 떨어진 가장 가까운 장소들을 말해주더군. 그곳으로 황소를 타고 네덜란드인 무리와 동행하여 사자와 호랑이 사냥을 하러 다녀온 것이 그리 오래된 일이었던가? 이제는 사자를 잡으려면 640킬로미터 정도는 가야 한다네. 도시, 거리, 호텔, 옴니버스, 소음과 큰 소동들이 이 맹수들을 멀리 밀어냈기 때문이야. 그러나 호랑이와 들개들은 지금까지 도처에서 다닌다네. 케이프타운의 부근 산에서 이리저리 뛰어다니고 있어.

그런데 점심 먹을 시간이었어. 태양이 자리를 하고 앉았지. 여섯 시더군. 호텔에서 어떤 키가 크고 날씬한 신사가 우리를 기다리고 있었어. 단정한 외모에 가장 예절바른 볼수염에 백발이 희끗한 머리에 하늘색 재킷을 입고 있었으며 검은 상장을 모자에 달고 있었네. 그는 자신의 덕성을 겸허하게 인정하는 미소를 내내 지으면서 매우 긴 채찍을 양손에 쥐고 있었지.

"반딕이라고 합니다."

반딕은 유명한 화가의 후손이라네. 우리 앞에 서 있는 이 반딕의 조부나 증조부는 네덜란드를 떠나 식민지에 이주했고 이 사람은 그의 아들이야. 물론 그는 이곳에는 드물게 오는 손님인 러시아인과 인사를 하러 온 걸세. 오늘 아침에 의사 베데르헤트가 데려온 총독의 부관인 소령처럼 말이야.

반딕이 말했네.

"저는 식민지를 안내할 안내자입니다. 여러분들의 은행가가 저와 마차 두 대와 말 여덟 마리를 고용했습니다. 언제쯤 떠나시겠습니까?"

내 상상은 산산이 부서져버렸어.

우리가 그에게 말했지.

"내일 일찍 떠납시다."

의사 베데르헤트는 점심 식사 시간에 다시금 매우 친절했네. 그곳에는 부인이 몇 명 있었는데 그 가운데에는 그의 아내도 있었지. 못생겼더군. 신이 그녀와 함께하시기를. 그녀는 30세가량 되어 보였는데 얼굴은 잔주름이 가득했어. 그런 얼굴에 대해서는 일반적인 말밖에는 덧붙일 말이 없다네. 그러나 그녀가 매우 사랑스러웠다는 점은 말하지 않을 수 없겠군. 그녀가 아무리 요염하게 옷을 입고 있다 하더라고 그녀의 움푹하고 흐릿한 눈, 창백한 입술은 그녀가 아픈 상태라는 동정만은 불러일으킬 수 있을 거야. 이들의 객실에서는 음악소리가 자주 울려왔고, 때로는 여자 목소리의 노랫소리가 들렸네. 피아노는 무척 잘 연주했는데, 이건 그가 연주하는 것이라고 하더군.

이 의사는 처음 보았을 때에, 비록 그가 연대에서 동인도 군대에서 외과의로 근무까지 했는데도 그가 영국인이 아닐 거라는 의심이 들었네. 음식을 무척 자제했고 포도주는 전혀 마시지 않았거든. 또 우리 역시 거의 마시지 않는다는 것을 보고 우리를 칭찬하는 것을 멈추질 못했어.

우리가 점심 식사를 한 후에 응접실로 건너가고 부인들이 나가자, 그가 잡지들로 가득 채워진 식탁 위에 다리를 올려놓고 이렇게 말하더군.

"나는 매우 만족스럽게 당신들을 바라보고 있답니다."

"우리가 뭣 때문에 이런 칭찬의 말씀을 듣게 되었나요?"

"겸손함, 예의범절이지요…."

"말씀 감사합니다. 그런데 반대의 것을 예기하고 계셨나 보군요…?"

"아닙니다. 저는 우리의 장교들과 비교하고 있었습니다. 최근에 영국 배가 한 척 도착했습니다. 장교 20여 명이 이곳에 들렀는데 한 시간 뒤에는 그들이 호텔 전체를 뒤죽박죽으로 만들어버렸지요. 무엇보다도 그들은 많은 이들이 제자리에 남아 있었으나, 다른 이들은 이렇게 할 수 없어서 바닥에 넘어질 정도로 많이 마셨지요. 그렇게 매일매일을 보냈답니다. 당신들 역시 바다에 오래도록 머물러 있어서 기분전환을 하고 싶겠지만 당신 가운데 그 누구도 포도주 한 병도 다 마시지 않고 있습니다. 정말로 놀라운 일입니다!"

그러한 평가에 나는 조금 놀랐다네. 누구도 자신의 본국인에 대해서, 게다가 외국인에게 그렇게 말하지 않을 테니까.

우리가 물었어.

"과연 인도에서 영국인들은 자기 나라에서처럼 그렇게 많이 마시고 고기와 향료를 먹나요?"

"오, 그렇습니다. 끔찍하지요! 보시다시피 지금 얼마나 무더운가요. 한번 상상해보십시오. 인도에는 겨울이 한창입니다. 여름에 대해서는 말할 것도 없지요. 이 무더위에 우리나라 사람들은 이른 아침부터 사냥을 하러 떠납니다. 그들이 출발하기 전에 무엇으로 원기를 자신에게 북돋아줄 거라고 생각하십니까? 차와 물로요! 장소에 도착하고 나서 이 무더위 속에서 하루 종일 이리저리 뛰어다니고, 그다음에는 점심을 먹으러 집합 장소에 모이지요. 그러면 각자는 영국산 흑맥주나 영국산 강한 맥주를 몇 병씩 마시게 되지요. 그런 후에 아무 일도 없는 것처럼 태연하게 집으로 돌아오지요. 목욕만 하고 다시금 먹을 준비를 하지요. 그들은 할 일이 전혀 없지요."

어느 정도는 유감스럽게 그가 덧붙였지.

"아무것도 없지요. 단지 얼굴이 붉어지고 살이 좀 찌지요. 그래서 나는 포도주를 전혀 입에 대지 않고 적게 먹는답니다. 치료를 받기 위해 반년 예정으로 이곳에 떨어져 있어야 했지요."

그는 잠시 침묵한 후에 말했네.

"그러나 이것이 그들에게 거저 주어진 일은 아니지요. 그들은 어느 시기까지는 강하지요. 하지만 여름이 한창 무르익으면 이들의 힘이 갑자기 없어지게 되지요. 그래서 영국에서는 한때 영웅이었던 많은 인도인의 모습을 보게 됩니다. 그들은 거리거리마다 안락의자에서 일어서지 못한 채 앉아 있거나 이 광천수에서 저 광천수로 배회하고 있지요."

우리가 의사에게 물었지.

"이곳에서 당신은 오랫동안 머물러야 합니까?"

"나는 1년 예정으로 휴가를 냈습니다. 나는 연금 받기까지 전부 3년 정도 남았습니다. 17년 동안 근무해야 합니다. 나는 올해도 계산에 넣었는지 안 넣었는지 모르겠습니다. 지금 인도에서의 새로운 복무규정이 수립되고 있습니다."

우리는 그가 무슨 목적으로 휴식처로 다른 장소가 아닌 희망봉을 선택했는지 물었어.

"가장 가까운 곳이라서 택했습니다. 게다가 이동도 그 어떤 곳으로 가는 것보다 더 저렴하고요. 나는 호주 시드니에 가기를 원했습니다. 하지만 그곳으로는 많은 이주자들이 가기 시작했기에 제법 좋은 배를 타고 가려면 매우 비쌉니다. 나는 아내와 함께 둘이니까요. 나는 전부 800에서 1,000프랑 스텔라(5,000루블에서 6,000루블)를 봉급으로 받고 있습니다."

"연금을 받고 나서는 어디로 가려고 합니까?"

"저 자신도 모르겠습니다. 어쩌면 프랑스로 갈 듯합니다…"

"그러면 프랑스어를 합니까?"

"아, 예…."

"정말로요?"

그리하여 우리는 활기차게 그와 이야기하기 시작했어. 사실을 말하자면 영어를 뛰어나게 말하는 아레피예프를 제외하고 지금까지 우리의 입에는 정확하게 자물쇠가 채워져 있었네. 의사는 프랑스어를 아주 잘했거든. 그의 프랑스어 실력은 프랑스에 100년을 살았던 그 어떤 영국인도 할 수 없을 만큼이었지.

우리 동료 가운데 한 사람이 갑자기 말했다네.

"그는 유대인입니다, 여러분!"

유대인이라니, 얼마나 큰 억측인가! 우리는 그를 집중하여 바라보았네. 그의 얼굴은 창백했고 머리카락은 아마빛이었으며 옆모습은… 옆모습은 정확하게 유럽인의 모습이었네. 의심할 여지가 없었지. 그러나 이런 추측에도 우리 중에는 이 의견을 논박하는 회의론자들이 있었네. 아니, 그의 모든 것은 영국인답지 않았어. 즉 그는 눈을 크게 뜨고 바라보지 않네. 그에게는 영국인처럼 생각 자체도 판단 자체도 어떤 압착기 속에 있는 것처럼 압축되어 있지 않아. 그는 그 생각을 천천히 씹어뱉듯이 말했네. 이 사이로 한 단어씩 말이지. 이 사람에게 있는 생각은 무척 들뜨고 자유롭게 울려 퍼지네. 마치 그의 지성이 선입견으로 찌들지 않은 것처럼. 영국식 스타일을 보는 그의 시선은 풀을 먹인 넥타이를 보듯이 가장 되지 않았네. 다시 말해 세계주의자에게, 즉 유대인에게 있을 법한 모든 것이 그에게는 있었다네. 영국인이 자신의 술꾼들을 폭로하겠는가…? 그의 국적에 대한 추측이 여전히 아직 별 증거 없이 남아 있었고 의사가 바란 것처럼 영국인이나 프랑스인으로 널리 알려질 수 있었다네. 만약에 그 자신이 결정적인 타격을 날리지 않았다면 말이야. 이 대화가 있은 지 반 시간이 지나지 않아 다른 것에 대해 이야기했네. 의사는 우리의 근무, 관등에 대해 이것저것 캐물었네. 무엇보다도 봉급에 대해서 물었어.

그러다 갑자기 아무 까닭도 없이 빠르게 물었지.

"그런데 당신네 나라에서 유대인은 어떤 상태에서 살고 있나요?"

모든 의심이 사라졌다네.

어떤 사람이든지간에, 만약에 유대인이라 하더라도 그는 가장 친절하고 교양 있고 마음씨 좋은 사람이야.

그가 어느 날 말했어.

"저녁마다 여러분은 심심하겠어요. 이곳에 클럽이 있답니다. 여러분들이 자유로이 드나들 수 있지요. 여러분은 이곳 사회를 알게 될 것이고 신문을 읽으며 시가를 피워보게 될 것입니다. 혼자서 객실에 앉아 있는 것보다 훨씬 좋지요. 그러니 지금 가보고 싶지 않나요? 가십시다!"

우리는 출발했다네. 클럽은 모든 갑판에서와 마찬가지로 조명이 환하게 밝혀진 많은 방, 잡지 더미, 하인 무리 그리고 매점이 있었어. 그러나 아직 이른 시각이라서 그런지 방들은 비어 있는 듯했네. 단지 당구장에만 열다섯 명 정도 모여 있었지. 다섯 명이 프록코트를 입지 않고 조끼만 걸친 채 게임을 하고 있더군. 다른 이들은 말없이 게임을 지켜보고 있었어. 게임을 하고 있던 사람 중에 중년의 백발 섞인 사람이 내게 특별한 주의를 기울였네. 그는 크지 않은 키에 붉은 재킷을 입고 파란 바지를 입었으며 넥타이는 매고 있지 않았네.

의사가 우리에게 말했다네.

"이 신사를 주목하십시오."

그러고 나서 즉시 우리를 그에게 소개했어. 그 사람은 우리에게 악수를 청했고 무엇인가를 말하려 했으나 두세 명의 목소리가 그에게 외쳐댔네.

"당신, 당신 칠 차례예요!"

그러자 그는 게임을 계속했지.

우리가 의사에게 물었어.

"도대체 이 사람은 누굽니까?

그는 잠시 주저하더군.

"도박꾼이지요. 굳이 알고 싶으시다면."

나는 잠시 생각에 잠겼네.

'그래, 알게 해줘서 고맙구먼.'

의사가 내 생각을 읽은 듯이 덧붙이더군.

"내가 여러분에게 그를 소개한 것은 그가 놀라운 이성, 교육, 모험 그리고 게임에서의 행운도 가진 사람이기 때문이지요. 여러분이 그와 이야기를 잠시 나눈다면 흥미로울 것입니다. 그가 모든 것을 알고 있지요. 그는 이곳에서, 중국에서, 호주에서 큰 신용을 얻고 있지요. 그래서 그의 공약은 은행업자의 것처럼 존중을 받고 있지요."

의사가 꽤 좋은 인상에 짧은 콧수염을 기르고 있는 다른 신사를 가리키며 말을 계속했어.

"이 젊은 사람은 매우 부자로 유명하지요. 또 군복무를 하고 있지요. 단순히 정열에서 시작하여 모험들을 즐기고 있지요."

그러나 나는 공들이 굴러가는 것을 보는 것이 흥미롭지 않았네. 그래서 내 동료들에게 이 영웅들을 맡긴 뒤 구석에 앉았어. 지루해지기 시작하자 떠날 궁리를 하기 시작했지.

그들을 불렀더니 그들은 가지 않겠다고 하더군.

"지금은 좀 기다려 보지요."

나는 조용히 혼자서 떠났네. 그러나 집에서도 흥겹지 않았어. 그곳에는 우리의 의사, 자연주의자, 그리고 젊은 젤료느이가 있었지만 그들 모두 잠자리에 들어 있었거든. 자연주의자는 잠자지 않고 있었는데 그는 연체동물, 가재, 작은 곤충과 엉켜서 그것들을 깨끗이 씻고 말리는 등의 일을 하고 있었네. 그러나 나는 클럽에서 동료들을 불러낼 방법을 생각해냈어. 그들은 점심 식사 후에 웰치 부인과 캐롤라인에게 가족처럼 차를 마시게 해달라고 요청했었네. 우리나라 러시아에서처럼 함께 말이야. 그래, 로맨틱하지! 그러나 그들은 왜 이것을 해야 하는지 이해하지 못하고 벗어나버렸네. 나를 교활하다고 생각한 모양이야. 나는 클럽으로 향했어. 노름꾼은 크뤼드네르 남작과 이야기를 하고 있었네. 포시예트는 영국인 의사와 말을 하고 있었지. 나는 적절한 타임을 포착하려 오래 기다렸어. 마침내 그 타임을 포착하고 나서 가장 태연한 어조로 말했다네. 내가 집에 갔더니 웰치 부인이 모두들 어디로 가버렸냐고 물었다고 말이지.

포시예트가 물었네.

"그런데 그녀가 왜요?"

나는 무관심하게 대답했어.

"그야 나도 모르지요. 당신이 캐롤라인에게 차를 마시게 해 달라고 요청한 것 같던데…"

포시예트가 나를 가로막았네.

"그건 제가 아니라 크류드네르 남작입니다."

"그래, 난 모르겠는데, 캐롤라인이 거기에서 찻잔들을 차려 놓고 기다리고 있기에."

나는 포시예트를 남겨두고, 크류드네르 남작에게 다가갔어.

"그래 당신이 웰치 부인과 캐롤라인에게 차를 함께 마시자고 청했나요…"

"아닙니다, 내가 아니라 포시예트입니다. 그런데 왜 그러십니까?"

"글쎄, 차가 준비되어 있고 캐롤라인이 기다리고 있기에…"

나는 포시예트에게 가서 가자고 그를 설득하려 했지. 그러나 그는 이미 없었네.

크류드네르 남작이 하품을 하며 지적하더군.

"붉은 재킷을 입고 있는 노름꾼은 전혀 마음을 끌지 않는구먼. 가서 잠이나 자는 게 훨씬 낫겠어.

우리는 출발했네. 여주인들 방에서 포시예트를 찾아냈지. 그들

둘은 하품을 하고 있었네. 노파는 너무 노골적으로 하고 있었고 캐롤라인은 하품을 미소로 덮으려 무척 노력하고 있었어. 차에 대해서는 이 사람도 저 사람도 나에게도 그들에게도 묻지 않았네. 그들은 모든 것을 이해하고 있었거든. 우리는 현관 계단으로 나갔네. 그 계단은 마당, 포도나무 잎 아래의 현관방으로 나 있었지. 그곳에서 그지없이 외롭게 차를 마셨네. 착한 포시예트는 나의 교활함을 확실히 보았다고 단언하기 시작했으나 크류드네르 남작은 침묵하였는데 그 다음 날에야 어제는 그가 나와 싸울 준비를 하고 있었노라고 자백했다네.

아침에 다시금 반딕이 나타나서 우리가 떠날 준비가 되었는지 물었어. 그러나 우리는 준비되어 있지 않았네. 누군가의 옷은 시간에 대어 오지 않았고 누군가는 돈을 바꾸지 못했거든. 두 시에 오라고 요청했네. 반딕은 변함없는 미소를 지으면서 인사를 하고 떠났어. 두 시에 현관 계단 앞으로 가자 사륜마차 두 대가 나타났네. 마차마다 말을 두 마리씩 줄을 세워서 네 마리가 매어 있었지. 그리고 우리가 마차에 탈 때 우리를 배웅하기 위해 말레이인 리처드, 다른 흑인 하인, 시력이 약한 백인인 영국인 그리고 마지막으로 웰치 부인과 캐롤라인 모두가 현관 마당으로 나와 말했네.

"좋은 여행하세요, 행복한 여행하세요!"

우리가 도시를 벗어날 때 가랑비가 부슬부슬 내리고 있었다네. 우리는 테이블 산과 악마의 꼭대기를 둘러보고 아름다운 포장도로를 따라 만을 배경으로 농장, 오막살이, 소택, 모래와 관목 사이를 가기 시작했어. 앞에서 양옆에서 산들의 장식이 없다면 잠자리에 들고 싶었을 걸세. 그러나 우리는 잘 수가 없었다네. 우리는 제독의 친절한 마음씨 덕분에 그가 은행가인 톰슨과 K에게서 받아 둔 추천편지의 도움으로 새로운 것과 홍미로운 것을 많이 볼 것이라는 사실에 기뻤지.

나는 발리얀[216]네 방에서 희망봉과 다른 것에 대해서 읽은 것을 상기해냈네. 모래, 폭염, 사자들과의 전투에 대한 묘사가 있었고 농장주들에게 대한 묘사도 있었지. 나는 내가 조국에서 1만 6,000킬로미터나 떨어진 장소에서 마차를 타고 가고 있다는 사실이 믿기지 않더군. 나는 각각의 관목과 풀을 눈으로 애무하듯 바라보았네. 어떤 풀은 굵고 물기가 많았으며, 또 어떤 풀은 한증막용 자작나무 가지 다발처럼 말라 있었어. 우리는 도시에서 4베르스타 정도 떨어져서 만의 해변 조그만 초지 위에 세워진 기상대를 지나갔네. 나는 허셜[217]이 이곳에서 달과 쌍둥이별에 대한 그 유명한 관찰을 행했다고 생각했지. 그러나 그의 기상대는 콘스탄샤 산에 가까운 빈베르크라는 자그마한 곳에 세워졌다더군. 이 기상대는 정부에 속해 있다고 했네. 비가 때로 멈추면 관목에서 다양한 새들이 이곳저곳 날아다녔어. 나는 4분의 1아르신보다 더 긴 꼬리를 가지고 있는 파란 새 한 마리를 보았네. 설탕새라고 불리는데 그 까닭은 이른바 설탕 관목 옆에서 항상 있기 때문이라지. 문명화된 카나리아보다 조금 더 작고 색이 조금 더 투박한 야생 카나리아들은 노란색으로 그렇게 선명한 색을 띠지는 않았지만 떼를 지어서 이 관목에서 저 관목으로 날아다니고 있었네. 어떤 녹색, 갈색의 새들도 눈에 띄었어. 그 외에도 공중에는 매들이 천천히 원들을 그리면서 날아갔지. 사람이 사는 장소 옆에는 까마귀들도 나타났네. 까마귀들은 우리나라 것보다 훨씬 선명한 색조를 띠고 있었네. 그것들의 검은색은 더 까매 보였고 밝은 점들이 날카롭게 돋보였네. 집들 근처에는 케이프타운 지역의 반점이 있는 비둘기와 제비, 참새 들이 날고 있더군. 식민지에는 유럽 전체에서보다 더 다양한 종의 새들이 있는 것 같네. 600여 종 정도 된다고 해. 관목은 얼마나 빽빽하든지 여기저기서 건너갈 수 없는 숲을 형성하고 있었어. 그러나 관목은 키가 작아서 그 너머 저 멀리로 경작하지 않은 모래 평야나 야생의 산들이 보였네. 그 산의 아래 부분에는 주변에 선명하고 빽빽한 채소를 심어둔 농장들이 희뿌옇게 보였다네.

케이프 식민지

손을 가슴에 얹고 말해보게. 자네는 케이프 식민지[218]가 무엇인지 잘 알고 있는가? 이런 질문을 하는 것에도 또 의심을 하는 것에도 화내지 말게나. 나는 자네가 케이프와 식민지의 역사를 알고 있고 이곳의 인종지학과 통계도 어느 정도 알고 있다고 확신하네. 그러나 이 모든 것은 아주 오래된 것이라네. 자네는 현대 역사와 풍습에 대해서 알고 있는가? 최근 30~40년 동안에 일어난 모든 것에 대해서 알고 있는가? 나는 자네가 전혀 모르거나 어쩌면 이 식민지가 영국에 속해 있다는 사실을 제외하고는 전혀 모르고 있으리라고 확신하네. 나는 우리나라 문헌에 이 지방에 대한 어떠한 정보도 최근에 실리지 않았다고 기억하거든. 나는 프랑스어로도 그 어떤 것도 읽지 못했네. 영어로 된 문헌은 우리 대중 대부분이 거의 읽지 않지. 그렇지만 영국에서는, 그리고 이곳 케이프에서는 더더욱 케이프와 케이프 식민지에 대한 묘사가 거의 전적으로 특수 문헌을 구성하고 있네. 이 작자들의 이름이 우리나라에는 알려져 있지 않지만 이들의 작품은 그 분야에서 공적이 되어 있지. 그 까닭은 이 분야에서 선구자들이 없었기 때문이야. 그 누구도 이들의 노력을 초기의 노동의 탐사라고 가벼이 여기지 않았다네. 이들 자신이 이 지방의 모래 속에 있고 돌 판에 새겨져 있는 역사를 읽어야 했어. 이곳에서는 지난 과거의 그 어떤 흔적도 남아 있지 않거든. 이곳 민족들이 쓰는 언어들의 얼마 안 되고 거의 비인간적인 소리에 근거를 두어야만 했던 모든 인종학적인 가설, 모든 철학적인 사고도 이들에게 수많은 노동을 요구하지 않았겠는가! 한편 이 헛된 노동에 놀라지 않은 사람들이 발견되고 있네. 그들은 식민지를 이리저리 돌아다니며 사료가 부족함에도 이 타는 듯한 태양 아래에서 완벽한 책들을 써냈네. 과연 이들은 누구란 말인가? 정평이 나 있는 학자, 근로자, 학문의 영웅, 지식욕의 희생자일까? 아니네, 자신의 직접적인 의무에 앞서 도중에 잠깐 이 일에 종사했던 단순한 애호가들이라네. 즉 선교사와 군인이야. 어떤 이들은 십자가를 들고 이 황야로 왔고, 다른 이들은 칼을 들고 이곳으로 왔네. 그들과 더불어 탐구를 즐기는 지식과 펜이 스며들어 왔네. 소데를렌도프, 바로, 스미토프, 체조프와 다른 이들, 즉 많은 다른 이들의 케이프에 대한 작품이 가장 사심 없고 가장 양심적인 탐구를 수행했던 완전한 문헌을 만들고 있지. 이 연구는 머지않아 이 지방의 완전한 역사를 아는 데 초석이 될 걸세.

케이프 식민지란 과연 무엇인가? 만약에 이 질문을 지리학적인 측면으로 향한다면 다음과 같은 대답을 얻게 될 테지. 식민지로 차지하게 된 이 영토는 케이스카마 강[219]의 북쪽을 경계로 하고 있네. 그 경계가 그때부터 두세 번에 걸쳐 바뀌었고 그 경계가 여러 번 더 멀리 움직이기로 약속했다는 기사를 신문에서 읽은 기억이 있어. 지도에는 몇 도부터 몇 도까지 이런저런 종족의 흑인이 살고 있다고 표시되어 있지만 최근 소식에 따르면 이 종족은 다른 장소로 밀려난 듯하더군. 만약에 여행자들에게 문의해보면 그들의 말이 각자 다르다는 것을 알게 될 거야. 이들 모두는 옳네. 각각 그 순간에, 바로 그 순간마다 맞는 것이라네. 이곳의 모든 것이 날마다 시간마다 변화되고 있기 때문이야.

이곳에서 모든 것은 지금 불만이 완전히 고조된 상태에 있다네. 그리하여 인간의 상대를 물리치는 에너지는 극복하기 어려운 자연과도 싸우고 있네. 정신은 물질과 싸우고 있고 가지려는 탐욕은 메마른 인색함과 싸우고 있지. 그러나 나라의 이 불명료한 특성들과 이 인구가 어떤 특성으로 나타날지를 정하기란 아직 불가능하다네. 사태는 거의 진전되지 않고 있고 관찰자는 현 상황을 보고 이곳 식민지의 미래에 대한 확실한 결론을 도출해내지 못하고 있거든. 관찰자는 단지 주시하고 사실을 모으며 추측의 완전한 세계를 세울 수밖에 없네. 물질 속에는 부족함이 없지. 이 순간이 식민지의 삶에서 가장 호기심이 강한 순간이기 때문이네. 식민지의 존재 원인이 되는 주요한 문제들이, 바로 무엇이 식민지를 기다리고 있는가 하는 것에 대한 문제들이 지금 이 순간에 다듬어지고 있어. 즉 식민지는 흑인 종족을 위해 그 어떤 일도 하지 않았던 네덜란드의 통치 아래 남아 있던 것처럼 이제는 유럽의 통치로 남아 있게 될 것인가 하는 문제가 남아 있지. 미래에 유럽 주민이 차지하지 않는 지역이 될 것인지 아니면 한 아버지에서 나온 법적인 아이들로서 흑인들이 유산으로 그들에게도 넘겨준 마을과 종교와 문명 상속권을 나누게 될 것인가 하는 거라네.

이 문제에 뒤이어 역시 두 번째의 중요한 문제가 제기된다네. 야만인들과 자연에 대한 승리는 유럽인들에게 그들이 소정의 거대한 노동과 자본에 대한 대가로 예상할 권리가 있는 그 보상을 가져다줄 것인가, 아니면 이 노동과 단지 사심 없는 공훈, 인류의 이익을 위해 바쳐진 공훈으로만 남게 될 것인가? 이 질문에 대한 답은 아직 없어. 아직은 유럽인이 이 나라의 문명화를 성공적으로 거의 이끌지 못했기 때문이지. 더 정확히 말하자면 이 나라가 이성과 의지와 무기가 합해진 완력으로 정복되었다고 보기 어렵기 때문이야. 흑인들이 노동과 의지를 가지고서 나타난 다른 장소에서는 공훈이 거의 즉각적인 보상을 받았네. 그들은 평화스럽게, 혹은 무기를 동원하여 주민들과의 교제를 뚫는 일에 거의 성공하지 못했지. 교역과 산물의 교환이 시작되었고 승리자들이 정복 초기에 적어도 자신의 구매에 대한 열정을 보상받을 수 있었기 때문일세. 심지어 동인도에서조차도 타국인들이 점령하고 있던 각 베르쇼크의 땅마다 부유한 땅의 선물로써 벌어들이는 상응한 이익을 이들에게 가져다주었어. 남아프리카에서는 이것도 없었다네. 이곳의 땅은 지금까지도 부적당한 것으로 너무나 빈약하여 이익을 거의 내지 못하지. 분주하게 돌아다닌 것에 대한 본전도 거의 찾지 못한 거야. 해변에서 융성하고 있는 포도주 양조는 많지 않은 수의 농장주에게 제법 유복한 존재에 대한 수단과 수천 명의 흑인들의 부족한 생계가 되기도 하네. 예를 들어 어업이나 수렵 같은 다른 산업은 미미하여 산업가들이 자신도 부양할 수 없다네. 거래를 위해 이 산업들은 짐승 가죽, 뿔, 코끼리 상아 등 몇몇 중요하지 않은 물품을 간신히 구하기도 해. 이 산업들은 매매의 보편적인 부분을 형성하지 못하네. 가장 중요한 산업은 목축과 농업이라네. 그러나 이 산업이 노동에 대한 충분한 보상을 기대할 수 있는 상태에 도달하기까지는 아직 멀었어.

한편 이미 내딛은 각 걸음이 앞으로 나가기 위해 얼마나 많은 노력이 필요하겠나! 흑인 종족은 지금까지 설교의 힘에서 유럽 생활의 편리함에도, 수공업의 명료한 이익에도, 마지막으로 황금의 유혹에도 굴복하지 않았네. 다시 말해 그들은 질서와 잘 정돈됨의 이익과 필요성을 인정하지 않았지.

무한히 비어 있는 광활한 공간인 이 나라의 지형은 이들이 무력에 저항하는 방법을 주고 있네. 태양이 태워버린 토양의 각 걸음에는 피가 흐르고 있어. 산마다 관목마다 자연적인 장애물을 백인들에게 주고 있고 흑인들에게는 방어와 은신처를 제공하고 있는 걸세. 결국 유럽인은 흑인을 평화적인 방법으로 선을 이루기 위해 설복하려 하고 있네. 유럽인은 흑인에게 손을 내밀며 흑인에게 유용한 모든 것, 즉 쟁기와 토기와 못을 선물하고 있지. 흑인은 생활용품과 탄환들을 소비한 후에 뻗힌 손을 잡고 쟁기와 도끼에 대한 대가로 코끼리 상아들, 짐승의 가죽들을 가져오고 가축을 훔치고 자신의 적들을 죽일 기회를 기다리고 있어. 그리고 이 비극적인 결말 후에는 자신의 나라의 깊은 곳으로 떠나가네. 새로운 코미디가 될 때까지 말이야. 즉 세계의 종말이 올 때까지.

그렇게 되는 데 오래 걸릴까? 유럽인들이 염두에 두고 있는 길을 미개인들의 떨어진 은신처에 곧 내게 될까? 미개인들이 자신에게서 이 수치스러운 명칭을 떼어내는 일이 머지않은 걸까? 이 문제를 해결하게 되면 선행 문제도 해결될 걸세. 즉 유럽인의 노력이 보상받을 것인가? 이미 거칠지 않은 형제들의 도움으로 빈약한 토양에서 예술을 이용해서 이 토양이 인간에게 노동의 대가로 줄 수 있는 모든 것을 얻어낼 수 있을 것인가? 문명과 생산품과 산업이 점유하고 있는 모든 방법을 통해서 그가 한층 진보할 것인가? 이 방법들을 원주민의 체계적인 직무의 정도로 높일 수 있을까? 지금까지 이 나라에 낯설어 보인 새로운 부분들을 열거나 접목시킬 수 있을까?

이제 희망봉 해변에 서서 유럽인들은 뿌리들을 깊게 놓아주었다네. 그러나 이 나라와 원시적인 형태로 있는 이곳 주민들을 보기 원하는 사람은 지방 깊은 곳 먼 곳으로 침투하여 들어가야만 하지. 즉 식민지에서 거의 벗어나야 해. 이것은 농담이 아니야. 경계는 북쪽으로 멀리 이동하여 움직여갔고 점점 더 멀리 계속해서 움직이고 있네.

자연적인 흑인 주민들은 식민지에서는 자신의 나라의 시민으로 살고 있지 않네. 그들은 이곳에서 하인, 일꾼, 마부로 살고 있지. 다시 말해 이주민들의 고용인으로 살고 있고 얼마 전에 생긴 고용인이자 노예에 가깝네. 문명과 전쟁으로 압박받고 있는 더 강하고 가장 미개한 종족들은 더욱더 깊은 곳으로 들어갔지. 다른 이들, 즉 안으로는 강한 종족들에게, 해변으로는 유럽인들에게 억압받고 있는 덜 강하고 좀 더 온순한 종족들은 문명화에 굴복하는 것이 아니라 상황의 힘과 무기에 항복하고 유럽인들에게 봉사하러 가네. 이들은 유럽인에게서 삶의 양식, 음식, 풍속을, 심지어는 종교도 받아들였어. 이들이 노예 신분에서 1834년에 해방되어 그들 스스로가 거주지와 산업을 선택할 수 있는 것처럼 보임에도 말이야. 어쩌면 이들은 자신들에게 위임된 자유 상태에 대한 권리들을 사용할 가능성에 대해서 생각조차 하지 않는 듯하네. 이들은 자신의 정복자들과 비교할 시간이 없는 모양이야. 여행자는 미개인들의 마을이나 오막살이를 거의 볼 수 없을걸세. 이들 또한 마주칠 일이 거의 없네. 모든 것은 타국인이 맡아서 하고 있다네. 즉 유럽인과 말레이인이 하고 있지. 하지만 인도 군도에 이주하여 사는 그 말레이인들은 아니라네. 아프리카 말레이인들은, 새로운 연구자들의 말에 따르면, 아라비아나 이집트에서 희망봉으로 와서 퍼진 듯하더군. 이 중요한 인종지학적 문제는 여전히 해결되지 않은 상태로 있네. 우리에게 가까운 동양 주민들의 얼굴은 많은 공통점을 지니고 있는 얼굴의 특징으로 판단해보건대, 아프리카의 동북 종족에 이들을 넣는 것을 조금도 주저하지 않게 되거든. 진압된 카불인을 위해 얼마 전에 지방 전체가 영국 카프라리아[220]의 이름 아래 운반되어왔네. 그에 대해서는 다음에 언급될 것이지만 그곳에 이주하고 거주할 권리를 그들에게 준다는 것에 대해 적혀 있다더군. 물론 그것은 영향을 받으면서, 즉 영국 식민 정부의 감독 아래서 준다는 걸세. 이 지방은 사면이 영국의 영지로 둘러싸여 있네. 이 불안해하는 종족들이 유럽 문명과 무기의 감시 하에서 어떻게 그리고 오랫동안 눌러 살지, 그리고 자신의 승리자들과 계몽자들과 친해질 수 있을지가 관건이네. 이 문제들은 단지 시간만이 해결해줄 수 있을 걸세.

식민지에서 누가 주인인가를 말할 필요가 있는 것일까? 물론 유럽인이라네. 유럽인 가운데서도 영국인이지. 네덜란드인은 2차적인 역할을 담당하고 있어. 그들은 다수이고 오래전부터 이 식민지에서 정착하고 있기 때문이라네. 네덜란드인의 잃어버린 통치권에 대해 애석해하고 영국인의 권세욕, 혹은 더 정확하게 말하자면 이들의 금전욕에 대해 꾸짖어야 마땅할까? 영국인은 자신들이 동인도로 나가는 길로 옮겨가는 지점으로서 자신들에게 필요했던 이 장소를 부정한 수단으로 손에 넣기 위해서 강한 자의 권력을 유일하게 사용했던 이들이 아닌가. 만약에 이 식민지를 유럽인들이 차지했던 시간부터 네덜란드인이 통치해온 200년 동안의 역사를 추적하여 연구하고 이 식민지가 영국인에 의해서 1809년부터 만들어졌던 그 상태와 비교한다면, 이 식민지를 영국인들이 강제로 차지했음을 실증할 수 있을 뿐 아니라 이 일이 다른 방법으로가 아니라 바로 그 방법으로 이루어졌음을 잠시 기뻐하게 될 걸세.

여기에서 케이프 식민지에 대한 몇몇 역사적이고 통계학적인 다른 정보도 제시되어 있네. 이 정보들은 부분적으로는 식민지 공식 자료들에서 온 것이고 부분적으로는 현대 역사에 대한 백과사전 기록인『존재』제4권에 게재된 훌륭한 독일 논문「희망봉」에서 온 거라네. 이 논문은 역사적이고 자연적인 관계 등의 관점에서 식민지에 대한 체계적이고 상세한 묘사를 하고 있지.

희망봉은 1493년에 찬란한 항해 시기에서 포르투갈인 바르톨로메우 디아스에 의해 열렸네. 그는 이 봉우리를 폭풍봉이라 불렀어.

그러나 포르투갈 왕 주앙 2세는 인도로 가는 새롭고 가장 가까운 항로가 열린 것을 기뻐하여 이 폭풍봉에 오늘날의 이름인 희망봉이라는 이름을 붙였다네. 그 후에 1497년 가마가 이곳을 방문했고, 그보다 좀 더 후에는 브라질의 부왕인 알메이다가 주민들과의 교역을 목적으로 방문했어. 그러나 브라질 부왕의 부하들은 흑인들과 다툼을 벌이게 되어 흑인들은 부왕과 칠십 명에 달하는 포르투갈인을 죽이게 되었지.

네덜란드인들은 인도로 가는 길에 그리고 인도에서 돌아오는 길에 이 희망봉에 들르기 시작했네. 이들은 이곳에서 주민들에게 식량을 교환하여 얻어갔어. 그 이후에 네덜란드의 동인도회사가 의사인 폰 리벡의 제안에 따라 테이블 만[221]을 차지했지.

1652년에 네덜란드인은 이곳에 요새를 짓기 시작했네. 그렇게 케이프타운이 생겨나게 되었다네. 이들은 방치되어 누워 있는 토지들을 차지하고 주민들을 해변에서 밀어내면서 지방의 깊은 곳으로 빠르게 퍼져 들어갔지. 미개인들은 처음에는 저항에 빠져들지 않았네. 이들은 여러 가지 유럽 상품을 얻기 위해, 그중에서도 담배와 보드카와 철제무기 등을 얻기 위해서 기꺼이 유럽인들에게 땅을 양보했을 뿐 아니라 자신들의 주요한 산업과 부요함을 형성해준 가축까지도 양보했거든.

네덜란드 농장주들은 오늘날까지도 막대한 땅을 소유하고 있다네. 이 땅의 이주자들에게 주었던 독단적인 분배 체계 때문에 이루어진 일이지. 그들 모두는 눈으로 둘러볼 수 있을 만큼 엄청난 양의 토지를 소유하게 되었어. 많은 농장이 나타났고 지금은 이 농장에서 저 농장으로 가려면 24시간은 타고 가야 할 만큼 땅을 가지게 되었네. 농장주들은 식민지의 관할 중심에서 떨어져 있어서 마치 독립적인 영주처럼 느끼고 자신의 권력에 원주민, 바로 호텐토트인을 천천히 종속시키게 되었지. 더욱더 동쪽으로 퍼져 나가면서 네덜란드인은 아마코스라는 공통적이고 집합적인 이름으로 알려져 있는 카피르인과 만나게 되었다네. 유목 생활을 하는 이 민족은 식민지 초기에 북쪽에서 동쪽의 그레이트 케이 강 쪽으로 유명한 대장인 토구의 지도하에 유목하면서 살고 있었어. 이 대장에게서 그 이후의 지도자들이 많이 나왔는데 그 가운데에서 가장 유명한 가이카와 긴차는 자신의 민족을 이끌게 되었지.

카피르인, 혹은 아마코스인은 서쪽으로 옮겨서 퍼져나가기 시작했네. 이들은 큰 물고기 강을 건너가서 오늘날의 알바니 지방, 즉 부활 강까지 접하게 되었어.

네덜란드인은 내부로 더 퍼져 들어갔지만 장애를 맞닥뜨리지 않았다네. 그 까닭은 카피르인이 빈 공간을 따라 유목하며 다니면서 한 군데에 모여 있을 수 없었기 때문이야. 이들은 네덜란드인이 가까이 있는 것을 심지어 좋아하기도 했다더군. 모든 유목민에게 고유했던 산업을 하는 것처럼 약탈과 목축을 자신의 기호에 따라서 하던 이들은 네덜란드인에게서 가축을 훔칠 수 있었기 때문이지.

물고기 강과 오늘날의 알바니 지방 등 산이 많고 숲이 많은 지대는 약탈을 가능케 했고 네덜란드인을 이 지역에 정주하도록 유혹했네. 이곳에서 원주민과의 최초의 적대적인 충돌이 발생한 걸세. 이 충돌은 다음에는 백인과 흑인을 지금까지 이어지는 끝없는 불화로 끌어들였지. 네덜란드 식민지에 대한 예전의 소식을 읽은 사람은 누구나 이주자들과 두 부류의 적인 카피르인과 원주민과의 충돌을 기록한 셀 수 없이 많은 일화로 이 뉴스를 채우고 있다는 것을 물론 기억하고 있을 거야. 원주민은 단 하나의 목적인 가축을 훔치려고 공격하지.

네덜란드인의 피로를 모르는 참을성에 공정함을 주지 않을 수 없다네. 이들은 밀농사와 농업의 다른 분야를 이 나라에 정착시키려고 가지고 있는 것이 많지 않은 상황에서도 참을성 있게 노력했어. 이들이 새롭고 손대지 않은 이 토양에서 엄청난 노력을 들여야 하는 모든 장애를 얼마나 끈기 있게 이겨냈는지.

네덜란드인은 이곳으로 자신의 모든 네덜란드식 농업 경영 방식을 완전하게 가져왔어. 이들은 타는 듯한 태양, 모래, 산, 카피르인의 약탈 행위와 강탈에 자신의 플랑드르인적인 느림을 비교한 다음에 긍정적이고 생생한 에너지가 부족해서 초래될 수밖에 없는 그 결과에 도달했네. 이것은 부정적이고 죽은 듯한 감정, 즉 냉정함이지. 그들은 다른 이들이 군대와 행정 수단을 통해서 얻어낸 것처럼 이 방법으로 원하는 것을 얻어낸 걸세. 즉 이들은 땅을 차지했고 그들에게 필요한 만큼 흑인들을 노예로 삼았으며 농업을 접목시켰고 제품의 적당한 판로를 얻었으며 네덜란드에서 살고 있는 것처럼 살기 시작했고 수백 년 전에 살았던 것과 같은 삶을 영위했네. 이 성공을 지속시키지 못하면서 말이야. 그들은 200년 전에 전답을 간 것과 똑같이 무겁고 커다란 쟁기에 열두 마리의 소를 묶어서 지금까지도 여전히 밭을 갈고 있지. 지금까지도 이 쟁기에는 예전과 똑같은 둔한 써레를 달아 쓰고 있어. 윤작 농업이 이들에게는 알려져 있지 않네. 영국 농기구가 이들에게는 너무 가볍고 부서지기 쉬운 것으로 보이지. 축산업은 지방의 내부에 멀리 들어갈수록 퍼져 있고 이 업에 종사하는 농장주들은 부유하다더군. 그러나 이들의 삶의 방식은 상당히 조잡하고 더럽다네. 물 부족 때문에 이들은 때로 이곳에서 저곳으로 옮겨 다니며 유목을 해야 하지.

네덜란드인 가운데 가장 잘사는 사람들은 포도주 생산자들이라네. 포도주 양조는 낭트칙령 폐지 후에 이곳으로 떠나온 프랑스 이민자들에 의해서 식민지에 들어오게 되었지. 식민지에서는, 바로 서쪽 부분인 해안에서는 프랑스 포도의 전 품종 대부분에서 온 많은 종류의 포도가 생산되고 있는데 이 품종 대부분이 그 이름까지도 유지하고 있네. 포도는 식민지에서 소비되는 것 외에도 많은 양이 유럽으로, 특히 영국으로 수출되고 있어. 영국에서 포도는 스페인과 포르투갈이 영국 하나만을 위해 공급하기에 생산량이 부족한 셰리주와 포트와인의 대용물로 사용되거든.

이민자들은 예술과 함께 이 희망봉에 자신들의 기질, 풍습, 기호, 어느 정도 호화로운 사치를 가지고 왔어. 이 모든 것은 농장주들에게도 널리 알려졌네. 케이프타운 근처 서쪽 농장주 사이에서는 오늘날까지 이 세련된 기질을 유지하고 있지. 이 기질에 대해서는 동양의 축산업 주인들이 알 수 없다네.

그러나 이민자들의 영향은 그것으로 끝이 났지. 그들 자신이 네덜란드 민족에서 사라졌기 때문이네. 후손들에게 단지 프랑스 이름만 남기고서 말일세.

식민지의 농장주, 관리, 다른 사람들 사이에는 루제나 르 쇠르 등의 성이 있다네. 무언가 프랑스인을 상기시키는 것을 볼 수 있을 것이라고 기대하면서 이 성을 자세히 들여다보면 순수하게 네덜란드적인 것을 보게 되지. 오늘날까지도 서쪽에는 완전한 소도시가 존재하고 있네. 이 소도시는 이주자들의 후손들이 거주하고 있는 곳으로 프렌치호크나 후크라는 이름으로 알려져 있어.

네덜란드인은 앞서 말했듯이 그 수가 많다네. 그들이 가장 중요한 역할, 즉 거의 모든 대외 교역, 항해술, 케이프타운 자체를 영국인에게 양보했음에도 그렇지. 이 카프시타트는 케이프타운으로 바뀌었지만 소도시의 많은 부분에서는 이들 네덜란드인이 거주하고 있고 거의 모든 농장은 이들이 소유하고 있네. 단지 최근에 식민지에 합병되어 영국인과 스코틀랜드인과 다른 이주자들이 거주하기 시작한 몇몇 동쪽 지방인 알바나, 칼레돈에 있는 것을 제외하고는 말이야.

네덜란드인에 대해서 말하자면 네덜란드의 이른바 보어인[222]이라고 불리는 개별적이고 독립적인 식민지에 대해서 말하는 것만 남았어. 이 식민지는 1835년에 보어인들이 설립하여 국경을 넘어서 거대한 대중이 이주한 곳이라네. 이 식민지는 이렇게 생겨났다네. 무엇보다도 자네들에게 1795년에 이 식민지가 영국인에 의해서 무력으로 점령되었다는 것을 상기해야겠지. 이 영국인들은 인도로 가는 정류장 자리가 되는 자신들에게 중요한 이 장소를 손에 넣을 단 한 번의 기회를 놓치지 않았다네. 아미앵 조약에 따라 1802년에 이 식민지는 네덜란드로 반환되었으나 1806년에 다시금 영국이 점령했고 1815년의 빈 조약에 의해 결정적으로 확언되었지.

네덜란드인은 이 국제조약을 참을성 있게 따랐어. 그 유일한 이유는 네덜란드인들이 자신의 법과 행정부를 유지할 수 있도록 해 주었기 때문이야. 그러나 1827년에 영국에서 법전이 공포되었을 때 중요한 변화들이 많이 일어났네. 이것은 식민지주의자들을 초조하게 만들었지. 당시 그들 가운데 몇몇은 식민지에서, 그 이후에는 해변에서 조금씩 떠나가기 시작했어. 그 후 카피르인과 평화조약이 맺어진 후인 1835년에 영국 정부는 뜻밖의 노예 해방으로 인해 네덜란드인들의 행복에 가혹한 일격을 가하는 데에 모든 방법을 사용하면서 네덜란드 식민지주의자들의 재산을 카피르인들의 공격과 강탈로부터 지켜주지 않게 되었다네. 정부는 이들에게 노예들에 대한 보상을 서인도 가격으로 해주었지. 당시에 케이프 식민지에서 노예들은 두 배의 가치가 있었거든. 여기에 쓸 돈이 영국에서 여러 가지 공제를 하고 케이프타운으로 보내졌네. 많은 농장주들이 일부러 수백 마일을 타고 이곳으로 와야 했어. 이 모든 것은 네덜란드인들을 결정적으로 부흥시켰네. 이들 민족은 다량으로 북쪽으로 옮겨가서 발 강[223]을 건넌 후에 텅 비었으나 아름답고 남아프리카 전체에서 아마도 거의 제일 좋은 광활한 장소를 차지했다네. 이 움직임은 매우 한결같아서 케이프타운 근처에 있던 많은 네덜란드인이 자신의 농장을 버리고 이 농장들을 경매로 판매하는 것도 기다리지 않은 채 자신의 본국인들과 더불어 떠나갔어. 이들은 발 강에서 북쪽까지 560킬로미터에 달하는 넓은 땅을 차지했지. 남회귀선의 1.5도 근처의 극한 지역을 차지했네. 이곳까지 유럽인들의 아프리카 식민화가 달한 거지.

이들은 영국인의 도움 없이 적들에 대항하여 자신을 방어할 수 있는 자신의 법, 통치를 가지고 싶어 했다네. 그리고 그들은 실망하지 않게 되었지. 영국인들의 평가에 따르면 이들의 나라는 번창

해 있었네. 보어인은 이 나라를 구역별로 나누고 도시와 교회를 건설하며 활동적이고 원시적인 삶을 유지하며, 많은 영국인 여행가들의 증언에 따르면, 그 어떤 문명화나 케이프타운의 주민의 삶의 방식에 어떤 양보도 하지 않았다더군. 그들은 민족평의회를 통해 통치했고 학교를 세웠네. 이 나라는 매우 비옥하고 농업, 포도 생산, 축산업에 적합했어. 그리고 많은 과일을 생산했지. 이 나라는 영국 항구인 나탈리, 영국인에게 점령된 땅인 오렌지 강[224]이라는 유명한 지역과 이웃해 있는 까닭에 화려한 교역의 미래가 있었거든.

영국 정부는 이 조용하고 행복한 동네의 독립을 평가하고 권리를 존중할 줄 알았다네. 평소 이웃 국가 간 조약을 체결하듯이 1852년 1월 이곳과 조약을 체결했는데, 이 조약에는 보어인의 뒤를 이어 이 권리들과 독립을 승인하며 영국인과의 상호관계에 대한 요구 조건과 유색인종, 교역 보장, 범죄자 인도 등에 대한 행동 방침이 담겨 있었지.

영국인들은 식민지에 자신의 법과 행정제도를 정착시키며 자신의 안방에서도 그랬듯이 당연히 빠르고 의심의 여지가 없는 성공을 기대했다네. 그들은 무기와 더 많은 통상으로 식민지 내부에 길을 내면서 물고기 강이 끝나는 지점까지 국경을 밀어냈어. 네덜란드인의 자리를 꿰찬 영국 총독들은 원시 종족에 대한 영향력을 더욱 키우고 때로는 협상으로, 때로는 무기로 카피르족[225]과 사업 관계를 수립하였으며, 그들을 식민지의 가장자리에서 내쫓아버렸지. 원주민에게 원한을 산 뒤 영국인들은 1819년에 알바니[226]라는 이름의 땅을 자신의 식민지에 편입시켰어. 그 땅은 오늘날 제일 훌륭한 주 가운데 하나가 된 엄청난 땅이라네.

같은 시간 잉글랜드와 스코틀랜드에서 이주민들이 도착했고 알고아 만[227]에서 카피르인들과 통상을 시작하여 케이스카마 강에는 시장이 섰지.

카피르인은 코끼리 뼈와 타조 깃, 짐승 가죽을 가져와 꼭 필요한 농기구와 다양한 수제 도구, 옷 외에 유감스럽게도 화약과 독한 술로 바꾸었네. 이주민들은 많은 땅을 손에 넣었고 특별한 산업 분야인 목양에 일심전념하였지. 그들은 본토의 거친 양을 개량하였는데, 성공은 예상을 뛰어넘었네. 그 전까지는 알려지지 않았던 교역 물품인 양모가 생겨났어. 양모 산업이 어디까지 확대될지는 아직까지도 명확하지 않네. 왜냐하면 이 땅의 위태로운 상황을 고려하면 이 산업이 식민지 내에서 얼마나 확장될 수 있을지 판단할 수 없기 때문이지. 하지만 이 양모는 질적인 면에서 호주의 그것과 어깨를 나란히 하는데, 호주산 양모는 런던의 시장에서 높은 값에 쳐지고 있으며 동인도회사의 것보다 선호되지 않는가. 얼마 안 있어 여기에는 그레이엄스타운[228]이라는 도시와 엘리자베스[229]라는 항구도시가 생겼네. 양모 무역은 주로 이 도시들을 통해 이루어지고 있지.

처음에 영국인은 카피르족과 적극적인 전쟁을 벌이지는 않았다네. 하지만 끊임없는 소규모 충돌이 일어났어. 영국인이 교섭 과정에서 모든 부족, 많은 수의 주된 부족만이라도 함께 사업을 했었다면 실제로 그런 소규모 충돌을 제일 처음부터 막을 수 있었을 걸세. 하지만 그들은 실수를 저질렀네. 종족 간의 관계에 있어 주요 종족의 하나인 가이카족의 대표자들과 관계를 시작하려 한 거지. 이는 소규모 종족들의 질투를 샀고 이들은 한데 뭉쳐 영국인과 그 동맹인 가이카족에 대항했네.

어찌되었든 영국인이 나타난 뒤로 교역과 군사를 비롯한 행정 등 식민지의 모든 분야에서 사업이 불붙기 시작했어. 곧 고양이 강에 호텐토트인으로 이루어진 식민지가 세워졌고 카프라리아에는 선교사들이 정착했지. 하지만 선교사들은 영악한 행동을 했다네. 카피르족과 호텐토트족 가운데 하나를 교화하고 자신의 지배하에 두려고 하여 두 종족 모두의 공분을 산 거야. 따라서 식민 정부는 소규모 급습 및 약탈을 일삼던 몇몇 적대적인 종족을 그들이 점령한 장소에서 몰아내야 했네. 이 모든 일의 결과로 1834년 전쟁이 터지게 되었지. 영국인이 카피르족과 벌인 첫 번째 중대한 전쟁이라네.

영국인은 식민지를 위하여 알바니 주 말고도 두 지역을 손에 넣은 뒤 이들을 앨버트 그리고 빅토리아라고 명명했네. 그리고 옛 식민지의 국경과 오렌지 강 사이의 크고 풍요로운 땅도 차지했어. 그래서 작금의 식민지 국경은 케이스카마 강 하구에서 북쪽을 향해 일직선으로 오렌지 강을 따라 남위 30도 30분까지 뻗게 되었지. 이 오렌지 강은 대서양까지 흐르고 있네.

모든 식민지는 스무 개 구역으로 나뉘어졌고 이들 지역은 조그마한 기관을 갖고 있다네. 모든 구역에는 법적 그리고 재정적인 부분을 담당하는 관리가 위임되었지. 호기심 많은 이들을 위하여 케이프의 공식 출처에서 차용된 주나 구역의 지명을 알려주겠네. 케이프와 맘스버리, 스텔렌보스, 파를, 우스터, 스웰렌담, 칼레돈, 클랜윌리엄 그리고 보퍼트가 서부를 이루고 있으며 알바니와 보퍼트, 그라프레이넷, 서머싯, 콜스버그, 크래덕, 유텐헤이그, 엘리자베스, 앨버트를 비롯한 빅토리아는 동부를 이루고 있어.

식민지 영토가 늘어남에 따라 영국인들은 점차적 그들의 통치 제도를 도입했지. 총독에게는 최고의 권력이 주어졌네. 총독이 전시에 식민지 국경에 나가게 되면 행정권은 총독의 보좌관이나 대리인에게 위임되었어. 입법부는 입법위원회라 불리는 기관에 소속되어 있고 입법위원회는 공식 위원 다섯 명과 비공식 위원 여덟 명으로 구성되어 있지. 공식 위원에는 총독과 보좌관, 군 통솔자, 식민지 비서, 병참장교 및 경리관이 포함되어 있네. 나머지는 식민지의 총독에 의해 임명되지. 법안은 위원회에 두 번 제출된다네. 처음 검토된 법안은 케이프타운 관보에 게재되며 두 번째로 검토된 이후에는 통과되거나 기각되지. 통과된 법안은 영국 정부의 비준을 기다리게 된다네. 행정권은 행정위원회에서 맡고 있어. 이는 총독의 비밀위원회 정도라고 생각하면 될 거야. 총독은 그 어느 위원회에 소속되지 않음에도 위원회들에서 제출한 법안을 발효하고 영국 식민장관의 승인을 받도록 할 수 있네. 입법위원회에서 승인을 내주지 않더라도 말이야.

마침내 영국인들은 자신의 조세제도 또한 도입했다네. 최근의 세금 가운데 몇몇은 이제 막 형성되는 젊은 시민사회에는 이른 감이 없지 않네. 그러나 영국인은 대부분 식민지의 유지와 관리, 특히 카피르족과의 빈번하고 힘든 전쟁 때문에 나가는 돈이 많다고 정당화하고 있어. 그렇긴 하나 몇몇 세금은 1837년에 취소되었는데, 예를 들면 소득과 심부름꾼 그리고 몇몇 식료품에서 거두는 세금 등이지. 많은 이가 케이프를 포함한 식민지들이 자신이 벌어들인 돈으로 영국의 국고를 풍요롭게 하고 있다는 착각을 하고 있다네. 그 반대로 영국은 엄청난 돈을 들여야 했어. 영국인들의 유일한 특전은 외국에서 반입된 상품에 대해서는 12퍼센트를, 그리고 영국에서 반입된 상품에는 5퍼센트의 관세를 물렸다는 점이야. 식민지로 들어온 모든 상품은 약 150만 파운드스털링[230]에 달했네. 1851년 케이프타운과 사이먼스타운, 엘리자베스 항 및 이스트런던을 통해 127만 7,045파운드스털링, 1852년에는 167만 5,686파운드스털링 어치의 상품이 들어왔고, 같은 곳을 통해 반출된 상품은 1851년에 63만 7,282파운드스털링, 1852년에 65만 1,483파운드스털링어치에 달했네. 연간 관세로 벌어들이는 수익은 1849년에 8만 4,256파운드스털링, 1850년에는 10만 2,173파운드스털링, 1851년에 11만 1,260파운드스털링에 달했어. 이 자료를 보고 영국인이 자신들의 이익에 너무 이기적으로 신경을 쓰고 있다는 결론을 지어선 안 된다네. 특히, 상품의 태반이 영국 상선이 아닌 외국의 상선에 실려 온다는 점을 감안한다면 말이야.

다양한 기관과 작업, 특히 카피르족과의 전쟁으로 빠져나가는 비용으로 판단하면 그 세금의 적절함에 도리어 놀라야 할 걸세. 식민지가 그 어떤 부담 없이 이 일들을 감당하고 있다는 점은 세금의 적절성을 증명해주는 가장 좋은 증거라네.

식민지의 수입이 그리 대단한 수준은 아니야. 지출을 항상 메꾸어주지는 않네. 1851년의 수입은 22만 884파운드스털링이었고 지출은 22만 3,115파운드스털링이었지. 관세는 영국에서처럼 거의 모든 것에 지워졌다네. 왕국 관리와 그 하인을 제외하고 16세 이상의 모든 남성과 여성은 매년 6실링을 세금으로 내놓지. 주택과 승용마차, 말, 빵, 물, 시장, 경매 그리고 포도주에도 세금이 부과되고 모든 공적 문서에도 인지세가 부과되네. 심지어는 식민지를 떠나려는 이도 여기에 대한 세금을 물어야 해. 국유지, 특히 빅토리아 등의 몇몇 새 구역의 땅을 파는 것에서 많은 수입이 발생하네. 국유지는 1모르겐[231]에 2에이커로 계산하여 개인에게 에이커당 2실링에 팔리지. 이 수입이 관리들의 봉급과 돌무더기 산을 가르는 거대한 길, 항구와 다리, 공공시설물, 교회 및 학교 등을 건설하는 데 사용됨을 헤아리면 징세는 너무나도 필요한 것임을 알게 될 걸세. 식민지가 차지하는 모든 면적은 30만 6,540제곱킬로미터에 달하네. 인구는 남성 14만 2,000명에 여성은 전부 28만 5,279명이라네. 흑인이 백인보다 몇천 명 정도 더 많지.

이렇게 영국인의 지배하에 세 개의 새로운 주가 만들어졌고, 동부 해안에는 엘리자베스와 나탈 그리고 이스트런던이라는 세 개의 항구가 개항하였네. 카피르족의 습격을 방어하고 피난처 역할을 하는 많은 요새들이 지어졌지. 또 식민지의 모든 방면으로 도로가 깔렸고 재차 건설되고 있으며 항구 간에는 해운사가 세워졌어. 수많은 신도시가 통상 무대에서 명성을 쌓고 있네. 케이프타운 시장은 토요일만 되면 다양한 곳으로 운반되기 위해 식민지 안쪽에서 실려온 상품들로 들끓더군. 수소에 실려 육로로, 또 배를 통해 엘리자베스와 이스트런던에서 해로로 온 상품들이지. 식민지에서 반출되는 상품으로는 밀과 밀가루, 쇠고기, 돼지고기, 생선, 버터, 초, 말과 황소의 가죽, 염소와 양과 바다동물의 모피, 보드카, 포도주, 양모, 밀랍, 건과일, 말, 노새, 뿔, 코끼리뼈, 고래수염, 타조의 깃털, 알로에, 주석영[232] 등이 있네. 반입되는 상품은 커피와 설탕, 화약, 쌀, 고추, 독주, 차, 담배, 목재 그리고 포도주인데 생선과 고기, 고운 밀가루와 버터 또한 들여온다네. 들어오는 모든 상품에는 다양한 관세를 물린다더군. 600척에 이르는 상선이 이 모든 상품을 실어가거나 들여온다네.

영국인은 일손이 줄어 농사일이 지금까지 어려운데도 다른 식민지와 같이 흑인들을 노예 신분에서 해방시켰네. 이 조치는 네덜란드 농부의 공분을 샀지. 3만 명에 이르는 흑인 노예가 땅을 경작했지만 그들을 자발적으로 농사에 뛰어들게 하는 데는 실패했네. 그들은 자신에게 꼭 필요한 만큼만 일하고 아무것도 하지 않거든.

자연 말고도 지금까지 영국인들의 성공에 대적하고 있는 두 가지 상황이 있다네. 영국인의 성공이라기보다는 문명사회의 성공이라고 해두는 편이 좋겠군. 첫 번째 상황은 영국인에 대한 네덜란드인의 은근하고도 해묵은 증오심이네. 이 증오심은 마치 승자를 바라보듯 그들의 기관과 성공과 교역 그리고 부를 향하고 있지. 이 증오는 아버지에서 아들로 유산과 함께 물려진다네. 두 민족 간에는 노골적인 반목도 없었고 그렇다고 의견이 같은 것도 아니었어. 그 말인즉 성공도 둘이 손을 맞잡았을 때 기대할 수 있을 만큼은 아니었다는 거야. 두 번째 상황은 카피르족과의 전쟁이네. 전쟁은 한편으로는 식민지에 활기를 불어넣어주지. 군대가 주둔하게 되면 다양한 물품의 소비가 어느 정도까지는 오르게 되어 이는 곧 상품의 유통량 증가로 연결되니까. 국경과 멀리 떨어진 곳에 사는 농부들은 전쟁을 기뻐하네. 곧 자신의 작물이 더 빨리 그리고 더 비싸게 팔릴 것이기 때문이지. 허나 전쟁은 다른 한편으로 식민 정부가 국경을 수비하는 데 온 집중을 쏟게 하여 다른 많은 관계에서 활동을 할 수 없게 만드네. 이 헛된 전쟁에 수많은 인력과 돈이 빠져나가고 있다네. 이 전쟁은 사실상 아무런 이득도 없는, 이름뿐인 승리 말고는 수고와 노력에 대하여 지금 그 어떤 보상도 해주지 않고 있는데 말이야. 승리는 식민지에 잠깐뿐인 적막을 가져다줄 뿐일세.

카피르족이나 아마코스족은 혼란스러웠던 1819년 이후로 얌전히 살았다네. 비록 습격과 약탈 없이는 평온할 날이 없어 그때마다 소규모 군사원정대가 카프라리아로 떠났었지만, 약탈을 비롯해 약탈자들과의 다툼은 너무나 빈번한 것이어서 1819년부터 1830년까지의 기간을 평화로웠다고까지 할 수 없다 해도 무사했다고는 할 수 있을 걸세.

주요 종족 가운데 하나인 가이카족의 족장은 술독에 빠져 살다 죽었네. 카피르족의 관습에 따라 그의 권력은 여러 부인 가운데 중요한 부인의 아들이 물려받게 되었지. 그러나 산딜리야라는 이 아들은 아직 어렸기 때문에 가이카족의 장남인 마코모가 부족을 다스렸어. 그는 큰 물고기 강의 주요 지류인 고양이 강의 강가에서 살았네. 비록 이 지역은 1819년 가이카족 시절 식민지에 내어준 곳이지만, 마코모는 이곳에 1829년까지 자유로이 살았어. 이번 해에는 그를 쫓아내게 되어 있는데, 이유는 그의 부족이 저지르는 약탈 행위와 그가 난폭한 이웃들과 싸우며 식민지의 국경을 넘었기 때문이라네. 아마도 여기에 다른 이유들이 더해졌을 수 있지만, 중요한 점은 가이카족이 피 한 방울 흘리지 않고 쫓겨났지만 순순히 떠나주지는 않았다는 거지. 가이카족을 내쫓은 자리에는 온순한 호텐토트인이 정착했네. 이들은 정착 생활을 선호하는 경향을 보였어. 이 상황은 카피르족이 유럽인에게 공개적인 적대감을 품게 하는 데 최초의 중요한 원인을 제공해주었네. 이 적개심은 영국인이 가이카족의 중요 지도자 가운데 하나인 세코를 총살한 이후 더 극심해졌지. 세코는 가이카족이 유럽인에게 뺏긴 가축을 되찾을 때 저항했던 인물이야. 이 지도자의 죽음은 원시 종족을 격노하게 하였지만 그들은 이를 억눌렀네. 마코모는 자신의 형제 티알리와 함께 케이스카마 강의 지류인 추미 강 강기슭으로 장소를 옮겼지. 이곳은 가이카족이 국경수비대장들의 동의를 구하여 정주했던 곳일세.

그러나 여기서 가축 도난에 대한 불평이 또 한 번 일어나게 되었어. 마코모는 호텐토트 정착민들을 선동해 유럽인에 대항하는 반란을 일으키려 했고 1833년 자신의 부족과 함께 강 너머로 격퇴되었지. 이때는 추수기가 아니었기 때문에 부족은 먹을 것 없이 남겨진 신세가 되었네.

한편 영국인 선교사들은 앞서 말했던 것처럼 카피르족과 유럽인 사이의 갈등을 부추겼다네. 그들은 여기서 자신의 이익을 챙길 수 있으리라 기대했지. 전쟁은 피할 수 없는 것이었고 곧 터지고 말았네.

네 부족이 봉기하여 3만 4,000여 명의 남성이 집결했거든. 유럽인은 1819년에 이미 실패를 맛본 카피르족이 공개적인 전쟁을 강행할 것이란 생각을 전혀 하지 못했기 때문에 공격을 막아낼 그 어떠한 조치도 취하지 않았네. 1834년 12월, 카피르족 무리는 식민지의 국경을 뚫고 쳐들어왔어. 국경 지대의 군대는 그 수가 너무 적어 원시 종족에 대항할 수 없었지. 카피르족은 이주민과 선교사, 호텐토트 정착민들을 죽이고 가축을 빼앗았으며 집을 불태웠네. 그들은 그레이엄스타운을 제외하고 지금의 알바니 주 전체와 바다까지 윈터버그[233]의 일부를 잿더미로 만들었는데 길이 169킬로미터, 폭 약 130킬로미터에 달하는 공간이었어. 그러나 카피르족은 적군과 정면으로 충돌하는 것을 피했네. 마침내 당시 총독인 벤저민 드 우르반 경이 강력한 군대를 이끌고 그레이엄스타운에 도착한 사실을 안 카피르족은 1835년 1월 제 본거지로 도망갔지. 약탈품을 가져가는 것을 잊지 않았어. 스미스 대령과 서머싯 대령은 2월부터 활동을 시작했네. 서머싯 대령은 이후에 첫 총독이 되었지.

그들은 유럽인이 접근하기가 거의 불가능한 협곡과 관목 숲 사이에 숨은 적군을 찾아내야 했다네. 몇몇 부족은 곧바로 자신이 영국 식민지의 국민임을 밝히고 국경 지대의 소요 사태를 중단하는 데 협조하겠다며 항복했어. 다른 부족들은 저 뒤로 밀려났지.

마침내 양쪽 모두 싸우다 지쳐버렸네. 유럽인은 인력과 시간 그리고 돈을 잃었고 마을이 불타버린 카피르족은 영국인에게 내쫓겨 땅을 잃어버렸어. 양쪽은 1835년 9월 협상을 시작해 평화협정을 체결했다네. 카피르족은 이 협정으로 백인에게 엄청난 면적의 땅과 훔친 가축을 모두 돌려주어야 했지.

식민지는 1846년까지 평온했는데 그 말인즉 전쟁이 없다는 걸세. 다시 말하지만 전쟁이 없었다고 약탈도 없었다는 말은 아니야. 카피르족은 전쟁에 대해 잊어버리는 만큼 더욱 대담해졌어. 국경지대의 원성이 높아졌지. 총독이 악을 멈출 수 있는 방법을 논의하기 위해 평화적인 주요 지도자들을 불러들였네. 지도자들은 이 약탈에 대한 불만을 드러내며 이 혼란을 막을 수 없는 상태라고 밝혔다지. 그리하여 1846년 3월 또다시 전쟁이 일어났다네.

당시 총독인 페레그린 메이틀랜드 경은 조지 네이피어 경을 대신하여 막 총독 자리에 앉은 자였네. 카피르족은 늘 그렇듯 많은 수로 식민지에 쳐들어와 이주민을 죽이고 재산을 약탈하며 마을을 불태웠지. 이 전쟁은 특히 유혈이 낭자했고 비극적인 사건도 많았어. 카피르족은 벌판에서 벌어지는 전면전을 피하고 소규모 전투에서 승리를 거두며 자기들에게 익숙한 지형, 험준한 골짜기나 절벽에 숨거나 영국군 부대를 먼저 지나쳐 보낸 뒤 후방의 식민지

경계선에서 상대를 유린하였네. 영국군은 병력이 턱없이 적어 이주민을 의용군으로 불러들였지만 효과가 없었지. 카피르족은 수천 명이 나타나 보급을 차단했고 영국군의 자원은 자주 바닥을 드러냈네. 때로는 신선한 물 한 잔에 1실링을 내야 했고 마른 빵 값은 6페니에 달했는데 이도 항상 구할 수 있던 것은 아니었어. 영국인을 도운 흑인 부족인 핑고족 부족민은 물소 가죽으로 만든 방패를 먹으며 연명해야 했고 호텐토트인은 며칠간 허리띠를 졸라매어 굶주림을 견뎌야 했지. 공포는 모두에게 퍼져 1846년 5월 온 식민지에는 하느님께 도움을 청하는 기도회가 열렸네. 교회는 초만원이었다더군. 사람들이 입은 수많은 상복은 일이 진행되어가는 상황을 여실히 보여주었네. 메이틀랜드는 결단력과 실력, 통솔력도 모자란 자로 비난받았지.

1847년 그를 대신하여 헨리 포팅거 경이 임명되었고 총사령관직은 조지 버클리 경이 맡게 되었어. 군과 민간 분야 간의 분할 필요성이 대두되고 있는 시점이었고 이 조치는 곧 좋은 결과를 가져다주었네. 이번 전쟁에서 영국인은 지난번 전쟁의 경험을 되살려 안전과 보급로 확보에 상당히 신경을 쓴 몇 개의 조치를 취했지. 식량과 그 밖의 것은 지금까지 전장에 육로로 운반되었고 1회 수송비로만 매년 17만 파운드스털링이 빠져나갔는데, 모든 비축 물자는 해로를 통해 물소 강의 제일 하구까지 운반될 수 있었으므로 버클리 경은 마침내 자신의 본진을 이곳 물소 강 하구에 배치했네.

이후 카피르족과의 모든 교역은 국가 반역과 동등한 범죄로 간주되어 금지되었어. 믿기 힘들지만 그 이유는 카피르족이 이 교역을 통해 무기와 화약을 손에 넣었기 때문일세.

몇몇 족장이 복종의 뜻을 내비쳤을 때 그들에게 무기와 가축을 내놓을 것을 요구했는데 이들 족장은 소총은 조금만 갖고 오는 대신 가축을 수만 마리 끌고 왔네. 이들은 내쫓기자 다짜고짜 다시 무기를 쥐고 새로이 분노하여 식민지를 공격했어. 산딜리야도 이와 똑같이 행동했네. 총독이 그에게 요구조건을 이행하면 용서해주겠다고 약속했지만, 그는 여기에 순순히 따르지 않았고 여러 차례의 급습으로 식민지를 계속하여 불안에 빠뜨렸다가 결국에는 접근하기 힘든 곳으로 도망쳤지. 하지만 굶주림을 견디지 못하고 항복하고 말았다네. 산딜리야와 그의 몇몇 부하를 비롯한 부족장은 그레이엄스타운으로 보내져 투옥되었어. 다른 부족장들은 부족을 이끌고 산으로 숨어들었지만 서머싯은 그들을 끝까지 추적하여 항복하게 만들었네.

그런 가운데 총독 포팅거 경은 마드라스[234]로 소환되었고 그 자리에 1834년부터 1835년까지의 전쟁에서 전공을 세운 소장 해리 스미스 경이 앉게 되었지. 그는 온 식민지에서 존경과 사랑을 한 몸에 받은 인물이라네. 그는 도착하자마자 포로로 잡힌 카피르족 지도자들을 불러들여 모욕적이고 엄격하게 다루었어. 지도자 가운데 하나인 마코모의 무릎을 꿇린 뒤 이제부터 그를 카피르족에서 제일 중요한 단 하나의 우두머리임을 선언했지. 그 뒤 자신의 발을 마코모의 머리에 얹고는 영국 여왕의 적은 모조리 이렇게 만들어주겠다고 덧붙였다네. 스미스 경은 곧 자신이 영국 여왕의 이름으로 케이스카마 강에서 그레이트 케이 강[235]에 이르는 모든 땅을 합병하여 영국령 카프라리아라 명명하고 영국의 통치하에 두게 되었다고 밝히고 선언서를 찍어냈지. 그리고 메키노크 중령을 이주의 책임자로 임명한 뒤 영국령 카프라리아의 카피르족 족장들은 영국의 통치하에서 자신의 부족을 다스려야 한다는 조건을 발표했어.

모든 지도자와 민족이 완전한 복종과 참회의 뜻을 나타내며 책무를 소중히 준수하겠다는 신성한 맹세를 하자 해리 스미스 경은 1847년 12월 그들과 평화조약을 맺었네. 준엄하고 경멸적이었던 스미스는 온순하고 우호적으로 태도를 바꾸었지. 그는 카피르족을 설득했어. 유럽인과 친숙해지고, 선교사의 강의를 듣고 영어와 수공업을 배우며 정직하게 장사를 하고 화폐 사용에 익숙해지라고 말이야. 이 모든 것이자 단 하나, 다시 말해 문명이 백인을 행복하고 선하며 부유하고 강하게 만든다는 사실을 증명해보이며 말이네.

스미스의 강력하고 현명한 조치는 식민지에 평화를 안착시키고 카피르족에게도 유익한 영향을 미쳤다네. 생각건대 카피르족은 백인의 물리적, 정신적인 우월성과 그들에 대한 저항이 불가능하다는 점을 확인한 거야. 그리하여 백인에게 순종하고 그들의 후견을 받기로 했네. 스미스의 권고, 아니 명령은 이행되었어. 그러나 그것이 오래 갔는지는 의문이네! 이 전쟁이 마지막이었을까? 유감스럽게도 아니네. 순서대로 따지자면 겨우 두 번째 전쟁에 불과했지. 1851년, 세 번째 전쟁이 발발했다네. 이 전쟁이 몇 번째에서 멈출지 그 누가 알겠는가?

두 전쟁의 개요를 간략하게 말해둔 이 시점에 세 번째 전쟁을 언급할 필요가 있겠는가? 전함 팔라다호가 뭍에 다다른 1853년 초에 끝난 전쟁을 말일세.

세 번째 전쟁은 이제까지의 전쟁이 모두 그랬듯 카피르족의 평화 조약 위반과 가축의 도난으로 시작되었다네. 카피르족이 훔쳐간 가축을 돌려주지 않고 국경 지대에서 당돌한 유격전을 강화했던 몇 번의 사건이 있었거든. 곧 식민지 내에서는 새로운 전쟁의 필요성을 확인했지. 그러나 영국인이 전쟁 준비에 대해 생각하기도 전에 카피르족은 모든 영국령 카프라리아를 이미 전쟁의 무대로 만들어놓았어. 카피르족은 1835년 평화조약에 따라 내놓았어야 하는 양보다 많은 무기를 보유했으며, 화약과 무기의 제공을 엄격히 금지했음에도 알고아 만을 통해 또 수많은 양이 몰래 반입된 것으로 드러났네. 총독은 강력한 조치를 취하기 시작했지만, 먼저 적대적 행위를 시작하고 싶지는 않았지. 그는 모든 우호적인 부족을 불러모은 뒤 그들이 약조한 대로 영국 여왕을 지원할 것을 설득했네. 유감이지만 그는 흑인들의 충성심에 너무 많은 기대를 한 걸세. 우호적인 부족들과 그가 카피르인으로 구성한 경찰을 비롯해 온순한 호텐토트인까지 모두 그를 기만했거든. 이들은 영국군의 수를 간파한 뒤 동족에게 정보를 넘겼고, 정보를 넘겨받은 카피르족은 매복을 심어놓아 영국군 부대들은 별다른 힘도 써보지 못하고 전멸했다네.

카피르족은 1850년 12월 성탄절 하루 전날 먼저 전쟁을 시작했네. 그들은 언제나 그렇듯 영국군을 매복지로 끌어들여 소전투를 벌인 뒤 산으로 숨어들었어. 그때 시작된 것은 전쟁이 아니라 카피르족의 처벌이라 해야겠지. 총독이 카피르족은 대영제국의 국민이었던 만큼 영국의 적이 아니라 폭도라고 단정했기 때문이야.

이주민들은 여느 때와 같이 자신이 살던 곳을 떠났고 가축들을 몰아갔으며, 어떤 자들은 카프라리아 국경에서 멀리 달아났네. 이들의 움직임이 곧 온 국경선이 되는 광경이 연출되었어. 몇몇 농부들은 무리를 지어 들판에 야영지를 짓거나 잘 방비한 농장을 피난처로 삼았지.

이 전쟁에서 일어난 시시콜콜하고 재미없는 사건을 이야기해서 굳이 자네를 피곤하게 만들 필요는 없겠네. 하나같이 천편일률적인 일이니까. 카피르족은 요새나 부대를 공격해 잠깐뿐인 승리를 거둔 뒤 접근이 힘든 은신처로 사라졌네. 하지만 영국군은 상대를 끝까지 추격하여 무기를 쓰거나 굶주림으로 두 손을 들게 만들었지. 이는 폭도들의 전쟁물자가 다 떨어질 때까지 지속되었어. 물자가 바닥난 이들은 다시 죄지은 얼굴로 나타났고 제안받은 조건을 모두 수용했네. 이전의 질서가 돌아온 거야.

1852년 3월 스미스 경을 대신한 캐스카트가 1853년 2월 마침내 식민지의 국경인 윌리엄스타운[236]에서 선언서를 발표했네. 그는 선언서에서 영국 여왕의 이름으로 평화를 공표했으며 산딜리야와 가이카족을 사면한다고 발표했지. 카피르족에게는 영국령 카프라리아에서 그들의 중요한 지도자인 산딜리야에게 순종하며 살되 식민지 국경에서 멀리 떨어진 지정된 장소에 거주할 것을 명령했다네. 그는 무기를 내놓고 그가 다스리는 영토의 안전과 평화, 가이카족의 성실한 태도, 영국 여왕의 명령을 비롯하여 그에게 지워진 의무사항 이행에 대한 책임을 맡게 되었지.

그러나 이 관대함이 영국령 카프라리아의 경계선 너머까지 미치는 것은 아니며 식민지 내에서 죄를 지은 모든 자는 법의 심판을 받게 될 것이라네.

호텐토트인 역시 총독의 특별 허가 없이는 영국령 카프라리아에 거주할 수 없게 되었어.

이 내용들은 이제 식민지가 자신의 역사에서 제일 의미 깊은 시기 가운데 하나를 겪고 있다는 뜻이지. 참으로 그러하다네. 지금껏 식민지는 본국에서 써준 법에 따라 생활하는 영국의 한 주와 다를 바가 없었네. 식민지는 국가의 실질적 필요가 아닌 정신에 따라 생활해왔어. 영국 식민장관의 원격 명령이 식민지의 필요에 반하고 일을 더욱 복잡하게 만들어 여러 불편을 가져다준 적이 한두 번이 아니야.

오직 영국인만이 식민지를 경영했어. 영국은 총독과 입법위원회 위원들을 임명했고 법은 앞서 설명했듯이 총독의 승인을 받지 못하면 효력을 갖지 못했네. 영국인에게는 좋았다네. 그들에겐 식민지가 안방처럼 편했지만 네덜란드인과 그 외 영국의 통치에 불만을 가진 이들은 입법기관이 영국과 관계없이 독립적으로 활동해야 한다고 투덜거렸지. 마침내 이 불평이 효력을 냈네. 이제 영국은 입법위원회 위원의 선거권을 식민지에 위임할 걸세. 그리하여 식민지는 활동에서 자주성을 확보하고 그 존재가 자신의 필요로 생긴 원칙에 따라 공고해질 수 있게 되었어. 그러나 이와 함께 모든 경영비용을 부담하고 원시 부족과의 전투도 직접 지휘하게 된 거지.

이는 식민지에 영국의 막강한 비호와 독립을 사실상 보장해주게 된 매우 중요한 사건이라네. 아직 완전히 실현된 것은 아니지만 국회에 제출된 법안은 당연히 승인을 받게 될 테지.[237] 모든 준비가 영국 정부의 승인에서 이루어진 거니까.

우리는 작은 정원으로 둘러싸인 조그마한 호텔에서 반시간 머물렀네. 호텔은 영어로는 미첼이라 불리며 네덜란드어로는 강 이름을 따라 클라우이스 강이라 해. 처음 문 근처에서 우리를 반긴 것은 양이었어. 녀석은 우리 모두에게 자신의 뿔을 내세워 덤벼들었지. 녀석을 지나치자 문에서 네덜란드인 주인이 나타났네. 크지 않은 키에 명랑한 얼굴을 하고 있더군.

포시예트가 이렇게 말했어.

"뭣 때문에 여기서 머물려는 겁니까?"

이 열렬한 여행자는 계속 전진하고 싶었을 거야.

이미 말을 풀어놓은 반덕이 기분 좋게 미소 지으며 대답했네.

"여러분도 쉬고, 말도 쉬어야겠지요."

"우리는 쉴 필요가 없어요. 지치지 않았으니까요."

나는 다른 마부를 쳐다보았네. 크지 않은 키에 얼굴에 조소를 띠고 단호한 표정을 지은 자였지.

나는 크류드네르 남작과 젤료느이와 함께 갔고, 다른 수레에는 포시예트, 베이리흐, 고시케비치가 타고 갔네. 그들과 함께 앉아 있는 사람이 누구인지 쳐다보아도 알아볼 수가 없었어. 원숭이도 아닌 것이, 몸집은 자그마하여 원숭이처럼 까무잡잡한 얼굴을 하고 있었는데 큰 외투와 넓은 모자를 쓰고 있었지. 그는 반덕이 무슨 까닭에서인지 같이 데리고 간 호텐토트인 소년이라네.

우리가 다리를 쭉 펴기도 전에 이미 크류드네르 남작은 방에 들어가서 집주인과 흑인 소년에게 무엇인가를 주문하고 있더군. 우리는 방안을 살펴보았네. 방에는 조각된 찬장이 있었는데 거기에 접시들이 있었고, 또 다른 찬장에는 박제된 새들이 있었어. 카펫이 있어야 할 곳에는 표범 가죽이 늘어져 있었지. 그다음엔 케케묵은 책상과 의자들이 있었네. 크고 묵직하더군. 이 모든 것은 언제든 예상할 수 있는 거야. 모든 것이 전부 우울하게 보였네. 거울의 틀은 시커멓고 온통 그을음이었어. 그림에는 사냥 장면이 담겨 있는데, 코끼리가 호랑이를 발로 짓누르고 있고 개들은 살쾡이를 쫓고 있었지. 어둡고 그을음이 낀 작은 방은 네덜란드 방식대로 정돈되어 있었는데 여행자를 반가이 바라보고 있었네. 마치 면도도 하지 않은 더러운 이가 눈을 치뜨고 바라보듯 하였지만 그 눈길은 사랑스러웠어. 이 방이나 이 방과 비슷한 다른 방들도 모두 상냥하고 쾌적했네. 이곳에선 찻잔들도 눈길을 끄는데 계피와 커피 그리고 다른 향료들의 냄새, 다시 말해 살림살이의 냄새가 풍기더군. 벽난로는 매우 따뜻했어. 술집이라기보다는, 자네가 찾아뵙기로 한 어떤 가난한 아주머니의 두메산골 속 한적한 집 같았네. 안락의자는 뻣뻣하여 자리에서 쉽게 옮길 수 없네. 유약과 금도금은 거의 벗겨진 상태였지. 커튼이 있어야 하는 자리에는 누더기가 걸려 있었어. 주인 자신은 처량하고 빈곤한 눈빛을 하고 있지만 이것은 정직하면서도 손님에게 호의적인 가난이라네. 그 가난은 뻣뻣한 햄이나 더 딱딱한 절인 쇠고기라도 항상 자네를 먹여주며 남김없이 내어줄 거야. 거기서 점심과 아침이 소박하게 나오는 것을 보면, 돈을 받아야 한다는 것이 믿기지가 않는다네. 돈도 어쩔 수 없으니 마지못하여 받는 듯이 해. 주인이 우리를 다른 방으로 불렀을 때 우리는 방의 모든 구석과 박제된 새, 그림들을 다 둘러보았던 참이었네. 불려간 곳에는 햄과 계란 프라이, 커피가 준비되어 있었어.

온건하고 겸손한 우리의 의사 베이리흐가 말했네.

"벌써 말입니까? 또요? 우리는 케이프타운에서 아침을 먹었는걸요."

하지만 그도 자리에 앉아 우리와 아침을 함께했지.

우리는 다섯 시쯤 다시 길을 떠났어. 길은 몇 시간 동안 늪이 많은 골짜기를 따라 나 있었지. 테이블 산과 악마의 꼭대기를 뒤로 했지만 그것들은 시야에서 사라지지 않더군. 오른쪽에는 콘스탄샤 산에서 나온 봉우리들이 뻗어 있었네. 곧 푸른 언덕 대신 늪지대와 모래가 보이기 시작했고 땅은 다채로워졌으며 저 멀리 산들이 더욱 위협적이고 선명하게 다가왔어. 그 위로 푸른 먹구름이 놓여 있었고 번개가 내리쳤네. 비가 세차게 쏟아졌지.

젤료느이는 길을 걷는 내내 활기찬 춤곡이나 코즐로프의 유명한 장례행진곡을 불렀네.

"근심에 휩싸인 연대 앞에서 북은 울리지 않았네."

나는 크류드네르 남작과 함께 담배를 피거나 생각에 잠겨 침묵했어. 이따금 반덕에게 어떤 산이나 멀리 떨어진 농장에 대해 물었을 뿐일세. 그는 아프리카인이었는데, 다시 말해 아프리카의 네덜란드인 부모에게서 태어났다네. 네덜란드어와 영어를 할 줄 알았으며 우리의 질문에 대답하는 데 애를 먹지 않더군. 그는 식민지 내의 모든 것을 알았네. 산과 숲, 심지어는 관목 숲, 모든 농장과 농장주, 그의 종, 개 등을 알았는데 무엇보다 말들을 정말 잘 알고 있었어. 우리는 얼마 안 가 말을 사거나 팔고 바꾸는 것이 곧 그의 열정과 직업이었다는 사실을 알아차렸지. 그는 말레이인과 호텐토트인, 영국인 등 만나는 모든 사람과 인사를 나누었네. 말레이인에게는 고개를 숙였고 호텐토트인 앞에서는 정중하게 모자를 벗어 보였으며 영국인에게는 가볍게 친근한 미소를 지어주었지. 그 밖의 다른 자에게는 무어라 소리쳐 대며 가공할 정도의 욕설을 함께 퍼부어주더군.

길은 아주 훌륭했어. 산들은 케이프타운에서 도로 양쪽으로 얼마간 늘어서 있다가 110킬로미터 정도 가자 좁아져 긴 협곡이 되었네. 우리는 그것을 통과해야 했네. 땅거미가 지기 시작했고 반딕은 말을 세웠지.

반딕이 가끔 이렇게 외쳤어.

"아플!"

우리는 이게 무엇을 뜻하는지 알아낼 수가 없었네. 사람 이름인지 아니면 말에 내리는 명령어인지, 심지어는 어떤 경우에 그 말을 쓰는지도 알 수 없더군. 반딕은 말이 뒷걸음질을 치거나 너무 앞으로 달려나갈 때, 또는 발을 헛딛을 때도 이 소리를 외쳐댔지. 우리가 그 말이 무슨 뜻이냐고 물으면 그는 오직 미소로 답을 대신했네.

반딕이 길에서 갑작스레 말을 돌려 어떤 건물로 향했을 때는 저녁 여덟 시쯤이었어. 돌로 지어진 긴 1층짜리 저택이었는데, 홀로 서 있는 그 건물 안으로 향하는 현관 계단이 집을 따라 넓게 퍼져 있었네.

반딕에게 물었지.

"이게 뭡니까? 어디로 가는 거요?"

반딕이 짧고 단호하게 대답했어.

"저녁을 먹고 밤을 보내야지요! 말들이 지쳤습니다. 오늘 32킬로미터를 걸었어요."

이 호텔은 폭스 앤드 하운즈라고 불리는데 말 그대로 여우와 개들이라는 뜻이지.

혈기왕성한 포시예트가 여느 때와 다름없이 이의를 제기했네.

"그런 게 어디 있습니까? 여기서 멈출 순 없습니다. 계속 갑시다!"

그러자 케이프의 애호자들이 포시예트에게 반대했어.

"어디로 간단 말입니까? 날도 어둡고 비까지 오는데 말이오."

"여기 있을 필요가 없지요, 우리는 그래도 계속 가야 합니다."

"어째서요? 당신은 무언가라도 보기 위해서 여행하시는 것이 아닙니까? 이 밤에 무엇을 볼 수 있겠습니까?"

하지만 다른 수레에 앉은 사람의 무리가 반대했네. 우리가 학자라고 부르는 자들이지. 알력이 생긴 거야.

우리 세 명으로 된 이 예술가 집단은 현관에 들어섰고, 다른 무리는 고집을 부리며 마차에 계속 앉아 있었네. 그러는 사이 반딕과 그의 친구들이 잠자코 말을 풀었고 다툼은 끝이 났지.

크륨드네르 남작은 방으로 들어갔고 학자 무리는 못마땅하여 느릿느릿하게 수레에서 내렸네. 나는 호텔 주변에서 바람을 좀 쐬기 위해 나섰어. 나는 이곳이 어떻게 불리는지 물었네.

반딕이 대답해주더군.

"영어로는 퍼스트 리버라 하고 네덜란드어로는 에르슈트 리버라고 합니다."

케이프타운에서 따지자면 그것은 이름 그대로 첫 번째이네. 하지만 강으로는 마지막이야. 이것을 강이라 할 수 있을까?

내가 반딕에게 물었네.

"여기에 강이 어디에 있단 말입니까?"

그러자 반딕이 내가 선 곳을 가리키며 대답했지.

"바로 그곳이오. 당신은 지금 강에 서 계신 겁니다. 이게 전부 강입니다."

그러고 나서 주변의 먼 곳을 가리켰네.

나는 이렇게 말했네.

"모래와 돌뿐인걸요."

"지금은 강이 없지요."

그가 말을 이었네.

"아니면 저기 도랑에 있습니다. 하지만 겨울이 되면 이곳이 모두 몇 마일 물로 덮입니다. 여기 있는 강은 다 그렇답니다."

나는 건물에 들어섰네. 이게 호텔이란 말인가? 전혀 그렇게 보이지 않았네. 첫째 방은 저택에 있는 식당처럼 보였어. 바닥은 유약이 칠해져 있고, 벽들은 종잇조각으로 도배되어 있으며 방의 중앙에는 원형 탁자가 있었지. 벽마다 상당히 훌륭한 소파가 두 개씩 붙어 있었네. 새로 유행하는 것이었네. 바닥과 소파 위에는 우리 물건들이 한 무더기로 쌓여 있었는데, 주인들은 없었어. 그러나 나는 목소리를 들었고 복도를 통해 옆방으로 넘어갔지. 크고 정말 아름답게 정돈된 방이었네. 그 방에는 긴 탁자가 놓여 있었고 술집과 조금 닮은 구석이 있었어. 탁자에는 성경과 다른 책들, 수공품, 노트와 그 밖의 것들이 놓여 있었네. 벽 근처에 피아노가 한

대 있었네. 가구가 새 것이고 모두 산뜻하며 편안한 것으로 미루어보아 주인이 영국인이라는 점을 어렵지 않게 짐작할 수 있었네. 젊고 땅딸막한 흑인 한 명 말고는 아무도 나타나지 않았네. 흑인은 무엇을 묻기도 또는 시키기도 전에 웃음으로 대답하며 제일 깨끗한 이들을 내보이더군. 이 웃음은 흑인들의 습관이네.

누군가가 말을 꺼냈네.

"저녁을 먹을까요?"

그러자 크류드네르 남작이 대답했지.

"저는 이미 주문을 했습니다."

베이리흐가 물었어.

"벌써요? 무엇을 주문하셨습니까?"

"그냥 이것저것 몇 개 시켰습니다. 양고기와 햄, 닭고기, 차, 버터, 빵, 치즈를 주문했습니다."

저녁을 먹은 뒤 우리는 다른 방들로 안내받았네. 유약이 칠해진 바닥도 없고 벽지도 없었지만 마치 영구차처럼 거대한 침대들이 있는 곳이었어. 방에 습한 냄새가 났네. 여기에는 여행자들이 자주 묵지 않았음을 알 수 있었지. 우리가 알지 못하는 벌레들, 처음 보는 빈대와 바퀴벌레, 수많은 다리를 달고 있는 기다란 딱정벌레들이 벽을 기어다니기도 했거든. 나와 한 방에서 잔 젤료느이는 제대로 눕기도 전에 땅으로 꺼지듯 잠들어버렸네. 나는 홀로 남아 눈을 끔벅이다 곧 잠이 들었어. 우리가 미처 잠을 다 자지도 못한 이른 아침, 지칠 줄 모르는 포시예트는 우리의 지도자 역할을 자청하며 방마다 사람들을 깨우러 다니더니 길을 재촉했네.

우리는 화창한 날씨에 훌륭한 길과 언덕들을 따라 떠났다네. 모래는 가루로 흩날리지 않고 진흙의 형태로 얌전히 있었네. 산들은 저번처럼 침울하고 심술궂게 보이진 않았어. 그것들은 자기 쪽이 더 좋음을 보여주려고 했지. 사실 태양이 산을 얼마나 황금빛으로 물들였든 간에 좋은 것은 거의 없었네. 몇몇 산은 꼭대기나 경사면이 녹음으로 덮여 있었으나 대부분은 하나같이 풍화되어 옆구리가 잿빛이 되어 있더군. 하나는 수레바퀴 자국, 다른 하나는 둥근 언덕, 또 다른 하나는 가파른 절벽으로 그 모습이 다양해졌네. 나는 비록 여러 기록으로 아프리카는 남쪽 끝부분도 예외라 할 것 없이 모래와 산들이 풍부하다는 것은 알았지만, 내가 상상한 것은 캄캄한 밀림과 사자, 호랑이 그리고 뱀들의 은신처였지. 하지만 나는 공연히 이 숲들을 직접 찾았네. 숲은 해안을 따라 자라고 있더군. 그 안으로 곳부터 식민지의 국경까지 1,000베르스타에 이르는 땅은 모래투성이 토양 위의 작은 관목 숲들로 덮여 있었네. 농장 근처에는 인공 정원도 있었어. 국경을 넘어서면 아주 가끔 나오는 오아시스 말고는 이런 것들이 없었지. 하지만 3월 중순인 오늘 아침의 프로테아[238]는 밝아 보였고 잎사귀들은 더 푸르러 우리의 독일인 동행자는 이곳에 많은 짐승 같은 것이 있을 것 같다고 말했네. 사실 축산업은 여기서 꽃을 피웠긴 하지만 온 식민지에서도 잘나가던 산업이니까. 말들은 더 팔팔하게 달렸으며 반딕조차 활발하고 생기가 넘쳤어. 내가 만약 북반구에 있었다면 그가 마치 5월의 꽃 같다고 했겠지만, 여기서는 9월의 꽃이라고 해야겠네.

나는 이렇게 반대를 이루는 것에 익숙해지지 못하고 있네. 이제 봄이 온 것 같다는 생각이 들 때면 여기서는 모두 겨울을 맞을 준비에 한창이지. 비와 바람을 견뎌낼 준비를 하고 포도를 뺀 모든 과일 철이 지나갔다고 말들을 하네. 나는 케이프타운에서 책가게에 들러 판화책과 산문집을 펼쳐보았어. 군데군데를 펼쳐 읽어보니 다음과 같은 내용이었네.

"자신감 넘치는 이 미인의 사랑과 기쁨의 날들이 지나갔다. 그녀의 삶에 꽃피는 9월과 무더운 12월이 지나쳐 갔다. 모질고 험난한 6월의 악천후가 다가왔다."

시집에는 이런 시가 있었지.

"타는 듯 내리쬐는 북쪽의 태양이 나를 괴롭히는 것인가. 남풍의 냉랭하고 잔혹한 숨결이 내 피를 얼게 하는가. 나 모든 것을 지

그시 견딜 수 있지만 사랑하는 내 여인 뜨거운 손길과 차가운 눈빛은 참아낼 수 없네."

더 나아가 한 기사문에는 어떤 파산한 갑부에 관한 내용이 실려 있었네.

"이제 그는 가난한 이가 되었고 조그만 오두막집이 그의 거처가 되었다. 오두막집은 가시만 가득한 선인장과 알로에로 둘러싸여 있으며, 그가 언젠가 많이 심어놓은 편도와 살구, 귤나무, 그리고 빽빽한 포도나무 줄기의 그림자 속에 파묻혀 있다. 나무들이 맺는 포도와 편도, 석류 그리고 귤이나 그의 유일한 젖소에서 나오는 우유는 그의 양식이 되었다. 그는 이 나무들을 재미 삼아 심으며 그 나무들이 내놓는 열매로 참을 수 없는 굶주림을 달래게 되리라는 생각이나 했겠는가? 한 명의 늙고 충실한 흑인이 그를 섬겼다."

아프리카의 가난함이란 어떤 것인지 보게나. 어떤 날이든 신선한 우유가 있고 후식을 위해 시중을 드는 네 명의 흑인 거지가 나무를 타네. 이런 가난함이 페테르부르크에서는 얼마만큼의 가치가 있을까?

여행길 동안 날씨는 큰 변화가 없었네. 마차를 타거나 걸어가는 모든 부족과 피부색, 재산이 다양한 사람들로 뒤섞인 활기찬 이 무리는 그림의 한 구석을 메워주었지. 이들마저 없었다면 빈 공간이 많아 밋밋한 풍경이 되었을 거야. 사람들과 함께 상품을 실은 끝없는 짐마차의 행렬이 케이프타운 쪽으로 늘어지거나 그 반대 방향으로 늘어서 있었네. 사륜마차들의 기다란 행렬과 여섯 마리에서 열두 마리까지 짝을 지어 짐을 실은 짐마차를 끌고 가는 수소들의 행렬은 길을 따라 끝없이 이어졌지. 긴 채찍이 아니고서는 수소들을 다스릴 수 없네. 호텐토트인 마부는 보통 염소를 타고 있는데 오른쪽으로 방향을 틀어야 할 때면 왼쪽에서 채찍질을 하고 반대 방향으로 가야 할 때면 그 반대 방향을 때리지. 수소들은 가끔씩 다리를 떼지 않는가 하면 곡선 모양으로 돌며 엄청난 속도로 달려나가기도 했네. 마차를 만나게 되면 수소들은 마지못해 느릿느릿 길을 내어주곤 해. 이런 경우 보통 짐마차에 몇 명씩 타고 있는 호텐토트인 소년이 뛰쳐나와 행렬을 끌어내더군. 우리는 특히 알록달록하고 화려하게 차려입은 많은 사람을 마주쳤네. 남자와 여자, 걸어가는 이와 짐마차를 타고 있는 이들이었는데 모두 말레이인들이었어. 사람들은 머리에 붉은 격자무늬 수건을 두르고 있었네. 우리는 이전에도 그런 사람들을 많이 보았지. 그들은 특히 마차를 타고 있었네. 그런 짐마차는 한 폭의 그림과 같다네. 3사젠 길이로 늘어선 마차를 상상해보게나. 범포로 덮인 천장은 아치형 모양을 하고 있는데 이슬람 교도로 가득 차 있지. 몇몇 남성과 아이들은 제대로 타지 못하고 장작을 가득 실은 마차에 조그마한 장작개비가 여기저기가 불쑥 튀어나온 것처럼 사람들의 무리 사이에 겨우 끼워져 있네. 세 쌍의 수소가 거드름을 피우며 천천히 이 동물원을 옮기지. 운송 행렬은 저녁마다 천막을 친다네. 고삐에서 벗어난 수소들은 관목 숲 사이에서 풀을 뜯어 먹고 딱딱거리는 소리와 함께 타들어가는 모닥불의 불길은 멀리까지 그 불빛과 연기를 퍼뜨리지. 여행자들은 연기가 피어오르는 솥 주변에 무리를 지어 앉고. 반딕은 케이프타운에서 40킬로미터 정도 떨어진 작은 마을 크라마티에서 우리가 보았던 말레이인들이 돌아오며, 그들은 지금 거기에 묻힌 그들의 선지자를 참배하기 위해 모이는 거라고 설명해주더군. 이 순례자 대열은 잠시 러시아의 집시 무리를 상기시켰네. 한 가지 차이점이 있다면 말레이인은 정직하고 근면하여 배고픔에 시달리지 않으며 미개하게 보이지도 않는다는 거라네.

우리는 말레이인 말고도 호텐토트인과 흑인도 마주쳤네. 호텐토트인은 무거운 짐들을 운반했고 일급 노동을 하러 가거나 돌아오는 길이었지. 흑인 중에 많은 이가 나무토막에 배낭을 메고 옷을 잘 빼입고 있더군.

반딕에게 물었어.

"이들은 무엇입니까?"

"흑인입니다. 전쟁에서 돌아오는 길이지요."

카피르족과의 전쟁이 끝난 지 얼마 안 된 참이었고 몇몇 흑인 부족은 영국 정부의 권유로 전쟁에 참전했지.

수많은 승합마차와 도시의 사륜마차, 도시로 가거나 그 쪽에서 오는 농부들이 말을 타고 지나쳤네. 상당히 쾌활한 분위기였기 때문에 젤료느이는 장례행진곡 대신 사랑 노래를 불렀어. 우리는 농장의 아름다운 경치나 산 또는 도로로 기어 나와 있는 도마뱀을 가리키며 학자 무리와 담소를 나누었지. 풀과 나무의 이름을 물었으며 길에서 보고는 그 다양함과 아름다움에 매료된 새들에 대하여 이야기했네. 학자들은 미소를 지으며 우리와 서로를 번갈아 쳐다보더니 마침내 새를 한 마리도 보지 못하였으며 아프리카에 들어왔으면 새를 보아야 한다고 생각하고 있다는 것도 물론 설명해 주더군. 덧보태자면 우리는 새들과 끊임없이 마주쳤는데 그들은 어떻게 한 마리도 보지 못하였는지 놀랐네. 그 이유는 단순했어. 우리가 앞서갔고 새들이 뒤에서 우리를 따라왔는데 우리 마차가 가까워지자 날아가버렸기 때문에 뒤따라오는 마차는 새를 만날 수 없었던 거지.

우리는 열 시쯤 되어 서머싯 마을에 도착했다네. 마을은 산기슭의 길목에 긴 줄을 이루어 건설되어 있었어. 여기에서는 모든 것이 푸르더군. 돌로 만들어진 네덜란드식의 1층집들이 기와지붕을 얹고 있었는데 참나무와 소나무에 가려 거의 보이지 않았네. 집집마다 근처에 협죽도, 장미, 달리아 그리고 다른 꽃들이 있는 소정원이 있었어. 산은 멀리서 무대배경처럼 위부터 산기슭까지 녹음 속에 잠겨 있었지. 이 모든 경치는 아프리카에서 나오는 경치가 아닌 것 같았네. 아프리카라고 부르기엔 너무나 생기가 넘치고 푸르며 그늘져 있고 다양했거든. 우리는 마을을 따라 산 쪽으로 걸었네. 채 백 보를 못 가서 우리 의사 베이리흐는 누군가의 손을 붙잡고 활발히 이야기를 나누며 걷더군. 상대는 독일인 선교사였네. 독일인 선교사는 우리에게 다른 길을 따라가보라며 조언해주었네. 길을 가다 보면 여기에서는 보기 힘든 녹나무가 몇 그루 자라고 있다고 했지. 우리는 여느 곳과 같이 화단을 갖추고 있는 낮은 집들이 있는 곳으로 돌아왔네.

한곳에 모여 크류드네르 남작을 찾았는데 그가 보이지 않았네. 오른편에 있는 객실을 바라보니 거기에 두 명의 여성 여행자들이 있었고 크류드네르 남작은 식당에서 이미 아침을 먹고 있었어. 크류드네르 남작은 가던 길을 계속 가려고 했지만 이 길로 학자들 무리가 가고 있어서 우리는 샛길로 빠졌네. 길은 어제 내린 비로

길 상태가 썩 좋지 않았고 움푹움푹 패여 있었지. 곧 그 길에서 빠져나와 보니 우리는 또다시 큰 길로 나오게 되었고 수많은 농장을 지나 계곡을 따라갔어. 농장의 정원은 그늘진 참나무와 알로에 등으로 길을 둘러쌌는데 그중 제일은 마르멜로[239]였네. 마르멜로는 지나갈 수 없을 정도로 자라 있었는데 노란 열매들을 달고 있었지. 마르멜로를 아는가? 단단하고 신맛이 나는 사과 같은 것인데 먹지 못할 정도로 입안에서 떫은맛을 돌게 하므로 그것으로 잼과 같은 것들을 만들어낸다네. 하지만 젤료느이는 마차에서 뛰어내려 덩이를 통째로 따서 먹어버렸어. 반딕은 그것을 잘게 찢어 말에 주었고 그 자신 역시 열매를 먹었네. 그들 말고 열매를 먹은 이는 아무도 없었네. 맛이 좋은가 하는 내 질문에 젤료느이는 아무 말도 하지 않더군. 그는 아직 청년에서 성년으로 넘어가는 행복한 시기에 있기 때문에 청년 같은 구석도 있고 원숙한 남성다운 구석도 있다네. 그에게 내재된 어떤 무언가가 더욱 단단해지고 성장하고 있지. 그는 자신의 일을 사랑하고 훤히 꿰뚫고 있으며 의무를 진중하게 이해하고 수행하네. 자기 자신과 품위를 잃지 않음에 있어서도 엄격한데 이것들은 원숙한 남성다움이라 볼 수 있을 거야. 하지만 자신의 일과 직접 관련되지 않은 모든 것에 대해서는 만사태평이라네. 책을 읽고 산책을 하며 잠을 자고 특별히 선호하는 것 없이 골고루 먹네. 이것은 청년 시절의 흔적이라네. 어떤 책이든지 집어들 수 있고 또 미련 없이 덮어버릴 수도 있어. 언제 어디서나 누우면 잠에 빠져들며 가리는 것 없이 다 잘 먹네. 특히 과일 말일세. 파인애플과 포도를 먹은 후엔 순무를 먹지. 포도는 껍질째 먹는데 그 까닭은 더 많아 보이게 하고 싶어서라고 하네. 정말 귀여운 청년이라네. 타고난 유머 감각이 있고 농담을 능숙하게 해. 언제나 노래를 부르고, 요란하게 웃으며 이야기하고, 항상 그 누구도 모욕하지 않고 또 그 누구에게도 모욕당하지도 않는 존재라네. 우리 모두 그를 좋아하지. 그는 어디에 있어도 변함이 없어. 훌륭한 항구에 들어서든, 쓸데없는 암석 근처에서 닻을 내리든, 해안에서 산책하거나 선상에서 일을 지켜보기도 하고 일을 할 때도 있는데, 그럴 때에는 조용히 우스꽝스러운 얼굴을 하고 있거나 노래를 부르고 큰 소리로 웃어대지. 지금도 주어진 환경에서 사이좋게 지내고 있네. 우리는 식민지에서 여행하는 내내 그 덕분에 잠시도 지루할 틈이 없었어. 아주 귀중한 동행자야.

끝내주는 날이었네. 날씨는 무더워지더군. 말들은 모래땅을 터벅터벅 걸었고 무더위는 우리를 괴롭혔네. 나는 크류드네르 남작과 함께 아무 말 없고 반덕은 무료하여 땅으로 기어 나온 도마뱀들을 채찍으로 후려갈겼어. 처음에 젤료느이는 자신이 앉은 의자를 즐겁게 발로 차곤 했네. 한 곳에서 오랫동안 얌전히 앉아 있는 것은 그의 천성이 아니라네.

젤료느이는 오랫동안 노래를 불러댔지.

"새 현관, 단풍나무 현관."

그러고 나서 젤료느이는 한 번씩 나와 크류드네르 남작에게 농담을 던지다 잠잠해졌네. 하지만 더위와 무거운 짐이 우리를 괴롭혔고 그는 침묵에 염증을 느껴 얼굴을 찌푸렸어.

젤료느이가 또 노래를 부르기 시작했네.

"근심에 휩싸인 연대 앞에서 북은 울리지 않았네."

우리는 파리와 쇠파리를 내쫓고 우리를 맞이하러 오는 것 같은 주변의 큰 산들을 바라보며 말없이 노래를 들었지. 순간 우리 앞으로 100보쯤 되는 왼편의 관목 숲에서 흰색과 검은색 점박이 무늬를 두른 멋진 동물이 뛰어나왔네. 녀석은 길을 단숨에 뛰어넘고는 움직이지 않더군.

반딕이 채찍으로 녀석을 가리키며 외쳤다네.

"염소! 염소다!"

숫염소가 뛰쳐나온 왼편에는 관목들이 조용히 달싹이고 있었네. 그곳에는 야생 암염소들이 작은 무리로 숨어 있었거든. 뛰어나온 녀석을 따를 엄두를 내지 못한 녀석들이야. 숫염소와 암염소는 우리를 보고는 결단을 내리지 못하고 주저하고 있었어. 숫염소는 돌로 변한 듯 반쯤 옆을 향하여 있었네. 뿔을 등 쪽으로 젖히고는 귀를 쫑긋 세운 채로 우리를 바라보았지.

"어떻게 저들을 놀라게 하지 않고 가까이 다가갈 수 있을까요?"

반딕이 우리에게 가르쳐주었어.

"갑자기 목청껏 소리치면 됩니다. 그러면 그 자리에서 얼마간 굳어 있을 것입니다."

그는 이것을 왜 말해주었을까! 우리가 얼마나 소리를 질러댔는지! 특히 젤료느이는 목을 아끼지 않았고 반딕도 마찬가지였지. 하지만 우리가 소리를 미처 다 지르기도 전에 숫염소는 관목 숲으로 뛰어 들어갔고 암염소들과 함께 뒤편으로 도망쳤네. 우리는 모두 의문스럽게 반딕을 바라보았어.

젤료느이가 말했네.

"이곳 사람이 자연의 이치를 너무 모르는 것 아닙니까?"

"아플!"

반딕은 말에 외쳤고 우리는 가던 길을 계속 갔지. 하지만 염소들이 관목 숲 사이에서 나뭇가지를 흔들어대며 달음질하여 산 속으로 도망치는 것을 더 보았네. 우리는 산에서 내려왔어. 지역이 변하기 시작했지. 산들은 조금씩 우리 쪽에 가까워졌고 우리는 오르락내리락하며 산의 경사면을 따라갔네.

점심때가 되어 우리는 굉장히 멋있는 강가에 도착했네. 얼마나 굉장한 풍경으로 둘러싸여 있었느냐 하면 점잖고 조용한 반덕이 나무 그림자로 덮여 있는 한 폭의 그림 같은 골짜기를 미소 지으며 가리킬 정도였어.

"환상적인 곳이군요!"

우리는 아치가 하나 뚫려 있는 긴 다리를 따라 강을 건넜네. 완전히 지어지지는 않은 다리였지.

"누가 이 다리를 짓고 있는 것입니까?"

내 질문에 반덕이 대답했네.

"스텔렌보스의 마차 제조자입니다."

"그게 무슨 말이오? 그 사람이 어디서 공부했단 말이죠?"

"그 어디에서도 공부하지 않았어요. 그는 여기에서 나간 적이 한 번도 없죠."

우리는 다리를 건너 곧바로 정원에 들어서듯 들어갔어. 녹음과 그늘 그리고 신선한 풍경은 우리와 마차를 삼켜버렸지. 사방팔방으로 정원이 늘어서 있고 집은 보이지 않는 이곳이 스텔렌보스 마을이야. 넓고 넓은 가로수 길들이 직각으로 교차하고 있었네. 여기에서보다 더 크고 아름다운 참나무는 그 어디에서도 보지 못했어.

네덜란드식으로 지어진 낮은 1층집들이 참나무 밑에 숨어 있었네. 길은 너무나 길어 끝이 보이지 않았는데 2베르스타는 더 되어 보였지.

우리는 이 가로수 길들을 따라 오래 달려 마침내 제일 길고 중요한 것으로 보이는 거리에서 현관 계단 앞에 멈추어 섰네. 길거리에 백인 주민이라곤 코빼기도 보이지 않았지. 아직 때가 일렀고 더웠거든. 오직 흑인들만이 어딘가를 돌아다니고 있거나 말을 타고 지나쳤고 일을 하고 있었네. 우리는 서늘한 빈 방들에 들어가 보았지. 방들은 말끔히 정리되어 있었지만 허름하더군. 우리는 홀로 들어가는 문을 열어젖혔고 문간에서 플랑드르 학교가 그려진 독창적인 그림 앞에 멈추어 섰네. 방은 천장이 높았고 바닥은 목재로 되어 있었지. 세월이 흐르면서 완전히 까매지고 낡아빠진, 나무로 된 옷장들과 다양한 가사 도구들이 놓여 있었어. 벽 근처에는 소파가 있었는데 앉는 곳 일부가 내려앉아 있었네. 소파 앞에는 조악한 상보로 덮인 원형 식탁이 있었고 벽 주위에는 긴 의자들과 등받이가 없는 의자들이 놓여 있었네. 긴 의자 하나에 매우 나이가 많은 노파 한 명이 앉아 있더군. 노파는 주름 장식이 없는 네덜란드식 부인용 실내모를 썼는데 기름투성이 양초를 담고 있었네. 다른 중년 여자는 물레질을 하고 있었고 곱슬머리를 한 세 번째 젊은 여자는 끓인 우유처럼 새하얀 피부에 금발이었는데 흰 눈썹에 밝은 파란빛이 나는 순백의 눈을 갖고 있었네. 이 여자는 집안일을 하느라 분주하게 움직이고 있었어. 하녀는 건강한 체구의 백인과 흑인의 혼혈인이었네. 한 줄로 이어진 눈썹과 조그마한 이마는 그녀가 타르처럼 검은 눈으로 교태를 부리는 데 방해가 될 수 없었지. 우리가 들어서자 이들은 모두 하던 일을 멈추고 자리에서 일어났어. 집주인은 우리의 인사에 상냥한 미소로 화답하고는 앉을 자리를 내어주기 위해 양초와 물레, 모든 도구를 분주히 치우기 시작했다네.

크류드네르 남작이 물었지.

"점심으로 먹을 것이 있습니까?"

그들이 대답했네.

"우리가 준비해 드리겠습니다."

"쇠고기와 양고기가 있습니까?"

"쇠고기는 없습니다. 닭고기와 돼지고기는 있지요."

"채소는요?"

"채소도 있습니다."

젤료느이도 물었네.

"과일은요? 포도, 오렌지, 바나나 같은 것이 있습니까?"

"오렌지와 바나나는 없습니다. 하지만 수박과 무화과가 있어요."

"좋습니다. 그럼 그것들을 주십시오. 다른 무엇이 더 있습니까?"

한바탕 소란이 일었네. 우리는 이 평화로운 가정집을 야단법석으로 만들어놓았지. 찬장 문짝들이 쾅쾅 소리를 내며 부딪치고 접시와 그릇이 달그락거리기 시작했어. 부엌에서는 장작이 타들어갔으며 여자들은 이리저리 뛰어다녔네. 나는 마당의 넓은 현관으로 나섰어. 현관은 여느 곳과 다를 바 없이 포도나무 줄기가 드리운 짙은 그늘 속에 파묻혀 있었지. 굵은 누런색 포도송이들이 횃대에 탐스럽게 걸려 있었네. 흑인이 사다리를 타고 이쪽저쪽으로 옮겨다니며 우리의 점심으로 내오기에 제일 좋은 것들을 땄네. 흑인 노파는 낡아빠진 새틴[240] 같은 두건을 머리에 쓰고 칼을 닦았지. 노파는 나를 보고는 불쑥 혀를 내밀어 보이더군. 내 뒤로 젤료느이가 나타났는데 그에게도 똑같이 혀를 내밀지 뭔가. 젤료느이는 노파의 행동이 너무 웃겨 그녀가 우리를 따라오는 다른 동료들을 어떻게 맞이할지 내게 같이 지켜보자고 했네. 안주인은 이 아랍인 여성이 우리를 맞이하는 모양을 눈치채고는 손가락으로 노파와 자신의 머리를 가리킨 뒤 앞뒤로 이리저리 움직이며 노파가 제정신이 아님을 알려주었어. 작은 정원은 이 집 살림에 보탬이 되어

주었다네. 반딕은 이미 그곳에 두 마차를 끌고 가 있었지. 그는 소년들과 다른 마부의 도움으로 말들을 풀어 그늘진 곳 여기저기에 묶어놓았어. 살림살이가 큰 것은 아니었지만 이 아프리카의 코로보치카[241]에게는 흠잡을 데가 없었다네. 돼지와 가금들이 마당을 따라 돌아다녔고 가까운 곳에는 정원이 녹음으로 덮여 있었지. 밝은 빛의 바나나 잎이 검푸른 무화과와 배나무를 배경으로 선명하게 드러나 보였네. 울타리 너머로 붉은 장미꽃들이 보였어.

나는 크뤼드네르 남작과 함께 산책하러 거리로 나섰다네. 정원과 가로수 길을 비롯해 모든 곳이 푸르더군. 길의 끝까지 다다랐고 담장이 쳐진 개신교 교회와 마주치게 되었어. 상당히 큰 교회였네. 오른편에는 이곳을 통치하는 큰 정부 건물이 있었네. 이 앞에 놓여 있는 참나무들은 크기와 둘레가 범상치 않게 보였어. 나무들은 아마도 마을과 동년배인 것 같은데, 이 마을은 식민지 내의 다른 마을보다 오래된 곳이라네. 이 마을은 200년 전에 건설되었고 마을 이름은 당시 총독이었던 스텔렌과 그의 부인 보쉬의 이름을 딴 거라더군. 우리는 정원의 초목에 도취되어 왼편의 좁은 길목으로 돌아섰고, 교외로 나섰네. 우리 앞으로 한쪽에서는 산이 우뚝 솟아 있었지. 군데군데 민둥한 곳이 있었고 풀로 뒤덮인 부분도 있었네. 주위에는 잘 경작된 골짜기 가운데 하나가 있었고 저 멀리에는 농장들이 있었지. 우리는 마을로 돌아왔고 흑인 할머니들이 옷을 헹구는 좁은 개울을 따라갔네. 호텐토트인과 흑인들의 흙집이 개울을 따라 늘어서 있었네. 자질구레한 물건을 파는 가게들이 드문드문 있었네. 거리들은 모두 포장되어 있었지. 유럽 양식의 건물 한 채는 보아하니 우체국 같은데, 근처에 몇 대의 사륜마차와 짐마차 그리고 수레가 서 있더군. 그 주변에는 남성과 여성 여행자들이 들끓고 있었네. 모두 영국인이었어.

우리는 음식으로 그득해진 식탁과 마주쳤고 안주인들은 그 근처에 서서 우리에게 앉으라 하였네. 우린 체면치레할 것 없이 곧바로 식탁에 앉았지. 그들은 자신의 오래된 부인복을 입고 창백한 얼굴과 슬픈 눈빛을 한 채 돌아다녔네. 선한 조상들이 그려진 변색한 초상화와 닮은 데가 있었네. 식탁에는 없는 것이 없었네. 식료품 가게를 보는 줄 알았다네. 접시와 그릇은 형태가 다양했어. 유리병마다 다양한 코르크가 있었는데 양념그릇들은 그런 것이 하나도 없었네. 머리 부분이 깨진 후추통은 가난과 정중함을 보여주었지. 크류드네르 남작은 온갖 고기를, 젤료느이는 과일들을 엄청나게 먹어치웠어. 나는 이쪽저쪽 다 먹었으니 더 이상 말할 것도 없네. 생긴 것이 멜론처럼 길쭉한 수박은 빨갛고 달달하게 익어 우리는 여행길에 필요한 양을 더 주문했네.

스텔렌보스는 식민지에서 그 녹음과 과일, 맑은 공기로 유명하다네. 이 때문에 장애인들과 외국인들이 여기에 모여들어 세 들어 살 집을 구하고 그늘과 산책을 즐기네. 일주일에 두 번 케이프타운에서 이곳까지 승합마차가 운행된다네. 쭉 뻗은 길을 따라 다섯 시간이 소요되지. 주위를 둘러보면 그 풍경은 그림과 같네. 모두 언덕과 골짜기야. 토양은 점토와 충적토, 철광 그리고 화강암 성분으로 되어 있네. 스텔렌보스 마을 자체에는 주민이 약 4,000명이 구역에는 약 5,000명이 살고 있는 것으로 파악되네. 또 이 마을에 있는 학교는 식민지에서 제일 우수한 학교 가운데 하나로 유명하지. 이 학교에서 다른 장소를 위한 좋은 선생님이 몇몇 배출되었네. 그들은 고전교육의 범주에 속하는 모든 것을 가르치네. 시간의 흐름에 따라 이 식민지 속에 어떤 학문과 지식의 나무가 성장할지 그 누가 알겠는가? 식민지는 오래되었지만 새로운 화합을 위해 형성되고 있으며 아직 젊네. 아마도 스텔렌보스의 학교는 세월이 흐르면 아프리카의 괴팅겐이나 옥스퍼드가 될 거야. 그렇다네. 나는 젊은 식민지라고 말했지. 그 이유는 이걸세. 약 30년 전 이곳에선 도로와 보험회사들을 비롯해 흑인들의 생활 개선에 관해서 생각지도 못했네. 지금은 고집 센 네덜란드인 농부가 영국인에 대한 증오로 회색 외투를 입은 채 늙은 말을 타고 40베르스타 정도 되는

거리를 덜거덕거리며 가지. 3실링을 내면 네 시경에 그를 데려다줄
수 있는 승합마차가 있는데도 말이야. 이 농부들은 가난한 자들
이 아니네. 어떤 이들은 연간 수입이 7,000에서 8,000루블 은화나
되거든. 어찌되었든 스텔렌보스 지역의 주요 생산품은 포도주이고
밀, 참나무 그리고 감자 등이 그 뒤를 잇네.

무더위가 잠잠해진 다섯 시경이 되자 모든 것이 소생했어. 발이
올라갔네. 현관에 선한 네덜란드인 남성과 여성의 형상이 나타났
지. 나는 우리 의사를 만났다네. 그리고 의사와 함께 있는 두 사람
을 만났는데 그들은 독일인이 아니라면 독일인 피가 흐르는 사람
인 것 같아. 형제인 두 덴마크인은 의사와 약사로, 우리 의사를 자
기 집에 데리고 가서 정원을 보여주었네. 나는 그들과 만나게 되었
고 우리는 교외로 나가 다리까지 간 뒤 다리를 건너 들판을 거닐
었고 어두운 밤이 되어서야 손으로 더듬어가며 도시로 돌아왔어.
덴마크인들은 우리를 자기네 집에 데려갔고 케이프타운의 주요 생
산품인 포도주를 기필코 내오려 했네. 이는 나에게 있어 어려운
공적을 달성하는 것과 마찬가지야. 이제 점심을 먹었을 뿐인데 술
이라니! 그들은 포도주 서너 병과 유리잔 네 개를 가져왔네.

그들이 각기 다른 포도주를 하나씩 따라주며 말했어.

"이건 프롱티냥이고 이건 리브잘트예요."

나는 포도주 중에 샹베르탱과 유사한 것을 하나 발견했네. 분명히 부르고뉴산 포도로 만든 것이었어. 집주인들은 우리가 머무는 케이프타운의 호텔에 몇 병을 더 보내겠다고 했네. 그들은 우리를 우리 방까지 데려다주었네.

밤의 정적과 온기는 말로 형용할 수 없을 정도로 기분 좋았다네. 미풍도 없고 구름 한 점도 없네. 별들이 하늘에서 힘껏 반짝거리며 하릴없이 내려다보고 있었어. 발코니마다 사람들이 와글거리고 있네. 우리 호텔에선 쾌활한 목소리들이 들려왔네. 창문에서 빛이 새어나왔지. 모두가 집에서 둥근 식탁에 모여 앉아 물약과 모래, 그러니까 설탕을 곁들인 차를 마셨어. 우리가 집에서 차라는 이름으로 마시는 걸 웃기자고 한 말이라네. 식탁에는 새로운 얼굴이 있었는데 뚱뚱한 중년 남성이더군. 홍조를 띠고 선한 웃는 얼굴을 한 남성이네.

포시예트가 우리에게 말했지.

"이쪽은 퓌르스트펠트입니다. 이 지역의 의사입니다."

내가 물었네.

"그 의사는 왜 그렇게 우리를 이상하게 쳐다보는 거죠? 그리고 어디서 데려오신 분입니까?"

"혼자서 스스로 오셨습니다. 러시아인이 왔다는 소리를 듣고 보러 오신 것이지요. 러시아인을 한 번도 본 적이 없답니다."

의사가 스스로 이를 확인해주더군. 그는 프랑스어를 꽤 했으며 본인이 러시아인에 관해 많이 듣고 읽었는데 호기심을 이길 수 없어 우리와 알고 지내기 위해 왔다고 솔직히 털어놓았네.

의사는 엄청난 관심을 가진 눈으로 크류드네르 남작과 우리의 동행자 베이리흐 의사와 포시예트를 바라보며 말했어.

"저는 자연과학과 지질학 그리고 자연과학이 아닌 것으로는 골상학을 조금 공부하고 있습니다. 민속학도 좋아하지요. 그래서 제게는 러시아인을 지켜보는 일이 흥미롭습니다."

그러나 그 세 명 모두 러시아 출신이 아니라네.

의사가 이들을 계속해서 바라보면서 말했지.

"어느 계통인지 한 번 볼까요!"

우리는 가까스로 웃음을 참아냈어.

나는 젤료느이를 가리키며 물었네.

"이 사람은 어느 계통입니까?"

"이분은…."

그는 진지하게 오랫동안 젤료느이를 들여다보더군.

"이분은 몽골 계통입니다."

우리는 웃음보가 터졌네. 아마도 의사의 말이 맞은 것 같네. 젤료느이에게는 타타르인의 특징이 있으니까.

우리는 고시케비치를 가리키며 물었지.

"그럼 이 사람은요?"

그는 오랫동안 생각했네.

누군가가 고시케비치에 대해 말하더군.

"그 사람은 중국에서 10년을 살았습니다."

퓌르스트펠트가 말했네.

"정말로 중국인을 닮았네요!"

우리는 껄껄 웃었고 그 역시 우리와 함께 웃음이 터졌네. 고시케비치는 소러시아인이었거든. 순수 러시아인 혈통은 젤료느이와 나뿐이지.

퓌르스트펠트가 말했네.

"맞습니다. 러시아인은 강하죠. 러시아인에 대한 소문이 매우 많아요!"

아마도 그는 기운 센 장사 아니면 야수 같은 외모를 한 사람들을 기대한 것 같네. 그리고 고시케비치 역시 지질학을 공부하고 있으며 우리 쪽에 많은 학자 그리고 문학이 있다는 사실을 알고는 놀라더군.

그는 여기에 재미가 붙어 잘 시간이 되었는데도 갈 생각을 하지 않았어. 반딕은 길을 가는 것을 단호히 거절했네.

그가 미소 지으며 말했네.

"길이 나빠요."

네덜란드인 의사는 다음 날에 자기 집을 방문해 달라며 우리에게 집요하게 부탁했지. 자신의 지인인 농부를 방문하기 위해 우리를 데리러 나가겠다며 약 16킬로미터를 직접 오겠다고 했네.

밤이 되자 우리는 서로 다른 방을 할당받았어. 큰 방이 세 개밖에 없었는데 침대가 방마다 하나씩 있었기 때문에 침대 하나를 둘이서 써야 되는 사람들이 있었네. 그런데 침대는 네 명이 누울 수 있는 크기였지. 퓌르스트펠트는 다음 날 아침 여덟 시경이 되어 우리를 데리러 이륜마차를 타고 나타났어. 훌륭한 말 한 쌍이 마차를 끌고 있었네.

우리는 마차를 탄 채 신선하고 시원한 아침 공기를 마시며 나왔고 푸른 언덕들에 난 농장과 농장 사이에 난 길을 따라갔다네. 마치 이 별장에서 저 별장으로 넘어가듯 말이지. 이전에 한 별장에서 우리에게 녹나무를 보여주었다는 걸 깜빡했군. 우리는 마차에서 내려 잎사귀와 열매를 달고 있는 나뭇가지를 몇 개 땄네. 열매는 큼직한 완두콩과 같은 크기였는데, 순간 마차에 치통과 방석모양의 과자를 생각나게 하는 냄새를 풍겼어. 나무가 그리 예쁜 것은 아니었네. 러시아의 사시나무와 조금 비슷하게 생겼는데 나뭇잎이 다르게 생겼지. 더욱 길쭉하고 두꺼웠으며 매끈했네. 나뭇잎을 비비면 강한 장뇌 냄새를 풍기더군. 퓌르스트펠트는 그림 같은 곳들에서 우리의 주의를 환기시켜주었어. 관목으로 빽빽한 언덕을 가리키기도 했고 산 경사면의 움푹 파인 곳을 뒤덮은 흰 포도밭들이 딸린 농장을 가리키곤 했지. 우리는 마차에서 내려 여기저기를 거닐었네. 돌을 줍는 사람이 있는가 하면 풀이나 꽃을 꺾는 사람도 있었네. 그 와중에 나는 우리 마차를 끄는 말들을 바라보다 말 가운데 한 녀석이 이전에 보던 녀석이 아님을 알아챘어. 반딕은 검은 상장을 단 그 모자를 쓰고 푸른 외투를 입은 채 맨손으로 염소들 위에 반듯하게 부동의 자세로 앉아 있었지.

내가 반딕에게 말했네.

"예전의 그 녀석이 아닌데요."

"그렇지요."

"그 녀석은 어디에 있지요?"

"제가 말을 바꾸었습니다."

"이 말이 더 좋은가요? 다른 말과 잘 맞는 것 같지도 않고 길을 가는 내내 제멋대로 굴던데요."

반딕이 미소 지으며 말했지.

"득을 봤어요. 흰 말도 바꾸려고 했지요."

그러고 나서 덧붙였네.

"아주 훌륭한 녀석이에요!"

"그런데 왜 바꾸지 않았죠?"

"말을 내어주지도 않고 이 녀석은 저한테서 떨어질 운명이 아닌가 봅니다!"

나는 의사와 함께 10킬로미터를 갔는데 대부분을 옆에 난 길들을 따라 갔네. 그림 같은 골짜기와 언덕들이 있었지만 그 길을 타는 것은 고문이나 마찬가지였어. 길이 빗물에 씻겨 산마다 수레바퀴 자국이 파였고 우리 마차들은 굴러가지 않고 그 자국들을 껑충껑충 뛰어넘다시피 했네. 반딕을 정당히 평가해야겠네. 반딕은 말을 다루며 채찍을 휘두르는 기술에서 누구 못지않더군. 산이 하나 있고 그 산에는 여기저기 파여 있는 세 길이 마치 갈라져 나온 세 개의 나뭇가지처럼 놓여 있는데 그 길들은 각기 다른 방향을 향해 있고 길 사이에는 큼직한 혹이 있네. 과제를 주지. 여기서 어떻게 바퀴와 심지어는 갈비뼈를 부러뜨리지 않을 수 있고 온순한 말들이 언덕을 기어오르고 구덩이에 빠지는 와중에 인내심을 잃지 않으며 날뛰지 않게 할 수 있을까? 아마 다른 마부가 고삐를 잡았다면 이런 일이 일어났을지도 몰라. 하지만 반딕은 고삐를 움켜쥐고 반 아르신 정도 되는 자신의 손가락들로 현악기를 켜듯이 말을 몰고 가네. 첫 번째와 세 번째 또는 네 번째 녀석을 건드리면서 말이야. 그의 능숙한 솜씨로 앞의 두 마리가 언덕을 타면 그 두 마리 사이에는 움푹 파인 바퀴자국이 남게 되네. 만약 녀석들이 그쪽으로 내려갈 때면 풀밭에서 풀을 뜯듯이 조용하고 신중하네. 때때로 앞에 가는 녀석들이 왼쪽의 비탈길로 들러붙게 되는데 그럴 때면 끌려가는 마차는 다른 두 마리의 말과 함께 오른편의 패인 길로 내려가게 되네. 그러면 마차는 가벼운 통나무배가 매끈하고 휘어진 파도를 타듯이 흔들거리며 가는 거야. 매 순간 이렇게 하네. 우리가 길을 두고 불평을 늘어놓기 시작하자 반딕은 미소를 지으면서 채찍으로 학자 무리를 가리켰네.

반딕이 점잖게 말했지.

"선장은 이 길을 어젯밤에 타려고 했지요!"

얕았던 개울물은 엄청나게 불어났고 말들은 배까지 잠긴 채로 길을 갔네.

해가 높이 떠올랐다네. 아침 바람이 잠잠해지고 주변이 조용하고 무더워졌네. 귀뚜라미들이 울어댔고 잠자리들은 잔디와 관목 숲을 따라 날아다녔지. 이따금 말파리나 땅벌이 날아들어 원을 그리며 말 위를 빙빙 날다가 저 멀리 날아갔어. 그렇지 않으면 커다란 검은 나비나 붉은 나비가 우리 머리 위에서 날개를 펄럭이다가 갑자기 관목 숲 쪽으로 사라졌네.

우리가 언덕을 오르는 동안 젤료느이는 노래를 부르기 시작했다네.

"북은 울리지 않았네…"

하지만 1절을 채 부르기도 전에 우리는 정상에 다다랐고 곧바로 거대한 1층집의 넓은 현관과 마주하게 되었네. 그 앞에는 퓌르스트펠트가 자신의 이륜마차를 타고 서 있었지. 우리 주위에는 건물들과 헛간 그리고 다양한 보조 건물들이 있었네. 집의 왼편에는 상당히 큰 정원이 언덕을 따라 있었고 뒤편에 포도밭들과 정원이 또 있었어. 더 멀리에는 야생 관목들이 자라고 있었네. 의사의 지인이 소유한 일젠부르크라는 네덜란드식 농장이지.

퓌르스트펠트는 집에 들어갔고 우리는 현관 근처에 남아 있었네. 그는 잠시 뒤 주인과 함께 돌아왔고 우리더러 들어오라더군. 문간에는 백발이 섞인 키 큰 노인이 서 있었는데 처진 눈썹에 나사지로 만든 긴 외투를 입고 있었네. 노인이 입은 외투는 허리 전체를 덮었고 조끼 길이 역시 비슷했어. 목면으로 된 헐렁 바지는 주름이 발 근처까지 흘러내렸네. 집과 그 남자에게는 파울루스 포테르, 프란스 반 미리스, 다비드 테니르스[242]의 분위기가 풍겼네.

노인은 손을 쭉 뻗고 움직이지 않은 채 서 있었지. 하지만 매우 온화하고 상냥하게 바라보는 그는 만면에 미소를 띠고 있었네. 현관에는 헤아릴 수 없이 많은 호박이 놓여 있었어. 우리는 호박을 사이에 두고 차례대로 집주인과 악수를 했네.

우리는 마침내 아프리카의 케이프에서 네덜란드인 농장주를 방문하게 된 거야! 농장주들의 생활에 관해 얼마나 많은 글을 읽고 그들이 미개인 그리고 짐승과 펼치는 싸움과 모험을 얼마나 강한 호기심으로 지켜보았는지? 우리는 큰 방으로 들어갔는데 공기가 시원했네. 여러 문에서 새 얼굴 셋이 우리를 반겨주었지. 갈색 부인복을 입고 좁은 가두리 장식의 흰 실내모를 쓴 안주인이 있었네. 13세 정도 되어 보이는 예쁜 여자아이는 엄마와 같은 옷을 입었는데 꼬마의 수줍은 호기심이 담긴 생생한 눈빛으로 우리를 바라보았네. 그리고 손님인지 친척인지 알 수 없는 어떤 여자가 한 명 더 있었어. 그들은 우리에게 객실로 들어오라는 신호를 보냈네. 내 눈을 믿을 수 없었네. 이게 정말 농부의 집인가? 객실은 방보다 컸네. 우아한 규수의 방처럼 어스름이 져 있더군. 중앙에는 호두나무로 만든 묵직한 탁자가 놓여 있었는데 다양한 진귀품과 조가비, 이밖에 다양한 물건으로 뒤덮여 있었어. 구석마다 묵직하지만 훌륭한 옛날식 소파와 안락의자들이 놓여 있었지. 방 한가운데에는 수자직 비단의 차양이 있는 침대 겸용 소파가 한 곳에 모여 있었네. 창문과 문에는 잘 짜인 비단 커튼이 걸려 있었네. 지금은 만들지 않는 직물로 된 것인데 믿기 어려울 정도로 깨끗했어. 유약이 칠해진 바닥은 발자국을 내는 것이 미안할 정도였네. 나는 침대 겸용 소파에 앉는 것이 겁이 났네. 아마 아무도 앉은 적이 없는 것 같았어. 보아하니 이 방들은 쓸고 닦은 후에 손님들에게 선보인 후 다시 청소되어 오랫동안 잠겨 있는 듯해. 우리는 처음에 서로 물끄러미 살펴보며 침묵을 지켰지. 우리는 주인들이 먼저 이야기를 시작하지 않는다는 것을 알았네.

마침내 포시예트가 네덜란드어로 대화를 시도했어. 그는 고의가 아닌, 어쩌면 무례할 수도 있는 방문에 대해 사과했지. 노인은 서두르지 않았고 설득하려 들지도 야단법석을 떨지도 않았으며 점잖게 대답했네.

"멀리서 온 손님들을 만나게 되어 반갑습니다."

노인이 정말로 손님들을 반가워하더군. 이럴 수가! 이런 생활풍속과 순박하고 선한 사람들을 본 지 얼마나 오래되었는지! 여기 조금 더 머물 수만 있다면 얼마나 좋을까!

크류드네르 남작이 호기심을 갖고 내게 귓속말을 했어.

"아침을 해준답니까? 손님을 대접하려면 아침을 주어야지요."

"그런데 당신은 아침을 먹지 않았습니까?"

그는 우리 동행인 베이리흐가 한 말을 풍자하며 말을 끝맺었네.

"커피 마신 것을 아침이라고 하는 겁니까? 재미있군요. 나는 비프스테이크나 커틀릿, 들새 고기 같은 것들을 말한 것입니다. 아마 여기는 들새도 많을 것이고 짐승도 적지는 않을 텐데요!"

주인들은 그 누구도 영어를 쓰지 않았고 프랑스어를 하는 사람은 더욱 없었네. 주인은 자신과 할아버지가 그들에게 못된 짓을 수없이 저지른 영국인에 대한 혐오감에서 서로 차이가 있다고 했지. 영국인이 저지른 못된 짓이란 다시 말해 흑인들을 해방시킨 것, 카피르족을 비롯해 다른 탐욕스러운 종족을 억압했고 지금도 그러고 있다는 것, 식민지 통치에 새로운 질서를 도입하고 길을 세운 것 등이라네. 주인의 아들이 나타났네. 건장하고 뺨이 붉었으며 스물다섯은 돼 보였어. 잿빛 외투와 헐렁한 바지 그리고 조끼를 입고 있었네. 아들 역시 말없이 우리와 악수를 했지. 집주인과 그 아들은 우리에게 농장을 둘러볼 것을 권했고 우리는 다시 현관으로 나섰다네. 웅장한 포도나무가 현관에 그늘을 드리우고 있었다는 것을 나는 이때서야 알아챘어. 흉측하게 생긴 포도나무 뿌리는 수많은 뱀이 뒤엉킨 것처럼 얽힌 줄기로 돌바닥을 뚫고 나와서는 발코니의 격자 모양 울타리를 그물망처럼 휘감아서 빽빽한 초록빛 누각을 만들고 있었네. 잎들은 장식용 꽃 줄이 되어 벽과 울타리에 달라붙었네. 큼직한 포도송이들은 등불처럼 천장에 여기저기 매달려 있었어. 우리는 넋을 잃고 나무를 바라보았네.

"이 나무는 90년 정도 되었습니다. 할아버지의 결혼식 날에 심은 것이지요."

"이 호박은 뭣 때문에 여기 있는 겁니까?"

"흑인들에게 내줄 점심이지요."

"흑인이 많나요?"

"아니오. 이제는 모두 스무 명입니다. 일을 할 때에는 마흔 명까지 고용하지요. 몸값이 비쌉니다. 영국인들이 저들 버릇을 나쁘게 들여 나태하게 만들었어요. 흑인들은 조금 자유로이 살 수 있을 정도로만 일하고는 가버리지요. 꾸준히 할 생각을 안 합니다. 강제로 시킬 때까지 빈둥거리고 술이나 퍼먹지요."

퓌르스트펠트가 우리에게 귓속말을 해주더군.

"저 노인이 매년 벌어들이는 수입이 1,000파운드스털링입니다."

우리는 엄청난 관심을 갖고 노인과 그가 입은 나사지로 된 외투를 쳐다보았네.

노인이 말을 이었어.

"아직은 때가 아닙니다. 판매량이 적어요. 지금처럼 전쟁이 있을 때나 좋지요."

"왜 그렇지요?"

"수요가 많아지니까요. 영국군 수만 1만 2,000명에 이릅니다. 빵과 포도주가 잘 팔리지요. 가격도 훌륭하고요. 곱절 하고도 절반이나 더 되는 값에 팔린답니다."

"잘나가는 농장에서는 연간 포도 생산량이 얼마나 됩니까?"

"200파이프 정도 됩니다."(1파이프는 114갤런으로 계산해야 하네. 1갤런은 5병이라네.)

"포도주는 어디로 팔리는 겁니까?"

"대부분 영국으로 보내고 식민지와 모리셔스를 비롯한 여러 섬에 조금 보냅니다."

"하지만 스페인산 셰리와 포트와인은 거의 전량 영국으로 가지 않습니까? 여기서 만드는 포도주로는 무엇을 하는 것이지요?"

"그것으로 셰리와 포트와인을 만듭니다. 진짜 스페인산 물량이 부족하기 때문에요."

"여기서 영국까지 운반하는데 시간도 많이 들고 값도 많이 나가지 않습니까?"

"요즘 배로는 35일에서 40일이면 됩니다. 특히 증기선 말이죠."

이곳의 포도주는 멀리 떨어져 있고 스페인산 포도주를 모방하고 있음에도 영국인에게 더 싸게 팔린다네.

우리는 정원에 들어섰어. 포도나무가 넓은 공간에 꽤 낮게 심어져 있었네. 청소가 이미 끝나 있었네. 밤나무, 복숭아나무, 무화과나무 가로수 길을 따라 걸었지. 모두 벌거숭이 나무였고 편도나무에만 따지 않은 열매들이 드문드문 달려 있었네. 농장주의 아들은 그것들을 따서 우리에게 주었어. 껍질이 두꺼웠지만 신선하고 맛난 것들이었네. 러시아에서 팔리고 있는 편도와는 엄청난 차이가 있네! 러시아의 편도는 오래 묵어서 말라비틀어진 것들뿐이야. 나는 농장으로 돌아오는 길에 마당을 지나며 반덕과 그의 동료가 이미 말을 풀어주라고 시킨 것을 알게 되었지. 마당을 돌아다니고 풀을 뜯어먹던 녀석들이었네.

주인들은 우리가 이른 시간에 잠시 방문한 것을 두고 제대로 대접할 수 없음을 사과하며 급하게 차려진 농촌의 아침 식사를 권하더군. 우리는 밝고 넓은 식당에 도착했네. 벽에는 나무를 조각하여 만든 네덜란드 국장이 화려하게 걸려 있었네. 식당 중앙에는 긴 식탁이 차려져 있었는데 수많은 요리가 과일과 함께 준비되어 있었어. 젤료느이는 분주히 눈을 이리저리 굴렸고 크류드네르 남작은 얼굴을 찡그렸네. 주전자 그리고 그것과 같은 모양의 커피 주전자가 플랑드르파 회화처럼 연기를 내뿜었지. 차려진 요리에는 몇

몇 종류의 포도, 무화과, 석류, 배, 수박들이 놓여 있었어. 조그만 흰 빵도 있었는데 손으로 집을 수 없을 만큼 뜨거웠고 맛있는 크림버터도 있었네. 여기에는 달걀, 응고 우유 트보로크, 감자, 크림 그리고 오래된 포도주도 여러 병 있었는데 모두 이 농장에서 난 것일세. 주인들은 우리, 특히 젤료느이가 감탄과 함께 요리를 하나 먹어치우고 다른 요리로 넘어가는 것을 바라보며 흐뭇해했네. 반시간이 지나서 식탁은 음식이 오르기 전의 모습처럼 텅텅 비워졌네. 포도주는 오래된 프롱티냥이었는데 맛이 아주 좋았어.

크류드네르 남작이 투덜거렸네.

"이게 뭡니까, 병아리 고기조차 없다니요! 이런 곳만 돌아다니니 참 좋으시겠습니다!"

우리는 우리를 후하게 맞아준 과묵한 주인들과 항상 웃는 얼굴의 의사와 헤어졌어.

의사가 소리 질렀네.

"다시 만나기를 기대합니다. 돌아오는 길에 못 만난다면 제가 사이먼스타운으로 갈 겁니다. 거기에 형이 근무하고 있습니다. 같이 산에서 나는 소금을 보러 곳으로 갑시다."

관목 숲의 선명한 녹음과 두터운 수풀 사이에 난 길은 상태가 한동안 나빴는데 빗물에 씻긴 골짜기들과 도랑을 따라 나 있었네. 이후 우리는 다시 큰길로 나왔고 제법 속도를 냈지. 산들이 더욱 선명하게 보이기 시작했고 얼마 지나지 않아 두 뭉치의 중중첩첩한 것들이 관목 숲과 언덕 사이에서 고개를 들었는데 우리가 가까워질수록 더욱 높이 솟아오르더군. 마르멜로가 빽빽한 벽을 이루어 길을 감쌌는데 우리의 젊은 친구와 말들이 그것을 다시 먹었네. 우리는 산기슭에 있는 그들의 마을에 다다랐어. 네덜란드어로는 파를이라 부르고 러시아어로는 페를이라 하는 곳이었네. 이곳은 식민지 전역에서 그 아름다움과 풍요로운 생산물, 특히 포도주의 품질로 유명하다네.

넓게 펼쳐진 이 대단한 광경의 세세한 부분을 다 볼 수가 없었네. 마을은 산의 완만한 경사면에 바로 놓여 있었지. 마을의 길거리는 언덕을 따라 난잡하게 굽어지기도 했고 반듯한 반원형으로 휘어진 것도 있더군. 마을에는 집들이 수풀에 파묻혀 있었고 포도밭과 옥수수밭도 있었으며 가까운 곳과 먼 곳에 농장들이 있었어. 길은 모든 방향으로 나 있었네. 왼편의 팔 산²⁴³은 그 그림 같은 경치와 선명한 녹음하며 이곳에 있는 다른 산들과 닮은 점이 하나도 없었네. 정오의 태양이 눈부신 빛으로 산을 모두 덮어버렸고 정상에서 멀지 않은 경사면에 빛나는 줄무늬가 세 개 번쩍였어. 처음에는 그것이 소금의 결정인 줄 알았다가 수정이라고 생각했는데 그것들이 움직이는 거야. 햇빛이 강철 빛줄기에서 너무나 밝게 반짝여 눈이 아플 정도였네.

나는 반덕에게 물었지.

"저게 뭡니까?"

"폭포수입니다. 지금은 졸졸 흐르는 정도지만 겨울이 되면 콸콸 쏟아지지요. 아주 멋있지요!"

폭포라고 부르기에는 화려한 맛이 너무 없더군! 시계의 유리로 만든 폭포를 상기시켰네. 저 멀리 산의 제일 남쪽 끝에 마치 사람의 손으로 깎은 듯한 거대한 바위가 보였어. 그것은 다이아몬드, 돌의 동굴인데 거기에서 사람 열다섯 명이 점심을 먹을 수 있을 정도라네. 산을 따라 울창한 수풀 사이사이에 개미들이나 기어갈 수 있을 만한 오솔길들이 나타났다가 사라졌네. 잔디밭 군데군데에 회색의 돌무더기가 둥근 혹의 모양을 만들어냈는데 음침해 보였어. 수레바퀴 자국은 관목 숲으로 뒤덮였네. 우리는 마을에 들어섰고 나는 아쉬운 마음으로 산에서 눈을 떼어야 했지.

조그마한 집들은 또 얼마나 장난감 같은지! 포도나무들이 휘어 감은 땅, 참나무 가지의 무성한 그늘에 덮인 정원, 정원의 알로에와 꽃들, 생각건대 이 모든 것은 행복과 평화로운 일거리, 집안의 기쁨들을 모아놓은 안식처 같아. 우리는 한 언덕에서 다른 언덕으로 넘어가며 정원에서 다른 정원으로 그러니까 한 거리에서 다른 거리로 빠르게 내달렸네. 나무들은 한데 뭉친 듯 걸음을 내딛는 듯 우리 앞에서 교태를 부리는 것 같았지.

마을을 완전히 지나치려는 듯 말을 몰고 있는 반딕을 보고 내가 물었네.

"여기서 멈춥니까?"

그러나 그는 내 말을 듣지 못했어. 어떤 물체에 시선을 향하고 있었거든. 나는 그가 뚫어지게 보고 있는 곳을 바라보았네. 우리가 지나온 계단식 논 밑에는 말들이 목초지에서 풀을 뜯고 있었어. 그뿐이었네.

반딕이 혼자 중얼거리더군.

"이상하군. 저 말들은 누구 것이지?"

우리는 계단식 논과 초원을 지나쳤고 염소가 끄는 마차를 탄 반딕은 살며시 일어나 뒤를 유심히 둘러보았네.

또 중얼거리더군.

"저 녀석 저번에는 여기 없었는데."

거기에 신경을 쓰고 있던 그는 말을 더 빨리 몰았어.

나는 다시 말했네.

"정말로 큰 마을이군요!"

반덕이 대답했지.

"10킬로미터나 되는 마을입니다."

그는 내가 이전에 던진 질문에 대답하는 듯 말을 이었네.

"우리는 여기서 멈출 겁니다. 그리고 저기 돌아다니는 말이 누구 것인지 알아보고 오겠습니다. 여태껏 보지 못한 녀석이거든요."

"모든 말을 다 알고 있는 겁니까?"

그가 미소를 지으며 대답했어.

"물론이죠! 여기에서 스무 마리 정도는 팔았고 산 녀석은 그보다 많지요."

그리고 채찍으로 풀밭을 가리키며 말했지.

"그리고 저 녀석은…"

순간 그는 말 한 마리가 길 양쪽에 서 있는 나무들을 향해 얼굴을 내밀며 길에서 벗어나려는 것을 보며 소리쳤네.

"아플!"

산을 내려오며 계단식 논 끝에 다다라 마을을 빠져나갈 때쯤 우리는 제일 화려하게 꾸며진 집에 느닷없이 마차를 세우고 더위를 피하기 위해 활짝 열린 문으로 서둘러 들어갔네. 공기가 시원하고 어스름이 진 곳이었지. 나는 크류드네르 남작과 함께 제일 먼저 방에 뛰어 들어가 소박하게 차려입은 한 아가씨를 깜짝 놀라게 했어. 그다지 예쁘지는 않은 처자였는데 찬장에서 무언가를 꺼내려 하고 있었네. 그녀는 그 자리에 수줍게 서서 눈을 내리떴네.

크류드네르 남작이 영어로 물었지.

"우리에게 아침을 내줄 수 있습니까?"

"네."

"점심은요?"

"네."

"그럼 아침을 좀 준비해 달라고 말씀해주시겠습니까? 제일 맛 있고 제일 푸짐하게 말입니다."

"침대가 필요한가요?"

"아니오. 손님들이 쉴 만한 방이 있나요?"

"많아요."

아가씨는 급히 사라졌고 우리 동행이 나타났네. 우리는 각자 자리를 잡았어. 방으로 들어간 사람도 있었고 발코니로 간 사람도 있었지. 반딕은 말을 풀고는 풀밭을 돌아다니는 말이 누구 것인지 알아보기 위해 부리나케 산에서 뛰어 내려갔네.

방에서는 여관이라는 느낌을 전혀 느끼지 못했어. 우리가 들어간 첫 번째 방에는 소파가 있었고 그 앞에는 탁자가, 그 주위에는 안락의자가 놓여 있었지. 벽에는 엽총과 칸자르 단도[244], 뿔과 채찍

등 모든 사냥 도구가 걸려 있었네. 다음 방에는 피아노와 원형 탁자가 있었어. 나사지로 된 냅킨으로 덮인 것이었는데 그 위에는 여러 가지 자질구레한 장신구가 놓여 있었지. 벽에는 희망봉의 풍경을 담은 그림들이 걸려 있었네. 모든 것이 깨끗할 뿐만 아니라 깔끔하고 멋있는데다가 안락하게 정돈되어 있었네.

우리는 주위를 둘러보며 생각했네.

'여기 사는 사람은 누굴까? 무슨 일을 하는 사람일까?'

그다음에 우리 스스로 결론을 지었지.

"당연히 영국인이겠군."

방을 둘러보고서 알 수 있었듯이 사냥을 하면서 여관을 운영하는 사람이거나, 아니면 여관을 운영하면서 사냥을 하는 사람인 것 같았네. 그런데 그 아가씨는 누구란 말인가? 딸일까? 아니면 하녀일까? 우리 일행, 그러니까 포시예트와 고시케비치는 경치를 구경하기 위해 산에 갈 채비를 했어. 할 수 있다면 풍경을 사진에 담으려 했네. 의사도 집을 나갔는데 아마도 독일인들을 찾기 위해서 같아. 나와 크뤼드네르 남작은 방에 남았고 젤료느이도 우리와 함께 남았는데 동행자들이 촬영 도구들을 나르라며 그를 거의 강제로 끌고 가다시피 했네. 그러나 그는 반시간 정도가 지나 그들을 몰래 따돌린 다음 여관으로 돌아왔어. 푹푹 찌는 더위였거든.

우리가 객실에서 자리를 잡기도 전에 여자아이가 나타났는데 그것도 한 명이 아니라 두 명, 아니 두 명 반이라 하는 것이 맞을 걸세. 처음 마주쳤던 그 아이, 그 아이와 비슷해 보이는 나이의 언니 그리고 12세쯤 되어 보이는 언니 한 명이 또 나타났네. 꽃무늬 천으로 된 원피스는 사라지고 그 대신에 투명한 소매가 달린 옥양목 윗옷과 무슬린 드 레느[245]로 된 가벼운 치마를 입고 있었지. 이것 말고도 맏언니는 눈 주위에 푸른빛이 돌았고 둘째 언니는 코와 이마에 여드름이 나 있었네. 둘 다 순진한 얼굴이야. 그런데 이와 반대로 제일 조그만 아이의 눈빛은 완전한 남자아이의 것이더군. 우리를 건방지게 바라보았고 뛰어다니며 크게 떠들어댔네. 언니들은 그 아이가 호기심 많은 손님들을 산에 데려가 다이아몬드와 폭포수 그리고 모든 풍경을 구경시켜준다고 했네.

여자아이들은 객실로 들어가 발을 열었고, 창가에 앉은 다음 우리도 앉으라고 했어. 여관이 아니라 일반 가정집의 주인이 말하듯 말이야. 그리고 더 이상 아무도 보이지 않았네.

내가 물었네.

"여기서 누가 사냥을 하니?"

그러자 제일 큰 아이가 대답했어.

"아빠요."

"너희들 모두 아빠와 같이 사니?"

다른 아이가 말했지.

"아니요, 엄마도 있어요."

이야기는 여기서 멈추었네. 아이들은 눈을 내리뜨고 앉아 있었고 우리는 머릿속으로 좀 더 정중한 영어 표현을 쥐어짜느라 고생했네. 아이들은 아마도 이걸 기다린 모양이야.

그 순간 크류드네르 남작이 긴 침묵을 깼네.

"점심은 곧 준비되니?"

"네."

젤료느이가 여기에 덧붙였어.

"혹시 포도가 있는지 물어봐 주겠니? 만약 있다면 많이 내올 수 있는지 말 좀 해주렴. 바나나랑 수박도 있으면 좋고."

식탁 위 작은 접시에 놓여 있는 두 개의 붉은 구슬 같은 것이 오랫동안 내 시선을 끌었네.

"이게 뭐니?"

한 꼬마 아이가 수줍게 대답했네.

"독이에요."

"이걸 왜 가지고 있는 거니?"

"아빠가 어디선가 구한 거예요. 그렇게…."

"너희들 음악 하니?"

큰 아이가 대답했어.

"네."

"노래를 해줄 수 없겠니?"

꼬마는 처음에 짐짓 거드름을 피우다가 피아노에 앉아 오랫동안 많은 노래를 불렀다네. 스코틀랜드의 민속 가락이나 남쪽의 연가를 부르기도 했어. 그 연가는 절반은 스페인식이고 절반은 이탈리아식이었지. 여자아이가 노래를 잘 불렀는지는 묻지 말게나. 한가지만 말해주자면 크뤼드네르 남작이 주인들의 부탁으로 처음에는 난처해 하다가 용감히 피아노에 앉았네. 맙소사, 그가 부른 노래란! 점심을 먹지 않은 배고픈 상태, 거기다가 아프리카에서가 아니고서야 그런 가락을 뽑을 수 없었을 거야. 다행스럽게도 노래를 부르는 중간에 검은 곱슬머리의 여자가 객실에 들어왔네. 그 여자는 미소로 이를 드러내 보이며 아프리카의 규수들에게 무언가 네덜란드어로 말을 했어. 크뤼드네르 남작은 문을 등지고 앉아 있다가 무슨 말인지 알아챘네.

"점심이 준비됐군요."

우리는 반대했네.

"아직 다른 사람들이 오지 않았는걸요."

"뭐, 먹진 말고 뭐가 있나 보기만 하지요."

식탁에는 여러 가지 구이와 찜 요리가 놓여 있었고 쇠고기, 양고기, 햄, 돼지고기 등이 있었는데 분홍색 양파 샐러드가 곁들여진 요리가 시선을 끌더군. 그 요리를 맛보자 멈출 수가 없었네. 달면서도 약간 쓴 맛이 나는 것이 러시아의 양파를 기억나게 했지. 커다란 샐러드 그릇은 순식간에 바닥을 드러내고 말았어.

크류드네르 남작이 말했지.

"샐러드 좀 더 주세요!"

우리는 일행들이 돌아오자 본격적으로 수프를 먹기 시작했고 샐러드를 세 접시까지 먹어치웠네.

점심을 먹고 난 뒤 우리는 걸으려 했으나 날이 더웠네. 흰 외투들을 챙겨야 했는데 말이야. 여행용 가방에 있는데 누가 좀 가져다줄 수 있다면 좋으련만!

우리 가운데 몇몇이 이렇게 결론을 내렸네.

"뭐, 그냥 더운 대로 참지요!"

여관 근처에는 새로 지은 2층집이 있었네. 아래층에 있는 문들이 활짝 열려 있었네. 안을 들여다보니 상점이더군. 모자와 장갑, 기성복 등 모든 것을 구비해놓은 곳이었지. 네덜란드인들이 장사를 하고 있었네. 마을에는 은행들을 비롯해 다른 공공시설이 세워져 있었네. 파를 구역은 콘스탄샤 포도주의 뒤를 잇는 최상급 포도주를 생산한다네. 보드카도 많이 만들어내지. 여기에선 수레, 다시 말해 우리가 타고 왔던 케이프의 승합마차도 제작하네. 나는 멋지게 장식된 수레들을 보았는데 도시에 있는 것에 뒤지지 않을 정도였네. 반덕은 새 수레를 샀는데 아마도 40파운드는 준 모양이야. 우리가 타고 온 수레는 겨우겨우 유지되었네. 반덕은 그 수레가 산비탈 어디선가 내려앉지 않았으면 좋겠다는 걱정 섞인 소리를 여러 번 했지만 우리를 새 수레에 태우고 가지는 않더군.

여기에는 승합마차를 운용하는 회사가 있네. 케이프타운에서 이곳으로 일주일에 두 번 운행하지. 만약 희망봉에서 문득 식민지를 둘러보고 싶다면 말이나 마차를 얻기 위해 열심히 돌아다니는 것보다는 조그만 여행용 가방을 들고 케이프타운의 롱스트리트를 찾아가게나. 거기에 사무소가 있는데 그곳에서 승합마차들이 언제 어디로 떠나는지 알아볼 수 있네. 우리가 낸 금액의 4분의 1이면 배가 더 되는 거리를 돌아다닐 수 있다네.

우리가 떠난 때는 네 시에서 다섯 시 사이였어. 우리는 아이들 그리고 점심 식사 후에 돈을 받으러 온, 아이들의 엄마와 인사를 나누고 웰링턴 시를 향해 길을 재촉했지. 파를 구역에 속하면서 파를에서 15킬로미터 떨어진 곳에 있는 마을이네.

이 두 마을 모두 네덜란드인과 네덜란드화된 프랑스인 그리고 영국인이 일부 정착해 살고 있는 곳이라네. 흑인은 어디에 있단 말인가? 여기 살던 원주민들은 어디에 있는가? 도시에서 시민들을 찾듯이 흑인 주민을 찾는다면 그건 헛수고야. 시골 촌락에 대해서 말하는 것이 아니네. 여긴 그런 것이 전혀 없고 모두 마을과 도시 뿐이야. 개중에는 근교에 조그마한 마을 같은 것이 있는데 가난한 사람들과 도시에서 고용되어 일하는 흑인들이 낮은 흙벽을 두른 오두막집을 지어 살고 있지. 들판에서 주위 모든 곳을 둘러보았는데 그 어디에서도 오두막집 한 채를 보지 못했고 절벽 위에 그 어떤 사람의 보금자리도 볼 수 없었어. 전부 농장이었고 농장에서 고용한 사람들만이 살고 있네. 케이프타운 근처에 흑인 정착민은 없다네. 그들은 짐승들과 함께 더 안쪽으로 들어가 살고 있는데 마치 백인들이 더 깊은 곳으로 들어가도록 유인하고 아프리카에 유럽을 들여오려는 것 같아. 유럽인들은 이미 회귀선에 닿았지. 물론 알제리에서 온 무리와 케이프타운에서 온 무리가 아프리카 안쪽 어딘가에서 만날 때까지 우리가 살 수는 없겠지만, 그들이 만나게 될 거라는 데에는 의심의 여지가 없네. 그 어떤 사자와 코뿔소도, 그 어떤 압델 카데르[246]나 산딜리야도, 심지어 사하라 사막도 이를 막지 못할 걸세. 오늘날 승합마차들이 식민지 전역에 운행되고 보드카를 증류하여 만들어내고 있지. 호텔과 가게, 곱슬머리의 규수들과 피아노도 있어. 그래도 완전한 성공을 이야기하려면 아직 멀었단 말인가? 식민지 내부로 놓이는 철도사업안이 있는데 영국 정부의 승인을 얻기 위해 보내졌네. 하지만 사람들은 수익이 나지 않을까 겁을 내고 있지. 아직은 때가 이르네. 지금까지 정착 생활과 농사일, 특히 축산업에 대해 어느 정도 관심을 보인 것은 오직 호텐토트인뿐이거든. 그들은 온전한 주 하나를 구성하게 되었고 그에서는 그들이 주인이야. 땅을 갈아 일구어 곡식을 심고 가축들을 키우며 영국 군대의 비호 아래 카피르족의 약탈을 덜 두려워하지.

우리는 넓은 골짜기를 지났네. 눈대중으로 보아 5베르스타는 되어 보이는 넓이야. 이 골짜기가 꾸며진 것만큼 산들을 꾸미지는 못할 걸세. 골짜기 전체가 관목 숲 그리고 쑥과 유사한 회색의 수풀로 무성했어. 우리는 빗물로 꽤 불어오른 개울가에 다다랐네. 그 개울을 걸어서 건너야 했지. 반딕이 말을 재촉한 건 무의미한 행동이었네. 녀석들이 가지 않았거든.

그가 말들을 물가 쪽으로 향하게 하고 소리를 질렀어.

"아플!"

그러나 앞의 두 녀석은 물에 발을 한번 담가보더니 갑자기 오른쪽이나 왼쪽의 개울가로 고개를 돌려대더군. 반딕이 다른 마부에게 무어라 소리치자 다른 수레에서 우리의 갈색빛 동행자인 호텐토트인 소년이 뛰쳐나와 헐렁 바지를 걷어올리고는 말들을 물가로 끌어냈네. 하지만 개울이 곧 깊어져 소년은 다시 제자리로 돌아왔고 말들은 물이 배까지 잠긴 채로 건넜지. 조그만 돌멩이들이 개울 바닥에 온통 들어차 있어서 수레바퀴가 내는 음악 소리는 아프리카를 다니는 동안 내내 노래를 불러대던 젤료느이마저 입을 다물게 했어.

젤료느이는 이런 노래들을 부르곤 했지.

"눈에 넣어도 아프지 않은 내 사랑, 나 얼마나 당신을 사랑하는지!"

"안톤에게는 딸이 있네."

우리는 그다지 뜨겁지는 않고 따뜻했던 해질녘의 석양빛 아래 쾌활하고 기분 좋게 내달렸네. 느닷없이 나타난 관목 숲을 곧장 지나 웰링턴에 들어섰네. 땅이 움푹 꺼진 곳에 지어진 마을인데 협소하고 허술하게 지어졌네. 잘 지어놓지는 않은 마을이네. 관목 숲과 참나무, 야채 밭, 포도밭과 옥수수나 다른 종류의 곡식이 심어진 밭 사이에 100채 정도 되는 네덜란드식 가옥과 가게가 드문드문 나 있었네. 이곳은 다른 곳에 비해 흑인이 더 많이 살고 있네. 우리는 바자울[247]과 선인장 그리고 알로에로 둘러싸인 어떤 좁은 골목길을 지나서 대로로 나오게 되었네. 한 집의 베란다에 꼬마 여자아이가 두세 명 앉아 있었고 희끗한 머리에 건장하고 키가 큰 한 남자가 거닐고 있었네.

반덕이 말했네.

"저기 벤이군요!"

우리는 벤을 바라보았고 그도 우리를 바라보았어. 그는 계속 걸었고 우리는 호텔로 향했네. 조그맣고 변변치 못한 건물이었는데 베란다는 크고 아름다웠네. 나는 여기에 묵었지. 고요한 저녁이었다네. 하늘은 벌써 홍조를 띠고 있었고 군데군데 별들이 고개를 내밀고 있었네.

크류드네르 남작이 말했어.

"벤의 집에 방문합시다. 그 전에 주인이 우리에게 저녁을 내줄 것인지 물어보아야겠습니다."

그런데 누가 주인이란 말인가? 주인은 두 명이 있었어. 한 사람은 종일 앞치마를 입고 발코니에 박혀 있었네. 머리도 제대로 빗지 않고 면도도 잘 하지 않은 영국인이었지. 우리의 짐을 방으로 옮겨준 지 한참이 지났다네. 외투를 입고 둥근 모자를 쓴 다른 한 사람은 길거리에 면한 현관 계단에서 우리가 호텔로 들어오는 것을 맞아주었어. 그들 외에도 흑인 소년과 소녀가 짐 옆에서 분주히 움직였지.

내가 크뤼드네르 남작에게 말했네.

"저는 벤에게 가고 싶은 마음이 없습니다. 발코니를 두고 가기
가 아깝군요. 이제 늦었습니다. 내일 아침에 가십시다."

그사이 밤은 감쪽같이 빨리 지나버렸네. 우리는 청소가 잘 안된
작은 응접실로 들어갔어. 거기에는 빅토리아 여왕의 초상화와 가
터 훈장[248]이 달린 정식 예복을 입고 있는 앨버트 왕자의 초상화가
있었네. 주인의 초상화도 있었는데 나는 그것을 보고서야 면도를
하지 않고 셔츠와 앞치마를 입고 있는 사람이 실제 주인임을 알
수가 있었어. 콧소리를 냈으며 바닥을 눌러 찌부러뜨릴 기세로 발
을 구르며 걷는 사람이었네. 우리가 원형 탁자 주변에 앉자마자 주
인이 뛰어들어 와서는 벤이 우리를 보고 싶어 한다고 말해주더군.

우리는 벤에게 케이프타운에서 온 우리 은행업자의 추천 서한
을 내주었네. 그는 편지를 읽고는 일요일이면 이 모든 훌륭한 구경
거리를 볼 수 없을지도 모른다며 우려를 표했다네.

"그렇기는 해도 괜찮습니다. 여러분께 무언가 보여드리고자 노
력은 해보겠습니다."

대화는 지질학으로 접어들었네. 그가 매우 흥미로워하는 일인
데 이미 영국에서 명성을 얻었고 아직 공개되지 않은 성과물로 더

욱 이름을 날리기 위해 준비하더군.

"여러분께 제 지질도를 보여드리겠습니다."

그리고 나서 그는 지도를 가지러 집으로 들어갔네. 15분 정도가 지나서 거대하고 화려한 지도를 들고 왔는데 거기에는 희망봉부터 식민지 안쪽의 국경에 이르는 모든 산의 구조가 자세히 표시되어 있었어. 지도는 말끔하게 그려져 있었네. 벤 혼자서 작업한 것이라네. 외딴 곳에서 작업을 했던 터라 그에게는 조수가 없었거든. 그는 이런 성과를 거두기 위해 15년을 들였고 복사본을 런던으로 보냈네. 식민지 내 모든 산의 지질은 이판암[249]과 화강암 그리고 사암으로 이루어져 있더군. 우리는 지도에 정신이 팔렸고 아침까지 그것을 보도록 남겨주면 안되겠냐고 간청했다네.

벤이 말했지.

"아마도 학자들 사회에서 이미 발행되고 있을 것입니다. 여러분들이 돌아가실 때쯤이면 완판을 볼 수 있으실 겁니다."

벤의 두 번째 전문 분야는 식민지의 동물 화석을 발굴하고 기록하는 것이야. 이가 둘 달린 뱀들이 많이 발견되고 있네. 벤은 우리에게 그것들의 뼈를 보여주었고 몇 개는 선물로 내어주었지. 중요한 세 번째 전문 분야는 도로 건설이지. 그는 시민 기술자로 구역 전체를 담당하고 있네.

식민지에서 벤은 훌륭한 사람이네. 그는 일찍부터 식민지에 살았고 네 번이나 혼자 또는 동료들과 함께 식민지 제일 끝의 국경과 오렌지 강을 넘어 남위 20도까지 가본 적이 있는 사람이라네. 한편으로는 지질학 연구를 위해서 또 한편으로는 여행과 모험에 대한 욕망 때문이었지. 그는 사자나 코뿔소와 맞닥뜨린 수많은 이야기를 해주었네. 호랑이에 관해서는 거의 언급하지 않았네. 그럴 가치가 없다는군. 다만 우스운 이야기를 하나 해주었는데 그 일화인즉 호랑이가 울타리를 넘어 말들을 잡아가 어느 날 울타리에 통로를 만들어두었는데 녀석이 그곳을 기어 들어가면서 밧줄을 잡아당기게 되면 소총이 발사되도록 설치해두었네. 총구는 곧장 이마로 향하게 했지. 그런데 호랑이는 이전에 없던 통로가 설치되어 있는 것이 이유가 있어서임을 눈치채고 울타리를 뛰어넘어 끼니를 때운 뒤 같은 방법으로 돌아갔어. 벤은 사자들에 대해서는 존경을 담아서 이야기해주었고 그들의 관대함을 칭찬하였네. 하루는 그가 동료 세 명과 함께 코뿔소 사냥을 떠났는데 코뿔소에게 총을 쏘자 총을 맞은 짐승은 달아났네. 그들은 달아난 코뿔소를 뒤쫓았는데 순간 조금 떨어진 곳의 나무들 밑에 두 마리의 사자가 앉은 상태에서 호기심 어린 눈으로 달아나는 코뿔소와 벤의 무리를 바라보고 있는 것을 알았다더군. 녀석들은 자리를 뜨지 않았지.

사냥꾼들은 경의를 표하며 숲의 통치자 옆을 지나쳤다네.

벤에게 더욱 이상한 일이 있었네. 그가 역시 동료들과 함께 사냥을 하러 깊은 곳까지 들어갔다가 한 종족과 마주치게 되었지. 그 종족은 다른 종족과 전쟁을 하던 중이었네. 족장은 그를 매우 상냥하게 맞아주었고 며칠간 음식을 대접해주었어. 그런데 벤이 인사를 하고 떠나려 하자 그 족장은 벤더러 전쟁에 참가하여 적에 대한 승리를 거두는데 일조해 달라고 요청했네. 벤은 영국 정부의 허락 없이는 청을 들어줄 수 없다고 했지.

그러자 족장이 대답했네.

"그렇다면 너의 모든 무기와 수소와 짐마차는 나의 것이다."

모든 설득은 무용지물이어서 그는 전쟁터로 향했네. 다행히도 전쟁은 오래 지속되지는 않았어. 양편 모두 총이 없었기에 벤이 총을 발사하자 적들은 자신의 집들을 승리자들의 수중에 남겨두고 줄달음쳤거든.

우리가 물었지.

"그 불쌍한 사람들을 향해 총을 쏘기가 정말 싫었겠군요?"

"아니요. 괜찮았습니다. 공탄을 쏘았거든요. 아무도 검사해보려 하지 않더군요. 그 사람들은 총기를 다룰 줄 몰랐으니까요."

벤은 키가 크고 건장하며 힘이 센 체구를 가진 사람이야. 많이 걸으며 그의 걸음은 하나하나가 다 코끼리처럼 굵고 묵직하지. 인생이 산을 타듯 오르막길을 걷든 내리막길을 걷든 개의치 않네. 일꾼처럼 많이 먹으며 마시는 양은 더 많네. 얼굴부터 붉은 빛을 띠고 있으며 대머리야. 학문을 이야기하다가도 농담으로 곧잘 넘어가는가 하면 우리가 합창으로도 그의 목소리를 억누를 수 없을 정도로 노래를 하네. 만약 그가 시민 기술자나 지질학자가 아니었다면 아프리카의 루비니[250]가 되었을 테지. 학자 무리는 그를 완벽히 사로잡았고 포시예트도 역시 우리가 벤과 나눈 대담에 많은 것을 보충해주었네.

우리가 그와 이야기하는 동안 크류드네르 남작이 사라졌네. 곧 주인이 나타나 내게 다가왔는데 귀에 대고 무언가를 콧소리로 말해주더군. 나는 이해하지 못했어.

그가 다시 말해주었네.

"당신을 지금 부르고 있어요."

"누가요? 어디서요?"

"길거리에서요."

"무슨 소리에요? 나는 여기에 아는 사람이 없어요."

하지만 나는 갔다네. 길거리에는 어둠이 굴뚝에 그을음이 낀 듯 깔려 있었네. 나는 현관문의 계단을 겨우 찾아냈지. 저 어둠 깊은 곳에서 사람이 나타났는데 외투를 입고 모자를 쓰고 있었네. 그 사람은 순간 내 손을 붙잡았어. 두 번째 현관문에 서 있던 주인이었네. 보드카 냄새가 강하게 풍기더군.

내가 물었네.

"뭐가 필요하시오?"

"어서, 어서 갑시다. 제가 무도회를 보여드릴게요."

나는 손으로 더듬어 그를 따라가며 생각했지.

'무슨 무도회란 말인가? 그리고 저 사람은 왜 나한테 그걸 보여주려는 것이지?'

그는 나를 끌고 길을 따라 집 서너 채를 지나치더니 순간 다른 쪽으로 가기 시작했네.

나는 두 발로 버티고 섰어.

"멈춰요, 멈춰. 아무것도 안 보입니다."

"갑시다. 여긴 도랑 말고는 아무것도 없네요…. 여기 말이죠."

그리고 우린 둘 다 껑충 뛰어올랐네. 그는 길을 알았고 나는 몰랐지. 그렇지만 난 선 채로 버티었네. 음악 소리, 바이올린 소리와 어떤 관악기 소리가 나를 깜짝 놀라게 했거든. 우리는 사람들의 무리에 다가갔어. 사람들은 문에 매달린 밝은 등불 아래 있더군. 흑인과 호텐토트인, 남자와 여자로 이루어진 군중은 춤을 추었네.

그것이 바로 무도회였다네. 모든 사람이 술에 취해 있었고 격렬하게 춤을 추어댔네. 하지만 모두 말이 없었어. 그들 한가운데에 우리의 중요한 예술가인 크류드네르 남작이 서 있었네.

내가 사람들의 무리를 헤집고 그에게 나아가 물었네.

"여기서 뭘 하고 있는 겁니까?"

"이곳 풍속을 배우고 있지요. 정말 그림 같지 않습니까?"

"흠! 그림 같군요."

나는 이렇게 생각했어.

'그림 같을 수도 있겠네. 하지만 본래 이곳의 흑인다운 것이라고는 검은 피부의 사람들뿐인데 별로 좋아 보이지 않는군. 다 거기서 거기구먼. 카드리유[251] 아니면 세네[252], 발랑세[253] 따위와 비슷한 춤이군.'

우리는 흑인들이 고단한 하루를 끝마친 뒤 흥겹게 노는 것을 지켜보았네. 난잡한 불협화음이 들렸는데 아마도 술집인 것 같았어. 나는 잠자코 무언가를 생각하며 춤을 바라보고 있었네.

순간 크류드네르 남작이 말했지.

"저녁 식사 해야지요."

그리고 우리는 출발했네.

여관에 다가가며 나는 어떤 사람이 어둠 속에서 누군가를 뒤따라가는 것을 보았어. 앞서가는 사람과 뒤따라가는 사람 모두 현관으로 들어갔네. 알고 보니 주인이 자신의 흑인 딸을 남겨진 양을 데려오듯 집으로 몰아넣고 있는 거더군.

"뭘 하시는 겁니까? 왜 여자아이를 그렇게 몰아넣으시죠?"

내 질문에 그는 이렇게 대답했네.

"몹쓸 계집애예요. 밤마다 거리를 싸돌아다니죠. 여기서는 부시먼들이 어슬렁거리며 조용히 애들을 꾀어내요. 꾀어낸 애들을 데리고 같이 도둑질을 하고 여러 가지 못된 짓을 하고 다닙니다."

"부시먼을 잡을 수는 없는 겁니까? 오래전부터 이 종족을 한번 보고 싶었습니다."

주인이 화가 나 들판과 채소밭을 가리키며 말했네.

"아니요, 못 잡을 겁니다. 밤만 되면 여기 숨어들어 와요. 해가지면 자기들 굴에서 기어 나와 소란을 피우고 다니죠."

우리 일행은 우리가 도착했을 때 여전히 벤과 이야기를 나누고 있었네. 젤료느이는 보통처럼 여덟 시부터 잠자리에 들었다가 저녁으로 포도를 먹으려고 일어났어. 우리는 저녁을 먹고 잠자리에 들었네. 이곳에는 작은 방이 몇 개 있었네. 각 방에는 침대가 두 개씩 있었고 그 침대는 2인용이었지.

아침에 벤이 나타나서 밝을 때 계곡을 통과하기 위해 길을 서둘렀다네. 어제처럼 그는 푸른 프록코트에 무명천의 바지와 손잡이 달린 안경을 걸은 검은 조끼를 입은 채 모자를 쓰고 장갑은 없이 우리와 함께 길로 내려섰어. 그는 학자 무리와 함께 앉았네.

젤료느이가 반딕에게 말했지.

"자, 이제 갑시다!"

반딕은 다시 얼룩진 회색 말 대신 반점 있는 말로 교체했더군.

내가 물었네.

"얼룩진 회색 말을 바꾸었나요?"

미소를 지으며 그가 대답했어.

"네."

"왜요? 정말 필요가 없나요?"

"아니요, 나는 돌아오는 길에 다시 살 겁니다. 이 반점이 있는 말은 우스테르에서 돈을 벌려고 바꾸는 겁니다."

영광스러운 길, 영광스러운 장소! 우리는 숲에서 웰링턴으로 왔듯이 웰링턴에서 숲속으로 나왔어. 여기에서는 이미 벤 고속도로의 건설이 시작되었더군. 왼쪽으로 이름이 여러 개인 녹색의 그린베르크 산이 있었네. 그 산은 약간의 경사진 그림과 같이 아름다운 언덕과 계곡을 가진 매우 아름다운 산이었네. 그 산은 어디에나 있는 산을 닮았어. 이 장소는 산이 많기로 유명하다네. 그에 반해서 앞쪽에 있는 산들은 이미 그 어떤 것도 닮지 않았다고 할 수 있지. 커다란 산들은 차례대로 야생의 헐벗은 정상을 드러내면서 우리 앞에 나타났어. 그것들은 모두 서로 바짝 붙어 있는 듯했네. 그리하여 그것들로 다가가면 이들은 마치 공격에 저항하여 뚫고 지나갈 틈을 주지 않기 위해서 바짝 붙어 있는 영웅 무리들처럼 빈틈없는 벽으로 결합되어 있는 듯했네.

나는 우리가 이 거대한 덩어리를 향해 곧장 가고 있는 것을 보면서 생각했지.

'이 거인들의 어깨를 뚫고 어떻게 우리가 통과하지?'

내가 반덕에게 물었네.

"어디가 길이지요?"

그는 침묵하면서 오솔길을 가리켰고 허공 속에 가죽채찍을 휘둘렀다네. 이 길은 마차를 위한 길이었네. 믿을 수 없어! 오솔길은 산을 둘러 나 있었거든. 내려가다가 갑자기 언덕이 나왔고 다시 내리막이었네. 우리는 오르기 시작했어. 말들은 계곡을 따라 서두르지 않고 갔네. 말들은 걸어서 가려고 했으나 이랴 하는 위협과 채찍질이 점차적으로 말들을 뛰게 만들었네.

젤료느이가 노래 부르기 시작했지.

"슬라뱐스크 도시와 가까운 험한 산 정상으로."

우리는 아직 그린베르크와 비슷한 매우 완만한 산을 따라가고 있었어. 길은 점토성 편암 지역을 관통하고 있네. 오른쪽에 점토질의 벽이 가파르게 머리 위로 서 있었고 왼쪽 아래로는 협곡이 입을 짝 벌리고 있었네. 그러나 이 벼랑들은 아직 위협적인 것이 아니었어. 그것들은 우리에게 마치 웃는 것처럼 보였지. 그것들 사이로 강물이 흘렀고 눈을 황홀하게 하는 짙은 푸른 숲이 있었네. 나는 특히 숲으로 완전히 뒤덮인 하나의 그림 같은 계곡을 기억하네. 계곡의 가장 깊은 곳에 하얀 오두막이 숨겨져 있었어. 사방이 산으로 가로막혀 있었고 오솔길들과 말이 다니는 길 하나가 있었네. 이 오두막은 예전에 벤이 살던 집이라네.

그는 여기에서 가족과 함께 약 3년을 살았고 길을 내는 공사가 막 시작되었을 때 매일 걸어서 산을 오르내렸다더군.

우리 모두는 올라갔네. 눈으로 보기에는 좋았는데 말에게는 좋지 않았지. 길은 나뭇가지처럼 나 있었고 경사도 있었네. 말들은 속보로 가는 것을 멈추지 않았네. 길은 마차 두 대 이외엔 쥐새끼 한 마리도 더 통과할 수 없을 정도로 아주 정확하게 만들어져 있었는데 텅텅 비어 있었어. 절벽 끝은 서로 가까이에 암석들이 있었네. 이 돌들은 보기에 젤료느이가 쉽게 떼어낼 수 있을 정도로 그렇게 크지는 않더군.

그가 말했네.

"전혀 무섭지 않은 낭떠러지네요. 이런 것은 우리 프스코프 현에서는 흔해 빠졌지요!"

무덥고 조용한 날이었네. 길에는 그 어떤 움직임도 없었어. 그림자도 찾아보기 힘들었네. 길은 아직 끝나지 않았고 일주일에 이틀은 사람들을 위해 열려 있었지.

산은 아직 높지 않았음에도 올라갈수록 공기가 더 신선해짐을 느낄 수 있었네. 차가운 공기 덕에 숨쉬기가 조금이나마 더 쉽고 상쾌했네. 거기는 태양이 아주 밝게 빛났지만 무덥지는 않았네. 마침내 우리는 한 넓은 평지에서 멈추었어.

벤이 마차에서 내려오라고 하며 말했네.

"여기가 해발 약 2,000피트 지점입니다."

우리는 내려서 뒤를 돌아보고 펼쳐진 풍경 앞에 가만히 있었네. 모든 계곡이 태양빛을 받거나 산 그림자가 드리워져 우리 앞에 놓여 있었어. 웰링턴이 8킬로미터나 떨어져 있음에도 마치 우리 발 아래에 놓여 있는 듯했네. 더 아래는 하얗게 보였지. 오두막 근처 수목들엔 그림자가 드리워져 있었고 농장 주위에는 풀, 큰 참나무, 작은 관목들이 보였네. 우리는 침묵하고 가만히 서 있었어. 우리로부터 50사젠 떨어진 곳에서 독수리가 날갯짓을 세 번 정도 한 다음 유유히 날고 있더군.

여기에서 고시케비치는 사진을 찍고 돌 견본을 몇 개 채취하기로 했네. 벤은 처음에 우리 각각의 이름에 대해 물었네. 그리고 우리는 여기 산에서 그와 명함을 교환했어. 크류드네르 남작과 젤료느이는 자루와 망치를 들고 벼랑으로 기어내려 갔네. 그 전에 젤료느이는 벤의 허락을 받고 돌을 벼랑으로 던져보았네. 포시예트는 벤과 긴 논의에 빠졌고 나는 마차에 계속 앉아 있어서 피곤해진 다리를 펴기 위해 앞으로 갔네. 나는 계곡을 바라보기 위해 잠시 멈추어 섰다가 오랫동안 걸었어. 곧 계곡은 절벽 때문에 보이지 않게 되었고 나는 적막함 속에서 큰 길을 따라 걸었네. 점토질로 된 길이 이어졌네. 반시간 후에 우리 마차들이 나를 따라잡았네. 나는 타기를 원했지만 그들은 내게 신경을 쓰지 않은 채 나를 지나쳐 질주했고 절벽 뒤인 오른쪽으로 방향을 틀었어. 5분 후에 마차 바퀴 소리가 갑자기 멈추었네. 그들이 어딘가에 멈춘 거지.

나는 계곡을 지나 넓은 평지에 도착했는데 제방으로 둘러싸인 좀 낮은 건물과 격자 모양 울타리를 보았네. 감옥이더군. 마당에서는 장벽을 따라 장전된 총을 든 보초병들이 죄수들을 감시하며 다니고 있었네. 죄수들은 삼삼오오 모여 있거나 혼자서 꽁꽁 언 발로 앉아 있거나 서 있었지. 죄수가 30~40명 정도 있었는데 단 두 명만 백인이었고 나머지 모두 흑인이었네. 백인들은 창피한 듯 자신들의 동료 등 뒤로 숨더군.

　여기는 식민지에 정착하는 모든 종족의 집합소였네. 검은 피부색은 에나멜가죽처럼 윤기를 가진 검은 벨벳색부터 거무스름한 황색을 띠는 피부색까지 있었지. 가장 검은 피부색은 핀토, 모잠비크, 비추안, 술루 종족이었네. 이 종족은 전체적으로 얼굴이 둥근 형이었고 이마와 뺨은 돌출되어 있었으며 두터운 입술을 가지고 있었네. 머리카락은 곱슬머리였지만 다른 종족과 비교해 긴 편이야. 흑인들은 모두 건장한 체격을 가지고 있었으며 그들의 근육은 균형이 잡혀 있었고 아름다웠네. 아프리카의 오도니스[254]들이었네. 그들의 눈동자는 누르스름하고 촉촉했으며 코팅된 혈관 그물이 탱탱하게 당기고 있는 듯했다네. 카불인은 상대적으로 키가 컸고 운동 능력도 뛰어났네. 그러나 얼굴은 그렇게 아름답지는 않았어. 이마와 관자놀이가 납작했으며 광대뼈가 튀어나왔네. 타원형 얼굴이었으며 시선은 강렬하고 용감해 보였네. 그들은 보통 흑인들보다 창백하고 피부색은 검은색보다 어두운 초콜릿색이었다네. 호텐토트인은 더욱 창백했고 갈색이었지. 다른 많은 종족처럼 그들도 아주 다양했네. 나는 어슴푸레하지만 완전히 검은 색을 띤 호텐토트인을 보았네. 그들은 카불인처럼 이마는 움푹하고 광대뼈는 돌출되어 있었어. 그들의 코는 다른 흑인에 비해 더 컸네. 얼굴은 일그러져 있었고 깊은 주름이 많았네. 늙은 모습이었고 머리숱이 적었지. 그들은 키가 작고 깡말랐으며 팔과 다리는 가늘었지만 가장 활동적인 종족이었네. 그들은 훌륭한 농부이자 축산가였으며 좋은 머슴이자 마부, 잡역부라네.

한 무리의 사람이 호기심을 잔뜩 품은 채 우리를 둘러싸고 관찰했고 우리는 그들을 관찰했네. 특히 카불인들은 대담하고 기민하게 그리고 용감하게 우리를 관찰했으며 우리의 질문에 말을 더듬지 않고 대답했어. 우리 사이에 농담으로 인해 종종 친근한 웃음이 터져 나왔는데 그때 그들의 치아가 확연히 드러나 보였네!

"죄수들 중에 부시먼이 있나요?"

내 질문에 간수들이 대답했네.

"세 명이요."

"볼 수 있나요?"

그는 알아들을 수 없는 소리를 질렀어. 담장 구석에서 누군가 움직였네. 간수들이 더 크게 소리쳤네. 구석에서 더 심한 움직임이 일어났네. 흑인들 사이에서 와글거리는 소리와 웃음소리가 시작되었지. 두서너 명이 구석으로 갔고 거기에서 부시먼을 끌고 나왔네. 참으로 초라한 존재였네! 그는 꽁꽁 언 발을 겨우 움직이면서 조용히 걸었고 시선은 아래를 보고 있었네. 다른 사람들이 그의 등을 떠밀어 우리 앞으로 데려왔네. 비웃음이 우박처럼 쏟아졌고 웃음소리가 조용해지지 않았지. 우리 앞에 겨우 원숭이 키와 비슷한 사람과 유사한 존재가 서 있었네. 어두운 황색의 나이 든 얼굴은 위가 넓은 삼각형 형태였으며 굵은 잔주름으로 덮여 있었네. 작은 얼굴에 극히 작은 코는 완전히 눌려 있었네. 입술은 두텁지 않았고 넓지도 않았으며 마치 눌러 놓은 것 같더군. 그는 뭔가 멍청한 노인네로 보였으며 대머리에 치아가 빠져 있었네. 자신의 삶을 이제 다 산 듯이 의식이 흐릿해 보였네. 머리가 가장 인상적이었는데 두 손가락으로 잡을 수 없는 아주 가늘고 짧은 털의 작은 조각들이 덮여 있었어.

간수들이 물었네.

"이름이 뭔가?"

부시먼은 침묵했네. 얼굴에 무디고 무의미한 움직임이 있었네. 그는 자신이 어디에 있으며 자신이 그들과 무엇을 하고 있는지 인식하는 듯했네. 간수들은 질문을 반복했지. 부시먼은 잠깐 동안 눈을 들었고 다시 내리깔았네. 나는 부시먼의 언어가 쳐서 소리를 내는 후두 소리의 혼합물로 이루어져 있어서 글자로 표현할 수 없다는 것을 예전에 들었다네. 나는 이것을 믿고 싶었고 부시먼의 언어로 무언가를 얘기해주기를 요청했어.

간수들이 다시 묻더군.

"아버지를 당신네 언어로 뭐라고 하나?"

부시먼은 눈을 들었고 내리깔았다가는 다시 들었지. 그리고 천천히 입을 열어 창백하고 붉은 턱을 보여주며 딱딱거리며 두 개의 후음 소리를 내었네.

"엄마는?"

죄수는 다시 딱딱거리며 두 개의 다른 소리를 내었네. 질문은 계속되었네. 대답은 음성이 변하거나 딱딱거리는 방법으로 변했어. 완전히 짐승이 소리 내는 방법으로 설명할 수 있겠네! 나는 그를 나의 가까운 형제로 생각하면서 인간이 되지 못한 이 불쌍한 존재를 아픈 마음으로 관찰했지.

"그들은 아마 완전히 생각이 없고 그들에게 지능은 발전되지 않았다고 생각됩니다."

"그렇게 말해서는 안 됩니다. 그들은 야만적이고 비인간적으로 삽니다. 왜냐하면 자신의 종족들과 가족 단위로 살기 때문이지요. 그러나 그들은 매우 총명하고 교활하며 무엇을 운반하는 데 능숙합니다. 게다가 그들은 짐승, 새, 고기를 잘 잡습니다. 그들은 짐승을 잡을 때 독성이 있는 화살을 이용합니다. 그들은 민첩하고 용감하나 만사태평이고 일하는 것을 좋아하지 않습니다. 만약 그들이 몇 마리의 가축을 절도로 얻는다면 그들은 이것을 계산하지도 않고 밤낮으로 먹습니다. 다 먹은 후에는 자신의 배를 단단히 묶고는 음식 없이 일주일은 앉아 있습니다.”

다른 부시먼들을 끌어내었네. 바로 그렇게 생각 없는 듯한 얼굴에 왜소하고 겁에 질린 노인들이었지. 그들이 30세가 채 안 되었다고 하더라도 말이야.

호텐토트인과 부시먼을 더 자주 관찰할수록 그들이 서로 친척일 것이라 생각되었네. 호텐토트인은 이 친족 관계를 거부하지만 얼굴 생김새, 언어의 일부분, 피부 색깔은 그들이 한 뿌리에서 나왔음을 증명하지. 한 종족은 그들이 서로 도우며 사는 사회생활과 정직하고 유용한 수렵에 종사하며 점잖은 사람이 되는 것에 익숙해졌네. 다른 종족은 야만적이고 짐승 같은 상태로 남아 있네. 여기저기 뛰어다니며 악당처럼 행동했어. 문명화된 사회의 가족 중에서 성실한 것의 표본과 다른 버려진 사람이 공존하는 삶을 만나는 것이 얼마나 될 것인가!

“무엇 때문에 그들은 수용되어 있나요?”

“대부분 절도 때문입니다.”

“오랫동안 그들을 감옥에 가두어두나요?”

"3년부터 15년까지요."

"그들은 무엇을 하지요, 어떤 일에 종사하나요?"

벤이 말했네.

"당신이 다니는 길을 만들지요. 그들이 아니면 누가 하겠어요. 바로 내일 당신은 일하는 그들을 볼 것입니다."

우리는 스무 명의 범죄자가 사는 나무로 된 긴 창고 같은 건물을 둘러보았다네. 건물은 깨끗했고 창문은 없었네. 우리나라 시골집에 있는 천장 밑의 자는 곳처럼 벽에 긴 판자로 지어진 침대들이 나란히 놓여 있었네. 거기서 우리는 앉아 있거나 누워 있는 죄수들 무리를 보았네. 나는 죄수들에게 돈을 줄 수 있는지 물어보았어. 그러나 간수들은 그런 행위가 엄격하게 금지되어 있다고 대답하더군. 우리는 간수와 벤에게 우리에게 보여준 슬픈 만족에 대해서 감사를 표하고 길을 떠났네.

벤이 말했네.

"아직 마지막 민족이 아닙니다. 앞으로 세 민족이 더 남아 있습니다."

크류드네르 남작이 말했지.

"우리는 여기서 아무것도 먹지 않았군요! 우리에게 고기와 닭고기가 있지 않나요…"

그러나 우리는 이미 꽤 달려왔네.

젤료느이가 크게 노래를 불렀어.

"왜, 왜 나를 반하게 했나요? 만일 내가 당신 마음에 있지 않다면요."

그리고 갑자기 어린아이들의 농담과 교육적인 이야기를 했고 누군가의 됨됨이에 대해 묘사하고 누군가를 흉내 내었네. 우리는 그의 이야기를 듣는 것을 좋아했지. 그는 기억력이 믿기 어려울 정도로 놀라워서 사건의 아주 작은 부분도 전달했네. 이와는 완전히 반대로 크류드네르 남작은 장소, 이름을 전혀 기억하지 못했고 항상 앞을 살피지 않았다네. 그는 순간에 충실했어. 그 대신에 충분히 잘살았네. 그 누구도 그보다 먼저 다른 사람의 사상에 빠르게 들어가지 못했고 그 누구도 유머를 그보다 더 세심하게 이해하지 못했으며 그 누구도 그림, 소리, 모든 예술적 현상에 그보다 더 동감하지는 못했네.

우리는 계곡으로 들어가게 되었어. 녹색의 구릉과 협곡은 검거나 흰 기괴한 돌 절벽으로 변하였네. 길은 바위의 측면을 따라 꽁꽁 얼어 있었네. 산들은 골짜기를 사이에 두고 아주 가깝게 붙어 있었네. 햇빛은 우리에게까지 도달하지 못하더군. 우리는 경탄하면서 우리 위에 걸려 있는 음울한 큰 구조물을 바라보았네. 황야에는 무서운 침묵이 지배하고 있었지. 젤료느이는 노래를 멈추었네. 우리는 가끔 서로 간에 단어를 교환했고 소심하게 눈으로 절벽에서 절벽까지 벼랑에서 벼랑까지 훑었네. 우리에게 아무것도 위협을 가하지는 않았지만 우리는 마치 덫에 걸린 것 같더군.

머리 위에 산의 돌로 된 연속적인 벽을 상상해보게나. 이 벽은 하늘을 가로막고 있으며 태양빛이 미치지 못하게 하고 있었네. 이 산들을 따라 다른 좀 더 작은 산들이 산재해 있었네. 작은 산들은 넘어져 부서지고 흩어지며 절벽으로 굴러 가다가 갑자기 길에서 멈춰 서서 깊은 구렁 위에 걸려 있어. 이것은 때로는 어떠한 무서운 격변으로 인해 붕괴된 탑, 기둥, 주춧돌들을 지니고 있는 도시 전체인 것처럼 보이고, 또 때로는 함께 싸우다가 갑자기 돌로 굴어 버린 코끼리, 코뿔소, 다른 동물들의 무리인 것처럼도 보이지. 거기에는 거인의 조각상들이 앉아 있는 것 같기도 하네. 여기 산 위에는 바위 하나가 겨우 붙어서 산의 한 구석에 의지해서 걸려 있고 나머지는 모두 깊은 구렁 위에 매달려 있는 것 같네. 수도원, 모든 산에 있는 거대한 묘비와 비슷한 벽들, 거기에 산재해 있는 거대한 파편들은 무서운 황폐의 흔적들이라네.

이 돌들을 아래로 날려보내려면 이것들을 살짝 건드리기만 해도 충분할 것으로 보인다네. 여기서 아르키메데스의 지렛대[255]는 무력하네. 적어도 제자리에서 그것들을 움직이기 위해서는 지진이나 벤이 필요하지.

아래에 초록색 협곡 대신 시냇물이 졸졸 흐르는 소리가 들리지 않는 벼랑이 입을 벌리고 있네. 바닥에는 떨어져 나온 회색빛 돌무더기와 탁한 노란색 격류나 조용하고 더러운 소택을 가진 산이 이어진다네. 안전에 대한 믿음에도 산맥[256]의 산등성이를 따라가면 무의식적인 당혹감을 가지고 마치 나그네를 억누르는 위협을 하며 더 가까이, 더 가까이 움직이는 것 같은 거대함을 보게 되더군. 200~300피트에 이르는 나락을 쳐다보면 전율이 느껴지며 얼굴을 돌리게 되네. 위를 보면 거기에는 그러한 나락이 머리 위에 엎질러져 있지. 모든 이 거대함은 마치 하늘의 분노가 갈기갈기 찢겨서 비인간적인 환상의 변덕스러움으로 버려진 것 같네.

내가 젤료느이에게 물었지.

"프스코프 현에 이러한 나락이 있나요?"

그가 소심하게 나락을 곁눈질로 보면서 불안하고 신경질적으로 웃으며 속삭였어.

"좀 무섭군요!"

그러고는 갑자기 용기를 내어 자신에게는 아무것도 아니라는 것을 보여주기 위해 크게 소리를 질렀네.

"자상한 사람들이여, 보세요."

그러나 그 후에 얼굴을 찌푸렸고 의기소침하게 긴장했네.

"북을 치지 않았네…."

그리고 곧 잠잠해졌어.

우리는 뚫어서 도려낸 절벽 길을 통과했네. 그리고 바위 뒤에 가서 거기에는 무엇이 있는가 보았네. 그런데 우리는 갑자기 나락 위에 있더군. 지나왔던 모든 것보다 더 깊고 무서웠네. 게다가 길은 아직 단 한 대의 마차만이 가도록 만들어져 있었어. 길 가장자리를 막는 돌도 없었기에 말은 안쪽 가장 가장자리로 가야 했네.

젤료느이가 노래를 부르기 시작했지.

"당신은 모든… 나의 슬픔을… 이해하세요."

그러나 점점 속삭이듯이 하더니 곧 잠잠해졌네.

좁은 미완성 길을 따라 일을 위해 마련해 둔 돌들이 뒹굴고 있었고 삽이 박혀 있었네. 왼쪽으로 구부러져야만 했지.

내가 물었네.

"왜 당신은 노래를 부르지 않나요?"

"정지하세요. 통과합시다. 보이시지요…."

숨을 죽이고 우리는 모퉁이를 통과했고 길이 다시 넓어졌을 때 자유롭게 숨을 쉬었다네.

나는 반딕에게 물었지.

"여기 동물들이 있나요?"

"오, 많죠!"

"어떤 종류인가요?"

"비비원숭이[257]입니다."

나는 놀랐네.

주위를 유심히 살펴보면서 반딕이 이 말을 덧붙였어.

"오늘은 없군요. 그들은 무리를 지어 절벽을 따라 뛰어오릅니다. 멀리서 사람과 말을 보면 사납게 고함을 지릅니다."

젤료느이도 말을 하더군.

"아마도 오늘이 일요일이라서 그런 것은 아니겠지요. 없다니 다행이네요. 만약 말이 한 마리라도 놀라서 야단법석을 떤다면 우리는 혼쭐이 날 겁니다."

"늑대와 호랑이도 있습니다."

"늑대가 여기에요? 그럴 리가요. 늑대는 북쪽에 사는 동물이잖아요."

반딕이 웃으면서 대답했네.

"압니다. 그러나 여기서는 하이에나를 그렇게 부릅니다. 습관에 따라 나도 그렇게 부르고 말았군요."

반딕은 교양이 있는 마부라네.

벤은 나중에 자신의 말을 증명하고 나서 하이에나와 들개는 모든 산에서 번식하며 심지어 케이프타운 가까이서도 번식한다고 덧붙이더군. 이 동물들을 스트리크닌[258]으로 독살할 수 있네.

"호랑이 또한 많지요. 지난주에 여기 계곡에서 보았습니다. 그러나 이곳의 호랑이들은 몸집이 작아서 큰 개만 합니다."

이것은 케이프타운에서 파는 짐승 가죽으로 보아 알 수 있지.

곧 우리는 그림같이 아름다운 장소로 갔네. 산은 갑자기 잠깐 동안 갈라졌네. 가로놓여 있는 단면이 생겼네. 태양은 마침 밝게 깊은 협곡의 바닥까지 빛을 비추었지. 협곡의 바닥과 옆면에는 풀과 관목이 자라고 있었네. 아래에는 시내가 흘렀네. 단면을 통과하여 절벽부터 절벽까지 다리가 놓여 있었네. 기술자가 만들어낸 기적 같은 예술이라네. 절벽처럼 다리는 사암의 네모진 판으로 촘촘히 조립되어 있었네. 다리 길이는 40피트였고 빈틈없는 돌 벽을 통해 아래로 내려가는데 깊이가 70피트 정도였어. 다리는 협곡의 바닥까지 연결되어 있었네. 다리 왼쪽의 계곡에는 무성하게 자란 푸른 나무들이 있었고 작은 폭포가 졸졸 소리를 내면서 아래로 떨어지고 있었지. 우리는 멈추어서 계곡의 튀어나온 부분을 따라서 갔네. 누군가는 노래를 하고 누군가는 곤충을 잡았으며 풀을 모았네. 22.5킬로미터에 걸쳐 뻗어 있는 모든 계곡에는 크고 작은 돌다리가 40개가량 놓여 있었어. 이것을 만드느라고 얼마나 많은 재능, 판단, 인력이 소모되었겠는가!

돌은 위나 밑에서 끌어와야 했네. 많은 바위를 화약으로 폭파해야 했지. 벤은 우리에게 그런 폭파의 흔적을 보여주었고 돌아오는 길에는 실제로 폭파하는 장면을 구경시켜주겠다고 약속했네.

다리를 지나자 협곡은 몇몇 군데에서 다시 좁아졌지만 이제 거의 다 지나갔다는 사실을 알 수 있었네. 이곳의 자연은 더 유쾌하네. 산마다 녹음이 우거져 있거든. 관목과 수많은 풀이 산비탈을 따라 버려진 돌덩이들에 뿌리를 내리고 꽃을 피우고 있을 정도였네. 많은 새를 마주쳤고 엄청나게 많은 벌레가 윙윙댔지. 햇볕을 쬐기 위해 돌 위에 기어 올라와 있는 다양한 색깔의 도마뱀들도 자주 보였네. 맑고 차가운 물줄기가 바위에서 곧바로 조금씩 흐르는 곳이 있었는데 그 밑에는 죄수들이 끼워놓은 철제 낙수 홈통이 놓여 있었어.

벤이 손으로 여러 곳을 가리키며 말하더군.

"겨울이 되면 여기는 큰 폭포가 됩니다. 여기에 이런 것이 많이 있지요. 저기도 있네요! 여기도 있고요."

우리가 지나온 협곡의 그 부분은 정말로 화려했고 자연은 우리에게 행복을 주었네. 여기서는 바위들이 한쪽으로 경사가 져 있어서 그늘이 진 곳도 있었고 자연적으로 생긴 동굴도 있었지.

우리는 곧 제일 수려한 장소에 다다랐네. 한 바위에서 내려오자 우리 앞에 곧바로 펼쳐진 것은 벽으로 둘러싸인 넓은 대지였다네. 깨끗이 정돈되어 있는 곳이었지. 대지에는 수용소 몇 채가 지어져 있었네. 이건 다른 감옥이었네. 얼마 멀지 않은 곳, 특히 수용소에서 얼마 떨어지지 않은 곳에 작은 건물이 하나 서 있었는데 벤의 아들이 거기 살고 있었어. 벤의 아들은 간수이자 자기 아버지의 조수였네. 주위에는 바위들이 빽빽이 늘어서 있었는데 마치 까치발을 들고 선 듯 사이사이로 고개를 내밀고 있었네. 대지는 산의 중간쯤에 있었어. 밑으로도 녹음과 관목이 무성하고 돌들이 난잡하게 뿌려져 있는 바위가 있었네. 한 폭의 그림 같은 골짜기의 바닥에는 큰 개천이 흘렀지. 개천에는 돌다리가 하나 지어져 있었네. 다리와 가까운 곳에 둑이 있었는데 다리가 지어지는 동안 물을 막기 위한 방책으로 쓰이던 것이더군. 또 이 둑을 지나는 임시길이 놓여 있었네. 개천 주변과 산의 경사면은 모두 초목에 파묻혀버렸네. 우리가 이쪽저쪽으로 고개를 놀리며 장엄한 광경을 말없이 즐기고 있었는데 벤은 미소를 띠고 그런 우리를 바라보았네. 그러다 주위를 둘러본 우리는 이미 마당에 와 있다는 것과 반딕이 말들을 풀어놓았다는 사실을 알게 되었지. 우리 앞에는 젊은 사람 둘이 서 있었네. 뺨이 붉은 금발의 젊은 남자는 벤의 아들이었고, 다른 사람은 목사이자 선교사였어. 우리는 그들과 만난 뒤에 집으로 들어갔어. 우리는 마차에서 식량과 포도주를 꺼내 달라고 하였고 벤의 아들 역시 아침을 준비하느라 부산을 떨었네.

하지만 우리는 그 이전에 감옥을 보기 위해 움직였네. 다 보던 대로였지만 죄수 숫자가 좀 적더군. 죄수들은 마당에 앉거나 누워 있었고 모두 햇볕을 쬘 수 있는 자리를 잡기 위해 노력하고 있었네. 특히 한 흑인 노인이 내 눈길을 끌었는데 한쪽 다리가 아픈 사람이었어. 노인은 마당 한가운데에 누워서 손으로 턱을 받치고 얼굴은 태양을 정면으로 향하고 있었네. 머리털이 하나도 없는 그의 머리 앞부분이 햇빛을 받자 탑의 지붕이 햇빛에 비추이듯 반짝이더군. 정오였는데 무더위가 상당히 기승을 부렸네. 특히 공기가 탁하고 햇빛을 강하게 반사하는 돌들이 있는 이 골짜기에서는 더욱 그랬지.

"왜 저들에게 햇볕을 쬐게 합니까? 해롭지 않습니까?"

그러자 벤이 대답했네.

"아닙니다. 저들은 흐린 날보다는 햇빛이 밝고 더운 날에 일하는 것을 더 좋아합니다."

나는 많은 이에게 이름을 물어보았어. 호텐토트인의 이름은 살로몬, 칼류르 등이었고 부시면들은 윌던슨, 카겔만 등이었네. 하지만 이런 이름은 이미 유럽인이 준 거야. 나는 그들에게 자신의 이름을 토착어로 말해 달라고 부탁했네. 부시면은 아마도 그들에게 무엇을 묻는지 이해한 것 같더군. 그들은 눈을 땅바닥으로 내리뜨고 잠자코 서 있었네. 선교사가 질문을 다시 던지자 그들은 소가 울 듯 혀를 휘두르며 차례대로 한 명씩 말을 했네. 그들이 내는 소리를 기록하기란 불가능했어. 나는 이제 카피르인에게 같은 부탁을 했지. 한 사람이 날렵하게 돌프라는 이름을 말했고, 다른 사람은 자신의 이름이 다이라고 했네. 그다음 나는 한 흑인에게 그의 부족과 이름을 물어보았네. 그는 자신의 아버지가 모잠비크인이고 어머니는 다른 부족 출신이라고 했는데 어떤 부족인지 말하지는 않았으며 자기 이름이 라키디라고 했어. 모든 이들이 어떻게든 영어로 이해하긴 했고 설명도 할 줄 알았지. 외투를 입고 있는 자도 있었고 셔츠와 넓은 헐렁한 바지를 입고 있는 자도 있었네.

우리는 벤에게 가기 위해 감옥으로 돌아왔어. 거기에 타르처럼 시꺼먼 흑인이 있었는데 스무 살은 되어 보이는 미남이었네. 갸름한 뺨에 이마와 관자놀이는 툭 튀어나왔고 입술은 두꺼웠으며 눈에는 선한 빛이 돌더군. 잘생긴 그 흑인은 상을 차리고 있었네.

그가 매우 마음에 들어 벤에게 물어보았네.

"이 흑인을 고용하고 있습니까?"

"아니요, 이 사람 역시 죄수입니다. 전쟁 포로입니다. 카피르족 편에서 싸우다가 얼마 전 포로로 붙잡혔습니다. 나는 이자를 다른 죄수들과 한데 섞지 않는답니다. 정말 온순하고 말을 잘 듣습니다."

"죄수들이 오래 일하나요?"

"해가 뜰 때부터 질 때까지요. 갔다가 돌아오는 데 시간이 많이 걸립니다."

내가 벤과 이야기를 나누는 동안 젤료느이, 선교사, 우리의 의사는 개울가에 씻으러 다녀오고 나서 고기와 오리 등을 준비하기 시작했어.

세 시쯤 우리는 다시 길을 떠났네. 길이 경사져 있어서 말들은 더 활기차게 달렸지. 협곡은 지평선과 저 멀리 떨어진 곳들을 열어 젖히며 점점 넓어졌네.

젤료느이가 즐겁게 말했네.

"이제 아무것도 무섭지 않네요!"

그리고 저 높은 곳에서 지저귀는 새들과 함께 노래를 부르기 시작했다네. 한 걸음 한 걸음을 내딛을 때마다 산의 주변은 음침함을 잃어갔고 우리는 우리도 모르는 사이에 협곡을 빠져나왔네. 강과 다리를 건너 다섯 시쯤 되어 클라인버그의 농원이 딸린 조그만 별장에 반시간 정도 머물렀어. 여기에 세 번째이자 마지막 감옥이 있었네. 처음 두 군데보다는 규모가 작더군. 철창으로 둘러싸인 감옥이 오직 하나만 있었는데 흑인들로 북적거렸네. 별장은 전체가 1층으로 이루어져 있었는데 옥수수밭과 포도밭이 있었네. 마당에는 거대한 나무가 자라고 있었고 거기에 커다란 원숭이와 비비 원숭이가 긴 밧줄로 묶여 있었네. 마부들은 머물 시간이 길지 않음에도 말들을 풀어놓았지. 레루라는 이름의 별장 주인은 프랑스 개신교도의 후손인데 그가 사는 집은 초라하고 보잘것없어 보였네. 크류드네르 남작이 점심으로 먹을거리가 있나 없나 슬쩍 들여다본 것은 소용이 없는 일이었지. 그 대신 레루는 우리에게 여러 개의 항아리를 갖고 왔어. 단지 안에는 뱀, 돌, 호랑이 가죽 등이 들어 있었네.

크류드네르 남작이 말했다네.

"세상의 종말이 왔나 봅니다! 이웃에게 빵을 달라고 하니 돌을 가져오고 생선을 달라고 하니 뱀을 내오네요."

우리는 마당의 의자에 앉아 원숭이가 나무에 기어오르거나 뛰어다니는 남자아이 또는 개를 붙잡으려 하는 것을 지켜보았지. 원숭이는 주인들이 말해준 대로 꼬마 아이들도 개들도 가만히 앉아 지켜보는 법이 없었네. 아이들은 원숭이 근처에 다가가지 못하게 했고 반대로 개들은 조금씩 원숭이 쪽으로 밀어대었네. 원숭이가 한 덩치 하는 개를 붙잡아 뒤틀고 물어뜯어 개가 끽끽대는 소리를 내며 겨우 빠져나와 숨기 위해 도망치는 모습을 보았어. 원숭이는 앉아서 울적해 하고는 우리를 쳐다보았지. 마부들이 녀석에게 돌을 던지기 시작했지만 날렵하게 몸을 피하는 바람에 하나도 맞지 않았네. 우리가 우스터로 향하는 미완성 도로를 따라가기 시작했을 때 해는 이미 저물고 있었네. 우리 앞에 남은 것은 모래와 돌무더기 그리고 수레바퀴 자국이었지. 우리는 강을 건너 어떤 오두막 근처에 잠시 멈추었네. 행인들에게 빵을 파는 곳이었는데 아마도 보드카도 팔았던 것 같아. 여기서 조그만 멜론 크기의 타조 알들을 샀네.

우리는 우스터에서 멀지 않은 곳에서 한 언덕을 돌아 지나갔는데 정원 어딘가에 옮겨 놓았다면 큰 산처럼 보였을 관목으로 뒤덮인 돌무더기를 보았어. 사람들이 말하기를 여기서 뱀이 많이 나오기 때문에 슐랑겐헬, 즉 뱀의 언덕이라 부른다네. 식민지에는 뱀이 무척 많네. 독사도 많은데 그중에 유명한 코브라도 있지. 퓌르스트 펠트가 스텔렌보스에 있을 때 우리에게 이야기해주기를 우리가 도착하기 며칠 전 8세짜리 여자아이가 도마뱀 굴인 줄 알고 손을 집어넣었다가 인도 코브라가 튀어나와 물어서 30분 뒤에 죽었다더군. 클라인버그의 별장에서 들은 바로는 근방에 크고 굵직하고 누런 뱀이 돌아다니는데 누군가를 공격할 때 마치 꼬리로 땅을 짚고 서서 뒤로 재빨리 빠지는 것 같아 보인다고 했네.

우리가 우스터를 향해 출발했을 때는 날이 완전히 어두워진 후였네. 길은 끔찍했어. 모래와 돌, 구덩이가 끊임없이 파여 있었네. 가끔 심하게 덜컹거려 마차가 한쪽으로 내던져질 때도 있었네. 지옥 같은 암흑이었네. 우리는 어디로 가는지도 볼 수 없었네. 마치 눈앞에 벽이 서 있는 듯했지. 말들이 급히 달리는 모습이 희미하게 보였다네.

"골짜기로 굴러떨어질 것 같네요."

불안해하는 우리에게 반딕이 대답했어.

"아뇨. 굴러떨어지진 않습니다. 돌에 몇 번 부딪치거나 수레바퀴가 구덩이에 몇 번 빠질 수는 있어도 굴러떨어지진 않아요. 앞에 있는 녀석 가운데 하나는 제가 2주 전에 우스터에서 산 놈입니다. 길을 알고 있지요."

크류드네르 남작이 말했다네.

"자, 이제 다 왔네요. 건물들이 있는데요!"

크류드네르 남작이 건물이라고 착각했던 어두운 물체들에 다가 갔지만 그것들은 나무로 드러났네. 우리는 불안에 떨었고 더듬으 며 가기를 계속했지.

15분 정도가 지나자 젤료느이가 말했네.

"자, 도착했군요. 멀지 않은 곳에 흰 벽이 보이네요."

반딕에게 물어보았네.

"저게 우스터입니까?"

"아니오, 농장입니다. 저기서 우스터까지는 6.4킬로미터 정도를 더 가야 해요."

아, 이게 무슨 벌이란 말인가! 우리는 여기저기 굵은 돌멩이들 이 깔려 있는 곳들을 지나쳤네. 완전히 말라버린 강바닥을 타고 갔다는 뜻이지. 수레바퀴가 삐걱대는 소리 때문에 우리는 이야기 를 할 수 없었네. 우리는 이후로도 관목들과 가까운 언덕을 보고 도시의 건물이라고 여러 번 착각했네. 드디어는 착각하는 것도 마 차를 타고 가는 것도 질렸다네. 우린 지루해져 묵묵히 앉아 있었 는데 마차가 덜컹거릴 때마다 마차 옆구리를 움켜잡았을 뿐이야. 마침내 그렇게 한 시간을 꼬박 채우자 반딕이 느닷없이 말들을 멈 추었고 누군가에게 네덜란드어로 무어라 소리쳤네. 그러자 대답으 로 스무 명쯤 되는 사람들의 외침이 들려왔지.

우리가 반딕에게 물어보았네.

"이게 뭐죠? 우리는 어디에 있는 겁니까?"

"도시지요. 그런데 길도 보이지 않고 호텔까지 어떻게 가는지도 모르겠습니다."

나는 어둠 속에서 눈에 힘을 주었고 우리 마차 근처에 서 있는 어두운 형상의 그림자들을 구분해냈다네.

"이 사람들은 어떤 사람들이죠?"

반딕이 다시 말을 부추기며 대답했어.

"흑인들입니다."

순간 흑인들이 우리에게 무어라 일제히 소리치는 바람에 말들이 놀라서 앞으로 내달리려 하였네.

반딕이 소리쳤네.

"아플!"

그는 흑인들 쪽을 향해서도 또 무어라 소리쳤지. 불빛이 보였고 우리는 끝없는 넓은 길을 자유로이 달렸네. 길 양 쪽에는 낮은 집들이 늘어서 있었네. 우린 도시의 끝에서 밝게 빛나는 호텔 옆에 멈추어 섰어.

한 명씩 마차에서 내릴 때마다 신음소리가 들렸네.

"아야, 어이쿠, 오, 에구!"

우리가 지나온 마을과 도시 중에서 우스터가 제일 좋은 곳인 만큼 호텔 역시 이제껏 머물렀던 어느 곳보다 더 좋았다네. 출입문에서 곧바로 들어가면 나오는 객실은 살림을 매우 깔끔히 하는 가정집처럼 깨끗했거든. 새로 짠 훌륭한 가구들에다 바닥은 약칠이 되어 있었고 원형 탁자가 있었는데 그 위에는 큰 청동 촛대 두 개와 꽃이 담긴 꽃병이 있었네.

호텔 주인이 영국인임이 명백했네. 벤은 크류드네르 남작과 함께 주인 행세를 하고 저녁을 얻기 위해 부산을 떨러 갔네. 포시예트는 벤이 우리를 태우고 오며 항상 신경을 써준 것이 고마워 벤 옆에서 시중을 들어주었어. 나는 발코니에 앉아 어둡고 따뜻한 밤에 도취되어 맑고 깨끗한 공기를 즐겼네. 저 멀리 어두운 하늘을 배경으로 더 어두운 뭉치들이 보였는데 그건 산이더군. 고시케비치는 발코니로 나가 오랫동안 무언가를 주의 깊게 듣더니 현관에서 칠흑 같은 어둠 속으로 나가떨어지듯 사라졌어.

내가 그의 뒤에서 소리쳤지.

"어디 가시는 겁니까?"

"여기 가까운 곳에 도랑이 있을 거예요. 개구리 우는 소리 한 번 들어보십시오. 뭔가 두드리는 소리가 나죠. 러시아에 있는 것들이랑은 다른 것 같습니다. 한 마리 잡아볼까 해서요."

사실 메뚜기와 개구리가 서로 앞다투어 뛰고 있는 것이었지.

벤과 크뤼드네르 남작의 노력 덕분에 저녁은 훌륭한 정도까진 아니어도 풍부했네. 로스트비프, 비프스테이크, 햄, 닭고기, 오리고기, 양고기가 있었는데 겨자, 고추, 콩, 피클, 다른 독한 양념을 곁들여 있었지. 독성이 있는 양념은 고약 같은 형태로 되어 있어 외견상 사용하기 무서웠지만 영국인들은 그것을 먹더군. 이런 음식이 식탁을 차지하고 있었네. 포도, 무화과, 편도는 특별한 식탁에 따로 차려져 있었기 때문이야. 식사는 즐거웠네. 벤이 많은 이야기를 해줘서 우리는 이야기를 많이 들었고 크뤼드네르 남작은 많이 먹었으며 젤료느이는 후식을 먹은 후에 많이 졸았네.

저녁 식사를 하며 나누었던 긴 이야기가 끝나고 우리는 각자 방으로 안내되었네. 나와 젤료느이는 침대가 두 개 있는 큰 방을 썼고 크뤼드네르 남작과 포시예트는 같은 건물에서 따로 잤네. 벤과 고시케비치, 의사는 마당 안쪽의 별채에 들어갔지. 작은 정원으로 향하는 문들이 달려 있는 건물이었네. 그들의 방에는 창문이 없어 햇빛 때문에 더웠을 거야. 빛이 필요한 사람은 문을 열어젖히면 되었네. 보면 알겠지만 순전히 오래된 아프리카의 방식이지. 젤료느이는 죽은 사람처럼 잠이 들었네. 오랜 시간 숟가락과 접시들을 달그락거렸던 흑인과 처녀 하인들도 깊게 잠이 들었지. 주위가 쥐죽은 듯 고요했네. 나도 잠을 청하기 위해 누우려고 했는데 그 전에 내 침대를 몇 분간 면밀히 살펴보기로 했네. 영국 식민지 어디에서나 볼 수 있는 큰 2인용 침대였는데 나는 이런 것은 이전에 본 적이 없거든. 침대 위에는 어두운 양모 재질로 된 침대 커튼이 있었네. 그것은 술 장식이 된 묵직한 꽃 줄에 매달려 있었지. 침대의 뒤쪽 널빤지에는 가리개 같은 것이 서 있었는데 왕관들과 국장이 새겨진 것 같았네. 커다란 주름이 잡힌 음울한 색의 커튼은 높은 침대를 딱 들어맞게 가리고 있었네. 나는 상여처럼 생긴 이 침대를 세 번 정도 돌아보고는 이 음울한 침상에 어떻게 올라 누울 것인지 모르겠더군. 나는 소심해졌다네. 무슨 플랜태저넷[259]이나 스튜어트 왕가[260]의 사람이 묵고 간 고대의 성과 우울한 방이 내 머리를 스쳤네. 방은 그때부터 성물처럼 숭배되고 있어. 빈틈없이 잠겨 있고 침대는 그때의 모습 그대로 남겨져 있네. 아무도 이 침대를 건드린 사람이 없었는데 내가 여기에 눕다니! 하지만 누워야 했네. 나는 커튼을 걷었고 내 앞에는 산만한 깃털 이불과 예상을 빗나가지 않는 길고 통통한 베개가 놓여 있었지. 함께 쌓여 있던 이불은 너무나 묵직해서 내 힘으로 들 수 없었네. 기어 들어가려고 했지만 너무 높아 그것도 할 수 없었어. 침대 중앙에 올라가려고 두 번 시도했지만 그때마다 굴러떨어졌네. 그렇게 침대 가장자리에 남겨지게 되었지. 잠이 들기 시작하려는데 순간 바스락거리는 소리가 들렸네. 이게 뭘까? 왕족의 유령이 자신의 잠자리에 들기 위해 오고 있는 것인가? 소리는 점점 커졌네. 이윽고 침대 커튼 위쪽을 따라 무언가 분주히 뛰어다니는 작은 소리가 자주 들리기 시작했어. 쥐들이야. 뭐, 나쁜 일은 아니네. 나는 자고 싶었지만 순간 내 머릿속에 의심이 생겼네. 우리는 아프리카에 있고 이곳은 나무도, 짐승도, 사람도, 심지어는 개구리도 러시아에 있는 것과는 다르지. 쥐들도 다르지 않을 것이란 보장이 없지 않은가. 아마도 이곳의 쥐들은…. 나는 이 질문에 대한 결론을 내지 못하고 잠들기 시작했지만 쥐들이 뛰어다니는 소리와 찍찍대는 소리는 또다시 나를 깨웠어. 눈을 떠보니 거리에서 창문 쪽으로 어떤 그림자가 다가오고 있었네. 이쪽을 바라보는가 싶더니 천천히 멀어졌네. 다시 눈꺼풀이 무거워졌는데 또 쥐들이 나를 깨웠다네. 창문 속의 그림자가 다시 나타났다가 또 사라지고…. 머리가 굵어지기 전인 유년시절과 완전히 똑같더군. 어둠 속의 난로는 죽은 사람 같아 보이고 방구석에 걸려 있는 옷은 상상 속의 사물 같아 보이네. 머릿속에 떠오른 이런 비교를 하고 나니 쥐들이 아무리 뛰어다니든 저 그림자가 창문을 통해 얼마나 집요하게 쳐다보든 말든 나는 아프리카의 쥐들이 어떤 녀석들인지 누가 창문을 들여다보는지 알아볼 필요가 없어졌고 깊은 잠에 빠져들었네.

아침 일찍 모두 일어나 있을 때 나는 아직 자고 있었네. 크류드네르 남작이 일어나 아침이 준비되었다고 말하러 내게 두 번이나 왔다더군.

포시예트도 와서 나를 깨웠네.

"갈 시간입니다."

"지금 어디로 간다는 겁니까?"

"방문을 해야 합니다."

"우스터에서 누굴 방문한다는 말입니까?"

포시예트가 끈질기게 재촉했네.

"여기에 사는 러시아인입니다. 지금 벤도 아침을 먹고 있습니다. 일어나십시오. 벤이 우리를 데려다줄 겁니다."

그리고 말을 계속했지.

"어제 우리가 벤스클류프(벤의 골짜기)에서 보았던 이곳 판사가 자기에게 들러 달라고 부탁했습니다. 그다음엔 광천수가 있는 곳으로 갈 것입니다."

내가 말을 끊었네.

"그다음 어디로 간다고요? 그걸 하루에 다 하겠다고요!"

하지만 포시예트는 탈 수 있는 말을 가져오게 했고 우리 마차를 준비시켰지. 나는 옷을 입었고 그때서야 우스터가 얼마나 훌륭한 풍경으로 둘러싸여 있는지 보게 되었다네. 여러 겹으로 쌓인 산은 푸르른 곳이 있는가 하면 움푹 파이고 황량한 곳도 있었네. 군데군데 회색의 돌이 혹처럼 튀어나오기도 하고 나무들이 한데 뭉치기도 했지. 농장과 포도밭도 있었네. 산 주변의 평원은 모래가 있는 곳도 있고 풀이 있는 곳도 있었어. 농장들도 있었네. 낮은 아주 밝았고 무더웠네. 아직 공기가 신선하고 시원할 때 나는 옥수수 밭과 포도밭을 따라 잠시 산책을 하고 발코니로 돌아왔네. 발코니 주변에는 장미와 도금양나무 그리고 꽃철이 지난 다른 나무들이 심어져 있더군.

곧 발굽 소리가 들렸네. 호텐토트인이 말 한 마리를 타고 왔고 짐이 없는 말 두 마리를 더 데려왔지. 그리고 우리 마부들이 나타났네.

나는 동료들을 기다리는 동안 길거리를 잠시 거닐면서 도시가 정말 잘 지어졌고 너무 융통성이 없을 정도로 깨끗하다는 것을 깨달았네. 거리에는 쓸데없는 것과 버려진 것이 하나도 없더군. 길 양쪽을 따라 난 수로와 다리는 마치 공원에 놓여 있는 것 같았어.

젤료느이가 이런 깨끗함을 보며 우울하게 말했네.

"정말 따분한 도시군요!"

도시를 만들 때 사람들은 그 땅을 아끼지 않았어. 도로들은 무척 넓고 길어서 사실 이 도로를 가득 채우는 주민들이 없다면 이 도로들을 바라보는 것이 조금은 심심했을 정도네.

그렇긴 하지만 이것은 도시가 크다는 명성일 뿐이네. 도시에 들판 전체가 포함된다면 정말 커지겠지만! 여기에는 광장이나 소공원만 해도 약 24개 정도 되네. 벤은 광장 하나의 넓이가 11에이커 정도라고 말해주었지. 지금 도시에는 지역까지 합하면 약 5,000명의 주민이 살고 있네. 도시는 모든 식민지가 그렇듯 인구가 늘어나기를 기다리고 있네. 서로 멀찍이 떨어져 있는 농장들이 산재한 곳을 지나치다 보면 이 농장과 밭들이 본국인 영국에서도 그렇듯 이젠 붙어 있을 때가 되지 않았나 하고 생각하게 되더군. 이웃의 밭이 초원이 아니라 수로로만 나눠질 수 있도록 말이네. 그러면 농작물이 조금도 헛되이 사라지지는 않을 테니까. 그런데 인구를 어떻게 늘린단 말인가? 여기에는 금도 없고 캘리포니아나 호주처럼 사람들이 밀려오는 것도 아닌데. 여기에는 공적을 세우기 위해 올 사람들이 필요하네. 아니면 새로 온 정착민에게 보물이 땅에 묻혀 있다고 말이라도 해야 할지. 농사꾼이 죽음을 앞두고 자기 자식들이 땅을 다 파헤치도록 머리를 썼듯이 말이야. 하지만 이것만 가지고 밀려오는 사람은 적을 테지. 영국 정부가 이런 걱정거리를 덜고

자 자유가 없는 죄수들을 한가득 실은 배를 보냈는데 케이프타운의 주민들이 선착장에 무리로 몰려나가 죄수들이 바닷가를 밟으면 돌을 던져버리겠다고 협박했어. 이 흑인 주민들은 아직 유아기에 있네. 이들은 마치 어린아이들처럼 자신을 돌보려는 손을 물어뜯고 있지. 우스터의 주민들은 섞여 있네. 흑인도 충분히 많지. 흑인을 위한 특별한 교회가 두 개 있는데 모두 영국의 것이네. 주민들은 모든 종류의 농사일을 하고 있네. 상품을 산 속에서 옮기는 일이 힘들기 때문에 아직까지는 판매량이 적네. 골짜기를 통하는 길이 놓이면 우스터와 벤스클류프에 제일 가까운 마을 모두 형편이 나아질 걸세. 여기에서는 빵 말고도 과일이 많이 나더군. 사람들은 특히 사과와 배를 좋게 말하네. 우리가 본 과일은 먹어서는 안 되는 거야. 정말로 크지만 단단해서 잼이나 졸임을 만들기에 적당하네. 다른 과일들은 이제 자라지 않네.

도시 주변에는 헥스 강과 브리드 강이 흐르고 있네. 헥스 강의 물은 수로교를 통해 8킬로미터 거리를 흘러 도시로 들어오지. 주민들은 이 편의에 대해 약간의 세금을 내네.

동료들이 가짜 러시아인에게서 돌아왔네. 그는 바이네르트라는 이름의 독일인인데 모스크바에서 오랜 시간 음악교사인지 뭔지를 했고 그것으로 연금을 받고 병 때문에 멀리 떠난 사람이더군.

그는 처음에 독일 어디론가 갔다가 기후 때문에 희망봉으로 왔네. 약간의 러시아어 단어를 기억했으며 나머지는 전부 잊어버렸지만 러시아인을 사랑했고 눈물을 보이며 손님들을 맞았지. 아마 중풍을 앓는 것 같은데 혼자 외로이 애수에 잠겨 생을 마치고 있었어. 이게 동료들이 바이네르트를 방문하고 와서 해준 이야기야. 그들은 바이네르트가 저녁에 찾아올 것이라고 덧붙여주었네.

그러나 날이 더워졌네. 광천수가 나는 수원지를 보러 가야 했고 그 전에 판사인 르쇠르도 방문해야 했어. 크류드네르 남작과 포시예트는 말을 타고 갔고 우리는 마차를 타고 갔네. 길의 끝에 큰 2층집이 있었는데 매우 아름다웠고 현관 계단은 높았으며 발이 내려져 있었지. 우리가 문을 두드리자 흑인 여자가 문을 열어주었네. 손으로 더듬어가며 어두운 방들에 들어섰네. 흑인이 발을 열었고 우리를 큰 거실로 안내했는데 일젠부르크 농장과 같이 옛 네덜란드식으로 정돈되어 있는 방이더군. 잠시 후 주인이 나타났네. 검은 연미복에 흰 조끼, 그리고 넥타이를 매고 있었네. 그는 우리에게 묵묵히 그리고 정중하게 손을 뻗었으며 영어로 우리의 탐험에 대한 이야기를 시작했고 전함과 인원수 등을 물어보았어. 그에게서 프랑스인의 모습이 지워지지 않았네. 얼굴 생김새나 외형이 그의 출신에 대해 이야기해주었지만 걷는 모양이나 행동에서는 둔함

보다는 어떤 긴장감 같은 것이 보였네. 그는 프랑스어를 하나도 모르더군. 그의 사위가 왔는데 젊은 의사였네. 매우 상냥하고 수다스러운 사람이었네. 그는 영어와 독일어를 할 줄 알았어. 그에게 두 언어로 대답해주었지. 그는 우리가 이제껏 만났던 외국인과 다를 바 없이 러시아 사람이 모든 나라 말을 하는 것에 놀라워했네. 우리가 어딜 가나 들었던 소리라네.

우리가 그에게 말했네.

"당신은 러시아인이 아니군요. 그런데 독일어, 영어, 네덜란드어도 하고 이곳 토착어도 할 줄 아네요."

이들은 우리를 자기네 정원으로 데려갔네. 케이프타운의 식물원 이후로 내가 본 것 가운데 최고였다네. 그늘 속에 가려진 오래된 정원이었는데 당당하게 생긴 거대한 참나무, 비범하게 큰 배나무, 다른 과실수들, 특히 복숭아나무와 석류나무가 있었네. 뽕나무, 바나나, 포도나무도 있었지. 특히 밑에 100명은 더 족히 자리를 잡고 앉을 법한 무화과나무가 나를 깜짝 놀라게 했다네. 우리는 그늘 속에 앉아 태양을 완전히 피했네.

젤료느이가 잎사귀 사이로 보이는 큼직한 무화과, 바나나, 군데군데 남아 있는 포도송이를 보며 속삭였어.

"왜 아무것도 대접하지 않을까요?"

주인들은 그의 생각을 짐작한 듯 무화과 열매를 먹어보라고 권하였는데 완전히 익지 않았을 수 있다고 경고해주었지. 한번 맛을 본 우리는 열매를 나무 사이로 던져버렸고 젤료느이는 발육 상태가 약해 맛이 없다며 우리를 나무라고는 하나도 먹지 않았네.

수원지는 우스터에서 7킬로미터남짓 떨어진 곳에 있었네. 이 모든 공간은 거대한 풀밭으로 덮여 있는데 겨울이 되면 물로 뒤덮이지. 이 초지는 샘들과 함께 브랜드 밸리라고 불리네. 우리는 풀이 듬성듬성 나 있는 강바닥을 따라 모래를 밟으며 갔네. 얼마 안 있어 강에 다다랐네. 상당히 넓고 깊은 강이더군. 마부들은 걸어서 건널 수 있는 곳을 몰랐는데 마침 호텐토트인들이 수소를 데리고 강을 건너고 있었네. 우리도 그들 뒤를 따라서 건넜네. 말들이 소란을 떨었어. 호텐토트인 소년은 처음부터 말들을 끌고 가야 했네.

반덕이 계속해서 외쳐댔지.

"아플!"

말들도 고집을 부렸네. 말을 탄 사람들은 무릎까지 물에 잠긴 채 강을 건넜어. 우리들은 이런 상황을 예견하지 못했네. 알 수만 있었다면 말을 타고 가지 않았을 테지. 우리 가운데 한 명인 자연주의자는 아마도 이런 불편함을 피하려고 그랬는지 다리를 오므리고 안장 위로 올라갔다가 곧 물에 빠져버려 우리에게 적지 않은 웃음을 주었네. 참을 수 없는 더위였다네. 말들은 모래땅을 가는데 지쳤고 말을 탄 사람들은 어디로 태양을 피해야 할지 몰랐네. 피부가 끔찍하게 빨개졌고 완전히 그을렸어. 나는 사륜마차 안의 아마포로 된 가림막 아래에서 말을 타고 가지 않는 것에 대한 감사 기도를 하늘에 올렸네.

어쨌든 우리는 도착했어. 국이 담긴 그릇처럼 풀 속에서 연기가 무럭무럭 나고 있었네. 두꺼운 증기가 샘이 흐르는 길을 보여주며 계곡을 따라 흐르고 있었어. 물 근처에는 변변치 못한 조그만 농장이 있었는데 우리는 그곳에 말을 남겨두었네. 샘 근처에는 멋있는 나무들이 자라고 있었네. 백양나무, 참나무, 전나무, 마르멜로나무, 양치식물, 찔레나무, 울창하고 색이 짙은 풀숲이 있었어. 관목 숲을 지나는 오솔길을 따라가느라 애를 먹은 우리는 크지 않은 못에 다다랐는데 그쪽으로 온천이 줄줄 흐르고 있었네. 물에 손을 담가보았네. 뜨겁지만 몇 초 정도는 버틸 수 있을 정도였지. 입에 머금어보니 아무 맛도 아무 향도 나지 않았네. 우리는 물에다 달걀을 담갔고 젤툐느이는 마르멜로를 넣었는데 둘 다 삶아지지는 않더군. 르쇠르의 의사 사위가 말해주기를 물이 정말 뜨거워도 뭘 삶지 못할 뿐만 아니라 면도할 때도 수염을 부드럽게 해주지 못해서 쓸모가 없다고 하였네.

내가 물어보았어.

"차가운 샘은 어디 있습니까?"

그러자 사위가 다리로 가리키며 대답해주었지.

"여기 있네요."

"어디 말이죠?"

"이거요."

"이것 말입니까?"

내가 쳐다보니 어디 가까운 곳에서 양동이를 엎질렀는지 물이 매우 빠르게 흐르고 있었네. 나무 밑의 뜨거운 물이 나는 샘에서 물줄기가 1사젠이 되는 거리를 흐르다가 풀숲에서 조용히 사라졌어. 이게 광천수란 말이지! 이런 물은 무엇보다 류머티즘을 치료하는 데 도움을 준다네. 하지만 그곳에 환자는 전부 세 명밖에 없었네. 환자들은 수원지에서 멀리 떨어진 곳에 두세 채 지어진 오두막집에 살았어. 포시예트, 벤, 의사는 그쪽으로 갔고 나는 남았지. 수직으로 비치는 정오의 태양빛을 받으며 뜨겁게 펼쳐진 평원을 지나는 것은 끔찍한 일이니까.

나는 나무 그늘에 혼자 남아 자연주의자가 곤충들을 잡는 것을 도와주는 쪽을 택했네. 그는 눈이 안 보일 정도로 근시였기 때문에 곤충을 보려면 숲에서 기어야 했거든. 나는 크고 선명한 붉은색 귀뚜라미를 수없이 보았는데 러시아의 귀뚜라미처럼 뛰지 않았고 날아다녔네. 하지만 녀석들을 잡는 것은 수월했는데 오래 날지 못하고 바로 땅으로 내려왔기 때문이야. 자연주의자는 그것들을 주머니에 숨기거나 포장지나 모자 등 모든 곳에 넣었는데 모두 헛수고였네. 다음 날 뱀, 도마뱀, 내장이 빠진 새 때문에 그의 방에 들어갈 수가 없었지.

"방에 이게 무슨 냄샙니까?"

내 질문에 그가 대답했어.

"아, 저쪽, 아프리카 귀뚜라미들이 썩었어요. 기름기가 많아서 뭘 할 수 없네요. 솜을 채워 넣을 수도 없고 약해서 알코올에 넣어 놓을 수도 없고요."

헌신적으로 여행하고 있는 동료들은 환자들을 방문하고 겨우 돌아왔네. 감기 걸리는 것도 창피한 이런 날씨에 류머티즘에 걸린다는 건 정말 놀라운 일이야! 이런 물이 유럽에 있었더라면 그 주위에 큰 마을이 생겼겠지. 그리고 그곳으로 다른 지역 사람들이 오직 공기 하나만으로 치료받기 위해서 올 거고. 우스터 부근에는 광천수 샘이 여덟 군데 정도 있네. 우리는 물을 병에 담았고 말을 탄 사람 가운데 몇몇은 마차로 자리를 옮겼네. 우리는 강한 식물들로 활기를 띠고 있는 그림 같은 장소를 떠났다네.

지금 우스터에서 차를 한 잔 마셨고 두 번째 아침 식사를 한 다음 산책하러 갔는데 더운 사람은 나무 그늘이나 건물의 발코니에 앉아 있었네. 다섯 시쯤 되어 더위가 한풀 꺾였을 때 도시를 따라 걸어가기 시작했지. 그때 르쉬르의 사위인 의사를 만났네. 그가 우리를 교회로 데려갔는데 그 교회는 목사가 흑인을 위하여 직접 지은 건물이었어. 다른 교회는 큰길 오른편의 광장에 있었지만 잠겨 있었네.

우리와 함께 걷던 젤료느이가 같은 말을 또 했네.

"우스터는 정말 따분한 도시입니다! 보금자리 전함으로 가고 싶네요. 거기는 이제 돛대 줄을 늘이고 있겠죠. 정말 재밌고 신날 텐데 말입니다!"

뱃사람은 이 몇 마디로 자기의 생각을 표현했네. 그는 자신의 일을 사랑했다네. 우리는 흑인 교회로 들어섰네. 이보다 단순할 수 없는 교회였어. 나무로 지어진 예배당은 꽤 컸고 위층의 좌석이 있었네. 꾸미는 장식 같은 것은 없었고 설교하는 강단부터 출구까지 투박하게 만들어진 긴 의자가 두 줄로 놓여 있었어. 강단 쪽에 가까운 앞에는 좀 더 나은 몇 대의 긴 의자들이 교회를 열십자로 교차하여 놓여 있었지.

"이 의자들은 누구를 위한 것입니까?"

"문득 오고 싶어서 찾아올 수 있는 백인을 위한 것입니다."

"교회에 왜 이런 구분을 지어놓는 것이죠? 어쩌면 흑인들은 자신의 지도자들의 겸손에 대해 전혀 유리한 결론을 마음으로 내리지 않을 수도 있을 텐데요."

그러자 의사가 말했네.

"아닙니다. 거기에는 다른 이유가 있습니다. 흑인들과 같이 앉으면 안 됩니다. 그들에게서 냄새가 나기 때문입니다. 자신의 몸에 식물성 기름을 바르는데다 특별한 땀 냄새가 납니다."

사실 감옥에서 흑인들이 우리를 감쌌을 때 냄새가 그다지 좋지는 않았지. 우리 누구보다 젤료느이에게서 우아한 품격으로 비난받던 크류드네르 남작은 조금 떨어져서 그들을 바라보았네.

우리는 의사가 있는 작은 집으로 들어갔네. 그곳의 방은 전부 서너 개뿐이었지만 매우 안락했고 깨끗하게 정돈되어 있었네. 주인은 우리에게 케이프타운산 포도주와 시가를 권했어. 대단한 것은 아니지만 그에게는 자연사에 관한 수집품들이 있었네. 그건 그렇고 우리 의사에게 알로에 모종을 선물해주었는데 흙이 없이도 자라는 특별한 품종이었네. 빈 유리잔이나 항아리에 놓거나 창가에 세워두거나 벽에 걸어놓으면 시들거나 말라죽지 않고 자랄 거라더군. 그렇게 알로에는 의사 집의 벽에서 자랐고 2년쯤 되자 벽 전체와 주변을 다 휘감아버렸지.

여섯 시가 넘어서 호텔에 도착했을 때 식당은 이미 많은 촛대로 밝게 빛나고 있었네. 식탁은 마치 만찬회처럼 반짝이고 있었어. 어제의 즉흥적인 점심이 아니라 아침부터 심사숙고하여 준비된 저녁 식사였거든. 여기에는 수프, 카레, 다진 고기, 조류, 소시지, 채소가 있었네. 우리의 소박한 의사는 식당에 들어서자 황홀해했네. 그는 절제를 잘하는 성품에 소박한 사람으로 우리의 크류드네르 남작과는 완전히 대조되더군. 크류드네르 남작은 요리 취향이 굉장히 섬세히 발달되어 있었네.

"드디어 식사다운 식사를 했군요. 네 가지 요리를 먹었으니 말입니다."

의사의 감탄에 크류드네르 남작이 지적했네.

"차 한 잔 마시는 것입니다. 즉 점심이 아니라 두 번째 아침이란 뜻입니다. 어제도 점심을 못 먹었는데 오늘도 마찬가지입니다. 하인이 순종적이네요!"

식사는 자정까지 계속되었다네. 이곳에서 벤은 자신이 활발한 대화자임을 드러냈네. 그는 가성으로 스코틀랜드와 영국 노래를 우스터 전체에 들리도록 불렀지. 나는 발 사이로 우리의 잔치를 바라보고 있는 많은 눈동자를 보았네. 우리 역시 노래를 불렀어.

합창하기도 했고 독창도 했으며 피아노 반주에 맞추어 부르기도 했네. 피아노가 구석에 있었거든.

러시아 노래와 무자비하게 망가진 이탈리아의 선율이 끝날 때마다 벤이 반복해서 말했네.

"고맙습니다, 고맙습니다."

식사 중간에 갑자기 우리가 있는 식당으로 다리를 심하게 다친 중년이 들어왔네.

"안녕하세요, 여러분, 좋아요, 좋아요."

그 이후에 뭔가를 더 얘기했는데 거기에 대해서 나는 알지 못하네. 우리는 길을 터주었고 그에게 식탁에 앉도록 자리를 주었지. 이 사람의 이름은 바이네르트로 아침에 알게 된 가짜 러시아인이었네. 그는 만났던 사람과 만나지 않았던 사람을 구별하지 않고 우리 각각을 감동하여 바라보았네. 러시아에서 떠났던 것을 탄식했고 자신을 데려가 달라고 호소하더군. 식사가 끝나갈 무렵에 포도주를 몇 잔 마신 후 완전히 힘을 잃고서는 울면서 좋아, 좋아를 연속적으로 반복하면서 여러 가지 언어를 섞어서 말했지. 그를 보고 나는 오래된 우리나라 시골의 풍습을 떠올렸네. 바로 아침에 잠입해서 늦은 저녁까지 앉아 있기에 그 사람에게서 어떻게 자유위질지 모르게 하는 손님 말이야. 그에게서 벗어나면서 사람들은 집으로 돌아갈 시간이라고 슬쩍 말했네. 그러나 그는 술을 마시면서 여전히 앉아 있었지. 우리는 한 명씩 차례대로 자신의 방으로 돌아가지만 이 손님은 주인들에게 갔다네. 우리는 그가 주인들 방에서 울먹이는 소리를 오랫동안 듣게 되었네. 그리고 그 옆에서 웃음소리와 대화 소리가 울려 퍼지더군. 자정이 넘은 시간에 나는 창문 너머로 그가 양손에 등불을 들고 가는 것을 보았네.

그 다음 날 아침에 우리는 되돌아갔네. 뱀 산 옆에서 우리는 멀리 들판을 보았네. 그곳에 이름 모를 하얀 새가 있었지. 모습으로 보아서는 황새 같았네. 풀 위에서 우아하게 걷고 있었어.

학자 무리가 나에게 외쳤지.

"비서, 비서!"

우리 모두는 마차에서 뛰어내려 관목을 따라 그 새를 보러 뛰어갔네. 황새가 맞더군. 사람들이 가까이 다가온 것을 느낀 그 새는 종종걸음으로 풀밭 위에 원을 그리며 걷기 시작했네. 그 원은 점점 작아졌지. 우리가 그것을 볼 수 있을 만큼 가까이 다가갔을 때 새는 날개를 퍼덕이며 숨어버렸네. 이 새는 뱀과 싸우는 것으로 유명하네. 굵고 힘센 양다리와 날카로운 발톱을 지니고 있거든. 이 새가 다리로 일격을 가하면 코브라의 머리통이 날아가지. 혹은 코브라를 발톱으로 쥐고 높이 날아올라서 돌 위에 팽개쳐버리기도 하네.

우리 마차에 새로운 말이 매어져 있는 것을 알게 되었어.

나는 반덕에게 물었네.

"그 말은 어디에 있나요?"

그가 뒤쪽을 가리키며 대답했지.

"저기에 있지 않습니까!"

나는 우리 마차들 뒤쪽을 바라보았네. 우리의 호텐토트 소년이 말을 타고 가고 있더군. 소년이 이 여행에 왜 왔는지 이제야 설명되었네.

"이 말을 가지고 무엇을 할 건가요?"

"파를에 가서 숲에서 본 그 말과 바꾸려고 합니다."

"그러면 그 말을 케이프타운으로 가져갈 건가요?"

"아니요, 스텔렌보스에서 작은 흰 말로 바꿀 겁니다."

"소년이 뒤에서 계속 따라오며 매번 새 말로 바꿀 건가요?"

반덕이 웃으면서 대답했지.

"물론이지요."

우리가 뱀 산을 통과하자마자 젤료느이가 노래 부르려 했네.

"이봐, 젊은 아가씨, 창쪽에서 물러나지."

그때 누군가가 벤을 찌르는 듯했네. 벤은 짐마차를 멈추고 빠르게 뛰쳐나와 더 빠르게 관목 속으로 달려갔네. 하하거리면서 젤료느이는 놀리기 시작했지. 그러나 벤의 뒤를 이어 다른 동행인들도 빨리 뛰어 달아났어. 웃음과 놀리는 말은 더해졌네.

나는 생각했네.

'비서가 다시 나타나지 않은 게야.'

결국 벤은 계곡에서 우스터까지 깔려 있어야 할 새로운 길 때문에 평야를 보고 싶어 하는 거더군. 우리는 뒤떨어지지 않도록 그들의 뒤를 따라갔네. 그러나 풀은 우거졌고 관목은 앞을 내다볼 수 없을 지경이었네. 뱀 산은 아주 가까웠어. 뱀에 대한 이야기들은 아주 생생했네. 그래서 보통은 소심하지 않고 위험 속에서도 크게 잘 웃는 젊은 우리 동료는 첫 번째 무리를 뒤따라 뛰어서 앞으로 나가기 시작했지. 나와 크류드네르 남작은 멈추었다가 다정스러운 미소를 지으며 그의 뒤를 쫓아갔네. 그는 관목을 뛰어 넘어서 뛰어가다가 다시 걸려 넘어졌다가 다시 뛰어 넘어갔어. 마치 그의 뒤를 뱀 산의 모든 거주자가 뒤쫓기 시작한 것처럼 말이야. 이러한 뜀박질 중에도 그는 우리에게 웃음을 선물한 걸세.

곧 모든 것은 예전의 질서를 찾았네. 우리는 좋지 않은 길을 따라 덜컹거리며 빠르게 달리는 마차에서 온몸이 요동쳤고 우리 뒤를 호텐토트 소년이 무진장 애를 쓰며 따라왔네.

젤료느이가 노래하기 시작했지.

"정말 당신은 기다리시나요? 누구를요? 군인을요? 가수를요?"

나와 크류드네르 남작은 모든 아름다운 강, 나무 군락, 말라버린 하천의 바닥에 매료되어 침묵 속에서 즐겼네. 다른 마차에서는 생기 있는 대화가 들렸네. 그렇게 우리는 다시 계곡에 들어왔어. 거기서 우리는 더 우울해졌네.

젤료느이가 다시금 얼굴을 찌푸리고 음산하게 잠시 노래를 불렀네.

"근심에 휩싸인 연대 앞에서 북은 울리지 않았네."

클레인베르크 별장에서 벤의 아들이 말을 타고 우리를 맞이했네. 여기서 우리는 구입한 뱀과 호랑이 가죽을 가지고서 원숭이를 성나게 했고 젊은 벤의 주거지인 두 번째 감옥으로 떠났네.

길을 따라 온통 흑인 죄수들이 머리에는 아무것도 쓰지 않고 바로 햇볕을 받으면서 그늘에 숨을 생각도 않고 일을 하고 있었지. 장전된 소총을 든 채 거나하게 취한 군인들이 그들에게 눈을 떼지 않더군. 한 장소에서 우리는 벼랑의 소택 바닥을 다니면서 무언가를 찾고 있는 사람들을 만났네. 반딕은 네덜란드어로 그들과 조금 이야기를 나눈 다음에 우리에게 어제 저녁에 여기에서 술에 취한 사람이 익사했는데 아직 찾고 있다는 얘기를 전해주었지

점심때에 우리는 젊은 벤에게 갔네. 점심을 먹고 말들을 먹이러 사료를 주었지. 우리가 여기에 있는 사흘 동안 날씨는 좋았네. 그러나 험악한 절벽, 강, 계곡, 장소의 풍경은 사람의 발길을 끊게 만들더군. 흑인들이 마당과 절벽에 있었고 만들어진 다리 위에는 더욱 많이 있었어.

벤이 우리에게 말했네.

"자, 보십시오. 이제 폭발이 있을 겁니다."

우리는 다리 뒤 큰 바위 덩어리 주위에 밀집한 사람들에게 시선을 돌렸네. 갑자기 모든 사람이 바위에서 여러 방향으로 달아나기 시작했다네. 모두 그렇게 멀지 않는 그루터기나 돌 뒤에 웅크렸지. 그러고 나서 거기에서 무엇이 일어날지 바라보았어. 귀를 멍하게 하는 대포의 발사 같은 폭발이 일어났네. 바위 아래에서 땅이 조금 움직였네. 몇 명이 뛰어나왔고, 다른 사람들은 단지 폭발이 난 방향으로 기어 나왔어. 우리가 있을 때 이러한 폭발이 몇 차례 더 있었네.

다시 우리는 계속 관찰하다가 선교사의 도움으로 흑인들에게 그들의 이름, 종족, 출생지에 대해 물었어. 처음에는 한 명씩 그들의 얼굴을 촬영했네. 다음엔 고시케비치가 이 아름다운 계곡의 구석을 배경으로 전체 사진을 찍기를 원했지. 흑인들은 마당에 무리를 이루었네. 그들 주위에 벤과 그의 아들 그리고 선교사가 섰어. 나와 크뤼드네르 남작은 벤의 곁채 위쪽에 있으며 사진 속에 들어갈 만한 가장 가까운 바위에 기어올라갔지. 사진 찍는 동안 우리에게 움직이지 말고 했네. 그러나 우리는 고시케비치가 근시여서 보지 못할 것이라 확신하면서 슬그머니 담배를 피웠네.

이 근사한 풍경에서는 다른 많은 풍경과 마찬가지로 아무것도 나오지 않았지. 잘 알려진 것처럼 사진 촬영을 위한 필름을 준비하는 데에는 세심한 조심과 주의가 필요하네. 완전히 깜깜한 방이 필요하고 여러 가지 요소를 오랫동안 준비해야 하며 필름을 담가 두어야 하고 이와 유사한 다른 조건들을 지켜야만 하지. 고시케비치가 헌신적으로 열심히 노력하였음에도 이 조건을 지키는 것은 불가능하였네.

점심 전에 흑인들은 아침에 잡았다며 이름을 알 수 없는 야행성 뱀을 우리에게 가지고 왔네. 뱀은 1아르신보다 작았고 흐릿한 백색이었으며 매우 아름다운 자태를 하고 있었어. 그 뱀을 때려잡아서 꼰 끈으로 묶어 가지고 왔으며 문고리에 걸어두었지. 뱀을 건드리며 손으로 만져보았으나 살아 있는 징조를 알 수는 없었네. 눈은 감겨져 있었고 작고 깨끗한 이빨은 밖으로 드러났어. 뱀은 이미 두 시간 정도 걸려 있었네. 갑자기 나는 불붙은 시가로 꼬리까지 건드려 보고 싶은 생각이 들었어. 갑자기 뱀은 맥이 뛰고 비틀어지기 시작했으며 꼬리를 말았다가 아래로 떨구더군. 다른 사람들도 같은 행동을 반복하기 시작했네. 그러고 나서 뱀에게 알코올을 뿌렸네.

점심 후에 우리는 젊은 벤과 이별을 하고 웰링턴으로 향했다네. 그곳에는 늦은 저녁에 도착했지. 방을 데우고 있던 주인이 온 집을 뒤죽박죽 정리하다가 양고기, 햄, 차를 준비했고, 다시 엉망이 되었네.

웰링턴에서 떠나기 전 아침에 우리는 친절한 관심에 대해 감사하기 위해서 벤에게 들렀네. 벤은 우리에게 네 번째 성년 아프리카 여자, 즉 아프리카에서 태어난 자신의 딸을 소개해주었지. 아내가 네덜란드 여자였다는데 지금 그는 홀아비라네. 숙녀들 옆에는 사랑과 부부생활에서 사라져가는 희망의 표시라고 할 수 있는 많은 강아지가 있었네. 숙녀는 꿈꾸는 것을 멈추고 고양이와 강아지에게 사랑을 집중하고 있었지. 마음은 꽃을 대할 때 더 부드럽더군. 큰딸은 제법 나이가 있었고 셋째는 키가 크고 몸매가 좋은 소녀였네. 상당한 미인이었고, 다른 딸들은 평이했네. 그들은 우리에게 커피와 아침을 권하기 시작했어. 그러나 우리는 빨리 출발해야 한다는 사실을 이해시키면서 고맙다고 인사했네. 벤은 그의 광물 박물관을 보라고 권하더군. 작은 파충류 해골을 몇 개 페테르부르크 자연사박물관을 위해 가져갈 것을 제안했네.

헤어질 때 그는 우리에게 우리가 지금 식민지의 완전한 전형을 보았다고 말했네.

"식민지란 모래, 많은 소택, 관목, 산재한 풀이 있는 바로 그런 곳입니다."

우리는 알고 있는 길을 따라 빨리 갔네. 파를에 도착했지. 반덕이 소도시의 아랫길을 따라 나 있는 다른 길로 우리를 데리고 갔네. 나는 그가 우리에게 파를 전부를 보여주기를 원한다고 생각했어. 그런데 그는 단지 첫 번째 지나갔을 때 그를 당혹하게 했던 말이 풀밭에 아직도 다니는지 살펴보고 싶을 뿐이더군. 바로 그는 아는 여관으로 우리를 데리고 갔네. 말을 마차에서 풀고는 사라졌네. 이번에 우리를 마중한 것은 안주인이었어. 주인 또한 집에 있었네. 이 사람은 허약하고 과묵한 영국인이고 아주 보기 좋은 외관과 예절바른 태도를 보이더군. 그는 여행자를 멀리했고 어디에도 간섭하지 않아 여관업이 익숙하지 않은 사람으로 여겨졌네. 아마도 이것은 실제로 그의 직업이 아닐 거네. 아마도 상황 때문에 부득이하게 여관을 하게 되었을 테지. 이 모든 것은 가정일 뿐이야. 중요한 것은 우리를 받아주었고 안주인과 둘째 딸이 초대했다는 거라네. 자매들의 말에 따르면 첫째는 아파서 침대에 누워 있다는군. 우리는 유감을 표시하며 안부의 말을 그녀에게 전해 달라고 했네.

파를에서 말을 새로 교환한 후 파를에서 길을 함께 오던 호텐토트 소년이 관목 속 길로 계속하여 사라졌고 자그마한 거북이를 쫓았네. 소년은 거북이 두 마리를 잡았어. 우리 마차에 한 마리를 주었고, 다른 거북이는 학자 무리에게 주었네. 그러나 우리는 우리에게 준 거북이를 그곳에 놓아주었지. 우리 가운데 아무도 살펴보기를 원하지 않았고 거북이가 아무 곳이나 기어다녔기 때문이었네. 마차에서 기어오르더니 떨어졌거든.

저녁에 우리는 스텔렌보스에 들이닥쳤네. 풍부한 저녁, 포도, 수박, 안락한 숙소 그리고 검은 눈을 가진 뚱뚱한 혼혈 여자의 의미 있는 눈길을 미리 자신에게 약속하면서 말이야. 그러나 집은 꽉 차 있었네. 카프쉬탄에서 새로 결혼한 이들이 집과 농장으로 왔고 나와 젤료느이가 함께 잤던 바로 그 방을 차지하고 있었네. 한편 우리에게는 저녁과 과일, 심지어 혼혈 여인의 시선들 그리고 모든 것이 제공되었네. 단지 수박만 빼고 말이야. 안주인은 우리가 잘 수 있도록 맞은편 집에 방을 잡아주었어. 우리는 어떤 사람이 그곳에 사는지 누구의 집인지도 모르고 침대가 몇 개 있는 아주 큰 새로운 방으로 소란스럽게 갔네. 저녁에 발코니에 모르는 가족이 앉아 있더군.

다음 날 일찍 우리는 떠났어. 호텐토트 소년은 뒤에서 하얀 스텔렌보스 말을 타고 오고 있었네. 파를 말은 이미 우리 마차에 메어져 있었고 우스터 말은 스텔렌보스에 남았네.

저녁때, 즉 약 다섯 시쯤에 먼지투성이에 햇볕에 그을리고 면도도 하지 않은 우리는 넓은 케이프타운에 있는 웰치스 호텔 현관 계단 앞에 멈추었고 현관에서 우리 사람들을 만났어. 캐롤라인은 자신의 모습대로였네. 자신의 얼굴에 잘 어울리는 검은 원피스를 입고 머리에는 그물 모양의 머리핀을 하고 있었지. 여러 곳에서 캐물어서 얻은 지식, 소문, 새로운 소식이 있었네. 여주인들이 옛 친구처럼 우리를 맞이해주었어. 리처드는 얼굴을 찌푸리기 시작하더니 기쁨으로 이를 드러내 보이며 히죽 웃었네. 입과 코를 옆으로 크게 비죽거렸네. 이마도 그 방향으로 움직이려고 했으나 머리에 감은 천이 세게 묶여져 있어서 그렇게 할 수가 없더군. 그는 이마에 수평에서 수직으로 이어진 주름이 있었네. 캐롤라인은 케이프타운에서 온 친구인 우리들에게 더 환하게 웃었네. 하인들이 눈 깜짝할 사이에 우리 짐들을 방마다 운반해갔네. 그리고 우리는 이 호텔에서 나간 적이 없는 것처럼 호텔에 확실하게 정착했지. 모든 영국 하녀처럼 젊은 하녀 앨리사는 구석에서 구석으로 달리기 시작했고 새처럼 가볍게 계단을 따라 날아다녔네. 저기에서는 하인들에게 명령을 전달하고 여기에서는 질문에 대답을 했어. 지나가는 길에 그녀는 누구에게나 웃음을 지었으며, 어떤 세계 일주 여행자의 지나친 집요한 친절은 거절했네.

우리는 무리 지어서 소란스럽게 식탁에 앉았네. 러시아 사람이 12여 명 있었고 영국인 몇 가족이 있었어. 나는 아내와 아이들과 같이 있는 금발의 살찐 목사만을 알아볼 수 있었네. 도대체 정신을 차릴 수가 없었거든. 고함치는 소리와 시끄러운 소음이 있었고, 현관과 계단, 방, 바깥 현관 등 어디든지 뛰어다니고 있는 아이들이 있었네. 모두 목사의 아이들이었어. 진정한 아브라함이지 않은가! 신의 방문을 받은 후의 아브라함 말이네![261]

방에 오자마자 바로 나는 유리가 끼워져 있는지 살펴보았네. 역시 없었네.

나는 여주인에게 불평과 질책을 쏟았네.

"유리는 어떻게 되었지요?"

나는 노파가 축일이어서 안 된다고 말하기를 기다렸지. 개신교도들에게는 축일이 거의 없음을 기억하면서 말이야.

'그녀가 나에게 무슨 말을 할까, 잊어버렸다고 할까, 돈을 허비

하는 것이 아깝다고 할까, 그렇게 그냥 지내라고 할까?'

그러나 그녀는 침묵했네. 나는 불평을 반복했어.

그녀가 말했네.

"카불인들과의 전쟁이 방해하네요."

나는 그러한 변명을 결코 기대하지 않았네. 여기서나 통하는 변명이지 않은가!

"모든 직공이 바빠요…. 노력했지만 찾을 수 없었어요. 바로 내일 알아볼게요."

그러나 내일도 모레도 케이프타운에 온 두 번째 방문 내내 유리는 끼워지지 않을 거라네. 이제 나는 예전처럼 바로 지금도 거기에서는 바람이 들어오고 비가 세차게 들이치며 날씨가 좋으면 모기들이 날아 들어올 것이라고 확신하네. 흔히 러시아 사람에 대해 말하기를 러시아 사람은 만사태평으로 노력하지 않고 요행을 바라며 산다고들 하네. 카불 전쟁이 우리나라의 축일들보다 뭐 더 나쁜 것도 없지 않은가?

우리의 삶은 다시 예전의 질서대로 흘러갔네. 이른 아침에 모두는 자신의 방에서 무언가를 했지. 누구는 수집한 식물, 동물, 광물들의 수집품을 정리하였고 누구는 보고 들은 것들을 기록했으며, 다른 이들은 케이프 식민지에 대한 기록을 읽었어. 차를 한 잔 마신 다음에 모두 도시와 도시 부근으로 흩어졌네. 그리고 점심을 먹었고 풍경을 감상했으며 잠을 자기 위해 돌아왔지.

케이프타운에 돌아온 다음 날 우리는 사자 산 주위를 산책하기로 했네. 도시의 한 곳에서 시작하여 다른 곳에서 끝내면서 벤스클류프와 마찬가지로 바로 그렇게 도로는 산등성이를 따라 나 있었네. 우리는 사륜마차를 빌려서 오전 열한 시쯤에 떠났어. 낮에 햇볕이 나기 시작했고 구름 한 점 없었으며 더할 나위 없이 더웠네. 길은 별장과 농장 사이로 해변을 따라 나 있었네. 산이 시작되기 전에는 아직 식물이 부족했고 햇볕에 탄 둥근 풀과 말라빠진 관목이 있는 별장을 아쉬운 마음으로 살펴보았지. 별장은 마치 눈을 감은 것처럼 발이 쳐져 있고 햇빛을 피하여 눈을 가늘게 뜨고 있었네. 주위에는 나무와 꽃들이 조금 있었네. 정원에 대한 기대감이 크지 않았기에 이 헐벗은 모습도 경탄을 자아내더군. 사람의 키보다 두 배나 큰 한 무리의 거대한 알로에만이 태양을 두려워하지 않았고 즙이 풍부하고 가시가 많은 자신의 잎들을 멀리까지 펼치고 있었네. 알로에는 빈틈없이 별장들을 에워싸고 있었네. 산의 경사면에 다다르자 자연은 변화했다네. 무성한 숲이 시작되었고 농장과 별장들이 더 가깝게 있었네. 그중 한 별장의 이름은 그린 포인트였네. 이 별장은 사자 산의 푸른 숲 끝의 비탈진 곳에 자리 잡고 있었네. 도시에서 바다와 산을 즐기려고 이곳으로 온 것이었네. 우리는 산으로 출발했어. 산은 훌륭한 큰길을 따라 완만하게 경사져 있었고 군데군데 무성한 밤나무, 참나무 그림자가 드리운 오솔길이 있었네. 산허리에는 바다에 이르기까지 숲이 우거져 있더군. 숲에는 모든 방향으로 말을 위한 길과 오솔길이 나 있었네. 이 길을 따라가다 보면 또 다른 즐거움을 만끽할 수 있는데 아래로 이 울창하고 그늘이 많은 숲과 만의 푸른 평평한 표면을 보는 것과 머리 위 왼쪽에 계속되는 산들과 거대한 푸른 구릉을 보는 것이네. 아래쪽에는 부서지는 파도가 맹렬하게 철썩거리는 돌 사이로 어딘가 잔잔하고 투명한 물에서 여러 가지 크기와 형태의 물고기 떼가 헤엄치며 노는 것을 나는 보았네.

그러나 더웠네. 무척 더웠네. 말들은 멈추어 서기 시작했지. 우리가 그림같이 아름다운 장소에 도달해 사륜마차에서 나왔을 때 나는 다른 사륜마차의 마부인 흑인 소년이 멈추지 않고 비추안 족인 우리 마차의 마부인 흑인에게 달려오는 것을 보았네. 그 소년은 우리 흑인과 무언가 귓속말을 나누었네. 우리가 산의 정상으로 가자마자 말들은 갑자기 완전히 멈추어버렸네. 마치 더 이상 갈 수 없다는 듯이 말이야. 마부들은 말들에 채찍질을 하기 시작했지만 말들은 힘이 빠져서 벼랑 쪽으로 뛰어가려고 했어. 마부의 꿍꿍이를 이해했네. 나는 흑인 소년에게 약속된 돈을 다 지불하지 않을 수도 있다고 협박했지.

그가 분명치 않은 발음으로 말했네.

"무척 덥습니다요."

우리 아래 산중턱에 숲에 가려 겨우 보이는 원두막과 같은 석조건물이 있더군.

"무슨 집이지?"

우리 물음에 마부들이 대답했네.

"둥근 지붕이 있는 원형 선술집입니다요. 여행자들이 여기에 들러서 원기를 회복하고 쉬기도 합니다요."

크류드네르 남작은 원기회복에 대해 듣자마자 우거진 숲을 통해 지팡이로 가지들을 제거하면서 아래로 내려갔네. 곧 그 뒤로 과로로 지친 우리는 개방된 둥근 복도로 둘러져 있어서 원형 선술집이라 불리는 선술집까지 도달했지.

여기는 숲과 바다로 인해 선선하고 신선함이 감돌고 있었네. 바다, 숲, 벼랑, 하늘과 닿은 지평선, 멀리 흔들리는 배들의 멋진 모습에 우리는 기쁜 마음으로 마부들에 대한 화를 멈추었어. 그리고 그들에게 포도주를 주고 우리를 이곳에 들르게 한 좋은 생각에 대해서 고마움을 전해 달라고 명령했지. 작은 정원에는 참나무와 전나무 그리고 삼나무 대신에 과실나무와 꽃이 피는 관목들이 가득 차 있었네. 뚱뚱한 네덜란드 여자가 우리에게 레몬에이드와 포도주를 가지고 왔지. 우리는 시가를 피우고 우리 앞에 편안하게 놓여 있는 삶, 유희, 물감이 빚어낸 열정적이고 완벽한 큰 그림에 시선을 고정시켰네!

보드카에도 마부들은 너무 더운 날씨여서 산 전체를 다 돌아 더 멀리 가는 것은 불가능하다고 단호하게 설명했네. 그들과 무엇을 할 수 있을 것인가? 말다툼을 할 것인가? 그건 도움이 안 될 거야. 10실링을 주고 간다면 10실링만큼의 가치가 있을 테고. 그래도 사자 산은 돌지 않겠지. 우리는 왔던 길로 해서 집으로 가도록 명령했네.

그러나 사이먼스타운에 가서 언제 우리가 바다로 가는지 좀 더 자세히 알아봐야만 했네. 나와 사비치는 둘이서 반덕을 데리고 사이먼스타운으로 배를 타고 떠났어. 우리를 식민지로 데려다준 바로 그 배를 타고 말이네. 도중에는 특별한 일이 전혀 일어나지 않았네. 그곳으로 단 한 번 다녀온 사비치는 미리 그 지방에 대한 자세한 모든 이야기를 해주더군. 온갖 여울, 작은 만, 농장에 대해서 말이네. 놀라운 눈을 가졌고 존경할 만한 기억력이었네! 그리고 반덕이 뱃놀이를 시켜주려 데리고 간 6세쯤 된 아들은 배의 뚜껑에 공기가 통하도록 만들어놓은 구멍마다 머리를 내미는 것을 의무로 여겼지. 그리고 그 구멍 가운데 하나에 부주의하게 몸을 내밀어서 밖으로 떨어져 코를 박았네. 인적이 없는 곳에 성난 소리가 울려 퍼졌네. 다행스럽게도 아프리카의 인적 없는 곳들에는 오늘날 거의 모든 곳에 선술집이 있다네. 그곳에 가서 그 개구쟁이 아들을 씻기고 고약을 발라주었네. 그다음에 반딕은 아들을 처음으로 만나게 된 마부에게 딸려서 집으로 보냈네. 물론 그 마부는 반딕이 알고 있는 사람이야.

사이먼스타운에서 나는 우리 숙소에서 정찬과 무도회를 거창하게 준비하고 있는 것을 보게 되었네. 그 무도회는 영국인들이 정찬과 무도회 그리고 우정 어린 영접을 해준 대가로 그들에게 베푸는 것이었네. 나는 헷갈렸네. 무도회와 정찬이라니! 이 두 가지 현상 속에는 모든 것이 표현된다네. 페테르부르크에서 잠시 동안 피해서 지금까지의 삶은 반복하지 않고 기회를 잡아서 다르게 살기를 그토록 원했는데 이곳에서 갑자기 무도회와 정찬이라니! 아바쿰 사제 역시 이것을 은근히 난처해하고 있더군. 그는 케이프타운에 가보지 않았는데 그곳에 머무르는 것을 이미 단념했네. 나는 그에게 가보라고 설득했네. 그래서 이틀 후에 우리는 계속해서 사이먼스타운에 머물고 있던 반딕과 함께 케이프타운으로 떠났어.

그러나 아바쿰 사제는 프랑스인들이 말하는 불운을 지녔네. 저녁 무렵에 사나운 바람이 불기 시작했어. 산들은 구름 속에 잠겼고 얼마 안 있어 구름이 하늘 전체를 덮어버렸네. 그러나 나는 그에게 테이블 산을 볼 수 있게 준비시켰네. 그 산을 볼 수 있는 지점을 정했지. 하지만 우리 앞에는 어두운 먹구름이 마치 벽처럼 서 있었네. 테이블 산도 사자 산도 그 뒤에 숨어 있었네.

아바쿰 사제가 말했네.

"자, 내일 보지요. 서두를 필요가 전혀 없습니다."

갑자기 바람이 더욱더 강하게 불어 비가 내렸어. 저녁 일곱 시경에 우리는 호텔로 돌아갔네.

아침에 나는 아바쿰 사제에게 갔네. 그의 방 창문은 테이블 산으로 곧장 향해 있었네.

"그래, 이제 보세요. 산이 어떤가요…."

덧창을 열었네.

그러나 산은 없더군. 음울하고 구름이 가득 긴 가리개가 모든 것을 덮고 있었지. 바람이 불더니 창문으로 비가 튀었네. 유감스럽게도 정오까지 기다려야 혹시 산책을 나갈 수 있을까 싶었어. 앨리사가 우리에게 차를 내다주었고, 그다음에는 우리가 다시 식당에 가서 차를 커틀릿, 생선, 고기, 과일을 곁들여서 마셨네.

웰치 부인이 말했네.

"비가 오고 있어요."

내가 그녀에게 책망하듯이 대답했지.

"그래요. 제 방에도 오네요."

캐롤라인은 아직 자고 있었네. 나는 아바쿰 사제에게 도시를 보여주라고 명했네. 우리는 더러운 거리와 축축한 인도를 따라 걷고 가게에 들렀지. 식물원을 따라 걸었지만 교외는 보이지 않았어. 200사젠 너머의 모든 물체가 안개 속에 숨겨져 있었기 때문이야. 아바쿰 사제는 서점에 들러서 그곳에 앉았네.

어떤 책은 그의 마음에 들었고, 다른 책은 필요한 것이었네. 그에게 없는 판본이 있는 것을 본 그는 그 책을 사려 했어. 나는 그를 가까스로 뜯어말려 집으로 데려왔네. 그곳은 혼란스럽더군. 목사가 영국으로 떠났네. 현관방에는 여행 가방, 보따리, 상자가 산더미처럼 쌓여 있었지. 보모들과 아이들이 모여 있었네. 모든 것이 사라졌네. 공간이 더 넓어졌으나 얼마 못 갔네. 우리는 다섯 명이서 아침 식사를 했네. 의사, 의사의 아내, 두 명의 젊은이가 있었지. 이들 가운데 한 사람은 선장이라 불렀고 또 한 사람은 영국인이었네. 그는 큰 키에 걸핏하면 소리를 치는 사람으로 완전 수다쟁이였네. 매우 직선적으로 행동하더군. 자신의 발밑을 결코 보지 않왔네. 방에서 항상 모자를 쓴 채 앉아 있었네. 한 시간 후에 인도에서 온 증기선에서 다른 손님들이 와서 호텔로 무리 지어 밀려들어왔네.

호텔은 세계로 가는 진창길 위에 세워져 있네. 희망봉은 유럽, 인도, 중국, 필리핀 제도, 호주로 가는 길 위에 있는 마지막 지점이자 교차점이네. 이 때문에 오늘날 스무 명이 함께 식사를 하게 되고 우연히 사귀게 되며 때로는 며칠 만에 호감이 생겨나기도 하지. 기대하지 않은 새로운 친구와 함께 매일 매우 만족스럽게 만날 수 있고 식탁에 앉아서 식사를 하거나 산책을 하면서 서둘러 만남을 즐길 수도 있네. 그러나 어느 아름다운 아침이 다가오면 시끄러운 교제 대신에 혹은 아는 얼굴이 아니라 새로운 얼굴들을 만나게 된다네. 유쾌한 대화 대신에 우울하고 강요된 침묵이 흐르지.

나는 속으로 생각했네.

'도대체 그들은 어디에 있단 말인가?'

신문이 있더군. 오늘 영국, 호주 혹은 바타비아[262]에서 증기선이 몇 시에 출항하는지 적혀 있네. 짐을 싣고 가는 증기선인지 승객을 싣고 가는 증기선인지가 적혀 있네.

아침 식사 후에 나는 아바쿰 사제를 데리고 도시와 근교로 나갔네. 우리는 하릴없이 테이블 산과 사자 산을 바라보았네. 그것들은 없어진 것 같았네. 그 산들이 있던 자리에는 어둠이 깔려 있었어. 암갈색 먹구름이 있을 뿐 그 이상은 아무것도 없었네. 나는 그린 포인트[263]로 가라고 마부에게 명령했네. 우리는 4~5베르스타를 해변을 따라 갔네. 그 이후로는 더 갈 필요가 없었네. 아무것도 볼 것이 없었기 때문이야. 바람이 심하게 불었고 바다는 날뛰었네. 우리는 마차를 도로 위에 세우고 언덕에서 내려와 바다로 갔지. 그곳에는 산 정상에서 언젠가 떨어진 큰 돌덩이들이 일부는 물속에, 일부는 해변에 놓여 있었네. 그 돌덩이들에 부서지는 파도가 맹렬히 내려치더군. 나는 그런 부서지는 파도를 그 어디에서도 본 적이 없네. 거대한 동상들이 줄지어 선 것과 같은 그 파도들은 마치 대포 사격과 닮은 시끄러운 소리를 내며 달려들었네. 구름을 품은 거품은 돌들에 부딪치고 장애물과 울타리를 뛰어넘는 노한 말들처럼 그 돌들을 뛰어넘다가 결국은 맥없이 무력하게 더럽고 누런 거품이 되어 모래 위에 산산이 떨어져 내렸네. 우리는 오랫동안 이 천편일률적이지만 조화로운 광경에서 눈을 떼지 못했네.

점심을 먹을 때에 우리는 새로 도착한 큰 무리를 보게 되었어. 인도 근무를 하고 퇴직한 나이든 대령이 아내와 함께 있었네. 인도에서 근무를 하고 영국으로 돌아가고 있었지. 그는 키가 크고 여윈 노인으로 상선의 선장이 입는 것과 매우 흡사한 파란색 외투를 걸치고 있었네. 그의 아내는 키가 크고 야윈 여자로 파르스름한 아마빛 머리카락을 하고 있더군. 머리카락이 별로 없는 그녀는 숱이 적은 머리카락을 잘 묶어서 거의 뇌 모양으로 땋고 있었네. 내 근처에는 다른 노인이 앉아 있었는데 역시 인도에서 오는 길이었네. 그는 고위 관리로 완전 백발의 매우 풍채 좋은 사람이었네. 그가 소설 속에 등장하는 것처럼 조카가 가난한 아가씨와 결혼하도록 도와주려 때맞춰서 큰 부를 안고 인도에서 돌아오는 아저씨라면! 그는 옷을 말끔하게 심지어 세련되게 입고 있었네. 손가락에는 커다란 보석 반지가 키워져 있었네. 완벽한 아저씨였네! 그는 오래전부터 나를 바라보고 있었고 나는 그를 바라보고 있었어. 나는 그가 아무 호기심 없이 러시아인들을 바라보는 게 아니란 걸 알고 있었네. 나는 그가 말을 걸어서 무언가 러시아에 대해서 알고 싶어 한다는 것을 알고 있었네. 그 앞에는 포트와인이 놓여 있었고 내 앞에는 셰리주가 놓여 있었네.

마침내 노인이 말을 걸어왔어.

"실례합니다만, 당신과 포도주 한잔 하도록 허락하시겠습니까?"

"기꺼이요."

우리는 시작했네. 그는 내게 포트와인을 따라주었는데 나는 그것을 마시지 않고 그에게 셰리주를 따라주었어. 그는 그것을 좋아하지 않더군. 이후에 침묵이 길게 흘렀네. 우리는 어설프게 말을 했네. 다시금 나는 그가 내게 묻고 싶어 한다는 것을 알게 되었지.

"사이먼스타운에서 이곳으로 길은 어떤가요?"

"매우 좋습니다!"

그러고 나서 그는 더 이상은 내게 아무것도 묻지 않았네. 식탁에는 뚱뚱한 여자도 앉아 있었네. 엄청 뚱뚱한 부인으로 45세 정도 되어 보였어. 그녀는 나른해 보이는 커다란 두 눈을 천천히 깜빡거렸네. 눈은 시시각각 선장을 향하고 있었지. 부인은 허리를 코르셋으로 꽉 조이고 있었네. 원피스는 몸에 꽉 맞게 둘러 있었고 둥글고 튼튼한 어깨, 팔 등이 드러나 있었네. 태어날 때부터 그렇게 풍성한 몸인 듯했네. 그녀는 매우 적게 먹었어. 아니, 거의 먹지 않았지. 입술 끝을 작은 고기 조각이나 채소에 대기만 했네. 그곳에는 어제 온 젊은 사람도 두 명 있었네.

누군가가 대령 부인에게 말할 때, 그녀는 끊임없이 동의하는 말을 했지.

"예, 맞아요, 예!"

아바쿰 사제는 심심풀이로 요리와 요리를 가져오는 사이에 그녀가 예라는 말을 몇 번이나 하는지 헤아렸네.

아바쿰 사제가 내게 속삭였어.

"7분에 33번입니다."

점심 식사 후에 이 광경은 보충되어서 더 큰 틀 속에서 빛나게 되었네. 캐롤라인 옆에는 알리사 혹은 앨리사가 있었네. 우리는 그녀를 영어 발음으로 앨리스라고 부른다네. 나는 혼자서 그들에게 친절을 베풀려고 다가갔어. 바로 저녁에 밀랍 초를 얻어내려는 심산이었네. 약 사흘 동안 나는 하릴없이 앉아 있어야 했거든. 나는 초를 사 달라고 앨리스에게 돈을 주기도 했었네. 여주인들은 돈을 돌려주고 초를 보내오지 않았지. 결국 내게 기름기가 나는 초를 주기로 결정했네. 원하는 것을 획득한 후에 내가 내 방으로 가서 책상에 앉아서 글을 쓰기 시작하려는데 갑자기 아바쿰 사제의 목소리가 들려왔네.

그가 완전히 순수한 러시아어로 외치고 있더군.

"여기에 정말로 물이 없단 말인가요? 여기에 정말로 물이 없단 말인가요?"

처음에 나는 이 외침에 주의를 기울이지 않았네. 그러나 나와 자연주의자를 제외하고 이 도시에 러시아인이 아무도 없다는 것을 알고 좀 더 주의 깊게 귀를 기울이기 시작했어. 아바쿰 사제의 목소리는 점점 가까워지며 경고하더군.

그가 거의 절망적으로 외쳤네.

"여기에 정말로 물이 없단 말인가요? 물, 물을 빨리!"

나는 책상에서 뛰쳐나와 나갔네. 그는 복도를 따라서 내 방으로 곧장 뛰어오고 있었네. 그의 양손에는 천둥과 번개가 있었고 그의 주위에는 악취가 나는 연기구름이 퍼져 있었지.

내가 놀라 물었네.

"이게 뭐란 말입니까?"

"여기에 정말로 물이 없단 말인가요? 물을 빨리!"

그가 굳어졌네. 1,000개에 달하는 성냥이 타고 있었고 그는 이로 인해 공포에 질려서 러시아어로 물을 찾은 거야. 그 당시에는 그의 방을 포함하여 모든 방에는 항상 물 항아리가 하나씩 놓여 있었네. 성냥이 그의 양손에서 쉬쉬 소리와 톡톡 소리를 내며 계속 타고 있었네.

내가 세면대를 가리키며 말했지.

"바로 여기에 물이 있군요! 그리고 당신 방에도 물이 있어요."

"생각도 못했군요!"

나는 불꽃 찌꺼기를 치우려고 앨리스를 부르기 시작했네. 그러고 나서 엄청 크게 웃었지.

그가 나를 막았네.

"부르지 마세요, 부르지 마세요. 창피한 일이니까요."

"창피함은 연기는 아니니까 눈을 멀게 하지는 않지요. 그렇지만 당신이 피운 연기에는 기절할 수도 있겠네요."

다음 날 우리는 전부 다섯인가 여섯인가 되는 사람들과 아침 식사를 했어. 그들은 대령과 그의 부인, 수다쟁이 영국인 그리고 우리였네. 우리는 가정식으로 아침을 먹었네. 대령 부인이 차와 커피를 나누었지. 그녀는 프랑스어로 말했네. 우리 사이에는 활기찬 대화가 시작되었네. 처음에는 단지 어제 일어난 불꽃놀이에 대해 이야기를 했네. 나는 간이매점을 지나가다가 수다쟁이가 웰치 부인에게 어제 호텔에 퍼져 있던 악취가 무엇인지를 묻고 있는 것을 들었어. 그는 그다음에는 대령 부인에게 이 냄새에 대해 그녀가 들은 게 있는지 물었네.

그녀는 열 번 정도 연속해서 말을 하더군.

"예, 오 예, 예!"

수다쟁이가 계속해서 말했네.

"혐오스러워요, 참을 수 없어요."

대령 부인이 애처로운 목소리로 반복했어.

"예, 예."

아바쿰 사제는 그녀가 예라는 말을 몇 번이나 할지 헤아리고 있었네.

내가 그에게 물었어.

"이 예가 뭘 의미하는지 아세요?"

"이것은 확인하는 것입니다. 우리 러시아어의 '다'[264]이지요."

"그렇다면 혹시 그것이 무엇을 확인하는 것인지는 모르세요? 어제 혐오스러운 냄새가 풍기던데…"

그가 온몸을 부르르 떨고서 말하기 시작했네.

"무슨 말씀을!"

그리고 당혹함을 숨기기 위해서 계란 프라이를 통째로 자신의 접시에 담았지.

수다쟁이가 때로는 대령 쪽을 보고, 때로는 우리 쪽을 보면서 성가시게 물었네.

"당신은 이 냄새에 대해 들으셨나요?"

그가 다시 대령 부인에게 물었어.

"집에 화재가 일어난 것과는 다른 것 같지 않았나요?"

"예, 예."

아바쿰 사제가 우울하게 숫자를 세고 있었네.

"다섯 번, 여섯 번!"

얼마 안 있어 대령 부인은 나와 전함에 대해 그리고 우리의 여행에 대해서 이야기했네. 우리가 포츠머스에 있었다는 것을 알고 나서 그녀는 나에게 그곳 사우스 시에 있는 성 예프스타피[265] 교회를 알고 있는지 묻더군.

"그럼요, 알지요. 그곳에는 하나가 아니지요."

비록 나는 그녀가 말하는 교회에 대해서 알지 못했지만 덧붙여서 말했네.

"정말 아름다운 교회지요."

그러자 그녀가 덧붙였지.

"예… 예, 예."

대화가 바뀐 것에 만족한 아바쿰 사제가 세고 있었네.

"일곱 번."

아바쿰 사제가 내게 속삭였어.

"나는 이제 프랑스어로 예를 몇 번이나 말하는지 셀 겁니다."

이날 먹구름은 더욱더 진해져 앞을 내다볼 수 없을 정도였네. 아바쿰 사제는 되돌아가야만 했어. 슬픈 마음을 안고 사륜마차에 탔네. 반딕 역시 테이블 산을 보지 못하고서 출발했네.

반딕이 출발하면서 이렇게 말했지.

"이것은 하느님이 무언가 저를 벌하시는 겁니다!"

한 시간인가 한 시간 반인가 지나 식물원에 있었을 때 나는 갑자기 테이블 산이 조금씩 구름에서 벗어나는 것을 보게 되었네.

처음에는 구석이 보였고, 그다음에는 정상 전체가 보이더니 마침내는 산 전체가 보이더군. 테이블 산의 초록색을 따라서 태양이 빛나기 시작했고 5분 만에 모든 것이 말라서 내 주변의 관목들에는 벌새가 지저귀고 있었네. 그리하여 케이프타운 전체와 그 주변 지역은 선명한 황금빛 섬광을 드러내게 되었어. 나는 아바쿰 사제 대신에 화를 내기 시작했네.

나와 자연주의자만이 남게 되었네. 그러나 우리 차례도 왔네. 우리는 전함에서의 작업들이 끝났고 식량이 공급되었으며 이틀 후에는 우리 전함이 닻을 올리게 되리라는 것을 알게 되었지. 우리는 반딕을 데리러 사람을 보냈네. 반딕은 비단으로 된 자신의 모자를 쓰고 스텔렌보스[266]산 하얀 말을 타고 도착했네. 그는 미소를 지으면서 방으로 들어왔지. 채찍에 기대고서 예전처럼 문 옆에 멈춰섰네.

내가 우울하게 말했네.

"마지막으로 사이먼스타운에 데려다주시오. 내일 아침에 우리를 데리러 와주시오."

"예, 알겠습니다, 나리."

그러고 나서 그가 이 말을 덧붙였어.

"그런데 나리, 러시아 선박에 또 무슨 일이 생겼는지 혹 아시는지요?"

"어떤 선박에요? 언제요?"

"어제 저녁에요."

우리가 영국에서 보았던 우리 수송선 드비나호[267]더군.

우리가 케이프 식민지를 떠난다는 것이 무척 아쉬웠네. 이곳은 자유로웠거든, 우리는 이 장소에 정이 들었네. 다른 이들이 말하기를 그들이 바다에서 오랫동안 항해한다면 그들은 육지에 가기를 원하게 되고 육지에서 좀 살게 되면 바다로 나가기를 원하게 된다고 말했네. 나는 전혀 그렇지 않다네. 만약에 내가 어디에선가 잘 지내고 있다면 나는 뿌리를 내리기 시작하지. 아파트가 편안하고 안락의자가 평온하며 좋은 풍경이 있고 시원하다면 나는 더 이상 원치 않네. 나를 잠재우는 것은 정원과 발코니가 딸린 편안한 집이네. 나를 멈춰 세우는 이는 선량한 사람, 좋은 얼굴이네.

얼마나 많은 욕망이 심장 속에 스며드는지! 얼마나 미세한 바늘들이 심장에서 사방으로 퍼져가는지! 좀 살다 보면 이 바늘들은 강해져 이른바 족쇄라는 것으로 바뀐다네. 친숙한 집, 거리, 사랑스러운 산책, 선량한 사람을 내던지는 일이 애석하게 되지. 그리하여 나는 나의 8호실, 네덜란드 광장, 식물원, 테이블 산 정경, 우리의 주인들, 유대인 의사를 버리는 것을 애석하게 여기게 되었어.

오랫동안 내 꿈속에는 아름다운 그림을 갖춘 널따란 현관방, 포도덩굴이 우거져 있는 현관 계단, 전 세계에서 온 대화자들과 주름진 리차드와 함께한 긴 식탁이 보일 걸세. 나는 이 예라는 대답도, 앨리스가 계단을 분주하게 다니는 것도, 수다쟁이 영국인도, 내 창문도 오랫동안 생각하게 될 테지. 나는 이 창문 곁에 앉아서 테이블 산, 악마의 꼭대기의 회색 산허리, 녹색 바위들을 바라보며 일하기를 좋아했네. 특히 앞에 놓인 바다, 바다 그리고 또 바다가 놓여 있음을 어찌 잊겠는가!

우리는 현관 계단에서 웰치 부인, 캐롤라인과 슬프게 작별인사를 했네. 리차드, 앨리스, 등이 굽은 머슴, 말레이인 요리사는 모두 배웅하러 나가서 여행자들에게 흔히 받게 되는 팁을 몇 실링씩 챙기고 있었네. 길에서 의사가 아내와 함께 말을 타고 오더군. 완전히 떠나느냐는 그의 질문에 나는 아니라고 말했네. 나는 한 번 더 안녕이라는 말을 하지 않으려 그에게 거짓말을 했네. 안녕이라는 말은 우리나라 말인 잘 가세요라는 말보다 더 명랑하게 들리지.

곧 우리는 도시에서 나와서 참나무와 전나무로 이루어져 있는 낯익은 가로수 길을 따라서 별장 사이를 달려갔네. 그러나 나를 여전히 불안하게 하는 이것은 무엇이란 말인가? 등을 붙이고 앉아 있을 수 없었네. 무언가가 뒤에 누워 있어. 발밑에도 무언가 필요 없는 것이 놓여 있는 듯했네.

자연주의자가 내게 말했다네.

"등을 꽉 누르지 마십시오. 거기 있는 내 새가 짓눌려 죽습니다."

나는 내 쪽으로 조금 움직여 앉아서 마차 벽 쪽으로 옆구리를 당겨서 기댔네.

그가 내게 큰 소리로 주의를 주었어.

"이런, 제발 좀 더 조심해주십시오! 그곳 병 속에 뱀이 있단 말입니다. 깨겠어요!"

나는 두 다리를 오므리기 시작했네.

그가 서둘러 말하더군.

"서요. 서세요! 거기 유리 아래 곤충들이 들어 있는 상자가 있습니다. 그리고 당신 두 손이 비었으니 당신이 그 상자를 양손에 잡고 있으면 좋겠네요!"

이것은 아무것도 아니었네! 자연주의자와 함께 타고 간다는 것은 불행이네! 그 자신의 양손에는 작은 상자가 들려 있었고 그의 주변에는 온통 매듭과 다발들이 있었으며 구석에는 가지들과 이파리들이 삐져나와 있지. 케이프 식민지를 따라서 타고 갈 때 그는 수상쩍은 뱀을 한 마리 가지고 있었네. 우리는 그 뱀이 무는지 안

무는지도 몰랐네.

소도시인 빈베르크까지 가서 우리는 그 도시에 들어갔네. 카피르 지도자 중 한 명인 세이올로를 방문하기로 했네. 그는 그곳에 삼엄한 감시 아래에 있었다네.

영예로운 소도시인 빈베르크였네! 이것은 깜찍하고 자그마한 별장들이 있는 큰 공원이네. 가로수 길들을 따라 참나무, 밤나무, 물푸레나무 사이를 가보게나. 자그마한 집들은 울창한 정원과 화단 사이에서 보일 듯 말 듯 하지. 이 모든 것은 도시민들의 여름 주거지이네. 대부분은 영국인과 흑인의 혼혈이야. 거리는 훌륭했고 공기는 좋았네. 나무들을 통해서 멀리서 산들과 농장들의 풍경이 아른거렸네. 특히 콘스탄샤 산이 좋았네. 산 전체가 포도로 뒤덮여 있었네. 이 산의 기슭에는 농장들과 별장들이 있었네. 우리는 도로를 따라 빠르게 질주해갔네.

갑자기 나는 세이올로에게 어떤 선물을 가져다주어야 한다는 것을 생각해냈네. 특히 담배를 가져가려 했네. 그러나 내겐 담배가 없었지.

내가 물었네.

"반딕, 어디에서 살 수 있을까요?"

반딕은 침묵하며 좁은 가로수 길로 돌아서더니 어떤 오두막의 대문 옆에 멈추어 섰네.

"이건 뭔가요?"

"상점입니다."

"도대체 어디에 있단 말인가요?"

"바로 여기에 있습니다."

이 상점은 어쩌면 교역과 상점에 대한 최초의 생각을 표현한 것일 수도 있겠네. 사고파는 것의 필요성이 어렴풋이 떠올랐던 사람의 머릿속에서 막 생겨나기 시작했던 그 생각 말이야. 갈대풀로 엮어 만든 간판 아래에는 몇 개의 판자조각을 붙여두었네. 그것이 선반 역할을 했네. 벽도 문도 없었지. 선반 위에는 질그릇, 양초, 비누, 커피, 일반 소모품들이 있었고 마침내 담배와 시가도 있었네. 이 모든 것은 포장되지 않고 함께 놓여 있었네.

키가 크고 상당히 깨끗하게 옷을 입고 있는 영국인에게 내가 물었네.

"시가 좀 주시겠소?"

그는 나에게 몇 다발을 주더군.

내가 상점을 둘러보며 말했네.

"이 상점에 없는 게 뭐가 있나요?"

"이곳 사람이신가요?"

"아니요. 그런데 왜 그러시오?"

"전에 전혀 뵌 적이 없는데 대화를 듣다 보니 외국인이신 것 같아서요."

이 말을 덧붙였네.

"무엇이 더 필요하신지요?"

나는 시가를 피워 물고 나서 말했네.

"세이올로에게 무언가 선물하고 싶소."

그런데 나는 담배를 피우는 것이 기쁘지 않았네. 그런 하찮은 담배를 피운 지가 오래 되었기 때문이야.

그가 갑자기 물었네.

"이 담배를 그에게 선물하시게요?"

"그렇소."

영국인 점원은 말없이 내게서 담배 다발들을 가져다가 선반 위에 도로 놓았네.

"그럴 가치가 없지요…. 그에게 그렇게 좋은 시가를 줄 필요가 없어요."

그러고 나서 그가 덧붙였네.

"그는 그 맛도 모르지요. 그에게는 이걸 선물하는 게 나아요."

그는 내게 검은 잎담배를 내주었네. 그것은 흡연용과 씹어 먹는

용으로 된 압착된 작은 판자 모양으로 만들어져 있었네.

주인이 내게 판자의 일부를 뜯어 보이며 말했어.

"그는 저것보다 이것을 가져다주면 당신께 훨씬 고마워할 겁니다."

"이거 다 가져가지요. 그리고 적으니 더 주시오."

영국인 주인은 단호하게 말하더군.

"충분해요. 더 이상은 드리지 않을 겁니다."

나는 이 상인이 어떻게 언제 어떤 방식으로 장사를 해서 부자가 될 것인지 알 수가 없었네.

이 도시에서 1.5베르스타 되는 곳에 주변이 청소되어 있는 텅 빈 광장에 하얀 자그마한 건물이 서 있네. 이것은 돌벽으로 둘러싸여 있어. 문 옆에는 보초들과 몇 명의 신사들이 서 있었지.

우리가 물었네.

"세이올로를 만날 수 있을까요?"

신사들은 예의바르게 절을 했네. 그들은 우리를 데리고 현관 계단으로 갔네. 그곳에서 우리는 작은 마당의 쇠창살문으로 들어섰지. 그들은 문을 열고 우리를 안으로 들어가도록 해주었네. 벽으로 둘러싸인 작은 공간은 누런 모래가 뿌려져 있더군. 구석에는 커튼이 있었데. 그곳에는 침대들이 보였지. 모래 위에는 곧바로 태양 아래 두 개의 매트리스가 서로 조금 떨어져서 놓여 있었네. 하나의 침대에 세이올로가 누워 있었고, 다른 침대에는 그의 아내가 누워 있었네. 우리가 다가가서 고개를 끄덕이며 인사하자 그가 반쯤 일어나 매트리스 위에 앉아서 우리에게 악수를 청했네. 그의 아내는 팔꿈치를 괴고 우리를 바라보다가 역시 악수를 청했어. 나는 세이올로에게 담배와 시가를 주었네. 그는 받아들고 종이 속에 무엇이 있는지 쳐다보고 나서 자기 옆에 놓더군. 그다음에 우리는 침묵하며 서로를 이해하기 시작했네. 나는 그와 그의 아내에게 도취되었네. 내 생각에 그들은 우리를 별로 안 좋아하는 듯해. 그는 30세 정도 되는 남자로 14베르쇼크 정도 되는 큰 키에 근육이 단단하고 조화로우며 어두운 갈색의 광택 없는 색깔이었지. 재킷과 푸른색 바지를 입고 있었고 맨발이었네. 가슴은 단추를 안 채우고 풀어 헤치고 있었다네. 그의 아내는 유럽식으로 재단된 꽃 천으로 만든 드레스에 스타킹과 구두를 신고 있었고 머리는 수건으로 감싸고 있었네. 남편보다 더 밝은 색이었어. 기껏해야 19세나 20세로 보였네. 그녀는 둥글고 거무스레한 노란 얼굴에 짙은 갈색 눈을 가지고 있었네. 선량한 표정을 하고 있었고 다리는 작은 날씬했지. 그들은 호기심을 가지고 우리의 행동 하나하나를 살피고 있었어. 그들은 거의 웃지 않았고 계속 누워 있었네. 우리는 잠시 이야기를 하고 싶었으나 그곳에 통역이 없었지. 우리 동료 집에 세이올로의 초상화가 있었네. 그 초상화는 우리 동료가 며칠 전에 직접 찍은 사진이야. 그는 사진을 두 개 찍었는데, 하나는 자신을 위해서, 다른 하나는 만약의 경우에 대비해서 찍은 것이네. 나는 초상화를 가져다가 그것을 먼저 세이올로에게 보여주었지. 그는 한참을 보더니 큰 소리를 내며 웃기 시작했네. 그러고 나서 아내에게 전해주었네.

그러자 그녀가 말하기 시작했어.

"세이올로, 세이올로!"

웃으면서 남편을 가리켰네. 그러고 나서 초상화를 보고 계속 웃었지. 그다음에 그녀는 초상화 사진을 나에게 주었네. 세이올로는 그것을 가져다가 주의 깊게 살펴보기 시작했네.

마침내 떠날 때가 되었다네. 세이올로는 우리에게 악수를 청하고 고개를 상냥하게 끄덕거렸네. 나는 그에게서 초상화를 받아서 그 사진을 그의 아내에게 선물로 남겨두고 간다고 표시하면서 그녀에게 주었어. 그녀는 아마도 매우 만족스러워했던 것 같아. 그녀는 내게 악수를 청하면서 미소를 짓고 우리에게 고개를 끄덕거렸네. 이것이 세이올로의 마음에도 들었네. 그는 기쁨에 못 이겨 반쯤 일어나서 크게 웃기 시작했지. 우리는 나와서 신사들에게 감사하다고 말했네.

나는 이미 세이올로를 본 동료 가운데 몇몇이 그의 아내가 좋지 않다고 얼굴이 악하다는 등의 말을 했던 것을 생각해냈네. 그리고 여성의 외모를 결정하는 데에도 그렇게나 다양한 견해가 있다는 것에 놀랐지!

반딕이 미소를 지으면서 우리에게 물었네.

"세이올로를 보셨나요?"

"보았어요. 그에게는 좋은 아내가 있던데요."

나는 반딕이 세이올로의 아내에 대해 어떤 견해를 가지고 있는지 알아보고 싶어 말을 계속했어.

"그에게는 아내가 모두 일곱 명이라네요."

"일곱 명이라고요? 정말인가요?"

"그래요. 일곱 명이요. 얼마 전에 부관이 그에게 여자 한 명을 데려오고, 다른 여자는 데려갔다는데요. 그녀들은 차례대로 그에게 와서 그와 함께 3주나 4주씩 보내곤 한답니다."

나와 자연주의자는 서로 바라보고 웃기 시작했네. 그리고 계속 갔지.

세이올로는 제2 지도자 중 하나라네. 그는 현재 진행 중인 전쟁에서 포로로 잡혔네. 그를 교수형에 처하라는 선고가 내려졌으나 주지사는 이 선고를 약하게 하여 사형을 수감으로 경감시켰네. 그때부터 영국인은 카피르인들과 싸우고 있다네. 즉 1835년부터 이 미개인들은 언젠가 그들이 채택한 체계에 따라서 완전히 독자적으로 행동하였네. 국경, 식민지들을 위협하고 가축들을 쫓아버리며 농장과 주민들의 주거지를 불태우고 멀리 산 속으로 도망쳤어. 그곳에서 많은 종족이 연합하여 냉혹하게 싸웠네. 그러나 이들은 들판에 있는 많은 군대를 공격하지 않고 따로 떨어져 있는 작은 부대들을 공격하여 이들을 박멸하고 포로로 잡아서 숨어버렸지. 마침내 영국인들이 죄를 짓고 도망하는 이들을 잡았을 때 이들은 굴복하였고 죄 지은 이들을 데려왔으며 무기와 가축 일부를 가져왔고 잠시 조용해졌네. 이들에게 평화, 일, 교역에 종사하도록 했다네. 이들은 모든 것을 약속하지만 첫 번째 기회만 찾아와도 다시금 무기를 모으고 똑같은 일을 했지. 그리고 이것은 오래도록 끝없이 반복되고 있네. 무력으로는 그들을 어떻게도 하지 못할 거야. 그들이 화려하게 차려입는 것을 배우고 맥주를 마시는 것을 배우며 사치에 끌리게 되면 점차 복종하게 될 테지. 이들을 이길 수 있는 것은 힘이 아니라 안락함이야. 이 전쟁은 어쩌면 우리가 캅카스에서 벌이는 전쟁들과 같은 성격을 지닌 것인지도 모르네.

세이올로는 부대들을 공격하고 가축들을 죽이며 포로가 된 영국인을 죽였네. 그가 좋은 상황이 아니고 그들의 손에서 조만간 빠져나갈 수 없으며 패하게 되었다는 것을 알게 되었을 때 그는 자발적으로 부대장인 메클린 대령에게 항복했네. 그리고 군사재판에 회부되었지.

우리가 사이먼스타운에 더 가까이 다가갈수록 더 심심해졌다네. 정박지와 무장을 하고 있던 우리 전함을 멀리서 바라볼 때 나는 특히 우수에 젖기 시작했지. 우리 전함은 발사 돛대, 쭉 내민 삭구, 바다로 떠날 완전한 준비를 갖추고 있었네. 우리는 밀물이 밀려오는 모래톱을 따라 천천히 겨우 걸어가고 있었네. 센 파도가 더 세게 때리고 시끄러운 거품으로 우리 마차 바퀴에 끼었자 우리의 말들은 콧김을 뿜어내고 다른 쪽으로 달아났네.

반덕이 소리쳤네.

"아플!"

다시 말들이 축축한 모래를 따라서 걸어가도록 해주었네.

1853년 4월 11일

저녁에 달빛 아래에서 나는 운콥스키 선장, 포시예트와 함께 보트를 타고 스쿠너 보스토크호로 코르사코프를 만나러 갔네. 보스토크호는 닻을 올리고 있었네.

　내가 자네에게 이 스쿠너가 희망봉에서 우리와 연결되었어야 했다는 말을 썼던가. 이 스쿠너는 우리 전함과 함께 항해를 하도록 제독이 영국에서 사온 것이라네. 지금 제독이 이 스쿠너를 앞서 보냈네.

　달빛이 있는 저녁이었다네. 바다는 유리처럼 매끄러웠어. 스쿠너는 작은 증기를 내며 갔네. 폴스 만에서 나오는 출구 옆에서 나는 코르사코프와 오래도록 이별을 했네. 우리는 보트로 갈아탔어. 인광이 번쩍이는 빛이 물속에서 무척 세어 노들은 마치 녹아 있는 은을 퍼올리는 것 같더군. 공기 중에는 축축한 바다 냄새가 퍼져 있었네. 하늘은… 드문드문 있는 구름들을 통해 보이는 하늘에는 달빛으로 인해 빛을 잃은 별들이 약하게 비치고 있었네. 만이 반은 달빛으로 선명하게 빛이 났고, 다른 반은 어둠 속에 감추어져 있었네.

　다음 날인 4월 12일에 우리도 떠났네. 조용하고 좋았으나 그것은 잠시였네.

1853년 5월

인도양

제 5 장
희망봉에서 자바 섬까지

1853년 4월 12일

희망봉에서 커다란 원형을 그리며 항해할 예정이야. 남위 38도
까지 내려간 뒤 동경 105도에 다다른 다음, 남위 30도와 교차하는
지점까지 올라갈 것이네. 우리는 4월 12일 폴스 만을 나섰네.

인도양은 대서양보다 훨씬 험하게 우리를 반겨주더군. 대서양
에서는 거셌어도 순풍이었으나, 여기 인도양에서는 바람이 거세고
역풍이며, 육지에서는 폭풍이라 불리는 강풍으로 변했네.

저 유명한 희망봉은 그 달콤한 이름이 부끄러워 모든 여행자에
게 자신에게는 이전에 더 잘 어울리는 이름이 있었음을 상기시키
는 것을 의무로 여기는 듯했네. 그리고 실제로 숱한 배들이 옛 폭

풍봉에서 폭풍을 마주쳤지.

나는 희망봉이 우리에게 무슨 일을 꾸미고 있는지 알지 못한 채, 뒤 돛대 근처 공동선실의 소파에 조용히 앉아 있었네.

모두 위로 올라와 돛을 감으라는 호각 소리가 여러 번 울렸네. 나는 이것이 무엇을 뜻하는지 이제 물어보지 않을 정도가 되었어.

한 장교가 위로 올라가며 말했네.

"바람이 더 강해지고 있습니다!"

하지만 이것은 육지에서 비가 온다, 흐리다, 청명하다고 말하는 것과 같이 바다에서는 일상적인 일이네.

배는 꽤 심하게 요동치기 시작했지만, 이것은 아무것도 아니네. 자연과학자는 언제나 그렇듯, 뱃멀미로 괴로워하며 해먹으로 향했네. 하인들은 의자와 유리잔 등 여기저기로 몸부림치는 모든 것들을 부여잡았고, 선실의 가구를 줄로 매었어.

비가 오고 선실에 물이 새기 시작했지. 내가 앉은 자리는 가장 조용한 곳이어서 나는 그 자리에 끝까지 앉아 있었네.

바람이 울부짖는 소리가 공동선실까지 들려왔고 배는 더욱 세게 흔들렸네. 어떻게 보나 전형적인 폭풍이었다네.

저녁이 가는 동안 폭풍을 보라고 위쪽에서 나를 두 번 정도 데리러 왔지. 그들은 한편으로는 먹구름을 벗어난 달이 바다와 배를 비추고, 다른 한편으로는 번개가 견딜 수 없는 섬광으로 번쩍이고 있다고 이야기해주더군.

그들은 내가 이 장면을 기록해놓을 것이라고 생각했어. 하지만 내가 앉았던 조용하고 마른 자리를 노리는 경쟁자가 서너 명이나 있었기에, 나는 그 자리에 밤까지 앉아 있고 싶었네. 하지만 그렇게 하지 못했지. 저녁 열 시쯤 큰 파도가 사납게 위로 솟구쳐 배를 덮쳤고, 그렇지 않아도 많은 빗물이 고여 있던 갑판 전체로 흘러들었거든.

그 빗물은 공기가 드나들도록 닫아두지 않았던 승강구를 향해 급류가 되어 들이닥쳤네. 폭포 같은 물이 선실에 들이닥쳐, 탁자, 긴 의자, 바닥, 우리와 내 자리는 물론이고 나를 후려갈겼네.

모두 다리를 오므리거나, 되는대로 뛰어 흩어졌네. 우리 동행 중 어리고 가장 쾌활한 젤료느이는 긴 의자로 뛰어오르고는 변함 없는 웃음소리를 내며, 구석 어딘가에서 고양이를 붙잡더니 폭포 밑으로 던져버렸네. 네덜란드 소년은 최후의 순간이 찾아왔다고 생각했는지 서럽게 울기 시작했지. 크류드네르 남작은 자신의 선실에서 밖을 내다보고는, 당직병들에게 자루걸레로 물을 선창 쪽으로 훔쳐내라고 고함쳤네. 내 발은 4분의 1이 물에 잠겨 있었으며, 나는 어디로 피해야 할지 무엇을 해야 할지 모른 채 서 있었네. 나는 짧은 장화를 신고 있었네. 우리는 북회귀선부터 긴 장화를 포기해야 했거든. 나는 위에 있는 선장실이나 내 선실로 올라가고 싶어서, 물이 빠질 때까지 기다렸네.

사비치가 지나가는 길에 말했네.

"왜 여기 서 계십니까? 위로 올라갑시다."

그리고 나를 붙들고 뛰었지.

급류가 사다리를 따라 다시 달려들었지만, 물은 이미 내 무릎까지 차올라 있었네. 어떻게 하면 조금이라도 마른 채로 지나갈 수 있을지 생각할 겨를이 없었어. 우리는 위로 빠져나왔네. 암흑은 끔찍했고, 바람의 울음소리는 훨씬 끔찍했지. 어디로 발을 딛어야 할지 보이지 않았네.

순간 번개가 쳤다네.

번개는 바다 말고도 갑판 위에 호수를 이룬 물, 밧줄을 당기고 있는 사람들, 배의 흔들림을 견디기 위해 늘어진 뱃줄을 비추더군. 나는 물속에서 밧줄에 의지해 사람들의 무리를 뚫고 겨우 내 선실의 문까지 다다랐네. 아마도 구석 어딘가의 대포에 부닥치지 않기 위해 갈고리를 움켜쥐었고, 그 상태로 멈추어 서서 사람들이 칭찬했던 폭풍을 바라보았네. 번개는 일반적인 것이었는데, 바람 때문이었는지 천둥소리는 들리지 않았지. 달은 뜨지 않았네.

나는 나를 위로 데려가려고 온 노인에게 말했네.

"달은 어디에 있나요? 달 좀 보여주세요."

"달은 없어요. 벌써 아메리카로 떠났지요. 당신은 내일까지도 선실에 앉아 있어야 할 겁니다!"

번개 하나에 만족하는 것 말고는 할 수 있는 것이 없었네. 번개는 자주 번뜩였고, 돛대와 돛에 닿을 것마냥 가까웠지. 나는 5분 정도 번개, 암흑, 뱃전을 넘어 우리를 덮치려 애를 쓰고 있는 파도를 쳐다보았네.

선장이 환희와 찬미를 기대하며 나에게 물었어.

"그림이 어떤가요?"

나는 전신이 흠뻑 젖은 채로 신발과 내의를 갈아입기 위해 선실로 향하며 대답했네.

"끔찍합니다. 난장판이군요!"

하지만 이는 배가 흔들리는 상황에서 파데예프 없이 쉬운 일이 아니지. 파데예프는 밧줄 어딘가 위에 서 있거나 높은 곳 활대의 양끝에서 일했는데 내 물건이 어디 놓여 있는지 알고 있는 유일한 사람이었네. 내가 이 서랍 저 서랍을 열어젖히자 서랍들은 튀어나와 나를 밀쳐냈네. 의자에 앉으려니 너무 흔들려 그 근처에 앉았네. 나는 누워서 곧 잠이 들었어. 바람은 부드러워져서 순풍이 불었네. 배는 속도를 내기 시작했네.

다음 날은 조금 잠잠해졌으나 아직 배가 흔들렸으므로 성수요일에 우리 교회에서 예배를 드릴 수가 없었어. 성주간의 나머지 날과 부활절의 아침도 조용히 지나갔네. 좋았던 것은 이날 우리가 페테르부르크의 자오선에 있었다는 점이었지.

누군가 말했네.

"보입니다. 비가 완전히 우리 식대로 내리고 있군요."

남반구의 파도 위에서 폭풍이 가라앉자마자 정교회 교회에서 드리는 예배는 이번이 처음인 것 같았네. 부활절 첫날에 제독의 선실에서 점심을 먹고 있었는데 갑자기 와지끈, 뎅그렁 하는 소리와 함께 덧창의 틀이 날아가버렸고 유리가 박살났어. 큰 파도는 곱슬곱슬한 백발의 넵튠처럼 선실에 들이닥쳐서는 바닥에 엎질러졌네.

대부분의 사람은 식탁에서 벌떡 일어났으나 세 명은 그대로 앉아 있었네. 나는 한 손으로 접시를, 다른 손으로는 포도주를 든 잔을 붙잡았어. 우리는 다리를 오므렸네. 수병들이 와서 대걸레로 불청객을 저쪽으로 쓸어 내보냈지.

이후 인도양을 따른 31일간의 항해는 충분히 단조로웠네. 5월 초라고 더 좋지 않은 것은 러시아와 같았다네. 하늘에는 항상 구름이 끼어 있었고 해는 거의 모습을 드러내지 않았지. 따뜻하지도 춥지도 않았네.

하지만 몇몇은 털실로 짠 옷을 입었는데 현명한 처신이었네. 나는 고집을 부려 여름옷을 입고 다녔는데 이가 시리고 관자놀이가 쑤셨어. 사람들은 서남풍과 극지방부터 펼쳐진 깨끗하고 거대한 바다에서 더욱 거칠어질 무시무시한 파도를 예상했지만 바람은 북풍인 순풍이 그대로 유지되더군.

우리는 시속 17베르스타, 때로는 심지어 시속 20베르스타로 내달려서 여기에 익숙해진 나머지 시속 10베르스타나 12베르스타로 움직이게 되었을 때는 이미 투덜거릴 정도가 되었네.

파도는 이도 저도 아니었네. 전함에서의 생활에 방해가 될 만큼 강하지는 않았지만 독서 말고는 다른 일을 할 수 없을 정도로는 불편을 주더군.

우리는 가까이 그리고 멀리서 뛰노는 수많은 고래와 새의 무리를 보았네. 이것들은 모두 실제 지도에서 가리키는 위도와 경도에 있었지. 신천옹, 갈매기, 다른 바닷새들은 동경 77도에 있는 사람이 살지 않는 돌섬 암스테르담 섬[268]과 세인트폴 섬[269]에서 오는 녀석들이었네.

1853년 5월 10일

우리는 밤에 그 섬들을 지나쳤다네. 마침내 북쪽으로 서서히 오르기 시작해 동경 105도와 남위 30도의 교차점에 도달했고 5월 10일 남회귀선을 통과했네. 무역풍을 기다렸지만 완전한 남풍이 불었고 위도 18도에 다다라서야 무역풍을 얻었지.

나는 이 회귀선을 굳게 믿었네. 대서양에서처럼 적당한 더위가 찾아오고 변치 않는 고른 바람이 불 것이며 우리가 영원한 여름과 구름들이 환상적으로 수놓아진 푸른 하늘과 청색 바다의 평화로운 제국에 들어설 것이라고 생각했지.

하지만 이와 비슷한 것은 하나도 없었네. 바람과 요동 때문에 덧창은 항상 닫아두었어.

소러시아[270]에서 오랜 시간 살았던 동행 하나가 말했네.

"이 회귀선은 그 회귀선이 아닌 것 같은데요!"

그 역시 항해가 마데이라 제도부터 희망봉까지의 항해와 똑같을 것이라 기대하고 있었거든.

북쪽에서 가끔씩 뜨거운 바람이 불어왔는데 단순히 신경을 거슬리게 하는 정도가 아닌 흡사 목욕탕의 숨 막히는 후텁지근한 열기였네. 비는 이따금 홍수처럼 쏟아졌는데 공기를 식혀주지는 못할망정 더 축축하게만 만들 뿐이었지.

1853년 5월 13일

우리는 모양이 고글란트 섬[271]과 조금 비슷한 무인도 크리스마스 섬[272]을 지났네.

점점 해가 보이기 시작했고 나중에는 싫어질 정도가 되었네. 흰 외투와 정모를 꺼낼 때가 된 거야. 날씨는 해안에 가까워질수록 더 덥고 나빠졌네.

저 멀리 자바 섬이 보였네. 우리는 자바 섬과 붉은 나무숲으로 덮인 3.2킬로미터 너비의 프린스 섬 사이의 순다 해협에 진입하고 싶었다네.

섬에는 작은 마을이 두세 개 있었으나 배는 조류에 떠밀려갔지.

쪽문은 지나쳐버리고 대문으로 들어가야 할 형편이 되었어. 해협에 진입하자 죽은 듯이 고요해졌네.

수면은 거울과 같았고 하늘은 평온했지. 둘은 그렇게 서로에 도취되어 있었네. 그 어떤 바람도 불지 않다네.

해안은 푸른색으로 꾸며진 하나의 테두리 같더군. 도대체 이게 무엇이란 말인가? 우리는 정적과 따뜻한 날씨가 찾아올 때까지 기다렸네. 이런 따뜻한 날씨에는 열씨온도계로 25도나 되는 이곳의 폭염이 아니라 별장의 발코니나 우거진 녹음의 그림자에 앉아 있어야 해. 목욕을 했지만 소용이 없더군. 수온은 20도에서 22도에 달했고 서늘해지지 않았네.

숨쉬기가 버겁고 누우면 머리와 얼굴이 축축해지지.

소러시아인 동행자가 얼굴을 닦으며 같은 말을 반복했네.

"그 회귀선이 아닌 것 같은데요."

밤은 굉장했지만 시원한 기운은 가져다주지 않았네.

매일 밤 지평선의 모든 귀퉁이에서는 번갯불이 맹렬하게 번쩍였네. 하늘은 뜨거운 열기로 마비되었고 약간의 불빛을 띤 노을은 어둡게 흐린 어떤 입자들이 먼지 모양으로 떠다녔지. 노을은 마치 햇빛이 뭍과 수면에 많이도 쏟아버린 열기의 씨앗과도 같았어.

우리는 지평선을 따라 날아가는 별똥별을 자주 보았네. 이 하늘에서는 자연이 마치 인간을 위한 것마냥 선명하고 숨김없이 창조를 행하고 있더군. 우리의 알량한 눈으로 기적이 탄생하고 성숙하는 과정을 지켜보고 수풀이 자라나는 소리를 엿들을 수 있었네.

자연의 창조적인 꿈은 화가의 얼굴에 나타난 창조적 사색처럼 명백하네. 혹시나 고구마 아니면 담배가 자라나는 소리도 들을 수 있지 않을까. 밤마다 열씨온도계는 낮보다 고작 1도가 낮음을 보여주었네.

어느 날 나는 기진맥진하여 선장실의 소파에 앉아 잠이 들어버렸다네.

고함치는 소리에 잠이 깼는데 날이 밝아 있었네. 몇 시인지 물었더니 여섯 시가 되어가고 있다고 말해주었지.

당직병이 소리쳤네.

"대포를 장전하라!"

'무슨 일인가, 누가 있는 것인가?'

그때 당직병이 와서 배인지 아닌지 도무지 알 수 없는 것이 있다고 말해주더군.

나는 위쪽으로 달려갔네. 대포에 뛰어올라 보니 반 베르스타 되는 가까운 거리에 신만이 아는 무엇인가가 우리 쪽으로 질주해오고 있었다네. 연기와 함께 휘몰아치는 검은 기둥이 마치 배와도 같았어. 그런데 하늘의 구름에서 검게 생긴 가느다란 줄이 흡사 갈려 나온 물줄기처럼 그 기둥 쪽으로 뻗쳐 있었네.

당직병이 소리쳤네.

"대포는 준비되었는가?"

밑에서 대답했지.

"준비됐습니다!"

하지만 그 현상은 생기를 잃고 곧 분해되기 시작하더니 우리 배에서 150사젠 정도 되는 거리에서 아무런 흔적 없이 사라져버렸어. 대포를 쏘아 회오리바람이나 물기둥을 없애는 것은 잘 알려져 있는데 그렇지 않으면 배 쪽으로 달려들어 돛대를 망가뜨리거나 돛을 갈기갈기 찢어버릴 수 있어서라네.

대포를 쏘면 그것들은 산산이 부서져 엄청난 양의 비가 되지. 이후에도 우리는 그런 현상을 두어 번 목격했지만 우리에게 가까이 다가오지는 않았네.

1853년 5월 17일

바람이 없어 우리는 이틀간 한 곳에 머물러야 했고 마침내 5월 17일 조금 세어진 바람을 따라 녹음에 파묻힌 저지대의 해안을 지나 안예르[273]항에 다다라 닻을 던졌다네. 몇 시간 뒤 그곳에 스페인에서 마닐라로 병력을 실어온 스페인 함선이 도착했네.

나는 마침내 그 어떤 역사도 과거도 없는 해안에 오게 되어 매우 기쁘네. 책을 뒤적이거나 알아볼 필요도 없고, 이 도시나 국가가 언제 세워졌으며, 어떤 일을 하는지 등에 대해 자네들을 설득하지 않아도 되니까.

안예르가 어디인가? 그곳은 어떤 변화도 겪지 않은 말레이인들의 마을이네. 툰베리[274]도 언급한 바 있지. 안예르는 그때나 지금이나 똑같네.

안예르 인근의 항구에는 바타비아로 가기를 원치 않는 배들이 물을 채우고 채소를 비축하기 위해 정박하지. 바타비아에는 특히 외국인에게 치명적인 열병이 횡포를 부리고 있어. 바타비아는 여기서 말을 타면 육로로 하루 걸리는 곳에 있네.

우리는 바타비아로 가서 하루를 머무르고 돌아오기를 바랐네. 여기에 포장도로가 깔려 있고 편리한 승용마차가 있을 것이라고 생각했네만 그런 것은 없었네. 2주에 한 번 안예르에서 바타비아로 우편물이 발송되는데 우편배달원은 말을 타고 갔어.

우리가 물었네.

"승용마차를 고용할 수 있나요?"

그러자 말레이인이 말했지.

"고용할 수는 없습니다만 헐값에 살 수는 있습죠."

"뭐, 어쩌겠소. 헐값이라도 좋으니 누구에게 살 수 있소?"

"경비대장이 사륜마차를 갖고 있습니다. 세관원도 마찬가지로 갖고 있습니다. 부탁을 하면 내줄 것입니다."

"지금 그 사람들을 찾아가야겠군요."

"그 사람들은 안예르에 없습니다. 바타비아로 가는 길목의 도시로 떠났습죠. 안예르에서 말을 타고 세 시간 거리에 있습니다."

"언제 돌아오나요?"

"내일이나 모레 올 것입니다."

우리의 기대는 모두 산산조각이 났네.

같은 시간 수많은 말레이인과 인도인이 우리를 둘러쌌네. 갈색과 불그스름한 빛을 띤 반나체의 그들은 갈대로 엮은 원뿔형 모자를 쓰지 않은 채 배를 타고 전함 주위에 모여들었네. 원숭이, 산호초와 조개가 든 바구니, 파인애플과 바나나 더미, 또 어떤 이는 살아 있는 거북이나 앵무새 등을 내보이며 우리에게 무어라 소리를 질렀어.

참을 수 없는 찜통이었네. 공기 중에도 바다 위에도 그 어떤 움직임은 없었네. 바다는 거울 그리고 수은과도 같았어. 작은 잔물결조차 일지 않았지. 아침햇살에 비친 해협과 양쪽 해안의 전경은 놀랄 만한 것이었네. 눈을 즐겁게 하는 하늘과 물의 색깔은 이 얼마나 온화한가! 태양은 이 얼마나 눈부신 광채로 빛나고 수면에서 갖가지 빛으로 반짝이는가! 다른 곳에서는 소용돌이가 황금으로 끓어오르고 다량의 석탄이 시뻘겋게 타오르는 듯해 쳐다볼 수가 없다네. 좀 더 멀리에는 담청색의 잔잔한 수면이 지평선까지 뻗어 있네. 눈으로 투명한 물의 저 깊은 데까지 들여다볼 수 있지.

물은 보이지 않네. 모든 것이 솔처럼 무성한 숲과 정원으로 덮여 있어. 나무들은 해안에서 벗어나 물속으로 빽빽이 내려앉고 있네. 정원들 뒤편 저 멀리에는 높직한 산들이 보이는데 아프리카의 산처럼 그을리고 음침하지 않으며 전부 숲으로 우거져 있네. 오른편에는 자바 섬의 해안이, 왼편의 해안 한복판에는 초록 섬이 있고 저 멀리에는 수마트라 섬[275]이 푸른빛을 띠고 있다네.

우리는 모두 뭍을 향해 내달렸네. 선장은 내게 같이 가자며 전함에서 일을 다 볼 때까지 조금 기다려 달라고 부탁하더군. 마침내 한 시가 넘어서야 우리는 세 명이서 출발했네. 해안까지는 2베르스타 정도가 남았었네. 100사젠 정도를 겨우 갔을 때 우리는 수병들이 물에서 상어를 끌어올리는 것을 보았네. 그들은 이미 상어를 대포까지 운반했더군.

내 동료들이 말했네.

"잠깐 보러 돌아갑시다."

나는 여기에 반대했네. 뭍이 나를 향해 손짓하고 있었기 때문이야. 나는 마지못해 돌아가려 했지만 상어가 풀려나 물에 떨어지는 바람에 우리 보트를 돌리지 않았네. 어쩔 수 없지! 나는 기뻐하였네. 우리는 가던 길을 계속 가서 돌로 된 부두가 있는 탁하고 좁은 강에 들어섰지.

오른편에는 소구경 화포가 여러 대 놓여 있는 크고 나지막한 벽돌 건축물이 보였네. 그 건축물은 흙벽으로 둘러싸여 있었네.

건축물의 위에는 네덜란드 국기가 느릿느릿 펄럭이고 있었어. 출입문 근처에는 총을 든 보초들이 폭염으로 인해 졸린 파리가 기어가듯 움직이고 있었네. 건축물은 경비대장이 거주하는 요새였지. 우리는 어디로 가야 할지를 몰랐네. 요새 왼쪽으로 개울 너머에는 나무 사이로 여러 채의 오두막이 있었네. 우리는 요새 안으로 들어섰네. 요새는 구멍이 뚫려 있어 그사이로 다시 숲이 보였네. 꽤 넓은 길로 나와서 보니 야자나무가 우거진 지나갈 수 없는 열대림이었네. 그것은 긴 대열을 이루어 늘어져 있거나 무더기로 뭉쳐 관목들과 함께 빽빽한 초록 밀림을 만들어내었네.

뭍을 여기보다 더 풍성하게 옷 입힐 수는 없네. 오른편의 이 숲들을 바라보면 나무들이 어떻게 이런 식으로 덮일 수 있는지 믿을 수 없을 걸세. 이곳은 마치 숙고하여 계획된 것처럼 야자나무들이 관목들과 뒤섞여 있네. 거기에는 조그마한 초지나 굵직하고 노란 갈대로 덮인 크지 않은 늪지가 역시 의도된 듯 놓여 있네. 우리의 유명한 지팡이를 만들어내는 그 갈대 말이야. 야자나무를 하나씩 바라보면 이 얼마나 기묘한 아름다움인지! 야자나무는 우아하게 굽어 있네. 나뭇잎은 바르게 빗은 머리채처럼 길게 늘어져 있고 그 위에는 거대한 코코넛이 무거운 송이를 지어 걸려 있어. 생각건대 이 모든 광경은 마치 나뭇가지 하나하나와 잎사귀 등 온갖 자질구레한 부분을 사랑을 담아 돌보아준 사람의 섬세한 손길을 거친 것 같네. 그러나 야생의 원시림이라네. 사람의 손길이 거의 닿지 않은 곳이야. 가난한 말레이인이 이제 막 짐승들의 공간을 빼앗으며 밀림을 베어 들어가고 있네. 우리는 숲의 변경 지대에 버려진 새 오두막들을 보았네. 오두막들은 아직 건설 중이었는데 야자나무 밑에서 그 나무의 잎으로 덮여 있었고 또 그 나무로 만들어지고 있었지. 오두막들을 향해 작은 새 길들이 드문드문 밟혀 나 있었네. 우리는 모든 소리, 곤충과 알 수 없는 새들의 울음소리에 귀를 기울이고 걸으며 서로를 놀라게 했어.

누군가 외쳤네.

"호랑이다!"

그러면 다른 이가 말했네.

"뱀이다!"

다들 무의식적으로 재빨리 주위를 둘러보고는 웃기 시작했네.

나는 거짓말쟁이에 관한 동화를 상기시키고 싶었지만 내가 첫 번째로 거짓말을 하였으므로 이는 내게 도덕적으로 어울리지 않았네. 하지만 마을로 돌아가야 할 때가 되었지. 우리는 한 시간을 곧장 걸었네. 비록 머리부터 발까지 흰색의 가벼운 옷을 입고 숲의 그늘 속에서 걸었다지만 날씨는 무더웠네. 돌아오는 길에 말레이인 남자와 여자를 몇 명 만났네. 갑자기 낯익은 목소리가 들려왔어. 우리는 목소리가 들려오는 곳을 향해 오른편의 숲 쪽으로 방향을 틀었고 넓은 공지로 나서게 되었네.

그곳에는 우리 사람들이 있었네. 하지만 이들이 무엇을 하고 있는 것인가? 여기에는 우리가 들어왔던 그 탁한 강물이 무성한 풀과 관목들 사이에 숨어 공지를 따라 아치 모양으로 흐르고 있었네. 주변에는 드문드문 잎이 난 야자나무들이 자라고 있었네. 우리 동행자 가운데 서너 명이 외투와 조끼를 벗어 던져두고 야자나무 밑에서 나무토막으로 코코넛 열매를 쳐서 떨어트리고 있었어. 케이프 식민지에 동행했던 우리의 젊은 젤료느이가 제일 열심이었고 나머지는 주위에 서서 바라보며 열매가 떨어지기를 기대하고 있었네. 외쳐대는 소리와 웃음소리가 숲에 울려 퍼졌네. 거기서 50보 정도 떨어진 끈적끈적한 강변의 짙은 풀 속에 물소 두 마리가 무릎까지 오는 진창에 서 있었네. 그것들은 무엇을 해야 할지 모른 채 고개를 숙인 뒤 겁먹은 듯 뚫어지게 이 무리를 바라보았지. 물소들은 우연히 마주친 녀석들인데 녀석들의 자세와 관심을 집중하여 얼마간 지켜보는 시선으로 보아 거기서 벗어나려고 하는 것을 알 수 있었네. 하지만 벗어날 길은 없었어. 오른쪽이든 왼쪽이든 무리를 뚫고 지나가거나 강을 건너야 했네.

마침내 첫 번째, 두 번째 열매 이어서 세 번째 열매가 떨어졌네. 그때 한 무리의 사람들이 우리를 발견했는데 우리를 향해 뛰어오더니 모두 소리를 질렀어.

한 사람이 외쳤네.

"악어를 보았습니다!"

다른 사람은 두 팔을 벌리며 말했네.

"크기가 이만 합니다! 이빨도 그렇고 무시무시한 놈입니다!"

"악어가 어디 있습니까?"

"여기, 여기 있습니다."

그러고는 우리를 강가의 다리까지 끌고 갔네.

한 사람이 입을 열었네.

"우리가 다리를 건너려던 찰나…."

다른 이가 말했어.

"아닙니다. 우리는 저쪽에 있었습니다."

또 다른 이가 말했지.

"아닙니다. 여러분, 제가 악어를 제일 먼저 보았습니다. 당신들은 저쪽 마을에 있었지요. 그리고 저는… 잠시만 기다려 주십시오. 제가 다 보았으니 순서대로 이야기를 해드리겠습니다."

우리가 물었네.

"악어가 어디에 숨었단 말입니까?"

그러자 모두 다리 근처의 강가를 완전히 뒤덮은 관목들을 가리키며 소리쳤네.

"여기, 관목들 사이로 들어갔습니다. 악어가 수면 위에 떠올라서 다리 밑을 헤엄쳐 지나갔습니다. 우리는 모두 소리를 질렀고 녀석을 뒤쫓았지요. 그러자 녀석이 놀라서 저쪽으로 도망갔습니다. 여기, 바로 여기 말입니다."

내가 악어를 보지 못했다는 것에 조금 실망하여 말했네.

"필시 도마뱀이겠군요!"

사람들은 답이 없었네.

내가 그들을 불렀지.

"녀석을 쫓아 관목 사이로 가봅시다."

하지만 나는 가지 않았네. 그리고 아무도 가지 않았네. 관목은 앞을 내다볼 수 없을 정도로 빽빽했고 사람들은 의심스럽게 쳐다보았네. 만약 거기에 둥지를 튼 것이 악어가 아니라면 필시 뱀이 있을 테고 한 마리만 있지는 않을 것인데 이는 도박이나 마찬가지였기 때문이야. 자바 섬에는 뱀이 많네.

녀석이 악어가 아니었다는 사실을 꼭 의심하게 만들고 싶던 젊은 동행자 한 사람이 말했네.

"악어를 보지 못하게 되어 정말 아쉽군요!"

내가 말했네.

"뭐 어쩌겠습니까. 페테르부르크로 돌아가면 야생 동물원 잠[276]에서 보겠지요. 거기에 조그만 악어가 있습니다. 그때까지는 다 자라겠지요."

우리는 마을로 갔네. 마을 전체는 야자나무 잎으로 지붕을 얹은 대나무 오두막으로 이루어져 있었는데 그 집들은 흡사 짐승우리와도 같았어.

오두막에는 창문이 없었는데 창문이 있을 필요가 없었네. 벽을 통해서 밖에서 무슨 일이 일어나는지 볼 수 있고 대신 밖에서도 안에서 무얼 하는지 모두 보이게 되어 있지. 안에서는 아무것도 하지 않으면서 말이야. 말레이인이 돗자리 위에 누워 있거나 꼬마아이들이 새끼돼지들처럼 여기저기 뒹굴고 있었네.

말레이인들은 거리마다 거의 나체 상태로 옥작거렸네. 드물게 헐렁한 바지를 입고 다니는 자들도 있었네. 그들은 어깨에 걸치거나 허리 근처에 동여맨 거칠고 나쁜 천 조각으로 만족해했네. 잇몸을 상하게 하는 빈랑[277]을 씹어 모두 입가가 마치 피범벅이 된 듯했어. 우리는 우연히 조그만 시장을 발견했다네. 강가에는 열대 나무 가운데 가장 화려한 뱅골 보리수가 자라고 있었네. 튼튼하게 한데 얽힌 뿌리들로 이루어진 굵은 줄기는 굵직하고 기름기가 있는 잎사귀들의 짙은 녹음이 만들어내는 빽빽한 모자 모양으로 덮여 있었네. 나무에 달린 실 같은 줄기가 나뭇가지에서 수직으로 뻗어 땅속을 파고들어 뿌리를 내리고 새로운 나무가 자라게 되지. 의지만 있다면 토양은 주변의 모든 것을 제압해버리는 자연계의 거대한 식물들로 무성해질 걸세. 안예르의 나무는 나뭇가지로 시장을 통째로 덮어버렸어. 50명 정도 되는 사람이 돗자리에 앉아 바나나 잎에 조리된 빈랑, 호두처럼 생긴 어떤 수생식물의 열매, 도토리, 생선, 담배를 팔고 있었네.

저녁은 빨리 찾아왔네. 하늘은 노을빛과 입자들로 마비된 듯했네. 구름이 한 점도 없더군. 우리는 마을을 따라 걸으며 처음으로 중국인들을 보았는데 처음에는 머리가 반절 밀린 어린아이들을, 그다음에는 머리 위에 큼직한 장식용 청동 핀으로 고정된 모발 뭉치를 얹은 노파들을 만났네. 부두 근처에서는 배에서 잠시 산책하기 위해 내린 스페인 사람들의 무리를 만났네. 우리는 인사를 하였고 서로 건강과 여행의 목적에 대해 묻고 헤어진 것 같네. 우리는 상점에 갔네. 여기에 상점이 있는데 물론 중국 상점이었네. 우리 러시아의 군[278] 어딘가에 있는 조그마한 상점을 상상해보게나. 안예르에 있는 것과 아주 정확히 똑같네. 이곳의 초, 비누, 바나나 뭉치는 우리의 파 뭉치, 차, 사탕수수, 모래, 궤, 작은 곽, 작은 거울 등과 같은 것이지. 긴 파란색 옷을 입은 백발의 중국인 상인은 땋은 머리채에 안경을 쓰고 구두를 신고 있었네. 젊은 보조원이 두 명 있었는데 검은 뱀처럼 매우 긴 머리채를 하고 있었네. 얼굴은 거무스름하고 창백했으며 야위었고 그들의 손톱은 새의 발톱과 같이 길더군. 그들은 모두 중국어, 말레이어, 영어로 말했지만 네덜란드어는 하지 않았어. 영국인이 자바 섬을 오래 지배했지만 오래 전 일이지. 그런데 그들의 흔적은 아직까지도 사라지지 않았네!

우리는 차를 한 잔씩 얻어 마셨네. 우리는 그들이 레몬 시럽을 갖고 있다는 것을 알고는 열광하여 레몬에이드를 마시기 시작했네. 진귀품을 찾는 사냥꾼들은 기다란 지팡이와 조개 등을 샀어. 우리는 여기서 여러 무리로 나뉘어 마을과 근방을 따라 흩어졌네. 골목길의 오두막들은 습기와 곤충을 피하기 위해 대부분이 말뚝 위에 세워져 있었네. 오두막은 바나나 나무, 야자나무, 빈랑 나무 밑에 가려져 있었네. 얼마 안 가 오두막은 끝이 났어. 우리는 가축을 가두기 위해 울타리가 쳐진 넓은 초지를 따라갔고 늪지와 빽빽한 숲으로 뒤덮인 넓은 골짜기에 다다랐네. 완전한 어둠이 내렸더군. 오직 별들만이 창백하지만 날카로운 빛을 내었네. 몇 명은 손으로 더듬으며 숲의 언저리를 따라갔고, 나를 포함한 다른 이들은 차를 마시기 위해 중국인들을 찾아가는 쪽을 택했지. 우리는 상점에서 등받이가 없는 의자를 모두 밖으로 꺼냈고 작은 상 주변에 모여 앉았네.

이런 저녁이 있을 수 있을까! 이것은 고혹적인 광경이자 모든 예술이 아마도 자신의 재주를 전부 쏟아 부어 만든 호화롭고도 황홀한 향연이었는데 여기에는 예술의 낌새도 없었네. 저물어 가는 날의 마지막 빛과 깃들어오는 밤의 땅거미는 대체 어떤 물감으로 광채를 발산하는가! 이 공간에서는 어떤 소리들이 들려오네. 숲이 자신의 생명으로 숨을 쉬고 있네. 속삭임이거나 그곳에 서식하는 자들이 내는 갑작스럽고도 조심스러운 버석거리는 소리가 나네. 짐승이 뛰어 지나가는 것인지, 놀란 새가 나뭇가지에서 날아오르는 것인지, 아니면 뱀이 마른 잔가지를 따라 지나가는 것인지? 가까이에는 사람들의 검은 그림자가 강물 위를 거닐고 있네. 강가에는 물이 철썩철썩 밀려오고 있네. 따뜻하고 무언가 좋은 냄새가 진하게 나는군.

나는 옆 사람에게 말했다네.

"보십시오. 별이 뱅골 보리수의 푸나무서리에서 떠 흐르는 게 보입니까?"

"그것은 나뭇가지들이 산들거리는 것입니다. 그사이로 별들이 보이는군요. 저기 또 다른 별, 세 번째 별이 있습니다. 저쪽 그리고 우리 옆으로 하나, 둘, 세 개가 지나가고 있네요. 아, 저것은 별들이 아닙니다."

나는 옆에 지나가던 수병을 향해 소리쳤어.

"비툴! 저 별을 잡게!"

비툴은 그것을 정모로 덮어 잡은 뒤 나에게 가져오고는 다른 녀석과 세 번째 녀석에게 덤벼들어 갸름한 유색의 파리들을 몇 마리 잡았네. 녀석들의 꼬리 끝에는 밑에서부터 아름다운 별이 벵골의 푸르고 창백한 불빛으로 밝게 반짝였네. 이 별들은 초보다 밝게 빛났지만 오래가지는 못했어. 2~3분 정도가 지나자 이 파리는 허약해져 빛도 점차로 사그라졌네.

두 시간 정도 고혹적인 저녁을 즐긴 후 우리는 아쉬워하며 천천히 손으로 더듬다시피 하여 강가로 갔네. 썰물이 일었고 우리 보트들은 여울에 좌초되었지. 우리는 오랫동안 제방을 따라가며 아름다운 강가에서 눈을 떼지 못한 채 항구를 따라 오랫동안 배를 저어 갔네.

사공들은 잠자는 물을 파헤치며 겨우겨우 노를 저어갔네. 잠에서 깨어난 물은 노들을 누런 황금빛으로 감쌌네. 순간 참을 수 없는 썩은 냄새가 우리를 놀라게 했어. 처음에 이게 무엇인지 짐작하지 못했는데 이후 지독히도 고약한 냄새를 풍기는 산호와 조개를 기억해냈네. 아마도 산호초 위를 지나간 모양이야.

그 다음 날 아침 우리는 안예르에 전부 세 명밖에 없다는 유럽인 가운데 한 명도 보지 못하고 떠났네. 우리는 습하고 꽃들이 만발해 있는 자바 섬과 수마트라 섬의 해안 사이의 해협을 따라 항해했지. 매끄러운 거울의 표면 같은 해협의 수면 곳곳에는 해도에만 표시되어 있는 두 형제나 세 자매 같은 이름의 작은 섬들이 채소를 담은 바구니처럼 놓여 있었네. 또 어딘가에는 이름 없는 돌섬들이 따로 떨어져 있는데 녹음으로만 무성히 덮여 있었네.

이곳의 자연은 상냥한 예술가와도 같네. 자연은 아마도 가장 호사스러운 세계의 한 구석에 많은 사랑을 쏟아 부은 것 같아. 어떤곳은 너무나도 정돈되어 있었고 너무나도 달콤하기까지 했네. 시적인 무질서가 좀처럼 없고 창작의 소홀함도 없으며 망각의 순간과 창조적인 손의 피로함도 보이지 않고 전체적인 창조의 계획보다 더 많은 탈선도 없지. 마치 무한히 큰 경작된 정원들과 세계적인 부호의 공원들 사이를 다니는 것 같네. 태양의 정열적이고도 뜨거운 숨결은 이 장소들을 추위와 악천후로부터 영원히 지켜주고, 또 다른 이인 강력한 습기는 태양의 힘을 억제하고 토양을 기름지게 하며 애정이 깃든 열매들을 낳고… 독기로 사람을 죽이기도 하네.

안녕히 계십시오. 화사하고 습기 찬 강가여! 당신의 나무, 불타는 하늘, 늪지의 증기 속으로 다시는 돌아오지 않으리라! 찜통 같은 무더위에 열병 걸려 황천길 갈 뻔했네!

1853년 5월 20일

안예르 항구

제 6 장
싱가포르

1853년 5월 24일~6월 2일

나는 어디에 있는가? 오, 친구들이여, 나는 어디에 있는 것인 가? 운명이 우리의 자작나무, 전나무, 눈, 얼음, 지독한 겨울, 무미 건조한 여름에서 나를 떼어내 어디로 던진 것인가? 나는 적도에서 햇볕이 수직으로 내리쬐는 곳, 인도와 중국의 경계, 영원하고 무자 비하게 무더운 여름의 왕국에 있다네. 끝없는 호밀밭에 익숙해진 눈이 지금은 설탕과 쌀 재배지를 보고 있지. 언제나 푸르렀던 소나 무는 항상 푸른 바나나 나무와 야자수로 대체되었네. 일년생 월귤 나무와 산딸기는 자신의 자리를 파인애플과 망고에게 양보하였네. 나는 독이 있는 고추, 향긋한 뿌리식물, 코끼리, 호랑이, 뱀의 고향에 있다네. 수염을 깎은 사람들과, 아니면 턱수염을 기르는 사람들의 나라야. 이들 가운데 어떤 이들은 모자를 쓰지 않고 있고, 또 다른 이들은 머리에 천을 두르고 있네. 어떤 사람들은 망치, 쇠몽둥이, 바늘, 절단기를 들고 일을 하고 있고, 또 다른 이들은 하루 종일 밥만 먹고 몸을 조금 움직이는 일도 힘들어하네. 또 다른 이들은 어떤 질서나 노동이라도 적의를 나타낸 후, 가벼운 쾌속 범선을 타고 대담하게 바다를 넘나들며 바다의 일을 통해 조공을 강제로 거둬들이지.

적이 매복했나 살피듯이 우리는 조심스럽고 느리게 어둠속에서 싱가포르 항구에 다가가고 있었다네. 이 바다의 깊이와 특성에 대해 연구를 한 저명한 고르스부르그[279]의 연구 자료들과 바다 깊이를 재는 도구인 측연이 끊임없이 우리를 지켜주었어. 마침내 닻을 내렸네. 긴장된 주의, 그 지역에 대한 꼼꼼한 연구, 전함에서 사람들의 분주한 활동은 곧 마음 놓고 취하는 휴식으로 바뀌었네. 검지만 아름답고 평온하게 하는 밤의 보호 아래에서 마치 텐트 아래에서 자듯이 피곤한 수병은 죽은 듯이 잘 잤네. 그리고 차를 마시며 둘러 앉아 장교들이 말했지. 공기 중에서 움직임이 없고 물속에서 가장 작은 잔잔한 물결이 없다 하더라도 성대하지만 생기 있는 침묵이 군림했네. 그러나 얼마나 많은 삶이 이 부드럽고 온화한 따뜻함 속에서 평온을 찾는지! 그 앞에서 우리는 마치 선량한 사람들의 애정 앞에서 믿음을 가지고 마음을 여는 것처럼, 경계하지 않고 신뢰하는 마음으로 가슴과 목구멍을 열고 있네. 얼마나 많은 매력이 이 믿기 어려울 정도로 선명하게 반짝이는 별들 속에 숨어 있는지! 그리고 엄청나게 많은 양이 조용하게 때로는 앞으로 때로는 뒤로 밀려오는 바다 속에도 숨어 있는지! 이 바다는 어두운 바윗돌 속에도 숲의 꼭대기에 술로 장식된 높은 파도 속에서도 그 흐름을 이어가지 않는지!

고요함 가운데 자연 속에서 생각은 깊어지고 번쩍이는 눈동자는 깊은 생각에 잠기고 지혜롭게 빛을 내고 있었다네. 조용한 물이 갑작스럽게 출렁거리는 소리는 마치 어떤 질문에 대답으로 말하는 것 같았네. 고요함과 생생하고 따뜻한 안개 사이에서 어떤 신비롭고 장엄한 목소리가 울리는 듯했네. 무엇인가를 기다리고 무엇에 대해 생각하며 무엇을 느끼더라도 무엇을 정하고 말하는 것은 할 수 없지. 설명할 수 없는 열렬한 느낌의 힘에 단지 가슴만이 두근거렸네. 심지어 신경들이 아팠네! 이 하늘 아래 이 공기 속에서 환상적인 환영이 날아다녔어. 이러한 밤의 날개 밑에서 격렬한 꿈과 죽어야 할 자들을 향한 신들의 열렬한 사랑에 관하여 땅으로 브라흐마의 강림에 대한 자유분방한 시적인 몽상들을 꿈꾸었네. 이 모든 것은 이곳 자연의 기형적인 비옥함이 구현되어지고 있는 열정적인 모습이네.

순다 해협부터 우리는 그런 밤을 내내 즐겼네. 하늘은 읽어도 피곤하지 않는 책 같았네. 책은 여기에서 마치 하늘이 땅에 더욱 가까운 것처럼 보다 열려 있고 더 선명하지. 나는 크류드네르 남작과 함께 오랫동안 벤치에 앉아서 밤마다 별들과 함께 선명하게 일어나는 불빛과 특히 뱅골의 빛으로 반짝거리고 여러 번 모든 방향에서 하늘 위를 날아다니는 유성에 도취되어 있었네.

어느 날 갑자기 밤의 고요함 속에 전함 가까이에서 시끄러운 소리가 울려 퍼졌네.

"이건 뭐지? 망망대해에 보트라니?"

나는 포문을 집중해서 보기 시작했네. 대포 위에 앉아 있던 파데예프도 이것을 보기 시작했어. 보트에는 세 명이 앉아 있었는데 어두워서 누군지 알아볼 수가 없었네.

나는 이 사람들의 출현이 뭘 의미하는지 몰라서 물었네.

"보트에 누가 있는 거지?"

파데예프는 그가 자바 섬에서 보았던 말레이족들을 생각하며 무관심하게 말했어.

"나리, 다시 주흐니족입니다."

다른 수병은 더 무관심하게 말했지.

"아니면 리투아니아 사람들일 것입니다."

말레이족들은 몇 개의 파인애플을 가지고 와서 안내자 역할을 제안했네. 우리는 이들이 우리의 선박이 어떤 종류인지, 우리 배에 몇 명이 타고 있는지, 우리들의 무기가 얼마나 있는지를 염탐해서 알아낸 후에 우리 배를 공격할지 말지를 결정하려고 자신의 일당을 비밀리에 보낸 해적은 아닌지 재미삼아 추측해보았지. 이것이 이곳 해적들이 흔히 쓰는 전술이라네. 어느 날 서너 명이 네덜란드 배의 갑판에 나타났다더군. 독이 들어 있는 과일을 가지고 있었다네. 수레를 망가뜨리고, 그다음에는 무리 전체가 갑자기 습격했고 배를 장악했네. 항상 하는 것처럼 사람들을 포로로 잡아 순다 해협 가운데 한 곳으로 데리고 갔고 배를 침몰시켰다지.

한 말레이인은 갑판으로 기어 올라와 우리 곁에서 밤을 지새우기 위해서 남았네. 다른 두 명은 전함 뒤에 고정시켜서 우리 뒤에 따라오고 있던 보트에서 밤을 지냈지. 이때가 5월 24일 오전 열한 시경이었네. 우리는 바람을 거슬러 지그재그로 가며 싱가포르 해협으로 들어섰네. 돌풍과 함께 비가 내렸네. 그리고 비는 공기를 신선하게 했네. 우리는 더위에서 벗어나 휴식을 취할 수 있었어. 그늘에서 온도계는 23.5도였네. 그런데 말레이인은 추위하더군. 꽃무늬 천으로 된 치마를 입고 있었고 어깨에는 러시아식 셔츠를 입고 있었으며 그 위에는 빨간색 목면 조각을 걸치고 있었네. 머리에는 우리의 농촌 아낙네처럼 수건을 동여매고 있었네. 맨다리였네. 이것이 다 갖춘 복장이라더군. 대부분은 반나체로 다녔네. 말레이인은 내 선실 문을 쳐다본 후 배의 뒤 갑판 처마 밑에 숨었네. 이후에 그곳에서 처음에 한 다리를 디밀었어. 다음에는 다른 쪽 다리와 등을 내보였지. 그런데 머리는 아직 선실 밖에 있었네.

내가 그에게 물었네.

"추운가?"

"네."

그는 선실로 완전히 들어왔네. 그러나 이상하게 매우 따뜻한 온도인 20도 이상에서 추워하는 것 같더군. 그래서 나는 그의 상태에 동정으로 가득 차지 않을 수 없었네. 그리고 저리로 가서 불을 밝히라고 그에게 손을 흔들었지. 그의 동료 두 명은 자신의 보트에 누워 돌풍이 부는 동안 보트가 뜬 것에 조금도 당황해하지 않았네. 한 명은 아무렇지도 않게 물을 양동이로 푸고, 다른 사람은 더 태연하게 이것을 바라보고 있더군.

저녁에 싱가포르에 다가가고 있었네. 이렇게 작은 조각인 싱가포르 섬에 모여 사는, 다채롭고 언어가 다양한 민족들을 바라보는 것은 흥미로운 일이지. 미국인 윌크스[280]는 이곳에 21개에 달하는 아시아 종족이 살고 있다고 했네.

1853년 5월 25일

아침이야. 햇빛은 반짝였고 모든 것들은 햇빛에 빛나고 있었네. 주위에는 얼마나 아름다운 광경이 펼쳐졌는지! 생생한 삶, 소동, 소음이 펼쳐지고 있네! 얼굴은 얼마나 다양한지! 언어들은 얼마나 다양한지! 우리 주변은 섬들이었고 모든 것은 녹음 속에 있었네. 똑바로 돛대 숲 너머로는 높은 곳에 도시 건물이 보였네. 밑이 평평한 범선, 보트, 중국인과 인도인은 서로 길을 가로막으며 해안에서 선박으로 그리고 그 반대로 분주하게 움직였어. 우리의 왼쪽과 오른쪽에 있는 모든 것은 야생적인 것이었네. 지나갈 수 없는 야자 숲이 만을 바라보고 있었네. 그 뒤는 바다였어.

아침에 일찍 부타코프가 내 선실 문을 두드렸네. 손에 모양과 크기가 작은 사과와 흡사한 검고 빨간 과일을 반쯤 열린 문으로 쑥 내밀더군.

"드셔보세요."

나는 열매를 잘랐네. 빨갛고 부드러운 것 밑에 하얗고 시며 달콤한 과일의 심이 숨어 있었네. 과일의 심은 큰 씨앗과 함께 몇몇의 부분으로 이루어져 있었어. 서늘하고 신선하며 얇았고 달았네. 약간 신맛도 났지. 이것은 망고스틴인데 영어 발음으로는 망구스텐이라고 하네. 영국인들은 단어를 이상하게 하지 않고는 발음할 수 없나 보네.

내 선실에 인도인, 말레이인, 중국인이 여러 민족의 선박에서 발행한 증명서를 들고 무리 지어 밀려들기 시작했네. 모두 재봉사, 세탁부, 중개인이라네. 갑판 위는 완전히 시장바닥이 되었어. 다양한 민족의 손님들이 물건들을 진열하고는 직물, 조가비, 원숭이, 새, 산호를 사람들에게 권하면서 자신의 언어로 뭐라고 외치면서 물건을 팔았네.

나는 뱃전 너머로 언뜻 보았네. 그곳에는 모든 잡동사니와 무엇보다도 과일을 잔뜩 실은 보트가 함대를 이룬 듯이 많이 있었네. 파인애플은 마치 우리나라에서 순무와 감자를 쌓아두듯이 무더기로 재놓았네! 나는 파인애플이 그렇게 크고 아름답게 자랄 수 있다고 생각해본 적도 없어. 지금 나는 파인애플을 잘라서 먹기 시작했네. 파인애플 즙은 양손과 접시를 따라 바닥으로 뚝뚝 떨어졌네. 자네들에게 편지를 쓰고 싶었네. 그런데 물건들이 나를 갑판으로 끌고 간 걸세. 나는 때로는 조가비를 때로는 다른 사소한 물건들을 사기도 했지만 내가 더 신경 써서 한 일은 새로운 얼굴들을 눈여겨보는 것이었어. 인도인은 얼마나 그림 같은 민족이고 중국인은 얼마나 그림 같지 않은 민족인가! 인도인은 날씬하고 허물이 없으며 행동하는 것이 자연스럽네. 그들은 걸음걸이와 얼굴 표정에 어떤 신성한 의미심장함, 태연자약함, 우아함이 있네. 거의 입술을 움직이지 않고 목구멍으로 소리를 내지. 이 우아함은 인공적인 것이 아니고 자연적인 거야. 거기에는 의식적인 것이 단 한 방울도 없네. 그들이 조신하게 천천히 걷고 머리를 꼿꼿이 세우고 손을 율동적으로 흔드는 것을 보면 기분 좋게 웃게 되네. 이것이 그들에게는 잘 어울리거든. 서두른다는 것은 그들에게 전혀 맞지 않는 것이라네.

인도인은 몸의 모든 위쪽 부분을 벌거벗고 다니네. 그러나 그들은 자기 몸에 무엇인가를 발랐는데 야자기름 같은 거였네. 그렇지 않다면 어떠한 피부도 이 햇빛에 견딜 수 없을 테지. 넓적다리에 그들은 푸른색이나 붉은 면으로 만든 치마 종류를 두르고 있었네. 귀에는 귀걸이를 반드시 하고 다녔네. 다른 쪽 귀의 윗부분과 아랫부분에 귀걸이를 두 개씩 하는 사람도 있었고, 어떤 이는 한쪽 귀에 은으로 된 머리핀을 끼기도 했어. 어떤 사람은 오른쪽 코에 코걸이를 했네. 늙은 어떤 사람은 흰 치마를 입고 있었는데, 상체는 빨간 직물로 가리고 있었고, 머리에는 회교도 머리 수건인 차도르를 쓰고 있지. 그들이 어느 곳으로든 돌아다니지 않게 하려고 이들 모두를 가운데 갑판 배의 한 구석으로 모으기 시작했네. 노인이 이것을 열심히 돕더군. 수병들은 마침내 모두를 배의 중앙으로 내보낸 다음에 그 노인도 중앙으로 내보냈네.

중국인은 피부가 어두운 초콜릿색인 인도인보다 밝네. 그래도 거무스레하다고 할 수 있어. 중국인의 몸은 거의 우리의 몸과 비슷하고 단지 눈과 머리카락이 아주 검네. 그들 역시 반나체로 다니지. 많은 사람이 노인 같은 모습에 다리가 심하게 흔들리면서 긴 변발이 늘어져 있는 뒤통수를 빼고 머리를 깎았네. 주름살은 있으나 콧수염과 턱수염이 없는 것은 그들을 노파와 매우 닮아보이게 만들지. 남성스럽고 건장해 보이는 것이 아무것도 없네. 얼굴은 찍어낸 듯이 다 똑같아.

배 위에서 그 모습은 볼 만하네! 여기에 늙고 피부색이 어두운 백발의 볼수염과 턱 주위로 입술보다 아래로 자란 턱수염을 가지고 있는 인도인이 한 명 있네. 그리고 저기에 빨간 말레이인이 한 명 있군. 그는 하나로 연결된 두 개의 노를 젓고 있네. 그 노를 자기에게서 밀어내면서 젓고 있지. 어떤 이들은 태양 아래 바로 누워 있네. 다른 이들은 유럽인들이 이해하기 어려운 모습으로 무릎을 꿇고 앉아 있어. 프랑스어로 말하고 있는 한 인도인은 나에게 여러 번 찾아 왔었네.

"자네는 어디 출신인가?"

그는 내가 이해할 수 없는 모르는 이름을 말했어.

"그래서 자네는 인도인인가?"

그는 강하게 머리를 가로저으며 말하기 시작했지.

"아니요!"

"그럼, 말레이인인가?"

그는 더욱 강하게 부인했네.

"그렇다면 자네는 도대체 어디서 온 사람인가?"

"이슬람, 무슬림이에요."

"그럼, 자네는 어떤 도시에서 왔는가?"

"퐁디셰리요."

"아! 그래서 인도인이 아닌 건가?"

그는 머리를 흔들고 나서 다시 말했어.

"인도인이에요! 나는 무슬림이에요."

"아! 인도의 종교구나."

"네! 맞아요! 인도인!"

점심을 먹은 후에 배는 곧장 텅 비었네. 모두 떠났지. 선장은 나에게 자신과 함께 가자고 제안하더군. 하지만 선장은 배를 지휘하는 동안 기다려 달라고 부탁했네. 여전히 보트들은 과일을 팔며 우리를 떠나지 않았네. 모든 사람의 선실에는 파인애플이 쌓였고 야자수는 발밑에서 아무렇게나 나뒹굴고 있었어. 모든 수병은 칼과 파인애플을 들고 있었네. 우리나라 북쪽에서는 좋은 파인애플은 5루블에서 7루블 은화를 지불해야 살 수 있을 거야. 그런데 이곳에서는 파인애플이 2펜스밖에 안 해. 1실링이면 1다스를 주고 스페인 1탈러에는 100개나 주지. 그런데 파인애플 때문에 많은 사람들의 혀가 가렵기 시작했고 신 맛으로 인해 입술이 부르텄네. 많은 사람이 파인애플보다 망고를 더 좋아하네. 망고는 모양이 단단한 노란색의 살구와 비슷한데 단지 두꺼운 껍질과 안에 큰 씨가 있네. 과육은 맛있는 즙이 배어 있는 주황색이지.

과일 이외에도 인도인은 유럽의 원피스, 셔츠, 장화, 중국제 차 상자, 수공예 상자를 팔았네.

나는 해안으로 함께 나갈 선장을 기다리면서 그물에 팔꿈치를 괸 채 인도의 배들과 여러 피부색을 가진 다양한 무리를 보고 있었네. 거의 다섯 시에 해가 저물기 전에 이슬람교도들은 바로 보트 위에서 몸을 씻고 정시기도를 시작했어. 한 젊은 사람은 씻고 난 후 오래된 더러운 손수건을 가져와서 메카 쪽으로 서쪽을 바라보며 자신의 앞에 그것을 깔고 기도하기 시작했네. 무릎을 꿇고 앉아서 그는 입술을 살짝 움직이며 때때로 느리게 머리를 오른쪽, 왼쪽, 뒤쪽으로 방향을 바꾸었지. 전함에서 바라보는 구경꾼들에게는 신경을 쓰지 않았네. 그는 약 30분을 기도했고, 그의 기도가 겨우 끝나자마자 그의 뒤에서 느리게 다른 사람이 일어났고, 그다음 사람이 더욱더 느리게 같은 일을 하더군.

선장은 여섯 시가 지나서 준비가 되었네. 우리가 해안에 다가가고 있을 때 벌써 어두워졌지. 하지만 약 3베르스타 더 항구로 가야 했네. 해안에서 소형 사륜마차들이 우리를 맞이했네. 이 마차들은 우리나라에서 아이들이 타고 다니는 작은 말 한 마리가 매어 있는 마차를 말하네. 그러나 우리는 마차를 타고 싶어 하지 않았어. 인도인은 여전히 우리 뒤를 따라 오고 있었네. 한편 우리는 어디로 가야 할지 몰랐네. 가스가 그곳에 아직 들어오지 않았기 때문에 거리는 지척을 분간할 수가 없었지. 시냇물이 우리가 가는 길을 막았고, 어떤 큰 천막도 우리들을 막았기 때문에 우리는 왼쪽으로 갔네. 다른 쪽에서는 불빛이 비쳤는데 많은 상점이 밝혀둔 불빛 같더군.

우리는 다리들도 있다는 것을 알았지만 어디로 가야 할지 몰랐네. 다행스럽게 독일인을 두 명 만났는데 그들이 우리를 런던 호텔로 데려가주었어. 저녁은 매우 어두웠네. 감미로우며 달달하고 강한 냄새는 나를 놀라게 했네. 마치 사향 냄새 같았는데 상당히 불쾌하더군. 곤충들은 풀에서 큰 소리를 내고 있었는데 이것은 새들이 노래하는 것과 무척 닮아 있었네. 우리는 호텔에서 소다수와 차가 있는지 물어보고 위쪽 발코니에 앉았네. 나의 동료들은 산책을 갈 생각이었어. 나는 그들과 함께 나갔으나 손으로 더듬어 가면서 어떻게 가야 하는지 몰랐네. 곧 싫증나서 차를 더 마시러 발코니로 되돌아왔지. 이 호텔 방에 살고 있는 영국인과 미국인 몇몇이 호텔에 왔다가 나간 모양이네. 그들은 안락의자에 앉아 두 다리를 식탁 위에 올린 채(이것이 그들이 앉는 자세네.) 차를 주문하고 입을 다물었네. 차는 강한 향과 맛이 나는 물약 같았어. 정확히 말해 약초로 만들어진 것이야.

밤이 되자 다시 신경들이 아프기 시작했네. 그리고 다시 이름 지을 수 없는 불안감이 우울할 정도로 나타났네. 그것은 찌르는 것 같은 마약 냄새, 따뜻한 안개, 상상력 속에서 보이는 환영, 혼미한 마음에서 오는 것이었지. 아니네. 장미, 독, 줄무늬 천, 종려나무 사이에서 강하게 내리쬐는 태양을 직사광선으로 바로 받으면 삶을 오랫동안 버티지 못할 것이네!

아무것도 할 수 없었던 나는 벽들을 둘러보다가 문 위에서 무엇인가 기어다니는 것을 갑자기 보게 되었네. 그리고 천장에서도, 내 머리 위에서도, 주변의 벽들에서도, 구석마나 도처에서 그것이 기어다니고 있더군.

포르투갈인 하인에게 물었네.

"저건 뭔가?"

그는 무엇인가를 대답했지만 나는 이해하지 못했네. 나는 더 가까이 다가가서 보았지. 그리고 이것들이 1.5~2베르쇼크 크기의 도마뱀이라는 것을 알았네. 도마뱀은 벌레들을 잡아먹기 때문에 집에 있는 것이 쓸모가 있다네.

마침내 우리 동료들이 돌아왔네. 그들은 아무것도 보지 못했지만 산책은 실컷 했다고 말하더군. 식당으로 가서 다시 소다수를 마셨네. 그들은 더위를 피해 어디로 숨어야 할지 몰랐네. 그리고 중국인인 어린아이에게 식당의 긴 쪽 천장에 매달린 큰 부채를 흔들라고 시켰어. 단지 모슬린 술 장식이 달린 마포의 넓은 조각이었네. 부채에서 문까지 끈들이 늘어져 있었는데 하인은 그 끈을 잡아당겨서 방을 시원하게 만들었네. 그런데 이 모습을 보면 이것이 일시적인 시원함이라는 생각에서 벗어날 수 없을 거라네. 하인이 끈을 잡아당기는 것을 멈추기만 하면 마치 목욕탕에서 자네들에게 털외투를 입혀주는 것처럼 바로 되어버릴 테니.

조금 앉아 있다가 우리는 선장의 소형 보트 쪽으로 갔네. 우리가 그들의 보트를 찾을 것이라고 생각하는 인도인 무리가 뒤따라왔어. 예상과 달리 그들은 갖가지 방법으로 우리에게 도움을 주려고 노력하더군. 한 명은 우리가 배에 탈 때 빛을 비춰주려고 양초 심지에 불을 붙였고 다른 사람은 손을 잡아주었네. 우리는 그들에게 호텔에서 거스름돈으로 받은 몇 센트를 주고 출발했지.

전함으로 돌아오는 것은 오늘의 산책에서 가장 유쾌한 시각이었네. 아주 선선했기 때문이네. 밤은 조용했다네. 주변의 맑은 수평선 위에는 산꼭대기와 숲의 검은 그림자가 날카롭게 갈라서 있었고 선명하게 불빛이 빛나고 있었네. 이곳에서 볼 수 있는 하늘의 변치 않는 장식이야. 머리 바로 위로 별빛들이 은색 실처럼 흘러내리고 있었네. 그러나 물이 무엇보다도 좋더군. 노를 저을 때마다 무척 깨끗한 은빛 물살을 퍼냈지. 물살이 폭포같이 쏟아지고 작은 보트 주위에서 멀리로 불꽃같이 이리저리 튀겨나갔다네.

1853년 5월 27일

우리는 넷이서 더 철저하게 계획을 짜서 산책을 할 예정으로 오전 열한 시경에 출발했네. 그러나 이 시각도 늦은 시각이었지. 걸어가고 싶었지만 불가능한 일이었네. 지나가는 길에 항구에서 우리는 밑이 평평한 중국 범선을 둘러보았네. 멀리서부터 중국 범선은 우리의 호기심을 자극했어. 배꼬리와 뱃머리는 균형이 잡히지 않은 채 높게 물 위로 떠올라 있었네. 닭다리를 하고 서 있는 비둘기장을 닮은 이 무너질 듯한 건조물은 와르르 무너질 것 같아 보였네. 밑이 평평한 범선은 하늘색, 빨간색, 노란색으로 칠해져 있었지. 양 방향의 뱃머리 쪽에 물고기 눈이 하나씩 그려져 있었네. 중국인들은 물고기와 닮은 이런 배들을 만들고 싶어 하네. 우리 배가 다가가자 보트들이 길을 내주었어. 중국인들은 웃으면서 우리를 맞이해주었네. 다섯 명 정도 되었는데 어떤 이들은 반나체였고, 다른 이들은 꾀죄죄하게 옷을 입고 있었네. 우리는 곧바로 부엌의 난로 근처로 들어갔어. 난로 근처에서 요리사가 부산을 떨고 있었네. 굴뚝에서 우리는 숨이 막힐 듯한 고약한 냄새가 나는 증기를 느꼈네. 밑이 평평한 범선에는 다양한 나무들이 실려 있더군. 나무는 빨간 백단향과 다른 것들로, 중국으로 가져가는 것이었네. 이 나무들이 너무 미끄러워서 우리는 간신히 다리로 버티고 서 있을 수 있었네. 우리는 계단을 따라서 뒤 갑판으로 올라갔네. 그곳에는 오목한 곳에 불상들이 있는 사당이 있었어. 양 옆으로는 더러운 선실들이 있었네. 한 중국인은 언뜻 보기에 주인인 듯한 사람의 변발을 빗어주고 있었네. 그들은 말없이 우리를 쳐다보았고 우리에게 변발을 빗는 것을 보라고 허락하더군. 모든 것은 나무판자, 작대기, 인피로 만든 돗자리로 덧대어져 있었네. 돛 역시 돗자리가 덧대어 있었어. 배의 키는 투박하고 거칠며 볼품없었네. 우리는 떠났어. 우리 보트를 타고서야 숨을 자유롭게 쉴 수 있었고 중국인들이 이 배들을 타고 광동에서 이곳까지 바닷길 2,900킬로미터를 달려왔다는 것에 놀라워했네. 훨씬 나중에 중국 바다의 고요함 속에서 흔들리거나 지나가는 계절풍으로 순조롭게 나아갔던 우리는 이 중국의 배들이 어떻게 해서 멀리 갈 수 있었는지 이해하게 되었다네. 그 대신에 얼마나 많은 배가 폭풍을 만나 좌초되었는가!

시냇물로 곧장 가서 밑이 평평한 많은 범선과 때로는 짐을 때로는 승객을 태우고 앞뒤로 왔다 갔다 하는 작은 보트를 지나간 후에 우리는 석조 상점으로 가득 차 있는 해안 도로로 들어섰네. 우리나라의 시장과 매우 비슷하더군. 아치 아래 쭉 뻗어 있는 상점, 헛간, 묶음 더미, 나무통이 거기에도 있었네. 똑같은 소음과 움직임도 있었어. 상인은 대부분 중국인이었네. 물건을 도매로 팔고 있었는데 중국에서 유럽으로 가져왔거나 반대로 유럽에서 중국으로 가져가는 물건들이야. 물건들이 드디어 소매상에게 온 거라네. 중국인들이 우리가 자바 섬에서 본 것과 같은 옷을 입고 등받이가 없는 의자에 앉아 있었네.

부유한 사람들은 여성용 잠옷과 비슷한 하얀 목면으로 된 짧은 외투와 검푸른색 실크로 만든 넓은 바지를 입고 있었네. 머리 앞쪽은 면도하고 있었고 길고 자연적인 변발이나 가발을 하고 있었네. 모자를 쓰지 않고 그 대신에 부채를 들고 있었네. 바로 이것이 그들의 복장이라네. 중국인은 부채를 손에 들고 다니네. 햇빛에 나갈 때에도 그 부채로 머리를 가리더군. 그러나 야외에서 일하는 서민들은 가벼운 갈대로 엮어 만든 모자를 쓰고 있어. 그 모자는 매우 넓은 챙으로 된 원뿔 모양이었네. 나는 자바 섬에서 말레이인들을 보았는데 그들은 단지 거북이의 등껍질을 자신의 머리에 쓰고 있었네. 유럽인들이 걸어 다니고 있었네… 자네들은 그들이 무엇을 쓰고 다닌다고 생각하는가? 그들은 리넨으로 된 모자를 쓰고 있었지! 돈키호테의 모자와 매우 비슷했네. 그런데 어째서 밀짚모자는 보이지 않는 거지? 밀짚모자가 더욱 좋다고 생각했네. 게다가 마닐라는 가깝고 거기에는 매우 좋은 짚이 있거든. 이후에 나는 경험을 통해서 짚이 이 햇빛을 막기에는 너무 약하다는 것을 확신하게 되었어. 밀짚모자는 안이 텅 비고 공기가 통하도록 작은 구멍을 낸 이중으로 된 것이네. 다른 이들, 특히 선장들은 밀짚모자를 쓰더군. 그들은 터번 모양의 하얀 직물로 밀짚모자의 꼭대기와 챙을 감싸네.

우리는 석조 노점들을 지나 마침내 중국인들의 집이기도 한 목조 노점에 도착했네. 위층에 거주하는 방이 있었고 아래층은 상점이었지. 여기에는 시각과 후각을 자극할 만한 모든 것이 모여 있었어. 윗옷을 입지 않은 중국인들은 치마나 바지를 입고 있었네. 그런데 단지 허리 주위에 천만 두른 이들도 있더군. 그들은 등받이가 없는 의자나 입구의 앞에 앉아 서로 긴 변발을 빗겨주거나 머리와 턱수염을 깎아주고 있었네. 이러면서 시간을 다 보내고 있었네. 이것은 그들의 점심 후 휴식이었어. 몇몇 시바리스인이 앉아서 머리를 탁자 위에 올려놓았네. 이발사는 이발 후에 이들의 등을 오랫동안 두드리기 시작했네. 이것은 마치 우리나라 러시아에서 발뒤꿈치에 간지럼을 태우거나 목욕탕에서 사냥꾼들에게 만족스러워할 때까지 관절 마사지를 해주는 것과 비슷하더군.

깔끔하게 면도한 머리와 얼굴, 벌거벗은 거무스레하면서 누런 몸의 모습은 때로는 늙은이 같고 때로는 젊은이 같아 보였어. 에너지와 강직함은 보이지 않고 매끈하고 부드러우며 교활한 인상이었네. 생활 모습의 상세함과 거리에서 보이는 가족의 내면적인 생활 상태 등 이 모든 것은 매우 독특하지만 매력적이지는 않았다네.

상점에 걸려 있고 진열되어 있는 물건도 대부분 눈과 코를 돌리게 만들더군. 날고기, 구운 고기, 소금에 절인 고기, 생선, 가재, 연체동물들을 볼 수 있었네. 바로 거기서 잡동사니도 볼 수 있었지.

바로 그곳에는 이동할 수 있는 조그만 상점이 있는데 거기에는 화로와 냄비가 있고 그 안에 국수나 가루로 만든 젤리 비슷한 음식과 족편이 있었네. 결코 눈길을 주고 싶지도 않은 것들이야. 그런데 바로 옆은 정반대더군. 바로 과일과 채소를 파는, 매력적인 상점이었네. 파인애플, 망고스틴, 수박, 오이, 바나나 등이 무더기로 쌓여 있었어. 과일 사이에서 나이든 중국인을 볼 수 있는데, 그는 백발의 변발을 하고 벌거벗은 채 안경을 끼고 앉아서 장사하고 있었네. 어디선가 갑자기 마늘 냄새와 피할 수 없는 어떤 냄새가 났네. 사향 냄새와 비슷한 것으로, 백단나무와 다른 향나무들이 풍기는 것 같더군. 여기에다 코코넛 기름 냄새, 담배와 아편 냄새까지 심했네. 이 모든 냄새 때문에 너무 곤혹스러워졌어. 이 모든 냄새가 무더운 인도의 공기 속에서 도처로 강하게 퍼져나갔네.

우리는 중국인 구역에서 나와서 목조로 된 높은 다리를 건너 유럽인 구역으로 들어갔네. 여기는 완전히 다른 곳이더군. 광활한 공간, 깨끗함, 담쟁이덩굴, 하늘색의 풋나물처럼 작은 덩굴식물이 덮은 완전한 격자 울타리 저택들은 아름다운 건축양식으로 이루어져 있었네. 교회가 두 개 있는데 개신교와 가톨릭교의 교회였네.

교회들은 큰 마당과 빽빽하게 심어져 있는 무화과, 머스캣종 포도와 다양한 나무, 많은 꽃으로 둘러싸여 있었네. 한 인도인이 안내자를 자처하면서 우리에게 달라붙었어. 우리는 그에게 언덕에 있는 총독의 집으로 안내하라고 명했네. 길은 머스캣 포도나무들 등자나무, 장미 관목 사이에서 눈부신 오솔길을 따라서 나 있었네. 모든 풀은 날 건들지 말라는 뜻을 지니는 미모사 꽃이었지. 우산으로 건드리자마자 곧바로 우산을 따라 오므라들더군.

총독 집이 있는 언덕 정상까지 갈 수 있는 가능성은 없었네. 덥고 땀이 얼굴을 따라 줄줄 흘러내렸어. 우리는 언덕 중턱에 서서 항구와 언덕 근처에 있는 잘 정리된 유럽인 구역 쪽을 바라보며 감탄했다네. 그러고 나서 우리는 구원의 그늘인 호텔로 우리를 데리고 가라고 명했지. 발코니에 다다라서 아침을 주문했네. 아침 식사 전에 먼저 소다수를 많이 마시고 나서야 겨우 정신을 차렸네. 우산이 있었음에도 태양은 무자비하게 우리의 다리, 등, 가슴 등 햇빛이 닿을 수 있는 모든 것을 태워버렸거든.

유럽 사교계는 거의 그들 나라 출신 영사들로 구성되어 있다네. 그들은 해안을 따라 나 있는 산책길의 아름다운 집들에서 살고 있네. 여기에 사는 유럽인은 전부 400명가량 되고 중국인은 40명쯤 되며 인도인과 말레이인, 그 밖의 다른 아시아 민족은 2만 명 정도 살고 있네. 이것이 섬 전체에 살고 있는 인구라네. 나는 도시에서 많은 유럽의 집이 점점 사라지고 있는 것을 보았어. 몇몇의 집에는 임대를 놓는다는 문구가 적혀 있는 종이들이 붙어 있었네. 회반죽을 덕지덕지 칠한 오래된 건물인 거래소는 홍콩이 생겨난 이래 되살아나지 못하고 있더군. 이로 인해 싱가포르가 교역에서 어느 정도 손실을 입고 있네. 몇몇 유럽인, 특히 영국인들은 그곳 홍콩으로 활동 영역을 옮겼네. 중국인 역시 중국에서 가져온 물건들을 팔 기회를 잡으려고 이곳 싱가포르로 오는 일이 훨씬 줄어들기 시작했지.

그런데 싱가포르는 유럽, 아시아, 호주, 인도 반도 사이에서 창고 역할을 하는 장소이니, 결코 황폐해지지 않았네. 말레이 해적과 중국 해적의 은신처 역할도 겸하고 있지. 이들은 이곳 바다에서 여전히 매우 강하고 많은 수에 달하네. 그들은 여기에서 온화한 상인의 모습을 하고서 대부분 약탈한 물건을 팔고 있지. 이들은 자신이 파는 무기와 약탈한 물건들을 사람이 살고 있지 않은 섬의 작은 만에 숨겨놓는다네. 벨처는 싱가포르에 사는 중국인들이 특히 해적들을 위한 무기를 제조한다고 말하더군. 그래서 해적을 몰살하기가 거의 불가능하다네. 그들의 섬에는 수비를 매우 잘할 수 있는 장소들이 있어서 어떠한 무력으로도 이들을 꺾을 수가 없다는 거야. 이 천혜의 만에는 해적들의 작은 쾌속 범선만 들어갈 수 있으니 거대한 군함이 그들에게 다가갈 방법이 있을 수 있겠는가.

돗자리로 덧댄 돛들을 달고 있는 기다란 하천용 짐배들이 항구에 쭉 늘어서 있는 것을 보면서 나는 생각했네.

'아마도 절반은 해적일 거야.'

거래소에는 중국, 아르메니아, 페르시아의 상인들이 무리 지어 있었네. 영국인도 포함되어 있었지. 사람들은 점점 많아지고 더 활기차게 되어갔네. 여기 보이는 중국인 하나는 거지와 다름없는 벌거벗은 몸으로 갈대 모자를 쓰고 서둘러 뛰어가고 있는데, 실에 꿴 어떤 잡동사니 같은 것 혹은 생선 조각 혹은 간이나 내장을 점심으로 가져가고 있네. 여기 또 한 사람은 나무 상자에 물과 파인애플, 다른 과일을 넣어서 가지고 가고, 세 번째 사람은 등이 흰 황소 두 쌍을 타고 짐을 실어가고 있어. 페르시아인은 하얀 모슬린으로 만든 가운을 입고 앞으로 나갔는데, 바로 창백하고 윤기가 없는 얼굴빛과 교활한 눈을 가진 조로아스터교 신자들이더군. 유럽 외투를 입고 있는 아르메니아인도 있었네. 용수철 달린 사륜유개마차는 중국인들을 태우고 상점에서 중국인 구역으로 달려가고 있었네. 그리고 어떤 영국인은 말을 타고 가고 있었지.

아침 식사를 조금 한 후 우리는 사륜마차를 불러오라고 보냈네. 그리고 교외로 가자고 명했어. 사륜마차와 마부들은 도시의 마지막 구경거리는 아니지만 곧바로 눈에 띈다네. 내가 전에도 말했듯이 자네들이 보트에서 해안으로 겨우 걸음을 떼자마자 몇몇 마부들이 자신의 사륜마차로 자네들 주위를 둘러쌀 걸세. 용수철이 없는 사륜유개마차는 요람처럼 안락하다네. 마차 안에는 2인용 좌석이 있지. 만약 비좁게 앉는다면 4인용도 될 거네. 쿠션과 벽에는 돗자리들을 대었네. 편도로 가까운 거리를 갈 때는 사륜마차를 50센트에 고용하고 더 멀리 간다면 1달러에 고용하네. 하루 종일 마차를 빌리는 것도 역시 1달러라네. 마부를 위한 자리는 없네. 마부는 힘이 있어 말의 고삐를 잡고 말과 나란히 뛰어간다네. 참을 수 없는 더위 때문에 유럽인은 사륜마차를 거의 타지 않지. 싱가포르에는 포장도로가 없네. 하지만 마치 우리나라 옐라긴스키 공원 어떤 곳처럼 모래가 깔리고 고르게 펴진 가로수 길이 있네. 인도인들은 반쯤 벗은 채 작은 천을 두르고 머리카락을 깎고 터번을 쓰고 있거나 혹은 많은 머리카락을 지니고 다니는데 그것은 그가 어떤 신앙을 의탁했느냐에 따른 거네. 그는 정확하고 우아하게 그리고 멀리 뛰어가지. 느리게 다리를 뒤로 젖히고 가지런한 치아들을 보이며 미소를 짓기도 하네. 밤에는 등을 매달고 다녀야만 하는데 그것은 이곳이 깜깜해서 지적을 분간할 수 없기 때문이야.

마부들은 우리를 데리고 처음에 말레이 교외촌, 인도 교외촌, 중국 교외촌을 따라 질주해갔네. 말레이의 주택은 단지 대나무로 만들어진 새장 같았어. 그 새장은 마른 야자수 잎으로 덮여 있었네. 습기나 벌레도 막을 수 없으니 헛간으로 불릴 만하지. 중국인들은 좀 더 부유하네. 2층으로 꽉 들어찬 집들이 줄지어 있네. 아래로는 상점과 공작소가, 위로는 발을 드리운 주거 공간이 있더군. 인도인들은 흙벽 오두막에 살고 있네.

주변에 온통 야자수나 코코넛 나무가 자라고 있고 밀이 자라는 밭이 약간 있네. 커피와 설탕 재배지들이 있는데 적다네. 늪과 무성한 숲뿐이어서 무언가 심을 자리가 없어. 남아시아의 주된 식량인 쌀은 플라카와 인도 반도에서 싱가포르로 수입되고 있네. 그 대신에 나무가 얼마나 많던지! 빵나무, 뽕나무, 머스캣종 포도나무, 야생오렌지나무, 바나나 나무, 다른 나무들이 있네.

우리는 도시를 가로지르는 강변을 따라 마차를 타고 갔네. 강이 도시 이름을 딴 것인지 아니면 도시가 강의 이름을 딴 것인지 몰라도 그 강은 싱가포르라는 이름이더군. 강은 더럽고 탁해서 눈을 즐겁게 하지 않았어. 게다가 좁은데 얕지도 않았네.

강변을 따라 흙벽 오두막과 오막살이가 펼쳐져 있었네. 때로는 인도인이, 때로는 말레이인이 오막살이에서 바깥을 내다보았어. 한

곳의 큰 초원에서 우리는 한 무리의 남자, 여자, 아이를 보았네. 이들은 빛나고 날카로운 눈을 하고 빨간색과 파란색 옷을 입고 있었네. 이들은 나무에서 무엇인가를 따고 있더군. 그곳 강에서 물소 머리가 튀어나왔네. 창백하고 면도를 오래전부터 하지 않은 중국인이 뜨개질한 모자를 쓰고 땀을 흘리면서 물소에 짐을 얹어 끌고 왔네. 몇 명은 작은 상점 근처나 자신의 상점과 땅바닥에 무릎 꿇고 무리 지어 앉아서 입 앞에 그릇을 대고서 두 젓가락으로 쌀밥을 떠먹고 있었지. 때때로 검은 국물이 담긴 다른 그릇을 집어 들고 능수능란하게 젓가락으로 조각들을 건져내어 먹더군. 우리는 다리를 몇 개 지났다네. 멀리 언덕 위에 측백나무, 바나나 나무, 야자나무 숲들 사이에서 유럽인의 별장이 언뜻 보였지. 마침내 우리는 중국인 구역으로 다시금 들어섰네. 그러자 이런저런 냄새가 우리를 다시금 붙잡았어.

상점 몇 군데에서 아편 판매가 허가됨이라고 쓰여 있는 영어 표지를 보았네. 우리는 아편을 피우는 것을 보고 싶어서 조그만 상점으로 갔어. 그런데 그곳에서는 단지 아편을 팔기만 하더군. 마부들이 여러 상점에 우리를 데려갔네. 불쾌하고 더러운 작은 방에서 벌거벗은 중국인들이 우리에게 아편을 피워보라고 권했지. 드디어 일꾼 같아 보이는 한 남자가 어떤 상점을 지나 어두운 곳간으로 우리를 데려갔네. 그곳의 더러운 돗자리에는 아편을 피우고 있는 한 사람이 누워 있었네. 그는 계속 아편을 막대처럼 말아서 둥글고 큰 담배 파이프의 아주 작은 구멍에 넣었어. 그런데 답답함, 주변에 있는 중국 부엌에서 풍기는 악취에 더위까지 너무 심해서 우리는 아편의 효력이 시작되기를 기다리지 못하고 멀리 달아나고 말았다네. 그리고 중국인 구역에서 빠져나온 후에야 자유롭게 숨을 쉬었지.

우리 중 몇 명은 무엇인가 사야 한다며 유럽 상점으로 데려가 달라고 시켰네. 그런데 고유한 유럽 상점은 없더군. 유럽인은 도매 거래만 했네. 짐들을 수입하고 수출하고 있는 거지. 모든 소매 거래는 중국인들이 휘어잡고 있네. 중국인 상점은 컸고 방 두 개를 차지하고 있었네. 상점에는 없는 것이 없더군! 리넨, 비단 직물, 담배, 향수, 비누, 립스틱, 끝으로 중국의 조각품, 차 등등이 있었네.

갑자기 우리의 눈에 띈 것이 있었네. 마포 조각에 페를로프의 공장이라고 적힌 러시아 상표가 있었지. 삼베였네.

우리가 영국인 판매원에게 물었네.

"저것은 어디에서 어떻게 왔나요?"

"이것은 미국산 삼베입니다. 하지만 러시아 상표가 있지요."

나는 상점에서 일부러 꾸물거렸네. 마부들에게 쉴 시간을 주고 싫었거든. 그런데 그들은 이것에 대해 별로 생각하는 것 같지 않았어. 마차에 타고 가면서 처음에 나는 그들이 뛰는 것을 지켜보았네. 그러나 30분 뒤에는 보는 것이 이미 익숙해졌다네. 나는 보고 그들은 뛰는 거라네.

"우리는 또 어디를 더 가야 하지? 무엇을 봐야 하지?"

"이런! 우리는 어느 정도 인도에 있었지요. 여기에 코끼리들이 있지요. 코끼리들을 타봐야만 하지요."

우리가 일꾼에게 물었네.

"여기에 코끼리가 있는가?"

"있습니다."

"코끼리들이 도대체 어디 있단 말인가? 코끼리가 많은가?"

"한 마리 있습니다."

"한 마리라! 이런 한 섬을 위해서는 충분하겠군! 그런데 그 코끼리를 탈 수 있는가?"

"아니요, 탈 수 없어요. 그 코끼리는 설탕 공장에서 일해요."

네 시경에 거리를 돌아다니면서 산책길을 걸은 후에 유럽의 집 근처에 있는 정원에 감탄하여 바라본 우리는 런던 호텔로 돌아왔네. 그리고 지금 부채 바람을 쏘이고 있네. 점심 식사를 하려고 벨을 눌렀어. 아직 입맛이 돌아오지 않았지만 나는 크류드네르 남작과 함께 그가 말한 대로 무엇을 먹고 있는지 살펴보려고 갔지. 그런데 나는 항상 이런 상황에서 크류드네르 남작은 보다라는 동사에 매우 많은 의미를 부여하는 것을 깨닫곤 하네. 식당은 마당에 지어진 특별한 목재 회랑에 자리 잡고 있었네. 이 회랑은 모든 방향으로 확 트여 있었지. 우리나라에서 볼링 게임을 위해 만들어진 회랑 같았네. 그리고 바로 그곳 마당에는 이 게임을 하기 위한 다른 회랑도 있었네. 길고 긴 식탁, 식탁 위 천장에 매달려 있는 부채, 구석에 있는 그리 푹신하지 않고 예쁘지도 않은 소파 2개가 이 홀의 장식품 전체였네. 이미 그곳에는 15명 정도 되는 영국인과 미국인이 있더군. 그들은 영국에 있는 듯이 여느 때처럼 셰리주, 포트와인, 에일 맥주를 마시고 있었네.

점심은 영국 풍습에 따라 모든 것이 식탁에 차려져 있었네. 뜨거운 요리를 우리에게 주었어. 맛을 보니 고향의 맛이었네.

나는 크류드네르 남작에게 말했지.

"이건 우하[281]예요."

크류드네르 남작이 학자처럼 내가 한 말을 바로잡았네.

"생선수프예요."

그다음에 생선을 내왔는데 내겐 생선이 신선해 보이지 않았네. 좋은 삶은 채소도 주었네. 모두 원하는 것을 집었네. 그런데 음식이 열 가지나 놓여 있어서 선택을 해야만 했어. 돼지고기는 흔하지 않은 흰색에 신선도와 맛이 있었네. 이곳의 돼지를 공평하게 평가해야 되지 않겠는가. 외관상 돼지는 우리나라 것보다 못생기고 좋지 않았네. 이곳 돼지는 키가 작고 털이 뻣뻣하며 등은 굽고 배는 땅에 닿아 있었지. 돼지들은 지방덩어리 때문에 거의 걸어 다닐 수 없었네. 하지만 맛은 무척 부드럽더군. 이곳에서는 돼지를 매우 부드럽게 대하네. 나는 물소 두 마리가 끄는 짐수레가 돼지들을 실어가는 것도 보았지. 모든 돼지는 그들의 키를 고려해 만든 특수한 둥근 우리 안에 있었네. 그곳에서는 우리나라에서처럼 때때로 거리 전체에 울려 퍼지는 귀청이 터질 만한 비명은 들리지 않았네. 또 한 번은 중국인 두 명이 돼지가 태평스럽게 누워 있는 바구니를 어깨에 짊어지고 조심하라는 표시를 하며 심지어는 존경을 나타내는 표시를 하며 오는 것도 보았지.

싱가포르와 같은 장소, 즉 교역 중심지이자 창고지인 곳들을 나는 전혀 좋게 보지 않네. 더 정확하게 말해서 유쾌하게 바라보지 않지. 이런 곳은 전부 우연성과 상황에 의해서 강요된 필연성의 흔적들을 보여주거든. 유럽인을 만나면 그가 어쩔 수 없는 필요에 의해서 이곳으로 가장 짧은 기간 동안 왔다는 것을 알게 되네.

그곳에서 10년가량 살고 있는 사람의 얼굴에도 다음과 같이 적혀 있네.

"극한 상황이 나를 이곳으로 몰아넣고 있지요. 첫 번째 기회가 생긴다면 나는 떠날 겁니다."

건물에도 이렇게 적혀 있는 것 같네.

"영사가 필요 없다면 나는 이곳에 없을 텐데. 영사가 아니라면 당장 나는 죽거나 없어질 거요."

크류드네르 남작과 함께 나는 식탁에 앉아 있는 모든 사람을 관찰했네. 전 세계에서 재산을 늘리기 위해 모여든 그들은 서로 자신의 생각을 느긋하게 전했네. 그런데 한 젊은이가 외모로 우리의 관심을 자극했네.

크류드네르 남작이 영국인을 가리키며 말했네.

"보십시오. 정말로 아름다운 사람이군요!"

"정말로 그렇군요!"

실제로 그는 늘씬하고 상냥하고 피부는 잿빛이고 생각하는 듯한 촉촉한 하늘색 눈과 아마처럼 부드럽고 가벼우며 우아하게 꼬여 있는 곱슬머리를 하고 온화한 얼굴에 목소리도 차분했네. 오, 유럽에서 어떻게 이런 행운아가 왔는가? 무엇이 그를 이곳으로 끌어당겼지? 황금을 찾아온 것인가? 그는 여자들 사이에 있다면 좋을 텐데. 그의 아름다움에 견줄 수 있는 이는 오로지 영국 여자들뿐일 걸세. 그는 온화하고 깨끗하며 현명한 아름다움을 지닌 영국식 유형의 사람이었네. 만약에 이렇게 표현할 수 있다면 말이야. 거기에는 어떤 장미도 없었고 백합도 없었으며 아치형의 눈썹도 없었네. 단지 깨끗함 속에 그리고 선들과 음영들의 조화로움 속에 모든 본질이 있었네. 마치 훌륭하게 만들어진 꽃다발에서 보는 것처럼 말이지.

나는 그 미남을 보았네. 그가 대화하는 것과 표정을 지켜보았지. 나는 알고 싶었네. 그는 자신이 아름답다는 것을 알고 있는지, 자신의 아름다움을 귀중히 여기는지, 다시 말해 그가 멋쟁이인지 아닌지를 말이야. 그런데 여기에는 여자들이 없었네. 이런 사실은 단지 여자들이 있을 때만 알 수 다. 이 미남에게는 불행이었네. 만약 추남이 자신의 추함으로 모욕을 주지 않기 위해서 많은 도덕적인 기품이 필요하다면, 미남은 자신의 아름다움으로 인해 다른 사람에게 상처를 주지 않기 위해서는 더 많은 품성이 요구되지. 아름다움을 감추기 위한 지혜 하나만 해도 얼마나 많은 것이 필요할까! 하지만 이런 일은 자주 일어나지 않네. 아름다움에 대한 인식을 하지 않도록 인위적으로 다가가야 하며 그 아름다움을 잊어야 하네. 즉 잊어야만 한다는 사실을 끊임없이 기억해야만 한다네.

나는 백발을 한 미국 선장과 함께 대화를 나누면서 저녁까지 호텔에 머물렀네. 선장은 우리 식탁에 다가와 자신에 대해서 열심히 이야기했네. 젊었을 때부터 바다를 따라 여행하면서 40년을 지냈다네. 이제 짐을 영국으로 가져가는데 그곳에서 6주 후에 뉴욕으로 보낼 거고 그다음에 리우데자네이루[282]로 보낼 거라더군.

돌아오는 길에 다시 우리 위에 밤하늘의 광경이 빛나고 있었네. 한쪽에는 곰 자리가, 다른 쪽에는 남십자성이 있었고 더 멀리에는 카노푸스, 센타우루스자리, 강력한 하늘의 나그네인 목성이 있었는데 이 별들은 많은 빛을 발산하고 있었네. 그런데 그들 뒤로 분홍색의 연한 황색 불빛으로 궁수자리가 광채를 내고 있었어. 풍경 위로 펼쳐진 검은 구름이 더욱더 검게 보였네. 그 구름을 따라 번개가 지나다녔지. 노들은 다시금 부드럽게 은빛의 수면을 헤쳐 나가고 있었네. 우리 뒤에 있는 중국인 구역은 상점에 매달려 있는 다채로운 등으로 반짝였고 항구를 따라 선박들의 불빛이 어슴푸레 보였네. 우리는 밑이 평평한 범선들 근처를 지나갔어. 이 중국인 범선들의 흉한 실루엣들은 별이 가득한 하늘이 비치는 물 위에 큰 그림자들을 드리우며 무겁게 요동치고 있었네. 이렇게 배를 타고 가면 공기 탓에 더워지고 물 덕분에 시원해지네. 1년 내내 그렇다네. 1년 내내라고 생각해보게나! 같은 풍경, 같은 하늘, 물, 더위가 말이네! 촉촉한 눈을 가지고 열심히 숨을 들이쉬고 있는 반쯤 열린 입, 흥분된 가슴을 가진 미녀의 열정적인 미소를 바라보는 것이 아무리 유쾌하다 하더라도 단지 이 얼굴만 보고 그 얼굴 속에서 근심이나 생각이나 부끄러운 홍조나 슬픔을 결코 보지 못한다면 감상에도 지치게 될 것 아닌가.

그러나 나에게 공짜로 점심 식사와 샴페인 두 잔은 주어지지 않았네. 영국인의 쇠로 된 위장만이 음식과 생활습관에서 유럽식 규칙을 무난히 따를 수 있었지. 다른 이들은 날씨 때문에 많든 적든 고생을 해야 했네. 참기 힘든 무더위는 낮에도 밤에도 계속되었지. 문을 활짝 열고 바람이 통하는 곳에 앉아도 전혀 도움이 안 되네. 밤공기는 마치 예의바른 손님처럼 문 쪽에 서서 선실 안쪽으로는 들어오지 않았네. 바깥 공기와 전혀 소통을 시켜주지 않더군. 오후에 눈부신 태양의 광채로 뒤덮은 듯한 물은 마치 열로 녹아내린 은처럼 빛이 났네. 그 빛은 저항할 수 없는 매력을 풍기며 사방으로 떨어졌다네. 절벽과 종려나무의 꼭대기 위로 그리고 배의 갑판으로 떨어졌지. 그리고 빛이 굴절하면서 사방으로 불과 광채의 폭포는 계속 흘러내렸네. 흰 갑판은 코끼리의 뼈처럼 빛났고 절벽 위의 모래는 눈처럼 하얗게 보였네. 모든 것은 뛰어가서 모습을 감추며 자신을 보호하고 있었네. 유럽인은 집에 있거나 천막아래 보트로 갔네. 해안에서는 마차를 탔지. 단지 보트에 대자로 누운 인도인만 빛 아래서 때로는 이쪽으로 때로는 저쪽으로 몸을 뒤척이며 잠을 잤네. 햇빛에 단련된 그의 피부는 멋지게 윤이 났으며 빛은 피부 속으로 스며들지 않고 피부를 따라 미끄러졌네. 반쯤 머리를 깎은 중국인은 노를 흔들어 움직이거나 배의 키를 돌렸지. 그리고 항구를 따라 갑판이 없는 하천용 짐배를 타고 가거나, 아니면 유럽의 배 근처에서 망치로 두드리거나 짐을 끌고 가는 일을 하더군.

외치는 소리가 들렸네.

"아아! 이곳에서 곧 떠날 것인가?"

마시고 싶었네. 무엇을 마시고 싶은 거지? 물은 따뜻해서 차 맛이 나더군. 얼음이나 눈을 먹고 싶네. 고향에 있는 얼음을 먹는다면 얼마나 달콤하고 유쾌할 것인가!

주위에 있는 모든 것은 무척 빛났네. 더 화려한 전경을 상상할 수 없을 정도였지. 낮의 하늘이 밤하늘 못지않았네. 한 구름이 다른 구름 뒤로 느리게 지나가 수평선 광채 속으로 천천히 잠겨갔네. 노을빛은 분홍색의 환상적인 불꽃으로 빛났어. 마치 대서양에서처럼 여기에서 구름은 신비로운 무늬로 무리를 이루었다네.

그런데 해안에서는 어떤가? 어두운 녹색 잎들이 달린 종려나무가 있었는데 그 잎들의 끝은 마치 잘려나간 듯해 나무 전체가 이

발한 것처럼 정확하게 다듬어져 있었네. 길고 뾰족하며 사방으로 뻗어 있는 잎들이 나 있는 야자수도, 그리 크지 않고 선명한 녹색의 굵은 잎을 지닌 머스캣종 포도나무도, 야생 오렌지 나무도, 바나나 나무도 있었네. 바로 이것이 우리를 둘러싸고 있었네!

갑자기 풍경이 바뀌었네. 빛은 모든 곳에서 희미해지더니 비가 왔어. 어디서 구름이 나타난 걸까? 하늘은 마치 이불로 덮인 것 같았고 구름은 흘러갔네. 5~10분이 지나자 놓아둔 나무통이 빗물로 가득 찼네. 그런데 이런 일이 얼마나 계속될까를 생각할 겨를도 없이 이것이 끝나버렸고 다시금 건조해졌다네. 이곳에서는 먼지가 생기지 않네. 풀과 건조한 산기슭 땅을 따라 발걸음을 떼어 보게나.

이런 기후에서는 사람들이 얼마나 싼 값에 살고 있는가! 옷이라고는 허리 근처에 두른 리넨이나 면 조각이 전부네. 남아 있는 모든 부분은 맨살이지. 장화도 신지 않고 셔츠도 입지 않네. 유럽인들은 장화도 신고 셔츠도 입고 있네. 물론 원한다면 이것들을 기꺼이 벗어던질 수 있을 걸세. 바지도 말이야! 식량은 쌀 한 움큼이고 디저트는 엄청 싼 파인애플이네. 만약 파인애플이 싸지 않다면, 다른 사람의 울타리에서 삐죽 나와 있는 공짜 바나나가 있네. 이 바나나도 없다면 나무에서 땅으로 바로 떨어지는 머스캣종 포도

열매가 있지. 마실 것은 더럽고 탁한 물이 아니라 하더라도 자네들이 언제든지 먹을 수 있도록 준비된, 그 누구에게도 그리도 동시에 모두에게 속해 있는 야자가 있네. 생활하는 것은, 즉 자는 것은 어느 곳에서나 가능하네. 어디에 눕든지 따뜻하고 건조하니까.

야자에 대해서 좀 더 말해보겠네. 우리는 그것들이 곧 마음에 들었네. 만약 아직 초록색일 때 나무에서 따면 바로 마실 수 있지. 그 즙이 서늘하거든. 그러나 야자를 며칠 동안 놓아두면 즙은 따뜻해지고 걸쭉해지네. 익은 야자에 있는 즙은 마치 우리나라의 일반적인 견과류 속처럼 그 안에서 단단한 막을 형성하지. 우리는 아몬드에서 즙을 짜듯이 이 속에서 즙을 짰네. 그 즙은 기름기가 많고 달콤해서 그냥 마실 수는 없고 차와 커피를 마실 때 크림 대신에 넣어 마시면 좋네.

이 열매가 이곳 넓은 열대지방에서 얼마나 많은 역할을 하고 있는지 모른다네! 이 열매는 사람들도 먹고 동물들도 먹네. 그 즙은 다들 마시지. 그 심으로는 기름을 짜는데 이 기름은 중국, 샌드위치 제도, 많은 다른 곳에서 교역의 중요한 품목 가운데 하나가 되고 있지. 이 나무로는 집을 짓고 잎으로는 집을 덮으며 열매로는 그릇을 만들 수 있네.

그런데 우리 모두 파인애플 먹는 것에 질렸네. 사냥꾼들은 하루 종일 파인애플을 먹네. 한 사람은 세 개나 먹은 것처럼 말했는데 우리는 이것을 자기자랑으로 받아들였네. 여기서는 파인애플 꼭대기를 1베르쇼크 이상 잘라내어 버리는데 꼭대기가 맛이 없어서가 아니라 나머지 부분이 더 맛있기 때문이야. 그러고 나서 필요 없는 부분을 잘라내면서 겉껍질과 과육을 나선으로 자르면 즙이 칼을 따라 흐르네. 파인애플 조각은 입에서 스르르 녹는다네. 모든 사람이 선실에 파인애플을 많이 매달아두었지. 그러나 우리 장교 가운데 한 명이 파인애플의 녹색 뿌리에서 작은 전갈 세 마리가 기어 내려오는 것을 알아챘네. 처음에는 전갈을 거미라고 생각했다더군. 얼마 후 배에서 수병 한 명이 아마도 이 전갈 가운데 한 마리에 발을 쏘인 것 같았네. 그 발이 굉장히 부었는데 종기가 생겼다 사라지며 사건은 끝이 났네.

도대체 싱가포르란 어떤 곳인가? 나는 아직 이것에 대해 아무것도 말하지 않았네. 크기가 몇 마일 되고 적도 중앙의 북위 1.3도 말레이 반도의 끝 부분에 자리 잡은 작은 섬이네. 싱가포르를 1819년에 말레이의 한 술탄이 영국인들에게 내주었네. 영국인들이 이 술탄이 자신의 영토에서 견고히 자리를 잡도록 도왔던 게지. 네덜란드인들이 첫 번째 적이었던 다른 술탄에게서 그곳, 즉 리오 해협에서 교역하는 곳을 빼앗은 지 얼마 되지 않았다는 사실을 알아두게. 영국인은 교역하는 곳에서는 자신의 물건들을 가지고 나타나곤 하네. 그들은 그곳에서도 그와 같이 행동했지. 그런데 네덜란드인은 자신이 교역을 하는 곳에 다른 이들을 들여보내지 않는 관습이 있다네. 이 모든 것이 바로 싱가포르가 생겨나 번창했지만 네덜란드인의 정착지는 몰락한 이유라 할 수 있네.

덴마크 전함 갈라테야호의 선장이자 여행 작가인 스텐 빌은 지금의 싱가포르의 교역을 고대의 베네치아와 비교했네. 확실성이 부족한 비교였고 이 비교는 별로 싱가포르를 칭찬하는 경우가 아니었네. 베네치아 공화국 시대의 자본이 영국 자본에 비할 수나 있겠는가? 당시의 동방과 서방 사이 베네치아의 상황은 싱가포르의 상황에 비하면 아무것도 아니라고 할 수 있지 않겠는가? 싱가포르가 생기기 전 인도, 중국, 말레이 반도, 호주, 샴, 코우친, 미얀마 제국 사이에서 말이야. 이 지역들은 모든 생산품을 싱가포르로 보냈고 그곳에서 유럽으로 보냈네. 그런데 지금은 유럽에서 이곳으로 가지고 오지 않는 것이 무엇인가? 오늘날의 편리함에 비해 이른바 당시의 호화로움이라는 것은 과연 무엇인가? 호화로움은 악덕이고 기형성이며 사람이 자연적인 요구의 경계 너머로 부자연스럽게 이탈하는 것이고 방종이라네. 새의 뇌나 혀로 만든 음식 혹은 생선살 요리 한 접시에 금화 1,000냥을 지불하는 게 과연 방종이나 기형성이 아니고 무엇이겠는가? 이 음식들이 덜 비싼 다른 음식보다 그 맛에 있어서 훨씬 부드럽기 때문이 아니라 이 뇌나 생선을 구하기가 힘들기 때문이라는 이유로 말이지. 혹은 그 누구에게도 없는, 비록 재산의 반을 주어야 그 그릇을 살 수 있을 정도의 좋은 그릇에 담아서 식사를 하는 것은 어리석은 일이 아닌가? 몸을 돌리기도 힘들고 혹은 거미줄로 된 것과 같은 레이스를 입고 앉아 팔꿈치를 괴는 것도 힘들 수 있는 그런 황금으로 자신의 온몸을 묶는 것은 어리석은 일이 아닌가?

베네치아 시민들은 이 모든 것을 했네. 그들은 벨벳으로 만든 튼튼한 벤치에 앉았고 까칠까칠한 침대에서 잤네. 그리고 자신의 화려한 광장들을 어둠 속에서 손으로 더듬으며 다녔지. 그리고 오늘날 개념과 약간이라도 닮은, 삶의 예술을 확실하게 이해하지 않은 것 같아. 즉 모든 의미, 모든 건강하고 신선한 즙을 삶에서 짜내는 예술에 대한 이해를 말이네.

즐거움 속에서 허영심과 무례한 방자는 바로 호화로움의 두드러진 특징이지. 그 때문에 호화로움은 오래 유지되지 않지. 호화로움은 흥분되고 덧없는 삶을 사네. 어떠한 크로이소스스[283]도 호화로움 속에서 헤라클레스[284]의 기둥까지 도달하지 못한다네. 포화 상태에서 쇠약해진 후에 몰락하면 호화로움은 교역도 쇠약하게 했어. 호화로움 근처에는 항상 보이지 않는 적이 숨어 있었네. 그 적은 극도의 가난이네. 금빛으로 반짝이는 여신이 높은 곳에서 흔들리기 시작할 때 극도의 가난은 잠시 동안 망을 보네. 그러다가 저속한 누더기 옷을 걸친 가난은 왕후와 재빠르게 충돌하여 왕후의 자리를 차지하고 앉아서 남은 위대한 것들을 갉아먹어버리지.

베네치아 하나만이 아니라 예를 들어 스페인을 기억해보게나. 생각해내기도 어려울 만큼 아름다운 망토를 입은 스페인이 후에 정말 더러운 망토를 입고 있다고 말이야! 그러면 스페인과 베네치아가 매한가지 아닌가?

호화로움이 있는 곳에는 교역이 없네. 이것은 장애물을 뛰어넘는 경주와 같아서 뛰어넘고 상을 거머쥐지만 다리를 부러뜨리게 된다네.

안락함은 그와 같지 않네. 호화로움이 어리석음, 자연과 이성으로 보이는 필요성에서 기형적이고 부자연스럽게 이탈하는 반면, 안락함은 이 요구들을 이성적으로 만족시켜준다네. 엄격하고 세세할 정도로 해주는 만족감이지. 호화로움을 위해서는 많은 부가 필요하지만 안락함은 보통의 방법으로 얻어진다네. 부자는 자신의 침대를 발랑시엔 레이스로 장식하지만, 안락함은 얇고 새로운 리넨 천 조각만 있으면 되네. 호화로움은 보석이 박힌 황금 안락의자에 앉아서 금과 은으로 된 접시에 놓인 음식을 먹지만, 안락함은 그 안락의자가 비록 희귀한 나무로 만든 것은 아니더라도 부드럽고 평온한 것이면 되고 식탁에 고령토나 자기 그릇이면 충분하지. 호화로움은 보기 드문 야생조류와 철이 아닌 귀한 과일을 요하지만 안락함은 평범한 식탁을 지키네. 하지만 대신에 안락함은 운명이 인간을 어디로 내던진다 해도 어느 곳에서든지 식탁을 차릴 수 있네. 아프리카에서도 샌드위치 제도, 노르웨이에서도 말이야. 그 어디에서도 안락함은 신선한 저장품과 부드러운 쇠고기, 어린 닭, 오래된 포도주면 되네. 어디에서도 안락함은 파리, 런던, 페테르부르크에서 보통 입고 다니는 나사와 실크를 찾으려 하네. 어느 곳에서든지 제화공, 재봉사, 세탁부가 준비되어 있지. 호화로움은 다른 사람들이 가질 수 없는 것을 자기는 가졌으면 하고 갈망하지만, 안락함은 반대로 자신에게서 보통 볼 수 있는 것을 다른 사람들에게서 찾고자 하네.

전 세계적인 교역의 과제는 이 물건들의 값을 내리고 또한 사람이 자신의 집에서 익숙해진 방법과 편리함을 어디에서나 손쉽게 얻을 수 있도록 하는 것이기도 하지. 합리적이고 정당한 목표야. 그렇게 되면 미래의 성공은 의심할 여지없이 보장되네. 교역은 어디든지 퍼져 있고 문명화의 결실을 세계 곳곳에 퍼트리면서 계속해서 퍼져가고 있네. 안락함과 문명화는 거의 동의어라네. 더 정확하게 말하면 안락함이 문명화의 피할 수 없는 이지적인 결과물이라 할 수 있네. 그리하여 교역은 몇몇의 무분별한 변덕이 아니라 비록 약하지만 많은 합리적인 필요성에 부응하면서 결코 쇠퇴하지 않을 걸세. 그렇게 되면 일은 이미 반쯤 된 거네. 유럽인이 발을 내딛기만 하면 그 어디에서든 자네들은 안전, 풍요로움, 평안과 함께 자네들이 집에서 옷 속에 다리를 집어넣으면서 누리는 행복의 깃발 아래 있게 될 테지.

싱가포르는 전 세계적인 시장 중 하나야. 이곳으로 모든 것이 모여들지. 필요한 것, 불필요한 것, 인간에게 유용한 것, 해로운 것이 다 모이네. 여기에는 필요한 직물과 곡식, 독극물, 치료 효과가 있는 풀이 있네. 독일인, 프랑스인, 영국인, 미국인, 아르메니아인들 페르시아인, 인도인, 중국인이 물건을 사고팔러 모여드네. 여기에는 다른 필요성도 다른 목적도 없네. 호화로움은 이곳에서 예리한 독들과 향신료들을 사오라고 하고 안락함은 옷, 속옷, 가죽, 포도주를 사오라고 하며 길을 내고 집을 지으며 초목이 빽빽이 우거진 곳을 뚫고 나가네….

보기 흉하게 밑이 평평한 범선이나 덜 가공되고 완성되지 않은 막대한 부로 가득 찬 동인도 상선들 앞에서 도금된 배들을 가지고 있는 고대 베네치아는 도대체 무엇을 의미하겠는가?

아직도 할 말이 있네. 소수만이 나가갈 수 있던 호화로운 것이 문명화 덕분에 모든 이가 쉽게 다가갈 수 있는 것이 되었네. 북쪽에서 파인애플은 5~10루블 하지만 이곳에서는 푼돈이면 되지. 문명의 과제는 그 파인애플을 북쪽으로 빠르게 운반하여 자네들과 내가 맛좋은 그 파인애플을 것을 먹기 위해 5코페이카를 지불하게 하는 것이네.

진보는 벌써 많은 승리를 거두었지. 50년 전에 했던 세계 일주 여행의 묘사를 읽어보게. 무엇이 있었는가? 바로 시도였네! 여행가는 일련의 박탈과 가난을 통과해서 지나갔고 소금에 절인 고기를 먹고 콧구멍을 눌러 막은 후 물을 마셨네. 야만인과 싸우기도 했지. 지금은 어떠한가? 자네가 인도인, 중국인, 야만인이 있는 항구에 나타나자마자 보트들이 이곳에서 우리를 둘러쌌던 것처럼 자네를 둘러쌀 걸세. 중국인 세탁부 혹은 인도인 세탁부가 페테르부르크에서처럼 자네의 얇은 옷을 가져가 빨아서 풀을 먹여줄 테지. 긴 변발을 하고 짧은 상의와 넓은 바지를 입은 재봉사가 나타나서 모직과 직물의 견본을 보여주고 치수를 재며 유럽식 양복을 만들어줄 거네. 해안으로 내려가보게. 이제 더 이상 주민들은 사방으로 흩어져 달아나지 않고 무리 지어 자네를 맞이해줄 걸세. 그것은 자네와 싸우기 위해서가 아니라 호텔로 가는 용수철 달린 사륜유개마차와 가마를 타라고 권하기 위해서라네. 호텔에는 마치 유럽에서처럼 부드러운 비프스테이크, 붉은 포도주, 셰리주, 깨끗한 침대가 있지.

나는 약 이틀 동안 해안으로 내려가지 않았네. 아파서 그물 위에 팔꿈치를 괸 채 나는 서 있었네. 그리고 하늘, 주변의 섬, 숲, 해안을 따라 펼쳐져 있는 초가집, 밑이 평평한 범선, 보트가 출발하는 항구를 감탄하며 바라보았다네. 인도인과 중국인을 눈여겨보고 말하는 소리에 귀를 기울여 들었어.

특히 호기심을 끄는 것은 우리 수병들이 원주민에게서 과일과 다양한 물건, 상자, 부채, 일반 직물 등을 사는 모습이었네. 쓰는 말이 어떤 것이든 그들은 서로 이해하는 것이 아니겠는가! 한번은 내 위임을 받은 파데예프는 돈을 가지고 파인애플이나 다른 무엇인가를 사려고 보트로 내려갔네. 그곳에서 그가 말다툼하며 화를 내더군. 마침내 흥정이 끝나고 그는 필요한 것을 가지고 왔네.

그가 뒤를 돌아보며 말했네.

"이런 빌어먹을! 저들과는 말이 안 통할 겁니다! 어제 50코페이카를 말했는데 지금은 1실링을 원하는군요."

"그럼 자네는 그곳에서 그들과 어떻게 말했지?"

"영어로 말했죠."

"자네는 어떻게 붙어보았나?"

"바로 물건을 손에 집어 들고 물었죠. 얼마요?"

드디어 나는 몸이 나아져서 몇몇 동행자와 함께 싱가포르로 출발했네. 이곳에는 유명한 교역상의 이름 밤포아가 있네. 광동에서는 만이나 조선소를 그렇게 부르지. 이 싱가포르 상인이 태어난 곳이 어디인지 나는 모르고 단지 밤포아라고 부른다는 것만 아네. 그는 중국에서 와서 여기에서 약 20년 정도 살고 있네. 뇌물을 지불하지 않았기에 집으로 돌아갈 수 없었지. 지금 그럴 마음도 거의 없을 걸세. 그는 훌륭한 상점과 집, 거대한 저택을 가지고 있네. 우리 배에 탔던 사람들은 그의 상점에서 모든 것을 장만했고 우리도 그의 상점으로 향했다네.

입구에 무척 뚱뚱한 중국인이 앉아 있었는데 그는 모든 사람과 똑같이 입고 있었네. 짧은 상의와 파란색 넓은 바지를 입고 사슴 가죽으로 만든 매우 높은 구두창이 있는 구두를 신고 있어서 걸어 다닐 수도 없고 뛰어다닐 수도 없어 보였네. 머리는 물론 앞 쪽은 반쯤 깎고 뒤 쪽은 변발을 하고 있었네. 이곳에는 판매원인 영국인과 중국인들이 몇 명 있었네. 뚱보는 주인이기도 했네. 상점은 전 세계의 여느 상점과 다름없었네. 중국 제품들, 니스 칠한 패물함, 부채, 조각된 코끼리뼈, 야자나무로 만든 다양한 소품 등을 구비하고 있었네.

이 시장을 살펴본 후에 우리는 다시 도시와 모든 구역을 자주 코를 막으며 따라갔네. 그 구역은 말레이인 구역, 인도인 구역, 중국인 구역이었네. 그 후에 불교 사당 앞에 멈추라고 시켰네. 격자 모양으로 된 울타리가 있는 잠긴 문들은 빈틈없이 거리로 나 있었네. 격자 모양으로 된 울타리 너머로 귀퉁이가 구부러진 지붕이 보였네. 모든 것은 빨간 물감, 녹색 물감, 노란 물감으로 강렬하고 알록달록하게 칠해져 있었지. 인도인 안내인이 우리에게 작은 문을 열어주더군. 그래서 우리는 석판으로 포장된 깨끗한 큰 마당으로 들어섰네. 오른쪽에는 우물이 있었고, 그다음에는 비어 있는 벽이 있었으며 구석에는 사방으로 열린 부엌이 있었네. 이곳에는 석판과 화로에 지글지글하는 소리가 나며 다양한 음식을 튀기고 삶고 있었네. 근처에서는 중국인 몇 명이 부산을 떨고 있었지. 왼쪽으로 벽의 가운데에 제단, 우상, 향기로운 밀랍 양초들이 타고 있는 작은 사당이 있었네. 제단 앞에는 스님이 무릎을 꿇고 앉아 있었어. 스님은 작고 동그란 북을 막대기로 치면서 노래를 부르듯 말끝을 길게 늘여서 약간 콧소리를 내듯이 책을 읽더군. 그곳에 있는 작은 방에는 식탁 옆에 중국인 몇 명이 앉아서 스님에게 전혀 관심을 보이지 않은 채 무엇인가 꿰매고 있었네. 나는 스님의 얼굴을 힐끔 보았는데 그는 창백하고 말랐으며 눈을 감고 있었네.

마당에는 바나나 나무, 종려나무, 머스캣종 포도나무들이 벽을 따라 가득 심어져 있었네. 마당 가운데에 주요한 사당이 있었는데 이 사당은 꽤 넓고 사방으로 열려져 있는 건물로 귀퉁이가 모두 구부러진 서너 개의 지붕을 가지고 있었네. 이 동양의 화려함 속에는 얼마나 많은 금도금, 조각, 은빛으로 빛나는 장식, 인조돌이 있으며 얼마나 속된 취미가 보이는지! 중국인과 인도인은 건축과 건물 장식에 그들만의 취향을 공동으로 보태고 있는 듯해. 그리하여 이 돌과 금에 대해 자신의 생각을 알리며 건축과 건물의 장식에 대한 자신의 취향을 내놓았던 것 같았네. 그래서 돌, 번쩍이는 금, 생생한 색이 혼합된 빛바랜 직물 더미를 보면서 도대체 이것이 어떤 건물 양식이며, 어떤 장식인지 생각할 수가 없었네. 사당 내부에 우상들이 놓여 있는 벽장이 세 개 있었고 주위로는 지붕이 있는 회랑이 있었어. 울타리와 벽 어디든지 조각이 되어 있었고 심지어 화강암의 지붕을 지탱하고 있는 기둥도 투박하게 조각되어 있었으며 동물들이 세워져 있었네. 어떤 보살과 다른 두 개의 우상 사이에는 시종 두 명을 거느린 부처가 있었지. 이 모든 우상은 무섭고 추한 얼굴을 하고 있었다네. 그런데 이곳에는 그림이 있었는데 현재, 과거, 미래의 상징이었네. 우상 앞에 매우 가늘고 긴 초들이 타고 있었네. 나는 어떤 나무로 만들어졌는지 알아보고 싶어서 초 한 개를 부탁했네. 인도인은 즉시 초를 들고 와 불을 붙여 나에게 주었지.

그런데 아바쿰 사제가 재빠르게 말했네.

"침을 뱉고 버리십시오. 우상에게 초를 세우라고 준 거니까요!"

불교 사당에서 나와 우리는 인도 사원의 브라흐마 우상숭배자들에게 갔네. 조잡하고 평평하게 깎인 거친 돌로 만들어진 꽤 높은 탑을 지나 나무를 심은 넓은 마당으로 들어갔지. 곧장 기둥에 지붕이 있는 회랑이 사원으로 이어져 있었네. 그런데 우리가 몇 걸음 가지도 전에 노래를 부르듯 책을 읽고 있던 인도인이 우리를 멈춰 세웠네. 그는 말없이 우리 장화를 가리켰어. 장화를 벗거나 더 이상 가지 말라고 말하는 거더군. 우리는 멈추어 서서 사원을 멀리서 바라보았네. 그런데 그곳에는 볼 것이 아무것도 없었네. 불교 사당에 있던 것과 같은 금을 입힌 우상들이 놓인 세 개의 벽장이 있었네. 그러나 이곳에 있는 우상들은 알록달록하지 않았고 단지 선명한 색으로만 장식되어 있었어. 사원 밖 회랑에는 목조로 된 작은 말이 있었는데 우리나라의 광대 짓을 하는 어린 말과 닮았네. 그러나 인도인이 우리에게 무언가 설명한 바에 따르면 그 말은 큰 품종이며 다양한 장식품을 달고 몸에 온통 그림이 그려져 있었으며 기념 행렬을 위해 준비된 말 같았네.

우리는 뒤로 갔네. 인도인은 다시 책을 보며 노래를 시작했네. 그리고 다른 두 사람은 무릎을 꿇고 앉아 들더군. 네 번째 사람은 벽장에서 장미를 접시에 담아 우리에게 가져다주었지. 우리는 근처와 말레이의 회교 예배당을 눈으로 둘러보았네.

아무것도 없는 담을 본 후에 동료 한 명이 말했네.

"나는 카잔[285]에서도 이것을 보았습니다."

우리는 나와서 거리와 시냇물을 따라가기 시작했네…. 갑자기 이상한 음악 소리가 들려 깜짝 놀랐네.

거리를 따라 행렬이 늘어져 있었네. 그런데 중국인들의 더듬거리는 말 때문에 우리는 어떤 행렬인지 알 수 없었네. 단지 슬픈 행렬이라는 것은 알았네. 어떤 이들은 우리가 하는 질문에 아프다는 말만 되풀이했어. 그런데 중국에서 머물렀던 우리 동행 한 사람이 이것은 고인의 장례 행렬이라고 설명해주더군. 행렬은 머리부터 발끝까지 모슬린 면사포를 덮은 두 여자를 팔을 부축하고 데리고 가고 있었네. 앞에는 성직자들이 있었고 그다음에 누더기 옷을 입은 어떤 부랑자들이 소리치면서 가고 있었어. 악사들은 징을 들고 앞서 가고 있었네. 우리는 용수철 달린 사륜유개마차에서 나와 행렬

사이에 끼었네. 나는 음악이 매우 볼품없다고 말하지 않을 걸세. 아니, 음악에는 선율이 있지만 빈약하고 괴이하네. 행렬은 좁은 골목으로 갔고 우리는 호텔의 발코니에 앉아 느긋하게 보내려고 돌아왔네.

다음 날 우리는 새로운 항구와 호주에서 도착한 증기선을 둘러보려고 했다네. 쾌속정을 타고 출발했지. 날씨는 항상 그렇듯이 무척 좋았네. 우리는 좁은 해협으로 갔는데 이 해협은 싱가포르와 다른 작은 섬들 사이에 있었네. 그 섬들은 선명한 에메랄드색 풀로 덮여 있었고 태양은 절벽 위로 강렬한 빛들을 쏟아내고 있었네. 이런 강렬한 빛을 받으며 절벽 위로 올라간다는 생각만으로도 끔찍하더군. 그런데 중국인들과 말레이인들은 벌거벗은 채 몇몇은 모자도 쓰지 않은 채 그곳을 기어 올라가고 있었네. 모자를 쓰지 않은 유럽인들이라면 가끔 소나기를 만나 지붕 밑으로 뛰어가는 것보다 더욱 빠르게 지붕 밑으로 뛰어가 숨어야 할 걸세.

유럽식 별장과 마을, 해안은 온통 풀에서 파묻혀 있네. 가는 곳마다 풀과 종려나무가 무성하네. 마침내 우리는 부두에 도착해서 증기선 쪽으로 걸어갔네. 그런데 나에게 증기선은 무슨 의미가 있겠는가? 나는 잠깐 들렀다가 떠났네. 하지만 나의 동료들인 수병들은 온갖 너트와 나사못을 일일이 주시하더군. 나는 부두를 따라 걸어갔네. 예비 창고의 육중한 문들은 닫혀 있었네. 그 문 뒤에는 유럽, 중국 혹은 호주로 보낼 짐들이 보관되어 있지. 창고들은 지금은 조용하지만 기다리고 있던 깃발이 나부끼면 이 문들은 활짝 열려 그리로 수많은 사람이 들락거리게 될 걸세. 바로 이곳에 광대한 석탄 헛간들이 세워져 있었네. 100명 이상의 중국인을 막일꾼으로 부리기 위해 3~4푸드로 고용했네. 그리고 쉽고 날렵하게 짐들을 어깨에 짊어지고 온힘을 다해 이 강렬한 햇빛아래 마치 불꽃을 내뿜는 듯한 숨을 내쉬며 증기선으로 옮겨가도록 했지. 그런데 막일꾼들은 아무렇지도 않은 모양이야. 그들은 벌거벗은 채 머리에 아무것도 쓰지 않고 있었네. 그들이 갈대로 된 넓은 모자를 쓰면 어깨에 짐을 메고 나르는 것이 걸리적거렸거든. 그들의 변발은 방해가 되지 않도록 여자들처럼 뒤통수로 틀어 올렸네. 많은 사람이 매우 매끄러운 여자 얼굴을 하고 있더군. 턱수염과 콧수염은 거의 기르지 않고 있었네. 그 수염을 기르는 것 자체가 불가능했어. 그들의 얼굴은 대부분 똑똑해 보였네. 더 정확하게 말해 이해가 빠르고 더 교활하기까지 한 얼굴들이었지.

우리는 이 모든 교역 건물과 창고 근처를 지나서 언덕의 종려나무 그늘아래 있는 관목 쪽으로 들어섰네.

"이런, 목이 마르구먼! 그런데 마실 게 뭐가 있나?"

그곳 해변은 텅 비어 있었고 사용하지 않고 있었네. 다행히 우리 수병들은 파인애플을 잔뜩 사서 우리와 나누어 먹었네. 그들은 모든 중국인이 하듯이 파인애플을 적당하게 잘 잘라서 주었어.

우리는 항구를 지나 도시로 향했네. 가는 길에 어떤 영국 요트를 따라갔네. 그 요트는 때로는 오른쪽으로, 때로는 왼쪽으로 길을 바꿔가며 우아하게 원을 그리고 가고 있었어. 그러나 우리의 수병 역시 근사했다네. 수병들은 옷깃에 파란 테두리가 있는 흰 와이셔츠의 가슴 단추를 풀고 흰색 모자를 쓰고 있었네. 그들은 전진 구령에 따라 억센 손을 단번에 뻗으며 여섯 개의 머리가 전부 노로 일제히 향했지. 마치 사자가 발톱으로 땅을 할퀴는 것처럼 그들은 노를 가지고 물을 힘껏 저어갔네.

우리는 시냇물로 갔네. 그리고 이미 낯익은 매점과 거리를 돌아다니기 시작했어. 그러나 사람들의 다양한 얼굴, 화려한 의복, 알몸, 다양한 몸 색깔, 날씬하고 우아한 인도인, 분주하며 누르스름한 중국인, 후추나무 잎을 끊임없이 씹고 있는 갈색빛의 말레이인, 산더미 같은 상품, 과일, 풍부하고 강렬한 채소까지 이 모든 것이 있었음에도 눈은 곧 피로해졌고 무언가를 찾고 찾게 되더군. 그런데 그것을 발견할 수가 없었네. 이 무리에는 절반이라고 할 수 있는 가장 생생한 꽃이 없었던 걸세. 바로 호화스러움인 여자들이 없었다는 뜻이야.

주민 6만 명에서 여자가 단지 700명쯤이라고 생각해보게나. 유럽 여자들, 즉 영사들 또는 교역에 종사하며 살고 있는 다른 이들의 아내나 딸은 얼마 안 되었네. 그리고 그들은 북쪽의 꽃들처럼 그늘에 숨어 있었지. 중국 여자와 인도 여자는 더 적었네. 우리는 교외에서 혐오스러운 중국 노파들을 몇 명 보았을 뿐이야. 젊은 여자들은 거의 하나도 없었네. 그 대신에 젊고 꽤 아름다운 인도 여자들을 몇 명 보았네. 큰 금 귀걸이, 반지, 팔과 다리에 찬 은팔찌가 눈에 띄었지.

유럽 여자들을 볼 수 있는 곳은 그들의 집이거나 오후 다섯 시부터 일곱 시까지 그들이 산책길을 따라 세련된 마차를 타고 갈 때라네. 이 마차는 폭신한 쿠션으로 덮여 있고 부인들은 이곳의 공기처럼 가볍고 맑은 천으로 된 옷을 입고 그 머리에는 마치 나비 한 마리가 머리 위에 앉아 있는 것처럼 옷보다 가벼운 모자를 쓰고 나선다네. 이 부인들은 녹색의 물 곁에 있는 커다란 바나나 나무와 종려나무 그늘 아래로 난 아름다운 길을 따라 느릿느릿하게 지나갔지. 내가 이해할 수 없는 게 한 가지 있네. 영국 여자들 앞에서 바지라는 단어를 발음할 수 없는 영국 남자는 감히 영국 여자들의 침실로 들어갈 용기를 내지 못하는데, 이 영국 여자들은 어떻게 바지를 전혀 입지 않고 돌아다니는 이곳 주민들 사이에서 살고 있는가 하는 거야. 아니면 그들이 자신보다 낮은 모든 것에 대해 귀족적인 무시로 무장하고 있는 것인가? 마치 노예 앞에서 수치심을 느끼지 못한 채 그들이 있는 데서 목욕하는 로마의 부인들처럼 말인가…? 아마도 그런 거 같네. 분명히 기후가 성향을 바꾸었을 테지.

싱가포르에 대해서, 아니 밤포아의 별장에 대해서 마지막으로 할 이야기가 하나 더 있네. 이 상인은 우리를 자신의 집으로 초대했거든. 이 상인은 누구를 초대하는지 지정하지 않고 네 시에 자기 집에서 기다리겠다는 말만 했네. 그의 상점에 들러서 그곳에서 함께 출발하자고 말하더군. 우리는 다섯 명이서 출발했네. 그의 상점에서 제자리에 앉아서 움직이지 않고 부처처럼 엄숙한 표정을 짓고 있는 그를 만났네. 두 명은 자신과 함께 용수철 달린 사륜유개마차에 타라고 청했어. 그 자신은 상점에 앉아 있었을 때와 마찬가지로 같은 상의를 입고 모자를 쓰지 않은 채 마차를 탔지. 다른 이들은 빌린 마차에 탔네. 별장까지 약 4.8킬로미터, 즉 4베르스타 정도 되었네. 마부들은 더위 속에서 달려갔네!

도랑으로 둘러싸인 매끄러운 길은 플라타너스, 과일나무, 나지막한 늪지 사이로 나 있었네. 길에서도 지나갈 수 없는 무성한 숲들이 보이더군. 그 숲에는 살쾡이, 나무늘보, 무엇보다도 호랑이가 둥지를 틀고 있었네. 싱가포르 섬에 사람이 살지 않았을 때는 이 동물들이 없었네. 그런데 싱가포르에 사람들이 이주해오자마자 말레이 반도에서 이 맹수들이 점점 늘어나기 시작해 사람들과 가정에서 기르는 동물들을 불안하게 만들기 시작했지. 이 맹수들을 퇴치하려는 사냥꾼들은 아직 나타나지 않아 현재는 맹수들이 사람들을 해치고 있네. 싱가포르는 여전히 자신의 니므롯[291]들을 기다리고 있다네. 이곳의 호랑이들은 인도 반도에서처럼 거대하고 강하다고들 하지. 이들은 한 종이라네. 이 맹수들은 이틀에 한 명 꼴로 사람을 죽였네. 특히 중국인이 많이 죽었네. 아마도 여기서 그들은 40명 정도 죽었고 그 밖의 다른 주민들은 20명 정도 죽었을 걸세. 그런데 우리와 함께한 사람들은 아무 일도 없었지. 하지만 한 중국인이 키우던 개는 좀 더 멀리 숲으로 들어가는 바람에 호랑이가 잡아갔네.

우리는 거의 한 시간 동안 갔네. 그때 갑자기 어떤 장소에서 우리 마부들이 말들과 마차를 끌고 관목 속으로 가더군.

"어디로 끌고 가는가? 호랑이를 만나지는 않겠는가?"

"아니요. 이것은 밤포아의 별장으로 가는 오솔길이에요."

도대체 이것은 무엇인가? 아무리 내가 고유한 무엇인가를 찾을 준비가 되어 있고 밤포아가 부유하고 그가 잘산다는 것을 아무리 많이 들었다 하더라도 우리가 본 것은 예상을 훨씬 뛰어넘는 것이었네. 밤포아는 별장을 둘러싸고 있는 정원을 우리에게 보여주라고 즉각 지시했어. 중국의 정원에 대해 좋기도 하고 나쁘기도 하다고 말들을 하지. 어떤 이들은 중국인들에게는 순수한 취향이 전혀 없어서 자연을 훼손시킨다고 주장하네. 중국인들은 자신의 정원에 축소된 산, 호수, 바위를 만들어서 그로 인해 오래전부터 우습고 기형적인 모습이 되었다고 하지. 그런데 10년 동안 베이징에서 살았던 우리의 동행 한 명은 그와는 반대로 중국인은 정원 예술을 그 어떤 민족보다 더 잘 이해하고 있다고 말하더군. 중국인들은 바위를 뚫어서 강제로 시냇물을 흐르도록 해주고 앞서 언급한 모든 것을 만들어주지만 그것을 이상한 모습으로가 아니라 반대로 광대한 규모로 만들어 북경의 황제 정원들이 이런 유에서 모방할 수 없는 예를 보여주고 있다고 했어. 어떤 말을 믿어야 할까. 황제 정원들이 다른 사람들의 정원들보다 더 광대하고 더 넓게 조성되었다는 것은 이해되네. 하지만 개인 정원은 어떤지 한번 보도록 하세.

좁은 오솔길은 집에서 사방으로 나 있네. 그곳에는 큰 종의 나무나 관목, 꽃이 심어져 있다네. 주인은 사냥꾼일 뿐만 아니라 실무에 밝은 사람이야. 우리에게 모든 식물의 특징을 자세하게 설명해주었어. 식물들은 체계적인 순서로 심어져 있었네. 나는 모든 식물의 이름을 열거하지 않을 것이고 열거할 수도 없네. 그것은 부분적으로는 잊어버렸기 때문이고 부분적으로는 영국식 명칭을 반도 이해하지 못했기 때문일세. 비록 밤포아가 20년 정도 싱가포르에 살면서 영어를 영국인처럼 말했음에도 말이야.

주인이 관목 하나하나마다 우리를 데려가며 말했네.

"바로 이것은 정향나무이고 이것은 후추나무입니다. 그리고 이것은 대추야자나무이고 이것은 가시나무 사과이고 이것은 목화 관목이고 이것은 빵나무 열매입니다."

한마디로 하면 인도가 생산한 모든 것이었지.

꽃들 사이에서 특히 흥미로운 것은 수생식물, 즉 거대한 백합과 연꽃이었네. 이것들은 물로 가득 찬 작은 도랑에서 자라고 있었어. 물로 가득 찬 거대한 연못에서 자라는 관목들 역시 훌륭했네. 중국에서 여기로 가져온 담쟁이덩굴과 약간 비슷해. 연못에서 뿌리 주위로 금붕어들이 헤엄치고 있네. 주인의 설명에 따르면 이 관목은 너무 빨리 자라 만약 그대로 놓아둔다면 약 2년 뒤에는 정원 전체를 뒤덮어버릴 것이라더군. 게다가 물 이외에 그 어떤 것도 이 관목에는 필요 없다네. 이것이 사실인지는 모르겠네. 여기에서 우리는 잎이 처음에는 어두운 빨간색으로 거칠지만 자라나면서 녹색으로 변하고 매끄럽고 긴 모양으로 되는 아름다운 식물을 보았네. 대나무와 바나나 나무는 정원에서 울타리처럼 가로수 형태로 자라고 있었지. 꽃들은 셀 수 없고 다른 것들보다 훌륭했네. 바로 거기에 파인애플이 자라고 있는 화단들이 있더군.

나는 여기에 있는 것들의 20분의 1도 언급하지 못했네. 전문가가 아닌 평범한 애호가인 나의 마음을 끈 것은 정원의 일반적인 모습이었어. 그렇다네. 이 정원에는 인도와 중국이 함께하고 있었지. 바로 이것은 열대 빛의 자식들이자 태양이 부드럽게 키워낸 사랑스러운 것들이자 자연의 귀족계급이라고 할 수 있는 식물들이었네! 모든 것은 화려하게 정돈되어 있거나 꽃을 피우고 있거나 향기를 내고 있었지. 모든 것은 그 속에 자연의 섬세한 선물을 지니고 있었네. 그것은 단순하고 무례한 요구에 걸맞지 않은 것이라네. 여기서는 장작을 패지도 않고 심한 굶주림을 겪지도 않으며 집도 배도 짓지 않을 걸세. 마치 예술작품을 즐기는 것처럼 자연의 이 섬세한 생산품을 즐기게 될 테지. 모든 나무와 관목마다 이런 독특하고 빛나는 아름다움이 있더군. 그리하여 그 나무 곁을 모른 채 지나갈 수 없으며 이 나무를 저 나무와 혼동할 수도 없다네. 밤포아 역시 화랑에 그림들을 배치하듯이 자신의 정원에 식물들을 지혜와 사랑의 마음으로 전문가처럼 훌륭하게 배치했네.

정원에는 식물 외에도 다양한 동물을 위한 장소가 있었네. 비둘기들을 위해 격자 모양으로 된 망대가 있는 작은 탑이 몇 개 지어져 있었네. 비둘기들은 우리나라의 비둘기들보다 작지만 더 화려하고 아름다웠어. 그리고 꿩들과 다른 새들을 위해서 철망으로 거대한 새장이 관목들 사이에 만들어져 있었네. 우리가 그 새장으로 들어갔을 때 놀란 공작새, 황새, 술주정꾼에게서 보이는 빨간 코와 눈을 가진 어떤 독특한 흰 오리들이 우리를 피해 달아나서 사방으로 떼 지어 날아갔네. 수생식물 근처의 다리를 건너서 모퉁이를 따라 헛간 쪽으로 갔어. 그곳에서도 역시 야생 염소와 작은 사슴들이 우리를 피해 이곳저곳 구석으로 달아났네. 특히 그곳 철사로 된 문 너머에는 화식조가 한 마리 앉아 있었어. 키가 크고 힘이 센 새로, 말과 비슷할 정도로 굵은 다리와 발이 볼 만하더군. 주인은 이 화식조가 말처럼 힘차게 걷어차는 버릇이 있다고 했네. 그러나 우리가 있는 데서 이 화식조는 가장 우스꽝스러운 모양새를 보여주었지. 우리가 새장으로 다가갔을 때 그 새는 다급하게 우리를 멀리하며 마치 숨을 다섯 번째 구석이라도 찾듯이 네 구석에서 뛰어다녔어. 그러나 우리가 멀리 나갔을 때 문으로 뛰어와 화를 내고 고약하게 야단법석을 피웠네. 발을 동동 구르면서 문을 양 날개로 치면서 쪼아댔네. 다시 말해 그 성격에서 보면 크르일로 프[287]의 우화와 딱 맞았네.

마침내 주인은 마지막으로 훌륭한 것을 보여주었네. 더할 나위 없이 좋은 아라비아의 말이었네. 은빛의 옅은 빛깔을 가진 매우 하얀 말이었지. 주인이 그 말을 무척 아낀다는 것을 알았네. 말은 자기 주인처럼 뚱뚱하고 반질반질했거든.

우리는 집으로 향했네. 그곳은 정원보다 훨씬 좋았네.

조각된 문들이 달려 있는 널찍한 현관에서 우리는 가죽이 깔린 목조 계단을 따라 위쪽 방으로 올라갔네. 방들은 발이 쳐져 있어 어스름했고 서로 둥근 문으로 연결되어 있었지. 어느 곳에든 정교한 작업을 거친 벽, 가구, 도금된 칸막이, 지붕이 있는 긴 회랑들이 있었네. 회랑은 온갖 종류의 세련된 호화로움으로 장식되어 있더군. 청동세공품과 도자기가 있었고 벽마다 형상들과 아라비아 식 무늬 장식이 걸려 있었네.

유럽의 안락함과 동양의 호화로움은 여기서 서로 악수를 청하고 있었네. 이곳이 눈에 보이지 않는 선녀의 궁전, 인도 수호신의 궁전, 샤쿤탈라[288]의 궁전인 듯했어. 여기에는 촉감이 느껴지는 듯한 모슬린 천으로 덮여 있는 침대, 매달려 있는 램프들, 원색의 중국 등불들, 호화스러운 유럽의 소파가 있었고 그 곁에는 길고 넓은 대나무 안락의자가 있었던 것 같아. 여기에는 조각 장식이 있는 금도금 기둥이 있었는데 이 기둥들은 여신이 한낮의 더운 시간에 매달려 있는 부채 아래에서 잠시 휴식을 취하는 벽장의 출입구인 듯했네.

그런데 여신은 없었네. 우리 근처에서 인도 우상 자신이 직접 왔다 갔다 하는 것 같았지. 인도 우상은 풍요와 비옥함의 상징인 밤포아였네. 과연 그는 벽 침대 속에 누워 모슬린 커튼 아래에서 쉬면 그에게 부채가 시원한 바람을 만들어주고 질투심이 강한 발과 조각된 금도금 칸막이들이 더위로부터 그를 보호해줄 수 있을 것인가? 그러는 것 같은가? 그렇다면 집에 왜 침실이 서너 개나 있는 것일까? 침대 아래 숨겨져 있는 아주 작은 저 구두는 누구의 것인가? 이것은 누구의 바구니인가?

모든 방은 어떤 신비한 존재, 즉 많은 꽃, 중국의 도서관, 화병, 패물함 덕분에 생기가 불어넣어져 있었네. 우리가 도착했기 때문에 누군가를 쫓아낸 듯했지. 그런데 집에는 살랑거리는 소리와 바스락거리는 소리도 들리지 않았어. 그곳에 화장실이 서너 곳 있었네. 의심의 여지 없이 밤포아는 아마도 아내를 두세 명 두었을 걸세. 그들은 도대체 어디에 있는 거지? 거대한 거울, 조각한 찬장, 중국의 자연과 예술이 빚어낸 기적을 지닌 이 별장도 주인을 포함하여 아내들이 없다면 무슨 소용이 있겠는가?

주인은 우리를 신선한 과일과 잼이 담겨 있는 많은 접시가 놓여 있는 커다란 둥근 식탁이 차려진 응접실로 초대했네. 그다음에 하인들이 셰리주와 포트와인이 담긴 목이 긴 유리병과 에일 맥주가 담겨 있는 유리병을 들고 왔지. 우리는 에일 맥주를 맛보았는데 좋아서 정신을 차릴 수가 없더군. 맥주는 얼음처럼 차가웠다네. 그래서 나는 이가 시렸네. 아주 차가운 물도 내놓았어. 주인은 자신이 깊은 지하실을 가지고 있다고 말했네. 게다가 그는 일부러 질산칼륨으로 맥주와 물을 차게 하라고 시켰더군.

우리는 집으로 갈 채비를 시작했네. 방들을 다시 한 번 돌아보았지. 그리고 집을 둘러싸고 있는 회랑으로 나갔네. 기가 막힌 광경이었네! 불타는 석양이 기가 막혔네! 수평선 위에 불이 나는 듯했네! 나무와 꽃들이 얼마나 아름다운 색으로 입혀 있던지! 이것들이 얼마나 뜨겁게 숨 쉬고 있는지! 정말 우리나라에서 빛나던 그 태양이란 말인가? 자작나무와 소나무 위에서 꺼져가는 희미한 빛, 마지막 빛과 함께 힘을 잃은 땅, 밭으로 뒤덮인 습한 증기, 하늘에 보이는 석양의 희미한 흔적, 해가 질 무렵 한기와 함께 밀려오는 졸음과의 싸움, 피곤한 사람이 밤에 죽은 듯이 자는 잠을 나는 기억해냈네. 그러자 갑자기 나는 그곳, 여기보다 더 시원한 그리운 나라 러시아로 가고 싶어졌다네.

우리는 떠났어. 돌아오는 도중에 나는 태양이 자취를 감추자마자 석양의 붉은 노을빛 사이로 별들이 벌써 희미하게 빛나고 있는 것을 보았네. 별들은 갑자기 확 타오를 준비를 하더군. 얼마 지나지 않아 선명한 선홍색 광채는 부드럽고 상냥한 톤으로 바뀌었네. 그때 우리는 아직 도시에 도달하지 못했어. 하늘과 숲은 완전히 다른 것으로 바뀌었네.

도시에는 벌써 불빛이 빛났어. 특히 중국인 구역이 종이로 만든 다채로운 등불 덕분에 화려하게 빛나고 있었네. 산책길의 바나나 나무 아래에는 음악이 울려 퍼졌어. 우리는 여기에 머무르며 밤이 깊어질 때까지 있었네. 어둠 속에서 나는 어떤 프랑스인과 우연히 만났네. 그 프랑스인과 함께 도시, 주민, 나라에 대해서 이야기를 나누었지.

"유럽인 400명이 신앙, 개념, 문명에서 아주 극단적인 차이를 보이는 6만 명에 달하는 이곳 주민들과 함께 어떻게 사이좋게 살고 있을까요?"

"그것은 대부분 세포이로 이루어진, 즉 영국 군대에서 복무하는 인도인으로 이루어진 경찰이 그 수가 꽤 많고 방심하지 않고 있기 때문이지요. 게다가 모든 유색인종은 백인에 대한 강한 존경심을 지니고 있지요."

6월 초에 우리는 싱가포르를 떠났어. 이곳을 아는 데 너무 많은 몇 주를 보냈네. 만약 우리가 하루만 더 머물렀더라면 무료함과 무더위 때문에 무엇을 해야 할지 몰랐을 걸세. 아니네. 싱가포르는 우리에게 맞지 않았네! 영국인들도 싱가포르에서 첫 번째 적당한 기회만 오면 이 기후에서 도망쳐 희망봉의 잭슨항으로 급히 가버리곤 하지. 다시 말해 적도, 작열하는 낮과 무더운 밤, 무사히 먹고 마실 수 없는 이곳을 피해 더 멀리 떠나가는 거라네.

싱가포르를 미련 없이 떠난 것이 기쁘네. 만약 거기로 돌아간다면 만족해서가 아니라 단지 어쩔 수 없이 가는 것뿐이네.

잘 있게.

1853년 7월

중국의 바다

제 7 장
홍콩

    나는 홍콩에서 자네들에게 편지를 쓰지 않았네. 편지를 쓸 수가 없었어. 더웠기 때문이었네. 그곳 사람들이 사무소에 앉아 편지를 쓰고 생각하며 잡지를 출판한다는 것이 나는 이해가 가지 않았다네! 우리가 그곳에 있었을 때 태양은 절정에 달했고, 빛은 일직선으로 떨어졌어. 무언가를 하는 것이 불가능했다네! 지금은 바다에서 편지를 쓰고 있네. 언제 어디에서 편지를 보낼지는 모르겠어. 과연 중국에서 보낼 수 있을까. 우리는 벌써 일본에서 중국을 향해 출발했네. 나는 단지 자네들에게 홍콩에 대해 몇 마디 말을 하고 싶을 뿐이야. 그리고 약속한 대로 오로지 우리가 머무는 모든 곳에 대해서만 말하고 싶네. 하지만 사실 홍콩에 대해서는 말할 것이 없네. 혹은 정확하게 말한다면 모든 교역이나 정치 논문을 썼을 테지. 하지만 그것은 내 일이 아니야. 무엇을 쓰기로 약속했는지 기억하게나!

홍콩의 항구에 도달한 첫 순간에 나는 텅 빈 곳에 도달했다는 생각을 했네. 어디를 둘러보아도 나무들이 별로 없는 높은 녹색의 언덕이지만, 바닷가의 장소들, 적도, 오솔길에서 좀 더 먼 곳에도 식물들은 거의 없었네. 더 멀리 어딘가 계곡에는 나무들이 있겠지. 하지만 이곳에서는 나무들이 매우 멀리 있다는 것을 상상만 해야 한다네. 걸어서든 타고서든 그곳까지 도달하리라는 희망을 품지 못하고서 말이야. 홍콩 섬 자체를 바라보면 자네들의 시선이 어느 곳에서든지 벽과 여기저기 풀이 나 있는 붉고 노란 산을 보게 될 걸세. 산기슭에 해안을 따라 집들이 군집해 있네. 집들 사이에는 자랑하려고 심어 놓은 바나나 나무 잎 다발이 여기저기에 보였어. 바나나 잎들은 햇빛으로 반짝거리며 노랗게 되었네. 그리고 가끔 울타리 너머로 햇빛 때문에 죽은 나무의 꼭대기가 넓은 빗자루처럼 보였지.

그 대신에 모래와 돌이 끝없이 많네. 영국인들은 이 재료도 사용할 줄 알더군. 산의 높은 곳과 여러 장소에서 자네들은 때로는 홀로 서 있는 석조 주택을, 또 때로는 건축을 위해 깨끗하게 정비

한 장소를 볼 수 있을 거야. 노동과 예술은 벌써 절벽에까지 다다랐네. 부두의 훌륭한 집들을 바라보면, 자네들은 반드시 시간이 지나면서 산이 어떤 형태로 바뀌게 될지를 머릿속에서 그림을 그릴 수 있을 걸세. 1842년에 난징조약에 따라 중국인들이 영국인들에게 이 불모의 돌산을 아름다운 섬 추산 대신에 양보했을 때, 중국인들은 불그스레한 야만인인 영국인들이 이 돌산을 추산으로 바꿀 것이라는 사실을, 또한 자신들이 자기들 힘으로 이 돌을 평평하게 하여 벽을 만들고 구멍에 대포를 세울 거라는 사실을 꿈에도 몰랐을 테지….

이 모든 것은 만들어진 거라네. 빅토리아 지구는 하나의 거리로 이루어져 있는데, 그 거리에 집은 거의 하나도 없다고 해야겠네. 집보다 더 높다고 말한다면 실수야. 이것은 집이 아니라 궁전이기 때문이지. 만에 세워진 궁전의 초석에 바닷물이 부딪친다네. 이 궁전들의 발코니는 바다를 향하고 있네. 궁전은 항구에서 보이는 빈약한 바나나 나무와 종려나무로 덮여 있어. 이 나무들은 마치 우울한 사람의 얼굴에 짓는 미소와 같은 효과를 풍경에 더해주더군.

약 사흘이나 나는 해안으로 내려가지 않았네. 건강 상태가 나빴고 그곳으로 갈 마음이 나지 않았거든. 마침내 넷째 날에 포시예트와 함께 보트를 타고 갔다네. 처음에 인구가 둘로 분류되는 중국의 구역을 따라갔네. 일부는 보트를 타며 살고 다른 일부는 집에 살고 있지. 그 모든 집은 한데 뭉쳐 바로 해안에 붙어 있었고, 다른 이들은 말뚝과 물 위에서 살고 있었어.

가족이 사는 보트들은 일렬로 한 곳에 서 있거나 낚시를 하면서 항구를 따라 흩어져 다니네. 그리고 장사를 하고 보트에서 해안으로 사람들을 왕복으로 운송해. 천막이 있는 모든 보트는 선실과 유사하네. 어느 곳에서든지 가족의 광경이 보이네. 점심 식사를 하고 수공품을 만들거나 엄마는 아이에게 젖을 먹이지.

우리는 유럽 구역의 많은 부두 중에서 한 곳에 갔네. 그리고 어떤 상인의 집을 통과하였고 중국인, 판매원, 막일꾼 무리를 통과하고 다양한 냄새를 헤친 후에 거리로 나갔네. 우리는 이 거리에서 마음 놓고 숨을 쉴 수 있을 거라고 생각했어. 그러나 공기를 들이마신 후에 우리는 뜨거운 김처럼 홀짝이다 채 몇 걸음을 나아가지 못해 벌써 피난처에 대해 생각해야만 했네. 훌륭한 거리의 한 방향을 따라 가로놓여 있는 그늘이 아니라 흠 잡을 데 없이 선선한 그늘 어디로 피할 곳을 찾았어. 태양은 그늘에서도 강하게 내리쪼이더군. 우리는 어떤 상점으로 달려갔네. 선반에 모든 물건이 묶음으로 쌓여 있고 약품들도 있는 상점이었네. 이곳에서는 소다수와 탄산 레몬에이드를 웬일로 팔고 있었네. 영국인들은 여기에서도 혼합물인 브랜디와 함께 탄산 레몬에이드를 마시지. 즉 외부 온도와 내부 온도의 절충을 위해 코냑을 마시는 거라네.

나는 이 온도 절제 방법에 대해 예전에도 들어본 적이 있네. 그러나 인정하건대 나는 여기에 어떤 교활함이 있다고 항상 의심해 왔어. 우리 러시아에서 그 의심을 볼 기회가 있었네. 어떤 사람들은 보드카 한 잔을 공공연하게 마시는 것을 부끄러워하네. 특히 두 번째 잔이나 세 번째 잔을 마실 때에는 팔꿈치나 손으로 가리고 마시곤 하지. 똑같은 일인 것 같네. 다른 이들은 몸을 밖의 온도와 맞추기 위해서 럼주와 코냑을 마시기도 하네…. 나는 이 방법을 쓰라고 권하지 않겠네. 왜냐하면 이렇게 하면 초조함이 심해져 위를 건강하지 못하게 만들고 열을 네 배나 더 많게 하며 그 때문에 무기력해지니까 말이야. 어느 날 나는 들은 바에 따라 경험 삼아 두 온도, 즉 내 몸 안의 온도와 밖의 온도를 똑같이 할 목적으로 술을 진탕 마신 적이 있네. 그랬더니 하루 종일 견딜 수 없는 고통을 겪게 되었어. 몸을 어찌해야 할지 모르겠더군. 바짝 말라버린 입과 위장을 그 무엇으로도 적실 수가 없었네.

반대로 육식 금지 기간 때 고기, 모든 무거운 음식, 양념, 더욱더 포도주 덕분에 무더위를 쉽게 견디게 되지. 가슴, 머리, 폐는 정상인데 폭염은 단지 바깥에서 괴롭히고 있을 뿐이야. 나는 확신한다네. 만약 식량으로 쌀, 채소, 약간의 생선, 고기를 항상 먹게 된다면 러시아에서처럼 쉽게 더위를 참을 수 있다고 말이야. 그런데… 티흐메네프는 인도와 중국에서조차 살고 싶어 하지 않네. 그는 사람들이 식사 시간에 양고기, 돼지고기 요리, 페스추리를 거부하자 모욕감을 느꼈네.

"양고기가 형편없고 파이가 딱딱한가요?"

아니면 모든 사람을 향하여 애절하게 외치네.

"보세요. 여러분. 저 분은 이 식탁이 마음에 안 드는 모양입니다! 만약 나의 요리가 이렇게나 형편없고 만약 내가 능력이 없어서 잘하지 못한다면 다른 사람을 뽑으세요…."

아니네. 무더위가 한풀 꺾일 때까지 그냥 둬야지 어쩌겠는가! 피할 수 없는 일 아닌가!

휴식을 취한 후 우리는 거리를 따라서 다시금 걷기 시작했어. 궁전, 훌륭한 입구, 시원한 현관방, 쭉 뻗은 회랑, 빈틈없이 잠겨있는 창문을 바라보았네. 집들마다 삶의 흔적은 볼 수가 없었다네. 집으로 뛰어 들어가고 집에서 뛰어나오는 이들은 막일꾼들이었네. 그들 손에 물건과 편지들이 옮겨지고 있었어. 커다란 우산을 받고 밀짚모자나 리넨 모자를 쓰고 있던 영국인들이 드나들고 있었네. 우리를 포함하여 하나도 빼놓지 않고 모두 조끼 없이 하얀 재킷을 입고 있었으며 눈에 잘 띄지 않는 넥타이를 하고 있었네. 모든 사무소에 자물쇠가 걸려 있지 않고 활짝 열어젖혀 있었네. 그곳에서 영국인의 감시아래 중국인들은 꾸러미를 포장하고 풀고 있었어. 그리고 그들은 짐들이 쌓이면 보트로 날랐네. 그러면 보트는 그 짐을 배로 실어갔지. 중국인들만이 태연자약하게 거리를 가득 채운 채 건물 입구 근처에 무리 지어 앉아 있었네. 일거리를 기다리던 중국인들은 유럽인을 가마에 태웠지. 어디서든 그들의 벌거벗은 어깨와 등, 다리, 단지 무성하게 두 줄로 된 변발로 뒤덮인 머리가 보이네.

우리는 중국인 구역까지 다다랐네. 중국인 구역은 유럽의 구역이 끝난 다음에 바로 시작되네. 중국인 구역은 많은 상점으로 이루어져 있네. 싱가포르에서와 마찬가지로 위쪽에는 거주하는 방이 딸려 있어. 상점들은 그리 크지 않은 것으로, 직물과 그릇, 차, 과일을 판다네. 바로 이곳에 수공업자, 재봉사, 제화공, 대장장이 등이 자리를 차지하고 있지. 문 옆에는 위쪽 천장 높이에 간판들이 걸려 있네. 4분의 1아르신 정도 되는 좁은 간판들이네. 중국 문자가 적혀 있는 면으로 된 간판들이네. 완전히 벌거벗고 있는 장사치들은 긴 의자 위에 다리를 꼬고 앉아 있지.

우리는 과일이 무더기로 놓여 있는 상점에 들렀어. 파인애플과 귤이라고 불리는 작은 오렌지 이외의 다른 것들은 우리가 모르는 과일이었네. 파인애플은 찌르는 듯한 향기를 내고 있었네. 판매원에게서 마늘 냄새가 풍겼네. 바로 그 옆 상점에서는 거의 시체 썩는 듯한 냄새가 났네. 그것은 햇빛에 내놓은 고기, 무더기로 있던 생선, 동물 내장, 보기조차 꺼림칙한 물건들에서 나는 냄새였네.

친절한 포시예트는 나의 부탁으로 모든 과일을 시식하고 정확하게 각각의 과일이 어떤 맛을 내는지 전해주었어.

그는 딸기와 무척 비슷하면서도 그리 크지 않은 빨간 껍질로 덮인 열매에 대해 이렇게 말했네.

"이건 기분 좋은 신맛이 나는 달콤한 것입니다. 그리고 이것은 흐물흐물 거리고 맛이 없네요. 그리고 이것은 구운 양파 같은 느낌을 주는데요."

우리는 중국인 구역을 따라 바다와 물 위에 떠서 사는 사람들이 있는 곳까지 왔네. 그다음에 언덕으로 올라가서 골목으로 더 들어갔네. 중국인 구역이 계속되었지. 그곳에는 똑같은 상점과 똑같은 불결함이 있었네. 외침 소리와 냄새가 가득 차 있었어. 온갖 잡동사니가 **빽빽**하게 들어선 새장 같은 이곳에서 중국인들은 어쩐지 더 유쾌하고 더 자유로워 보이더군. 이들은 이곳에 자신들의 작은 중국을 건설했네. 그리고 행복해하고 있다네! 유럽인 구역에서는 탁 트인 공간, 신선함, 깨끗함, 웅장함이 중국인들을 짓누르고 있어. 유럽인 구역에서 중국인들은 더러운 늪의 물에서 맑고 깨끗한 물로 가득 찬 자기로 만들어진 작은 못으로 옮겨진 물고기들과 비슷했네. 숨을 곳도 없고 피할 곳도 없으며 훔치거나 속이거나 더러워지거나 가까운 사람을 더럽힐 곳이 전혀 없으니 말이야.

구역 전체를 빠르게 돌아보고 나서 우리는 산으로 갔네. 그 산은 이곳과 인공적으로 차단된 곳으로, 매끄러운 수직의 벽으로 이루어져 있다네. 이곳에는 새로운 거리가 생겨났지. 여기에는 엄청난 수의 일꾼이 군집해 있네. 그들은 땅을 파서 돌들을 평탄하게 깎고 쓰레기를 치우네. 모두 포르투갈의 식민지 마카오에서 온 이주민들이네. 영국인들은 이곳으로 거의 이주하지 않았네. 마카오가 거의 완전히 황폐해졌다고 호소하고 있을 뿐이야. 일, 즉 빵과 돈이 이곳으로 3만 명에 달하는 중국인을 끌어들였네. 그들은 마카오에서의 궁핍 대신에 여기에서의 끝없는 노동과 끊임없는 봉급을 더 좋아하는 거야. 그래서일까. 사나운 유행성 열병이 처음 일었을 때에도 그들은 놀라지 않았네. 영국인들의 관리 아래 그들은 그저 땅을 깨끗이 하고 말리기 시작했네. 전염병은 진정되고 이주는 확대되었지.

우리는 높은 지대에서 내려와 중국인 구역으로 다시 들어갔네.

그러는 사이에 어느 집을 지났는데 그 집 창문 옆에 벌거벗은 젊은 중국인이 기타와 닮은 악기로 빈약하고 단조로운 곡조를 연주하고 있더군. 그 너머로 여자들이 몇 명 보였어. 모든 사람이 그런 것은 아니지만 이 도시에서는 벌거벗은 중국인들이 따라다니고 있다네. 모두 짐꾼, 막일꾼, 상점을 지키는 점원들이거든. 상류층 사람은 단정하게 입고 있네. 심지어 멋쟁이들도 있지. 멋쟁이들은 눈처럼 하얀 짧은 외투와 넓은 공단 바지를 입고 굵은 구두창이 달린 구두를 신고 있어. 검고 무성하며 윤이 나고 발꿈치까지 오는 변발을 한 채 훌륭한 부채를 지니고 있네. 그들은 이 부채로 햇빛에서 머리를 가린다네. 여자들은 더 단순하게 도시를 걸어 다니네. 더 부유하거나 더 중요한 사람들은 팔을 끼고 데리고 다니지. 모든 중국 여자의 다리는 어느 정도 불구라네. 잘못 양육되는 것, 즉 부모의 무관심을 벗어난 사람들은 진짜 다리 아래에 다른 인공 다리를 하나 달게 된다네. 그러나 너무 작은 인공 다리로는 걸음을 뗄 수가 없어 하녀들의 도움을 받아서 걸어 다니네.

중국 여자들이 목부터 바닥까지 몸을 감싸는 긴 원피스를 입고 있음에도 나는 바람이 불 때 갑자기 이들의 모습을 엿보게 되었다네. 그들은 얼굴이 황록색 빛이고 눈은 검고 약간 좁은데 어두운 색을 많이 입고 있더군. 중국풍의 헤어스타일을 하고 뒤통수에 금이나 은으로 된 큰 핀으로 치장한 풍성한 검은 머리채를 가진 중국 여자들은 얼핏 보기에 나쁘지 않다네.

우리는 유럽인 구역에 다다르자마자 폴란드인이 운영하는 호텔로 출발했다네. 폴란드인은 약 14세였을 때 모스크바에서 2년 정도를 살았다고 말했네. 지금은 40세가 넘었네. 나는 그와 함께 러시아어로 이야기하고 싶었지만 그는 한 마디도 이해하지 못했어. 그는 무더위 때문에 문을 닫은 방에서 우리에게 아침 식사를 준비해주었네. 그 식사는 맛있고 부드러운 생선과 딱딱한 햄으로 차린 정찬이었네. 그러나 우리는 햄까지는 건드리지 않았지. 그다음에 포시예트는 가마에 타고는 어떤 은행가에게 데려가 달라고 지시했네. 나는 거리를 따라 더 가서 사각으로 지어진 훌륭한 막사 쪽으로 향했지. 나는 척박하고 초라한 나무들이 있는 가로수 길을 지나 연안 해역을 따라 걸어갔네. 더위가 좀 덜해졌어. 만에서 선선한 바람이 불어오더군. 해안 도로에서 크고 붉은 벌레를 많이 보았네. 그것들은 이리저리 날아다니고 있었지. 나는 몇 마리를 잡아 고시케비치에게 가져다주고 싶었네. 나는 벌레 뒤를 쫓는 일에 몰두하느라 막사의 문으로 가고 있다는 점을 의식하지 못했다네. 정신을 차려보니 큰 마당에 서 있더군. 그 마당은 연대가 훈련받는 연병장이었네.

발코니에 있던 영국 장교들은 나를 보고 아래로 내려왔네. 그리고 포도주 한잔 마시자고 초대했지. 우리는 어떤 방에 들어갔네. 그 방에는 가구와 그릇이 있었는데 그것들은 장교들의 호화로운 생활상을 보여주더군. 은그릇과 얇디얇은 식탁보는 그들의 식사 때에 사용되는 거였네. 장교들은 공통 식탁을 두었고 엄격하게 이 장교 가족의 생활상을 지켜서 식사를 빠지는 일은 거의 없다네. 모든 건물 주위로 넓은 석조로 된 발코니나 베란다가 있더군. 이곳에 있는 대나무 안락의자에서 막사의 주인들은 밥 먹은 후에 느긋하게 조는 모양이야. 내가 포도주를 거절하자 내게 레몬에이드를 대접했지.

늦은 밤, 황홀하고 열정적인 밤에 부두로 돌아갔을 때 그곳에서 나는 보트를 기다리고 있던 포시예트도 만났네. 이곳에는 중국의 보트가 정박해 있었네. 달빛이 비칠 때 보트에서 우리는 두 여자를 보았네.

"뭐하는 보트지요?"

"여자 뱃사공들입니다. 타십시다."

우리는 보트에 탔네. 그러자 두 여자들이 후미에 달려 있는 하나밖에 없는 노를 붙잡고서 오른쪽과 왼쪽으로 빠르게 방향을 바꾸면서 노를 젓기 시작했어. 달이 그들 얼굴에 직접 비추었네. 한 명은 노파였고 다른 여자는 15세 정도 된 창백한 아가씨였지. 그녀는 비록 좁지만 아름다운 검은 눈을 가지고 있었네. 머리카락은 뒷머리에 은 머리핀으로 고정되어 있었네.

"러시아 전함으로 데려가 주세요!"

젊은 아가씨가 가격을 말했어.

"2실링이에요!"

나의 동료가 말했지.

"100파운드밖에 안 하다니!"

"비싸군."

그 아가씨는 단조로운 어조로 다시 말했다네.

"2실링이에요!"

포시예트가 그 아가씨 쪽으로 더 가까이 다가가려고 노력하며 묻더군.

"아가씨는 이곳 사람이 아니지? 너무 하얀 거 아냐? 어디 출신이지? 이름이 뭐니?"

아가씨는 중국인들의 습관에 따라 영어로 대답했는데 몇 음절은 들리지 않았네.

"저는 마카오에서 왔어요. 이름은 에톨라예요."

잠시 침묵한 후 말을 덧붙였네.

"2실링이에요."

동료는 말을 계속했어.

"정말로 예쁘구나! 손 좀 보여줘 봐. 몇 살이니? 너는 누가 더 마음에 드니? 우리니, 영국인 아니면 중국인이니?"

"2실링이에요."

우리는 전함으로 다가갔네. 나의 동료는 그 여자의 손을 잡고 있었지만 나는 벌써 발판 위에 있었어.

그는 그녀의 손을 잡고서 말했네.

"나한테 아무거나 얘기해볼래, 에톨라?"

그녀는 말을 하지 않더군.

"말해봐, 네가…."

"2실링이에요."

나는 웃으면서 돈을 주고 그는 한숨을 쉬면서 돈을 건넸어. 그리고 각자 선실로 흩어졌네.

영국과 케이프타운에서처럼 여기에서도 우리에게 클럽의 자유로운 입장을 허락했다네. 클럽은 일종의 전형적인 궁전과 같았네. 클럽을 만든 이들이 클럽을 만들 때 런던의 클럽들에서 볼 수 있는 그런 화려함을 부여하기 위해서 비용을 아끼지 않았네. 큰 홀 몇 개는 만을 향해 창문이 나 있네. 베란다, 난로, 창문에는 대리석이 붙어 있고 도처에 청동세공품과 크리스털 제품이 있지. 훌륭한 거울과 멋진 가구는 모두 영국에서 가져온 것들이라네. 그런데 어째 이런 일이! 홀은 모두 텅텅 비어 있었네. 졸고 있는 중국인 하인을 흔들어 깨워서 점심 식사를 주문해야 하지. 그런데 근처에 나란히 서 있는 선술집에서보다 세 배의 식사비를 지불해야 한다네. 클럽은 파산할 지경이었네. 유럽인은 낮 시간은 대부분 자신의 방에서 보내고 저녁이면 가족 같은 모임에 참여하는 것을 좋아하거든. 그래서 클럽은 파산하고 있는 중이라네. 하지만 밤의 선선함이 지독한 더위를 대신하는 저녁 무렵이 오면 이 넓은 베란다에서 휴식을 취하는 것은 얼마나 즐거운 일인가!

저녁 여섯 시에 모든 주민이 거리, 연안 해역, 가로수 길을 따라 쏟아져 나오네. 보병, 말을 탄 장교들, 교역상들, 귀부인들이 나타나지. 총독의 집에서 가까운 풀밭에서 음악이 연주되고 있네. 그곳에서 멀지 않은 산과 석조로 된 집에는 이곳 부대를 지휘하는 장군이 살고 있네. 그리고 이곳 가까이에 있는 수도원과 비슷한 건물에는 이탈리아 주교가 수도사 몇 명과 함께 살고 있네.

우리 일행이 광동으로 떠났지만 나는 이때 열병으로 누워 있었어. 보트들을 아래로 내리는 소리를 비몽사몽간에 듣고 있었네. 천둥소리에 깼거든. 우리 일행이 출발할 때 뇌우가 쳤네. 좀 회복한 후는 매일 해안으로 가서 연안 해역을 따라 걸어 다녔네. 그리고 출발할 날을 초조하게 기다렸지. 매일 방문객이 해안과 군함으로 왔다 갔다 했네. 그 방문객들을 내가 맞이해야만 했어. 그러던 동안 어느 날 주교를 대신하여 수도사 두 명이 오더니 그들을 뒤따라 주교가 온다고 알렸네. 그런데 우리 군함에서 제독과 선장이 자리를 비운 사이에 이들의 선실 바닥의 틈을 메우고 있었네. 천 부스러기들이 무더기로 쌓여 있었네. 모든 틈을 수지로 부어 채웠는데 그 수지가 아직 완전히 마르지 않았다네. 그래서 나는 제독이 도착할 때까지 방문을 미뤄 달라고 주교에게 부탁하라고 수도사들에게 간청했네.

제독이 도착한 후에 주교는 그를 방문했네. 네 명의 선교사로 이루어진 수행원이 주교와 같이 왔지. 그중 두 명은 스페인의 수도사이고 한 명은 프랑스인이었네. 그리고 다른 이는 유명한 로마의 지식 전문학교에서 공부한 중국인이었네. 그는 중국인 복장을 하고 있었는데 그것은 그곳 기독교인들과의 교제와 새로운 기독교인들과의 교제를 위해서 중국 전역을 더 자유롭게 돌아다니기 위해서라고 하더군. 그들 모두는 우리 전함에서 아침 식사를 했네. 아바쿰 사제는 이탈리아인 주교와의 대화는 프랑스어로 했고 중국인과는 라틴어로 했네.

그들을 뒤따라 홍콩의 총독이 우리를 방문해왔어. 바로 그가 영국에서 중국에 대한 전권을 부여받은 사람이라네. 그의 이름은 본햄 경이네. 우리는 그가 연안에서 우리의 제독을 맞이했던 것과 똑같은 예식을 그에게 갖추어주었네. 음악이 연주되었고 대포가 발사되었네.

나는 자주 해안을 따라 걸었네. 상점들을 방문하기도 하고 중국 교역을 둘러보기도 했지. 중국 교역은 우리의 시장과 장터를 많이 생각나게 하더군. 여러 가지 사소한 것을 구입했네. 그 가운데에는 차도 있었는데 한번 맛을 보기 위해서였어. 세 번이나 네 번의 손을 거쳐서 우리 러시아에 들어오는 훌륭한 차는 5루블 정도 하는데 이곳에서는 그 차가 30코페이카 은화에 팔린다네. 가장 좋은 차는 1푼트당 60코페이카에 팔리고 있더군. 이곳의 담배는 마닐라산이고, 최하품인 치루트는 마카오에서도 가져오네. 이 치루트는 아무짝에도 쓸모없는 형편없는 것이네.

어느 날 온갖 잡동사니를 사고 나서 나는 모든 것을 짐꾼에게 건네주었네. 그 짐꾼은 산 것들을 바구니에 넣으며 나의 뒤를 따라왔네. 하지만 나와 함께 있던 파데예프는 이것을 참지 못하고 그에게서 바구니를 빼앗아서 직접 들고 갔어. 나는 결코 그에게 외국인과 귀족 역할을 동시에 하라는 희망을 고취시킬 수 없었네.

부두까지 가는 내내 파데예프와 짐꾼이 서로 바구니를 차지하려고 끊임없이 싸웠다네. 나는 보트를 빌려 파데예프를 보트에 태웠어. 그런데 짐꾼 역시 파데예프 뒤를 따라가서 다시금 싸움을 걸었네. 보트에 타고 있던 중국인들이 소리를 쳤네. 짐꾼은 파데예프 쪽으로 다가갔지. 파데예프는 마치 상급 관리처럼 보트에 앉아 두 손으로 바구니를 잡고 있었네. 뱃사공은 일이 끝나기를 기다리면서 노를 저으려 하지 않더군. 파데예프는 바구니를 들고 다시 해안으로 가려고 했네. 하지만 그를 보내주지 않았네.

파데예프는 한 손으로 바구니를 붙잡고, 다른 손으로는 중국인들을 기운차게 밀쳐내면서 말했네.

"나리, 허락해주세요. 내가 해결하겠어요."

그러고는 해안으로 갔네. 나는 그가 자기 방식대로 처리하도록 그를 남겨두고 출발했지. 다만 멀리서 바라보니 마치 개떼들 사이에 있는 곰과 같은 그는 자신을 향해 뻗어오는 중국인들의 손을 때리며 그들로부터 벗어나고 있더군. 그다음에 다시 보니 그는 산 물건들을 들고 우리의 보트에 거만하게 앉아 있었어. 그런데 바구니는 없었네. 그 바구니는 짐꾼의 것으로, 싸움의 주제였던 것이네. 알고 보니 우리의 머리가 둔한 것이었지.

광활한 홍콩의 항구 한 모퉁이에 제르딘과 마티손이 조선소가 딸린 교역시설을 지었네. 우리는 모두 넷이서 영국인들의 피로를 모르는 에너지, 진정시킬 수 없는 목마름, 사업욕이 낳은 이 시설을 둘러보러 갔어. 덴마크의 전함 갈라테야호의 지휘관인 스텐 빌은 영국인이 홍콩에 노동과 돈을 너무 많이 심었고 그들의 회사가 수지가 안 맞았다고 말한 바 있네. 이 섬으로 일을 하러 캘커타와 싱가포르에서 상인들이 왔지. 그중 몇 명은 중국 시장과 가까워지고 아편 판매를 희망하면서 자신의 모든 자본금을 써버렸네. 그런데 지금까지 사업은 잘되지 않았네. 제르딘의 교역이 신중하지 못하다는 우려는 정당한 것일 수도 있지. 그러나 그 대신에 홍콩을 얻는 것, 대포와 자신의 항구까지 이 모든 것은 중국으로 가는 입구에 있는 것이며, 영국인들에게 중국과의 교역을 영원히 보장하는 것이라네. 그리하여 이 작은 섬은 중국 정부에 영원한 눈의 가시가 될 것 같네.

제르딘의 시설에는 궁전이 있었네. 궁전 근처에는 정원과 공원이 꾸며져 있었네. 다른 건물들은 세워지는 중이었어. 우리가 있을 때 일꾼 무리들은 석판으로 도로를 포장하고 있었네. 해안 근처에는 배 몇 척이 정박해 있었네. 우리가 부두에 들어가 세워진 지 얼마 안 되는 정원의 얼마 없는 그늘 속으로 서둘러서 몸을 피했을 때는 채 정오도 되지 않았네. 정오가 가까워질수록 벌레들의 찌르륵거리는 소리는 강해져서 거대한 오케스트라와 경쟁할 수 있을 정도였네. 피곤해진 우리는 벤치에 앉았네. 궁전의 유리문들을 바라보며 손님을 후하게 대접하는 주인이 나오지 않을까, 대리석 홀의 그늘로 부르지 않을까, 레몬에이드 한잔을 신선하게 주지 않을까 기대하고 있었네. 그러나 문들은 계속 잠겨 있었고 그 누구도 모습을 보이지 않았어. 우리의 의사는 곤충, 특히 벨벳과 같은 큰 검은 나비를 피로를 모른 채 쫓고 있었네. 부두로 돌아가면서 우리는 중국인 무리에서 한 여자를 보았네. 여자는 벌거벗은 아이를 양팔로 잡고서 입에 손가락들을 넣어 침을 묻힌 후 척추를 따라 아이의 등을 무자비하게 꼬집더군. 아이는 몸부림치며 있는 힘을 다해 크게 울었네. 이것이 벌인가 아니면 치료인가?

그러나 편지를 쓸 수가 없네. 배의 흔들림은 최악이었네. 네 번째 돛을 감으라고 명령이 떨어졌네. 희망봉에서 올 때부터 이런 강풍은 없었네. 가서 상황이 어떤지 살펴보아야겠네….

1853년 6월 8일

중국의 바다

제 8 장
보닌 제도

1853년 6월 26일~8월 4일

집에서 가을바람이 불 때 물론 나의 친구인 자네들 모두 근사한 지붕 아래서 차를 마시거나 벽난로 근처에 앉아서, 마치 갑자기 귀청을 찢는 듯한 바람이 이중의 창문틀을 뚫고 들어와 덧창을 두드리고 가끔 문 경첩을 창문에서 떼어내며 난로의 문들을 흔들고 짐승처럼 날카롭고 험악하게 굴뚝으로 들어오는 소리를 듣고 있을 것이네. 그리고 누군가 갑자기 놀라며 창백해져서 다른 이들과 무언의 시선을 교환하는 것을 보게 될 거야.

이런 말을 들을 걸세.

"우리 들판에 있는 곡식은 이런 날씨에 괜찮을까? 하느님, 지켜주세요! 나쁜 날씨가 되면 안 돼요!"

열 배나 열두 배 더 센 바람이 들판이 아니라 바다에서 불고 있다고 상상해보게. 그러면 자네들은 아주 미세하게나마 우리가 겪은 일을 이해하게 될 걸세. 7월 8일에서 9일로 넘어가던 그 밤과 9일 하루 종일 우리가 중국 바다에서 태평양으로 나가면서 겪었던 일에 대해서 말이네.

1853년 6월 26일~7월 5일

홍콩에서 보닌 제도[289]까지 우리는 총 2,500킬로미터를 갔네. 이것은 세계 일주에서 그리 긴 항해는 아니지. 순풍이 분다면 7~8일이면 갈 수 있는 이동 거리니까 말이야. 우리는 6월 26일에 홍콩에서 출발해서, 7월 5일까지 총 480킬로미터 정도를 갔네. 즉 하루에 그리 많이 갔다고 할 수는 없네. 우리가 동쪽에서 부는 역풍을 만났기 때문이야. 하루에 8~20베르스타까지 가면서 우리는 바람을 거슬러 지그재그로 가는 것이 짜증났네. 그래서 우리는 남쪽으로 약간 내려갔어. 그곳에서 다른 바람을 만나리라는 희망을 가지고서 갔네. 그리고 포르모자에서 남쪽에 있는 작은 바시 섬들에 잠깐 들러, 이 섬이 어떤지 둘러보고 채소, 과일 등을 구입할 기대를 품고 있었지. 그곳에는 스페인의 관리와 수도사 몇 명이 살고 있으며 작은 인도 마을들이 있다고 하더군.

1853년 7월 7일

저녁에 섬 가운데 가장 큰 바탄 섬에 다다랐네. 이곳에는, 벨처가 지적한 바에 따르면, 닻을 내리는 곳이 있네. 하지만 북쪽과 동쪽에서 섬을 돌아본 우리는 거대한 절벽과 밀려드는 파도의 하얀 테두리만 볼 수 있었어. 파도가 사방에서 해안으로 달려와서 뒤덮고 있었네. 우리에게 보트 하나도 오지 않았지. 사람 사는 곳에서 이런 일이 항상 일어나듯이 말이네. 해안에서는 한 사람도 보이지 않더군. 마치 밀려드는 하얀 파도에서처럼 단지 바로 해안 근처에서만 불빛 두 개가 번쩍이다가 사라졌네. 어디로도 갈 곳이 없었어. 밤에 부두를 찾아내는 것은 어려웠지만 돛을 편 채 아침까지 있을 수는 없었네.

섬의 북쪽 경계를 이루는 바위투성이의 음침한 절벽을 하염없이 바라보다가, 우리는 더 멀리 나아가 결국은 태평양으로 빠져나갔네. 태평양이여!

태평양은 우리도 포함되는 불쌍한 항해자들에게 그 이름에 반대되는 뜻을 증명해보였네. 마치 우리가 이 바다의 이 이름을 고안해냈기라도 한 것처럼 말이지!

홍콩에 있는 중국인들도 유럽인들도 우리에게 올해 태풍이 기다리고 있다고 말한 것을 잘 기억하고 있게나. 태풍은 거의 4년간 없었다고 하네. 태풍을 보통 이렇게 정의한다네. 나침반에서 나침반으로 돌아오고 지나쳐가는 바람이라고 하네. 이렇게도 정의할 수 있지. 큰 전함이든 상선, 증기선, 밑이 평평한 범선, 보트 등 바다 위에 있는 모든 것, 때로는 바다 자체를 해변으로 내팽개치는 바람이라고 할 수 있네. 반대로 집들의 지붕, 벽, 나무, 사람 등 해안에 있는 모든 것, 때로는 해안 자체도 바다로 내팽개쳐버리는 것도 바로 태풍이라고 하지. 우리에게는 이와 같은 일이 아무것도 일어나지 않았네. 아마도 해안 근처에 우리가 있지 않았기 때문일 거야. 그래서 바람은 우리를 바다 위로만 내팽개쳤네. 마치 고양이가 쥐를 가지고 놀듯이 우리를 가지고 놀았지. 우리를 붙잡아서 맹렬하게 파도 위에 던져버리고 옆으로 뉘어버렸네…. 바다 밑으로 던지는가 하면 반대쪽으로 뉘었고 어느 순간에는 들어올려서 바로 세우기도 했네. 그다음에는 위에서 내려쳐서 배를 심연에 빠뜨리려고도 했어. 파도가 바람을 뒤로 밀어내면 바람은 울부짖기 시작하고 주변을 빙빙 돌며 신음하고 소리를 내며 물보라를 내고 물구름으로 배를 덮기도 했네. 그리고 돛을 찢어내기도 하고 먼지처럼 물을 몰아내며 끝없는 음울한 공간 속으로 몰아넣었어. 그러나 바람은 중요한 어떤 것도 할 수 없었다네. 중국인들은 태풍을 타이푼이라 부르지. 다시 말해서 강한 바람이라는 뜻이야. 그런데 우리는 이 단어를 티폰으로 바꿨네.

나는 태풍으로 우리를 협박했던 독일인 교역상에게 말했네.

"바다로 나가는 것이 낫지 않을까요?"

"어디로 가는 것이 나을지는 신만이 알지요! 마지막으로 태풍이 불었을 때 보트가 약 80대 가까이 바다에 빠졌어요. 해안에서는 집 한 채가 온전히 쓰러졌고 다섯 명이 거기에 눌렸지요. 홍콩의 항구에서 무수히 많은 보트와 100명에 달하는 사람이 죽기도 했고요."

이 대화를 한 지 며칠이 지나서 우리는 떠났네. 그런데 홍콩에서 머무는 마지막 며칠 동안에 날씨는 많이 바뀌었네. 바람이 불기 시작했는데 특히 저녁마다 동북풍이 불었어. 주위의 산들 위에는 먹구름이 보였는데 항구에서는 그 먹구름이 비를 동반했지. 내가 위에서 말한 대로 거의 한 곳에서 계속되는 돌풍을 동반한 변덕스럽고 강한 동풍과 동북풍의 역풍이 우리를 붙잡았다네.

들리는 것이라고는 다음과 같은 명령뿐이었네.

"돛대 줄로 가라! 돛대 줄을 풀어라!"

그다음에 가운데 돛대를 따라 미끄러져 나가며 방향을 바꾼 돛은 윙윙거리는 소리가 났네. 그리고 배는 힘차게 기울었지. 그래서 손으로 무엇인가를 붙잡아야만 했어. 비는 쏟아지기 시작했네. 즐겁고 햇빛이 드는 날은 한순간에 보통의 날로 바뀌었네. 하늘은 회색빛이었고 갑판은 늘 젖어 있었어. 장교들은 가죽 외투를 입고 있었네. 수병들은 비를 피해 해먹 밑에 숨어 있었네…. 이런 항해가 열흘째라네!

1853년 7월 8일

우리는 태평양으로 나갔네. 북위 21도에 있었지. 답답할 정도로 더웠네. 낮에는 일을 할 수가 없었어. 무더위에 지쳤고 점심 식사 후에는 자기 시작했네. 밤에 조금 더 많은 시간을 벌기 위해서였다네. 이렇게 나는 7월 8일을 보냈네. 오랫동안 잤네. 세 시간 정도를 잔 모양이야. 마치 근심스러운 밤을 예감하는 것처럼 말이네. 선장은 내가 잠에서 깨어나는 것을 바라보며 나를 놀려댔네. 나는 멍한 눈으로 주위를 둘러보고 선선함을 찾아 다른 소파로 옮겨가 누웠네.

"당신은 오른쪽으로 누웠다 왼쪽으로 누웠다 하십니다!"

저녁에 서늘한 바람이 불기 시작했네. 나는 편지를 쓰고 싶었지만 부질없는 짓이었네. 책상 위에 잉크도 초도 놓아둘 수 없었고 종이는 손에서 빠져나가버렸으니 말이야. 단어 몇 개를 쓰기도 전에 손을 뒤로 내밀어야 하네. 나자빠지지 않기 위해서 벽에 손을 짚어야 하기 때문이지. 나는 모든 것을 포기하고 뒤 갑판을 걸으려고 나왔네. 비록 내가 바다에 적합한 다리를 이미 가지고 있음에도 이 일 또한 잘되지 않더군.

가끔 내팽개쳐졌기 때문에 대포의 활차나 첫 번째로 잡히는 밧줄을 꽉 움켜잡아야 했네. 그러는 사이에 바람은 점점 더 세게 불어왔지. 내 선실 문이 반쯤 열려 있어서 나는 갑판에서 나는 소리 하나하나 움직임 하나하나를 들을 수 있었네. 나는 새벽 두 시경에 돛을 감으라고 당번들을 부르는 소리를 들었어. 처음에는 두 개, 다음에는 세 개로 늘려 세 개의 돛을 내렸지만 바람은 점점 강해졌지. 새벽 세 시경에 마지막 돛을 내렸네. 강력한 진동이 시작되었다네.

나의 작은 선실에 머무를 수가 없었는데 특히 침대에서 그랬다네. 머리맡 쪽으로 흔들려 움직이면 피가 머리로 솟구치는 것 같았지. 반대로 흔들리면 베개들과 함께 벽 쪽으로 완전히 미끄러져 떨어졌네. 선반 위에 세워진 모든 것, 못에 걸려 있던 모든 것, 장롱 안에 있던 모든 것이 여느 때처럼 돌아다니며 움직이기 시작했네. 책들은 바닥과 침대로 나가 떨어졌네. 브러시들과 모자들이 위쪽으로부터 쏟아졌네. 컵과 유리병은 소리를 내며 깨졌어. 그러는 사이에 동이 텄네. 나는 일어나 갑판으로 나갔네. 그곳에는 확실히 모두 있더군. 파도는 뱃전보다 더 높이 올라왔고 살아 있듯이 갑판에서 무슨 일이 일어나고 있는지를 정확히 알려고 갑판 위를 넘보며 쳐다보았네. 진동과 흔들림은 더 강해졌네.

이렇게 세져가는 바람의 힘을 살펴보고 있노라면 이런 생각이 든다네.

'도대체 이건 어디까지 가는 거지?'

창백해지고 불면증으로 괴로워하는 아바쿰 사제는 나가서 밧줄 더미의 구석에 앉았네. 다른 사제와 세 번째 사제 모두 마음껏 잠을 자지 못해서 주름진 얼굴이었어. 두 손으로 붙잡고 있어야 했네. 나는 이것도 귀찮아져 내가 좋아하는 피난 장소인 선장실로 갔네.

바람은 윙윙거렸지. 바람은 파도의 정상을 꺾었고 체를 지나가는 것처럼 해양을 따라 파도를 체로 쳤네. 그리하여 파도 위로 물거품 구름이 일었네. 다시 나는 여기에서 예전에 내가 사용했던 비유를 찾아보고 그에 합당한 것을 발견해냈어. 그것은 분노 속에서로 괴롭히는 사나운 짐승들의 무리였네. 정확하게 몇몇의 사자와 호랑이는 덤벼들었고 곧추세워 뛰어올랐네. 한 마리가 다른 동물을 꿰찌르기 위해서였지. 위쪽으로 몸부림쳤는데 그곳에서 갑자기 아래로 무리가 되어 떨어졌네. 단지 먼지만 기둥으로 위쪽에 있었는데 배도 거기로 그들 뒤를 따라 심연으로 날아갔네. 그러나 새로운 힘이 그를 다시 위쪽으로 밀었고 그다음에 옆으로 세웠네. 끈에 묶인 보트가 부지직 소리를 내기 시작했어. 나를 포함한 두세 명이 빠르게 이 구석에서 저 구석으로 움직였네. 갑자기 거대한 큰 파도는 그물을 치고 뱃전을 지나 넘어갔네. 그리고 수병들의 발에 물을 퍼붓고 나서 갑판을 따라 넘쳐흘러갔지. 모든 수평선은 회색의 먼지 속에 있었네. 정확한 물결은 거의 없었네. 바다는 끓는 물처럼 펄펄 끓어 거칠어졌고 파도는 윤곽을 잃었다네.

끊임없이 기압계를 알아보려고 왔다 갔다 했네.

"무슨 일이지? 떨어지고 있나?"

30과 15였네.

다시금 29와 75 그다음에 29과 45 이후에 29와 30, 29와 15 그리고 마지막은 28과 42였다네. 기압계는 빠르게 떨어졌는데 점차 100분의 1씩 스물네 시간에 걸쳐 30과 75에서부터 28과 42까지 떨어졌네. 이 점까지 도달했을 때 바람은 난폭함의 최고 극한까지 달했다네.

도구들을 이용해서 삼중의 겹도르래를 고정시켰네. 그리고 그 위에 밧줄도 감았지. 이 방법이 꽤 먹혔네. 진동은 끔찍했어. 단단하게 벽과 바닥에 묶어두었던 물건들은 부서지고 그곳에서 뒤로 반대 방향으로 흩어져 있었네. 선장실에서는 묵직한 안락의자 세 개가 부서지고 있었네. 그것들은 터지고 흩어져서 가운데까지 와 있더군. 경사가 너무 심해지자 이 의자가 이미 공중으로 뛰어 올라 소파 앞의 책상을 쳐서 넘어뜨렸네. 책상을 완전히 부수고 부서지는 소리와 함께 파손된 모든 것이 소파 위로 떨어졌다네.

사람들이 뛰어 들어와 파편 더미를 정리했어. 하지만 이 순간에 모든 더미는 사람들과 함께 뒤로 곧바로 내가 있는 구석으로 몰려왔지. 나는 간신히 제때에 다리를 들어올릴 수 있었네. 식당에서는 술잔부터 접시, 찻잔, 유리병이 소리를 내며 제자리에서 튀어올랐다네.

벽에 있는 그림들이 흔들렸네. 거의 45도로 아치형을 그렸지. 파데예프는 나에게 차를 가져왔는데 자신의 안정성에도 설탕과 빵 조각들, 작은 접시의 파편들을 자기 뒤에 흔적으로 남기고 발뒤꿈치로 뒷걸음질 치면서 나로부터 빠르게 멀어져갔지. 나는 걸음을 뗄 수 없어 점심을 먹으러 가지 않았네. 구석에서 날아가지 않기 위해서 자지도 먹지도 않고 그대로 앉아서 꼭 붙잡고 있는 모습이 어떨지 상상해보게나. 선실의 창문은 활짝 열어젖혀 있었네. 그리하여 바다가 내 눈앞에 모든 자신의 거친 아름다움을 활짝 드러내 있었지. 단지 한쪽 창문들만 물이 차 있지 않았네. 왜냐하면 그곳들이 높이 있기 때문이었어. 다른 장소는 어디서나 나무 그림들로 꽉 차 있거나 유리가 산산조각 나서 나돌아 다니고 있었네. 기울었을 때 큰 파도 뒤로 다시 큰 파도가 배로 들어왔다네. 상급 사관실과 기계실에는 물이 시냇물처럼 흘렀네. 그리고 그 물은 흘러 선차까지 거의 흘러나갔지. 어느 곳이든지 습하고 우울했네. 이 위쪽의 선실을 제외하고는 어느 곳에도 피난처는 없었네. 하지만 이곳에서도 결국 창문들을 닫아야 했어. 왜냐하면 바람은 가구, 바닥, 벽들 위로 높은 파도를 내던지고 있었기 때문이었네. 저녁에 폭풍우가 격해져 바람이 윙윙거리며 부는지 혹은 천둥이 치는 지를 알아들을 수 없더군. 갑자기 어떤 소동이 일어났고 급하게 지휘하는 소리가 들렸네. 사비치 중위는 폭풍우의 으르렁거리는 소리 위에 메가폰으로 소리쳤다네.

누군가에게 물었어.

"무슨 일인가요?"

"앞 돛이 찢어졌어요."

30분이 지나고 나니 보조돛이 찢어졌네. 마지막에 위 돛대의 돛도 반반으로 찢어졌다네. 사태는 점점 심각해졌어. 하지만 가장 심각한 것은 아직 남아 있었지. 돛들을 간신히 다른 것들로 바꾸었네. 저녁 일곱 시쯤에 갑자기 지휘관들의 얼굴에 특별한 근심이 서리더군. 무엇 때문엔가 그랬네. 돛대 줄은 느슨해졌고 잡아매는 밧줄은 떨어졌네. 큰 돛대도 와르르 무너질 것처럼 흔들리기 시작했지.

자네들은 큰 돛대가 무엇이고 이 돛대가 넘어지면 어떤 일이 일어나는지 아는가?

큰 돛대는 길이가 약 100피트이고 800푸드까지 무게가 나가는 통나무라네. 그 통나무는 큰 돛대의 꼭대기부터 그물까지 펴진 두껍고 송진을 먹인 굵은 밧줄이나 돛대 줄로 지탱하네. 자네들이 살고 있는 산기슭 가까이에 어떤 탑이 있는데 그 탑이 와르르 무너진다고 생각해보게나. 심지어 그것들이 어디로 무너질지 자네들은 알고 있네. 자네들은 물론 1베르스타 너머로 도망갈 테지. 하지만 여기는 배 안이라네…! 기다림은 괴롭고 우울함은 말로 다할 수 없네. 물론 어떻게 탑이 무너지고 어떻게 배가 옆으로 기울며 뱃전을 쳐서 상하게 하고 어떻게 파도가 갑판 위로 쏟아지는지 모두 상상할 수 있을 걸세. 갑자기 한 면에서 가해지는 무게 압박에서 배를 구하기 위해서 곧 바람을 맞지 않는 쪽의 돛대 줄을 자르는 일에 성공할 수 있을까? 그렇지 않으면 배는 뱃전에서 물을 온통 뒤집어쓴 후에 어쩌면 더 이상 일어서지 못하게 될지도 모른다네….

모든 사람의 머릿속에서는 물론 이런 생각이 떠올랐지. 하지만 아무도 이것에 대해 말하지 않았고 시간도 없었네. 움직여야만 했네. 그리고 움직였네. 이곳에서 많은 사람이 엄청난 힘, 기지, 침착함을 보여주었는지! 사비치에게는 정확하게 축일 같았네. 더러워지고 헤져서 누더기가 된 그는 반짝이는 눈으로 바람이 남기고 간 파괴적인 흔적이 있는 곳 여기저기로 날아다녔다네.

돛대가 떨어지지 않도록 해결하였고 느슨해진 돛대 줄을 팽팽하게 하려고 돌에 밧줄을 감아서 쑤셔넣었네. 밤이 왔음에도 일이 한창이었네. 일을 끝내기 전까지는 안심하지 않았다네. 그 다음 날에 돛대 줄 자체를 잡아당기기 시작했지. 다행스럽게도 날씨가 조용해져서 이 일을 잘 해낼 수 있었네. 오늘 돛대는 거의 단단하게 세워져 있었네. 하지만 만약을 대비해서 남아 있는 돛대 줄의 한 쌍을 가져다 놓았지. 새로운 강한 바람을 갑자기 만나지 않기 위해서였네.

우리는 쉬었는데 아직 완전히 쉬지는 못했네. 다시 그런 폭풍이 불기 시작했거든. 무슨 일이 일어날 것인지는 장담할 수가 없네. 모든 사람의 시선이 돛대와 돛대 줄로 향했다네.

수병들은 돛대 줄에 파리들처럼 빽빽이 앉아서 밧줄을 꼬고 나무망치로 두드렸네. 이 모든 행동은 닻을 내리고 서 있을 때 행해졌지. 폭풍우 다음에는 강한 물결이 일어나고 요동이 있기 때문에 불가능했기 때문이야. 그것이 비록 이전처럼 강하지는 않다 하더라도 여전히 계속되네. 해안까지는 아직 족히 800킬로미터, 즉 857베르스타가 남았다네.

많은 사람이 불면증과 피곤한 일과 때문에 여위었고 떠들썩한 주연이 있던 바로 다음 날의 모습처럼 헤매고 다녔지. 전함이 어떻게 한 번 기울어 고생하기 시작했던 것을 기억하게. 마치 어떤 노여움을 기억하는 것처럼 말일세. 가슴은 오랫동안 이 시간에 대한 독한 기억을 계속 가지고 있을 거라네!

1853년 7월 16일

나는 9일에 보닌 제도까지 약 800킬로미터 남았다고 썼네. 지금은 16일이지. 하지만 역시 800킬로미터 남았다네…. 적어도 675킬로미터는 남았네. 우리가 일주일 내내 110킬로미터 정도를 갔네. 더 이상 가지는 못했어. 강풍 이후에 고요함이 찾아왔거든…. 이게 무슨 농담인가! 태평양은 우리를 조롱하고 있네. 이곳에서 자기가 정말 고요하다는 것을 우리에게 갑자기 증명해보이고 싶은 모양이네. 무한한 바다는 때로는 수평선을 가리거나 때로는 수평선을 보이게 하면서 엄청 흔들거렸지만 우리는 조금도 진전하지 못했어. 더워서 공기 속에서 움직임은 없었는데 가끔 갑자기 무섭고 음울한 검은 구름들이 나타났네. 배 위에서 변화에 대한 채비를 갖추었고 돛들을 내렸네. 하지만 검은 구름은 작은 비를 내렸고 무풍지대가 계속되었지. 계획된 항해에 대한 생각이 변한 것 외에도 일은 제대로 되지 않았고 거의 서로 말을 하지 않았네.

아침에 일어나면 다들 묻곤 했네.

"지금 얼마나 왔습니까?"

"1.5노트를 왔습니다."

"나침반의 방위에서요?"

"아닙니다, 남쪽으로 몰아왔습니다."

다시 절망했네. 어떤 이는 추측을 하고 있더군.

"조용, 조용해보십시오. 다시 파도가 치는 것 같습니다!"

이때 소총 발사를 가르치고 있었거든. 그 소리에 귀가 먹먹해졌네. 덥고 지루했지만…. 그러나 이 모든 것이 흔들림, 물기, 깨뜨리는 것보다는 낫네. 잘 있게나.

1853년 7월 21일

잘 있었는가! 바로 얼마 전에 우리는 출발했네. 아직 480킬로미터 정도가 남았다네. 고요함은 생기가 없었고 무더위는 견딜 수 없었지. 모든 사람들은 바쁘고 지치는 일에 종사하며 보다 자유롭게 숨을 쉬기 위해서 약간 서늘함을 찾네. 하지만 그런 곳이 없었네. 선실에서는 답답했고 갑판에서는 김이 났네. 거의 모두가 조금씩 앓았네. 발진이 일어나지 않은 사람이 드물었고 무더위로 종기가 나지 않은 사람도 드물었어. 나는 위장병을 앓았고 발에는 종기가 났네. 앓아누웠네. 쇠약해진 것을 느꼈는데 특히 손과 발이 쇠약해진 것을 느꼈어. 그래서 쓰러지지 않으려고 젖 먹던 힘까지 다해 참아내고 있었네. 나는 배가 고팠어. 거의 먹을 수 없었기 때문이야. 얼마나 하루하루를 간신히 견뎌냈고 망가져갔으며 악에 바쳤네! 어제는 젖은 모든 것을 갑판으로 가져왔지. 그 광경이란! 정말 보기 흉했네! 이곳에 겉옷과 속옷을 걸었네. 그곳에는 카펫, 책, 항해자의 장비, 젖은 마른 빵이 있었지. 모든 것은 한 줄로 늘어져 있고 더러움 속에 진흙 속에 걸려 있었네. 습기 찬 지하실에서처럼 눅눅했다네. 뒤 갑판에서는 찢어진 돛들을 수리하고 있었지.

우리는 신속히 태풍의 경계 너머로 벗어났고 빠르게 빠져나왔다는 사실에 행복했다네. 모든 현상을 살펴보면서 기록과 비교했네. 질풍이 서쪽부터 불기 시작했고, 그다음에는 서남쪽으로 바람이 지나갔어. 우리는 원형을 그리며 가로질러 갔지. 몇백 마일에 걸쳐 있는 이 이상한 원의 한가운데 있으면서 바다의 고요함과 맑은 하늘로 인해 강력한 적이 포옹하는 것을 의심하지 않게 된다네. 그리고 그 적이 얼굴을 맞대게 되고, 그의 무서운 획획 부는 소리와 둔탁한 울림이 울려 깨뜨리는 것과 부서지는 소리가 나기 시작할 때, 배가 신음하고 몸부림칠 때 비로소 그 때서야 그 적에 대해서 알게 되지….

잘 있게나. 그만 자러 가야겠네. 나는 아직 완전히 회복되지 않았다네.

무풍지대네! 이런, 만약 자네들이 이것이 어떤 벌인지 안다면! 이 벌은 물론 무자비한 흔들림보다 낫다네. 하지만 여전히 참을 수 없네! 어제 400킬로미터 남았었네. 오늘도 그만큼 남았고 내일도 그럴 테고 아마도 계속 그러할 것이라네! 그런데 산들바람만 불어주어도 하루면 이 거리 이상 갈 수 있을 걸세. 이곳에서 일할 수 있을 것 같았네. 아니었네. 단조로움과 이 움직이지 않는 평온만이 있었네. 게다가 무더위, 답답함, 신선한 재료를 소진시키고만 있지.

갑자기 누군가 말했어.

"바람이 불어오는 것 같습니다."

모든 사람이 생기발랄해지고 기뻐하네! 아무것도 일어나지 않았네. 그런 것 같았을 뿐이야.

아무것도 할 일이 없는 또 다른 사람이 예측했지.

"내일 바람이 변할 것입니다. 수평선에 구름이 꼈습니다."

모두 굳게 믿고 기다리는 수밖에 없었네. 다시 아무것도 일어나지 않았네. 어느 날 갑자기 우리는 기뻤네. 전함은 8노트를 갔더군. 즉 한 시간에 14베르스타를 갔다는 말이네.

나는 이 말을 선실에서 들었어.

곁을 지나가는 포시예트에게 물었네.

"8노트를 갔다는 건가요?"

"아닙니다, 3노트입니다. 딱 15분 동안만 전함이 크게 움직였습니다. 지금은 잠잠해졌습니다."

마침내 갑자기 바람이 불어서 240킬로미터 정도를 왔네. 그 다음 날 나는 여느 때와 같은 소음과 소동을 들었네. 굵은 밧줄을 가져오고 있었지. 모든 사람은 새로운 해안을 보려고 위쪽으로 무리 지어 갔네. 내가 아픈 동안에 나의 선실은 방문자로 보통 가득 차 있었네. 선실에 세 명이 있을 수 있는데 일곱 명 정도 들어왔다네. 그런데 그날 아침에는 아무도 없었어. 모두 위쪽으로 갔기 때문이야. 단지 크뤼드네르 남작만 잠깐 뛰어 들어왔네.

"우리는 좁은 곳을 지나갑니다!"

그 말만 하고 곧장 사라졌어.

로이드항에 가까워질 때 우리는 많은 기분 좋은 기대를 하고 있었네. 그래서 우리는 관심을 가지고 새로운 해안으로 가까이 다가갔지. 해안이 텅 비어 있을 리가 없으니까. 그곳에서 우리를 기다리고 있었기 때문이지. 캄차카에서 온 코르벳함, 시스에서 온 군수송선, 러시아에서 온 통신원이 우리를 기다리고 있었네. 러시아의 통신원들은 물론 편지들을 가지고 도착했지. 모든 사람이 기대감에 들떠 있었네.

나는 발의 고통 때문에 그 다음 날 절뚝거리며 나갔네. 우리가 어디에 있는지 보려고 뒤 갑판으로 나간 거야. 우리는 편자 형태를 하고 있는 만에 있더군. 만에는 높고 크며 풀로 덮여 있는 절벽이 있었네. 거대한 돌 두 개가 물에서 마치 두 개의 탑처럼 불쑥 튀어나와 있었어. 나는 밤에 전함의 모든 것이 고요해졌을 때 물레방앗간에서 나는 것 같은 소음을 내 선실에서 들었네. 지금은 알겠는데, 해변으로 미친 듯이 밀려드는 파도였네. 나는 협소한 곳도 보았어. 가파른 절벽의 옆 측면 밑으로 지나가야 해. 파도와 암벽들이 눈에 보이는 작은 산맥을 피하기 위해서 어느 곳에서든 만의 입구를 보호하는 돌로 밀려들더군. 그리고 저 멀리 떨어져 있는 곳에서 단지 드문드문 모래와 비탈이 하얗게 보이네.

나는 쓸데없이 오두막, 지붕, 사람, 동물이라도 찾을 수 있나 눈으로 살피면서 물었네.

"어디에 사람들이 사는 곳이 있나요?"

아무것도 보이지 않더군. 하지만 우리 사람들은 벌써 해안에 있었네. 저 멀리 후미에 오두막 두 개가 있었고 산 너머에 오두막이 몇 개가 있었네.

여기에는 배도 있고 통신원도 있지. 그들에게는 편지도 있네. 얼마나 많은 소문과 새로운 소식이 있는지! 모두 손에 편지를 들고 있었고 나는 한 다스나 가지고 있었네.

조금 큰 섬을 필이라고 부르지. 하지만 내가 말했듯이 항구는 로이드라네. 보닌 제도는 1829년부터 알려졌네. 여행가 출신들이 이곳에 있었거든. 즉 비치[290], 우리 러시아인 리트케 선장, 아마도 얼마 전에는 본랴를랴르스키가 있었던 것 같아. 그 외에도 세상에 알려지지 않은 많은 영국인과 미국인이 있었겠지. 지금 여기에는 다양한 민족의 포경선이 끊임없이 들리네. 무엇보다도 미국 포경선이 많지. 보닌 제도는 중국어나 일본어로 사람이 살지 않는 섬이라는 뜻이라더군.

무인도를 본다는 이 나의 꿈도 실현될 거라고 생각했네. 하지만 헛된 꿈이었네. 이곳에도 사람들이 살고 있는데 물론 다른 종족의 로빈슨이 전부 30명이나 살고 있네. 도망친 수병과 퇴직한 해적들로, 그중 어떤 해적은 지금까지도 자신의 손에 예전 자신의 가치를 보여주는 표시로 화약에 그을린 자국을 지니고 있네. 그들은 고구마, 토란, 파인애플, 수박을 경작하지. 그리고 그들은 돼지, 닭, 오리를 가지고 있네. 다른 섬에서 그들은 암소와 황소를 키우지. 왜냐하면 필에서는 가축이 나무들을 손상시키기 때문이야.

이 모든 동물 외에도 그들은 아내들, 카나크 샌드위치 제도에 사는 여자들과 함께 있네. 그들 사이에서는 폴리네시아의 토인과 런던과 샌프란시스코에서 온 이주자들이 있네. 다시 말해 온갖 민족이 모여 있는 곳일세. 한 주민은 여기에서 벌써 22년을 살고 있고 애꾸눈의 쉰 살인 카나크 여자와 결혼했네. 그들 모두는 드문드문 흩어져 살고 있네. 왜냐하면 모든 사람이 작은 밭, 텃밭, 사탕수수 재배지를 가지고 싶어 하기 때문이네. 말이 나온 김에 말하자면 이 사탕수수들로 주민들은 럼주를 만들어서 취하도록 마시더군.

계곡도 아니고 평지도 아니고 산만 있는 이상한 섬도 있다네. 그곳에 가려면 모래밭을 따라 15분 걸어가서 산으로 올라가서 빽빽한 숲을 통과해서 비집고 지나가야 하네. 주민들은 장사하거나 적어도 채소, 거북이 등의 물건들을 팔려고 노력하지.『해상 잡지』[291]에 적은 것에 따르면 그리고 이곳의 토박이인 세브리 자신도 단언한 것처럼 항해자들 쪽에서는 모든 것을 헐값으로 얻으려고 노력하고. 약 4년 전에 포경선 두 척이 도착했는데, 이 배들은 다른 모든 예의바른 사람들과 배들이 하는 것처럼 얼마간 서 있다가 떠났네.

하지만 한 배는 떠날 때 어떤 파손을 당해서 돌아왔고 주민들의 도움을 받았네. 배는 이에 무척 감동하여 작별을 하러 이 해변에 자기 사람들을 싣고 들렀네. 그런데 그들은 주민들을 때리고 강탈했지. 어떤 사람에게서는 모든 닭, 오리, 13세 된 딸을 붙잡아 갔고, 다른 사람에게서는 돼지들과 아내를 빼앗아 갔으며, 늙은 사람인 바로 세브리에게서는 그 외에도 2,000달러를 훔쳐서 달아났지. 하지만 그들 뒤에 도착한 영국군함은 사우스 샌드위치 제도와 샌프란시스코에 이것을 알려주었네. 범인은 뉴질랜드의 어딘가에서 배와 함께 붙잡혔어.

현재 동쪽 대양에서도 경찰의 손에서 벗어날 수 없네!

발이 아프지만 나는 해안으로 내려가는 일을 감행했네. 나의 동료들은 도끼로 무장했는데 나는 통나무(붉은 나무 대신에)에 앉아 그들이 언덕으로 길을 내는 모습을 한가로이 바라보아야만 했지. 숲은 모든 나뭇가지가 펼쳐져 있는 부채나 우산과 닮은 모양의 종려나무로 이루어져 있었네. 그다음에는 그 심에서 양배추를 약간 상기시키는 맛이 나는 양배추 종려나무로 이루어져 있었네. 하지만 양배추보다 연하고 더 부드럽다네. 주민들이 생강이나 토마토라도 부르는 나무보다도 더 그렇더군. 토마토는 훌륭한 붉은 나무라네. 이곳에서 우리는 담수가 흐르는 호수를 찾았는데 폭과 길이가 3이나 4사젠이었고 깊이는 가슴까지였지. 수병들은 마구잡이로 얕은 물속에서 철벅거렸어. 나는 베어 넘어진 나무에서 도마뱀들이 뛰어나가는 모습을 보고 있었네. 우리 사람 가운데 누군가 도마뱀 한 마리를 나뭇가지로 쳤는데 꼬리가 떨어져 나가자 그 꼬리는 한쪽으로 기어갔고 도마뱀은 다른 쪽으로 기어가더군,

모래 위에 무언가가 또 기어가고 있었네. 처음에 나는 그것이 거미 혹은 지네라고 생각했어. 그런데 다양한 색, 형태, 크기를 지닌 가재들이었지. 아주 작은 거미만 한 것부터 일반적인 것까지 있었네. 분홍색과 보라색과 파란 가재들이었어. 이 가재들은 껍질을

가지고 있었는데 껍질 속에 그들은 숨더군. 껍질이 없는 가재도 있네. 그것들은 앞뒤로 연안 해역을 따라서 왔다 갔다 했지. 둥근 것부터 긴 것까지 온갖 것이 다 있었네.

약 이틀 후에 나는 다시 크류드네르 남작과 포시예트와 함께 다른 작은 만으로 떠났네. 이곳은 완전히 암벽으로 덮인 후미였네. 우리는 절벽의 산기슭을 두 갠가 세 갠가 지나 모래비탈로 다가갔어. 모래비탈에는 이목을 끄는 잘생긴 남자가 서 있었고 어디를 지나가는 것이 더 나은지 우리에게 손으로 보여주더군. 그는 훌륭하고 돌출된 옆모습을 하고 있었네. 코는 독수리 같고 용기가 넘치는 눈빛을 하고 있었고 걸음걸이가 당당했네. 겉모습은 50세가 안되어 보였는데 백발의 곱슬머리가 거의 어깨까지 내려왔네. 양손에는 팔찌와 비슷한 그을린 자국이 있었네. 그 남자는 우리가 그를 찾아가기를 원하지 않은 것을 나무라며 우리를 만났네. 그리고 오두막으로 초대했지. 그 오두막은 네 개의 기둥으로 뼈대를 세우고(모든 것은 붉은 나무로 되어 있었네.) 사방이 말린 종려나무 잎들로 덮여 가려져 있었네. 이것이 그의 침실이더군.

바로 그곳에서 그의 아내도 우리를 만났네. 카나크 여자로 백발이며 얼굴이 거무스레했지. 그녀는 파란 면으로 된 원피스를 입고 있었고 우리나라 농촌 아낙들처럼 스카프를 머리에 두르고 있었어. 이 한 쌍이 식사하는 곳인 오두막 역시 특수하게 만들어졌네. 슬쩍 보고 나서 나는 그 오두막에 식기, 식탁, 여러 가지 가재도구를 볼 수 있었네. 꼬리와 머리를 위로 든 개 두 마리도 우리를 맞이했다네.

그런데 머리 위 주위로 암석, 산, 아름다운 협곡이 있는 가파른 비탈이 있고 모든 곳에 숲이 무성했네. 크류드네르 남작은 오두막 앞에서 우리가 앉아 있었던 그루터기를 망치로 내려쳤지. 크류드네르 남작은 위로부터 온통 잿빛이 되었네. 그러나 망치가 딱딱한 외피를 벗기자마자 그 아래 나무가 피처럼 새빨갛게 나타나더군. 오두막에는 시냇물이 있었네. 시냇물에는 빨간 코를 한 오리들이 거닐고 있었네. 시냇물은 걸어서 넘어갈 수 있었네. 시냇물에 물이 적어서 손을 씻을 수 없을 정도였어.

우리는 언덕 위로 갔네. 크류드네르 남작은 나무를 베었고 우리는 모두 다섯이서 나무의 심을 다 먹었어. 더 갈수록 더욱 가팔라졌지. 그래서 나는 가지 않았네. 다리는 여전히 회복되지 않아서 나는 땅에서 당근이나 순무처럼 자라고 있는 토란과 바나나 사이에 있는 그루터기 위에 앉았어. 샌드위치 제도에 사는 사람들이 그루터기로 로쁘로쁘라는 음식을 만든다는 것을 읽은 적이 있는데, 도대체 이것이 무엇인지 카나크 여자에게 물었네. 카나크 여자는 즉시 나를 자신의 식당으로 데려가 지금의 감자와 비슷하게 생긴 어떤 하얀색 죽이 담긴 그릇을 보여주었지.

그들은 죽을 손으로 떠서 먹더군. 그런데 남편은 내게 그걸 먹지 않도록 경고했네. 왜냐하면 오래전에 이 요리가 만들어져서 신선하지 않기 때문이야.

남편은 우리에게 수박 몇 통을 가지고 나왔네. 우리는 기꺼이 수박을 다 먹었지.

조용하고 좋았네. 저녁이 왔네. 그러자 숲은 매 순간 색을 바꾸고 마침내 검게 되었네. 그림자처럼 만을 따라 나무와 함께 암석의 비치는 모습은 흔들렸지. 이 순간에 우리 뒤를 이어 보트가 도착했고 우리는 출발했어. 우리의 배들이 어두운 배경의 절벽들에서 사라졌을 때에야 우리는 우리 배들 가까이에 다가가서 달빛이 비추는 돛대를 볼 수 있었네.

1853년 8월 2일

오늘 아침부터 전함에서는 활동이 시작되었네. 해안으로 팀을 데리고 내려가기 시작했어. 장교들도 그곳에서 하루를 보내고 점심 식사를 하며 차를 마시기를 원했네.

나는 생각했네.

'그들은 도대체 어디에서 점심을 먹을 거지? 그곳에는 의자도 없고 식탁도 없는데 말이야.'

갈까 말까. 하지만 전함에서 혼자 남아 있는 것은 또한 우울한 일이지. 사비치는 서두르라며 마지막 보트는 해안으로 간다고 말하려고 다가왔네.

"그런데 도대체 어디에서 점심을 먹는단 말이오?"

"그곳에 우리는 목욕탕을 지었습니다. 지금 모든 것을 치웠고 목욕탕에 식당을 만들었습니다."

"식탁과 의자들은 있나요?"

"아무것도 없습니다. 돛들 위에서 우리는 점심을 먹을 겁니다."

'돛 위에서라니!'

점심 식사를 방해하는 것은 풀 위에서 특히 즉흥적으로 먹어야 된다는 것, 야외에서 차를 마셔야 된다는 거라네. 그곳에는 수저도 없고 모래 섞인 빵, 벌레 들어간 차가 있을 테지. 그러나 어쩔 수 없지 않는가. 나는 출발했네. 하지만 더웠고 햇볕에 살갗이 타더군.

무더위에 대해 할 말이 있네. 어느 날 아침에 갑자기 파데예프는 차를 가지고 나타나지 않았네. 다른 사람이 왔지.

"파데예프는 도대체 어디에 있는가?"

수병은 간결하게 대답했네.

"그는 등가죽이 벗겨졌습니다."

"어떻게 벗겨졌는가? 왜?"

"우리 중에서 이런 사람이 지금 거의 40명입니다. 햇볕 때문에 그랬습니다. 그들은 해안에서 알몸으로 다녔습니다. 햇볕이 내리쪼았습니다. 지금 셔츠도 입을 수가 없습니다."

나는 파데예프에게 들리려고 갔네. 그 광경이란! 정말 약 40명이 뒤 갑판에 앉아 있더군. 어떤 이들은 머리부터 발끝까지 수건으로 덮었고, 또 다른 이들은 덮지 않았네. 특히 한 중년 수병이 나의 동정심을 자극했어. 그는 얼굴을 찡그리고 벌거벗은 채 식탁 역할을 했던 작은 통나무에 손과 머리를 의지하고 앉아 있었네.

"무슨 일입니까?"

그는 나에게 등을 약간 돌리며 말했어.

"나리, 누가 알겠습니까! 등이 난리가 났어요!"

등을 쳐다보는 것이 무서웠네. 등 전체는 마치 등에 끓는 물을 끼얹은 것처럼 붉어졌고 물집으로 뒤덮여 있었지.

내가 나무랐네.

"왜 자네들은 햇볕아래 앉아 있었는가? 옷도 입지 않고?"

그가 고통스러워하면서 대답했어.

"나리, 탐보프에서는 항상 있던 일입니다. 하루 종일 햇볕아래 앉아 있고 머리를 내놓아도 괜찮았습니다. 풀 위에 누우면 등과 배는 따뜻해서 좋았지요. 하지만 누가 알았겠어요. 여기에서 햇볕은 고약 같이 달라붙어요!"

화상을 입은 모든 사람이 신음했고 한숨을 쉬었네. 그리고 얼굴을 찌푸렸네. 바라보는 것은 웃기기도 하고 불쌍했다네. 파데예프는 완전히 흥해졌고 한숨도 쉬었네. 그에게 몇 마디 해주었지.

우울해하며 그가 말했네.

"내버려두세요, 나리!"

나는 해안으로 가자마자 텐트 아래로 들어갔어. 정오가 다가오고 있었고 타는 듯한 햇볕에서 어떤 보호막도 없었기 때문이야. 해안에서는 분주히 일들을 하고 있었네. 점심 식사를 준비하고 있었어. 애꾸눈인 카나크 여자는 낚시를 하고 있었네. 텐트 안은 무더웠네. 그래서 나는 숲으로 갔네. 크류드네르 남작은 덤불숲에서 나에게 외치더니 그림과 같은 시냇물을 보라고 부르더군. 그 시냇물은 내가 아직 보지 못했던 것이네. 나는 관목을 지나고 토마토, 생강, 종려나무를 지나서 비집고 나갔어. 나는 그 너머로 시냇물을 따라 갔네. 정말 그림 같았지. 시냇물은 폭이 2아르신 정도 되었네. 다른 곳에서는 그보다 좁았네. 그 시냇물은 절벽에서 암석을 따라 흘러 호수로 흘러 들어갔지. 돌들 사이에서 셀 수 없이 많은 작은 게가 거미나 곤충처럼 기어다니고 있었네. 그것들은 만지려고 하자마자 믿기 어려운 빠른 속도로 돌들 속으로 사라졌어. 의사와 고시케비치는 벌써 오래전에 그곳에서 그것들을 손으로 잡고 있었네. 사비치는 멀리 앞으로 가 곰처럼 나무를 무너뜨리고 있었네. 단지 부서지는 소리만 들렸네. 내 앞에서 크류드네르 남작은 가늘디가는 자신의 다리로 걸어가고 있었고 나는 뒤에서 겨우 따라가고 있었어. 우리는 헛디뎠고 걸려 넘어졌지. 나는 시냇물을 건너 한 곳으로 걸어서 넘어가기를 원했네. 그리고 관목을 붙잡았네. 그러자 그 관목이 모양이 흐트러져서 물속에 빠졌다네. 이 모습은 말할 것도 없이 동료들에게 큰 웃음을 주었네.

한편 우리 주위의 모든 것은 무척 아름다웠네. 우리 위에서 넓은 잎 종려나무와 토마토들이 짙은 그늘을 넓게 드리우고 있었네. 해안은 풀과 숲으로 빽빽했어. 태양은 가끔 나뭇가지들을 뚫고 지나가 점화된 유리를 통과하여 돌무더기를 강렬하게 비추고 물속에서 빛을 내며 타는 듯이 내리쬐었지. 순간적으로 모든 것이 우리를 축축하게 했는데 그곳에서는 다시금 어두워지고 선선해졌네. 이 자연적인 가로수 길, 고요함, 풀의 선명한 색깔, 이 모든 것은 그림 같았는데 약간 음침했다네. 꽃들은 없었고 새들도 거의 없었거든. 심지어 귀뚜라미들의 찌르륵거리는 소리도 들리지 않았네. 토마토에는 거칠거칠하고 직사각형 모양의 잎과 회색빛인 줄기가 있었어. 종려나무는 손으로도 잡아 찢기지 않을 만큼 단단하고 밝은 녹색의 잎들이 있었네. 해변은 진흙으로 되어 있었고 단단하고 건조했네. 해안을 따라 이주민들의 재산들인 바나나 나무들이 자라고 있었어. 이 작물은 열대지방의 작물로 타원형의 녹색 레몬이라 할 수 있네. 그 맛을 보면 어떤 썩은 냄새가 나네. 타고장의 토양에 접붙여져서 왜곡된 열매가 된 것 같아. 더운 지방에서 모든 자연적으로 나는 열매들은 무척 훌륭한데 접붙여진 것들은 실패작들이더군. 인도에서 포도를 재배하려고 시도했으나 자라지 않았네. 만약 어디에서 접붙인다 하더라도 아무데도 맞지 않을 거야. 사과 역시 마찬가지네. 차도 좋지 않아. 동물들에 대해서도 마찬가지라고 말할 수 있네. 영국과 아라비아의 말들과 다른 동물들을 사육하려고 시도한 적 있다더군. 이 동물들은 허약한 품종으로 바뀌어서 태어났네. 하지만 이곳에서 자연적으로 나서 자라는 것들은 잘 자라고 있지.

우리는 어떤 큰 강둑까지 왔고 해안을 따라 호수로 곧장 나 있는 오솔길을 따라 왔네. 그곳에는 우리 동료들이 헤엄치고 있었어.

정확하게 풀들의 아치 아래 작은 호수에서 말이야. 해안에서는 무척 수선스러웠네. 큰 솥에 요리를 하고 있었고 텐트에서 식탁이 아니라 바닥에다 식사 준비를 하고 있었네. 사람들은 앉아 있거나 누워서 이야기를 나누고 있었지. 나는 자기장 관찰을 위해 설치된 다른 텐트로 갔네. 그리고 모든 섬에 유일하게 있던 침대 겸 의자에 누웠네. 그늘에서 쉬었네. 가끔 신선한 바람이 불어 들어와 텐트 아래로 스며들어왔지. 그래서 선선해졌어.

점심 식사를 하라고 불렀네. 한 식탁은 특별히 준비되었네. 왜냐하면 바닥에 모두가 자리를 잡고 앉을 수 없었기 때문이야. 총 20명 정도 되었네. 주인이자 점심 식사의 관리자인 사람은 나에게 자기 자리를 양보했네. 다른 때 같았으면 나는 예의를 갖추었을 걸세. 하지만 텐트에서 텐트까지 가는 것도 너무 더워서 기진맥진한 나는 양보해준 자리에 앉았네. 앉는 순간 나는 벌떡 일어났네. 덥지는 않았는데 단지 앉는 게 뜨거웠기 때문이었어. 내가 앉은 자리는 목욕탕에서 난로로 사용되는 약 20개의 벽돌로 만들어졌는데 이 벽돌들은 태양 아래 놓여 있어서 완전히 달구어져 있더군.

점심 식사 중에는 특히 거북이 수프가 있었네. 하지만 런던에서 먹었던 수프 이후로는 이것을 먹을 수가 없었어. 그곳에서는 요리를 할 수 있지만 여기에서 우리의 카르포프는 왠지 거북이를 자르지도 않고 고기를 완전히 익히지도 않았지. 그래서 엉망으로 요리된 고기가 나왔네. 오리도 나왔네. 하지만 오리들은 전함에서 매우 야위었네. 대신에 외침과 시끄러움과 흥겨움은 끝이 없이 이어졌네. 나는 무더위 때문에 녹초가 되었어. 그런데 나의 동료들은 점심 식사를 하는 동안 셰리주와 포트와인을 마셨네. 마치 페테르부르크에 있는 것처럼 말이야!

단지 매우 젊었을 때에만 그런 한증탕 속에서 포도주를 마실 수 있는 법이야. 점심 식사가 끝나기를 기다리지 않고 사람들이 자리를 차지해서 잠들기 전에 나는 빨리 다른 텐트로 갔네.

잠에서 깨서 나갔을 때 태양은 수평선 위에 낮게 걸려 있었네. 사람들은 숲을 따라 거닐거나 무리 지어 눕거나 앉아 있더군. 어떤 이들은 어망을 준비했고, 다른 이들은 헤엄치고 있었네. 결코 소박한 보닌 제도는 텅 빈 해안들에서 이러한 북새통을 한 번도 본 적이 없었을 걸세!

비치가 적은 바에 따르면 그의 시대에는 이곳에 거북이가 너무 많아서 모래밭에 알을 낳으려고 기어 올라오면 해안을 뒤덮었다고 했네. 부화한 후에 어린 거북이들은 바다로 가는 것을 서두르는데 길에는 셀 수 없을 정도로 많은 적이 그들을 기다리고 있지. 해안에서는 새들이 쪼아 먹고 바다에서는 상어들이 먹어치우네. 그 대신에 성장하고 튼튼해진 후에 그들은 갑옷과 투구를 입으면 이제 아무것도 무서워하지 않지.

비치는 또 이렇게 적고 있네.

"상어는 거북이들보다 훨씬 크다. 상어들은 심지어 이로 노를 물어뜯기도 했다."

어디로 이 모든 것이 사라졌을까? 사람들이 이주함에 따라 거북이들은 거의 나타나지 않게 되었네. 주민들은 거북이들을 잡아 방문자들에게 팔면서 어딘가 통에 넣어 간수하더군. 우리는 거북이 한 마리에 4달러를 지불했네. 얼마나 컸던지! 여섯 명이 있는 힘을 다해 그 거북이를 끌었어. 여기에서 주민들은 개들을 이용해서 거북이들을 해안으로 옮겼네. 개는 거북이들의 지느러미 모양의 발을 물어 끌더군.(바다 거북이들은 발 대신에 헤엄치기 위한 지느러미 모양의 발을 하고 있네.) 거북이들은 수프를 제외하고는 어떤 것에도 적당하지 않네. 검은 거북이들의 뼈는 빗으로 만들어지지. 상어들도 있는데 수가 적네. 20년에 한 번 정도 상어는 포경선에서 수병의 머리를 물어뜯는다네. 우리 배에서 그리 크지 않은 상어 한 마리를 잡은 적이 있네. 나는 상어의 입을 보았네. 이빨은 4열로 나 있는데 작지만 마치 톱처럼 날카롭더군. 무엇이든 그 입에 들어간다면 다 먹어 치우겠지.

저녁에 나무들 아래 불을 피웠어. 수병들은 무리로 불 근처에 비좁게 앉아 있었네. 텐트 안에서 차를 마셨고 거기서 노래와 외치는 소리가 들렸다네. 모래 해안에는 맹렬하게 밀려드는 파도가 있었네. 해변으로 가까이 다가가면 큰 파도는 발로 밀려와 부딪친 뒤에 모래밭으로 뿔뿔이 흩어지더군. 먼 곳에서 비치는 달빛에 바다는 생기를 띠었네. 암석들 사이 만에서는 짙은 암흑이 있었어.

나는 그리 크지 않은 무리로 다가갔네. 그 무리는 식탁보 근처 풀 위에 앉아 있었네. 식탁보 위에는 차가 담긴 찻잔들과 방금 잡은 신선한 생선 요리가 있었고 수박과 바나나도 있었네. 배를 대고 엎드려야 했네. 이것은 큰 행복이라네. 여기에는 지긋지긋한 뱀도 한 마리 없고 독이 있는 곤충도 없거든. 아무것도 없었기 때문이야. 우리 동료 가운데 몇 명은 식물의 씨나 먼지가 바람으로 인해 광범위한 거리까지 퍼져 나갈 수 있다는 이론을 증명하고 싶어 했네. 그리하여 화산으로 생겨난 보닌 제도처럼 식물계를 지니지 않은 작은 섬들에는 바람이 뱀과 다른 파충류들을 가져올 수 없고 그래서 이곳에 이런 것들이 없다고 하더군.

1853년 8월 4일

밤에 닻을 올렸네. 역풍이었네. 다음 날에도 그랬지. 마침내 8월 4일 약 새벽 네 시에 잠에서 깬 나는 소음, 목소리, 호각 소리를 들었네. 그리고 다시 잠들었네. 그런데 일곱 시경에 노인이 장난스럽게 선실 속의 나를 들여다보았네.

"안녕하세요! 축하합니다…."

"뭔가요?"

"바다에 있습니다!"

"멀리 왔나요?"

"네, 저 멀리 나가사키가 보이지요?"

나는 갑판으로 나가면서 생각했네.

'이런, 노인네가…! 그에게서 사실을 알려 하다니!'

앞에는 파란 바다가 머리 위에는 파란 하늘이 있었네. 태양은 뜨거운 석탄처럼 얼굴을 태우는 듯했지. 뒤에서 산들은 서로에게 어깨를 붙이고 있었네. 마치 우리를 배웅해주고 행복한 여정을 바라는 것처럼 말이네. 보닌 제도의 해안이라네. 안녕, 보닌 제도여!

조용한 바람이었네. 6노트를 갔네. 자연에서는 덥지만 마음속은 춥네. 주위는 여전히 바다라네….

옮긴이 주

1 오랜 공백기는 17년을 말한다. 본서는 1879년 출판에 앞서 1862년에 출판되었다. 본 번역서에 인용된 각주 일부는 И.А. Гончаров, Фрегат "Паллада": Путевые очерки. / Коммент. К.И. Тюнькина.–Иркутск: Вост.–Сиб. кн. изд.–во, 1982.에 각주를 단 K.I. 튜니킨의 각주를 참조한 것이다.

2 팔라다는 저자가 타고 항해한 전함의 이름이며, 화성과 목성 사이에 있는 한 소혹성을 말한다.

3 선집 『공동 출자』의 러시아어 원어는 스클라드치나다.

4 글라주노프는 I.I. 글라주노프로, 출판사의 대표다.

5 러시아 화가인 I.F. 포잘로스틴(1837~1909)을 말한다. 그는 K.I. 베르가마스코가 1873년에 촬영한 곤차로프의 사진을 보고 초상화를 그렸다.

6 N.A. 네크라소프(1821~1878)는 러시아의 시인이다. 작품으로 『꿈과 울림』, 『러시아는 누구에게 살기 좋은가』 등이 있다. 그는 잡지 『동시대인』과 『조국잡기』의 편집자로 활동했다.

7 K.I. 튜니킨은 본 여행기 3판의 주석을

단 작가다. 튜니킨 교수는 살트이코프 세드린 연구로 유명하다.

8 괄호 안의 숫자는 양력 날짜를 말한다. 당시 러시아에서는 음력에 해당하는 율리우스력을 사용했고 유럽에서는 오늘날 사용되는 양력인 그레고리력을 사용하고 있었기 때문에 두 날짜 모두 표시한 것이다.

9 프러시아는 유럽 동북부와 중부에 있던 지역이자 그 지역에 있던 나라로 프로이센이라고도 한다.

10 J.F. 쿠퍼(1789~1851)는 미국의 소설가다. 미국독립전쟁을 취재한 후 쓴 역사소설 『스파이』로 알려졌고 해양 모험소설인 『파일럿』으로 인기를 얻었다. 작품으로 『개척자』, 『모히칸족의 최후』, 『사슴 사냥꾼』 등이 있다.

11 F. 매리엇(1792~1848)은 영국의 군인이자 소설가다. 해군장교였으며 바다에서 마주한 다양한 경험을 재미있게 되살린 모험소설을 썼다. 작품으로 『왕의 것』, 『피터 심플』, 『너그러운 미드십맨』, 『불쌍한 잭』, 『새로운 숲의 어린이들』 등이 있다.

12 잉여인간은 이 책의 저자인 곤차로프의 소설 『오블로모프』의 주인공 오블로

모프의 형상에 대한 해석에서 처음으로 사용된 말이다.

13 볼가 강은 러시아 서부에서 남쪽으로 흐르는, 유럽에서 제일 긴 강으로, 러시아에서 어머니 강이라고 불린다. 이 책의 저자 곤차로프는 볼가 강이 흐르는 심비르스크에서 태어났다.

14 J. 쿡(1728~1779)은 영국의 항해자다.

15 G. 밴쿠버(1758~1798)는 영국의 항해자다. 밴쿠버는 J. 쿡의 두 번째와 세 번째 세계 일주 항해에 참여했다.

16 호메로스는 고대 그리스의 시인으로, 유럽 문학의 최고(最古) 서사시 『일리아드』와 『오디세이』의 작자로 알려져 있다.

17 아이아스는 그리스 신화에 나오는 트로이 전쟁의 용사다. 그는 살라미스의 왕인 텔라몬의 아들이며, 친구 아킬레우스의 투구가 오디세우스에게 전해지는 것을 보고 분하여 자살했다.

18 아킬레우스는 트로이 전쟁의 영웅이다. 호메로스의 서사시 『일리아드』의 중심 인물이다. 격하기 쉬운 성격이었으나 정이 많고 트로이 전쟁에서 가장 고결한 영웅으로 알려져 있다.

19 헤라클레스는 그리스 신화에서 가장 힘

이 세고 또 가장 유명한 영웅이다.

20 시인은 A.N. 마이코프(1821~1897)를 말한다. 곤차로프가 각주를 달았다. 마이코프는 서사시 「두 개의 운명」, 「마쉐니카」 등을 썼다.

21 현자이자 시인은 마이코프를 의미한다.

22 씹는담배는 씹어서 자극성 향기를 맛보는 담배다.

23 콜히다는 서부 조지아(러시아명 그루지야)의 고대 그리스 이름이다.

24 페테르고프는 페테르부르크 근교에 있는 도시로, 분수 궁전으로 유명하다.

25 파르골로보는 페테르부르크 근교에 있는 도시로, 주말농장으로 유명하다.

26 F. 마젤란(?1480~1521)은 포르투갈 태생의 스페인 항해자로, 인류 최초의 지구 일주 항해의 지휘자다.

27 C. 콜럼버스(1451~1506)는 이탈리아 태생의 스페인 항해자다.

28 바스코 다 가마(1469~1524)는 포르투갈의 항해자다.

29 한 문학가는 이 책의 저자인 곤차로프를 말한다.

30 샌드위치 제도는 하와이 제도의 옛 이름이다.

31 베르스타는 미터법 시행 전에 러시

아에서 쓴 거리 단위로, 1베르스타는 1,067미터다.

32 시는 러시아의 양배추 수프다.

33 아리스토텔레스(기원전 384~기원전 322)는 고대 그리스의 철학자로, 플라톤의 제자다. 플라톤이 초감각적인 이데아의 세계를 존중하는 데 반해, 아리스토텔레스는 인간에게 가까운, 감각되는 자연물을 존중하고 이를 지배하는 원인들의 인식을 구하는 현실주의 입장을 취했다.

34 M.B. 로모노소프(1711~1765)는 러시아의 시인, 과학자, 언어학자, 역사학자, 계몽사상가다. 그는 모스크바국립대학교를 설립했다. 그리하여 이 대학교는 로모노소프 명명의 모스크바국립대학교라고 불리고 있다.

35 마데이라 제도는 대서양에 있는 포르투갈령의 섬들이다.

36 카보베르데는 아프리카 서쪽 끝의 베르데 곶(串)에서 서쪽 대서양에 자리 잡은 공화국으로, 열다섯 개의 섬으로 이루어져 있으며, 1975년에 포르투갈에서 독립했다.

37 희망봉은 남아프리카공화국 케이프 주 서남쪽 끝을 이루는 암석으로 이루어진 곳이다.

38 호텐토트인은 남아프리카의 토인이다.

39 말레이 군도는 아시아 대륙과 호주 대륙 사이에 흩어져 있는 여러 섬으로 이루어진 제도로, 말레이시아·인도네시아·필리핀이 이에 속한다.

40 로마 오이는 산만큼 큰 오이라는 뜻이다. 러시아의 우화 작가 크르일로프가 자신의 작품 『우화집』의 제2권 13장 「허풍쟁이」에서 이 말을 사용하고 있다.

41 핀란드 만은 발트 해 동쪽, 핀란드와 에스토니아 사이에 있는 만이다.

42 페테르부르크의 원래 이름은 상트페테르부르크다. 러시아 제2의 도시로 러시아의 서북부, 핀란드 만 안쪽에 위치한 도시다. 페트로그라드, 레닌그라드 등으로도 불렸다.

43 뮤즈는 그리스 신화에서 시·극·음악·미술을 지배하는 아홉 여신이다.

44 친절한 시인들은 B.G. 베네딕토프(1807~1873)와 A.N. 마이코프다. 곤차로프가 각주를 달았다. 베네딕토프는 러시아의 유명한 시인으로, 『베네딕토프 시집』을 출판했다.

45 파르나소스 산은 그리스 중부, 핀도스

산맥에 있는 산이다. 이 산의 남쪽 기슭에 델포이 신전의 유적이 있으며 그리스 신화의 아폴로와 뮤즈가 살았다고 전해진다.

46 리라는 고대 그리스의 작은 현악기로 하프와 비슷하다.

47 서양협죽도는 햇볕이 잘 들고 습기가 많은 사질토에서 잘 자라지만 아무데서나 자라며 공해에도 매우 강하다.

48 "영국이여, 바다를 지배하라…"는 영국 국가의 첫 소절이다.

49 크론시타트 항구는 러시아 페테르부르크 주에 있는 도시다. 발트 함대의 기지인 군항이 있다.

50 키예프는 우크라이나의 수도다.

51 모스크바는 러시아의 수도다.

52 아무 말도 하지 않고 잠깐 동안 걸터앉아 있는 등의 행동은 러시아에서 여행을 떠나기 직전에 하는 행동이다. 여행을 떠나기 전에 잊어버린 것은 없는지 생각하는 시간이다.

53 영국 해안도로는 러시아 페테르부르크 네바 강의 왼쪽 해안에 있는 도로다.

54 둥근 지붕은 러시아 성당의 양파 모양 지붕을 말한다.

55 팔라다호의 인원은 총 485명이었는데,

그 가운데에는 장교가 31명 있었다. 곤차로프의 여행기에 나오는 간부는 다음과 같다. 전함 팔라다호의 선장인 I.S. 운콥스키 대위, K.N. 포시예트 대위, I.I. 부타코프 중위, P.A. 티흐메네프 중위, N. 크류드네르 중위, N.N. 사비치 중위, A.E. 크로운 중위, I.P. 벨라베네츠 중위, A.E. 실리펜바흐 중위, A. 볼틴 소위, A.A. 페수로프 소위, P.A. 젤료느이 소위, A.A. 콜로콜리체프, 전함의 선임 포병인 K.I. 로세프, 선임 항해사인 A. 할레조프, 항해사 L. 포포프, 선임 의사 A. 아레피예프, 신임 의사 겐리흐 베이리흐 등이다.

56 만은 페테르부르크가 자리 잡은 핀란드 만을 말한다.

57 삭구는 배에서 쓰는 밧줄이나 쇠사슬 따위를 통틀어 이르는 말이다.

58 지도들이라는 단어는 러시아어에서 카드와 같다.

59 활대는 돛 위에 가로로 덧댄 나무다. 돛에 힘을 주기 위해 사용된다.

60 닻을 올리다는 뜻의 동사를 구역질난다는 말 대신에 비유적으로 사용하고 있다.

61 보드카는 러시아의 대표적인 증류수로

알코올 농도는 보통 40도 이상이다.

62 방현재는 배의 뱃전에 장치한 완충물이며, 뱃전의 파손을 막는 장치다.

63 해먹은 달아매는 그물 침대다.

64 탐보프는 러시아의 도시 가운데 하나다. 모스크바에서 동남쪽으로 약 400킬로미터 떨어져 있다.

65 캄차카는 러시아 극동부에 있는 반도다.

66 캅카스는 러시아 남부, 카스피 해와 흑해 사이에 있는 산맥과 지역을 이르는 말이다.

67 흰 눈은 핀란드인에게 흔한, 거의 희다시피한 하늘색 눈을 말한다.

68 코스트로마는 러시아 코스트로마 주의 주요 도시다.

69 푸드는 구 러시아의 중량 단위로, 1푸드는 16.38킬로그램에 해당한다.

70 포츠머스는 영국 남부의 군항이다.

71 해군공창은 해군에서 함선·병기 따위의 제조와 수리에 관한 일을 맡아보는 기관이다.

72 벽난로는 러시아에서 난방 기능과 더불어 조리 기능을 담당하고 있다.

73 셰리주는 스페인에서 양조되는 백포도주다.

74 "보드카에 대해서는 한마디도 없었네!" 이 시구는 D. 다비도프의 시 「현대의 노래」(1840)에서 인용한 것이다.

75 노인은 선임 항해사인 A. 할레조프다. 그는 러시아 함대에서 가장 노련한 수병 중 하나로 전함 팔라다호를 타고 항해하는 것은 그의 네 번째 세계 일주 여행이다.

76 넵스키 대로는 러시아 페테르부르크에 있는 중심 대로다.

77 노트는 16세기부터 항해용 단위로 사용되고 있다. 1시간에 1해리(1,852미터)의 속력이 1노트(kn)다. 노트는 매듭이라는 뜻으로, 예전에 바다에서 매듭을 던져 거리를 잰 후 속력을 계산했기 때문에 오늘날 이렇게 불린다.

78 고틀란드 섬은 스웨덴의 섬으로 발트 해에 있다.

79 보른홀름 섬은 덴마크의 섬으로 발트 해에 있다.

80 N.M. 카람진(1766~1826)은 러시아의 문학가이자 역사가다. 작품에는 『가련한 리자』, 『러시아 국가 역사』 등이 있다.

81 이 전설은 카람진이 쓴 사랑 이야기인 『보른홀름 섬』을 말한다.

82 빵과 소금은 고대 러시아에서 환대한다

는 의미다.

83 나리, 즉 각하는 제정러시아 시대에 5등관 이상이 되는 모든 계층의 관리에게 붙이는 호칭이었다.

84 구식 학교는 증기선이 아닌 범선을 가르치던 학교다.

85 외레순 해협은 스칸디나비아 반도와 셸란 섬 사이의 해협이다. 서쪽 해안에는 덴마크의 수도 코펜하겐이 있고 동쪽 해안에는 스웨덴의 도시 말뫼가 있다.

86 상인은 상인들의 배를 줄여서 하는 말이다.

87 카테가트 해협은 유틀란트 반도 동부 해안과 스칸디나비아 반도 서남부 사이에 있는 해협이다.

88 스카게라크 해협은 덴마크와 노르웨이 사이에 있는 해협이다. 카테가트 해협과 함께 북해와 발트 해를 이어주며 덴마크 어업에서 중요한 어장이다.

89 『난선의 역사』는 15세기 포르투갈인 베르나르도 고메슈 드 브리토솜이 쓴 책이다.

90 림스키코르사코프 중위는 런던에서 구입해서 푸탸틴 원정대의 일원이 된 스쿠너 보스토크 호를 지휘했다.

91 독일해는 북해의 예전 이름이다. 북유럽에 자리 잡은 북해는 대서양의 일부로, 동쪽으로는 노르웨이와 덴마크의 해안과, 서쪽으로는 영국 섬들의 해안과, 남쪽으로는 독일, 네덜란드, 벨기에, 프랑스의 해안과 닿아 있다.

92 도거 암초는 북해의 중심에 있는 거대한 여울로, 서남에서 동북으로 260킬로미터 뻗어 있다.

93 파데예프의 말은 러시아어로는 반말로 된 명령문이다. 두 사람이 친근한 사이임을 알 수 있다.

94 유럽 러시아 도시는 유럽 쪽 러시아에 있는 도시를 말한다. 여기서는 파데예프의 고향인 코스트로마를 말한다.

95 티흐메네프의 이름과 부칭은 표트르 알렉산드로비치로, 본문에서는 존경의 의미로 이름과 부칭이 사용되고 있다.

96 중요한 인물도 아니라는 것은 그가 귀족이 아니어서 맞아도 괜찮다는 뜻이다. 예전에 러시아에서는 귀족들이 공공연하게 맞게 될 경우 반드시 결투를 신청해야 했다. 귀족이라면 절대 맞을 수 없는 것이 통상 규범이었다.

97 도버 해협은 영국 해협 동쪽의 가장 좁은 부분으로, 영국의 도버와 프랑스의 칼레 사이에 있으며, 폭이 33킬로미터

된다.

98 스핏헤드항은 영국 남해안에 있는 정박지다.

99 타타르 해협은 유라시아 대륙과 사할린 섬을 가르는 해협으로, 북쪽으로 오호츠크 해, 남쪽으로 동해로 연결된다. 얕은 곳이 많아 작은 선박만 항행할 수 있다.

100 스쿠너는 돛이 두세 개인 범선이다.

101 보스토크는 동양이라는 뜻을 지닌 러시아어다.

102 프톨레마이오스 왕조는 기원전 305년부터 기원전 30년까지 이집트를 다스린 헬레니즘 계열의 왕가를 말한다. 파라오를 자칭했고 기존 이집트의 전통과 연속성이 있기 때문에 이집트 제32왕조라고도 불린다. 프톨레마이오스 8세는 지리학과 천문학에 조예가 깊었다.

103 빌라도는 신약성서에 나오는 인물로, 예수 그리스도에게 반역죄를 씌워 사형을 언도한 유대 주재 로마 제5대 총독이다.

104 머큐리의 지팡이는 의술의 상징이다. 이는 그리스·로마 신화에서 신들의 사자인 헤르메스와 머큐리의 지팡이를 말한다. 두 마리 뱀이 감겨 있고 꼭대기에 두 날개가 달려 있는 지팡이다.

105 캡 마차는 영국에서 한 필이 끄는 두 바퀴 또는 네 바퀴 승합 마차를 말한다.

106 A.W. 웰링턴(1769~1852)은 영국의 군인이자 정치가다.

107 니느웨는 고대 시리아의 도시다.

108 에트루리아는 이탈리아에 살던 고대 민족이다.

109 빈은 오스트리아 수도다.

110 마드리드는 스페인 수도다.

111 리젠트 가는 영국의 번화가 가운데 하나다.

112 옥스퍼드 가는 런던의 번화가 가운데 하나다.

113 트래펄가 광장은 런던의 번화한 광장 가운데 하나다.

114 웨스트민스터 사원은 영국 명사의 묘소로 되어 있는 사원이다.

115 에르미타주 박물관은 페테르부르크에 있는 박물관이다.

116 C. 모네(1840~1926)는 프랑스의 화가다.

117 실링은 영국의 화폐로, 1실링은 20분의 1파운드다.

118 「셰헤라자데」는 N.A. 림스키코르사코프(1844~1908)의 교향곡이다.

119 아르신은 구 러시아의 척도 단위로,

1아르신은 71.12센티미터다.

120 파운드는 영국의 화폐 단위로, 1파운드
는 5실링이다.

121 워털루는 벨기에의 옛 전장이다.

122 은화는 표트르 1세 때인 1699년에 나
온 옛 화폐이고, 현재 러시아에서 통용
되는 은화는 신형이다.

123 브리튼인이라는 단어가 '면도한'이라는
뜻의 단어와 발음이 같다는 사실을 이
용한 언어유희다.

124 A.S. 푸시킨(1799~1837)은 러시아의
시인, 작가, 극작가로, 러시아 문학의 아
버지로 불린다.

125 페이디아스(기원전 480년경~기원전
430)는 고대 그리스의 조각가다.

126 A. 카노바(1757~1822)는 이탈리아의
조각가다.

127 돔비는 C. 디킨스(1812~1870)의 소설
『돔비와 아들』(1846~1848)의 등장인
물이다.

128 N.V. 고골(1809~1852)은 러시아의 작
가다.

129 몽블랑 산은 알프스산맥의 최고봉이다.

130 데콜테는 가슴 위를 노출시키는 마름질
이다.

131 화이트 섬은 잉글랜드 남서부에 있는

영국 섬이다.

132 알버트 부두는 영국의 부두다.

133 베르쇼크는 미터법 시행 전에 러시아
에서 쓰던 길이 단위로, 1베르쇼크는
4.445센티미터다.

134 사젠은 미터법 채용 전에 러시아에서
쓴 길이 단위로, 1사젠은 3아르신이며,
약 2.134미터다.

135 추흘롬은 러시아의 시골 마을이다.

136 스메타나는 러시아의 사워크림이다.

137 체트베르티는 러시아의 옛날식 곡물 단
위로, 1체트베르티는 209.21리터다.

138 루블은 러시아의 화폐 단위다.

139 툴라는 모스크바 남쪽에 있는 러시아의
도시다.

140 측심기는 바다 깊이를 재는 기구다.

141 혼 곶은 남아메리카 대륙 최남단에 있
는 곳이다.

142 리저드 곶은 잉글랜드 서남부의 곶으
로, 영국의 최남단 지점이다.

143 닻감개는 배의 닻을 감아 올리고 풀어
내리는 장치다.

144 닻줄의 길이는 1해리의 10분의 1, 즉
약 100발을 말한다. 즉 185.2미터다.

145 포츠머스는 영국의 도시다.

146 주랑은 기둥만 있고 벽이 없는 복도를

말한다.

147 제9의 파도는 제일 강하고 위험한 파도를 말한다.

148 고패는 깃발이나 두레박 따위 물건을 높은 곳에 달아 올리고 내리는 줄을 걸치는 작은 바퀴나 고리를 말한다.

149 이반 알렉산드로비치는 저자 곤차로프의 이름과 부칭이다. 러시아인은 존경하는 마음으로 부를 때 이름과 부칭을 부른다.

150 러시아어에서 너는 친근한 사이에 사용된다.

151 와플은 양과자의 하나로 밀가루, 달걀, 설탕, 레몬즙 등을 재료로 틀에 넣고 살짝 구운 다음 크림이나 초콜릿을 두 쪽 사이에 넣어 만든 것이다.

152 비스케이 만은 브레스트 남쪽의 프랑스 서부 해안과 스페인의 북부 해안으로 둘러싸인 만이다.

153 G.G. 바이런(1788~1824)은 영국의 시인이다.

154 V.G. 베네딕토프(1807~1873)는 러시아의 시인이다.

155 피니스테르 주는 프랑스의 주로, 브르타뉴 지방 최서단에 있다.

156 O.A. 고시케비치(1814~1875)는 러시아의 언어학자, 동양학자, 자연과학자이자 외교관이다. 일본에 파견된 러시아 최초의 외교관이다.

157 안달루시아는 가장 인구가 많은 스페인 자치 지역이며, 두 번째로 크기가 큰 자치 지역이기도 하다. 수도는 세비야다. 남쪽 지역에 자리 잡고 있으며 지중해를 끼고 있다. 서쪽으로는 포르투갈과 대서양에 맞닿기도 한다. 지중해와도 만나며 지브롤터 해협과 접한다.

158 세비야는 스페인의 서남부 도시로, 안달루시아 지방의 예술, 문화, 금융의 중심 도시이며 세비야 주의 주도다.

159 카발레로는 안달루시아의 도시다.

160 그레나다는 카리브 해에 있는 영연방 군주국이다.

161 상비센테 섬은 카보베르데 제도의 바를라벤투 군도에 속한 섬으로, 동서 길이는 24킬로미터, 남북은 16킬로미터. 산투안탕 섬과 산타루시아 섬 사이에 있다.

162 카디스는 스페인 서남부의 항구도시다.

163 포르투산투 섬은 북대서양의 서북 아프리카 모로코 서쪽 바다에 있는 포르투갈령 마데이라 제도에 포함되어 있는 섬으로, 마데이라 제도에서 50킬로미터

동북쪽에 있다.

164 푼샬은 포르투갈의 항구도시다.

165 리스본은 포르투갈의 수도다.

166 오시안은 러시아의 도시다.

167 로이히텐베르크 공작(1817~1852)은 러시아 황제 가족의 한 명이다.

168 「페넬라」는 다니엘 오베르의 오페라로, 페넬라는 포르디치에서 온 벙어리다.

169 말리바지는 그리스와 스페인산 포도주의 이름이다.

170 블라디미르 그리고리예비치는 베네딕토프의 이름과 부칭이다. 존경하는 마음으로 러시아인의 이름을 부를 때 이름과 부칭을 부른다.

171 카프탄은 옷자락이 긴 농민 외투다.

172 열씨온도계는 빙점과 비등점 사이를 80도로 나누는 온도계다.

173 라스팔마스 섬은 대서양에 있는 섬으로, 스페인령 카나리아 제도에 속한다.

174 산타크루스는 과테말라의 도시다.

175 무역풍은 위도 20도 내외의 지역에서 1년 내내 일정하게 부는 바람으로, 북반구에서는 동북풍, 남반구에서는 동남풍이 적도 방향으로 강하게 부는 바람이다. 예전에는 뱃사람들이 이 바람에 많이 의존했다.

176 아니츠코프 다리는 페테르부르크에 있다.

177 폴리체이스키 다리는 페테르부르크에 있다.

178 체쿠시는 페테르부르크에 있는 섬이다.

179 페테르고프는 러시아의 도시로, 페트로드보레츠의 옛 이름이다.

180 무리노는 페테르부르크 지역에 있는 마을이다.

181 크레스톱스키 섬은 페테르부르크에 있는 섬이다.

182 기니 만은 아프리카 남서쪽 대서양의 일부로, 만의 북쪽을 상부 기니라고 하며 만의 동쪽을 하부 기니라고 한다.

183 E. 벨처(1799~1877)는 영국의 여행가다.

184 산티아구 섬은 카보베르데 제도의 소타벤투 군도에 있는 섬으로, 카보베르데의 수도 프라이아가 자리 잡고 있다.

185 프라이아는 세네갈에서 서쪽으로 500킬로미터 떨어진 대서양에 있는 섬나라인 카보베르데의 수도다.

186 산티아고는 칠레의 수도다.

187 베네딕토프의 시 전집(곤차로프가 주석을 달았다)에 게재된, I.A. 곤차로프에게 보내는 편지에 나오는 말이다.

188 코즈이리는 카드놀이의 일종으로, 으뜸 패를 각자가 정한다.

189 D.F. 아라고(1786~1853)는 프랑스 천문학자이자 물리학자다.

190 넵튠은 바다의 신으로, 그리스 신화의 포세이돈에 해당한다.

191 마젤란운은 남반구 하늘에 빛나는 불규칙형 성운을 말한다.

192 석탄자루 성운은 하늘의 암흑 성운 가운데 가장 뚜렷한 성운으로, 간단하게 석탄자루라고도 한다. 남쪽 방향의 은하수 위에 떠 있는 시커먼 실루엣 모양으로 육안으로도 관측이 가능하다.

193 G. 베르디(1813~1901)는 이탈리아의 가극 작곡가다.

194 V. 벨리니(1801~1835)는 이탈리아의 작곡가다.

195 다이애나는 로마 신화에서 달, 정조, 수렵의 여신이다.

196 켄타우루스 자리는 남천 성좌 가운데 하나다.

197 베네딕토프가 곤차로프에게 보낸 서신에 나온다.

198 보트비니예 수프는 물고기, 크바스 등으로 만드는 냉수프다.

199 알바트로스는 신천옹과의 바닷새로, 거위보다 크고 살쪘으며, 날개와 꽁지는 검고 몸은 희다.

200 폴스 만은 남아프리카공화국 서남부 희망봉의 동쪽에 있는 만이다.

201 케이프행클리프는 아프리카의 서남쪽 끝단에 있는 폴스 만의 동쪽에 자리 잡고 있다. 매달린 바위라는 뜻을 지닌 이 이름은 근처에 우뚝 선 450미터 높이의 사암 봉우리에서 왔다.

202 사이먼스타운은 남아프리카의 케이프타운 근처에 있는 마을이다.

203 메사는 탁자 또는 테이블 위쪽처럼 평평하고 가장자리가 가파른 사면이나 벼랑으로 된 지형이다. 대지(臺地)라고도 한다. 미국 서남부에서 흔히 볼 수 있다. 메사라는 말은 본래 스페인어로 탁자라는 뜻이다. 스페인 개척자들이 미국 서남부 지방을 개척할 때 이와 같은 지형을 보고 탁자, 테이블같이 생긴 언덕 또는 산을 그들의 말로 메사라고 부르기 시작한 것이 오늘에 와서 지질학 용어가 되었다.

204 워털루 전투는 엘바 섬에서 돌아온 나폴레옹 1세가 이끈 프랑스군이 영국, 프로이센 연합군과 벨기에 남동부의 워털루에서 벌인 전투다.

205 오룔 현은 유럽 러시아 중부의 도시다.

206 호텐토트인은 남아프리카의 토인이다.

207 비추안인은 흑인 가운데 하나다.

208 카불인은 북부 아프가니스탄의 종족
이다.

209 복스 가죽은 고급 구두를 만드는 소가
죽의 종류이다.

210 말라가는 스페인의 도시다.

211 테이블 산은 케이프타운 희망봉에서 북
쪽으로 약 50킬로미터 떨어진 케이프
반도 북단에 있는 산이다.

212 펜스는 영국의 화폐 단위다.

213 실피다는 게르만켈트 신화에서 공기의
정령, 우아한 여자다.

214 줄루인은 남아프리카의 흑인이다.

215 부시먼은 남아프리카의 흑인이다.

216 발리안은 프랑스 여행가다.

217 W. 허셜(1792~1871)은 영국 천문학
자다.

218 케이프 식민지는 1652년 네덜란드 동
인도 회사가 설립한 남아프리카에 있던
식민지다. 케이프타운을 중심으로 발전
하여 1795년 영국령 식민지가 되었다.

219 케이스카마 강은 남아프리카에 있는 강
이다.

220 카프라리아는 남아프리카의 이스턴케

이프 지역으로 현재 킹윌리엄스타운으
로 알려져 있다.

221 테이블 만은 1652년 개척된 케이프타
운에서 내려다보이는 대서양의 자연 어
귀이며, 케이프 반도의 북단에 자리 잡
고 있으며, 남쪽으로 희망봉까지 뻗어
있다. 낮게 솟은 테이블 산에 의해 지배
되는 형상이기 때문에 테이블 만이라고
이름 지어졌다.

222 보어인은 남아프리카의 백인 이민을 말
한다.

223 발 강은 남부 아프리카에 있다.

224 오렌지 강은 남부 아프리카에 있다.

225 카피르족은 남아프리카공화국 케이프
주의 카프라리아에 거주하는 원주민의
총칭이다.

226 알바니는 남아프리카 주의 명칭이다.

227 알고아 만은 남아프리카공화국 남부 지
역에 있는 이스턴케이프 주 남부의 만
이다.

228 그레이엄스타운은 남아프리카공화국
이스턴케이프 주에 있는 도시다 .

229 엘리자베스는 남아프리카공화국 이스
턴케이프 주에 있는 도시로, 남아프리
카공화국 제3의 무역항이다.

230 파운드스털링은 영국의 법정 통화인 파

운드의 정식 명칭이다.

231 모르겐은 약 2에이커에 상당하는 면적 단위다. 원래 네덜란드 및 그 식민지에서 썼고 지금도 남아프리카에서 사용되고 있다.

232 주석영은 주석산수소칼륨이라고도 한다. 포도 과즙을 발효시켜서 추출한 주석산의 하나로 흰자를 거품 낼 때, 또는 당액을 조릴 때 결정화를 막기 위해 이용한다.

233 윈터버그는 남아프리카공화국 이스트케이프타운 주에 있는 산의 이름이다.

234 마드라스는 인도 남부의 항만도시로, 현재 지명은 첸나이다.

235 그레이트 케이 강은 남아프리카공화국 남부, 이스턴케이프 주 동부의 강이다.

236 윌리엄스타운은 남아프리카공화국 이스턴케이프 주의 도시다.

237 이 법안은 1853년에 승인받았다. 곤차로프가 각주를 달았다.

238 프로테아는 남아프리카 원산의 관목이다. 줄기는 단단하고 붉은 색을 띤다.

239 마르멜로는 캅카스가 원산지인 장미 과 과일나무이다. 마멀레이드라는 말이 마르멜로에서 왔다.

240 새틴은 수자직으로 짠, 광택이 있는 직

물의 총칭으로, 고대 러시아 시대부터 러시아인이 즐겨 쓰던 옷감이다.

241 코로보치카는 고골의 장편 소설 『죽은 혼』에 나오는 여주인공으로 살림살이에 능하고 언제나 일에 바쁜 여성이다.

242 P. 포테르(1625~1654), F. 미리스(1635~1681)는 네덜란드의 풍속 화가이며 D. 테니르스(1610~1690)는 플랑드르의 풍속 화가다.

243 팔 산은 스페인 북부 헤레즈와 같은 위도에 있으며 1930년대 이후 셰리가 팔산에서 생산되어왔으며 고급 와인을 생산한다.

244 칸자르는 12세기부터 19세기까지 중동에서 쓰던 단도의 이름이다.

245 무슬린 드 레느는 프랑스어로 울 모슬린이란 뜻으로, 소모사인 평직으로 조직한 가볍고 얇은 천을 뜻한다.

246 압델 카데르(1808~1883)는 알제리의 반(反)프랑스 운동 지도자다.

247 바자울은 바자로 만든 울타리다.

248 가터 훈장은 1348년에 에드워드 3세에 의해서 창시된 잉글랜드의 기사단 훈장이다. 잉글랜드의 최고 훈장인 동시에 영국 연방의 최고 훈장이기도 하다.

249 이판암은 운반작용으로 생성되는 퇴적

암 가운데 입자의 크기가 $63\,\mu\mathrm{m}$보다 작
고 층과 평행하게 벗겨지는 암석이다.

250 조반니 바티스타 루비니(1794~1854)
는 이탈리아의 전설적 테너다.

251 카드리유는 18세기 말엽에서 19세기에
걸쳐 프랑스 궁정을 중심으로 전 유럽
에서 유행된 사교댄스로, 남녀 커플이
4조(8명)로 되어 스퀘어 대형으로 추는
춤이다.

252 세네는 회전 통과라는 뜻으로 무대에서
대각선으로 빠른 템포로 움직이는 것을
말한다.

253 발랑세는 왈츠 리듬으로 흔드는 스텝
이다.

254 오도니스는 고대 페니키아의 자연신
이다.

255 아르키메데스의 지렛대는 고대 그리스
최대의 수학자이자 물리학자인 아르키
메데스가 발견한 지렛대의 반비례법칙
을 말한다. 이 원칙은 시소를 탈 때 시
소 앞자리에 타면 무거운 사람도 시소
뒷자리에 탄 가벼운 사람과 무게가 비
슷해진다는 것으로, 힘점이 받침점과
멀어지면 그에 작용하는 힘도 점점 세
진다는 사실을 알 수 있다.

256 산맥은 베멘과 셀레젠 사이의 산맥을

말한다.

257 비비원숭이는 긴꼬리 원숭이과 중에서
아프리카에 사는, 몸집이 크고 지상생
활을 하는 원숭이들의 총칭이다. 주둥
이가 길며, 송곳니가 발달했다.

258 스트리크닌은 신경 자극제다.

259 플랜태저넷은 영국의 왕조 가운데 하나
로, 앙주 왕가의 별칭이다.

260 스튜어트 왕가는 14세기부터 스코틀랜
드의 왕실이었고 17세기부터는 영국의
왕실이다.

261 아브라함은 구약성서에 나오는 인물로,
세 명의 천사로 나타난 신의 방문을 받
은 후에 자손을 얻게 된다.

262 바타비아는 자바 섬에 있는 도시 자카
르타의 네덜란드식 이름이다.

263 그린 포인트는 케이프타운에 있는 도시
이름이다.

264 다는 러시아어로 예라는 뜻이다.

265 예프스타피는 기독교 성인으로, 군사령
관이다.

266 스텔렌보스는 남아프리카공화국의 남
서부 지역이다.

267 수송선 드비나호는 베사랍스키 선장의
지휘 아래 케이프타운과 캄차카 항로를
오가는 배다.

268 암스테르담 섬은 남쪽 인도양의 남위 37도 50분, 동경 77도 30분에 있는 프랑스령의 섬이다.

269 세인트폴 섬은 프랑스령 남부와 남극 지역의 일부를 이루는 인도양에 있는 섬으로, 암스테르담 섬의 약 85킬로미터 남쪽에 있다.

270 소러시아는 우크라이나의 옛 이름이다.

271 고글란트 섬은 핀란드 만에 있는 섬이다.

272 크리스마스 섬은 인도네시아의 자카르타에서 남쪽으로 360킬로미터 떨어진 인도양의 작은 섬이다.

273 안예르는 인도네시아 서(西)자바 섬에 있는 마을의 이름이다.

274 C.P. 툰베리(1743~1828)는 스웨덴의 의학자이자 식물학자다. 1771년 네덜란드의 동인도회사 수병의 의사로 희망봉을 돌아 1775년 일본 나가사키에 도착했다.

275 수마트라 섬은 인도네시아 대(大) 순다 열도에 딸린 섬이다.

276 잠은 페테르부르크에 있는 야생 동물원의 이름이다.

277 빈랑은 말레이시아가 원산지다. 4억 명 이상이 이것을 씹고 있으며 인도에서

만도 연간 10만 톤 이상을 소비한다고 한다.

278 군은 1775년에서 혁명 후 1929년까지 러시아의 행정 구획명이다.

279 J. 고르스부르그(1762~1836)의 『인도 사전』(1841, 1843)에서 인용한 것이다.

280 C. 윌크스(1798~1877)는 미국의 해군 소장이자 남극 탐험가다.

281 우하는 러시아의 생선 수프다.

282 리우데자네이루는 브라질 리우데자네이루 주의 주도다.

283 크로이소스(재위 BC ?560~BC 546)는 리디아 최후의 왕이다.

284 헤라클레스는 그리스 신화에서 가장 힘이 센 영웅이다.

285 카잔은 우랄 산맥 근처에 있는 러시아의 도시다.

286 니므롯은 함의 장남인 구스의 아들로, 세상에 태어난 첫 번째 장사였으며 힘센 사냥꾼으로 창세기에 묘사되어 있다.

287 I. 크르일로프(1769~1844)는 러시아의 우화작가다.

288 샤쿤탈라는 고대 인도의 시인 칼리다사(4세기~5세기)의 희곡 이름이자 두샨타 왕의 아내다. 두샨타 왕은 사냥 나갔

다가 천녀(天女)의 딸 샤쿤탈라를 만
나게 된다.

289 보닌 제도는 일본에 있는 섬으로 오사
가와라 제도라고 불리며, 도쿄에서 남
쪽으로 1,000킬로미터 떨어진 곳에
있다.

290 F.W. 비치(1796~1856)는 영국 함대의
장교이자 여행가다.

291 『해상 잡지』는 19세기에 뉴욕에서 발간
된 월간 잡지다.

전함 팔라다 I

펴낸날   초판 1쇄   2016년 12월 20일

지은이   이반 곤차로프
옮긴이   정막래
펴낸이   심만수
펴낸곳   (주)살림출판사
출판등록 1989년 11월 1일 제9-210호

주소   경기도 파주시 광인사길 30
전화   031-955-1350   팩스 031-624-1356
홈페이지 http://www.sallimbooks.com
이메일   book@sallimbooks.com

ISBN   978-89-522-3564-0 04080
        978-89-522-0855-2 04080(세트)

* 값은 뒤표지에 있습니다.
* 잘못 만들어진 책은 구입하신 서점에서 바꾸어 드립니다.

이 도서의 국립중앙도서관 출판시도서목록(CIP)은 서지정보유통지원시스템 홈페이지
(http://seoji.nl.go.kr)와 국가자료공동목록시스템(http://www.nl.go.kr/kolisnet)에서
이용하실 수 있습니다.(CIP제어번호: CIP2016030873)

책임편집·교정교열   송두나·문형숙